KB194311

譯註 羅末麗初金石文

譯註 羅末麗初金石文 (下)

譯註 篇

한국역사연구회
중세1분과 나말여초연구반 편

도서
출판 혜안

서 문

　한국 고중세사 연구를 할 때, 금석문은『三國史記』나『三國遺事』
등의 문헌사료에 나타나지 않는 역사의 공백을 채워 주는 동시에 당시
그대로의 역사를 보여 준다는 점에서 매우 귀중한 자료라 할 수 있다.
금석문에 대한 자료 정리작업이 일찍부터 꾸준히 전개되어 왔던 것은
이 때문이었다.

　이러한 금석문자료의 활용도를 높이고 보다 깊이 있는 연구를 진행
하기 위해서는 자료의 정확한 교감과 역주 작업이 선행되어야 한다는
데 많은 연구자들이 인식을 같이하였다. 금석문 역주작업에 대한 학계
의 관심이 높아지면서 韓國古代社會研究所에서 한국고대금석문을 모
아『譯註 韓國古代金石文』Ⅰ·Ⅱ·Ⅲ(駕洛國史蹟開發研究院, 199
2)을 출간하였고, 李智冠 스님이『校勘譯註 歷代高僧碑文』新羅篇
및 高麗篇 1·2(伽山文庫, 1993·1994·1995)을 펴내기도 하였던 것
이다. 이들 역주서의 출간은 본 연구반의 연구활동에 많은 자극과 도
움을 주었다.

　그러나 시일이 걸리더라도 많은 연구자들이 금석문을 연구자료로
널리 활용할 수 있도록 하기 위해서는 책임 있는 교감과 역주가 필요
하고, 이는 개인 차원에서는 어렵다는 공통된 인식을 갖게 되었다. 이
에 한국역사연구회 나말여초연구반에서는 1990년 초부터 우선 본 연
구반에서 설정하고 있는 연구대상 시기인 통일신라시기부터 고려 초
기까지의 금석문에 대한 교감, 역주 작업을 진행하여 왔다. 하나의 금

석문마다 발제자를 분담한 후 3차에 걸친 반원들의 철저한 공동 검토 및 협의를 통하여 교감 및 역주 작업을 진행하였다. 기왕의 연구결과가 연구자 개인의 작업이었다면 이 책은 반원 전체의 공동작업으로 이루어졌음이 특징이라 할 수 있다. 그러므로 경우에 따라서는 발제자의 견해가 채택되지 않기도 하였다. 이렇게 하여 1991년 12월에 1차 검토를 끝냈으며, 1993년 7월 2차 검토, 1994년 10월에 3차 검토를 완료하고 출판에 들어갔다. 결국 이 책은 5년 여에 걸친 반원들의 정성으로 세상 빛을 보게 되는 셈이다. 그러나 아직도 미진한 점이 많으므로 계속 보완되어야 하리라 생각한다.

이 책이 나오기까지 많은 격려를 아끼지 않았던 연구회 회장님과 분과장님을 비롯한 모든 회원들, 그리고 애써 준 반원 모두에게 감사드린다. 특히 황금같은 시간을 쪼개어 마지막까지 교정을 맡아 준 김인호 선생의 노고는 정말 큰 것이었다. 또한 책간행을 위해 경제적 도움을 주신 신라명품 박민순 대표님에게 감사를 드린다. 끝으로 재정적으로 전혀 도움이 안 되는 이 책의 출판에 흔쾌히 응해 주신 혜안출판사 오일주 사장님께도 감사를 드린다.

1996년 7월

한국역사연구회 중세1분과 나말여초연구반

차 례

일 러 두 기

1. 이 책은 나말여초시기에 활동한 선승들의 비문을 주대상으로 하여, 여기에
   탑, 종, 불상 등의 명문을 추가하여 수록하였다. 수록대상은 시기적으로 고
   려 태조 20년부터 현종대까지 제작된 금석문을 대상으로 하였고, 제작연대
   순으로 수록하였다.

2. 이 책은 원문교감편과 역주편 2부로 구성하여 대조하여 읽기 편하도록 하
   였다.

3. 원문교감은 『海東金石苑』, 『朝鮮金石總覽』, 『韓國金石全文』을 근간으로
   하여, 해당 금석문을 수록한 모든 자료를 교감대상으로 하였고, 가능한 한
   원비문도 대조하도록 하였다. 교감한 비문은 가장 올바른 글자로 생각되는
   것을 기준으로 수록하고, 이와 다른 판본의 글자는 註로 처리하였다.

4. 역주는 가능한 한 서술의 통일을 기하도록 하였다. 원금석문이 파손되어 번
   역이 불가능한 경우에는 '……'로 처리하거나, 원문대로 수록하기도 하였다.

5. 주석은 원비문의 용어를 그대로 살렸으며, 그 위치는 해당 번역부분 뒤에
   처리하였다. 주석에 인용한 고전전거는 가능한 수록했으나, 辭典 등에서 인
   용한 것들은 따로 전거를 달지 않았다.

6. 주석 부분에 인용된 『海東金石苑』, 『朝鮮金石總覽』, 『韓國金石全文』 등과
   같은 교감자료는 『금석원』, 『총람』, 『전문』 등과 같이 약어로 처리하였다.

7. 본문 가운데 있는 [ ]는 역주자가 다른 비문이나 관용적 어구 등에 근거하
   여 추정하여 넣은 내용을 표시한 것이다. ( )의 내용은 번역의 필요에 의해
   넣은 것이며, (?)는 확실치 않은 내용을 표시한 것이다.

1. 광조사 진철대사 보월승공탑비

유당[1] 고려국 해주 수미산 광조사 고 교시 진철대사 보월승공지
탑비의 명 서문과 아울러

문인 원보[2] 검교[3]상서[4] 좌복야[5] 겸 어사대부[6] 권[7]지원봉성사[8]

---

1) 唐 : 後唐(923~936)을 가리키는데, 후당은 936년에 멸망하므로 「廣照寺
   眞澈大師寶月乘空塔碑」가 세워지는 937년은 後唐이 아니라 後晉(936~
   946)시기에 해당한다.
2) 元輔 : 元甫. 고려 초기의 官階名. 16等級 중 제8위이며, 4품에 해당한다.
3) 檢校 : 처음에는 중국 왕조에서 신라・고려의 국왕과 신하들에게 제수된
   名譽爵號(勳號)였다. 신라에서는 경덕왕 때 佛事의 영조를 주관하는 官
   號를 檢校使로 칭하기도 하였다. 훈관인 검교제가 채용되기 시작한 것은
   고려 초 관제의 정비 과정에서였고 현종 때부터 왕자・종실・동서 양반
   에게 수여되었다. 즉 고위 관직의 자리는 한정되어 있는데 승진 대상자
   가 늘어나는 추세 속에서 이에 따른 한계를 극복하고 보다 많은 인원을
   관직 세계에 수용할 필요성에서 마련된 직제로서 상층부에는 檢校職, 하
   층부에는 同正職이 설치되었다(韓㳍劤, 1969, 「勳官 '檢校'考 - 그 淵源
   에서 起論하여 鮮初 整備過程에 미침 -」『震檀學報』29・30합집).
4) 尙書 : 고려시대 尙書省의 정3품 관직. 형식상으로는 尙書 6部의 장관이
   지만, 中書門下省의 宰臣이 각 부의 判事를 겸임하였으므로 그 기능은
   매우 제한되어 있었다. 이 때문에 상서 6부가 독립성을 잃고 중서문하성
   에 예속되는 결과가 나타나게 되었다.
5) 左僕射 : 고려시대 尙書省의 중앙본부라 할 수 있는 尙書都省에 딸린

……인 [최언위9)가 교를 받들어 짓고]……인 신 이환상10)이 교를
받들어 글씨를 쓰고 전액을 쓰다.

    옛날에 육신보살인 혜가선사(惠可禪師)11)는 노자12)가 천축에서
탄생한 우리 스승(석가모니)의 이야기를 했고, 공자13)도 (제자들로
부터 이 세상에서 누가 가장 위대한 성인이냐는 물음에 대하여) 서
방(西方)의 [석가는 무언이자화(無言而自化)하는 대성인이라고 찬
양하였다] 라는 말씀을 들었다. ……[석가의 법은]□□□□□달마

    정2품 관직.

 6) 御史大夫 : 고려시대 時政을 논하고 風俗을 교정하며 百官을 규찰 탄핵
   하는 일을 맡아보던 관청인 御史臺의 으뜸 벼슬로 정3품.

 7) 權 : 고려·조선시대 임시직일 경우 그 관직명 앞에 붙이는 말.

 8) 知元鳳省事 : 원봉성의 한 관직. 원봉성은 고려 태조가 태봉의 제도에
   따라 설치하였으며, 詞命을 制撰하는 관청이며 국왕 측근의 文翰官으로
   문필에 능한 儒臣이 임명되고 淸要職으로 중시되었다. 뒤에 學士院으로,
   다시 翰林院으로 개정됨.

 9) 崔彦撝 : 신라 말·고려 초기의 문인으로 자세한 내용은 해제 참조.

10) 李奐相 : 생몰년 미상. 신라 말·고려 초의 서예가. 글씨는 당나라 歐陽
   詢의 楷書를 기본으로 강렬한 필치가 돋보인다. 작품으로 「廣照寺眞澈
   大師寶月乘空塔碑」(937)가   있다.   「菩提寺大鏡大師玄機塔碑」(939)와
   「毗嚧庵眞空大師普法塔碑」(939)를 쓴 李恒樞와 동일 인물로 추정된다.
   939년 작품을 쓸 당시 그의 벼슬은 '正朝 上柱國 賜丹金魚袋'와 '□□□
   □ 兵部大監 上柱國 賜丹金魚袋'이었다.

11) 惠可禪師 : 慧可(487~593). 중국 禪宗의 제2조. 幼名은 神光, 속성은 姬
   氏. 北魏 正光 元年(520) 40세에 崇山 少林寺로 菩提達磨를 찾아가서
   눈 속에 앉아 가르침을 구하였으나 허락하지 않으므로, 자신의 왼팔을
   끊어 굳은 求道의 뜻을 보였으며, 결국 安心問答으로 크게 깨달았다고
   한다. 달마에게 心印을 전수받아 후일 北齊 天保 3년(550)에 제자 僧璨
   에게 법을 전수하였다. 鄴都(河南省)에서 34년 간 설법하고 크게 종풍을
   떨쳤다. 시호는 正宗普覺大師·大祖禪師이다.

12) 老生 : 老子를 말함.

13) 夫子 : 孔子의 존칭.

대사14)에게 [전해졌으니], 바로 [그것은] 총지15)지임원(總持之林
菀)이며, 둘이 아닌 법문이다. 이에 조사의 법을 멀리서 가지고 양
(梁)에 와서 …하였고, 또한 위조(魏朝)에서 머물며 교화하다가 숭
악(숭산)을 찾아갔다. (전해 줄 만한) 사람이 없었기에 주지 않다가
비로소 크게 넓힐 때를 만나, 물(物)로써 마음을 나타내니16) 옷을
주어 신표로 삼았다.17) 이 또한 우담화가 한 번 핀18) 것 같이 희귀

---

14) 達摩大師 : 達磨. 범어 Dharma의 音譯. 처음에는 達摩였으나 나중에 達
　磨라고 쓰였다. 중국 南北朝時代의 禪僧으로 중국 禪宗의 시조이다. 梵
　名은 Bodhidharma라 하고 菩提達磨라 음역하는데, 달마는 그 약칭이다.
　南印度 香至國의 셋째 왕자로 성장하여 대승불교의 승려가 되어 禪法에
　통달하여 般若多羅 尊者의 법을 이은 뒤 벵골만에서 배로 떠나 중국 廣
　東에 이르렀다. 그리고 지금의 남경인 金陵에 가서 梁 武帝를 만났다.
　그러나 그는 불교의 현세적 이익에 관심이 많았던 황제를 떠나 양자강을
　건너 魏나라로 가서 崇山 少林寺에 들어가 9년 간 面壁修道하였다. 이
　곳에서 雪中에 斷臂求法의 의지를 보인 제자 慧可에게 법을 부촉하고
　그 傳法의 증명으로 한 벌의 가사를 내렸으며 求那跋陀羅(394~468)가
　번역한『楞伽經』4권을 전했다고 한다. 달마의 사상은 자신의 유일한 친
　설인『二入四行論』에 나오는 二入四行說에 집약되어 있다. 二入은 理
　入과 行入의 두 가지로 구성되어 있는데, 理入은 불타의 근본 종지를 깨
　달아 모든 중생이 범인이나 성인을 막론하고 同一眞性을 本有하고 있다
　는 사실을 믿는 것을 말한다. 行入은 네 가지 실천행을 말하니, 바로 報
　怨行(빚을 갚는 행)·隨緣行(인연에 따르는 행)·無所求行(구하는 바가
　없는 행)·稱法行(이치에 계합된 행)이다. 시호는 圓覺大師이다.
15) 總持 : 梵語 Dhāraṇī(陀羅尼)의 번역. 능히 無量無邊한 이치를 攝收해
　지니어 잃지 않는 念慧의 힘을 일컫는다. 곧 일종의 기억술로서 하나의
　일을 기억하는 것에 의해서 다른 모든 일까지를 聯想하여 잃지 않도록
　하는 것을 말하기도 하며, 종종의 善法을 능히 지니므로 能持라 하고, 여
　러 惡法을 능히 막아 주므로 能遮라 한다.
16) 因物表心 : 慧可가 達磨에게 斷臂求法한 사실을 말함.
17) 付衣爲信 : 달마가 제자 慧可에게 법을 부촉하고 그 傳法의 증명으로
　한 벌의 가사를 내려 신표로 삼았던 사실을 말함.
18) 優曇一現 : 優曇은 優曇跋羅華로 범어 Udumbara의 음역. 3천 년에 한

한 일이었다. 5조까지 법이 전해짐에 이르러,19) 그 도를 더욱 높여 단절되지 않게 하였으며, 대감(大鑒 : 혜능)20)에 이르러서는 현학들이 모두 종(宗)으로 받들었는데, 다른 견해가 생겨나21) 옷을 신표로

번 꽃이 핀다는 식물로, 꽃이 피면 轉輪王이 나온다고 함. 轉하여 극히 희귀한 일의 비유로 쓰임. 여기에서 優曇一現은 달마에 의해 禪이 중국에 전해진 것을 말함.

19) 五葉相承 : 初祖達磨에 이어 二祖慧可, 三祖僧璨, 四祖道信, 五祖弘忍 등의 다섯 조사가 스승과 제자로 단절 없이 이어져 선법이 계승된 사실을 말함.

20) 大鑒 : 六祖慧能(638~713)의 諡號. 그는 당나라 때 처음으로 大鑒禪師라는 시호를 추증받았으며, 이어 송나라 때 3번이나 추가 시호를 추증받았으니 大鑒眞空普覺圓明禪師가 그것이다. 그의 이름은 처음에는 能大師로 쓰이다가 차츰 惠能에 이어 慧能으로 쓰였다. 중국 선종의 제6조로 추앙됨. 본래 그의 집안은 范陽의 명문 盧氏 가문이었는데, 일찍이 아버지가 당시 변방인 廣東省 新州로 좌천되었기 때문에 거기서 태어났다. 속성이 盧氏여서 盧行者로 불렸다. 『金剛經』(또는 『涅槃經』)을 듣고 느낀 바가 있어 湖北省 蘄州 黃梅山의 五祖弘忍을 찾아가 배웠다. 홍인 문하에서 8개월 가량 방아 찧는 생활을 하다가 ‘本來無一物’의 시구를 지어 인가를 받음으로써, 홍인의 수제자 神秀(606~706)를 제치고 홍인으로부터 의발을 전수받아 마침내 선종 제6조가 되었다. 이후 嶺南으로 은둔하였다가, 유명한 ‘風幡問答’을 계기로 印宗法師(627~713)에게 삭발하였다. 이후 廣州의 法性寺와 韶州 曹溪의 大梵寺・寶林寺(일명 南華寺)에 머물면서 설법 교화하였다. 神龍 元年(705)경 唐王室에서는 慧能을 궁중으로 맞이하고자 曹溪로 中使 薛簡을 파견하였으나, 혜능은 병을 핑계로 가지 않았다. 이 때 설간과 혜능 사이에 ‘坐禪’ 등에 관한 문답이 오갔다. 선종의 주요 경전인 『六祖壇經』은 그의 大梵寺 설법을 기록한 것이라고 한다. 혜능은 사후에 제자 神會의 활약으로 일약 長安 불교계에 유명해졌다. 혜능은 自性淸淨心의 자각과 無念・無住・無相의 반야 실천을 일체화하여 새로운 중국 선불교를 완성시켜, 달마와 더불어 중국 선종사에서 가장 중시되고 있는 인물이다.

21) 殊見所生 : 慧能이 세상을 떠난 후, 그 제자 荷澤神會(684~758)가 734년 ‘滑臺(河南省)의 宗論’을 시작으로 五祖弘忍의 제자인 玉泉神秀의 법계를 "師承是傍 法門是漸"이라고 비방하면서부터 양파는 南宗과 北

전하는 일이 여기에서 멈추었다.22) 이런 까닭에 조계를 조(祖)로 하
여23) 법수(法水)가 길이 흐름에 물결은……하고 하늘에까지 창일
하였으니, 노공(魯公)24)의 정치는 문왕(文王)을 받들었고 강숙(康

宗으로 나뉘어 크게 대립하였다. 이는 바로 東山法門에 대한 정통성 싸
움인 것이다. 신회는 홍인의 정통적인 계승자는 혜능이라고 주장하고 혜
능을 초조인 달마로부터 세어서 六代祖라 하고 스스로를 七代祖라 하였
다. 후일 圭峰宗密(740~841)은 『禪源諸詮集都序』에서 "頓과 漸의 문하
가 서로 보기를 원수처럼 하고 南과 北의 종중이 서로 적대시하기를 마
치 초나라와 한나라 사이 같이 한다"고 하였다. 다른 견해가 생겨났다는
것은 바로 南北宗의 분파를 말하는 것이다.

22) 信衣斯止 : 五祖弘忍이 行者였던 盧能(慧能)에게 傳法의 信標로 옷을
전하였는데, 노능이 말하기를 "법은 받았는데 옷은 누구에게 주오리까"
라고 하니, 홍인은 "옛날에 達磨가 처음 왔을 때에는 사람들이 아무도
믿지 않으므로 옷을 전해서 법 얻은 사실을 증명했지만, 이제는 신심이
이미 익었으니 옷은 단지 다툼의 단서가 될 뿐이므로 그대에게서 그치고
더 전하지 말라. 또 멀리 가서 숨었다가 때를 기다려서 교화하라. 이른바
옷을 받은 사람의 목숨이 실 같다는 말이 이것이다"라고 하였다는 데서
나온 말이다(『景德傳燈錄』 권3, 弘忍大師傳). 여기서는 『景德傳燈錄』
권5, 靑原行思傳에 의거하여 말한 것으로 보인다. 즉 육조혜능이 靑原行
思를 깊이 신임한 후, 어느 날 다음과 같이 말하였다. "예로부터 옷과 법
은 하나가 되어 스승과 제자 사이에 전해졌으니, 옷은 믿음을 표시하고
법은 마음을 인가한 것이다. 나는 이제 사람을 얻었으니, 어찌 믿지 않을
것을 걱정하겠는가. 나는 옷을 전해 받은 이래 이렇듯 많은 환란을 당했
는데 하물며 후대의 자손들이겠는가. 반드시 많은 싸움이 일어나리니,
옷은 산문에 남겨 두고 그대는 힘에 따라 한 지방을 교화하여 끊이지 않
게 하라"고 하였다. 혜능은 오조홍인으로부터 법과 옷을 받은 이후 神秀
派의 시기로 생명의 위협까지 받았는 바, 앞으로 옷의 전수로 인한 갈등
을 종식시키기 위해서 옷을 산문에 보관하고 八祖에게는 전하지 말라고
한 것이다. 이후로 신표로 옷을 전해 주는 일이 그쳤다는 것이다.

23) 曹溪 : 廣東省 曲江縣 東南에 있는 시내. 六祖 慧能이 이 곳에 머물러
크게 禪法을 일으킴. 따라서 조계라 하면 흔히 육조혜능을 지칭함.

24) 魯公 : 魯의 君, 伯禽을 말함. 周公의 아들임(『論語』 微子篇, "周公謂魯
公曰 集解 孔安國曰 魯公 周公之子伯禽也 封於魯").

叔)25)의 풍속이 주실(周室)을 존숭한 것과 같았다. 인(仁)을 행하
여26) 스승에게도 양보하지 않을 줄 아는 뛰어난 이는 오직 둘로서
남악회양27)과 청원행사28)가 그들이다. 진실로 번창하게 제자들이
있어 번성함이 끝이 없었다. 그 회양을 이은 자는 대적(大寂)29)이고
행사를 이은 자는 석두(石頭)30)인데, 석두는 약산(藥山)31)에게 전

---

25) 康叔 : 周 武王의 第九弟. 처음에 康에 封해졌으므로 康叔이라 불리움.

26) 當仁 : 仁을 행할 때에는 비록 스승이라 할지라도 양보하지 않는다는 말
(『論語』衛靈公篇, "子曰 當仁 不讓於師").

27) 讓 : 南岳懷讓(677~744). 金州(山東省) 安康人, 속성은 杜氏. 15세에 荊
州(湖北省) 玉泉寺의 弘景律師에게 출가하여 律藏을 배웠다. 曹溪로 六
祖 慧能을 찾아가 15년 동안 모시고, 그의 법을 이었다. 唐 先天 2년
(713) 南岳 般若寺에 들어가 30년 동안 있으면서 禪風을 선양하였다. 開
元(713~741) 중에 馬祖道一이 법을 이었다. 靑原行思와 함께 혜능의 2
대 제자가 되었는데, 후일 그의 法門은 중국 선종의 주류를 이루었다. 시
호는 大慧禪師이다.

28) 思 : 靑原行思(?~740). 吉州(江西省) 安城人, 속성은 劉氏. 어려서 출가
하여 六祖 慧能의 법을 이었다. 南嶽懷讓과 함께 혜능의 2대 제자로 칭
해진다. 후에 吉州(江西省)의 靑原山 靜居寺에 있으면서 종풍을 크게
떨쳤다. 그의 遠孫으로 雲門宗·曹洞宗·法眼宗의 3계통이 출현하였다.
시호는 弘濟禪者이다.

29) 大寂 : 馬祖道一(709~788)의 시호. 중국 선종 洪州宗의 宗祖. 四川省
漢州 什邡人, 속성은 馬氏. 일찍이 九流六學을 배웠고 羅漢寺에 투탁하
고 四川省 資州 處寂에게 출가하였으며 渝州의 圓律師에게 具足戒를
받았다. 714년 南嶽懷讓을 찾아가 '南嶽磨磚'의 말에 心印을 얻었다.
福建省 建陽 佛跡巖에서 開法하고 江西省 撫州 西裏山, 虔州 龔公山에
두루 머물렀으며, 769년 江西省 洪州 開元寺에서 크게 종풍을 떨쳤기에
세상 사람들이 그 무리를 洪州宗이라 불렀다. 제자로는 百丈懷海·西堂
智藏·南泉普願·塩官齊安·大梅法常 등 130여 인이 있다. 南嶽下의
종풍은 실로 道一에 이르러 천하에 크게 떨치게 되었다.『馬祖道一禪師
語錄』(1권)이 전한다. 그의 禪風은 '平常心是道', '卽心是佛'을 표방하고
經典이나 觀心에 의지하지 않는 大機大用의 禪이었다. 세상에서는 江西
馬祖라고도 부른다.

하고, 약산은 운암(雲岩)32)에게 전했으며, 운암은 동산(洞山)33)에게 전했고, 동산은 운거(雲居)34)에게 전했으며 운거는 대사에게 전했으니, 법을 전하여 밝음을 이었음은 본적(本籍)에 분명하다.

　대사의 법휘는 이엄(利嚴)이고, 속성은 김씨이다. 그 선조는 계림인이니, 그 국사(國史)35)를 상고하건대 실로 성한(星漢)36)의 후예

---

30) 石頭 : 石頭希遷(700~790). 靑原行思의 제자. 廣東省 端州人, 속성은 陳氏. 처음에 慧能에게 갔다가 그가 입적하자 靑原行思에게 배웠다. 天寶(742~756) 초에 衡山에 가서 石上에 암자를 짓고 항상 坐禪했으므로 石頭和尙이라 불렸으며 藥山惟儼에게 법을 부촉하였다. 주로 湖南省에서 활동했으며, 馬祖道一과 함께 2대 甘露門이라 불리운다. 종풍은 眞金鋪(『祖堂集』卷4, 藥山惟儼章, "有一日造書 書上說 石頭是眞金鋪 江西是雜貨鋪")이고 『參同契』(1권)·『草庵歌』(1권)를 남겼다. 시호는 無際大師이다.
31) 藥山 : 藥山惟儼(745~828). 山西省 絳州人, 속성은 韓氏. 17세에 출가했고 石頭希遷에게 大悟, 心法을 얻어 그의 법을 이었다. 마침내 湖南省 澧州 藥山에 있으면서 설법 교화하였다. 시호는 弘道大師이다.
32) 雲嚴 : 雲嚴曇晟(782~842). 鐘陵 建昌人, 속성은 王氏. 百丈懷海에게 20년을 배우고 후에 藥山惟儼에게 투탁하여 그의 법을 이었다. 湖南省 潭州 雲巖山에서 종풍을 떨쳤다. 문하에 洞山良价 등이 있다.
33) 洞山 : 洞山良价(807~869). 浙江省 會稽人, 속성은 兪氏. 雲巖曇晟에게 배우고 그의 법을 이음. 江西省 豫章 洞山 普利院에서 종풍을 떨쳤다. 曹山本寂과 連稱해서 5家의 일파인 曹洞宗의 高祖로 추앙됨. 문하에 雲居道膺·曹山本寂·疎山匡仁 등 27인이 있다. 시호는 悟本大師이다.
34) 雲居 : 雲居道膺(?~902). 曹洞宗 禪僧. 河北省 幽州人, 속성은 王氏. 洞山良价의 法을 잇고 江西省 洪州 雲居山에 들어가서 법을 선양하였다. 우리 나라 승려 중 운거의 제자로는 雲住·麗嚴·逈微·利嚴·慶猷 등등이 있다. 시호는 弘覺禪師이다.
35) 國史 : 신라 眞興王 때 편찬된 신라 역사서인 『國史』를 지칭한다고 볼 수도 있으나, 여기서는 新羅의 역사를 말한 것으로 보인다.
36) 星漢 : 생몰년 미상. 신라 김씨의 시조. 일명 聖韓.『三國史記』·『三國遺事』에는 이름이 보이지 않으나,「廣照寺眞澈大師寶月乘空塔碑」이외

이다. 먼 조상은 세도(世道)가 쇠퇴하여 신라[37]에 난리가 많자 이리
저리 유랑하다[38] 웅천(熊川 : 公州)[39]에 내려갔다. 아버지는 장(章)
인데 자연을 깊이 사랑하였기 때문에 부성(富城 : 서산)[40]의 들에
우거하게 되었다. 그러므로 대사는 소태(蘇泰 : 泰安)[41]에서 출생했
는데 외모가 대단히 기이했으며, 유년 시절(竹馬之年)[42]에는 끝내
……이 없었다.

에 「文武王陵碑文」·「毗盧庵眞空大師普法塔碑」·「興德王陵碑文」 등
에는 각각 '十五代祖星漢王', '其先降自聖韓', '太祖星漢'이라고 하여 星
漢이 김씨 왕실의 시조로 되어 있다.『三國史記』에 보이는 閼智의 아들
勢漢과 음이 비슷하여 그를 가리키는 것이 아닐까 추측되며, 한편 星漢
을 태조라고 지칭하고 있는 만큼 김씨 최초의 왕인 味鄒를 가리키는 것
으로 추측되기도 한다(李基東, 1978,「新羅太祖 星漢의 問題와 興德王
陵碑의 發見」『大邱史學』; 1980,『新羅骨品制 社會와 花郎徒』, 韓國硏
究院).

37) 斯盧 : 斯盧國. 三韓時代 辰韓 小國의 하나. 오늘날의 慶州를 중심으로
한 국가였으며, 이웃의 다른 소국들을 정복하여 신라왕국을 이룩하였다.
여기서는 新羅를 말함.

38) 萍梗 : 浮萍泛梗의 준말이니, 정처 없이 떠돌아다니는 물위의 부평초 같
이 이리저리 유랑함을 비유한 말.

39) 熊川 : 熊州로 百濟의 舊都였다. 唐의 高宗이 蘇定方을 보내어 이를 평
정하고 熊津都督府를 두었는데, 신라 文武王이 그 지역을 취하여 소유
하였고 神文王이 熊川州로 고쳐 도독을 두었다. 景德王 16년에 다시 이
를 熊州로 개명하였다. 지금의 公州이다(『三國史記』卷36, 志5 地理3).

40) 富城 : 富城郡. 본래 백제의 基郡을 景德王이 개명한 것. 지금의 瑞山郡
임(『三國史記』卷36, 志5 地理3).

41) 蘇泰 : 蘇泰縣. 富城郡 領縣의 하나. 본래 백제의 省大号縣을 경덕왕이
개명. 지금의 瑞山郡 泰安面(『三國史記』卷36, 志5 地理3).

42) 竹馬之年 : 죽마는 어린아이들이 타고 노는 대나무로 만든 놀이 기구이
다. 죽마를 타고 노는 나이란 대개 아이들의 7세 전후 나이를 가리킨다
(『博物志』, "小兒五歲曰 鳩車之戲 七歲曰 竹馬之戲"). 그러나 14세 전
후를 가리키기도 한다(『後漢書』陶謙傳, 字恭祖丹陽人 注, "吳書曰 云
云 年十四歲 猶綴帛爲幡 乘竹馬而戲").

12살에는 가야갑사(迦耶岬寺)[43]에 가서 덕량법사(德良法師)에게 투신하여 마음에 품은 바를 간절히 밝히고, 사사(師事)하기를 청하였다. 이로부터 반년 안에 삼장(三藏)[44]을 배웠는데, 덕량법사가 이르기를, "유교의 안생(顔生 : 顔淵)[45]이요, 불문의 환희(歡喜 : 阿難)[46]이다. 후생이 가히 두렵다는 것을 그대에게서 징험케 됨을 알겠다."라 하였다. 오래 전에 심은 인연이 아니라면, 어찌 누가 여기에 이를 수 있겠는가. 그러하니 어머니가 처음에 임신할 때, 꿈에 신승(神僧)이 와서 푸른 연꽃을 주어 영원히 신표로 삼았으니, 속세와 인연을 끊음이 들어맞았고 임신했던 날과 딱 들어맞음을 알겠다.

중화(中和) 8년(888, 眞聖王 2)[47]에 본사의 도견율사(道堅律師)에게서 구족계[48]를 받았는데, 이미 기름 담는 그릇이 기울어지지

---

43) 迦耶岬寺 : 충남 예산군 伽倻山에 있던 伽倻寺를 말한다(『新增東國輿地勝覽』 卷19, 德山縣 佛宇).

44) 三藏 : 佛陀의 說法을 결집한 經藏, 僧俗의 계율과 威儀를 결집한 律藏, 敎理의 論釋을 모은 論藏으로 佛典의 총칭이다.

45) 顔生 : B.C. 521~B.C. 490년. 성은 顔氏, 이름은 回, 字는 子淵. 공자의 十哲 중 한 사람으로 亞聖이라 일컬어짐. 공자의 80제자 중 가장 학문을 좋아하였다 함.

46) 歡喜 : 懽喜. 慶喜. 부처의 제자로 多聞第一인 阿難(阿難陀. Ānanda의 音譯)을 말한다. 25세에 출가하여 부처가 열반할 때까지 25년간 모셨는데, 열반 후 직접 들은 대로 외워 불전을 結集하였다.

47) 中和六年 : 모든 판본에는 '中和六年'(886)으로 되어 있으나, 法臘을 고려하면 '中和八年'이 옳다.

48) 具足戒 : 모든 계율이 완전히 구비되었다고 하여 구족계라 하며, 이를 잘 지키면 열반의 경지에 다다를 수 있다고 한다. 具戒라 약칭하고 大戒·比丘戒·比丘尼戒라고도 한다. 梵語로는 Upasaṃpanna로 鄔波三鉢那라 음역하고 近圓이라 번역하니, 열반에 친근하다는 뜻이다. 비구·비구니가 지켜야 할 戒法으로 비구는 250戒, 비구니는 348戒가 있는데, 이 戒를 받으려면 沙彌戒를 받은 지 3년이 지난 이로 몸이 튼튼하고 모든 죄과가 없으며, 나이는 만 20세 이상이며 70세 미만인 사람이어야 한다.

않은49) 것과 같이 위의가 바르고, 부낭(浮囊)이 새지 않은50) 것처
럼 계율을 잘 지켰다. 불문51)에 위(位)를 의지하여 하안거(夏安居)
에 근면하였을52) 뿐만 아니라, 마음속에 계율을 잘 지킬53) 것을 다
짐하니 어찌 평생토록 간절함에 그치겠는가.

---

49) 油鉢無傾 : 威儀가 安詳하고 점잖다는 말. 기름을 가득히 담은 바리때를
   문 뒤에 달아 놓고 문을 열어도 기름이 한 방울도 떨어지지 않았다는 데
   서 온 말(『付法藏因緣傳』卷3).

50) 浮囊不漏 : 浮囊은 헤엄칠 때 몸의 浮力을 돕기 위해 쓰이는 羊皮나 牛
   皮로 만든 공기를 넣은 가죽주머니이다. 40卷本『大般涅槃經』권10에서
   부처가 迦葉菩薩에게 護戒의 마음이 金剛과 같아야 함을 말하면서, 다
   음과 같은 비유를 들고 있는 데서 나온 말이다. 즉 어떤 사람이 부낭을
   가지고 大海를 건너는 도중에, 바다 가운데서 한 羅刹이 부낭을 달라고
   하였다. 그 주인이 불응하자 半만, 아니면 3분의 1만, 아니면 털 1개만이
   라도 뽑아 달라고 한다. 그러나 주인은 끝내 一毛도 뽑아 주지 않았다.
   털 하나만 뽑아도 물이 스며들어 마침내 익사하게 되기 때문이다. 이는
   浮囊을 지키듯이 계율을 생명처럼 護持하라는 뜻을 비유한 말이다. 바다
   에 뜨는 주머니(부낭)가 새지 않았다는 것은 승려가 계율을 매우 잘 지
   킴을 비유한 말이다.

51) 桑門 : Sramana의 音譯. 息心, 靜志, 貧道의 뜻이니, 출가한 僧侶를 가
   리킴.

52) 守夏之勤 : 夏安居(음력 4월 16일~7월 15일)의 기간을 마치 死關처럼
   철저히 지켜 부지런히 수행한다는 뜻. 安居는 범어 Varṣa, Vārṣika의 번
   역으로 雨期의 뜻. 인도에서 降雨期 3개월 간에 실시되는 불교승단의 특
   수한 연중행사를 말함. 곧 음력 4월 16일부터 7월 15일까지 한 곳에 모여
   외출을 금하고 수행하는 제도이다. 이러한 하안거 외에 북방에서는 음력
   10월 16일부터 정월 15일까지 冬安居라 하여 하안거와 같이 행한다.

53) 草繫懸心 : 풀에 얽매인 比丘처럼 항상 마음에 持戒精神을 가져 놓지
   않는다는 말. 옛날 인도에서 비구들이 길을 가다 도적떼를 만나 옷을 빼
   앗기고 벗긴 채 풀에 묶였다. 도둑은 가 버렸지만 비구들은 풀을 끊어 다
   치게 하는 것도 살생이라 여겨 그냥 묶인 채로 뜨거움과 굶주림을 참고
   있었다. 때마침 왕이 사냥 나와 이를 보고 크게 감동하여 불교에 귀의를
   했다고 한다. 이는 禁戒의 중요하고 엄격함을 비유한 이야기이다(『賢遇
   經』).

그 후 생각은 도를 묻는 데 깊었고 뜻은 사방을 행각하려는 데 두어, 병을 들고 하산하여[54] 지팡이를 날려[55] 바닷가에 이르렀다. 건녕[56] 3년(896, 眞聖王 10)에 홀연히 입절사(入浙使)[57] 최예희(崔藝熙)를 만났는데 대부(大夫)가 장차 서쪽으로 가려 하므로, 발을 의탁해서 중국으로 갔다. 높이 돛을 달고 서둘러 큰 물결을 넘어 며칠 지나지 않아 은강(鄞江)에 도달했다. 이 때 운거도응(雲居道膺) 대사가 선문(禪門)의 법을 이은 분이라는 소식을 듣고, 천리가 멀다 하지 않고 바로 찾아가 뵈었다.

"일찍이 헤어진 지 얼마 되지 않았는데 이렇게 빨리 만날 줄이야."
"일찍이 친히 모신 적이 없는데, 어찌 다시 왔다고 말씀하십니까."

운거대사가 말없이 (제자가 될 것을) 허락하니 은밀히 현계(玄契)에 들어맞았다. 열심히 공부하기를 6년, 추위의 고통에서도 더욱 굳게 수행하였다.

"도는 사람을 멀리하지 않으니,[58] 사람이 능히 도를 넓힐 수 있

---

54) 結甁下山 : 甁을 꾸려 하산한다는 말이니, 甁이란 손을 씻는 淨甁과 水桶으로 사용하는 甁이 있다. 이것은 三衣와 錫杖과 함께 비구가 행각할 때에 반드시 지참해야 하는 소지품이다. 결국 결병이란 소지품을 정돈한다는 뜻.

55) 飛錫 : 錫杖은 比丘가 여행할 때 반드시 휴대해야 하므로 승려가 널리 다니면서 교화하는 것을 비석이라 함.

56) 乾寧 : 唐 昭宗의 연호(894~897).

57) 入浙使 : 浙江省 錢塘으로 들어가는 사신.

58) 道不遠人 : 도는 사람을 멀리하지 않는다(『中庸』 제13장, "子曰 道不遠人 人之爲道 而遠人不可以爲道").

다. 동산의 뜻59)은 다른 사람에게 있지 않다. 불법을 중흥시킬 이는 오직 나와 그대뿐이니 오도(吾道 : 불법)가 동쪽으로 갈 것이다. 이를 생각하고 힘쓰라."

대사는 한(漢)의 장량(張良)과 황석공(黃石公)이 이상(圯上)에서 행했던 기약60)을 수고롭게 여기지 않고, 잠연히 법왕의 심인(心印)61)을 받았다. 그 후 영남(嶺南)62)과 하북(河北)63)에서 여섯 탑

---

59) 東山之旨 : 東山之法, 東山法門. 四祖道信 이후의 禪法을 말하지만, 엄밀히 말하면 그 제자 五祖弘忍의 그것을 가리킨다. 道信이 입적한 후 홍인이 湖北省 蘄州 東山(일명 黃梅山)으로 자리를 옮겨 선법을 널리 전파했기 때문에 이런 이름이 생겼다. 후일 홍인의 제자인 神秀가 則天武后(624~705)의 부름을 받고 입궐했을 때, "그대가 전하는 법은 누구의 종지인가"라는 물음을 받고, "기주의 동산법문을 전수받았으며, 『文殊說般若經』의 一行三昧에 의거하고 있습니다"라고 대답한 것에서 '동산법문' 이라는 이름이 천하에 알려졌다고 한다(柳田聖山 著, 안영길・추만호 역, 1989, 『禪의 思想과 歷史』, 民族社, pp.176~177). 弘忍下에서 慧能과 神秀 두 제자가 배출되어 선풍을 크게 떨쳤으므로 禪宗을 일컬어 東山之旨라고도 한다.

60) 圯上之期 : 漢의 張良이 圯上에서 黃石公을 만났던 사실을 말함. 張良이 江蘇省 邳縣內 下邳의 圯上에서 어떤 노인을 만났는데, 그가 바로 黃石公이다. 그는 張良의 곁으로 다가오자마자 일부러 신발을 다리 밑으로 떨어뜨리고 張良에게 명령조로 신발을 가져다 달라고 했다. 張良이 이유 없이 가져다 준 것이 인연이 되어 그에게서 太公의 兵書를 받았다. 그 후 張良은 한 고조 劉邦을 도와 秦을 멸망시키고 楚를 평정하여 留侯로 封侯되었음(『史記』 留侯世家).

61) 法王之印 : 法王은 범어 Dharmarāja의 意譯. 부처를 찬탄한 말. 왕은 가장 수승하고 자재함을 뜻함. 부처는 법문의 주인이며, 중생을 교화함에 자유자재한 妙用이 있으므로 이렇게 이름. 印은 범어 Mudrā의 意譯으로 敎義의 규범이 되고 旗幟가 되는 것. 선종에서 문자나 언어를 초월하여 깨달음을 心印이라 한다. 여기에서 法王의 印은 선종에서 최상의 깨달음을 말하는 것이다.

62) 嶺南 : 중국 五嶺(大庾・始安・熙賀・桂陽・揭陽嶺)의 남쪽인 廣東과

파64)를 순례하였으며, 호외(湖外)65)와 강서(江西)66) 지방에서 여러 선지식(善知識)67)을 두루 참알하고, 드디어 북쪽으로는 항산(恒山)68)과 대산(岱山)69)을 돌아다니며, 찾아다니지 않은 곳이 없었고, 남으로는 형산(衡山)70)과 여산(廬山)71)에 이르러 찾아가지 않은 산이 없었다. 제후들을 배알하고 말씀을 올렸고, 열국(列國)에 투탁하여 그 풍습을 살폈으며, 사방을 찾아다니면서 묻기를 오(吳)와 한(漢)에 이르기까지 두루 하였다.

천우72) 8년(911, 孝恭王 15)에 뗏목을 타고 거친 바다를 건너 나주(羅州)73)의 회진(會津)74)에 도달했다. 이 때 대사는 한 번 배를 대고부터는 뗏목을 버리고 풍신(風神)75)을 하직하고 천천히 동쪽으

　　廣西 일대를 말함.
63) 河北 : 중국 黃河의 북쪽지방.
64) 窣堵波 : 梵語 stŭpa의 음역. 부처의 사리를 안치하는 목적으로 만든 탑으로 塔婆, 塔, 浮圖라고도 한다.
65) 湖外 : 洞庭湖의 외곽지대.
66) 江西 : 양자강의 서쪽지방.
67) 善知識 : 범어 Kalyāṇamitra의 번역. 바른 도리를 가르치는 자.
68) 恒 : 恒山. 主峰은 河北省 曲陽縣의 서북에 있는데, 五嶽山 중 北嶽에 속한다.
69) 岱 : 岱山. 泰山 또는 太山이라고도 함. 山東省 泰安縣에 있으며 五嶽 중 東嶽에 속한다.
70) 衡 : 衡山, 衡岳 또는 衡嶽이라 한다. 湖南省 衡山縣 서북에 있는데, 五嶽 중 南嶽에 속한다.
71) 廬 : 廬山, 廬岳 또는 廬嶽이라 한다. 江西省 星子縣 서북에 있다.
72) 天祐 : 唐 哀帝의 연호(904~907).
73) 羅州 : 백제의 發羅郡으로 景德王이 錦山郡으로 개명하였으며, 고려시대에는 羅州牧이었다. 지금의 전라남도 羅州郡임(『三國史記』卷36, 志5 地理3).
74) 會津 : 본래는 백제의 豆肹縣으로, 신라 景德王 때 회진으로 이름을 바꾸었음(『高麗史』卷57, 志11 地理2, 全羅道 羅州牧 會津縣).

로 나아갔다. 이에 김해부지군부사(金海府知軍府事)인 소율희76)가 승광산(勝光山)을 선택하여 당우(堂宇)를 수리하고, 정성을 기울여 소원을 빌며, 좋은 경치에 머물 것을 청했다. 복숭아나무와 오얏나무 밑에 저절로 길이 생기는77) 것과 같았으며 벼와 삼대가 줄지어 있는78) 것처럼 학도들이 몰리었는데, 한 번 진기한 풍경에 머물러 4년이 지났다.79) 대사는 비록 마음은 선림(禪林)을 사랑하여, 세상을 피하면서 번민이 없었으나, 적도(賊徒)들의 소굴이 가까이 이웃해

---

75) 屛翳 : 風神의 이름. 또는 雲神, 雨神, 雷神이라고도 함.

76) 蘇公律熙 : 蘇律熙(?~?). 신라 효공왕 때 김해 지방의 호족. 효공왕 11년(907)부터 동왕 15년 사이에 金海府知軍府事가 되어 군사권을 장악하고 제1인자가 된 것으로 보인다. 그 뒤 金律熙로 이름을 고쳤는데, 김율희는 '쇠유리'의 한자 표기로서, 신라 말기에 와서 傳來姓을 가지지 못하였던 지방의 피지배층 안에서 대두하던 호족세력들이 새로운 姓을 가지게 되는 모습을 나타내 주고 있다. 姓을 고치면서 그 관직명도 知進禮城諸軍事로 개칭하고 김해 지방에 대한 지배력을 더욱 강화시켜 나갔다. 그는 선종 승려들을 적극적으로 후원하여 효공왕 때에는 김해 지방이 선종의 요람지로서 전국에 명성을 떨치게 되었다. 그리하여 각지에서 많은 선승들이 모여 들어와 이 곳에 머물고 있었으며, 그러한 선승 가운데 오늘날까지 이름을 남기고 있는 사람만도 利嚴 이외에 審希·行寂·□雲·忠湛 등 5인에 이르고 있다(崔柄憲, 1978, 「新羅末 金海地方의 豪族勢力과 禪宗」『韓國史論』4 참조).

77) 桃李無言 : '桃李不言 下自成蹊'의 준말. 복숭아나무와 오얏나무의 꽃과 열매가 매우 아름답기 때문에 일부러 사람을 부르지 않아도 서로 다투어 찾아와서 그 나무 밑에는 저절로 길이 생긴다는 뜻이다. 덕망이 높은 사람은 辯說을 요하지 않아도 자연히 많은 사람이 귀복하여 모여든다는 것에 비유한 말이다(『史記』李將軍實傳, "太史公曰 傳曰 其身正 不令而行 其身不正 雖令不從……諺曰 桃李不言 下自成蹊 此言雖小 可以喻大也").

78) 稻麻成列 : 많은 대중이 모여드는 것이 마치 논에 서 있는 벼 줄기와 삼밭에 서 있는 삼대와 같이 列을 이룬다는 뜻이다.

79) 周星 : 歲星, 木星이라고도 하며, 1년에 한 차례 움직여 12년 만에 하늘을 일주함.

있었으므로 신변의 안전을 기하기가 어려웠다. 그러므로 어지러운 지역에 살기가 어렵다 하고, (천우) 12년[80]에 길을 사화(沙火 : 상주)[81]로 나와 산에 이르렀는데, 영동군(永同郡)의 남쪽 영각산(靈覺山 : 덕유산)[82] 북쪽에서 머물 곳을 찾았다. 이 곳에 머물자, 승려와 속인들이 소식을 듣고, 귀심(歸心)하는 자가 많았다.

임금(태조)이 대사의 도가 천하에 높고 명성이 해동에 자자함을 듣고, 그를 만나고자 초치하는 서신을[83] 자주 보냈다. 대사가 무리들에게 이르기를, "솔토(率土)[84]에 거주하는 자가 감히 윤음을 거절할 수 있겠는가? 만일 임금을 뵙게 되면[85] 질문을 받게 될 것이다. 부촉이 있기 때문에 나는 장차 개경에 가려 한다."했다. 드디어 칙사를 따라 서울에 왔다. 임금은 거듭 대업을 밝히고자 하여 높은 산처럼 우러르며, 태흥사(泰興寺)를 수리하여 대사에게 머물기를 청했다.

명년(明年) 2월에, 전 시중[86] 권열(權說)[87]과 태상(太相)[88] 박수

---

80) 十二年 : 天祐 12년(915, 神德王 4).

81) 沙火 : 경북 尙州를 가리킴(『高麗史』卷1, 太祖 1, 天祐 3년 丙寅, "裔命 太祖 率精騎將軍黔式等領兵三千 攻尙州沙火鎭 與甄萱累戰 克之").

82) 靈覺山 : 德裕山.「廣照寺眞澈大師寶月乘空塔碑」, "永同郡南 靈覺山 北";「淨土寺法鏡大師慈燈塔碑」, "投靈覺山寺 謁深光大師".

83) 鶴版 : 天子의 召文. 詔板, 鶴書 등의 뜻과 같음.

84) 率土 : '率土之濱'의 약어. 河海와 접한 境界內의 陸地. 國土를 말함(『詩 經』小雅 北山, "普天之下 莫非王土 率土之濱 莫非王臣").

85) 朝天 : 天子를 謁見함(『舊唐書』韓弘傳, "朝天有慶 就日方伸").

86) 侍中 : 고려시대 중앙관부로 百官을 총괄하였던 廣評省의 長官.

87) 權說 : 생몰년 미상.『高麗史』에 보이는 劉權說인 듯함. 고려 태조 때의 문신. 918년(태조 1) 具鎭이 羅州道大行臺侍中에 임명되었으나 부임하려 하지 않자, 유권열은 侍郞의 위치에서 "상으로 善을 권장하고 벌로 惡을 징계해야 하니, 마땅히 엄한 형벌을 가해 여러 신하를 경계하소서"라고 간언하여 그를 부임하도록 하였다. 922년 溟州將軍 王順式이 복속하지 않아 왕이 근심하자, "순식의 父 許越이 승려가 되어 內院에 있으

문(朴守文)[89]을 특별히 파견하여 사나내원(舍那內院)[90]에 맞아들
여 주지할 것을 정성스럽게 청했다. 얼마 안 되어 궁궐[91]을 빛나게
장식하고, 연좌(蓮座)를 높이 펴고, 스승에 대한 예로써 대우하고
공손히 찬앙(鑽仰)의 의례를 펴니, 서역의 섭마등이 먼저 한황(漢
皇)의 대궐에 이르고,[92] 강거국의 (강)승회가 처음으로 오(吳)나라
임금의 수레에 올라탄 것과 같았다.[93] 드디어 주미[94]를 흔드니, 임

니 그를 보내 타이르도록 하소서"라고 진언하여 왕순식을 귀부하도록 하
였다.
88) 太相 : 大相. 후삼국시대에서 고려 전기에 걸쳐 실시된 官階名. 처음 실
  시된 것은 904년 궁예가 국호를 마진으로 고치면서 관제를 개혁할 때부
  터이다. 그 후 고려도 태봉의 관제를 답습하다가 936년 후삼국 통일 후
  관계를 재편성했는데, 이 때 16等級 中 제7위이며 4품에 해당하였다.
89) 朴守文 : 생몰년 미상. 고려 초기의 공신. 본관은 平州. 大匡尉 遲胤의
  아들이다. 태조의 제27비 月鏡院夫人의 아버지이다. 또한 같은 태조공신
  이고 태조의 제28비 夢良院夫人의 아버지인 朴守卿의 형이기도 하다.
  그는 아우 수경의 戰功 덕분으로 925년에 元尹에서 元甫가 되었으며,
  936년(태조 19)에는 大相에 올랐다. 947년(정종 2)에는 大匡이었으며 뒤
  에 벼슬이 太尉三重大匡에 이르렀다.
90) 舍那內院 : 舍那寺 內院이니, 경기도 개성의 궁성 밖에 있던 절이다.
91) 蘂宮 : 宮殿을 말함.
92) 西域摩騰 先陞漢王之殿 : 인도승 摩騰이 중국에 와서 後漢 明帝의 극
  진한 대접을 받은 사실을 말함. 摩騰은 迦葉摩騰(竺葉摩騰, 攝摩騰)으
  로 범어 Kāśyapa-mātaṅga. 中印度人. 後漢 永平(58~75)중에 明帝가
  金人이 허공을 날아 자기에게 이른 꿈을 꾸고서 인도에 佛이 있음을 알
  고 郎中 蔡愔 博士 등을 보내어 불법을 찾아보도록 하였다. 蔡愔이 인도
  에서 마등을 만나 데리고 오니, 명제가 賞을 주고 精舍를 세워 주며 극
  진하게 대접하였다. 이것이 중국에서 沙門의 시작이라고 한다. 마등은
  『四十二章經』1권을 번역하였다(『高僧傳』卷1, 攝摩騰傳 ;『後漢書』西
  域傳 天竺 참조).
93) 康居僧會 始昇吳王之車 : 西域 康居國의 康僧會가 吳王 孫權의 귀의
  를 받고 극진한 대접을 받은 사실을 말함. 승회는 先代가 康居國에 살았
  으나 본래 인도에 世居했던 집안이다. 그는 아버지가 상인이어서 중국의

금님이 혼연히 기뻐하였으며, 대사를 존숭하는 데에만 임금의 마음[95]이 움직였다. 이 때 물고기가 물을 만나 즐거움이 더한 것은 같이 비교할 수 없을 정도다.[96] (태조가) 다른 날 한가한 저녁에 선사를 방문하여 물었다.

"제자가 스님의 인자한 얼굴을 대하고 평소 품은 바 생각을 말씀드리겠습니다. 오늘날 나라의 원수가 점차 어지럽히고 이웃한 적이 번갈아 침략하니, 초한(楚漢)이 서로 버티고 있는 것과 같아 자웅의 겨룸이 끝나지 않은 것이 36년이나 되었습니다. 항상 두 흉악한 무리가 있어 비록 호생지심(好生之心)이 간절하나 점차로 서로 죽임이 깊어가고 있습니다. 과인이 일찍이 부처의 경계함을 배웠으므로, 가만히 자애로운 마음을 내고자 하나, 장난질하는 흉악한 도적의 참담함을 남겨 몸이 위태로워지는 화를 부를까 두렵습니다. 대사께서 만리길을 사양하지 않고 와서 삼한을 교화하니, 곤강(崑崗)[97]이

최남단인 交趾로 옮겨왔기 때문에 이 곳에서 출생하고 출가하였다. 赤鳥 10년(247)에 建鄴에 와서 佛道를 몸소 실천하였다. 그러나 처음에는 기괴한 사람으로 의심을 받고 손권에게 불려 갔는데, 舍利의 영험을 보여 그를 감복시켜 이로 인해 江左에 불법이 일어나게 되었다. 『阿難念彌經』·『鏡面王經』 등 많은 경전을 번역하고 주석을 달았다(『高僧傳』 卷 1, 康僧會傳 ; 『三國志』 吳志 참조).

94) 麈尾 : 麈尾는 가늘고 긴 판이나 상아 등에 털을 붙인 團扇形으로 說法하거나, 經을 강의할 때 사용하는 기구. 처음에는 麈拂·蠅拂 등의 목적으로 사용했는데, 뒤에는 拂子의 경우처럼 威容을 정비하는 데 사용하였다. 중국에서는 위진시대 청담가들이 담론할 때에 손에 들고 쓴 것을 효시로 하여, 그 뒤 승려 사이에서 널리 행하게 됐다.

95) 宸襟 : 임금의 마음을 뜻함.

96) 不可同年而語 : 일률적으로 말할 수도 없으며, 또한 동일하게 취급할 수도 없어 양자가 서로 격함을 비유한 것. 즉 양자가 너무 현격히 달라 비교할 수 없다는 말.

모두 불태워짐을 구할 좋은 말98)을 기대합니다."

"무릇 도는 마음에 있는 것이지 일(事)에 있는 것이 아니며, 불법은 자신에서 비롯되는 것이지, 다른 사람에게서 비롯되는 것이 아닙니다. 또한 제왕(帝王)과 필부(匹夫)는 닦는 바가 각자 다르지만, 비록 군대를 움직이더라도 또한 백성99)을 어여삐 여겨야 할 것입니다. 왜냐하면 왕은 사해를 집으로 삼고 만민을 자식으로 삼아 무고한 자를 죽이지 않는 것이니, 어찌 죄가 있는 무리를 말하는 것이겠습니까. 그러므로 모든 선한 일을 받들어 행함이 (중생을) 널리 구제하는 것입니다."

임금이 이에 책상을 어루만지며 감탄하였다.

"무릇, 속인은 깊은 이치에 미혹하여서 염라대왕100)을 미리 두려워했으나, 대사가 말한 바와 같은 데 이른다면 더불어 천인(天人)의 경지를 말할 수 있겠습니다."

그러므로 그 죽을죄를 구해 주고 때로 형벌을 늦추고101) 우리 가엾은 백성들을 불쌍히 여겨 도탄에서 구출하니, 이것은 대사의 원대한 교화인 것이다.

그 후 대사가 서울에 머물면서부터 해가 바뀔 때마다 매양 산천에 눈을 돌려 모습을 마칠 땅을 가리고자 하였다. 안개 속에 숨고자

---

97) 崑崗 : 崑崙山의 異名.
98) 昌言 : 도리에 맞는 좋은 말(『書經』 大禹謨, "禹拜昌言 曰兪").
99) 黎元 : 백성이란 말로 黎首·黎民·黔首·庶民 등과 같이 쓰임.
100) 閻摩 : 閻羅大王을 지칭함.
101) 虔劉 : 殺害한다는 뜻(『左氏』 成 十三, "芟夷我農功 虔劉我邊垂 注 : 虔劉 皆殺也").

하는 뜻을 임금에게 간절히 말하니, 임금은 도인(道人)의 마음을 막
을 수 없어, 속으로는 살아서의 이별을 근심하였지만, 한참 생각하
다가 오랜만에 떠날 것을 허락했다. 대사는 이별하는 순간에 찢어
질 듯한 슬픈 생각을 특별히 드러내어 이르기를, "어진 임금의 큰
서원은 호법(護法)으로 마음을 삼는 것입니다. 멀리 외호[102]의 은혜
를 베풀어 길이 창생의 복을 쌓으소서."라 했다. 그러므로 장흥(長
興) 3년(932, 태조 15, 경순왕 6)에 교를 내리어, 개경 서북쪽 해주의
남쪽에 영봉(靈峯)을 선택하여 정사(精舍)를 짓고, 절 이름을 광조
사(廣照寺)라 하여 거주하기를 청했다.

  이 날 대사는 문도들을 거느리고 절에 나아가 머물렀는데, 불법
을 배우는 사람들이 방에 가득하고 선객(禪客)들이 당(堂)에 가득
차니, 공융(孔融)이 북해의 거처로 돌아온[103] 것과 같았으며 혜원
(惠遠)이 동림(東林)의 결사(結社)를 맺은[104] 것과 비슷했다. 사람

---

102) 外護 : 2護의 하나. 俗人이 승려의 수행을 도와 불법의 弘通에 힘이 되
    도록 援護하는 것. 이에 대해 부처님이 제정한 계법으로 身·口·意를
    보호하는 것을 內護라 함.
103) 融歸北海之居 : 孔融이 北海에 살면서 학교를 일으키자 배우는 무리가
    몰려들었던 사실을 말함. 공융은 後漢代 魯의 사람. 孔子의 후예, 字는
    文擧. 어려서부터 俊才였고 獻帝 때에 北海(지금의 山東省 소재 郡名)
    의 相이 되어 학교를 일으키고 儒生을 중시했다. 후에 太中大夫가 되었
    다. 만년에 曹操에게 시기를 받아 죽임을 당했다. 저서에 『孔北海集』이
    있다(『後漢書』 권103 ; 『三國志』 권12 ; 『英雄記鈔』).
104) 惠結東林之社 : 惠遠이 廬山 東林寺에서 儒生·道士·僧侶·信徒 등
    123명을 함께 모아 白蓮結社를 맺은 사실을 말함. 惠遠(334~416)은 中
    國 東晉시대의 승려, 廬山敎團의 지도자. 속성은 賈氏. 원래 儒家古典과
    老莊學에 정통하여 이름을 날렸는데, 釋 道安을 만나 그의 『般若經』 강
    의를 듣고 출가하였다. 난을 피하여 각지를 유랑하다가, 381년 동문인 慧
    永의 요청으로 廬山 西林寺에 들어갔으며, 384년(또는 381) 桓伊가 惠遠
    을 위해 건립한 東林寺에 들어가 이후 30여 년 간 산을 나오지 않고 수
    행에만 전념하였다. 이 때 부패한 교단을 반성하는 결사운동을 전개하였

을 가르치는 데 게으르지 않음105)이 거울이 피곤함을 잊고 비추는
것과 같으니, 그 무리들이 삼대와 같이 많았고 그 문이 시장처럼 붐
볐다. 그러하니, 걸식에 의존하지는 않았으나106) 오직 [공자가 진
(陳)에 있을 때] 식량이 떨어지는 것을 면했던107) 것과 같을 뿐이었
다. 이에 관장(官莊)108)에서 3장109)을 나누어 주었고, 공양하는 것
은 4사110)를 나누어 주었는데, 하물며 가까이는 해당군(해주)으로부

는데, 그 내용은 念佛三昧의 실천을 통해 西方往生을 기약하는 것이었
다. 여기에는 劉遺民을 비롯한 지식인 그룹도 참여하였으며 나중에는 陶
淵明・陸修靜 등과 교유하여 유명한 '虎溪三笑'의 일화를 남기기도 하
였다. 혜원의 사상은 노장사상을 매개로 불교를 이해하는 格義佛敎 단계
의 般若學이며, 여기에 禪觀을 幷修하였다. 혜원과 그의 문하는 중국 불
교계가 나아갈 방향을 제시함으로써 인도 불교의 중국화에 커다란 기여
를 하였다. 저술로는 국가권력 내지 국왕에 대한 불교도의 독립성을 주
장한 『沙門不敬王者論』, 세속인을 계몽하기 위한 『三報論』, 승려의 胡
服 착용을 합리화한 『袒服論』 등 다수를 남겼으며, 鳩摩羅什과 주고받
은 교의문답은 나중에 『大乘大義章』으로 정리되었다.

105) 誨人不倦 : 남을 가르치기를 게을리하지 않는다(『論語』 述而篇, "子曰
若聖與人 則吾豈敢 抑爲之不厭 誨人不倦 則可謂云爾已矣").

106) 分衛 : 범어 Piṇḍapāta로 賓茶波多라고 音譯되며 托鉢・乞食・團墮로
意譯된다. 수도하는 이가 날마다 남의 집 문전에 가서 옷과 밥을 얻는
일.

107) 唯免在陳 : 오직 양식이 떨어지는 형편은 면한다는 말. 衛나라 靈公이
공자에게 作戰法을 묻자, 공자는 祭禮의 법은 알아도 그런 법은 모른다
고 대답을 거절하고 이튿날 위나라를 떠났다. 이로 인해 공자는 앙심을
품은 영공의 지시로 絶糧을 당하였던 것이다(『論語』 衛靈公篇, "衛靈公
問陣於孔子 孔子對曰 俎豆之事 則嘗聞之 軍旅之事 未之學也 明日遂
行 在陳絶糧 從者病 莫能興").

108) 官庄 : 官莊이란 官家와 王室에 속하는 莊田이니, 여기에는 宗室莊田・
八旗莊田・駐防莊田・糧田・鹽莊・棉花莊 등 여러 종류가 있다. 이러
한 관장 중 일부를 廣照寺에 施納한 것.

109) 三庄 : 糧田・鹽莊・棉花莊 등을 말함.

110) 四事 : 四事供養의 준말이니, 신도들이 승려에게 올리는 음식・의복・

터 옆으로는 인근 주들까지 모두 깊은 마음을 발하여 깨끗한 행위
를 닦으니, 꽃으로 말하면 치자꽃이 보배나무 동산에 투탁한[111] 것
과 같고, 나무로 말하면 전단이 엄라나무가 모인 곳에 나아간[112] 것
과 같음을 알겠다. 대사가 땅을 살피기에 앞서 스스로 산을 선택했
다. 대사의 꿈에[113] 신이 와서 절하고 아뢰니, 음식을 바침은 옥천
사(玉泉寺)의 공양을 옮긴[114] 것 같았고, 정성을 다함은 여산의 언
덕과 같은 좋은 땅을 가르쳐 준[115] 것과 같았다. 그 신리(神理)가
귀의함이 모두 이러한 류와 같았다.

침구·탕약 등 네 가지를 말함.

111) 花惟薝蔔 如投寶樹之園 : 薝蔔은 치자나무 꽃인데, 이 꽃이 숲 속에 있
    으면 온 숲이 향기로 가득 찼다고 함. 寶樹는 珍寶한 樹林으로 淨土의
    草木에 비유하며 菩提樹 등을 이름. 꽃으로 말하면 치자꽃이 보배나무
    동산에 투탁한 것과 같다는 말은 信徒들이 眞澈大師 利嚴에게 귀의한
    것을 비유한 말이다.

112) 林是栴檀 似赴菴蘿之會 : 栴檀은 향나무의 총칭이다. 菴蘿는 果樹名인
    데 Āmra의 音譯으로 망고를 이름. 나무로 말하면 전단이 엄라나무가 모
    인 곳에 나아간 것과 같았다는 것은 信徒들이 眞澈大師 利嚴에게 귀의
    한 것을 비유한 말이다.

113) 魂交 : 잠을 잔다는 뜻이니, 잠을 잘 때에는 혼이 교합하고 깨었을 적에
    는 五官이 열린다고 한 데서 나옴(『莊子』齊物論, "其寐也魂交 其覺也
    形開").

114) 獻粲輸玉泉之供 : 음식을 바침은 玉泉寺의 공양을 옮긴 것과 같았다는
    말. 則天武后가 神秀를 洛陽으로 불러 內道場에서 供施를 풍성히 하였
    던 사실을 말하는 것이다. 옥천사는 신수가 蘄州 雙峯山으로 弘忍을 찾
    아가서 배우고, 그 후에 머물렀던 荊州에 있는 사찰이다(「唐玉泉大通禪
    師碑銘幷序」『全唐文』 卷231 ;『楞伽師資記』;『傳法寶紀』;『宋高僧
    傳』참조).

115) 披誠指廬阜之居 : 정성을 다함은 廬山의 언덕과 같은 좋은 땅을 가르쳐
    준 것과 같았다는 말. 여산은 東林寺가 있던 곳으로 이 곳에서 惠遠은
    白蓮結社를 맺었다.

대사가 제자들에게 말하기를, "올해에 법으로 맺은 인연이 다하리니, 반드시 저 세상에 갈 것이다. 나와 대왕은 옛날부터 인연이 있었으니, 이제 마땅히 만나 모름지기 대면하고 이별하여, 마음으로 기약한 것에 부합시킬까 한다."고 하였다. 곧 행장을 꾸려 서둘러 서울에 이르렀다. 이 때에 임금은 용의 깃발[116]을 휘날리며 마진(馬津)[117]에서 죄를 묻고 있었다. 대사는 병이 심하여 몸이 허약하고 파리해져서 임금이 계신 곳[118]에 혼자서 자유롭게 나아갈 수 없었다. 그러므로 말을 남기고 계족산[119]에 들어가 다시 만날 것을 기약하였으니, 어찌 옛날 인도에서 가섭이 아자세왕을 이별한 섭섭함[120]과 일찍이 중국에서 노자가 함곡관 수문장을 하직하던 탄식[121]뿐이겠는가. 다음날 어깨로 메는 수레를 타고 오룡산(五龍山)에 이르러 턱으로 제자들을 모이게 하고 말하기를, "부처님의 엄한 가르침이 있으니 너희들은 힘써 노력하라."고 하였다. 청태(淸泰) 3년(936, 태조 19)[122] 8월 17일 밤에 오룡산사의 법당에서 입적하니,

---

116) 龍旆 : 용을 그린 旗. 왕이 出行할 때 前騎가 드는 깃발.

117) 馬津 : 禮山縣을 말함(『新增東國輿地勝覽』卷20, 예산현).

118) 螭頭 : 螭首. 궁궐의 섬돌이니, 여기서는 임금이 起居하는 집이라는 의미로 쓰임.

119) 雞足 : 雞足山. 摩訶迦葉이 열반한 산. 중인도 마갈타국에 있음.

120) 迦葉別闍王之恨 : 가섭이 阿闍世王을 이별한 섭섭함. 『景德傳燈錄』卷1, 阿難傳에 의하면 가섭이 아니고 아난이어야 하는데 비문 찬자인 崔彦撝가 가섭의 사실로 혼동하였다. 아난이 열반 직전에 阿闍世王에게 고별 인사를 하러 갔으나, 마침 왕이 잠을 자고 있었기 때문에 문지기에게 拜謁을 거절당했다. 아난은 할수 없이 왕이 깨어나거든 내가 마지막으로 인사차 다녀갔다고 전해 달라고 부탁하고는 恒河中流에서 입적하였다.

121) 伯陽辭關令之嗟 : 伯陽(老子)이 關令을 하직한 슬픔. 관령은 戰國時代 秦人 尹喜이다. 函谷關尹을 역임하였고, 노자에게서 『道德經』五千餘言을 받았다(『史記』卷63, 列傳3 老子韓非傳).

122) 淸泰三年 : 淸泰는 2년까지뿐이므로 淸泰 3년은 天福 1년으로 정정되어야 할 것이다. 天福은 後晉 高祖의 연호(936~943)이고, 천복 1년은 고

속년은 67세, 법랍은 48세였다. 이 때 태양은 참담했고 바람이 슬퍼
했으며, 구름도 슬퍼하였고, 물도 울었다. 문하승 등이 사모하는 마
음을 가눌 수 없어 모두 간절히 부둥켜안고 울었다. 그 달 20일 시
신을 본산에 옮겨, 절 서편 봉우리에 안장했는데, 절에서 삼백여 보
거리로서, 대사의 유언에 따른 것이다. 사인(士人)과 서인(庶人)들
이 내를 메우고 향과 꽃은 계곡에 가득했으며, 대사를 떠나 보내는
데 성대함이 옛날에 없던 일이었다. 임금은 돌아오면서 사방을 순
행하다가 갑자기 대사가 죽었다는 소식에 접하고, 대들보가 부러지
는 듯한 아픔을 느꼈으며, 거울을 잃은 듯한 슬픔이 더하였다. 이로
부터 친관(親官)에게 특별히 명령을 내려 멀리서 조제(弔祭)를 베
풀었다.

　대사는 풍채123)가 하늘에서 빌린 것 같고, 지혜는 날마다 새로워
서, 태어나면서부터 알아서 여러 묘함을 마음에 모았고, 전생에 선
근(善根)을 심어124) 현묘한 기틀을 신령한 가운데 간직하였다. 그러
므로 잘 인도하는 것을 일삼아 은미한 말을 이야기했고 어리석은
자125)를 이끌어 불성의 바다에 귀의케 하였으니, 그 어찌 산이 빛나
고 냇물이 아름다워서 빼어난 기운을 피하기 이려움과 같지 않겠는
가. 이런 까닭에 승광산(勝光山)126)으로부터 시작하여 수미산127)에

　려 태조 11년(936)이다(『海東金石苑』, “案東國通鑑 淸泰三年 王建立 改
　　號高麗 改元天授 至二十年 始行後晉年號 是王建初立 未敢用其僞號
　　故碑首乃書 唐淸泰四年 實則唐潞王從珂於三年 已爲石晉所簒 改元天
　　福 其四年 已是天福二年矣 高麗未及知 而乃沿用耳”).
123) 風神：風采精神의 준말.
124) 宿植：宿植善根의 준말. 숙세, 즉 前生부터 많은 善根을 심었다는 말.
125) 蒙泉：몽매한 중생이란 뜻이니, 중생은 貪嗔痴 三毒心이 항상 물처럼
　　솟아 일어나므로 泉字로 표현하였다.
126) 光山：金海府知軍府事 蘇律熙가 眞澈大師 利嚴에게 절을 짓고 머물게
　　한 勝光山을 말함.

서 돌아가실 때까지 양쪽 지역에서 머물며 깊이 간직한 보배128)를 각각 나누고 삼하(三河)에 머물며129) 마니의 보배130)를 보였다고 이를 만하다. 전업(傳業)제자인 처광(處光), 도인(道忍), 능비(能朏), 숭경(慶崇)은 모두 뛰어난 제자의 위치에 나란히 오르고 다 함께 마음으로 전한 법을 보전한 이들이다. (이들은) 한편으로는 공자131)와 같은 스승을 잃은 슬픔을 잘 이겨 나가고 다른 한편으로는 공자의 제자 복상(卜商 : 子夏)132)과 같이 스승께서 전한 일을 굳게 잘 돌보았는데 한으로 여기는 바는 보탑은 비록 솟았으나 크게 비문을 새기지 않은 것이었다. 그러므로 재가제자인 좌승상 황보제공(皇甫悌恭), 전 왕자 태상 왕유(王儒), 전 시중 태상 이척량(李陟良), 광평시랑133) 정승휴(鄭承休)에게 불후의 인연을 [새길 수 있기를] 부탁하였는데, (이들은) 모두 일찍이 하(夏) 우왕(禹王)이 솥을

---

127) 彌嶺 : 廣照寺가 있던 黃海道 海州에 있는 須彌山을 말함.

128) 韞匵之珍 : 궤 속에 감추어 둔 보배란 말로, 여기서는 진철대사 이엄의 법을 비유한 것임(『論語』 子罕篇, "子貢曰 有美玉於斯 韞匵而藏諸 求善賈而沽諸 子曰 沽之哉 沽之哉 我待賈者也").

129) 戾止三河 : 戾止는 거주하다, 머물다의 뜻이고 三河는 중국의 河南·河東·河內를 가리킴. 이는 眞澈大師 利嚴이 중국 입당유학시 행각한 지역을 가리키는 것으로 보임.

130) 摩尼之寶 : 摩尼는 범어 mani의 음역으로 末尼라고도 함. 珠·寶珠라고 번역하며 摩尼珠·摩尼寶라고도 한다. 일반적으로 摩尼에는 불행과 재난을 없애 주고 濁水를 청정하게 하는 등의 德이 있다고 한다. 특히 무엇이든 하고자 하는 대로 가지가지의 珍寶를 내는 덕이 있는 보주를 如意寶珠라고 일컫는다.

131) 尼父 : 공자의 존칭.

132) 卜商 : 春秋時代 衛人, 字는 子夏. 孔子의 제자로 文學과 詩學으로써 稱名됨. 공자가 죽은 후 西河에서 가르침으로 직업을 삼았다. 그리하여 魏나라의 文侯師로 초빙되었고, 아들이 죽어 곡하다가 시력을 잃기도 하였다.

133) 廣評侍郎 : 고려의 중앙관부로 百官을 총괄한 廣評省의 次官.

만들어134) 상징으로 삼던 선정을 본받았고 은(殷) 탕왕(湯王)이 배를 운항하듯135) 조심스럽게 다스렸으니 진실로 어진 나라의 금탕(金湯)136)이요, 또한 법성(法城)의 방벽이었다. 소현대통(昭玄大統)137) 교훈(敎訓)과 쇠를 끊을 정도의 깊은 우정138)으로 서로 응하여 법은에 깊이 감사하며 대명(大名)을 내려주어 선교(禪敎)를 빛내기를 청하니 조(詔)를 내려 허락하였다. 그러므로 추시(追諡)하여 진철대사(眞澈大師)라 하고 탑명을 보월승공지탑(寶月乘空之塔)이라 했으며, 거듭 하신에게 명하여 높은 행적을 드날리게 했다.

언위는 재주가 (뛰어나지 못하여) 연석(讌石)139)에도 부끄럽고 배움은 반딧불에게도 빛을 사양할 정도이다. (그런데) 한량 있는 미약한 재주로서 무위의 큰 행적을 기록하니, 아득함은 뗏목이 바다를 항해하는 것과 같고 어려움은 산을 기어오르는 것보다 심하다. 가만히 헤아려 보니 대사(대사의) 행적이 높고 깊어서 그 끝을 알

---

134) 早調夏鼎 : 夏鼎은 夏나라 禹王이 九州의 쇠를 모아 만든 아홉 개의 솥으로 傳國의 寶器. 여기서는 禹王의 善政을 상징함. 일찍이 하정을 살폈다는 것은 우왕의 선정을 본받아 爲國治民하였다는 뜻.

135) 常艤殷舟 : 항상 은나라 湯王이 나라를 다스리는데 마치 배를 몰고 부두에 대는 것과 같이 신중하고 조심스럽게 했다는 뜻으로, 곧 爲民政治하는 賢官을 찬사하는 말.

136) 仁國之金湯 : 인국이란 仁을 위주로 하는 나라라는 뜻. 금탕이란 金城湯池의 준말이니 매우 견고한 城壁과 깊고 넓은 垓字를 말함.

137) 昭玄大統 : 소현은 중국 北魏時代 이래 僧尼를 총괄하던 昭玄寺이고, 대통은 僧官으로 그 곳의 최고 책임자를 말한다. 이 승관제도는 신라시대에 수용되어 고려 초기에도 사용되고 있었던 것이다.

138) 斷金相應 : 화합하는 굳은 믿음. 斷金이란 쇠를 끊는다는 말이니, 두 사람의 우정이 쇠를 끊을 정도로 굳음을 비유한 것임(『易經』 繫辭上, "二人同心 其利斷金").

139) 讌石 : 燕石. 중국 燕山에서 나는 玉 같으나, 사실은 옥이 아닌 돌을 말함. 사이비적인 것, 내실은 없으면서 허식을 일삼는 사람 또는 참됨이 없는 사람 등을 비유함.

수 없었다. 제자인 현조상인(玄照上人)은 일찍부터 부처님의 말씀[140]을 전하고 스님의 말씀을 몸소 받든 분으로서, 비문 짓는 일을 독촉하고자 여러 번 나의 집에 들렀었다. 그러므로 얻지 못했던 것을 얻고 듣지 못한 바를 들었으니, 비유하자면 맑은 달이 허공에서 노는 것과 같고, 거센 폭풍이 불어 구름을 없앤 것과 같아 오직 돈독한 뜻을 감히 진술하여 엄숙히 이룬 공을 찬양하였다. 바라는 바는 비석의 글을 읽고 임금이 스승을 잃고 한스러워함을 느끼고, 큰 비석을 바탕으로 삼아 문인들이 배움이 끊길 것을 근심함을 탄식하는 것이니, 말을 삼가지 않고 그 일을 바로 쓴다.

　명(銘)에 이르기를,

　선종의 계승자는
　대대로 서로 이어 그 모습이 당당하니,
　사람 중의 사자(師子)이고
　세상의 법왕(法王)이로다.
　현문(玄關)의 문지방과
　깨달음에 이르는 나루터가
　멀리 천축으로부터
　와서 우리 나라를 교화했도다.

　위대한 우리 스님이
　이 나라에 태어났으니,
　무슨 비루함이 있겠으며

---

140) 金口 : 부처의 말씀. 그의 말씀은 만세에 없어지지 않는 진리이고 금강과 같으므로 금구라 하고 또 금빛 입으로 하는 말이므로 그렇게 말한다.

어찌 이하(夷夏)를 논하랴.
얼음 같은 모습에 눈 같은 피부이나
말은 온화했으며,
뗏목을 타고 건넘이여
험한 바다를,
도를 물음이여
운거(雲居) 아래에서

명(命)을 받아 입실(入室)하여
마음을 전해 받았고,
도(道)의 숲 속에 머물며
선림(禪林)을 숭앙하였도다.
큰 파도를 헤치며 본국에 돌아와
홀연히 알아주는 이를 만나
궁궐에 오르니
흠모하고 숭앙함이 특별히 깊었도다.

바닷가에 땅을 골라
조계(曹溪)의 자취를 이으니,141)
오직 우리에게 길을 인도하는 스님을
자부(慈父)라고 말할 것이다.
홀연히 입적함142)을 한탄하니

---

141) 接武 : 발걸음이 接觸하여 彼此相近함이니, 前人의 법을 계승함을 말함.
142) 泥洹 : 梵語 Nirvāṇa의 音譯. 涅槃이라고도 한다. 寂滅·滅度라 意譯한
다. 解脫과 같은 말로 타오르는 번뇌의 불을 滅盡해서 깨달음의 지혜인
菩提를 완성한 경지를 말한다. 또 이 세상에 사람으로서 나타난 불타, 특
히 석가모니의 육체의 죽음을 열반이라고도 한다. 여기서는 승려의 죽음

하늘이 법우(法雨)를 거두심이라,

시호(諡號)를 내리심이여

법은(法恩)에 감동함이며,

자애(慈愛)가 흐름이여

광조사(廣照寺)의 선우(禪宇)를 빛내도다.

청태(淸泰) 4년[143](937) 10월 20일 세우다. 글자를 새긴 이는 군윤(軍尹) 상신(常信)이다.[144]

(역주 : 심 재 석)

을 의미함.

143) 淸泰四年 : 淸泰는 2년까지 뿐이므로 청태 4년은 天福 2년으로 정정되
    어야 할 것이다. 천복은 後晉 高祖의 연호(936~943)이고, 천복 2년은 고
    려 태조 12년(937)이다(『海東金石苑』, "案東國通鑑 淸泰三年 王建立 改
    號高麗 改元天授 至二十年 始行後晉年號 是王建初立 未敢用其僞號
    故碑首乃書 唐淸泰四年 實則唐潞王從珂於三年 已爲石晉所纂 改元天
    福 其四年 已是天福二年矣 高麗未及知 而乃沿用耳").
144) 刻字 軍尹 常信 : 葛城末治는 刻字軍 尹常信으로 해석(1935, 『朝鮮金
    石攷』, 大版屋號書店, p.290). 그러나 '刻字는 軍尹인 常信이 하다'로도
    해석이 가능할 듯함. 軍尹은 고려 초기의 官階名으로 16等級 중 제15위
    이며, 9품에 해당한다.

2. 서운사 요오화상 진원탑비

……不可湏[1]있으면서 있지 아니하고……

화상의 이름은 순지이다. 속성은 박씨로 패강[2] 사람이다. 할아버지와 아버지는 모두 가업이 웅호하였다. 대대로 변방 장수가 되어 충실하고 부지런하다는 칭찬이 향리에 퍼져 있었다. 어머니는 소씨이다. 여자답고 어머니다운 [모습으로 훌륭하다는 칭찬이 마을에 자자했다. 임신했을 때 자주 문수보살[3]이 꿈에 나왔고, 해산할 때엔 이상한 상서가 많았다. 옛 현인들도][4] 그러했다고 하는데 지금 또

---

1) 不可湏 : 잘못 들어간 부분으로 추정된다.
2) 湏江 :『三國史記』卷37, 地理4 高句麗條에 "以湏水則大同江是也"로 나오고 있어 고조선시대부터 지금의 대동강을 가리키며, 한편으로는 禮成江을 지칭하기도 한다(李基白, 1968, 「高麗 京軍考」『高麗兵制史研究』, 일조각, p.47). 이 지역에는 宣德王 3년(782)에 軍鎭이 개설되어(『三國史記』卷40, 職官下 外官 湏江鎭典) 9세기 말 후삼국시대의 궁예의 세력권 속에 들어갈 때까지 백년 이상 지속되었다. 그래서 이 진은 정치, 군사적 비중이 커서 9세기경에는 州나 小京과 대등한 존재로 간주되었다. 특히 왕건의 세력 집단의 인적 구성에서 이 지역 출신자가 많이 들어 있다(李基東, 1980, 「新羅下代의 湏江鎭」『新羅骨品制 社會와 花郎徒』, 한국연구원, p.209).
3) 吉祥 : 문수보살을 의미.

징험한 것이다.

 죽마놀이를 할 나이가 되어서는 점차 대승의 도량이 있어, 무릇
장난을 칠 때에도 반드시 예사롭지 않은 일이 드러났다. 10살이 되
자 정성스레 배우기를 좋아하였다. [글을 짓고 뜻을 읊음에는 청운
을 능가하는 기개를 보였고, 사리를 분석하여 깊은 진리를 이야기
할 때엔 거울을 마주 비추는 것과 같았다.] 약관의 나이에는 도의
싹이 일찍 익어 시끄러운 곳에 있기를 싫어하였으며, 조용하고 고
요한 가운데에 노닐기를 좋아했다. 마침내 양친에게 고하여 장차
승려가 되고자 하였다. 그 뜻을 꺾을 수 없어서 [부친이 허락하였다.

 곧 오관산에 가서 머리를 깎고, 이어 속리산에 가서 구족계를 받
았다. 행동은 묶은 풀이 끊어질까 염려한 비구와[5] 같았고 마음은
거위를 보호하고자 한 비구[6]에 견줄 만했다.] 이어 공악에 갔다가,
문득 신인을 만났는데, 절(化城)[7]에 머물 것을 요청받았다. 절 모습
은 [도솔천[8]]과 같았다. 인연에 따라 법을 설하는데 잠깐 사이에 다

---

 4)『祖堂集』을 통해 복원하였다.
 5) 行同結草 : 草繫懸心과 같은 말. 풀에 얽매인 比丘처럼 항상 마음에 持
   戒精神을 가져 놓지 않는다는 말. 옛날 인도에서 비구들이 길을 가다 도
   적떼를 만나 옷을 빼앗기고 벗긴 채 풀에 묶였다. 도둑은 가 버렸지만 비
   구들은 풀을 끊어 다치게 하는 것도 살생이라 여겨 그냥 묶인 채로 뜨거
   움과 굶주림을 참고 있었다. 때마침 왕이 사냥 나와 이를 보고 크게 감동
   하여 불교에 귀의를 했다고 한다. 이는 禁戒의 중요하고 엄격함을 비유
   한 이야기이다(『賢遇經』).
 6) 護鵝 : 한 비구가 거위가 寶珠를 먹은 것을 알고 그 거위를 죽일까 하여
   스스로 그 죄를 지고 거위를 구한 것(『大莊嚴結論』권11).
 7) 化城 : 法華 七喩의 하나. 小乘의 열반에 비유한 것. 戒疏 一上에 "鈍은
   世報를 인용하여 權으로 화성을 示한다. 리로운 사람은 慧로 資成하여
   문득 寶所에 이른다"고 한다. 원래 화성이란 일시에 化作하는 생각이다.
   여기서는 번뇌를 막아 주는 안식처로 절을 지칭한다.

사라져 버렸다. 만일 덕이 지극하고 행실이 원만한 이가 아니면 그 누가 이럴 수 있으랴.

대중 12년(858, 헌안왕 2) 개인직으로 바램이 있어] 중국에 가기를 [원하였다.] 중국에 가는 사신을 따라 바다를 건넜다. 한 척의 배를 타고, 만경창파를 건너는데도, [조금도 두려워하는 마음이 없이 까딱 않고 선정에 들어 있었다. 곧장 앙산 혜적화상에게 가서 발 아래에 절을 하고, 제가가 되기를 원하였다. 화상은 너그럽게 웃으면서 말하였다. "오는 것이 어찌 이렇게 늦으며, 인연이] 어찌 그리 늦는가? 이미 뜻한 바가 있을 터이니, 그대 마음대로 머물라."

선사께서 그의 곁을 떠나지 않고 [깊고 깊은 종지를 물었다. 마치 안회가 공자 곁에 있는 것 같고 가섭이] 부처님의 앞에 있는 것 같이 하니, 그 때에 모였던 대중들이 매우 감탄하였다. 어느 날 갑자기……우리 스승에게 전하니 스승과 제자의 서로 이음이 계속되어 끊이지 않았다. 선사는……

"미혹된 자의 정체됨은 만겁에 있고 깨달은 자의 깨달음은 순식간에 있다. 견성(見性)은 너의 마음에 달려 있는 것이니 나의 설을 거듭……"

……하지 않으니……경경하고 오봉(鼇峯)을 가리키어 도리어 옛 동산에 이르러 크게 선교를 여니 보배로운 달이 밝고 자애로운 등……

---

8) 兜率天 : 欲界 六天의 第四天. 兜術이라고 하며, 上知, 妙足, 喜足, 知足 이라고 번역한다. 수미산 꼭대기에서 12만 由旬되는 곳에 있는 천계로서 七寶로 된 궁전이 있고 하늘 사람들이 살고 있다고 한다.

[건부9) 초에 송악군의 여자단월인] 원창왕후10)와 그 아들인 위무대왕11)이 오관산 용암사12)를 시주하자 곧 가서 머물렀다. 그 절은 곧 고려의 이름난 구(區) 중의……[지금의 서운사로 고쳤다.]

건부년간에 절 건물을 [넓히려 하나] 땅이 좁고 치우쳐 옛 터로부터 1리 되는 곳에 따로이 길하고 상서로운 (곳)을 점쳐 구릉을 다스리고……. 경문대왕13)이 자주 편지를 내려 공손히 우러르니……헌강대왕14)이 친히 법의 교화를 이어 길이 존엄을 받들었다. 섭마등이 낙양에 들어온 해15)와 강승회가 오나라에 간 날16)에 대한 만남을 말하니 그것은 실로 많은 부끄러움이었던지라. 그 밝음은 해와 달과 더불어 빛남을 다투고, 은혜로운 빛을 짊어짐은 고금에 짝할 바 없더라.

홀연히 중화년간17)에 전해 듣기를 (헌강왕이) 승하했다고 하니18)

---

9) 乾符 : 唐 僖宗의 연호(874~879).
10) 元昌王后 : 고려 태조의 조모인 龍女. 이에 관해서는 『高麗史』 卷1, 世家1, 太祖 2년 3월의 "辛巳 追諡三代 以曾祖考 爲始祖元德大王 妃爲貞和王后 祖考爲懿祖景德大王 妃爲元昌王后 考爲世祖威武大王 妃爲威肅王后"에서 알 수 있다.
11) 威武大王 : 고려 태조의 아버지인 龍建.
12) 龍嚴寺 : 『祖堂集』에 의하면 이 절이 瑞雲寺이다.
13) 景文大王 : 新羅 48대 왕(재위 861~875). 諱는 膺廉. 희강왕의 손자.
14) 獻康大王 : 新羅 49대 왕(재위 875~886). 諱는 정.
15) 摩登~之年 : 섭마등이 낙양에 들어간 날로 後漢 明帝 永年 10年(67).
16) 僧會~之日 : 강승 회가 吳나라에 들어간 날로 吳 孫權 赤烏 10年(247)이다.
17) 中和 : 唐 僖宗의 연호(881~884).
18) 上僊 : '僊'은 仙과 같으며 신선이 되어 올라간다는 의미. 이는 貴人의 죽음을 이른다. 여기서는 憲康王의 죽음을 의미한다.

이에 문인을 보내 금과 옥을 보내어 법은을……데 도왔다.

경복19) 2년 3월(893, 진성여왕 7)에 하교에 응하여 서울로 가 금구20)를 마주 날리니……군왕(群王)이 우리리 공경하고 선비들이 기뻐하였으니 말하자면……불일(佛日)21)이 다시 중천에 뜬 것이요, 우담화가…….

……입적하니 향년 65세요, 법랍이 4□……심신(心神)에 살펴 바로잡아 관대함과 용감함을 드러내고……또……대덕 준공이 행장을 바쳤다.……

전왕의 도는 황제(黃帝)22)를 뛰어넘고 덕(德)은……에 두루 미치니……선사가 오랫동안 머물러 나라의……이 크게……지금 임금23)의 덕은 순임금이나 우임금과 같고 은혜는 하늘과 땅에 두루 미치며, 불교를 높이 받들어……산하(처럼) 영구하기를 (빌며), 문득 두서없는 말로24) 이루어 감히 비명을 짓는다.

……뛰어난 대사여. 현문을 단박에 깨달으니 마치 등이 어둠을 깨는 것 같고 달이 어둠을 여는 것 같아, 많은 중생이……이겨……인간세상을 구제하였다. 갑자기 죽어 유연히 멀리 떠나니, 세계가

---

19) 景福 : 唐 昭宗의 연호(892～893).
20) 金口 : 부처님의 말씀.
21) 佛日 : 『열반경』에 나오는 말로 부처의 자비는 무궁무진해 모든 중생에게 빠짐없이 널리 미친다는 뜻이다. 즉 해가 어둠을 없애 주는 것처럼 부처는 중생의 번뇌를 없앨 수 있기 때문이다.
22) 軒后 : 중국 전설상의 黃帝.
23) 今上 : 新羅 眞聖女王 내지 高麗 太祖.
24) 蕪詞 : 두서없는 말이며 자기 문장의 겸칭.

슬퍼하고……이 높은 산이 이미 무너졌음을 슬퍼하니 내 장차 어찌
우러를 것이며……참새가……하늘의 무너짐……
  인가 사자 대덕인 제석원[25]의 중…….

  국주대왕이 중수하신 죽은 요오화상비명 후기.

  여비현[26] 제치사 원보 검교상서 좌복야 겸 어사대부[27]……

  대체로 '주(周)나라 왕실은 궁전에 임해 능히 엄한 스승의 도를
받들었으며, 한(漢)나라 조정은 천명을 고치고 열심히 조사(祖師)를
받드는 기풍을 닦았다.'고 들었다. 그로 인하여 스스로 큰 왕통[28]을
유지하고, 보력의……을 높이 내걸어(歷年을 오래 끌어가)……

  엎드려 생각하건대 대왕[29] 전하는 日□가 상서로움을 드러내고,
용안은 경사로움을 자아내어, 세상을 구제하고 백성을 편하게 할
묘책을 품었으며, 나라를 보존하고 끊긴 후사를 잇게 해 줄 뛰어난
계책을 간직하셨습니다. 그러므로 복받은 땅을 얻어……북궐(北闕)
에서 지존의 자리에 앉고, 동명(東溟)에서 왕위에 오르셨습니다. 그
리하여 외국은 왕에게 귀순하는 조공을 보내 오고, 중국은 성군에
하례하는 예의를 바쳤습니다.

---

25) 帝釋院 : 고려 태조가 창건한 절.
26) 如羆縣 : 개성 근처 송악군에 있던 현으로 광종대 불일사가 설치된 곳이
   다(『三國史記』卷35, 地理2 松岳郡, "如羆縣 本高句麗若豆恥縣 景德王
   改名 今松林縣 第四葉 光宗創置佛日寺於其地 移其縣於東北").
27) 崔彦撝로 추정.
28) 丞圖 : 중국 황하에서 나온 河圖를 지칭. 丞은 丕.
29) 大王 : 高麗 太祖로 추정.

마침내……30)도산(塗山)의 회합31)에 모이게 하고, 삼천열국이 함께 천토(踐土)의 회맹(會盟)32)을 찾아가듯 했다. 그래서 별수(鼈岫)가 재앙을 만나자 마진(馬津)에서 죄를 물어 삼가 하늘의……갑옷을(?) 버리며 묶인 손을 풀어 헤쳐 양을 끌었다. 이 때문에 영험스런 위엄을 높이 들고, 신기한 활용을 잠시 움직여, 먼저 원악33)을 없애기를 마치 위나라 황제가 촉(蜀)을 멸망시키던 때와 같았다. ……오류(五流)34)로써 귀양보내 머무르게 하니, 백 가지 법도는 깨끗하게 되었다. 이는 다 원창왕후가 일찍이 좋은 인연(善因)을 심고, 위무대왕이 살아서 음덕을 쌓아 자비가 후손에까지 흐르고, 복이 후손에 입혀진 것이다.

이에 일찍이 『오서』35)를 읽고 앞서……엿보아……삼대를 영광스럽게 황제 자리에 앉았다. 이리하여 조고(祖考)의 존령에서 고묘(高廟)에 이르기까지 삼가 시법(諡法)에 따라 모두……위무대왕은 세상을 다스릴 만한 웅재(雄材)이자 구름을 뛰어넘을 만한 호기로 나라를 걱정하고 집안을 잊는 뜻을 품고, 백성을 위로하고 죄인을 치는 생각을 지닌데다가 삼가 절(仁祠)36)을 베풀었다.

---

30) 모든 판본에는 없으나 내용상 결락으로 추정.
31) 塗山之會 : 周 穆王이 도산에서 제후를 회합한 일. 도산은 지금의 安徽省 懷遠縣.
32) 踐土之盟 : 魯 僖公이 천토에서 晉侯, 齊侯, 宋公, 蔡侯, 鄭佰, 衛子 등 제후를 모아 회맹한 일. 천토는 鄭나라 땅으로 현재의 河南省.
33) 元惡 : 궁예나 견훤을 지칭.
34) 五流 : 다섯 가지의 귀양. 이는 流, 放, 竄, 殛, 하나는 미상(『書經』舜典).
35) 吳書 : 周나라 吳起가 쓴 兵書로 여겨짐.
36) 仁祠 : 절의 다른 이름.

□선화상은 도(道)가 능가에서 으뜸이고 이름은 중국37)에서 높은 사람으로, 새로 앙산(仰山)의 심인(心印)을 차고 멀리 가섭의 종지를 선양하였다. 천지(天池)에서 노를 돌려오고 일(日)……에서 삿갓을 쓰고 올 때에 미쳐서는……성고대왕38)이 멀리 자헌(慈軒)을 기다려서 곧 예우를 갖추어 길옆에 나아가니 함께 이야기하는데, 정이 제자와 같았고, 각별히 존경하여 예가 스승으로 모신 것보다 더했으니, 이는……황공하게도 원창왕후가 화상에게 오관(五冠)의 용암에서 주지해 길이 선나(禪那)의 별관(別館)으로 할 것을 청했다. 이 때문에 행차를 멈추어 곧 선림(禪林)에 안주했으니 어찌 경파(鯨波)39)를 압도하고……뿐이겠는가……양홍왕의 산고개에 뭇 현인이 다 모이고 많은 선비가 왔었다.

(그런데) 어찌 생각이나 했겠는가, 패수(浿水)에 병사가 일어나고 요양(遼陽)40)에 군대가 움직여 영웅이 각축하고 여러 지방은…… 화상은 운천을 보존하기 어려워 먼지 나는 길을 따라 호랑이 굴을 여러 번 지나 계림에 이를 수 있었다. 거기서도 돌아다닌 것이 3년이고 밥을 사방에서 빌어먹었다. ……바닷가에 있을 때 참으로 좌석에 가득찬 제자들이 사랑스러웠다.

얼마 뒤 갑자기 병환으로 인해 입적(大期)하였다. 이 때 보랏빛 말이 하늘에서 날고 흰 무지개가 해를 꿰었다. 문하생은 이 때문에……. 당(唐)나라에 들어간 사람은 많으나 본국으로 돌아온 자는 적

37) 華夏 : 중국.
38) 聖考大王 : 헌종대왕 내지 세조 왕용으로 추정.
39) 鯨波 : 한반도의 이칭.
40) 遼陽 : 한반도의 이칭.

었다. 비록 관(靈櫬)은 이미 옛 터에 돌아왔으나 법당(法堂)은 현관 (玄關)이 오랫동안 닫혔었다. 다행히 일순간에……상족제자인 영광 선사(令光禪師)가 항상 정주(頂珠)를 보호하고 일찍이 심인을 전수 받았는데 자애스런 얼굴을 회상하고 한을 마시며 가르침(法乳)을 생각하고……임금(宸鑒)에게 알리자 혜운상인에게 명하길,

삼가 이 비석을 예우하여……굳이 사양하다가 공손히 왕의 뜻을 받들어 삼가……나라를 건진 왕사(王師)의 교화를 알았고, 홀연히 지옥에서 벗어났으니 마귀를 굴복시킨 부처의 가르침의 위력에 감 사를 했다. 문제자나 문손에 있어서는……사백(師伯)의 은혜……. 이 비는 진한(辰韓)에서 만들어져 일찍이 국휘(國諱)가 쓰여져 있 었는데 이번에 조서를 받들어 추존한 것을 보충하고 합당하게…… 다 법식에 따라 아울러 서책에 드러냈다. 이제는 해와 달이 다시 밝 고 하늘땅이 다시 창조되어, 가는 곳마다 만백성은 즐거워하고 사 람이 사는 곳이면 모든 곡식(九穀)이……吐鳳, 지난달에는 행원(杏 園)에서 계수나무를 의지하고 이제는 화현(花縣)에서 갈대꽃에 머 물렀다. 저번에 외람되이 윤음을 받들고 기사를 변변치 않게 만들 었다. 바라는 것은……사모하는 정……반드시 길이 석문에 이름을 걸고 불교의 역사를 빛낼 것이다. (이에) 삼가 기록하였다.
청태[41] 4년(937, 태조 20) 8월 17일 기록하다

원주승(院主僧) 현급(玄及)
전좌승(典座僧) 낭허(郎虛)
유나승(維那僧)……

(역주 : 김인호)

---

41) 淸泰 : 後唐 廢帝의 연호.

3. 보리사 대경대사 현기탑비

고려국 미지산 보리사 고 교시 대경대사 현기지탑비의 명 서문과
아울러

태상1) 검교2)상서3) 좌복야4) 겸 어사대부5) 상주국6) 신 최언위7)

---

1) 太相 : 大相. 후삼국시대에서 고려 전기에 걸쳐 실시된 官階名. 처음 실
시된 것은 904년 궁예가 국호를 마진으로 고치면서 관제를 개혁할 때부
터이다. 그 후 고려도 태봉의 관제를 답습하다가 936년 후삼국 통일 후
관계를 재편성했는데, 이 때 16等級 중 제7위이며 4품에 해당한다.

2) 檢校 : 처음에는 중국 왕조에서 신라·고려의 국왕과 신하들에게 제수된
名譽爵號(勳號)였다. 신라에서는 경덕왕 때 佛事의 영조를 주관하는 官
號를 檢校使로 칭하기도 하였다. 훈관인 검교제가 채용되기 시작한 것은
고려 초 관제의 정비 과정에서였고 현종 때부터 왕자·종실·동서 양반
에게 수여되었다. 즉 고위 관직의 자리는 한정되어 있는데 승진 대상자
가 늘어나는 추세 속에서 이에 따른 한계를 극복하고 보다 많은 인원을
관직 세계에 수용할 필요성에서 마련된 직제로서 상층부에는 檢校職, 하
층부에는 同正職이 설치되었다(韓沽劤, 1969,「勳官 '檢校'考 - 그 淵源
에서 起論하여 鮮初 整備過程에 미침 -」『震檀學報』29·30합집).

3) 尙書 : 고려시대 尙書省의 정3품 관직. 형식상으로는 尙書 6部의 장관이
지만, 中書門下省의 宰臣이 각 부의 判事를 겸임하였으므로 그 기능은
매우 제한되어 있었다. 이 때문에 상서 6부가 독립성을 잃고 중서문하성
에 예속되는 결과가 나타나게 되었다.

4) 左僕射 : 고려시대 尙書省의 중앙본부라 할 수 있는 尙書都省에 딸린

가 교를 받들어 글을 짓다.

　문인 정조8) 상주국 단금어대9)를 하사받은 신 이환추10)가 교를
받들어 글씨와 전자의 제액을 쓰다.

　　정2품 관직.
　5) 御史大夫 : 고려시대 時政을 논하고 風俗을 교정하며 百官을 규찰 탄핵
　　　하는 일을 맡아보던 관청인 御史臺의 으뜸 벼슬로 정3품.
　6) 上柱國 : 고려시대 勳職의 하나. 흔히 벼슬은 官(官職과 官階)·爵·勳
　　　으로 구별된다. 이 가운데 훈은 국가에 공이 있는 사람에게 주는 명예직
　　　으로, 상주국은 바로 이 훈에 해당한다. 고려시대 훈직은 상주국과 柱國
　　　의 두 가지가 있었다. 문종 때에 상주국은 정2품으로 주국은 종2품으로
　　　하였는데, 충렬왕 이후에는 폐지되었다.
　7) 崔彦撝 : 신라 말·고려 초기의 문인으로 자세한 내용은 해제 참조.
　8) 正朝 : 고려 초기의 官階名. 16等級 중 제12위이며 7품에 해당한다.
　9) 丹金魚袋 : 魚袋는 公服에 딸린 물고기 모양의 장식물인데, 이 玉·金·
　　　銅 등으로 만든 魚形을 袋, 곧 주머니에 넣고 있었으므로 어대라고 일컫
　　　게 되었다. 어대는 원래는 단순한 장식물로서의 성격을 띠고 있었지만,
　　　시간이 지남에 따라 品階의 高下에 따라 차등적으로 지급되었다. 紫色
　　　公服에 金魚袋, 緋色公服에는 銀魚袋라는 식으로 公服制와 결합되어,
　　　공복과 함께 官人社會의 위계를 표시해 주는 표상물로 기능하였던 것이
　　　다. 이에 따라 紫金魚袋·緋銀魚袋 등 합성어를 해당 관직명 뒤에 병기
　　　하게 되었다. 우리 나라에서는 新羅 景文王 13년(873) 이후 憲康王 10년
　　　(884) 이전 무렵의 어느 시기부터 시행되었다고 한다. 高麗 光宗 11년
　　　(960) 3월 百官의 公服 규정에 의하면 '元尹 이상은 紫衫, 中壇卿 이상
　　　은 丹衫, 都航卿 이상은 緋衫, 小主簿 이상은 綠衫'으로 되어 있는데, 이
　　　러한 紫-丹-緋-綠의 공복제에서는 紫金·丹金(銀)·緋銀의 어대가
　　　있었다(李賢淑, 1992,「新羅末 魚袋制의 成立과 運用」『史學硏究』43·
　　　44합집 참조).
　10) 李桓樞 : 생몰년 미상. 신라 말·고려 초의 서예가. 글씨는 당나라 歐陽
　　　詢의 楷書를 기본으로 강렬한 필치가 돋보인다. 작품으로「菩提寺大鏡
　　　大師玄機塔碑」(939)와「毗嚧庵眞空大師普法塔碑」(939)가 있다.「廣照
　　　寺眞澈大師寶月乘空塔碑」(937)를 쓴 李奐相과 동일 인물로 추정된다.
　　　939년 작품을 쓸 당시 그의 벼슬은 '正朝 上柱國 賜丹金魚袋'와 '□□□
　　　□ 兵部大監 上柱國 賜丹金魚袋'이었다.

부처의 종지는 그 유래가 오래 되었다. 부처의 말씀[11]이 날로 퍼지고 성스러운 도가 열렸으니, 곧 8만 가지 제도하는 법문은[12] 삼매[13]를 거듭 비추고 장엄한 불토는 중생을 제도하였다. 최후의 열반할 때에 부촉하여 유독 법안[14]을 음광(가섭)[15]에게 주었다. 가섭이 받들어 주선하고 따로이 세상에 행하여 국다[16]에게 이르기까지 오로지 능히 수호하고 이 종지를 더욱 천명하여 눈을 마주침에 도가 존재하고 입이나 혀를 수고로이 하지 않았다. 많이 들어도 알 수 없으며 널리 지혜에 통달했다고 하여 알 수 있는 것이 아니다. 이에 달마[17]가 이 곳에 온 후로부터 본래 불법을 부촉할 데를 구하더니,

---

11) 伽譚 : 부처의 말씀.

12) 八萬度門 : 인도에서는 많은 수를 말할 때에 흔히 8만 4천의 수를 들며, 줄여서 8만이라 함. 팔만도문은 중생을 제도하는 법문이 많은 것을 말함.

13) 三昧 : 범어 Samādhi의 音譯. 三摩之·三摩提·三摩帝 라고도 음역하고, 等持·正·正定·定意·調直定 正心行處라 번역한다. 마음을 한 곳에 둔다는 뜻. 等持라는 역어는 等은 마음이 들뜨고(掉擧) 가라앉음(惛沈)을 여의어서 편안한 것이며, 持는 마음을 하나의 대상에 머무르게 한다는 뜻이다. 곧 마음이 하나의 대상에 집중해서 산란하지 않은 상태를 가리킨다.

14) 法眼 : 五眼의 하나. 현상계의 온갖 事理를 분명하게 비추어 아는 지혜의 눈.

15) 飮光 : 범어 Kāśyapa의 意譯. 龜氏라고도 하고 迦葉이라 音譯함. 부처의 10대 제자 중 1인. 부처 입멸 후 經과 律에 대한 제1차 結集을 주관하였으며, 부처와의 사이에서 있었던 이른바 '拈華微笑'로 禪家에서 付法藏 제1조로 높이 추앙됨.

16) 鞠多 : 西天祖師인 憂波鞠多. 범어 Upagupta의 音譯. 佛法을 전해 받은 제4조로 아쇼카왕의 스승이다.

17) 達摩 : 達磨. 범어 Dharma의 音譯. 처음에는 達摩였으나 나중에 達磨라고 쓰였다. 중국 南北朝時代의 禪僧으로 중국 禪宗의 시조이다. 梵名은 Bodhidharma라 하고 菩提達磨라 음역하는데, 달마는 그 약칭이다. 南印度 香至國의 셋째 왕자로 성장하여 대승불교의 승려가 되어 禪法에 통달하여 般若多羅 尊者의 법을 이은 뒤 벵골만에서 배로 떠나 중국 廣東

혜가[18]가 눈 위에 서서 정성을 다함에 드디어 심인을 전수하였다.
그 후에 불법이 동으로 전해지고 자애로운 구름이 널리 뒤덮였다.
이로 말미암아 조계(6조 혜능)[19]의 문하에서 가장 뛰어난 이는 남

에 이르렀다. 그리고 지금의 남경인 金陵에 가서 梁 武帝를 만났다. 그
러나 불교의 현세적 이익에 관심이 많았던 그를 떠나 양자강을 건너 魏
나라로 가서 崇山 少林寺에 들어가 9년 간 面壁修道하였다. 이 곳에서
雪中에 斷臂求法의 의지를 보인 제자 慧可에게 법을 부촉하고 그 傳法
의 증명으로서 한 벌의 가사를 내렸으며 求那跋陀羅(394~468)가 번역
한 『楞伽經』 4권을 전했다고 한다. 달마의 사상은 그의 유일한 친설인
『二入四行論』에 나오는 二入四行說에 집약되어 있다. 二入은 理入과
行入의 두 가지로 구성되어 있는데, 이입은 불타의 근본 종지를 깨달아
모든 중생이 범인이나 성인을 막론하고 同一眞性을 本有하고 있다는 사
실을 믿는 것을 말한다. 행입은 네 가지 실천행을 말하니, 바로 報怨行
(빚을 갚는 행)·隨緣行(인연에 따르는 행)·無所求行(구하는 바가 없
는 행)·稱法行(이치에 계합된 행)이다. 시호는 圓覺大師.
18) 惠可 : 慧可(487~593). 중국 禪宗의 제2조. 幼名은 神光, 속성은 姬. 北
魏 正光 元年(520) 40세에 崇山 少林寺로 菩提達磨를 찾아가서 눈 속에
앉아 가르침을 구하였으나 허락하지 않으므로, 자신의 왼팔을 끊어 굳은
求道의 뜻을 보였으며, 결국 安心問答으로 크게 깨달았다고 함. 달마에
게 心印을 전수받아 후일 北齊 天保 3년(550)에 제자 僧璨에게 법을 전
수하였다. 鄴都(河南省)에서 34년 간 설법하고 크게 종풍을 떨쳤다. 시
호는 正宗普覺大師·大祖禪師.
19) 漕溪 : 廣東省 曲江縣 東南에 있는 시내. 六祖 慧能이 이 곳에 머물러
크게 禪法을 일으킴. 따라서 조계라 하면 흔히 육조혜능(638~713)을 지
칭함. 혜능의 이름은 처음에는 能大師로 쓰이다가 차츰 惠能에 이어 慧
能으로 쓰였다. 중국 선종의 제6조로 추앙됨. 본래 그의 집안은 范陽의
명문 盧氏 가문이었는데, 일찍이 아버지가 당시 변방인 廣東省 新州로
좌천되었기 때문에 거기서 태어났다. 속성이 盧氏여서 盧行者로 불렸다.
『金剛經』(또는 『涅槃經』)을 듣고 느낀 바가 있어 湖北省 蘄州 黃梅山
의 五祖弘忍을 찾아가 배웠다. 홍인 문하에서 8개월 가량 방아 찧는 생
활을 하다가 '本來無一物'의 시구를 지어 인가를 받음으로써, 홍인의
수제자 神秀(606~706)를 제치고 홍인으로부터 의발을 전수받고 마침내
선종 제6조가 되었다. 이후 嶺南으로 은둔하였다가, 유명한 '風幡問答'

악 회양20)이요 청원 행사21)였다. 행사를 이은 자는 석두 희천22)이
요, 희천을 이은 자는 마곡 보철23)이요, 보철을 이은 자는 운암 담

을 계기로 印宗法師(627~713)에게 삭발하였다. 이후 廣州의 法性寺와
韶州 曹溪의 大梵寺·寶林寺에 머물면서 설법 교화하였다. 神龍 元年
(705)경 唐王室에서는 慧能을 궁중으로 맞이하고자 曹溪로 중사 薛簡을
파견하였으나, 혜능은 병을 핑계로 가지 않았다. 이 때 설간과 혜능 사이
에 '坐禪'등에 관한 문답이 오갔다. 선종의 주요 경전인 『六祖壇經』은
그의 大梵寺 설법을 기록한 것이라고 한다. 혜능은 사후에 제자 神會의
활약으로 일약 長安 불교계에 유명해졌다. 혜능은 自性淸淨心의 자각과
無念·無住·無相의 반야 실천을 일체화하여 새로운 중국 선불교를 완
성시켜, 달마와 더불어 중국 선종사에서 가장 중시되고 있는 인물이다.
그는 당나라 때 처음으로 大鑒禪師라는 시호를 추증받았으며, 이어 송나
라 때 3번이나 추가 시호를 추증받았으니 大鑒眞空普覺圓明禪師가 그
것이다.
20) 讓 : 南岳懷讓(677~744). 金州(山東省) 安康人, 속성은 杜氏. 15세에 荊
州(湖北省) 玉泉寺의 弘景律師에게 출가하여 律藏을 배웠다. 曹溪로 六
祖 慧能을 찾아가 15년 동안 모시고, 그의 법을 이었다. 唐 先天 2년
(713) 南岳 般若寺에 들어가 30년 동안 있으면서 禪風을 선양하였다. 開
元(713~741) 중에 馬祖道一이 법을 이었다. 靑原行思와 함께 혜능의 2
대 제자가 되었는데, 후일 그의 法門은 중국 선종의 주류를 이루었다. 시
호는 大慧禪師.
21) 思 : 靑原行思(?~740). 吉州(江西省) 安城人, 속성은 劉氏. 어려서 출가
하여 六祖 慧能의 법을 이었다. 南嶽懷讓과 함께 혜능의 2대 제자로 칭
해짐. 후에 吉州(江西省)의 靑原山 靜居寺에 있으면서 종풍을 크게 떨
쳤다. 그의 遠孫으로 雲門宗·曹洞宗·法眼宗의 3계통이 출현하였다.
시호는 弘濟禪者.
22) 遷 : 石頭希遷(700~790). 靑原下 禪僧. 廣東省 端州人, 속성은 陳氏. 처
음에 慧能에게 갔다가 그가 입적하자 靑原行思에게 배움. 天寶(742~
756) 초에 衡山에 가서 石上에 암자를 짓고 항상 坐禪했으므로 石頭和
尙이라 불렸다. 藥山惟儼에게 법을 부촉함. 주로 湖南省에서 활동했으
며, 馬祖道一과 함께 2대 甘露門이라 불리운다. 종풍은 眞金鋪(『祖堂
集』 권4, 藥山惟儼章, "有一日造書 書上說 石頭是眞金鋪 江西是雜貨
鋪")이고 『參同契』(1권)·『草庵歌』(1권)를 남겼다. 시호는 無際大師.

성[24]이요, 담성을 이은 자는 동산 양개[25]요, 양개를 이은 자는 운거 도응[26]이었으며, 도응을 이은 자가 대사였다. 그러므로 그 제자와 제자가 서로 이어진 것을[27] 본바탕에서 볼 수 있으니 사람이 능히 도를 넓힌다 함은 이를 이름인져!

또 이르기를 대사의 법휘는 여엄이요 속성은 김씨이며 그 선대는 계림인이다. 먼 조상은 귀족[28]에서 나와 왕성에 번성하더니,[29] 그 후에 벼슬을 따라[30] 서쪽으로 가서 남포[31]에 이사해 살았다. 아버

---

23) 徹 : 麻谷寶徹(?~?). 南岳下 唐代 禪僧. 本貫·俗姓 미상. 출가 후 馬祖道一에게 배우고 그의 법을 이음. 山西省 蒲州 麻谷山에 머물면서 禪風을 고취함.

24) 晟 : 雲巖曇晟(782~842). 靑原下 禪僧. 鐘陵 建昌人, 속성은 王氏. 百丈懷海에게 20년을 배우고 후에 藥山惟儼에게 투탁하여 그의 법을 이었다. 湖南省 潭州 雲巖山에서 종풍을 떨쳤다. 문하에 洞山良价가 있다.

25) 价 : 洞山良价(807~869). 靑原下 禪僧. 浙江省 會稽人, 속성은 兪氏. 雲巖曇晟에게 배우고 그의 법을 이음. 江西省 豫章 洞山 普利院에서 종풍을 떨쳤다. 曹山本寂과 連稱해서 5家의 일파인 曹洞宗의 高祖로 추앙됨. 문하에 雲居道膺·曹山本寂·疎山匡仁 등 27인이 있다. 시호는 悟本大師.

26) 膺 : 雲居道膺(?~902). 曹洞宗 禪僧. 河北省 幽州人, 속성은 王氏. 洞山良价의 法을 잇고 江西省 洪州 雲居山에 들어가서 법을 선양함. 우리나라의 제자로는 雲住·麗嚴·逈微·利嚴·慶猷 등이 있다. 시호는 弘覺禪師.

27) 補處 : ① 主佛의 좌우에 모셔 둔 보살. ② 이전 부처님이 입멸한 뒤에 成佛해서 그 자리를 보충하는 이. 곧 부처가 될 후보자. 보살의 수행이 점점 나아가 최후에 도달한 보살로서의 마지막 자리. 일생만 지나면 바로 成佛하게 되므로 一生補處라 한다. 여기서는 후자의 의미로 쓰였다.

28) 華胄 : 귀족의 자손.

29) 蕃衍 : 자손이 늘어서 많이 퍼짐.

30) 隨宦 : 父兄이 타향의 관리가 되어 갈 때 子弟가 같이 임지로 가는 것.

31) 藍浦 : 충남 서해안에 있는 남포를 말함.

지는 사의인데 조상의 덕을 좇아서 오류32)에 이름을 숨겼다. 어머
니는 박씨인데 일찍이 낮잠을 자다가 이상한 꿈을 꾸었다. 놀라서
깨니 신령스런 빛이 집에 가득하였는데 얼마 안 되어 대사를 잉태
하였다.

　(대사는) 나면서 능히 말을 하였고 어려서도 장난을 좋아하지 않
았다. 나이 아홉에 속세를 떠나려는 뜻이 간절하니, 부모가 (대사
의) 구하는 바를 막지 못하여 곧 머리를 깎고 출가하도록 하였다.
무량수사33)에 가서 주종법사에게 의탁하였다. 처음 화엄34)을 읽으
며 여러 해를35) 지냈으니 귀히 여길 바는 반년 만에 10만 게를 암
송하였고 하루에 30명의 장정이 공부한 양에 필적한 것이었다. 광
명36) 원년(880, 헌강왕 6)에 비로소 구족계37)를 받았는데, 그 하안

---

32) 五柳 : 오류 선생. 晉의 陶淵明.
33) 無量壽寺 : 충남 부여군 萬壽山에 있는 절.
34) 雜華 : 雜花經. 華嚴經의 별칭.
35) 槐柳 : 원래의 뜻은 회화나무・느티나무를 말하나, 여기서는 槐律과 같
　　은 말로 보임. 槐律은 槐는 槐秋로 음력 7월인데, 1년에 한 번밖에 없으
　　므로 1년을 뜻한다. 또 律은 12音階로 역시 1년 12개월을 가리킨다. 律曆
　　(律歷, 曆法)은 1년 12개월의 陰陽季節에 관한 법칙이며, 『漢書』・『後漢
　　書』・『晉書』・『隋書』・『宋史』 등에는 律曆志가 있어 樂律과 曆法의 因
　　革을 다루고 있다.
36) 廣明 : 唐 僖宗의 연호(880~881).
37) 大戒 : 具足戒를 말함. 구족계는 모든 계율이 완전히 구비되었다고 하여
　　이름된 것이며, 이를 잘 지키면 열반의 경지에 다다를 수 있다고 한다.
　　具戒라 약칭하고 大戒라 하며, 比丘戒・比丘尼戒라고 한다. 梵語는
　　Upasaṃpanna로 鄔波三鉢那라 음역하고 近圓이라 번역하니, 열반에 친
　　근하다는 뜻이다. 비구・비구니가 지켜야 할 戒法으로 비구는 250戒, 비
　　구니는 348戒가 있는데, 이 戒를 받으려면 沙彌戒를 받은 지 3년이 지난
　　이로 몸이 튼튼하고 모든 죄과가 없으며, 나이는 만 20세 이상이며 70세
　　미만인 사람이어야 한다.

거38)를 지냄에 계율을 지키기를 죄수와 같이 하였다.39) 그러나 차
츰 교종40)을 알고 보니 진실이 아니었으므로, 마음을 현경(玄境)에
기울이고 눈을 보림(寶林)41)에 두었다. 이 때에 서쪽으로 향하여 숭
엄산42)을 바라보아 멀리 고승43)이 있다는 소문을 듣고, 홀연히 물
병과 지팡이44)를 가지고 조용히 가서 의탁하였다. 광종대사(낭혜화
상)45)가 비로소 (대사의) 처음 오는 것을 보고 바야흐로 뜻한 바를

---

38) 夏 : 夏安居. 安居는 범어 Varṣa, Vārṣika의 번역으로 雨期의 뜻. 인도에
   서 降雨期 3개월 간에 실시되는 불교승단의 특수한 연중행사를 말함. 곧
   음력 4월 16일부터 7월 15일까지 한 곳에 모여 외출을 금하고 수행하는
   제도이다. 이러한 하안거 외에 북방에서는 음력 10월 16일부터 정월 15
   일까지 冬安居라 하여 하안거와 같이 행한다.

39) 草繫如囚 : 草繫는 草繫比丘를 말함. 풀에 얽매인 比丘처럼 항상 마음
   에 持戒精神을 철저히 가져 죄수처럼 조심하고 삼갔다는 말. 옛날 인도
   에서 비구들이 길을 가다 도적떼를 만나 옷을 빼앗기고 벗긴 채 풀에 묶
   였다. 도둑은 가 버렸지만 비구들은 풀을 끊어 다치게 하는 것도 살생이
   라 여겨 그냥 묶인 채로 뜨거움과 굶주림을 참고 있었다. 때마침 왕이 사
   냥 나와 이를 보고 크게 감동하여 불교에 귀의를 했다고 한다. 이는 禁
   戒의 중요하고 엄격함을 비유한 이야기이다(『賢愚經』).

40) 敎宗 : 부처의 가르침을 言語와 文字를 빌어 깨달으려는 종파. 이에 대
   비되는 것이 禪宗이다.

41) 寶林 : 中國 廣東省 曲江縣의 寶林山(일명 六祖山·曹溪山·南華山
   등)을 말하며, 이 곳에 寶林寺(일명 南華寺 등)가 있어 六祖 慧能이 머
   물렀다. 여기에서는 禪宗을 뜻함.

42) 嵩嚴山 : 忠南 藍浦의 聖住山. 崇嚴寺·聖住寺가 있다.

43) 善知識 : 범어 Kalyāṇamitra의 번역. 바른 도리를 가르치는 자.

44) 瓶錫 : 물병과 錫杖. 瓶이란 화장실에서 사용하는 淨瓶과 水桶으로 사
   용하는 澡瓶이 있다. 이것은 三衣와 錫杖과 함께 비구가 행각할 때에 반
   드시 지참해야 하는 소지품이다.

45) 廣宗大師 : 朗慧和尙 無染(800~888)의 법호. 武烈王의 8대손으로 13세
   에 출가하여 法性禪師에게 楞伽禪을 배우다가 浮石寺에서 釋澄大師로
   부터 華嚴을 공부하였고, 그 후 憲德王 13년(821)에 사신으로 가는 왕자
   昕의 도움으로 중국에 유학하여 처음에는 華嚴을 공부하다가 후에 馬祖

듣고 제자가 되기를46) 허락하였다. 여러 해가 지나 광계47) 3년(887,
진성여왕 1) 겨울에 광종대사가 입적48)하였다. 그 후에 천리를 멀다
않고 이리저리 남쪽으로 가다가 영각산(덕유산)49)중에 이르러 경건
하게 심광화상50)을 배알하였으니, 그는 대사의 사형 장로51)이다.
(심광화상은) 일찍부터 불법52)의 진수를 익혀, 사람 가운데 사자(師

道一의 문하인 麻谷寶徹에게서 心印을 얻게 되었다. 寶徹이 입적 후 여
러 곳을 다니며 수행을 계속하다가 唐 武宗의 廢佛(會昌法亂, 845)로 인
하여 新羅에 귀국하였다. 귀국 후 왕자 昕의 요청에 의해 熊川州(지금의
公州)의 사찰(『聖住寺事蹟記』에 의하면 원래 이름은 烏合寺)에 머무르
게 되었는데, 文聖王은 사찰의 이름을 聖住로 지어 주고 大興輪寺에 편
입시켰다. 그 후 景文王이 즉위하자 왕성에 초치되어 머물다가 尙州 深
妙寺에 거주할 것을 허락받았고, 경문왕 사후 다시 성주사로 되돌아갔다
가 憲康王에 의하여 한 번 더 왕성에 초치되었었는데 이 때 광종이라는 법
호를 받게 되었다. 제자에 僧亮・普愼・詢乂・心光 등이 있다(「聖住寺
郎慧和尙白月葆光塔碑」).

46) 入室 : ① 開室이라고도 한다. 師匠의 거실에 들어가서 친히 法門을 받
아 잇는 것 ② 禪宗에서 제자가 師家의 방에 들어가서 道를 묻는 것.

47) 光啓 : 唐 僖宗의 연호(885~888).

48) 寂滅 : 입적, 죽음. 「聖住寺郎慧和尙白月葆光塔碑」에는 888년 입적으로
되어 있다.

49) 靈覺山 : 德裕山 靈覺寺. 「廣照寺眞澈大師寶月乘空塔碑」, "永同郡南
靈覺山北" ; 「淨土寺法鏡大師慈燈塔碑」, "獲投靈覺山寺 謁深光大師".

50) 深光和尙 : 朗慧和尙 無染의 제자 心光과 동일 인물(최병헌, 1972, 「신
라하대 선종구산파의 성립」『한국사연구』 7, p.105). 「聖住寺郎慧和尙白
月葆光塔碑」, "門弟子 名可名者 董二千人 索居而稱坐道場者…… 曰心
光" ; 「淨土寺法鏡大師慈燈塔碑」, "獲投靈覺山寺 謁深光大師". 심광의
법맥은 馬祖道一 - 麻谷寶徹-無染-心光-麗嚴・玄暉.

51) 長老 : 범어 Āyuṣmant, 阿瑜率滿이라 음역. 尊者・具壽라 번역. 지혜와
덕이 높고 법랍이 많은 비구를 통칭.

52) 摩尼 : 摩尼. 범어 maṇi의 음역으로 末尼라고도 함. 珠・寶珠라고 번역
하며 摩尼珠・摩尼寶라고도 한다. 일반적으로 摩尼에는 불행과 재난을
없애 주고 濁水를 청정하게 하는 등의 德이 있다고 한다. 특히 무엇이든
하고자 하는 대로 가지가지의 珍寶를 내는 덕이 있는 보주를 如意寶珠

子)였는데 숭엄산의 낭혜화상을 이은 자라고 하여 배우는 자들이
모두 존숭하였다. 그런즉 복숭아와 오얏나무밭에 길을 이룰[53] 정도
였으며 그 문은 저자와 같았고, 아침에 셋이 오면 저녁에 넷이 오며
빈 채로 와서 채워 돌아갔다. 대사는 스승 섬기기를 은근히 하면서
몇 년 동안 곁에서 떠나지 않았다.

이로 말미암아 그루터기를 지켜 토끼를 기다리는[54] 생각을 버리
고, 나무에 올라 물고기를 구하는[55] 마음을 버렸다. 행장을 꾸리고
산을 내려와서[56] 서해를 따라 내려가다가 사신[57]을 만났다. 의탁하

라고 일컫는다.
53) 桃李成蹊 : '桃李不言 下自成蹊'의 준말. 복숭아나무와 오얏나무의 꽃과
    열매가 매우 아름답기 때문에 일부러 사람을 부르지 않아도 서로 다투어
    찾아와서 그 나무 밑에는 저절로 길이 생긴다는 뜻이다. 덕망이 높은 사
    람은 辯說을 요하지 않아도 자연히 많은 사람이 귀복하여 모여든다는
    것에 비유한 말이다(『史記』 李將軍實傳, "太史公曰 傳曰 其身正 不令
    而行 其身不正 雖令不從……諺曰 桃李不言 下自成蹊 此言雖小 可以
    喩大也").
54) 守株之念 : 守株는 守株待兎의 준말. 그루터기를 지켜 토끼를 기다리는
    생각. 곧 變通할 줄 모름을 비유한 말이다. 어떤 농부가 우연히 나무 그
    루에 토끼가 부딪쳐 죽은 것을 잡은 후 또 잡을까 하여 일도 하지 않고
    나무 그루만 지켜보고 있었다고 하는 고사에서 나온 말(『韓非子』 五蠹,
    "宋人 有耕田者 田中有株 兎走觸株 折頸而死 因釋其耒 而守株 冀復
    得兎 兎不可復得 而身爲宋國笑 今欲以先王之政 治當世之民 皆守株之
    類也").
55) 緣木之心 : 緣木은 緣木求魚의 준말. 나무에 올라 물고기를 구하는 마
    음. 곧 불가능함을 비유하는 말(『孟子』 梁惠王上, "以若所爲 求若所欲
    猶緣木而求魚也").
56) 挈瓶下山 : 結瓶下山(「廣照寺眞澈大師寶月乘空塔碑」)과 같은 의미. 결
    병하산은 瓶을 꾸려 하산한다는 말이다. 瓶은 화장실에서 손을 씻는 淨
    瓶과 水桶으로 사용하는 澡瓶이 있다. 이것은 三衣와 錫杖과 함께 비구
    가 행각할 때에 반드시 지참해야 하는 소지품이다. 결국 결병이란 소지

여 중국으로 감에58) 큰물을 빨리 건너서 우리 나라59)의 물결을 하직하고 중국60)의 연하(산수의 경치)에 곧장 나아갔다. 이 때에 강표 (江表)61)에 잠시 머물다가 홍부(洪府)62)에 이르렀으며, 서쪽으로 가서 눈거 도응대사를 예로써 뇌었다. 대사가 말하기를, "아! 헤어진 지 얼마 되지 않았는데 여기서 만났구나. 수도하는 때에 오히려 그대 옴이 기쁘다."고 하였다. 우리 대사는 의(義)를 물음에 쉬지 않았고 인(仁)을 행함은 자기로부터 말미암았다.63) 여러 해를 지나면서 추위와 고통에도 더욱 굳게 하여 이미 여연에 이르러 구슬을 찾는 인연을 알았고,64) 인하여 조경에 올라 바야흐로 옥을 캐는 부

품을 정돈한다는 뜻.

57) 乘查之客 : 使臣을 말함.

58) 珍重 : 自重을 더함을 가리키는 뜻. 禪宗에서 승려가 특별한 때에 인사하는 말. 편지 말미에 하직하는 말로 쓰이기도 한다.

59) 夷洲 : 中國 後漢 때 東夷의 하나로 중국 臨海의 東南에 있음(『後漢書』 東夷 倭傳). 여기서는 우리 나라를 말함.

60) 禹穴 : 中國 浙江省 紹興縣의 會稽山에 있는 봉우리. 또는 禹井이라고 쓰기도 하여 禹의 遺蹟을 말한다. 여기서는 中國을 말함.

61) 江表 : 江左. 江南. 揚子江의 左岸地方.

62) 洪府 : 洪州. 隋代에 설치. 故治는 江西省 南昌縣.

63) 爲仁由己 : 仁을 이룩함은 나로부터 비롯한다는 말(『論語』 顔淵篇, "顔淵問仁 子曰 克己復禮爲仁 一日克己復禮 天下歸仁焉 爲仁由己 而由人乎哉").

64) 已抵驪困 得認探珠之契 : 驪淵에 이르러 구슬을 찾는 인연을 알다(『莊子』 列禦寇). 어떤 사람이 宋王에게 수레를 받고 莊子에게 자랑하였다. 장자는 黃河 가에 사는 가난한 사람의 아들이 深淵에 사는 검은 용(驪龍)의 턱 밑에 있는 千金의 寶珠를 마침 용이 잠들었을 때 얻었지만, 만약 용이 깨어났더라면 그는 잡혀 죽었을 것이라는 寓言을 들어, 主君에게 총애를 받는 자가 자신의 禍나 危險을 깨닫지 못함을 경고하였다 함. 이 우언은 보통 驪珠라 하여 珍貴한 사람이나 물건을 비유하거나 探驪得珠라 하여 얻고자 하는 것이 매우 어려움을 비유한다. 여기서는 각고의 노력으로 진리를 얻었음을 말함.

절과 화합하였다.65)

    대사는 비록 공을 보았지만66) 어찌 근본을 잊었겠는가? 문득 돌아간다는 노래를 생각하고 가만히 해질녘에 고향 생각에 잠겼다. 참선하던 곳을 떠나고자 하여 먼저 간절히 말하니 운거대사가 이르기를, "새가 저기서 운다고 해서 그대로 따라하지 말라. 바라는 것은 참된 종지를 널리 펴서 우리 도를 빛내는 것이다. 불법의 요체를 간직하는 것이 너에게 있음을 알겠다."라고 하였다. 이는 용이 바다67)에서 뛰어오르고 학이 해뜨는 곳68)에 돌아간다고 이를 만하니, 그 가고 옴이 때를 잃지 않았다. 이로써 부처69)의 마음을 전하고 운거도응의 심인70)을 가지고서, 거듭 바다71)를 건너 다시 우리 나라72)에 돌아왔다. 이 때가 천우73) 6년(909, 효공왕 13) 7월인데 무주74) 승평군(순천)75)에 도달하였다.

---

65) 仍登鳥徑 方諧採玉之符 : 조경에 올라 바야흐로 옥을 캐는 부절과 화합하다. 이루기 어려운 일을 성취함을 비유한 말. 鳥徑은 새들이 아니면 다닐 수 없는 험한 산길을 말함.

66) 觀空 : 一切 法의 空相을 觀照함.

67) 天池 : 바다(『莊子』逍遙遊, "南溟者 天池也").

68) 日域 : 해가 돋는 곳. 우리 나라를 말하기도 함. 日本은 日東이라 함(揚雄, 「東楊賦」, "東震日域 注 : 日域 日初出之處也)".

69) 大覺 : 釋尊의 깨달음을 가리킨다. 석존은 우주의 實相을 깨달아서 자기를 미혹으로부터 해방시켰을 뿐만 아니라 다른 이를 깨닫게 하는 行도 원만하게 갖추고 있으므로 대각이라 함.

70) 印 : 印은 범어 Mudrā의 意譯으로 敎義의 규범이 되고 旗幟가 되는 것. 선종에서 문자나 언어를 초월한 깨달음을 心印이라 한다.

71) 鯨水 : 鯨海. 大海를 말함.

72) 鰓岑 : 우리 나라를 말함.

73) 天祐 : 唐 哀帝의 연호(904~907).

74) 武州 : 통일신라시대 지방 행정구역인 9州 중 하나. 백제가 멸망한 뒤에는 唐이 한때 이 곳에 軍政을 실시했는데, 신라가 빼앗아 영유하다가

이 때에 배에서 내려 동쪽으로 가서 월악산76)에 이르렀으나 좌선
을 꾀하기가77) 어려웠고 많은 근심을 어찌할 수 없었다. 세상 살아
가는 길을 보고서 괴로워하였고, 인간을 돌아보며 유감스럽게 여겼
다. 비록 자연에 의지하고 있었지만 차츰 전란78)이 가까웠으므로
길을 내령(영주)79)으로 나와서 좋은 경치에 이르러, 미봉(선산 미봉
사)80)을 바라보며 안개에 숨고, 소백산81)에 의탁하여 노을 속에 자
리잡았다. 이에 지(知)기주82)제군사 상[주]국83) 강공훤84)은 보수85)
에서 바람을 마시고 선림에서 도를 사모하였다. 대사가 멀리 위태

686년(신문왕 6) 武珍州를 처음 설치하였다. 757년(경덕왕 16) 12월 9주
의 이름을 고칠 때 무주가 되었으나, 무진주의 이름도 계속 사용되었다.
757년 개편 당시 무진주는 14개 군과 44현을 관장하였으며, 주에 직접
속하는 현은 셋이었다. 주의 치소는 현재의 光州.

75) 昇平 : 본래 백제의 歃平郡이었으나 신라 景德王이 昇平으로 改名함.
지금의 順天市 및 昇州郡(『高麗史』 卷57, 志11 地理1 昇平郡).

76) 月嶽 : 충북 충주 月岳山.

77) 宴坐 : 편안하게 바로 앉는 것. 坐禪하는 것. 燕坐라고도 쓴다.

78) 煙塵 : ① 연기와 먼지 ② 전쟁터에서 일어난 먼지와 연기, 즉 병란·전
란을 말함.

79) 奈靈 : 본래 百濟의 奈已郡으로 娑婆王이 취하였는데, 경덕왕이 奈靈으
로 개명하였다. 지금의 경북 영주군임(『三國史記』 卷31, 志4 地理2).

80) 彌峯 : 경북 선산 飛鳳山의 彌峯寺.

81) 小伯 : 충북 단양 小白山.

82) 基州 : 지금의 경북 豊基. 신라시대의 칭호는 미상이나, 혹 基木鎭이라
고 한다. 고려 초에 비로소 基州縣이라 칭함(『高麗史』 卷57, 志11 地理2
基州縣).

83) 上國 : 上柱國의 '柱'자가 빠진 듯하다.

84) 康公萱 : 생몰년 미상. 나말 여초 경북 풍기 지방의 호족. 927년(태조 10)
9월 견훤이 신라를 습격했을 때, 경애왕의 요청에 따라 당시 시중으로서
군사 1만을 거느리고 출정하였다. 또 936년 왕건의 후백제 공격 때 大相
으로서 기병 3백 인과 군사 1만 4천 7백 인을 거느리고 출정하여 신검
등의 항복을 받는 데 공헌하였다.

85) 寶樹 : 珍寶한 樹林으로 淨土의 草木에 비유하며 菩提樹 등을 이름.

한 곳을 버리고 안락한 곳에 온 뜻을 조심스럽게 받들어 예를 갖추어 공경히 맞이하였으며,[86] 매양 단정히 재계하고 여쭈었고 선덕[87]에게 귀의하여 현풍에 더욱 감동하였다. 학이 그늘에서 우니[88] 뭇새들이 서로 응하고, 흰 구름이 해를 감싸니 아름다운 기운이 상서로움을 나타냄을 알겠다.

(태조가) 동쪽을 바라볼 때 자주 신령스런 상서로움을 엿보았으니 어찌 며칠을 넘겼겠는가. (강공훤이) 삼가 갖추어 임금에게 아뢰었다. 금상(고려 태조 왕건)은 대사의 도가 중화에 으뜸이었고 이름이 중국과 우리 나라에서 높다는 것을 듣고 서둘러 글을 써서 보내어 대궐[89]로 불렀다. 일 년이 지나 문득 은거지[90]를 나와 임금 앞에 왔다. 임금이 홀연히 하늘에 걸린 해와 같은 교화를 입고 아래 자리[91]에 있기를 생각하였으니 찬앙함의 깊이가 다른 사람과 달랐다. 양 무제 소연이 불교를 존숭함도[92] 함께 비교하여 말할 수 없을 것

---

86) 傾盖 : 노상에서 우연히 만나 車盖를 마주대고 相論하는 경우처럼 한 번 보고 서로 친해지는 일.

87) 禪德 : 禪理에 밝게 통하여 덕망이 높은 승려를 말함.

88) 鳴鶴在陰 : 음지에 있는 학이 울면 양지에 있는 새끼까지 따라서 우는 것과 같이, 군자가 자기 집 은밀한 골방에서 한 말이 멀리 천리 밖에 있는 사람의 귀에까지 들린다는 말(『易經』 十翼, "鳴鶴在陰 其子和之 我有好爵 吾與爾靡之 子曰 君子居其室 出其言善 則千里之外應之 況其邇者乎").

89) 龍墀 : 대궐.

90) 玉輦 : 옥으로 꾸민 임금이 타는 수레.

91) 下風 : 사람의 下位. 다른 사람의 支配下(『左氏傳』 僖公 15年, "篁天后土 實聞君之言 羣臣敢在下風").

92) 蕭武之尊崇釋敎 : 蕭武는 梁 武帝 蕭衍. 梁 武帝가 불교를 존숭함. 양 무제(재위 502~549)는 만년에 "釋敎에 빠졌다"(『南史』 권7, 武帝紀論)라고 전해질 만큼 불교에 마음을 깊이 기울였다. 天監 10년(511)에는 스스로 斷酒肉文을 공표하여 불교도로서의 戒律生活에 들어갔다. 천감 16년에는 犧牲廢止의 칙령을 내렸고, 동년 10월에는 천하의 道觀을 없애

이다.93) 중간에 잠시 산에 돌아가 남은 터에 (절을) 중수하였는데 (임금은) 오래지 않아 특별히 귀한 사신으로 하여금 경건히 입조를 청하였다. 이에 부름94)을 거절하기가 어려워서 다시 궁궐95)에 올라 갔다. 설법할 때96) 용안을 받들어 대하여 말하기를, "나라가 부유하 고 백성들이 편안한 것은 골정의 경계에 양보하지 않고, 요임금과 같이 어질고 순임금과 같이 덕스러운 것은 오직 중국의 조정과 짝 할 만합니다."라고 하였다.

임금이 대답하기를, "삼황오제97) 때의 태평한 기운은 과인이 부 족하니 어찌 감당하리오."라고 하였다. 그리고 옛 산이 서울과 거리 가 멀다고 생각하고 보리사를 희사하여 주지할 것을 청하였다. 이 때에 깊이 성은에 감복하여 가서 머물렀다. 그 절은 산천의 경치가 아름다워서 한평생 머물 뜻이 있었다. 때문에 선(善)을 따르는 무리 들이 부르지 않는데도 모여드니, 가르침에 게으르지 않았고98) 잘

고 道士를 모두 환속시켰다. 천감 18년에는 菩薩戒를 받았다. 그는 大愛 敬寺・大智度寺 등과 같은 대찰을 세웠으며 대규모적인 齋會를 베풀기 도 하고 네 차례에 걸쳐 捨身을 행하였다. 무제의 불교 관계 저작으로는 『涅槃經』・『大品經』 등의 義記 수백 권이 있었다고 한다. 『大梁皇帝立 神明成佛義記』・『大梁皇帝勅答臣下神滅論』을 비롯하여 譯經序나 불 교 관계의 詔・頌・文・賦・詩 등이 현존하고 있다. 무제는 菜食을 하 며 계율생활을 하였기 때문에 皇帝菩薩이라고 불렸지만, 지나치게 불교 에 몰두했기 때문에 결국 梁朝를 멸망으로 이끄는 원인이 되었다.

93) 不可同年而語 : 일률적으로 말할 수도 없으며, 또한 동일하게 취급할 수 도 없어 양자가 서로 격함을 비유한 것. 즉 양자가 너무 현격히 달라 비 교할 수 없다는 말.
94) 芝泥 : 印朱, 印泥, 印肉. 편지, 조서를 이름.
95) 蘭殿 : 王后의 宮殿.
96) 披雲之際 : 披霧之時(「淨土寺法鏡大師慈燈塔碑」)와 같은 의미. 청법하 는 대중의 마음에 덮인 無明의 雲霧를 헤쳐 준다는 뜻이니, 설법하는 때 를 가리킴.
97) 三五之時 : 중국 三皇五帝의 시대.

이끎에 열심이었다. 어떤 이가 묻기를,

> 대사께서 청류(淸流)를 다 마신 후의 경지는 어떠합니까?
> 다 마신 후에 일은 어떠한고.
> 어찌 청류와 같겠습니까.

라고 하니, 대사가 이에 인가하였다.

　동광[99] 7년(929, 신라 경순왕 3, 후백제 견훤 38, 고려 태조 12) 11월 28일에 병이 들어, 다음 해(930, 태조 13) 2월 17일에 법당에서 입적하였으니 춘추는 69세요, 승랍은 50세였다. 그 때 해는 처참하고 바람이 슬퍼하였으며, 구름은 근심하였고 물이 울었다. 하늘과 사람이 통[곡]하고 승려와 속인들도 아파했다. 하물며 또한 검푸른 말이 공중을 날고 푸른색의 까마귀가 땅에 곤두박질함에랴. 이 같은 입적할 때의 상서로움은 예전에는 드물게 듣던 일이었다. 임금은 갑자기 대사가 입적[100]하였음을 듣고 가만히 통곡을 더하였으며, 특별히 조문하고 부의할 것을 명하고 예를 국사[101]처럼 중히 하였다. 문인인 승려들이 그 달(태조 13년 2월) 19일에 함께 신령스런 관을 들어 □□□의 서쪽 300여 보에 넣었다. 전업제자인 융천과

---

98) 誨人不勌: 남을 가르치기를 게을리하지 않는다(『論語』述而篇, "子曰 若聖與人 則吾豈敢 抑爲之不厭 誨人不倦 則可謂云爾已矣").
99) 同光 : 後唐 莊宗의 연호(923~926).
100) 泥洹 : 梵語 Nirvāṇa의 音譯. 涅槃이라고도 한다. 寂滅·滅度라 意譯한다. 解脫과 같은 말로 타오르는 번뇌의 불을 滅盡해서 깨달음의 지혜인 菩提를 완성한 경지를 말한다. 또 이 세상에 사람으로서 나타난 불타, 특히 석가모니의 육체의 죽음을 열반이라고도 한다. 여기서는 승려의 죽음을 의미함.
101) 國師 : 신라 및 고려 시대에 있던 승려의 최고 명예직.

혼정 등 500여 인이 공경히 남긴 덕을 펴서 표로써 임금에게 아뢰니 시호를 대경대사라 하고 탑명을 현기지탑이라 하였다.

아! 대사는 박옥102)같이 상서로움을 드러내었고, 혼금처럼 경사스러움을 행하여 뜻은 속세에 이르지 않았고 말은 기미에 말미암지 않았으니, 종신토록 누더기103)를 입었다는 이름이 있었으나 후세 사람들은 온포104)의 명예를 흠모할 것이다. 사방을 유력하면서 교화를 베풀었고 중국에 가서는 관광하였다. 그런즉 초나라에서 강평(江萍)105)을 물으면 곧 동요를 인용하여 답하고, 제나라에서 해조(海棗)106)를 물으면 바야흐로 『국어』107)를 가지고 답한 것과 같이 하였다. 당시 사람들의 귀의를 받으니 모두 이와 같은 것이었다. 이 때에 다른 산의 돌에 훌륭한 문장을 새기지 못하여 문도들이 매양 상심하여 눈물이 떨어지는 것을 알지 못했고, 한스러워하는 것은 입멸한 지 10년에 이른 것이었다. 하신(최언위)이 지난 해에 다행히 어전108)에서 임금님을 배알하고 인하여 동사(董社)109)에 머물렀는데, 쑥이 회오리를 만나 바람에 날아다님이 급하고 계수나무가 늙어 서리에 떨어지듯 하였으니 어찌 요검을 □문에서 받들고 탑비를 절에 새길 것을 기약했겠는가? 외람되이 깎는 것을 대신하여 손을

---

102) 璞玉 : 璞玉渾金. 갈지 않은 옥과 제련하지 않은 쇳덩어리. 사람의 성질이 순박하고 꾸밈이 없는 모양.
103) 布衲 : 衲子, 衲僧. 베로 된 衲衣를 입었다는 것으로 승려의 겸칭.
104) 縕袍 : 솜옷.
105) 江萍 : 강에 떠 있는 개구리밥과에 속하는 다년생 水草. 수면에 浮生하며 담홍색의 작은 꽃이 핌.
106) 海棗 : 果樹의 이름(無漏子).
107) 國語 : 冊名. 21권으로 周 左丘明이 지었는데 춘추 열국의 사적을 나라별로 기록하였음.
108) 堯堦 : 堯階三尺. 帝堯 御殿의 계단은 높이가 3척에 불과하였다는 것. 堯의 검소한 생활을 이르는 말. 여기서는 어전이라는 의미로 쓰임.
109) 董社 : 문한 기구로 추정됨.

다치는 근심을 남길까 두렵고, 사실상 거적을 엮는 것과 같으니 어이없어하는 꾸지람을 달게 받겠다. 비록 대충 옛 사실을 궁구하였으나 높고 깊음을 헤아릴 수 없으니, 애오라지 이 글을 써서 겨우 대강의 줄거리를 진술하였다. 억지로 붓110)을 움직였으니 대사의 아름다운 행적에 매우 부끄럽다.

명(銘)하여 이르기를,

[석씨가] 가르침을 세우고
가섭이 심인을 전하더니
동산의 법111)이
멀리 계림에 [이르도다].
세월이 얼마간 지나
우리 나라112)에 이르니
운거의 아들(대경대사 여엄)이
우레같이 법음을 떨치도다.

---

110) 柔翰 : 붓.

111) 東山之法 : 東山法門. 四祖道信 이후의 禪法을 말하지만, 엄밀히 말하면 그 제자 五祖弘忍의 그것을 가리킨다. 道信이 입적한 후 홍인이 湖北省 蘄州 東山(일명 黃梅山)으로 자리를 옮겨 선법을 널리 전파했기 때문에 이런 이름이 생겼다. 후일 홍인의 제자인 神秀가 則天武后(624~705)의 부름을 받고 입궐했을 때, "그대가 전하는 법은 누구의 종지인가"라는 물음을 받고, "기주의 동산법문을 전수받았으며,『文殊說般若經』의 一行三昧에 의거하고 있습니다"라고 대답한 것에서 '동산법문'이라는 이름이 천하에 알려졌다고 한다(柳田聖山 著, 안영길·추만호 譯, 1989,『禪의 思想과 歷史』, 民族社, pp.176~177). 弘忍下에서 慧能과 神秀 두 제자가 배출되어 선풍을 크게 떨쳤으므로 禪宗을 일컬어 東山之旨라고도 한다.

112) 鼇潯 : 우리 나라를 지칭.

천복113) 4년(939, 태조 22) 세차 기해 4월 15일에 (비를) 세우다.
제자 경내인 최문윤이 교를 받들어 (비문을) 새기다.

【음기】114)

뜻을 의탁한 대사의 도속제자와 삼강 및 각자(刻者) 등의 이름을
나열하면 다음과 같다.

도제자 원지주인 혼정, 제일좌승 연육
　　　　정법대통115) 윤연 대덕, 윤행 대덕
　　　　도고당사승 관적, 행윤
문하제자 각자 총혜, 장초, 정잠,
　　　　철장령 총민
　　　　지객승 인혜, 계침
삼강전 원주승116) 의전, 유나승117) 장초,

---

113) 天福 : 後晉 高祖의 연호(936~943).
114) 『총람』과 『전문』에 근거했으며, 『금석원』에는 없다.
115) 大統 : 신라시대부터 사용되던 僧官職의 변형된 遺制.
116) 院主僧 : 신라 말·고려 초 선종 사원에 설치된 종무기구인 三綱典의
　　한 구성원으로, 대내외적으로 사원을 대표하면서 주로 대외적인 업무를
　　책임지고 처리한 승려로 추정된다. 이하 삼강전 구성원의 임무에 대해서
　　는 金在應, 1993,「新羅末·高麗初 禪宗寺院의 三綱典」, 서강대대학원
　　석사학위논문에 의거했음.
117) 維那僧 : 都唯那僧. 삼강전의 한 구성원으로, 사원 내의 모든 질서체계
　　를 유지시키고 사원의 창건과 보수 등에 관련된 임무를 수행하는 승려로
　　추정된다. 이 밖에 군사적인 기반의 역할을 담당했을 것으로 추측된다

전좌승118) 전소, 직세승119) 전초

재가제자 좌승120) 공훤, 원보121) 정순, 원윤122) 이인, 정조 여일,
    정조 인봉, 정위123) 예언, 촌주124) 선예, 집사 의겸, 행
    자 두휴, 철장 중원부125)인 향연

속제자 환규

천복 7년(942, 태조 25) 세차 임인 5월 28일에 (음기를) 새기다.

(역주 : 윤영호)

(蔡尙植, 1982, 「淨土寺址 法鏡大師碑 陰記의 分析」 『韓國史硏究』 36,
p.65).
118) 典座僧 : 삼강전의 한 구성원으로, 사원 내의 살림살이를 맡은 승려로
추정된다.
119) 直歲僧 : 삼강전의 한 구성원으로, 주로 사원의 경제적인 수급과 관련된
업무를 수행한 승려로 추정된다.
120) 佐丞 : 고려 초기의 官階名. 16등급 중 제6위이며, 3품에 해당한다.
121) 元甫 : 고려 초기의 官階名. 16등급 중 제8위이며, 4품에 해당한다.
122) 元尹 : 고려 초기의 관계명. 16등급 중 제10위이며, 6품에 해당한다.
123) 正衛 : 正位. 고려 초기의 관계명. 16등급 중 제13위이며, 7품에 해당한
다.
124) 村主 : 신라시대 지방관직. 지방민을 효율적으로 통제하기 위하여 在地
의 유력자에게 주어진 관직으로 신라 행정조직의 말단에 해당한다. 신라
하대에는 豪族으로 성장하고 후삼국시대를 거쳐 고려 王建의 통일에 이
르러서는 일부는 중앙귀족이 되었고 그 나머지는 지방에 웅거하여 독자
적인 세력을 형성하였다. 成宗代에 더욱 많은 지방관이 파견되고 또 鄕
職이 개편되면서 이들의 세력은 크게 위축되어 대부분 향리로 전화되었
다.
125) 仲源府 : 中源府. 지금의 忠州.

4. 비로암 진공대사 보법탑비

고 진공대사비

······상주국[1] 신 최언위[2]가 교를 받들어 글을 짓다.
······병부대감[3] 상주국 단금어대[4]를 하사받은 신 이환추[5]가 교

---

1) 上柱國 : 고려시대 勳職의 하나. 혼히 벼슬은 官(官職과 官階)·爵·勳
으로 구별된다. 이 가운데 훈은 국가에 공이 있는 사람에게 주는 명예직
으로, 상주국은 바로 이 훈에 해당한다. 고려시대 훈직은 상주국과 柱國
의 두 가지가 있었다. 문종 때에 상주국은 정2품으로 주국은 종2품으로
하였는데, 충렬왕 이후에는 폐지되었다.

2) 崔彦撝 : 신라 말·고려 초기의 문인으로 자세한 내용은 해제 참조.

3) 兵部大監 : 兵部의 次官. 원래 신라시대 병부의 차관으로(623, 眞平王
45), 景德王代 侍郎, 惠恭王代에는 다시 大監으로 불리었다. 고려시대
文宗代에는 侍郎으로 품계는 정4품이었다.

4) 丹金魚袋 : 魚袋는 公服에 딸린 물고기 모양의 장식물인데, 이 玉·金·
銅 등으로 만든 魚形을 袋, 곧 주머니에 넣고 있었으므로 어대라고 일컫
게 되었다. 어대는 원래는 단순한 장식물로서의 성격을 띠고 있었지만,
시간이 지남에 따라 品階의 高下에 따라 차등적으로 지급되었다. 紫色
公服에 金魚袋, 緋色公服에는 銀魚袋라는 식으로 公服制와 결합되어,
공복과 함께 官人社會의 위계를 표시해 주는 표상물로 기능하였던 것이
다. 이에 따라 紫金魚袋·緋銀魚袋 등 합성어를 해당 관직명 뒤에 병기
하게 되었다. 우리 나라에서는 新羅 景文王 13년(873) 이후 憲康王 10년

를 받들어 글씨를 쓰고 아울러 제액을 전자(篆字)로 썼다.

……열반6)이 이른 것을……했고, 용화7)세계에 주인이 없으니 하
늘은 뒤를 이을 보살8)이 늦게 오는 것을 근심했다. 이에 천축(天竺)
은 막히고 아득했으며 설산(雪山)9)은 멀고멀어, 오랜 세월이 지나
도록 오히려 부처님의 말씀10)과 떨어져 있었으니, 옛날 성왕(聖王)

---

(884) 이전 무렵의 어느 시기부터 시행되었다고 한다. 高麗 光宗 11년
(960) 3월 百官의 公服 규정에 의하면 '元尹 이상은 紫衫, 中壇卿 이상
은 丹衫, 都航卿 이상은 緋衫, 小主簿 이상은 綠衫'으로 되어 있는데, 이
러한 紫 - 丹 - 緋 - 綠의 공복제에서는 紫金·丹金(銀)·緋銀의 어대가
있었다(李賢淑, 1992, 「新羅末 魚袋制의 成立과 運用」 『史學硏究』 43·
44합집 참조).

5) 李桓樞 : 생몰년 미상. 신라 말·고려 초의 서예가. 글씨는 당나라 歐陽
詢의 楷書를 기본으로 강렬한 필치가 돋보인다. 작품으로 「菩提寺大鏡
大師玄機塔碑」(939)와 「毗盧庵眞空大師普法塔碑」(939)가 있다. 「廣照
寺眞澈大師寶月乘空塔碑」(937)를 쓴 李奐相과 동일 인물로 추정된다.
「菩提寺大鏡大師玄機塔碑」를 쓸 당시 그의 벼슬은 '正朝 上柱國 賜丹
金魚袋'이었고 「廣照寺眞澈大師寶月乘空塔碑」를 쓸 당시 벼슬은 비문
이 마멸되어 알 수가 없다.

6) 泥洹 : 梵語 Nirvāṇa의 音譯. 涅槃이라고도 한다. 寂滅·滅度라 意譯한
다. 解脫과 같은 말로 타오르는 번뇌의 불을 滅盡해서 깨달음의 지혜인
菩提를 완성한 경지를 말한다. 또 이 세상에 사람으로서 나타난 불타, 특
히 석가모니의 육체의 죽음을 열반이라고도 한다.

7) 龍華 : 龍華樹. 용화수는 梵語 Nāgavṛkṣa인데, 那伽樹·龍華菩提樹라
고도 한다. 미륵보살이 56억 7천만 년 후 이 세계에 출현하여 용화수 아
래에서 성도한다고 한다. 이 나무의 꽃가지가 용의 머리와 같았기 때문
에 용화수라고 불렀다.

8) 補處 : ① 主佛의 좌우에 모셔 둔 보살 ② 이전 부처님이 입멸한 뒤에 成
佛해서 그 자리를 보충하는 이. 곧 부처가 될 후보자. 보살의 수행이 점
점 나아가 최후에 도달한 보살로서의 마지막 자리. 일생만 지나면 바로
成佛하게 되므로 一生補處라 한다. 여기서는 후자의 의미로 쓰였다.

9) 雪山 : 梵語 Himavat. 인도 북쪽에 있음. 히말라야 산의 옛 이름.

이 들에 묻은 기록11)을 보았다는 것과, 당시 (한나라) 명제가 바야
흐로 꿈에 응한 징조와 부합했다12) 의미를 알겠다. 그리하여 상
사(上士)가……, ……진단(震旦)에 와 이르렀고 도류(道流)가 변방
에 은둔했다.13) 이로써 현정(玄情)을 점점 맑게 했으며, 법안14)을
엿보길 바랐다. 이에 응진보살인 원각대사(達磨)15)가 있어 동으로

---

10) 伽譚 : 부처의 말씀.

11) 埋郊之記 : 周 莊王 10년(B.C. 687) 4월 신묘일 밤에 항성이 나타나지
   않고 별이 비와 같이 쏟아지므로 점을 치게 하였더니, 서역에 銅色人이
   출생했기 때문이라 하여 이 사실을 돌에 새겨 洛宅에 묻어 두었다는 고
   사. 佛法의 전래를 예견하였다는 뜻.

12) 應夢之徵 : 漢 明帝 永平 8년(65) 명제가 金人이 日輪을 차고 궁궐에
   날아온 꿈을 꾸고서 인도에 佛이 있음을 알고 사람을 그 곳에 보냈다.
   마침 어떤 불승이 중국에 불법을 전하고자 하는 뜻을 가지고 있어 그를
   중국에 모셔 왔다는 고사. 이 때 온 사람이 迦葉摩騰(Kāśayapa-mātaṅg
   a)과 竺法蘭(Dhama-rakca)으로 洛陽에 白馬寺를 세웠다고 함.

13) 道流隱遁於邊陲 : 불교가 인도로부터 중국에 들어오자 불교와 도교 간
   에 사상 대결이 시작되어, 결국 도교측이 패배하여 변방으로 도망가 숨
   었던 사실을 말한다.

14) 法眼 : 五眼의 하나. 현상계의 온갖 事理를 분명하게 비추어 아는 지혜
   의 눈.

15) 應眞菩薩 圓覺大師 : 達磨. 범어 Dharma의 音譯. 처음에는 達摩였으나
   나중에 達磨라고 쓰였다. 중국 南北朝時代의 禪僧으로 중국 禪宗의 시
   조이다. 梵名은 Bodhidharma라 하고 菩提達磨라 음역하는데, 달마는 그
   약칭이다. 南印度 香至國의 셋째 왕자로 성장하여 대승불교의 승려가
   되었는데, 禪法에 통달하여 般若多羅 尊者의 법을 이은 뒤 벵골만에서
   배로 떠나 중국 廣東에 이르렀다. 그리고 지금의 남경인 金陵에 가서 梁
   武帝를 만났다. 그러나 불교의 현세적 이익에 관심이 많았던 그를 떠나
   양자강을 건너 魏나라로 가서 崇山 少林寺에 들어가 9년 간 面壁修道하
   였다. 이 곳에서 雪中에 斷臂求法의 의지를 보인 제자 慧可에게 법을 부
   촉하고 그 傳法의 증명으로서 한 벌의 가사를 내렸으며 求那跋陀羅(394
   ~468)가 번역한『楞伽經』4권을 전했다고 한다. 달마의 사상은 그의 유
   일한 친설인『二入四行論』에 나오는 二入四行說에 집약되어 있다. 二入

와서 양나라에 들어갔고, (다시) 북으로 (가서) 위나라에 돌아다녔
다. 이 무렵 처음 혜가[16)를 만났을 때, (그가) 팔을 자르는 정성을
바쳤으므로, (원각대사는) 다시 『능가경』[17)을 부탁했고 문득 마음
을 전하는 요체를 주었다. ……그 도를 너욱 높이니, 여섯 대가 종
지(宗旨)를 열어[18) 거듭 바른 이음을 빛냈다. 가지와 줄기가 서로
의지하여 무성했으며 꽃들이 함께 향기를 뿜어, 남악(회양)[19)이 이

은 理入과 行入의 두 가지로 구성되어 있는데, 이입은 불타의 근본 종지
를 깨달아 모든 중생이 범인이나 성인을 막론하고 同一眞性을 本有하고
있다는 사실을 믿는 것을 말한다. 행입은 네 가지 실천행을 말하니, 바로
報怨行(빚을 갚는 행)·隨緣行(인연에 따르는 행)·無所求行(구하는 바
가 없는 행)·稱法行(이치에 계합된 행)이다. 시호는 圓覺大師.

16) 惠可 : 慧可. 중국 禪宗의 제2조. 幼名은 神光, 속성은 姬氏. 40세에 崇
山 少林寺로 菩提達磨를 찾아가서 눈 속에 앉아 가르침을 구하였으나
허락하지 않으므로, 자신의 왼팔을 끊어 굳은 求道의 뜻을 보였으며, 결
국 安心問答으로 크게 깨달았다고 함. 달마에게 心印을 전수받아 후일
제자 僧璨에게 법을 전수하였다. 鄴都(河南省)에서 34년 간 설법하고 크
게 종풍을 떨쳤다. 시호는 正宗普覺大師·大祖禪師.

17) 楞伽 : 범어 Laṅkā의 음역. 楞伽山으로 지금의 스리랑카 아담봉(Adam's
Peak). 석존이 이 산에서 大慧菩薩을 상대로 『楞伽經』을 설함. 이 경은
『楞伽經』·『入楞伽經』·『大乘入楞伽經』이라고도 함. 『般若經』·『華嚴
經』·『法華經』 등을 위시하여 『涅槃經』·『勝鬘經』·『解深密經』 등의
사상을 종합하여 독자적인 경지를 이룬 大乘經典. 달마는 4권 『능가경』
(求那跋陀羅 譯)을 達磨禪의 心要로서 慧可에게 전하였고, 그 후 초기
선종에서 所依經典이 되어 이른바 楞伽宗이 성립하기도 하였다. 후일
선종에서 『金剛經』·『楞嚴經』·『圓覺經』 등과 함께 존중되었다. 능가
라고 하면 일반적으로 『능가경』, 禪宗, 禪法을 말한다.

18) 六代開宗 : 初祖達磨, 二祖慧可, 三祖僧璨, 四祖道信, 五祖弘忍, 六祖
慧能의 전법 계승을 말함.

19) 南岳 : 南岳懷讓(677~744). 金州(山東省) 安康人, 속성은 杜氏. 15세에
荊州(湖北省) 玉泉寺의 弘景律師에게 출가하여 律藏을 배웠다. 曹溪로
六祖 慧能을 찾아가 15년 동안 모시고, 그의 법을 이었다. 唐 先天 2년
(713) 南岳 般若寺에 들어가 30년 동안 있으면서 禪風을 선양하였다. 開

어 밝히고 강서(마조 도일)[20]가 크게 넓히는 데에 이르렀으니, 인
(仁)에 당해서는 (스승에게도) 양보하지 않는다[21]고 말할 수 있겠
다.

　[대사의 법휘는] □운이며 속세의 성(姓)은 김씨이고 계림 사람
이다. 그 선조는 성한(聖韓)[22]으로부터 내려와 나(내)물왕[23] 때에

　　元(713~741) 중에 馬祖道一이 법을 이었다. 靑原行思와 함께 혜능의 2
　　대 제자가 되었는데, 후일 그의 法門은 중국 선종의 주류를 이루었다. 시
　　호는 大慧禪師.
20) 江西 : 馬祖道一(709~788). 중국 선종 洪州宗의 宗祖. 四川省 漢州 什
　　邡人, 속성은 馬氏. 일찍이 九流六學을 배웠다. 州의 羅漢寺에 투탁하고
　　四川省 資州 處寂에게 출가하였으며 渝州의 圓律師에게 具足戒를 받았
　　다. 714년 南嶽懷讓을 찾아가 '南嶽磨磚'의 말에 心印을 얻었다. 福建
　　省 建陽 佛跡巖에서 開法하고 江西省 撫州 西裏山, 虔州 龔公山에 두
　　루 머물렀으며, 769년 江西省 洪州 開元寺에서 크게 종풍을 떨쳤기에
　　세상 사람들이 그 무리를 洪州宗이라 불렀다. 제자로는 百丈懷海·西堂
　　智藏·南泉普願·塩官齊安·大梅法常 등 130여 인이 있다. 南嶽下의
　　종풍은 실로 道一에 이르러 천하에 크게 떨치게 되었다. 『馬祖道一禪師
　　語錄』(1권)이 전한다. 그의 禪風은 '平常心是道', '卽心是佛'을 표방하고
　　經典이나 觀心에 의지하지 않는 大機大用의 禪이었다. 세상에서는 江西
　　馬祖라고도 부른다. 시호는 大寂禪師.
21) 當仁不讓 : 仁을 행할 때에는 비록 스승이라 할지라도 양보하지 않는다
　　는 말(『論語』衛靈公篇, "子曰 當仁 不讓於師").
22) 聖韓 : 생몰년 미상. 신라 김씨의 시조. 일명 星漢. 『三國史記』·『三國
　　遺事』에는 이름이 보이지 않으나, 「毗盧庵眞空大師普法塔碑」 이외에
　　「文武王陵碑文」·「廣照寺眞澈大師寶月乘空塔碑」·「興德王陵碑文」
　　등에는 각각 '十五代祖星漢王', '星漢之苗', '太祖星漢'이라고 하여 星漢
　　이 김씨 왕실의 시조로 되어 있다. 『三國史記』에 보이는 閼智의 아들 勢
　　漢과 음이 비슷하여 그를 가리키는 것이 아닐까 추측되며, 한편 星漢을
　　태조라고 지칭하고 있는 만큼 김씨 최초의 왕인 味鄒를 가리키는 것으
　　로 추측되기도 한다(李基東, 1978, 「新羅太祖 星漢의 問題와 興德王陵
　　碑의 發見」『大邱史學』; 1980, 『新羅骨品制 社會와 花郎徒』, 韓國研究

홍했는데, 줄기와 가지가 백세(百世) 동안 그 나라를 다스리는 좋은 계책을 남겼다. 할아버지[24]는 산진(珊珎)으로, 여러 관직을 거쳐 본국의 집사시랑[25]에 이르렀고, 아버지는 확종(確宗)으로 여러 벼슬을 거쳐 본국의 사병원외(司兵員外)[26]까지 올랐으니, 모두 조상의 덕을 드날려 가문의 명망을 잘 이었다. 어머니는 설씨인데, 일찍이 빼어난 이를 잉태할 것을 기약하여……꿈속에서 주미(麈尾)[27]를 보고 매우 상서로움을 얻어, 대중[28] 9년(855, 문성왕 17) 4월 18일에 (대사를) 낳았다.

(대사는) 나면서부터 성스러운 모습이 있었으며 어려서도 아이들의 놀이를 하지 않았다. 이(齒)를 갈 때쯤(8세)[29] 아버지가 돌아가시자[30] 애도하며 '어디에도 의지할 바 없는 슬픔'을 말하면서, 매

院).
23) 郍勿 : 奈勿王. 신라 제17대 왕(재위 356~402). 성은 金氏.
24) 大父 : 祖父(『韓非子』 五蠹, "大父未死而有二十五孫 是以人民衆而貨財寡" ; 『禮記』 深衣, "具父母 大父母 衣純以繢").
25) 執事侍郎 : 執事省의 次官職. 집사성은 신라시대 최고의 행정관부. 위로는 왕명을 받들고 아래로는 행정을 분장하는 여러 관부를 거느렸다. 원래 진덕여왕 5년(651)에 稟主를 개편하여 설치하였으며, 흥덕왕 4년(829) 집사성으로 개칭되어 신라 멸망시까지 존속하였다.
26) 司兵員外 : 통일신라시대 兵部의 弩舍知. 官等은 舍知(13등)에서 大舍(12등)까지로 하였음.
27) 麈尾 : 가늘고 긴 판이나 상아 등에 털을 붙인 團扇形으로 說法하거나, 經을 강의할 때 사용하는 기구. 처음에는 麈拂・蠅拂 등의 목적으로 사용했는데, 뒤에는 拂子의 경우처럼 威容을 정비하는 데 사용하였다. 중국에서는 위진시대 청담가들이 담론할 때에 손에 들고 쓴 것을 효시로 하여, 그 뒤 승려 사이에서 널리 행하게 됐다.
28) 大中 : 唐 宣宗의 연호(847~860).
29) 齒登日 : 이를 가는 나이로 8세를 말함(『禮記』 文王世子, "大戴禮云 男八月生齒 八歲而齔").

번 피눈물을 흘리며 극진히 추념을 했고, 늘 간장을 먹지 않는데 간
절했다. 학문에 뜻을 둘 나이에 이르러서는 두루 배움을 청하여 다
섯 [행을 한꺼번에 읽어도] 한 자도 빠뜨림이 없었으며, 감라(甘羅)
가 벼슬에 나아간 나이(12세)31)에는 영예가 마을에서 높았고, 자진
(子晉)이 신선으로 오른 나이32)에는 명성이 서울에서 으뜸이었다.
어찌 뜻이 집 떠나는데 있고, 마음이 세상을 싫어함이 깊어질 줄 생
각이나 했으랴! 어머니33)께 여쭈어 선문(禪門)에 의탁하길 바랐다.
어머니께서는 간곡하게 그 정성을 막고 가련하게 여기면서도 허락
하지 않고, 더욱더 권하고 격려하여, 부지런히 짜던 베를 끊어 버리
던 훈계34)를 말씀하셨다. 그러나 처음 먹은 마음을 바꾸지 않고, …
…본디 싫어하여, 티끌을 벗어나 책을 짊어지고, 산을 넘고 지팡이
를 들었다. 그리하여 가야산35)에서 도를 물으니 스승을 찾아 진실
함을 펴려는 것이었으며, 예를 갖추어 선융화상에게 스승으로 섬길

---

30) 天蔭 : 하늘이 가리어져 그늘을 이룬다는 것은 아버지의 죽음을 의미함.
31) 甘羅入仕之年 : 甘羅는 戰國時代 秦나라의 策士. 12살 때 秦相 呂不韋
  를 위하여 趙에 사신으로 가서 趙 襄王을 설복시켜 5城을 바치고 秦을
  섬기게 하였는 바, 그 공으로 上卿에 봉해졌다(『史記』卷71, 甘羅傳). 감
  라가 벼슬에 나아간 나이란 12살을 말한다.
32) 子晉昇仙之歲 : 子晉은 周나라 靈王의 太子. 왕에게 直諫했기 때문에
  폐위되어 庶人이 되었다. 道士 浮丘公과 嵩山에 오르기를 30여 년 하여
  緱氏山에서 登仙하니, 후에 祠堂을 이 곳에 세웠다고 함(『逸周書』太子
  晉解). 자진이 신선으로 오른 나이란 앞뒤 내용으로 보아 13세 전후로
  보면 될 듯하다.
33) 聖善 : 어머니에 대한 美稱(『詩經』邶風 凱風, "凱風自南 吹彼棘薪 母
  氏聖善 我無令人").
34) 斷機 : 斷機之戒의 준말. 학문을 중도에서 그만두는 것은 짜던 베를 칼
  로 베는 것과 같이 아무 보람도 없이 지금까지 들인 공이 수포로 돌아간
  다는 것을 경계하는 말. 맹자의 어머니가 짜던 베를 끊고 맹자를 훈계한
  고사에서 유래함.
35) 迦耶 : 가야산.

것을 청하였다. 이에 우러러 품은 생각을 고하며 경건히 승려가 될 것을 바라니, 화상은 간청을 좇아 곧 승려가 되도록 하였다.

함통36) 15년(874, 경문왕 14)에 가야산 수도원에서 구족계37)를 받았다. 얼마 있다가……오직 부지런히 하안거(夏安居)를 지키니,38) 어찌 기름이 가득한 바리가 넘치겠는가.39) 바다에 뜨는 주머니(부낭)를 이지러뜨리지 않은 것40)처럼 계율을 잘 지켰다. 그런 까닭에

---

36) 咸通 : 唐 懿宗의 연호(860~874).

37) 具足戒 : 모든 계율이 완전히 구비되었다고 하여 구족계라 하며, 이를 잘 지키면 열반의 경지에 다다를 수 있다고 한다. 具戒라 약칭하고 大戒 ‧ 比丘戒 ‧ 比丘尼戒라고도 한다. 梵語는 Upasaṃpanna로 鄔波三鉢那라 음역하고 近圓이라 번역하니, 열반에 친근하다는 뜻이다. 비구 ‧ 비구니가 지켜야 할 戒法으로 비구는 250戒, 비구니는 348戒가 있는데, 이 戒를 받으려면 沙彌戒를 받은 지 3년이 지난 이로 몸이 튼튼하고 모든 죄과가 없으며, 나이는 만 20세 이상이며 70세 미만인 사람이어야 한다.

38) 夏 : 夏安居. 安居는 범어 Varṣa, Vārṣika의 번역으로 雨期의 뜻. 인도에서 降雨期 3개월 간에 실시되는 불교 승단의 특수한 연중행사를 말함. 곧 음력 4월 16일부터 7월 15일까지 한 곳에 모여 외출을 금하고 수행하는 제도이다. 이러한 하안거 외에 북방에서는 음력 10월 16일부터 정월 15일까지 冬安居라 하여 하안거와 같이 행한다.

39) 寧漏滿油之鉢 : 油鉢無傾과 같은 말. 威儀가 安詳하고 점잖다는 뜻. 기름을 가득히 담은 바리때를 문 뒤에 달아 놓고 문을 열어도 기름이 한 방울도 떨어지지 않았다는 데서 온 말(『付法藏因緣傳』卷3).

40) 不虧浮海之囊 : 浮囊은 헤엄칠 때 몸의 浮力을 돕기 위해 쓰이는 羊皮나 牛皮로 만든 공기를 넣은 가죽주머니이다. 40卷本 『大般涅槃經』卷10에서 부처가 迦葉菩薩에게 護戒의 마음이 金剛과 같아야 함을 말하면서, 다음과 같은 비유를 들고 있는 데서 나온 말이다. 즉 어떤 사람이 부낭을 가지고 大海를 건너는 도중에 바다 가운데서 한 羅刹이 부낭을 달라고 하였다. 그 주인이 불응하자 半만, 아니면 3분의 1만, 아니면 털 1개만이라도 뽑아 달라고 한다. 그러나 주인은 끝내 一毛도 뽑아 주지 않았다. 털 하나만 뽑아도 물이 스며들어 마침내 익사하게 되기 때문이다. 이는 浮囊을 지키듯이 계율을 생명처럼 護持하라는 뜻을 비유한 말이다. 바다에 뜨는 주머니(부낭)를 이지러지게 하지 않았다는 것은 승려가 계

가만히 사의(四依)[41]를 우러르며 삼장(三藏)[42]을 궁구하기를 원하
니, 업(業)을 청하면 밤낮을 모두 잊었고, 글을 헤치면 얕고 깊음을
문득 깨달았다. 화상이, "노승은 무리를 떠나 머물 곳을 찾겠으니,
가르침을 그로 말미암아 그만둔다. 나는 남은 힘이 없으니 너희들
을 보내겠다."라고 하였다. [대사는] 갑자기 스승의 말씀을 듣고 슬
픔을 이기지 못하여 문득 암혈(巖穴)을 떠나서 길을 찾아다녔다. 이
러다가 우연히 선려(禪廬)에 이르러 잠시 몸을 멈추었는데, 이는 한
선사(禪師)가 거처하는 곳이었다. 회포를 털어놓는 사이에 마치 오
래 전부터 아는 것 같았으며, 행함과 그침을 듣고는 깊게 안온함을
주었다. 이 때 북으로 구름 덮인 산을 향하였는데, 설악(雪岳)이라
고 불렀다. 그 가운데 해동 선조(先祖)인 [도의]대사[43]가 있었다.

율을 철저히 지킴을 비유한 말이다.

41) 四依 : 의지하지 않으면 안 될 네 가지를 사의라 하고, 해서는 안 될 네
　　가지를 四不依라 한다. 먼저 法의 四依는 ① 佛道를 닦는 사람은 그 가
　　르침을 따를 것이며 가르침을 설하는 사람을 따라서는 안 된다(依法不
　　依人) ② 가르침의 뜻을 따라야 하며 표현한 말이나 문장을 따라서는 안
　　된다(依義不依語) ③ 참 智慧를 따를 것이며 미혹된 인간의 情識을 따
　　라서는 안 된다(依智不依識) ④ 가르침을 완전히 나타내고 있는 了義經
　　(大乘經典)을 따를 것이며 不了義經(소승경전)을 따라서는 안 된다(依
　　了義經不依不了義經) 등임(『涅槃經』 南本 권6). 다음으로 行의 四依는
　　① 糞掃衣를 입고 ② 늘 乞食하고 ③ 나무 밑에 앉으며 ④ 腐爛藥(腐尿
　　藥이라고도 함)으로 만족해야 한다는 등으로 수행자의 규칙을 말한 것인
　　바, 집착하지 않는 생활에 안주할 것을 가르친 것.
42) 三藏 : 佛陀의 說法을 결집한 經藏, 僧俗의 계율과 威儀를 결집한 律藏,
　　敎理의 論釋을 모은 論藏으로 佛典의 총칭이다.
43) 道義大師 : 생몰년 미상. 憲德王 13년(821) 馬祖道一의 제자 西堂智藏
　　에게서 南宗禪을 받고 귀국하여 禪風을 선양하다가, 문자에 의한 경전
　　연구에 치중하던 당시의 불교계에서 용납되지 못하여, 결국 雪嶽山 陳田
　　寺로 은거하였다. 그의 心印은 廉居和尙과 염거의 제자 普照禪師 體澄
　　으로 이어졌다. 迦智山派의 開祖.

(도의대사는) 적수(赤水)에서 구슬을 찾아[44] 서당(智藏)의 심인[45]을 지니고, 청구(靑丘)[46]에 구슬을 가지고 돌아와 동토(東土)의 스승이 되었다. 어찌 후생(後生)이 되어 선철(先哲)을 익히기를 뜻했으랴! 그리하여 엄명을 받들어 준수하여 신선사(陳田寺)에 이르렀다. 기쁜 것은 친히 남은 터를 밟고 서서 그 영탑(靈塔)[47]에 예배하고, 진정한 스승의 자취를 미루어 생각하여 느끼고 영원히 제자의 의례를 편 것이었다. 그러니 공자[48]가 저 [주공(周公)을] 스승으로 삼아 인을 흠모하고 덕을 향하며, 맹자[49]가 안자[50]에게서 본받아 의를 중히 하고 마음을 따른 것과 같은 사람이라고 이를 만하다. 이는 곧 이(理)가 있으면 능히 알아 스승이 없어도 스스로 깨닫는 것이다. 이에 도수(道樹)에 깃들어 쉬고 선림(禪林)에 한가하게 노닐었다. 이보다 먼저 우리 나라 승려 항수선사(恒秀禪師)가 일찍이

---

44) 赤水探珠 : 黃帝가 赤水 북녘에서 노닐고 곤륜산에 올라 남쪽을 바라보고 돌아왔는데, 그 때 검은 구슬(玄珠)을 잃어버렸다. 그래서 아는 것이 많고 눈이 밝고 말솜씨 좋은 知·離朱·喫詬 등을 시켜 찾게 했으나 찾지 못하고, 무심한 象罔을 시켜서 그 구슬을 찾았다는 고사. 즉 道의 幽玄한 경지를 言語文字나 思量分別을 떠나 無心의 경계에서 터득하였음을 말하는 것이다. 검은 구슬은 道를 비유한다(『莊子』 外篇 天地).

45) 印 : 범어 Mudrā의 意譯으로 敎義의 규범이 되고 旗幟가 되는 것. 선종에서 문자나 언어를 초월하여 깨달음을 心印이라 한다.

46) 靑丘 : 靑은 동쪽을 말하며, 청구는 동쪽 언덕을 가리키는 것으로 중국에서 우리 나라를 일컫는 말. 靑邱라고도 함.

47) 靈塔 : 道義의 浮屠를 말한다. 현재 陳田寺址에서 얼마 안 떨어진 산기슭에 있다. 형태는 石塔과 부도의 중간 양식으로 禪師 부도로서는 초기에 속하는 작품이다. 그러나 부도의 주인공을 알려 주는 塔碑가 남아 있지 않아 도의의 부도라고 단정할 수는 없다.

48) 尼父 : 孔子의 별칭.

49) 孟軻 : 孟子를 말함.

50) 顔子 : B.C. 521~B.C. 490년. 姓은 顔氏, 이름은 回, 字는 子淵. 공자의 十哲 중 한 사람으로 亞聖이라 일컬어짐.

해서(海西 : 중국)에 이르러 널리 강표(江表)51)에 돌아다녔는데, 서
당대사에게 묻기를

　　"서당의 법이 만일 동이(東夷)에 쏟아진다면, 아름다운 징조를…
…신묘한 예언을 들을 수 있겠습니까?"
　　"의(義)가 쑥을 헤치니 불이 꽃보다 성하고, 언덕이 그 운(運)을
예언하니 일만 떨기가 스스로 만발하도다."

　　그러니 성스러운 글을 미루어 생각하면, 대사의 이름이 드러난다
고 하겠다.52) 백년 뒤 네 글귀가 멀리 전하니, 우객(羽客 : 仙人)이
서로 만나 단구(丹丘)라는 글자가 있음을 알겠고,53) [빈객이] 한 번
이르니 한낮이라는 명문을 문득 엿볼 수 있는 것과 같았다.54)

　　[그 후]……병을 [들고 길을 나서]55) 삼 년 동안 지팡이를 날리
며56) 깊고도 깊은 가에서 숨은 진리를 찾고 오묘하고도 오묘한 가

---

51) 江表 : 江左. 江南. 揚子江의 左岸地方.
52) 追認聖文 著其師号 : 진공대사의 法諱는 □運인데, 西堂大師의 四句
　　중 "丘讖其運 萬叢自蘇"에는 '運'자가 있음. 이를 비문 찬자는 진공대사
　　이름의 끝자인 '運'자와 연관시켜, 西堂의 예언이 맞았다고 하면서 진공
　　대사를 찬양한 것으로 보임.
53) 羽客相逢 知有丹丘之字 : 羽客은 仙人을 말함. 丹丘는 仙人이 머무는
　　곳인데, 밤낮으로 늘 밝은 나라임(『楚辭』 遠遊, "仍羽人於丹丘兮 留不
　　死之舊鄕").
54) [賓客]一到 忽窺白日之銘 : 白日은 한낮을 말함(『三國志』 吳書 列傳 滕
　　胤傳, "胤 白日接賓客 夜省文書 或通曉不寐").
55) [挈]瓶 : 병을 끌다. 병을 꾸린다는 結瓶과 같은 말. 瓶이란 손을 씻는 淨
　　瓶과 水桶으로 사용하는 瓶이 있다. 이것은 三衣와 錫杖과 함께 비구가
　　행각할 때에 반드시 지참해야 하는 소지품이다. 결국 설병이란 소지품을
　　정돈한다는 뜻.

운데에서 깊은 진리를 탐구했다. 그리하여 남쪽으로 서울(경주)에
가서 다만 어머니[57]를 위로하고, 서쪽으로 김해로 가서 은거할
곳[58]을 찾아 닦았다. 이 때 구름처럼 몰려오는 사람을 바다와 같이
받아들였다. ……유가[59]의 교학에 뛰어난[60]……두 명의 훌륭한 대
덕이 전에 소문을 듣기를 현관(玄關)[61]에서 오묘함을 보았다고 하
였으므로, 문득 마음을 깃들이겠다는 간절함을 쌓아서 함께 제자가
되겠다는 정성[62]을 폈다. 이에 멀리 하늘가를 우러러보고 땅끝을
쳐다보니, 왕기(王氣)가 북서쪽[63]에서 곧바로 솟아오르고 패도(覇
圖)가 동남쪽에서 두루 떨쳤다. 그러므로 여광(呂光)[64]을 보지 않

---

56) 飛錫 : 錫杖은 比丘가 여행할 때 반드시 휴대해야 하므로 승려가 널리
　　다니면서 교화하는 것을 飛錫이라 함.

57) 倚門之望 : 자녀가 돌아오기를 기다리는 어머니의 마음(『戰國策』齊策
　　閔王, "王孫賈年十五 事閔王 王出走 失王之處. 其母曰 女朝出而晚來
　　則吾倚門而望. 女暮出而不還 則吾倚閭而望. 女今事王 王出走 女不知
　　其處 女尚何歸").

58) 招隱之居 : 招隱은 세상을 등지고 사는 隱士를 초청한다는 말로서 초은
　　할만한 거처란 바로 은거하기에 알맞은 곳을 말한다.

59) 瑜伽 : 범어 Yoga의 音譯. 相應이라 意譯. 調息 등의 방법에 의해서 마
　　음을 한 곳에 집중하여, 止와 觀을 주로 하는 觀行을 닦음으로써 正理에
　　相應하여 冥合一致하는 것을 말한다. 이 유가의 관행을 닦는 사람을 瑜
　　伽師라 하고, 유가사에 의해서 이루어진 경계를 瑜伽師地라고 하며, 『瑜
　　伽師地論』에서는 이것을 五識身相應地로부터 無餘依地에 이르는 17地
　　로 설하고 있다. 이 論을 받드는 학파를 瑜伽派라고 한다.

60) 義龍 : 교학에 뛰어난 승려를 비유한 말.

61) 玄關 : 깊고 묘한 이치에 통하는 관문. 곧 깊고 묘한 도에 들어가는 단
　　서.

62) 北面之誠 : 제자의 정성을 말함(『漢書』卷71, 列傳 于定國傳, "定國乃
　　迎師學春秋 身執經 北面備弟子禮").

63) 戌亥 : 西北間方.

64) 呂光 : 後凉 始祖(太祖) 懿武皇帝. 처음에는 符堅을 섬겼으나, 그가 죽
　　은 후 스스로 凉州牧이라고 불렀다. 이어서 三河王, 天王이라고 칭했다

고, ……관사에 머물렀는데, 왕능장(王能長)[65] 좌승(佐丞)[66]이 4사
(事)[67]를 공급하며 정성을 다하여 공경하니, 마침내 잠시 위태로운
길을 곁에 하고 도움을 받아들이기에 이르렀다. 국부(國父) 최선필
(崔善弼)[68] 대장군은 법성(法城)의 견고한 성벽[69]과 자비로운 집의
주춧돌과 같았는데, 신령스러운 지역에 머물 것을 청하고, 자주 계
절이 바뀔 때마다……달이 군영[70]을 비추니 향기로움이 전단나
무[71]에 풍기며, 구름이 궁전[72]에서 일어나니 그윽하게 치자나무[73]
의 향기가 가득한 것 같았다.

(재위 386~398).

65) 王能長 : 皇甫能長을 王氏로 賜姓한 것으로 추정됨. 旗田巍는『慶尙道
地理志』安東道 永川郡條에 보이는 '郡人 金剛山將軍 皇甫能長'과
『高麗史』太祖 世家 8年 冬 10月 己巳條에 보이는 '高鬱府將軍 能文'
을 같은 인물로 보았다(旗田巍, 1960,「高麗王朝成立期の'府'と豪族」
『法制史硏究』10 참조).

66) 佐丞 : 고려 초기의 官階名. 16등급 중 제6위이며, 3품에 해당한다.

67) 四事 : 네 종류의 공양. 즉 臥具 · 衣服 · 飮食 · 湯藥 등.

68) 崔善弼 : 載巖城 將軍 善弼과 동일 인물일 것으로 추정된다. 선필은 고
려 태조 13년(930) 정월 고려에 귀부했다. 고려와 신라가 길이 막혀 통교
를 못하고 있을 때, 그의 공로로 통교할 수 있게 되었다. 그러므로 그가
귀부했을 때, 후한 예로 대우하였으며, 나이가 많았으므로 '상보(尙父)'라
고 하였다(『高麗史節要』卷1, 태조 13년 춘정월).

69) 金湯 : 金城湯池의 준말. 매우 견고한 城壁과 깊고 넓은 垓字를 말함.

70) 柳營 : 細柳營. 漢나라 周亞夫가 장군이 되어 가는 버들(細柳)로 陣을
칠 때, 軍營의 규율이 엄숙하고 號令이 嚴明하기가 다른 장군의 覇上 ·
棘門의 진영에 비해서 훨씬 더하였다. 순시하던 文帝가 이를 보고 크게
감동하여 細柳營이라는 이름을 남겼다고 한다(『漢書』周亞夫傳). 이것
에 연유하여 將軍의 陣所를 柳營이라 雅稱한다.

71) 栴檀 : 향나무의 총칭이다.

72) 蘭階 : 宮殿의 美稱. 또는 다른 사람의 아름다운 저택을 말함.

73) 薝蔔 : 치자나무 꽃인데, 이 꽃이 숲 속에 있으면 온 숲이 향기로 가득
찼다고 함.

[임금께서]……멀리 남방으로부터 북쪽 경계에 와서 의례하고, 거듭 소백산사를 고쳐 그 곳에 머물기를 멀리서 청했다. 대사가 갑자기 조칙을 받드니 원래 품은 간절함과 은근히 부합하였으므로, 문득 욱금(郁錦 : 몸)을 옮기니 바야흐로 마음속에 품은 생각과 부응했다. 겨우 절을 열자마자 사람들이 벼와 삼이 줄을 이루듯 모여오므로,[74) 넓게 집을 열어……하였다. (임금께서) 전쟁을 해야 할 상황에……바야흐로 가마를 돌려 장차 직접 뵙고 예를 올리는 정성을 펴려고 잠시 가마를 멈추어 공경히 절에 이르니, 마치 황제(黃帝)가 광성자(廣成子)에게 도를 묻는 것과 같았으며,[75) 또한 하늘에서 얽매임 없이 노니는 것 같았다.[76) 경건히 눈처럼 흰 눈썹을 우러러보며 말씀 듣기를 바라니, 대사가, "제나라 황제가 북으로 순행하니……"라고 하였다. ……문득 즐거워했는데, 그가 부끄러운 기색이 많았으니 어찌 비교할 수 있으리요!

청태 4년(天福 2, 937, 고려 태조 20)[77) 봄 2월에 무리들에게 이르기를, "말이 서울에까지 이른 것은 조계(혜능)의 뜻[78)에 미루어

---

74) 稻麻有列 : 많은 대중이 모여드는 것이 마치 논에 서 있는 벼 줄기와 삼 밭에 서 있는 삼대와 같이 列을 지어 있다는 뜻이다.

75) 崆峒之問 : 黃帝가 崆峒山에 있는 廣成子를 찾아가 至道를 물었다는 고사(『莊子』 在宥).

76) 汗漫之遊 : 얽매임이 없는 놀음(『文選』 張協 七命, "過汗漫之所不遊 注 : 銃曰 汗漫 能遊天者也"). 張協의 '七命'은 『晉書』 卷55, 張協傳에도 보임. 여기서는 고려 태조가 □運을 찾은 사실을 아름답게 여긴 말로 쓰임.

77) 淸泰四年 : 청태는 後唐 廢帝의 연호(934~936). 후당은 청태 3년(936)에 망하고, 뒤를 이어 後晉이 세워졌다. 따라서 청태 4년은 天福 2년에 해당한다.

78) 曹溪之旨 : 曹溪는 六祖慧能을 가리킴. 여기서 조계의 뜻이란 혜능이 조계에 머물면서 왕이 궁중으로 불렀으나 병을 핑계로 응하지 않고 설법 교화에만 전념하였던 뜻을 말함.

부끄럽고, 대궐에서 노니는 것은 진실로 여부(혜원)의 마음79)이 아
니다. 그러나 노승은 대왕과……"라고 하였다. ……이 때 두 적은
얼음이 녹듯 하고 삼한은 안개가 걷힌 듯하였으므로, 먼저 흉악한
무리를 없앤 책략을 경하하고 다시 성인(聖人)에게 하례하는 의례
를 행하였다. 임금께서는 재차 자애로운 얼굴(대사)을 뵙고는 용안
(龍顔)의 느낌이 더욱 절실하였으며, 홀로 걷는 것을 거듭 엿보고는
호랑이 걸음의 늦음을 크게 근심했다. 대사는……덕산 가운데로 옮
겨 의지하고, 매양 돌아가 죽을 때가 가까웠음을 생각하며, 빨리 자
연에 이르러 먼저 암곡(巖谷)을 고르기를 엎드려 빌었다. 임금께서
는 대사의 말에 크게 마음 아파하며 진실로 돌보는 정을 측은히 하
여, 여러 번 사찰에 나아가 거듭 선(禪)의 경지를 엿보았다. 대사의
과거는 어려웠으나 앞날은……배우는 사람이 정을 보았다.

이후 옛 산(소백산)에 이를 수 있게 되어 새 집을 닦았다. 인재를
등용할 것을 영원히 말하며, 방편을 모두 던져 버렸다. 배우는 사람
이 묻기를

"어떤 것이 가섭(迦葉)입니까"
"가섭!"
"어떤 것이 석가(釋迦)입니까"
"석가!"

그러니……를 기다리지 않을 줄 알았다. ……이미 담란(曇鸞)80)

---

79) 廬阜之心 : 廬阜는 廬山의 惠遠(334~416)을 가리킴. 東晉 때 승려로 白
蓮結社 開祖. 여기서 廬阜의 마음이란 혜원이 30여 년 간 東林寺에 있
으면서 산을 나오지 않은 채 結社를 맺고 수행에만 전념하였던 마음을
말함.
80) 曇鸞 : 476~542년. 北魏 高僧. 中國 淨土敎의 初祖. 우연히 『大集經』을

의 뜻을 비천하다고 했으며, 미리 수역(壽域)81)을 기약하여 혜원(惠遠)82)의 생각을 미루어 따랐다. 이러한 까닭에 매일 선(禪)의 경지를 말하면서 사람을 찾았고, 법을 부촉하면서 문득 탄식했다.

註解하다가 병이 들어서, 長生不死의 법을 찾아 梁에 이르러 陶弘景을 찾아가 仙經 10권을 얻어 돌아왔다. 도중에 洛陽에서 菩提留支를 만나 『無量壽經』1권을 받은 뒤부터 仙經을 불사르고 一心으로 淨業을 닦아 정토에 往生하기를 원하였다. 양무제가 불러 극진히 대접하고 佛法을 물었다. 魏王이 존경하여 神鸞이라 존칭하고 대암사에 있게 하였다. 저서에 往生論註ㆍ讚阿彌陀佛偈 등이 있다. 淨土敎 교리의 기초를 확립하여 후세 정토교의 발전에 공이 크다. 담란의 뜻이란 淨土 往生을 원했던 그 뜻을 말하는 것이거나 아니면 長生不死의 법을 찾았던 뜻을 말하는 것으로 보인다.
81) 壽域 : 仁壽의 경역이란 뜻으로 태평한 세상을 이름. 여기에서는 혜원이 東林寺에서 白蓮結社를 맺어 기약한 西方極樂을 가리킨다.
82) 惠遠 : 334~416년. 中國 東晉시대의 승려, 廬山敎團의 지도자. 속성은 賈氏. 원래 儒家古典과 老莊學에 정통하여 이름을 날렸는데, 釋道安을 만나 그의『般若經』강의를 듣고 출가하였다. 난을 피하여 각지를 유랑하다가, 381년 동문인 慧永의 요청으로 廬山 西林寺에 들어갔으며, 384년(또는 381) 桓伊가 惠遠을 위해 건립한 東林寺에 들어가 이후 30여 년간 산을 나오지 않고 수행에만 전념하였다. 이 때 儒生ㆍ道士ㆍ僧侶ㆍ信徒 등 123명을 함께 모아 부패한 교단을 반성하는 白蓮結社運動을 전개하였는데, 그 내용은 念佛三昧의 실천을 통해 西方往生을 기약하는 것이었다. 여기에는 劉遺民을 비롯한 지식인 그룹도 참여하였으며 나중에는 陶淵明ㆍ陸修靜 등과 교유하여 유명한 '虎溪三笑'의 일화를 남기기도 하였다. 혜원의 사상은 노장사상을 매개로 불교를 이해하는 格義佛敎 단계의 般若學이며, 여기에 禪觀을 幷修하였다. 혜원과 그의 문하는 중국 불교계가 나아갈 방향을 제시함으로써 인도 불교의 중국화에 커다란 기여를 하였다. 저술로는 국가권력 내지 국왕에 대한 불교도의 독립성을 주장한『沙門不敬王者論』, 세속인을 계몽하기 위한『三報論』, 승려의 胡服 착용을 합리화한『袒服論』 등 다수를 남겼으며, 鳩摩羅什과 주고받은 교의문답은 나중에『大乘大義章』으로 정리되었다.

얼마 안 있어 가벼운 병에 걸렸는데 오랫동안 계속 앓다가, 천
복83) 2년(937, 고려 태조 20) 가을 9월 1일……에서 죽었다. …
…햇빛은 슬프고 어두웠으며, 구름은 수심에 가득 찼고 물은 말랐
으며 땅이 흔들리고 산이 무너졌다. 이 때 사방 먼 곳에서도 슬픔을
머금었고 이웃 마을에서는 음식을 끊었다. 임금께서 (대사가) 홀연
히 돌아가셨다는 것을 듣고 깊이 애통해 하시며, 왕인(王人)을 보내
어 특별히 조문하여 제사지내게 하셨고, 장례에 재물을 보태는 것
이 길에 서로 [이어지게] 하셨다. ……(묻힌 곳은)……로부터 삼백
여 보(步) 정도였다.

생각건대 대사께서는 바람이 대나무 숲을 스치듯 상쾌한 운치가
있었으며 서리맞은 계수나무처럼 곧은 자태를 지녔다. 텅 비어서
높은 산을 우러르고 헤아려 지혜의 바다에 깊이 잠겼도다. 그러므
로 사방을 다니면서 교화를 베풀어 만물을 위하고 사람을 이롭게
하였다. 불사의(不思議)한 경지84)에 머물다가, ……올랐다. ……뭇
생명의 자애로운 아버지가 되고 모든 중생을 이끄는 스승이 되는
사람이었다. 전법(傳法) 제자인 현양(玄讓) 선사와 행희(行熙) 선사
등 4백여 사람은 모두 계주(髻珠)85)를 얻었고 같이 심인(心印)86)을

---

83) 天福 : 後晉 高祖의 연호(936~944).
84) 不思議 : 理가 심묘하고, 일이 神奇하여 마음으로써 생각할 수 없고, 말
　로써 의논할 수 없는 것을 가리킨다. 즉 생각이 끊어진 경지를 말한다
　(『維摩經』不思議品, "諸佛菩薩有解脫 名不可思議").
85) 髻珠 : 髻子 가운데 있는 보배 구슬. 法華七喩의 하나인 髻珠喩.『法華
　經』제5권에 轉輪聖王이 여러 나라를 쳐서 항복받고 장병 중 전공이 있
　는 자에게 논밭 · 집 · 옷 · 보배 등을 줄 적에, 가장 공로가 큰 이에게는
　자신의 상투 속에 있는 보배구슬을 준다고 하였다. 이는 전륜성왕을 如
　來에, 상투를 二乘 方便敎에, 구슬을 一乘 眞實敎에 비유한 것으로『법
　화경』이 지금까지 이승 방편교에 가리어 있던 일승 진실교를 열어 나타
　낸 것을 말한 것이다. 여기서 髻珠를 획득하였다는 것은 참된 禪法을 얻

전하여, 마침내 법왕(法王)의 뒤를 이음에 부합했으며 영원히…….
……은 금과 같았고, 붉은 정성은 옥과 같았다. 바라는 바는 서로
도와 향기를 전하여 없어지지 않게 하며 함께 의논해 경사스러움을
보여 끝이 없도록 하는 것이었다. 이로 말미암아 외람되이 표(表)를
내려 주시기를 바라는 글을 임금께 아뢰었다. ……그러므로 시호를
'진공대사'라 했고, 탑 이름을 '보법지탑'이라고 했다. 어찌 갑자기
조서를 내려서 거듭 하신(下臣)에게 명하여, 빛나게 좋은 글을 서술
하여 아름다운 자취를 드날리라 하실 것을 생각했겠는가. 언위는
사림(詞林)의 한 잎사귀요 학해(學海)의 작은 [물결로서]……이다.
……그러므로 실로 조잡하게 짧은 글을 지었다.

    명(銘)에 이르기를,

    ……
    ……텅 비었도다.
    하늘과 사람이 교화를 사모하고,
    도속(道俗)이 풍모를 흠모하니
    대천(大千)의 세계[87]
    서로 계합하여 다함이 없도다.

    이 한 꽃으로부터 좇아

    었음을 말하는 것이다.
86) 心印 : 佛心印이라 함. 선종에서는 언어나 문자로 나타낼 수 없는 內心
    의 깨달음을 佛心이라 한다. 이 깨달음은 세간의 印形처럼 결정적으로
    알 수 없으므로 心印이라 한다. 선종에서 문자에 의하지 않고 見性시키
    는 것을 심인을 전한다고 한다.
87) 大千之界 : 廣大無邊한 세계를 일컬음.

조계는 조(祖)가 되니
크도다 의공(義公 : 도의)이여,
……
……
……

……
……
……

배우는 사람은 피로를 잊었도다.
의문(毉門)에는 병자가 많고
도를 뜻하는 데에는 기한이 있네.

좌선함에 바야흐로 가을이 되어
적멸(寂滅)에 들어갔도다.
재보(宰輔)가 [선사의 죽음을] 듣고
……
……

　세차(歲次) 기해(己亥 : 939, 고려 태조 22) 팔월 십오일에 세우
다.
　새긴 사람은 최환규이다.

【음기】

소백산 대사가 죽음에 임했을 때 남긴 훈계

대중에게 고한다. 나는 이제 이미 죽을 때에 이르렀으므로, 함께 있을 날이 수일밖에 남지 않았다. 이른 서리가 봄꽃을 범하는 것을 슬퍼마라. 어찌 누런 잎사귀가 맑은 시내에 떨어지는 것을 근심하겠는가. 승려들의 일과 예를 지키는 무리들의 종지는 윗사람 공경하기를 부모처럼 하는 것이며 아랫사람을 어여삐 여기기를 자식처럼 하는 것이니, 상하가 화합하여 삼가 어지럽히지 마라. 내가 있을 때도 늘 거칠고 난폭한 일들이 있었는데, 하물며 다시 이후에도 그러한 일들이 있을까 두렵도다. 소소한 권속의 친한 정으로 동분서주하여 한가로이 날을 보내지 마라. 각자가 솜털옷과 꿰맨 바리를 가지고 다니면, 이르는 곳마다 어려움이 없을 것이다. 위로부터 내려온 가장 더럽히지 않은 문풍(門風)이 바로 이것이다. 남북 가운데 이 산에 의탁하여 머문 칠팔 년 사이에, 시방세계[88]의 동려(同侶)가 빛을 찾고 색을 구하며 동안거를 보내고 하안거를 지냈는데 분수에 따른 것이 적지 않았다. 때를 따르고 세상을 좇는 데는 다른 법칙이 없다. 응당 옳은 이치라면 또한 방탕하고 게으르지 않게 하여 동량(棟梁)을 잃지 마라. 그릇된 일이면 불구덩이 피하듯 하여 애초부터 행하지 마라. 단지 큰 일이거나 작은 일이건 간에 늘 속이고 혐의하는 것을 막고 법대로 하라. 나는 지금 곧 떠나려 하니 세상 사람들의 뜻으로써 지나치게 통곡하지 마라. 금생이 이미 다했으니, 내세(來世)에 함께 법석(法席)에서 만나자.

(역주 : 배종도)

---

88) 十方 : 東西南北과 乾(북서), 坤(남서), 巽(남동), 艮(북동), 上下의 총칭. 즉, 온 세계를 말함.

5. 지장선원 낭원대사 오진탑비

고려국 명주 보현산 지장선원 고국사[1] 낭원대사 오진지탑비의
명과 서

태상[2] 검교[3]상서[4] 전수[5]집사시랑[6] 좌복야[7] 겸 어사대부[8] 상주

---

1) 國師 : 신라 및 고려 시대에 있었던 승려의 최고 명예직.
2) 太相 : 大相. 후삼국시대에서 고려 전기에 걸쳐 실시된 官階名. 처음 실
   시된 것은 904년 궁예가 국호를 마진으로 고치면서 관제를 개혁할 때부
   터이다. 그 후 고려도 태봉의 관제를 답습하다가 936년 후삼국 통일 후
   관계를 재편성했는데, 이 때 16等級 중 제7위이며 4품에 해당하였다.
3) 檢校 : 처음에는 중국 왕조에서 신라·고려의 국왕과 신하들에게 제수된
   名譽爵號(勳號)였다. 신라에서는 경덕왕 때 佛事의 영조를 주관하는 官
   號를 檢校使로 칭하기도 하였다. 훈관인 검교제가 채용되기 시작한 것은
   고려 초 관제의 정비 과정에서였고 현종 때부터 왕자·종실·동서양반
   에게 수여되었다. 즉 고위 관직의 자리는 한정되어 있는데 승진 대상자
   가 늘어나는 추세 속에서 이에 따른 한계를 극복하고 보다 많은 인원을
   관직 세계에 수용할 필요성에서 마련된 직제로서 상층부에는 檢校職, 하
   층부에는 同正職이 설치되었던 것이다(韓㳓劤, 1969,「勳官 '檢校'考-
   그 淵源에서 起論하여 鮮初 整備過程에 미침-」『震檀學報』29·30합
   집).
4) 尙書 : 고려시대 尙書省의 정3품 관직. 형식상으로는 尙書 6部의 장관이
   지만, 中書門下省의 宰臣이 각 부의 判事를 겸임하였으므로 그 기능은

국9) 지원봉성사10) 자금어대11)를 하사받은 신 최언위12)가 교(敎)를

매우 제한되어 있었다. 이 때문에 상서 6부가 독립성을 잃고 중서문하성에 예속되는 결과가 나타나게 되었다.

5) 守 : 行守法으로서 조선시대에는 官階와 官職 간의 관계를 나타내 주는 법제였으니 官階가 낮은 사람이 높은 職位에 앉았을 경우에 관계와 관직 사이에 넣어서 부른 말이었다. 그러나 고려시대에는 散職과 實職 사이의 관계를 표시하는 법제로 기능한 것으로 보인다(朴龍雲, 1981, 「高麗時代의 文散階」『震檀學報』52, pp.32~33).

6) 執事侍郎 : 執事省의 次官職. 집사성은 신라시대 최고의 행정관부. 위로는 왕명을 받들고 아래로는 행정을 분장하는 여러 관부를 거느렸다. 원래 진덕여왕 5년(651)에 稟主를 개편하여 설치하였으며, 흥덕왕 4년(829) 집사성으로 개칭되어 신라 멸망시까지 존속하였다.

7) 左僕射 : 고려시대 尚書省의 중앙본부라 할 수 있는 尚書都省에 딸린 정2품 관직.

8) 御史大夫 : 고려시대 時政을 논하고 風俗을 교정하며 百官을 규찰 탄핵하는 일을 맡아보던 관청인 御史臺의 으뜸 벼슬로 정3품.

9) 上柱國 : 고려시대 勳職의 하나. 흔히 벼슬은 官(官職과 官階)·爵·勳으로 구별된다. 이 가운데 훈은 국가에 공이 있는 사람에게 주는 명예직으로, 상주국은 바로 이 훈에 해당한다. 고려시대 훈직은 상주국과 柱國의 두 가지가 있었다. 문종 때에 상주국은 정2품으로 주국은 종2품으로 하였는데, 충렬왕 이후에는 폐지되었다.

10) 知元鳳省事 : 원봉성의 한 관직. 원봉성은 고려 태조가 태봉의 제도에 따라 설치하였으며, 詞命을 制撰하는 관청이며 국왕 측근의 文翰官으로 문필에 능한 儒臣이 임명되고 淸要職으로 중시되었다. 뒤에 學士院으로, 다시 翰林院으로 개정됨.

11) 紫金魚袋 : 唐代 高官에게 내리던 魚袋의 일종. 당나라에서는 四色公服制度에 의하여 服色을 1~3품은 紫, 4·5품은 緋, 6·7품은 綠, 8·9품은 靑으로 정하였는데, 3품 이상 服紫에는 금어대, 5품 이상 服緋에는 은어대를 차게 하였다. 우리 나라에서는 新羅 景文王 13년(873) 이후 憲康王 10년(884) 이전에 魚袋制가 성립하였으며 高麗 光宗 11년(960) 3월 百官의 公服制가 개정될 때까지 행해졌다. 자금어대는 고려시대의 경우 1~4품관에게 하사되었다(李賢淑, 1992, 「新羅末 魚袋制의 成立과 運用」『史學研究』43·44합집 참조).

12) 崔彦撝 : 신라 말·고려 초기의 문인으로 자세한 내용은 해제 참조.

받들어 짓다.

사찬13) 검교홍문감14)경 원봉성대조15) 신 구족달16)이 교를 받들
어 쓰다.

무릇 영취산 바위 위에서17) 석가18)는 교를 세우는 종지를 열었
고, 계족산19) 중에서 가섭20)은 마음을 전하는 이치를 드러냄에 따
라 (사람들은) 자신에게 불성(佛性)이 있고, 심왕(心王)21)이 있음을

---

13) 沙飡 : 일명 薩飡, 沙咄干, 沙干, 沙粲이라 함. 신라시대 17관등 중 제8
관등.
14) 興文監 : 『三國史記』卷40, 雜志9 職官下에 열거되어 있으나, 관직 설치
의 시초와 관등의 高下를 알 수 없다고 하였다. 泰封이나 고려 초기의
관제일 가능성도 있지만, 崔彦撝의 관직에 신라 관직도 나열되고 있으므
로 신라 관직명으로 볼 여지도 있다(李基東, 1978, 「羅末麗初 近侍機構
와 文翰機構의 擴張」『歷史學報』77 ; 1984,『新羅骨品制社會와 花郞
徒』, 一潮閣 참조).
15) 元鳳省待詔 : 원봉성의 한 관직.
16) 仇足達 : 생몰년 미상. 고려시대 초의 서예가. 韓允·閔賞濟 등과 함께
羅末麗初 歐法의 대가로 평가된다.「地藏禪院朗圓大師悟眞塔碑」이외
에「淨土寺法鏡大師慈燈塔碑」의 글씨도 썼다. 후자의 작품을 쓴 具足
達과는 동일 인물이다. 서체는 해서로 통일신라시대부터 유행하여 고려
시대에도 애호되었던 당나라 초기의 歐陽詢體에 기초를 두고 있다.
17) 鷲頭 : 靈鷲山. 중인도 마갈타국 왕사성 부근에 있는 산. 부처가 이 곳에
서『法華經』을 설함.
18) 世雄 : 부처에 대한 尊稱의 하나. 부처는 세간의 그 무엇도 制伏하지 못
하는 바가 없으므로 또는 세간에서 제일의 영웅이므로 이렇게 이름함.
19) 鷄足山 : 摩訶迦葉이 入定하던 산. 중인도 마갈타국에 있음.
20) 迦葉 : 범어 Kāśyapa의 音譯. 飮光·龜氏라 意譯. 부처의 10대 제자 중
1인. 부처 입멸 후 經과 律에 대한 제1차 結集을 주관하였으며, 부처와의
사이에서 있었던 이른바 '拈華微笑'로 禪家에서 付法藏 제1조로 높이 추
앙됨.
21) 心王 : 의식 작용의 본체. 객관 대상에 대하여 그 一般相을 인식하는 정
신 작용. 여기에는 六識, 八識, 九識의 구별이 있음.

알게 되었다. 공(空)을 보니[22] 그 도가 깊디깊고, 성(性)을 보니[23] 본원이 맑고 깨끗하다. 이에 서쪽 천축으로부터 동쪽 바다[24] 끝까지 지인(至人)은 일찍부터 진실한 종지를 통관하고, 선백(禪伯)들은 일찍이 현묘한 이치를 찾았다. 검은 골짜기에서 구슬을 찾았으니[25] 황제의 구슬을 전한[26] 것이며, 작계(鵲溪)에서 도장을 모았으니[27]

---

22) 觀空 : 일체 법의 空相을 觀照하는 것.

23) 見性 : 見性成佛. 자기가 본래 가지고 있는 本性이 곧 부처와 다름이 없는 佛性임을 사무쳐 보아 佛果를 깨닫는 것. 불과란 수행한 因으로 하여 極果에 이르는 부처의 지위를 말함.

24) 海隅 : 바다의 끝. 여기서는 우리 나라를 가리킴.

25) 驪壑探珠 : 검은 골짜기에서 구슬을 찾다(『莊子』列禦寇). 어떤 사람이 宋王에게 수레를 받고 莊子에게 자랑하였다. 장자는 黃河 가에 사는 가난한 사람의 아들이 深淵에 사는 검은 용(驪龍)의 턱 밑에 있는 千金의 寶珠를 마침 용이 잠들었을 때 얻었지만, 만약 용이 깨어났더라면 그는 잡혀 죽었을 것이라는 寓言을 들어, 主君에게 총애를 받는 자가 자신의 禍나 危險을 깨닫지 못함을 경고하였다 한다. 이 우언은 보통 驪珠라 하여 珍貴한 사람이나 물건을 비유하거나 探驪得珠라 하여 얻고자 하는 것이 매우 어려움을 비유한다. 여기서는 각고의 노력으로 진리를 얻었음을 말한다.

26) 傳黃帝之珠 : 황제의 구슬을 전하다(『莊子』外篇 天地). 黃帝가 赤水 북녘에서 노닐고 곤륜산에 올라 남쪽을 바라보고 돌아왔는데, 그 때 검은 구슬(玄珠)을 잃어버렸다. 그래서 아는 것이 많고 눈이 밝고 말솜씨 좋은 知·離朱·喫詬 등을 시켜 찾게 했으나 찾지 못하고, 무심한 象罔을 시켜서 그 구슬을 찾았다는 고사. 즉 道의 幽玄한 경지를 言語文字나 思量分別을 떠나 無心의 경계에서 터득하였음을 말하는 것이다. 검은 구슬은 道를 비유한다.

27) 鵲溪拾印 : 작계에서 도장을 습득하다. 보통 鵲印이라 함. 漢나라 常山의 張顥가 梁州 牧이었을 때 山鵲과 비슷한 새가 날아와 홀연히 땅에 떨어져 사람들이 주우려 하니 圓石으로 변하였다. 장호가 방망이로 깨니 金印이 나왔는데, '忠孝侯印'이라는 글이 새겨져 있었다. 장호가 임금에게 아뢰어 秘府에 감추어 두었다(『搜神記』卷9). 뒤에 公侯의 地位를 가리킬 때 쓰이기도 하였다. 여기서는 玄契를 이름.

석가모니(법왕)의 심인을 얻은[28] 것과 같은 것이다. 이에 허(虛)를
쫓다가 실(實)을 잃으면 오랜 겁(劫)이 지나도 범부들 사이에 머물
수밖에 없고, 망령됨을 버리고 참으로 돌아오면 순간에 문득 불위
(佛位)에 오르는 것이다.

　대사의 법휘는 개청(開淸)이고, 속성은 김씨로 진한 계림인이다.
그 선조는 우리 나라의 으뜸 되는 혈통으로 본국(本國)의 기둥이
되는 집안이다. 할아버지 수정(守貞)[29]은 난성(蘭省)의 낭(郞)과[30]
백대(栢臺)[31]의 관리(吏)를 지냈다. 아버지 유거(有車)는 강주(康郡
: 康州)[32]에서 벼슬한 일이 있었는데,[33] 일찍이 어지러운 나라를
피하고자 하는[34] 마음을 품고 방랑하다가 훼향(喙鄕)에 우거하여
마침내 관리가 되고자 하는 뜻을 버렸다. 어머니는 복보씨(復寶氏)

---

28) 得法王之印 : 법왕의 心印을 얻다. 法王은 범어 Dharmarāja의 意譯. 부
　처를 찬탄한 말. 왕은 가장 수승하고 자재함을 뜻함. 부처는 법문의 주인
　이며, 중생을 교화함에 자유자재한 妙用이 있으므로 이렇게 이름. 印은
　범어 Mudrā의 意譯으로 敎義의 규범이 되고 旗幟가 되는 것. 선종에서
　문자나 언어를 초월하여 깨달음을 心印이라 한다. 법왕의 심인을 얻었다
　는 말은 선종에서 최상의 깨달음을 얻었음을 말하는 것이다.
29) 守貞 : 『전문』, 『총람』에는 守眞. 이기동은 守眞으로 봄(李基東, 1978,
　「羅末麗初 近侍機構와 文翰機構의 擴張」『歷史學報』77 ; 1984, 『新羅
　骨品制社會와 花郞徒』, 一潮閣, p.256).
30) 蘭省爲郞 : 난성은 唐 秘書省의 별칭. 비서성은 經籍圖書의 임무를 장
　악하는 기관으로, 唐 高宗 龍朔 2년(662) 蘭臺監으로 개칭됨. 李基東은
　신라관제에서 이에 상당하는 관부를 崇文臺로 보고 開淸의 祖 金守眞
　이 역임한 관직 蘭省郞을 일단 崇文臺郞으로 보았다(李基東, 위의 책,
　p.256).
31) 栢臺 : 栢臺는 後漢時代 설치된 御史臺의 별칭.
32) 康郡 : 康州를 말하는 듯함.
33) 朝天 : 天子를 謁見함(『舊唐書』韓弘傳, “朝天有慶 就日方伸”). 여기서
　는 벼슬길에 나아감을 뜻함.
34) 避地 : 避地는 땅을 피한다, 亂國을 피해 他鄕에 사는 것, 은둔함을 말함
　(『漢書』敍傳, “知隗囂終不寤 遂避地於河西”).

인데, 어느 날 저녁잠을 잘 때35) 아주 상서로운 꿈을 꾸었다. 신승
(神僧)이 갑자기 하늘에서 내려와 섬돌 아래 서더니, 품속에서 나무
도장과 금으로 된 도장 두 개를 보여 주면서, '어느 것을 갖겠느냐'
고 하였다. 어머니가 보기만 하고 아무 말도 하지 않고 있었더니,
그 승려가 금으로 된 도장을 남겨 놓고 가 버렸다. 꿈에서 깨어난
후 바로 임신한 것을 알고 맵고 신 음식36)을 먹지 않고, 또 정성껏
절37)을 만들고, 경건히 불사(佛事)를 닦았다. 태화 8년38)(834, 흥덕
왕 9) 4월 15일에 대사를 낳았다.

　대사는 얼굴이 둥근 달과 같았고, 입술은 붉은 연꽃처럼 붉었으
며, 아직 동심을 지녔을 때에도 조용히 하여 아이들의 놀이를 하지
않았다. 8세에 처음 공부를 했으며39) 10세에 경서를 펴 들고40) 본
받는 데 힘썼다. 감라가 벼슬에 나아간 나이(12세)41)에는 유교 경전
을 힘써 공부하였고, 자진이 신선으로 오른 나이(13세)42)에는 재주

───────────────

35) 魂交 : 잠을 잔다는 뜻이니, 잠을 잘 때에는 혼이 교합하고 깨었을 적에
　　는 五官이 열린다고 한 데서 나옴(『莊子』齊物論, "其寐也魂交 其覺也
　　刑開").
36) 葷辛 : 훈채와 고추 같은 매운 것.
37) 仁祠 : 사찰의 異稱.
38) 太和八年 : 원문에는 大中八年(854, 文聖王 16)으로 나타나 있으나 開淸
　　이 죽은 해는 同光 8년(930. 동광은 3년까지 있음)이고, 개청의 속년이
　　96이다. 따라서 개청이 태어난 해는 대중 8년이 아니라 태화 8년(834, 興
　　德王 9)이라야 맞을 듯하다.
39) 鼓篋 : 학과를 시작할 때, 북을 쳐서 학생을 모이게 한 뒤 책상자에서 책
　　을 꺼내 공부하도록 한 데서 연유함. 곧 就學함을 이름(『禮記』學記, "入
　　學鼓篋 孫其業").
40) 橫經 : 經書를 펴 듦.
41) 甘羅入仕之年 : 甘羅는 戰國時代 秦나라의 策士. 12살 때 秦相 呂不韋
　　를 위하여 趙에 사신으로 가서 趙 襄王을 설복시켜 5城을 바치고 秦을
　　섬기게 하였는 바, 그 공으로 上卿에 봉해졌다(『史記』卷71, 甘羅傳). 감
　　라가 벼슬에 나아간 나이란 12살을 말한다.

가 공문(孔門)에서 으뜸이었다. 이 때 특별히 아버지께[43] 여쭈어 입
도(入道)할 것을 간절히 구하였는데, (아버지가) 곰곰이 전에 꾸었
던 꿈을 생각하니 완연히 똑같았다. 사랑으로 허락했으니 먼저 혜
아린 것을 거절하기 어려웠기 때문이다. 그러므로 책상자에 책을
싸서[44] 공부를 떠났는데 바다에 뜨는 주머니(浮囊)를 지키듯[45] 계
율을 잘 지키어 마침내 진흙에 까는 머리를 깎았다.[46] 스승을 찾아

---

42) 子晉昇仙之歲 : 子晉은 周나라 靈王의 太子. 왕에게 直諫했기 때문에
　　폐위되어 庶人이 되었다. 道士 浮丘公과 嵩山에 오르기를 30여 년 하여
　　緱氏山에서 登仙하니, 후에 祠堂을 이 곳에 세웠다고 함(『逸周書』太子
　　晉解). 자진이 신선으로 오른 나이란 앞뒤 내용으로 보아 13세 전후로
　　보면 될 듯하다.

43) 所天 : 하늘같이 받들어 공경하는 사람. 곧 신하가 임금을, 아내가 남편
　　을, 아들이 어버이를 일컫는 따위. 여기서는 어버이를 말함.

44) 負笈 : 책궤를 짊어지고 간다는 뜻으로 遊學함을 말함(『後漢書』李固傳
　　注, "固改易姓名 杖策驅馳 負笈追師").

45) 持浮海之囊 : 바다에 뜨는 주머니, 즉 浮囊은 헤엄칠 때 몸의 浮力을 돕
　　기 위해 쓰이는 羊皮나 牛皮로 만든 공기를 넣은 가죽주머니이다. 40卷
　　本『大般涅槃經』卷10에서 부처가 迦葉菩薩에게 護戒의 마음이 金剛과
　　같아야 함을 말하면서, 다음과 같은 비유를 들고 있는 데서 나온 말이다.
　　즉 어떤 사람이 부낭을 가지고 大海를 건너는 도중에, 바다 가운데서 한
　　羅刹이 부낭을 달라고 하였다. 그 주인이 불응하자 半만, 아니면 3분의 1
　　만, 아니면 털 1개만이라도 뽑아 달라고 한다. 그러나 주인은 끝내 一毛
　　도 뽑아 주지 않았다. 털 하나만 뽑아도 물이 스며들어 마침내 익사하게
　　되기 때문이다. 이는 浮囊을 지키듯이 계율을 생명처럼 護持하라는 뜻을
　　비유한 말이다. 부낭을 호지했다는 것은 승려가 계율을 철저히 지킴을
　　비유한 말이다.

46) 落掩泥之髮 : 無數劫 전에 출세한 燃燈佛 때 儒童이라는 동자가 있었
　　다. 당시 왕이 연등불을 궁중으로 초청하여 공양하려 하였다. 마침 비가
　　많이 내려 궁중으로 가는 길이 매우 질퍽하였다. 이에 유동은 귀한 꽃을
　　구하여 연등불의 머리 위에 뿌리고 또 자신의 머리카락을 잘라 길바닥에
　　깔아 연등불의 발에 진흙이 묻지 않도록 했다. 이를 본 연등불이 유동에
　　게 授記하되 너는 앞으로 91겁 후에 成佛하리니 佛號는 석가모니라고

화엄산사47)에서 정행(正行)법사에게 도(道)에 대해 물었다. 법사는
귀의할 마음이 있음을 알고 허락하여 머물게 하였다. 스승을 섬김
에 평소의 정성을 다하였다. 잡화(雜華)48)를 익히는 데 뜻을 두었으
며, 절49)에 머물기를 구하였다. 높은 산처럼 우러러보며 영취산의
종지50)를 탐색하고 배움의 바다에 머물며 후지의 가르침51)을 열심
히 배웠다.

대중 말년52)에 강주 엄천사 관단53)에서 구족계54)를 받았다. 계(

하였다. 석가모니의 전신이 곧 유동이니, 유동은 연등불에게 행한 공덕
으로 그에게서 수기를 받아 부처가 되었던 것이다. 여기서는 朗圓大師
開淸이 계율을 잘 지키어 얻은 바가 있음을 말한 것이다.

47) 華嚴山寺 : 전남 구례 소재 화엄사.
48) 雜華 : 『華嚴經』의 별칭.
49) 祗樹 : 祗園精舍. 여기에서는 절을 말함.
50) 鷲嶺之宗 : 鷲嶺은 靈鷲山으로 중인도 마갈타국 왕사성 부근에 있는 산.
   부처가 이 곳에서 『法華經』을 설함. 따라서 鷲嶺의 종지는 부처의 종지
   를 말함.
51) 猴池之旨 : 후지는 석존 당시 5정사의 하나인 瀰猴池로 毘舍離國 菴羅
   園의 곁에 있는데, 석존이 이 곳에서 설법을 함. 후지의 뜻은 부처의 가
   르침을 말함
52) 大中末年 : 대중 13년(859, 憲安王 3).
53) 官壇 : 戒를 주는 公的인 장소. 受戒는 거의 공적인 관단에서 이루어졌
   다. 특히 통치제도를 확립하기 시작한 고려 통일 후는 모두 관단에서 수
   계하였고, 신라 말·고려 초에도 관단에서 수계한 사실이 특기되고 있다.
   오늘날에도 金山寺와 桐華寺의 유적에서 볼 수 있듯이 관단은 舍利浮
   屠를 중심으로 石欄이 둘러 있다. 관단을 구비한 사원은 여러 곳이 있었
   으나 일정한 수를 정하였던 것으로 추측된다. 관단 사원은 대부분 華嚴
   宗 사원이고 禪宗 사원은 하나도 찾아지지 않는다(許興植, 1986,『高麗
   佛敎史硏究』, 一潮閣, p.321).
54) 具足戒 : 모든 계율이 완전히 구비되었다고 하여 이름된 것이며, 이를
   잘 지키면 열반의 경지에 다다를 수 있다고 한다. 具戒라 약칭하고 大戒
   라 하며 比丘戒·比丘尼戒라고도 한다. 梵語는 Upasampanna로 鄔波三
   鉢那라 음역하고 近圓이라 번역하니, 열반에 친근하다는 뜻이다. 비구·

戒)의 어려움도 참고55) 초계56) 비구의 수고로움도 잊었으며, 기러
기가 상할까 염려하는 자애로운 마음57)이 더욱 간절했고, 거위를
지키려는 것과 같은 슬피 여기는 생각이 더욱 깊었다. 하안거58)를
지낸 뒤 본사로 돌아가, 다시 여러 경전을 찾아보아 여러 미혹된 중
생을 제도하였으니, 아난59)이 들은 것보다 많이 들었고, 안회60)가

<hr>

비구니가 지켜야 할 戒法으로 비구는 250戒, 비구니는 348戒가 있는데,
이 戒를 받으려면 沙彌戒를 받은 지 3년이 지난 이로 몸이 튼튼하고 모
든 죄과가 없으며, 나이는 만 20세 이상이며 70세 미만인 사람이어야 한
다.

55) 尸羅 : 범어 Śīla. 正譯은 淸凉이라 함. 戒律·律이라 번역되고, 부처의
법을 잘 지켜 허물이 없도록 하는 것.

56) 草繫 : 草繫比丘. 도적의 습격을 받아 풀에 묶여 있으면서 풀이 상할까
봐 몸을 움직이지 않았던 비구로부터 기인한 말. 옛날 인도에서 비구들
이 길을 가다 도적떼를 만나 옷을 빼앗기고 벗긴 채 풀에 묶였다. 도둑은
가 버렸지만 비구들은 풀을 끊어 다치게 하는 것도 살생이라 여겨 그냥
묶인 채로 뜨거움과 굶주림을 참고 있었다. 때마침 왕이 사냥 나와 이를
보고 크게 감동하여 불교에 귀의를 했다고 한다. 이는 禁戒의 중요하고
엄격함을 비유한 이야기이다(『賢遇經』).

57) 傷鴨之慈心 : 부처가 과거 어느 生에 부처가 되기 위한 수행을 태자의
지위를 버린 채 산중에서 하고 있었다. 이 때 새매로부터 추격을 받은 기
러기가 도망가다가 급한 나머지 태자의 옷자락 속으로 날아들어 포근히
숨어 있었다. 이를 알게 된 새매는 피차 같은 생명이거늘 어찌 나는 배고
파 죽게 하고 기러기는 살려 주고자 하느냐고 항의하였다. 난처하게 된
태자는 마침내 자신의 몸을 던져 새매의 먹이가 되고 기러기의 생명을
보호하였다고 한다(『本生譚』). 이는 곧 큰 자비심을 말하는 것이다.

58) 夏 : 夏安居. 安居는 범어 Varṣa, Vārṣika의 번역으로 雨期의 뜻. 인도에
서 降雨期 3개월 간에 실시되는 불교승단의 특수한 연중행사를 말함. 곧
음력 4월 16일부터 7월 15일까지 한 곳에 모여 외출을 금하고 수행하는
제도이다. 이러한 하안거 외에 북방에서는 음력 10월 16일부터 정월 15
일까지 冬安居라 하여 하안거와 같이 행한다.

59) 懽喜 : 歡喜. 慶喜. 부처의 제자로 多聞第一인 阿難(阿難陀, Ānanda의
音譯)을 말한다. 25세에 출가하여 부처가 열반할 때까지 25년 간 모셨는

공부하기를 좋아한 것보다 더하였다.

이 때 멀리 봉도(蓬島)61) 중에 아름다운 산이 있다는 말을 듣고 배를 띄워 홀연히 바다를 건너 석장을 날려 녹원(鹿苑)62)에 몸을 의탁하였다. 선(禪)에 깃드는 동안에 마침 장경(藏經)을 보았는데, 경의 일음(一音)을 펴 금강삼매63)를 얻었다. 100일 동안 곡식을 끊어 먼저 정각(正覺)64)의 마음을 닦은 다음, 삼 년 동안 소나무만 먹으면서 보리(菩提)65)의 열매가 증득하기를 기대하였다. 이렇듯 열심히 수행하고 있는데, 홀연히 한 노인이 나타났다. 우러러 바라보는 중에 문득 변하여 선객(禪客)이 되었는데 (모습이) 옥과 같이 찬란하고 서리가 내린듯 밝았다.

"그대가 가기 힘든 길을 빨리 가려면 먼저 굴령(崛嶺)66)에 찾아가야 한다. 거기에는 때를 탄 대사67)이며 세상에 나온 신인이 있는

데, 열반 후 직접 들은 대로 외워 불전을 結集하였다.

60) 顔生 : 顔回(B.C. 521~B.C. 490). 자는 子淵. 공자의 十哲 중 으뜸으로 亞聖이라 일컬어짐. 공자의 80제자 중 가장 학문을 좋아하고 安貧樂道하며 덕행으로 이름이 높았음.

61) 蓬島 : 蓬來, 蓬丘와 같은 말. 신선이 사는 곳.

62) 鹿苑 : 鹿野苑. 중인도 바라나국 왕사성의 북동쪽에 있음. 부처가 成道한 지 三七日 후에 이 곳에 와서 四諦의 法을 설하고 교진여 등 5比丘를 제도하였음. 또 예로부터 仙人이 처음 법을 설한 곳이라 하여 仙人論處라 이름한다.

63) 金剛三昧 : 金剛喩定·金剛定과 같음. ① 금강과 같이 일체 걸림이 없이 모든 법의 三昧를 통달한 것을 말함 ② 三乘이 최후에 일체의 번뇌를 끊고 각각 究竟의 果를 증득한 삼매를 말함.

64) 正覺 : 정각은 正等覺·等正覺·正盡覺이라고도 함. 無上等正覺·三藐三普提의 줄임. 불타의 바른 깨달음.

65) 菩提 : 梵語 Bodhi의 음역. 覺·智·知·道라고 번역함. 佛·緣覺·聲聞이 각각 그 果에 따라 얻는 깨달음의 지혜를 말한다.

66) 崛嶺 : 江原道 江陵에 있고 通曉大師 梵日이 이 곳에 있었음.

67) 大士 : 범어 mahāsattva의 번역으로, 開士라고도 하며, 음역으로는 摩訶

데 (그는) 능가68) 보월의 마음을 깨달았고, 인도 제천(諸天)69)의 성
을 아는 사람이다."

대사는 천리를 멀다 하지 않고 가서 오대(五臺)70)에 이르러 통효
대사(通曉大師)71)를 뵈었다. (통효) 대사가 말하였다. "왜 이리 늦
게 왔느냐? 너를 기다린 지 오래이다." 직접 가르침을 받고72) 바로
제자가 되게 하니,73) 마음을 다해 법을 구하여 예로써 스승을 섬김
이 깊었다. 도수(道樹)74) 근처에서 한결같이 머물며 몇 년을 지냈

薩이라 한다. 佛·菩薩의 통칭으로도 쓰고 흔히 大菩薩의 의미로 쓰인
다.

68) 楞伽 : 범어 Laṅkā의 음역. 楞伽山으로 지금의 스리랑카 아담봉(Adam's
Peak). 석존이 이 산에서 大慧菩薩을 상대로『楞伽經』을 설함. 이 경은
『楞伽經』·『入楞伽經』·『大乘入楞伽經』이라고도 함.『般若經』·『華嚴
經』·『法華經』 등을 위시하여『涅槃經』·『勝鬘經』·『解深密經』등의
사상을 종합하여 독자적인 경지를 이룬 大乘經典. 달마는 4권『능가경』
(求那跋陀羅 譯)을 達磨禪의 心要로서 慧可에게 전하였고, 그 후 초기
선종에서 所依經典이 되어 이른바 楞伽宗이 성립하기도 하였다. 후일
선종에서『金剛經』·『楞嚴經』·『圓覺經』등과 함께 존중되었다. 능가
라고 하면 일반적으로『능가경』, 禪宗, 禪法을 말한다.

69) 諸天 : 諸天은 ① 모든 하늘, 곧 欲界의 六欲天과 色界의 十八天 및 無
色界의 四天 등을 말하는데, 이 여러 하늘은 마음을 수양하는 경계를 따
라서 나뉘어 있음 ② 天上界의 모든 神佛. 여기서의 제천은 후자를 말
함.

70) 五臺 : 강원도 오대산.

71) 通曉大師 : 闍崛山派 開祖 梵日(810~889). 馬祖門下인 杭州 鹽官齊安
의 心印을 받아 와 江原道 江陵 崛山寺에 주지하여 禪風을 진작함. 그
의 문하에는 낭원대사 개청과 入唐하여 石霜慶諸의 심인을 받아 온 朗
空大師 行寂(882~916)이 있어서 사굴산파의 門風을 크게 드날림.

72) 趨庭 : 趨庭은 아들이 아버지의 가르침을 받는 것을 비유한 말(『論語』
季氏篇, "陳亢問於伯魚曰 子亦有異聞乎 對曰 未也 嘗獨立 鯉趨而過庭
曰 學詩乎").

73) 入室 : ① 開室이라고도 한다. 師匠의 거실에 들어가서 친히 法門을 받
아 잇는 것 ② 禪宗에서 제자가 師家의 방에 들어가서 道를 묻는 것.

다.75) 비로소 심인(心印)76)을 전하여 항상 계주(戒珠)77)를 지키었
으니, 바위산에서 나오지 않고 오직 자연 속에 머물렀다. 대사(통효
대사)의 나이가 90에 이르자78) 사람들을 가르치는 데 매우 피곤한
것과 손님을 맞이하는 데 피곤함을 감당하지 못했다. (이에) 선사로
하여금 법주(法主)와 같이 일하게 하여 오는 무리들을 부지런히 맞
이하게 하니, 우두전단(牛頭栴檀)79)의 향기에 훌륭한 향기를 더하
였고 주미(麈尾)80)에 현담(玄譚)의 자루를 이었으니, 홍주(洪州)의

---

74) 道樹 : 菩提樹를 말함. 이 아래에서 부처가 成道했다 하여 생긴 이름.

75) 幾改階蓂之序 : 階蓂은 요임금 때 조정의 섬돌 앞에 났다고 하는 蓂莢.
   일명 曆草. 월초에 잎 하나가 나서 점차 15일에 이를 때까지 열다섯 잎
   이 나는데, 16일부터는 한 잎씩 떨어져 그믐에 이르니, 이것을 보고 달력
   을 만들었다고 함. 階蓂의 차례를 몇 번 바꾸었다는 것은 몇 년이 지났
   음을 말하는 것임.

76) 心印 : 佛心印이라 함. 선종에서는 언어나 문자로 나타낼 수 없는 內心
   의 깨달음을 佛心이라 한다. 이 깨달음은 세간의 印形처럼 결정적으로
   알 수 없으므로 心印이라 한다. 선종에서 문자에 의하지 않고 見性시키
   는 것을 심인을 전한다고 한다.

77) 髻珠 : 髻子 가운데 있는 보배 구슬. 法華七喩의 하나인 髻珠喩. 『法華
   經』 제5권에 轉輪聖王이 여러 나라를 쳐서 항복받고 장병 중 전공이 있
   는 자에게 논밭・집・옷・보배 등을 줄 적에, 가장 공로가 큰 이에게는
   자신의 상투 속에 있는 보배구슬을 준다고 하였다. 이는 전륜성왕을 如
   來에, 상투를 二乘 方便敎에, 구슬을 一乘 眞實敎에 비유한 것으로 『법
   화경』이 지금까지 이승 방편교에 가리어 있던 일승 진실교를 열어 나타
   낸 것을 말한 것이다. 여기서는 석존의 진실한 가르침이나 참된 禪法을
   말한다.

78) 耄期 : 90세를 말함.

79) 牛頭 : 牛頭栴檀으로 梵語 Gośirṣaka-candana의 번역. 赤旃檀摩羅耶産
   이라고도 함. 향기가 사향과 같은 향나무로 나무는 佛像・殿堂・器具를
   만드는 데 쓰이고 그 가루는 약재, 기름은 향수의 원료로 쓴다.

80) 麈尾 : 가늘고 긴 판이나 상아 등에 털을 붙인 團扇形으로 說法하거나,
   經을 강의할 때 사용하는 기구. 처음에는 麈拂・蠅拂 등의 목적으로 사
   용했는데, 뒤에는 拂子의 경우처럼 威容을 정비하는 데 사용하였다. 중

대적(大寂 : 馬祖道一)81) 문하에서 지장82)이 가르쳐 인도하는 문을 □하고, 노국의 공자83) 문하에서 자하84)가 스승과 제자의 도를 이은 것과 같다고 이를 만하다. 문덕85) 2년(889, 진성왕 3) 여름 (통효)대사가 돌아가시니 화상이 혹건(黑巾)을 썼는데 학문이 끊어지는 것을 매우 슬퍼하였고, 항상 스승을 잃은 한이 간절하였다. 그러므로 보탑(寶塔)을 공경히 쌓고, 큰 비를 서둘러 세웠다. 그리고 항

국에서는 위진시대 청담가들이 담론할 때에 손에 들고 쓴 것을 효시로 하여, 그 뒤 승려 사이에서 널리 행하게 됐다.

81) 洪州大寂 : 馬祖道一(709~788). 大寂은 그의 시호. 중국 선종 洪州宗의 宗祖. 四川省 漢州 什邡人, 속성은 馬氏. 일찍이 九流六學을 배웠고 州의 羅漢寺에 투탁하고 四川省 資州 處寂에게 출가하였으며 渝州의 圓律師에게 具足戒를 받았다. 714년 南嶽懷讓을 찾아가 '南嶽磨磚'의 말에 心印을 얻었다. 福建省 建陽 佛跡巖에서 開法하고 江西省 撫州 西裏山, 虔州 龔公山에 두루 머물렀으며, 769년 江西省 洪州 開元寺에서 크게 종풍을 떨쳤기에 세상 사람들이 그 무리를 洪州宗이라 불렀다. 제자로는 百丈懷海 · 西堂智藏 · 南泉普願 · 塩官齊安 · 大梅法常 등 130여 인이 있다. 南嶽下의 종풍은 실로 道一에 이르러 천하에 크게 떨치게 되었다. 『馬祖道一禪師語錄』(1권)이 전한다. 그의 禪風은 '平常心是道', '卽心是佛'을 표방하고 經典이나 觀心에 의지하지 않는 大機大用의 禪이었다. 세상에서는 江西馬祖라고도 부른다. 시호는 大寂禪師이다.

82) 地藏 : 西堂智藏(739~814). 南岳下 禪僧. 江西省 虔化人, 속성 廖氏. 馬祖道一에게서 깨달음. 百丈懷海 · 南泉普願과 동문. 시호는 大宣敎禪師, 大覺禪師.

83) 魯國宣尼 : 노나라의 孔子를 가리킴.

84) 子夏 : 춘추시대 衛나라 사람. 성은 卜이요 이름은 商이다. 공자의 제자로 文學과 詩學으로 稱名됨. 공자가 죽은 후 西河에서 가르침으로 직업을 삼았다. 그리하여 위나라의 文侯師로 초빙되었다. 『禮記』 檀弓上에 의하면, 자하는 늙어서 서하에 살며 스승인 공자에게 배우고 들었다는 것을 밝혀 스승을 높이 推擧하지 않고, 자기의 지혜와 학설인 것처럼 행동하여, 서하 사람들로 하여금 자하가 공자보다 어질다고 의심하게 하였다고 한다. 이 때문에 자하는 증자에게 꾸지람을 당하였다고 한다.

85) 文德 : 唐 昭宗의 연호(888~889).

상 송문(松門)을 지키다가 몇 번 초구(草寇)를 만났는데 골짜기에서 힐난하여 막았으니 법(法)을 지키고자 하는 생각을 깊이 하였고, 정변(汀邊)을 굳게 지켰으니 선에 머물고자 하는 간절한 뜻을 도왔다.

당주(當州) 모법제자(慕法弟子)인 민규(閔規) 알찬(閼粲)[86]이 풍모를 흠모하는 뜻이 간절하고 도를 사모하는 정성이 깊었으므로 일찍이 선문(禪門)에 모시고자 여러 번 은근한 정성을 보이고 보현산사(普賢山寺)를 희사하여 머물기를 청하였으니, 대사가 대답하였다. "단월(檀越)[87]에게 깊이 감동했습니다. 인연이 있으니 머물겠습니다." 이에 머뭇거리며 들어와 바로 선을 닦으려는 생각에 부응하여 구릉을 깎아 멀리 도로를 만들고 또 전탑(殿塔)을 높게 수선하고 문과 담장을 멀리까지 여니, 오는 자가 구름과 같았고 받아들이기를 바다와 같이 하였다. 길상(吉祥)의 땅을 매우 기뻐하니 지혜의 달이 처마에 걸친 듯하였고, 공덕의 숲에 함께 귀의하니 자애로운 구름이 집을 덮은 듯하였다.

또 지당주군주사(知當州軍州事) 대광[88] 왕공 순식[89]이 봉황의

---

86) 閼粲 : 新羅 17官階 중 제6등 관계로서 阿尺干, 阿粲, 阿湌이라고도 한다. 6두품이 받을 수 있는 최고의 관등으로 重阿湌, 三重阿湌, 四重阿湌 등의 重位制도 있었다.

87) 檀那 : 범어 Dāna의 음역. 旦那·柁那라 쓰고, 檀이라 약하기도 함. 布施·施로 번역되며 베푸는 것을 뜻한다. 흔히 施主의 약어로 씀.

88) 大匡 : 太匡. 고려 초기의 官階名. 太祖가 고려를 세운 직후에 泰封의 관계를 이어받아 919년(태조 2)부터 사용하기 시작하였으며, 문관·무관에게 수여된 관계 중 실질적으로 최고위에 해당되었다. 그러나 936년(태조 19) 후삼국을 통일한 뒤 관계를 재정비한 후에는 16等級 중 제3위, 2품에 해당되었다.

89) 王公荀息 : 王順式(?~?). 신라 말·고려 초의 호족 출신 장군. 본성은 金氏이며, 王은 賜姓이다. 溟州人으로 신라 말에 스스로 溟州將軍이라 칭하며 독자적인 세력을 형성하여 弓裔와 대치하면서 오랫동안 굴복하

털이 경사로움을 드러내고, 용의 이마가 상서로움을 드러내듯이
(선사가 계신) 진리의 도량을 찾아와 기이함을 찾고, 선산(禪山)에
찾아와 이상함을 우러르니, 사람 가운데 사자(獅子)가 산음(山
陰)90)에서 달을 아끼는 문을 두드리는 것과 같고, 하늘 위의 기린
(麒麟)이 섬현(剡縣)91)에서 노을에 깃드는 집에 몸을 던지는 것과
같았다.

　본국의 경애대왕(景哀大王)92)은 대사의 덕이 천하에 높고 이름
이 해동에 중요하게 여겨짐을 듣고 (대사를) 문에 맞아들이지 못함
을 한스럽게 여겨 자리를 피하는93) 예를 거듭 행하였다. 이에 중사
(中使) 최영을 보내어 편지를 띄우고 멀리 절에 나아가 왕도의 위
태로움을 돕도록 청하고 국사의 예를 표하도록 하였다. 이 때에 대
광(순식)이 보좌하는 사람들을 이끌고 바로 선관(禪關)에 나아가
함께 줄지어 치하하는 의례를 행하고 모두 백성의 경사스러움을 극
진히 하였다. 하물며 인근 주현의 군을 맡은 관리들의 수레가 서로
바라보아 길에 끊어지지 않았음에랴! 대사가 이 때 잠시 수레를 돌
려 군성(郡城)에 이르러 주사(州師)가 근왕(勤王)하는 것을 높이고,

　　지 않았다. 고려 건국 후에도 복종하지 않다가, 결국 來朝하여 파격적인
　　대우를 받아 王氏姓을 하사받고 大匡을 제수받았다. 태조 18년(935) 王
　　建이 후백제의 神劍軍을 토벌할 때, 명주로부터 기병을 이끌고 고려군에
　　가담하여 一利川(善山 동쪽 10여 리에 위치) 전투에서 庾黔弼·貞順 등
　　과 함께 中軍에 배치되어 後百濟를 격파, 後三國 統一에 큰 공을 세웠
　　다.
　90) 山陰 : 중국의 縣名.
　91) 剡縣 : 중국의 縣名.
　92) 景哀大王 : 신라 제55대 왕(재위 924~927).
　93) 避席 : 자리를 피하는 것. 앉은 자리에서 일어나는 것이니, 높은 분에게
　　경의를 표하거나 말씀을 드릴 때에는 앉은 자리에서 일어나 옆이나 앞으
　　로 옮겨서 여쭘을 말한다(『孝經』 開宗明義章, "曾子避席曰 參不敏 何
　　足以知之").

읍인이 부처를 받드는 것을 찬양하였다. 내의 남쪽에서 머물며 지
관(止觀)[94]을 닦으니 길이 복혜의 샘물이 흐르고, 고개 밖에서 귀의
를 말하니 우러러 청량한 달을 보았다.

겨우 옛날에 머물던 곳에 이르렀는데 홀연히 대단치 않은 병에
걸렸으나, 점점 위험한 지경에 이르렀으므로 가야 할 것을 알았다.
동광(同光) 8년(930, 태조 13, 경순왕 4) 가을 9월 24일에 보현산사
법당에서 돌아가시니, 속세의 나이가 96이요, 승랍(僧臘)이 72이었
다. 이 때에 산이 무너지고 바다가 마르며 땅이 갈라지고 계곡이 말
랐다. 승려와 속인들이 슬퍼하였고 사람들과 하늘도 서러워하였다.
문인(門人)들은 추모의 정을 이기지 못하였고, 나라의 선비들도 모
두 한스럽고 슬피 여겼다. 그 달 28일에 울면서 시신을 받들어, 임
시로 당사 서쪽 봉우리의 석실에 묻었으니, 절에서 3백여 보 떨어졌
다.

대사는 공이 억겁을 이루었고, 운수가 천년을 만나, 신통함은 용
수(龍樹)[95]가 [공을] 미루고, 변화는 마명(馬鳴)[96]이 아름다움을 사

---

94) 止觀 : 梵語 Śamatha(奢摩他)·Vipaśyanā(毘鉢舍那)의 意譯. 定·慧를
  닦는 2법. 止는 마음을 거두어 망념을 쉬고 마음을 한 곳에 집중하는 것
  이고 觀은 지혜를 내어 관조하여 眞如에 계합하는 것. 이 둘은 서로 떨
  어질 수 없는 一對法이어서 서로 의지하고 도와서 해탈의 길을 이루는
  불교의 중요한 수도 방법.
95) 龍樹 : 범어 Nāgārjuna. 인도의 大乘佛敎를 확립하고 선양한 승려. 佛滅
  後 600~700년경(B.C. 3~2세기)의 南印度人. 처음에는 酒色에 탐닉했으
  나 欲樂은 괴로움의 근본이 되는 것임을 깨닫고 불교를 공부, 大乘經典
  을 구하여 통달하였다. 그의 주요 저서에는 『中論』(4권), 『大智度論』
  (100권), 『十住毘婆沙論』(17권), 『十二門論』(1권) 등이 있다. 특히 『중
  론』에서 확립한 空思想은 이후의 불교사상에 심대한 영향을 끼쳤다. 그
  는 馬鳴의 뒤에 출세하여 大乘法門을 성대히 선양, 대승불교가 그로부
  터 발흥하였으므로 후세에 제2의 釋迦, 8종의 祖師 등으로 일컬어졌다.
96) 馬鳴 : 범어 Aśvaghosa. 중인도 마갈타국인. 佛滅 後 600년경에 출세한

양할 정도였다. 그러므로 삼보(三寶)97)를 계승하여 일으키고 사마
(四魔)98)를 굴복시켰으며, 도정(道情)은 일찍이 섭마등99)·축법
란100)보다 뛰어났고 심로(心路)는 일찍이 도안101)·혜원102)보다 뛰

大乘의 論師. 大乘佛教의 시조라고 함. 저서로는『大乘起信論』(1권),
『大莊嚴論經』(15권),『佛所行讚』(5권) 등이 있는데,『대승기신론』에 대
해서는 찬자 문제로 설이 분분하다.

97) 三寶 : 범어 Triratna 또는 Ratna-traya의 번역. 불교도가 존경하고 공양
해야 할 佛寶·法寶·僧寶를 말함.

98) 四魔 : 네 가지 魔軍, 즉 ① 煩惱魔 ② 陰魔 ③ 死魔 ④ 天子魔. 탐욕을
비롯한 여러 가지 번뇌는 心身을 어지럽게 하므로 번뇌마라 하고, 五陰
(五蘊 : 色蘊·受蘊·想蘊·行蘊·識蘊의 총칭)은 가지가지 고통을 내
므로 음마라 하며, 죽음은 인간의 생명을 빼앗으므로 사마라 한다. 그리
고 欲界의 제6천 他化自在天王이 좋은 일을 방해하므로 천자마 또는 自
在天魔라 한다.

99) 燈 : 攝摩騰(摩騰, 迦葉摩騰, 竺葉摩騰). 범어 Kāśyapa-mātaṅga. 中印
度人. 後漢 永平(58~75)중에 明帝가 金人이 허공을 날아 자기에게 이
른 꿈을 꾸고서 인도에 佛이 있음을 알고 郎中 蔡愔 博士 등을 보내어
불법을 찾아보도록 하였다. 이로 인해서 마등은 蔡愔을 인도에서 만나
중국에 오게 되니, 명제가 賞을 주고 精舍를 세워 주며 극진하게 대접하
였다. 이것이 중국에서 沙門의 시작이라고 한다. 마등은『四十二章經』1
권을 번역하였다(『高僧傳』권1, 攝摩騰傳 ;『後漢書』西域傳 天竺 참
조).

100) 蘭 : 竺法蘭. 중인도승. 후한 영평 중에 섭마등과 함께 중국의 낙양에 와
서 불교를 전파함.『사십이장경』을 번역하였는데, 이것이 중국 역경의 시
작이다. 섭마등이 죽은 뒤에는 특히 역경에 주력하여『所佛本行經』등 5
부 13경을 번역하고 60세로 입적함.

101) 安 : 道安(312~385). 남북조시대 화북 지방에서 활약한 고승. 일찍이 佛
圖澄에게 배웠으며, 前秦의 符堅이 襄陽을 공략한 후 그의 요청을 받아
長安에서 불교 연구에 전념하였다. 일생『般若經』연구와 禪觀 수행에
힘썼으며, 경전 주석, 경전 목록, 번역론, 불교 의례 등의 모든 면에서 중
국 불교의 개척자였다. 그는 전란기에 불교 교단을 보호 육성하기 위해
서는 국왕 권력의 후원이 절대적임을 절감하고 '王卽佛' 사상을 부르짖
기도 하였다. 제자로는 廬山 惠遠이 대표적이다.

어났다. 그로써 미혹한 중생을 구출하고자 하여 어지러운 거리에서
지혜의 불을 사르고, 장차 피안으로 가고자 하여 고통의 바다 속에
자비의 배를 대었으니, 지혜는 걸림이 없고, 심신(神心)은 헤아리기
어려워 모든 만물의 스승이고 모든 사람 중 선각자라고 이를 만하
다.

　상족제자인 신경, 총정, 월효, 환언, 혜여, 명연, 홍림선사 등은 모
두 혜원에 머물면서 함께 선경을 지켰는데, 해가 갈수록 스승의 가
르침에 대한 생각이 깊어졌고, 날이 갈수록 더욱 스승의 자애로운
얼굴이 생각났다. 우리 나라에서 전쟁이 나 먼저 언덕이 골짜기가
되듯103) 세상일이 빨리 바뀔까 걱정했고, 우리 나라104)에서 난리가

---

102) 遠 : 惠遠(334~416). 中國 東晉시대의 승려, 廬山敎團의 지도자. 속성
　　은 賈氏. 원래 儒家古典과 老莊學에 정통하여 이름을 날렸는데, 釋 道安
　　을 만나 그의 『般若經』 강의를 듣고 출가하였다. 난을 피하여 각지를 유
　　랑하다가, 381년 동문인 慧永의 요청으로 廬山 西林寺에 들어갔으며,
　　384년(또는 381) 桓伊가 惠遠을 위해 건립한 東林寺에 들어가 이후 30
　　여 년 간 산을 나오지 않고 수행에만 전념하였다. 이 때 儒生 · 道士 · 僧
　　侶 · 信徒 등 123명을 함께 모아 부패한 교단을 반성하는 白蓮結社運動
　　을 전개하였는데, 그 내용은 念佛三昧의 실천을 통해 西方往生을 기약
　　하는 것이었다. 여기에는 劉遺民을 비롯한 지식인 그룹도 참여하였다.
　　나중에는 陶淵明 · 陸修靜 등과 교유하여 유명한 ‘虎溪三笑’의 일화를
　　남기기도 하였다. 혜원의 사상은 노장사상을 매개로 불교를 이해하는 格
　　義佛敎 단계의 般若學이며, 여기에 禪觀을 幷修하였다. 혜원과 그의 문
　　하는 중국 불교계가 나아갈 방향을 제시함으로써 인도 불교의 중국화에
　　커다란 기여를 하였다. 저술로는 국가권력 내지 국왕에 대한 불교도의
　　독립성을 주장한 『沙門不敬王者論』, 세속인을 계몽하기 위한 『三報論』,
　　승려의 胡服 착용을 합리화한 『袒服論』 등 다수를 남겼으며, 鳩摩羅什
　　과 주고받은 교의문답은 나중에 『大乘大義章』으로 정리되었다.

103) 陵谷之遷 : 陵谷之變과 같음. 언덕이 변해 골짜기가 되고 골짜기가 변
　　해 언덕이 된다는 뜻으로, 世事의 변천이 격심함을 비유한 말(『詩經』 小
　　雅 十月之交, “高岸爲谷 深谷爲陵”).

104) 鯨海 : 鯨水. 大海를 말함.

나서 세월이 가 버릴 것을 문득 한탄했다. 바라는 바는 대사의 말씀을 기록하여 멀리 무궁토록 보여 주고, 오도(吾道)의 조종(祖宗)을 유포하여 길이 전해지도록 하는 것이었다. 이로 말미암아 문도들이 표를 올려 여러 차례 대궐(金門)105)을 두드리고, 여러 사람들이 간절하게 조종에 아뢰니 임금에게까지 이르렀다.

금상은 성스러운 문장이 세상에서 빼어나고 신비로운 무예를 하늘로부터 받아, 삼면을 터 놓고 한 방면으로만 새와 짐승을 잡듯이106) 뛰어난 전략으로 삼한을 잘 평정하였고 한 번 움직여 일시에 통일을 이루었고, 지금은 금거울을 높이 걸어 우리 나라를 널리 비추었다. 그리하여 백성들을 진휼하여 이미 중흥의 운세를 이루었으며, 불교에 귀의하니 모두 외호(外護)107)의 은혜를 입게 되었다. 이로써 시호를 내려 낭원대사라 하고 탑명을 오진(悟眞)의 탑(搭)이라 하였다. (그리고) 거듭 하신에게 명을 내려 (스님의) 높은 자취를 널리 알리게 하였다.

언위는 사림(士林)의 끝자리를 차지한 학자이고 금원의 미약한 신하이지만 외람되이 명령을 받들어 우러러 선사의 덕을 기록하니, 유곤(劉琨)108)이 산고해활을 말하는 것을 여잠이 어찌 알며, 곽태

---

105) 金門 : 金과 같이 귀중하다는 뜻으로 부처의 말씀인 經典을 말하나, 여기서는 대궐을 지칭함.
106) 三駈 : ① 옛날에 천자가 사냥을 할 때, 삼면을 터놓고 오직 한 방면에서 오는 조수만을 잡던 일 ② 사냥의 예절.
107) 外護 : 2護의 하나. 俗人이 승려의 수행을 도와 불법의 弘通에 힘이 되도록 援護하는 것. 이에 대해 부처님이 제정한 계법으로 身・口・意를 보호하는 것을 內護라 함.
108) 劉琨 : 字는 越石, 惠帝 때 范陽王 虓의 司馬가 되어 東平王 楙를 격파하고 石超를 참수하고 呂郎을 항복시킴. 段匹磾에게 미움을 받아 죽었는데, 晉의 南渡 후 스스로 사직의 신하가 되기를 뜻하고 항상 戎狄의 수치를 갚고자 노래하였다 함. 晉末의 左思・郭璞과 함께 東晉의 3詩傑

(郭泰)109)의 용성귀신의 찬미함을 채옹(蔡邕)110)이 부끄럽게 여기
지 않겠는가. 거듭 앞의 뜻을 펴 이에 명(銘)을 지어 이른다.

오묘하도다! 바른 깨달음을 얻으신 이111)
가비라국112)에서 태어나,113)
심인은 영취산에서 전하고,
교설은 후지에서 세우도다.
이에 지인이 있어
해동에서 태어나,
굴산에서 스승 찾고
현계를 은밀히 전하도다.

보현산에서 대중 영솔하고
진종 드러내어,
법의 거울 높이 걸고
큰 종 멀리 걸도다.
바야흐로 참선하기 좋아하다가

이라 칭해짐(『晉書』卷62).
109) 郭泰 : 郭太(127~169). 後漢 界休人. 字는 林宗. 경전에 박통하고 집에
서 가르치니 제자가 일천 인에 이름. 死後에 蔡邕이 비명을 지음(『後漢
書』卷68).
110) 蔡邕 : 後漢 圉人, 字는 伯喈. 어려서부터 박학하고 辭章 術數 天文을
좋아하고 音律을 신묘하게 부리고 琴을 잘 탔다. 벼슬은 議郎을 지냄.
高陽侯에 봉해짐. 저술에 『獨斷』과 『菜中郎集』이 있다(『後漢書』卷90).
111) 正覺 : 正等覺, 無上正等覺. 바른 불타의 깨달음.
112) 迦維 : 迦毘羅維. 梵語 Kapila-vastu의 음역. 迦毘羅衛라고도 함. 석존
의 탄생지로 지금 Nepal의 Tarai 지방.
113) 利見 : 보는 데 좋음. 이익이 있음(『易經』乾卦, "飛龍在天 利見大人").

홀연히 돌아가시니,
해가 슬퍼하고 구름은 수심 가득하며
하늘이 뒤집어지고 땅이 갈라지도다.

임금이 슬픔을 토하고
제자들은 마음 아파,
등을 설헌에 전하고
탑을 운강에 높이 솟게 하도다.

천복114) 5년(940, 태조 23) 7월 30일에 세우다.
새긴 이는 임문윤이다.

【음기】

원주승   순예
전좌승   석초
도유나   영적
사승   홍신
당주 도령115) 좌승116) 왕예117)

---

114) 天福 : 後晉 高祖의 연호(936~943).
115) 都領 : 고려시대 관직명. 흔히 전투부대의 실질적인 최고지휘관에 대한
    칭호로 쓰였음.
116) 佐丞 : 고려 초기의 官階名. 16등급 중 제6위이며, 3품에 해당한다.
117) 王乂 : 溟州人. 벼슬이 內史令 都領 佐丞이었으며, 딸을 고려 태조에게
    시집보내니, 제14부인 大溟州院夫人 王氏이다. 태조 19년(936)에 大相으
    로 백제 공격에 참여함.

집사낭중118) 준문

집사낭중   관육

원외119)   김예

색120)집사   인열·순충

(역주 : 이 인 재)

118) 執事郎中 : 執事省의 제3등 관직. 집사성은 신라시대 최고의 행정관부.
　　위로는 왕명을 받들고 아래로는 행정을 분장하는 여러 관부를 거느렸다.
　　원래 진덕여왕 5년(651)에 稟主를 개편하여 설치하였으며, 홍덕왕 4년
　　(829) 집사성으로 개칭되어 신라 멸망시까지 존속하였다.
119) 員外 : 員外는 員外郎으로 執事省의 제4관등 관직명. 신라 신문왕 5년
　　舍知 2인을 두었다가 경덕왕 18년 원외랑이라고 고쳤으며, 혜공왕 12년
　　다시 사지라 칭했다. 관등은 舍知에서 大舍까지로 하였음.
120) 色 : 담당직, 즉 직사 담당자를 나타낸 것으로 비교적 하위 직원을 가리
　　킨다(邊太燮, 1993, 「중앙의 통치기구」『한국사』 13, p.107).

6. 흥법사 진공대사탑비

고진공대사비
고려국 원주 영봉산 흥법사 왕사 진공지탑[1]

신(臣) 최광윤(崔光胤)[2]은 왕명을 받들어 당태종 문황제(唐太宗
文皇帝)[3]의 글씨를 집자(集字)하다.

대개 듣자하니, (석가는) 미묘한 말(微言)[4]로 가르침을 세우고자

---

1) 이 비는 고려 태조 23년(940) 7월 진공대사가 입적한 직후에 세운 것으로, 비문은 태조가 직접 지었다. 문장이 전아하고 글씨가 힘찬 것으로 유명하다. 임진왜란 때 왜구가 이 비를 수레에 싣고 가다가 죽령에 이르러 부러져 두 동강이가 나자, 그 중 한 개는 가져가고 나머지 두 조각만이 남았다 한다. 그래서 이 비를 반절비라고도 한다.
2) 崔光胤 : 崔仁渷(彦撝)의 맏아들. 일찍이 賓貢進士로서 後晉에 유학갔다가 거란에게 포로로 잡혔으나, 재주로 인하여 등용되었으며, 사행차 龜城에 왔다가 거란의 침략사실을 알리기도 하였다.
3) 太宗 文皇 : 唐 太宗 文皇帝(627~649). 이름은 世民. 王羲之 글씨를 사숙하였으며, 행서와 초서를 잘하였다. 『三國史記』 권5 眞德王 2년조에 의하면, 金春秋가 당나라에 사신으로 갔을 때 당태종이 자신이 지은 溫湯碑와 晉祠碑를 하사하였다고 한다.
4) 微言 : ① 微妙한 말 ② 隱語 ③ 심원한 佛法의 뜻을 설한 어구라는 뜻으로 經文에 담겨져 있는 의미를 말한다.

(立敎)5) 처음 취령(鷲嶺)6)에서 설법(說法)7)을 하였으며, (가섭은)
현묘한 뜻(妙旨)을 마음으로 전하고자, 마침내 계족산(雞足山)8)에
서 선정(禪定)9)에 들어갔다고 한다. (석가와 가섭이) 별도로 법을
비추는 눈(法眼)10)을 떴다 하나, 저으기 생각건대 현묘한 불심(玄
情)은 같은 격(同槼)이었다고 할 수 있겠다. 경희(慶喜)11)는 어짐을
행할 때 스승에게 양보하지 않았으며,12) 화수(和修)13)는 그 자리를
이었다. 마명(馬鳴)14)이 아름다움을 잇게 되자 묘법(妙法)15)을 삼
승(三乘)16)에 드리웠으며, 용수(龍樹)17)가 꽃향기를 날리자……

---

5) 敎 : 聖人의 말씀을 가리킴. 마음에 있는 것을 法이라 하고 法이 말에서
　　發하는 것을 敎라 함.
6) 鷲嶺 : 중인도 靈鷲山·鷲頭山·鷲臺·鷲峰의 약칭. 인도 마가다국의
　　수도 왕사성의 동북에 있으며, 석가가 『法華經』을 說法했다는 山.
7) 說法 : 석가모니가 영취산에서 說法했던 『法華經』을 말함.
8) 鷄山 : 중인도에 있는 鷄足山. 摩訶迦葉이 이 곳에서 죽었음.
9) 定 : sammadi의 음역. 마음이 一境에 定止하여 흩어지거나 움직이지 않
　　게 하는 것을 定이라 한다. 心性의 작용으로 그 종류가 있는데, ① 태어
　　나면서 얻는 散定 ② 닦고 수행하여 마음이 한 곳에 머무르는 禪定이 있
　　다.
10) 法眼 : 모든 법을 분명하게 비춰 보는 눈.
11) 慶喜 : 석가모니 십대 제자 중의 한 사람. 阿難·歡喜·無染이라고도 한
　　다.
12) 當仁 : 『서울金石文大觀』에서는 수제자로 해석하였다. 仁을 행할 때에
　　는 비록 스승이라 할지라도 양보하지 않는다는 말. 『論語』 衛靈公篇,
　　"子曰 當仁 不讓於師".
13) 和修 : 商那和修. 선종사에서 말하는 西天28祖의 한 사람.
14) 馬鳴 : 인도 마가다국 사람. 『大乘起信論』·『大莊嚴論經』을 저술한 대
　　승의 論師. 불멸 후 5~6세기경에 태어났다. 바라문교를 받들다가 나중
　　에 불교를 믿었다.
15) 妙法 : 불교의 大乘의 총칭. 특히 『法華經』의 존칭.
16) 三乘 : 중생을 태우고 생사의 바다를 건넘에 있어서 세 가지 교법. 聲聞
　　乘·緣覺乘·菩薩乘.
17) 龍樹 : 2세기 말 인도의 佛敎學者. 바라문교의 집안에서 태어났으나 불

상(相)18)이 상(相)을 떠나지 않았고, 신(身)을 신(身)이라 하지 않았다. 내려와서……. 처음 달마(圓覺)19)가 동쪽 양(梁)나라에 오자, 비로소 큰 가르침(大弘)20)을 보였고 북으로 위나라에까지 유람하였다. 이에 스승과 제자(師資)21)가 뜻을 맞추어 같은 불법을 부촉(付囑)22)하였으며, 조사의 법을 서로 이어 마음의 등불이 끊어지지 않도록 하였다. 그리하여 한 꽃이 홀연히 피어나니 여섯 잎이 거듭 번성하였다. 근래 마조도일(江西)23)의 선풍이 우리나라(海裔)로 전해졌으니, 또한 진경대사(鳳林)24)가 있어 장경회휘(章敬)25)의 가문이

교에 귀의했다. 불전의 깊은 뜻을 窮究하여 中國과 그 밖의 나라에서 八宗의 師로 추앙받음. 저서는 『中論』·『十二門論』·『大智度論』 등이 있다. 마명의 뒤를 이어 인도의 대승불교를 크게 선양한 사람.

18) 相 : haksana의 음역. 羅乞尖拏. 사물의 相·狀이 外界에 나타나서 마음에 想像되는 것을 말한다. 外界의 모양.

19) 圓覺 : 중국 선종의 初祖인 菩提達磨의 시호.

20) 大弘 : 크게 불교가 일어났다는 뜻.

21) 師資 : ① 스승. 선생. ② 스승과 제자(『後漢書』 儒林傳)

22) 付囑 : 부탁하여 위촉함. 부탁함.

23) 江西 : 唐나라의 선승 馬祖道一(709~788). 선의 일상생활화에 크게 기여하였으며, '卽心卽佛'을 주장하였다. 이 계통의 선을 洪州宗 또는 江西宗이라고 한다. 신라말 고려초에 성립한 九山禪門 가운데 여덟 산문이 바로 마조도일 계통이다.

24) 鳳林 : 창원 봉림사. 여기서는 眞鏡大師 審希(853~923)를 가리킨 듯하다. 심희는 장경회휘 밑에서 유학하고 귀국한 圓鑑大師 玄昱(787~868)에게 출가하였으며, 김해의 호족세력인 金仁匡의 후원을 받아 봉림사를 중창하였다. '章敬曾孫'이란 표현으로 보아, 충담은 귀국 직후 김해에 머물 때 심희를 만난 것으로 추정된다.

　　* 馬祖道一——章敬懷暉—玄昱—審希┬璨幽
　　　　　　　　　　　　　　　　　　　└忠湛

25) 章敬 : 당나라 선승 章敬懷暉(756~815). 속성은 謝. 泉州 同安 사람. 785년 무렵 마조도일을 參謁하여 心印을 얻었다. 808년 憲宗의 명으로 章敬寺 毗盧舍那院에 주석한 이래, 학도들이 운집하고 조야의 명사들이 날로 모여들어 법을 배웠다. 그는 "自性은 신령스럽게 밝아서 영원토록

다. 그러니 증손(曾孫)인 우리 대사야말로 불도(佛道)를 다시 선양
할 인물이라 하겠다.

　대사의 법휘는 충담(忠湛)이요, 속성은 김씨다. 선대는 계림(鷄
林)의 관족(冠族)으로 우리 나라(兎郡)의 종지(宗枝)였다. □섬26)
에……하여 번영을 나누었으며, 불문(桑津)27)에 의탁하여 파(派)를
달리하였다. 먼 조상은 많이……. 도연명(陶潛)28)을 ……하여 왕후
(王侯)를 섬기지 않았으며, 가후(賈詡)29)를 바랬으니 어찌 벼슬(祿
位)을 구했을 것인가! 그래서 은둔처에 숨어(考槃)30) 도(道)를 즐기
면서 일찍이『장자 莊子』와『열자 列子』를 공부하였고, 숨어 지내

──────────────

　　물들지 아니하고 우매하지 아니하고 변하지 않는다. 이에 비해 온갖 현
　　상은 허공의 꽃과 같이 허망한 마음이 낳는 바이다"라고 하였다. 權德輿
　　가 지은 비문(『降興編年通論』권22) 및 『宋高僧傳』·『傳燈錄』의 전기가
　　있다.
　26) □島 : 蓬島일 듯.
　27) 桑津 : ① 桑은 동쪽이라는 뜻이 있다. ② 佛門의 別稱이다.
　28) 陶潛 : 晉 尋陽柴桑 출신. 자는 淵明(泉明·深明). 靖節先生 또는 五柳
　　先生이라고 함. 양친은 늙고 집은 가난하여 고을의 祭酒로 기용되었으나
　　벼슬살이를 감당하지 못하고 결국 파직되었다. 나중에 다시 彭澤令이 되
　　었으나, 80여 일만에 五斗米 때문에 郡 督郵에게 허리를 굽힐 수는 없다
　　며 관직을 던져버렸으며, 이 때 歸去來辭를 지었다. 晉 義熙(405~418)
　　말에 著作郎으로 부름을 받았으나 벼슬에 나아가지 않았다. 宋 元嘉(424
　　~453) 초에 63세로 죽었다. 술을 좋아하고 자연을 즐겼으며, 늘 현이 없
　　는 素琴을 지니고 있으면서 벗들이 모인 자리에서 이를 연주하며 노래
　　하였다고 한다. 증조부가 진나라의 재상이었기 때문에 몸을 굽혀 후대에
　　벼슬살이함을 수치로 여겨서, 모든 문장에 연월을 기록하되, 晉代의 문
　　장에는 연호를 기록하였으나 宋代의 문장에는 '甲子'만 적었다. 저술에
　　『陶淵明集』이 있다.
　29) 賈詡 : 삼국시대 魏 姑藏 출신. 자는 文和. 시호는 肅. 조조를 섬겨 執金
　　吾 都亭侯가 되었으며, 文帝 때 태위를 지냈다.
　30) 考槃 : 은둔처를 마련해 유유자적하는 일.

는 은사들과 시조를 읊조리며 늘 속세(市朝)31)의 명예를 피하였다. 어머니는……. 현명한 아들을……하였으니, 어찌 착한 어머니의 마음(聖善之心)을 닦지 않았겠는가! 이러한 영기(靈奇)에 감응하여 법윤(法胤)을 낳기를 원하였다. 함통(咸通)32) 10년(869, 신라 경문왕 9) 정월 1일에 태어났다.

대사는 태어날 때부터 남다른 상이 있었고, 어릴 때에도 실없는 소리를 하지 않았다. ……신령스런 성품이 월등하였고, 신묘한 깨달음이 절륜하였다. 대학(槐市)33)에서 경서(經書)를 독파하고, 과거시험장(杏園)34)에서 글 쓰라는 명을 받았다. 일찍이 양친이 관상 보는 사람이를 맞이하였는데, 관상을 보면서 말하기를, "네가 12세35)가 되면 봉황새가 날아가는 것(鳳擧)처럼 측량하기 어렵다가, 마침내 20세 때(賈誼)36)에는……할 것이다" 하였다.

……부모(怙恃)37)를 여의고서 한탄만 하며 허둥지둥하였다. 이에

---

31) 市朝 : 사람들이 많이 모이는 곳. 여기서는 세속의 명예 즉 벼슬의 뜻.
32) 咸通 : 唐 懿宗의 연호. 860~873년.
33) 槐市 : ① 漢대 長安城 동쪽 尙滿倉의 북쪽에 있던 市場의 이름이다. 괴하나무가 줄지어 심어져 있었는데 매월 초하루와 보름에 제생들이 이 곳에 모여서 물품과 악기류 등을 매매하였으며, 예의 범절을 논하였다 한다(『三輔黃圖』). ② 大學의 다른 이름.
34) 杏園 : 시험장의 별칭. 당대에 진사 급제한 사람에게 잔치를 내리던 곳.
35) 甘羅 : 12세를 말한다. 전국시대 秦人. 12세에 여불위의 추천으로 趙나라에 사신으로 가서 유세를 잘하여 조나라가 5城을 바치게 하였다(『史記』卷71, 甘羅傳).
36) 賈誼 : 20세를 말한다. 한나라 낙양 사람 수재로 유명했는데, 20세에 문제가 불러 博士에 임명하고 1년 만에 벼슬이 太中大夫에 이르렀다. 33세에 요절함. 가생 또는 가태부라 한다(『史記』卷84, 賈誼傳).
37) 怙恃 : 믿고 의지함. 부모를 말함.

장순선사(長純禪師)38)가 있었으니, 그는 속세를 초월하여 열반에
이르는 인연(度世之緣)39)을 닦는 도사(導師)이자, 돌아가신 아버지
가 사귀던 불가(佛家 : 空門)40)의 친구였다.

　대사는 장로를 따라 거처를 얻고……속세를……승려가 되었다.
이윽고 당(堂)에 올라41) 오묘함을 보고 입실하여 심오한 것을 낚도
록 하였다. 빠른 발이 거침이 없어 나중에 출발해서 먼저 도착하였
으며, 깨달음의 가지가 끊이지 않아 먼저 꽃피고 늦게 열매 맺었다.
선림에 몸을 담고(偃仰)42)……하며 한가롭게 지냈다.43) ……. □□
에 이르러 불법(印度)44)이 거듭 빛남을 알았으며, 마침내 서로 전하
기에 이르러 불법(楞伽)45)이 다시금 천양됨을 엿보았다. 그러다 용
기46) 원년(龍紀元年 : 889, 진성여왕 3) 무주(武州) 영신사(靈神
寺)47)에서 구족계를 받았다.

　이윽고 상부(相部)48)를 익히고 계율(毗尼)49)을 정밀히 탐구하였

---

38) 長純禪師 : 미상.
39) 度世 : 俗世를 초월하고 열반에 이르는 것.
40) 空門 : 佛門.
41) 昇堂 : 차츰차츰 도의 경지를 깨달음을 비유한 듯.『論語』先進에 "由
　　는 마루에는 올라왔고 방에는 들어오지 못하였다"에서 인용한 것이다.
42) 偃仰 : 일어났다 누웠다 함.
43) 優游 : 편안하고 한가롭게 지냄.
44) 印度 : 여기서는 佛法을 이름.
45) 楞伽 : 印度 동남쪽의 스리랑카섬. 여기서는 佛法을 이름.
46) 龍紀 : 唐 昭宗의 연호. 889년.
47) 靈神寺 : 지리산에 위치한 사찰. 영신사의 작은 샘이 섬진강의 발원지이
　　다. 절의 북쪽에 迦葉臺(또는 坐高臺)라하여 작은 돌이 평상처럼 놓여
　　있는데, 속담에 "능히 그 위에 올라가서 절을 네 번하는 자는 佛性을 깨
　　친다"고 한다.『新增東國輿地勝覽』권30 晉州牧 山川條 및 佛宇條 참
　　조.
48) 相部 : ① 相部律. 四分律 三派 가운데 하나. 相部의 法礪가 南山의 道
　　宣・東塔의 懷素에 대하여 세운 律宗의 一派. 相部宗이라 한다 ② 唐

다. ……를 받들고……. ……한 도를 논하였다. 학인(學人)에게 말하기를, "낙숫물(淺溜)이 돌을 뚫듯 한 마음을 가지면 쇠도 끊을 수 있는 것이며, 부지런히 닦고 닦는다면(鑽燧)50) 병속의 물처럼 쉽게 쏟을51) 수 있을 것이다" 하였다.

　조금씩 쌓아 가는 것을 그치지 않고, 종종걸음을 더욱 빨리 하였다. 짧은 순간 학해(學海)52)의 공을 이루기 위해 영원토록……에 나아가고자 하였다. □□를 받들고……하였고, ……석자(釋子)라……하고, 함부로 선승(禪僧)이라 하였다.

　이 무렵 폐허마다 뼈가 그대로 드러났으며, 곳곳에 시체가 널려 있었다. 다른 산은 고요했으니,53) 어찌 이 곳을 피할 방략이 없었겠는가? 이 곳이 위험한 곳이라 하여 마침내 이 산에 머물고자 하는 생각을 끊어 버렸다.
　……같이 타고 가서 중국(彼岸)에 도달하였다. 이 때 지름길로 운개선우(雲蓋禪宇)54)에 올라 정원대사(淨圓大師)55)에게 경건한

　　相州 月光寺 釋 法礪의 號.
49) 毘尼 : ① 불가의 戒律의 총칭 ② VINAYA의 음역. 三藏의 하나인 毘奈耶의 옛말. 律藏의 범명.『楞嚴經』에 "엄정한 毘尼로 세워 먼저 三界의 본보기가 된다"고 했다. 또 善治·律이다.
50) 鑽燧 : 나무 구멍을 마찰시켜 불을 일으키는 것.
51) 寫 : 瀉와 통용. 물을 쏟음.
52) 學海 : 강물이 쉬지 않고 흘러 바다에 들어감과 같이 사람도 꾸준히 배워야 한다는 뜻.
53) 靜境 : 고요한 곳.
54) 雲蓋禪宇 : 중국 湖南省 潭州 長沙府 善化縣의 서쪽 60리에 위치.
55) 淨圓大師 : 圓淨大師의 잘못. 법명은 志元. 당대의 선승. 생몰년 및 속성은 미상. 출가한 후 '無爲無事'의 문제에 대해 石霜慶諸와 문답을 나눈 후 깨달았다. 湖南省 潭州 雲蓋山에 머무르며 교화를 폈다.『祖堂集』권

예를 올렸다. 대사는 구름 덮인 깊은 산속(雲壑)56)에 살면서 석상
(石霜)57)의 심인을 받은 이였다. ……대사가 멀리 온 것을 알고…
…하였다. 남쪽으로 날아 갈 것(圖南)58)을 …하였으니 구름 위로
치솟아 날개를 더욱 떨친 것이고, 향상(向上)을 미리 나타냈으니(豫
章)59) 태양을 감추는 기예를 높이 휘날린 것이었다. 대사가 말하기
를, "네가 와서 나를 계단(階梯)으로 삼은 것은 더 나은 보금자리로
옮기고자 함(遷喬)60)을 미리 드러낸 것(預呈)61)임을 너는 다시 한
번 생각해야 한다"하였다.

　(그 말을 듣고) 보소(寶所)를 떠나지 않으면서……하였다. 하동
(河東)에서……하고 자악(紫嶽)에서 선문(禪門)을 참알(參謁)하였
다. 처음으로 성전(聖典)을 엿보느라 우혈(禹穴)62)의 주변에 오랫

9,『傳燈錄』권16 참조.
56) 雲壑 : 구름이 덮인 깊은 산 속.
57) 石霜 : 石霜慶諸(807~888). 江西省 吉州 출신. 성은 陳氏. 13세에 洪州
西山紹鑑에게 출가하였으며, 23세에 嵩岳에서 구족계를 받고 계율을 배
웠다. 후에 道吾圓智에게 가서 법을 계승하였으며, 石霜山에 20년간 머
물렀다. 수행하는 승려들과 함께 오로지 좌선만 하는데 그 모습이 꼭 그
루터기 같아서 세인들이 枯木衆이라 불렀다. 僖宗이 紫衣를 하사하였지
만 이를 받지 않았다. 光啓 4년(888) 나이 82세, 승납 59세로 입적하자
조칙으로 시호를 普會大師라 하였다. 일찍이 郎空大師 行寂(832~930)
이 석상경저를 사사한 바 있다.『祖堂集』권6,『宋高僧傳』권3,『傳燈
錄』권15 참조.
58) 圖南 : 포부가 큰 것을 비유한 말.『莊子』逍遙遊에 크기가 수천 리 되
는 鯤이라는 물고기가 갑자기 한 마리 봉새로 변하여 남쪽을 향하여 날
아가는데 그 날개는 마치 하늘가에 걸린 구름처럼 넓다고 하였다.
59) 豫章 : 높이 자라는 양질의 나무를 말한다.
60) 遷喬 : 喬木으로 옮기는 뜻. 더욱 발전해 가는 것을 말함.『詩經』小我
伐木에 '깊은 골짜기에서 날아와 큰 나무로 날아가네'에서 인용한 것.
61) 預呈 : 預程 또는 禾의 탈자인 듯.
62) 禹穴 : 巴蜀

동안 머물렀고, 비로소 신령스런 발자취(靈蹤 : 고승의 발자취)를
관람하고자 바야흐로 연대(燕臺)63)의 물가에 갔다.

  천우 15년64)(918, 경명왕 2) 6월……에 도착하였다. ……, (배우
려는 자들이) □□學을 배우고자 모두 의심나는 바를 묻다가 박수
치고 기뻐하는 중에 사귐은 더욱 깊어졌다. 여러 달 동안 선(禪)을
논하였고, 한 해가 되도록 법(法)에 대해 물었다. 미천(彌天)65)이
입을 벌리고, 이일(離日)66)이 입술을 놀리듯 하여, 언로(語路)의 단
서를 헤아릴 수 있었고 言□의 뜻을 짐작할 수 있었다. 그 때 두 경
지를 취하고 나서, 마음은…….

  (전쟁이 일어나)……하는 빛을……하며, 갑병(甲兵)의 기색을 근
심스럽게 보았다. 마침내 김해(金海)를 떠나 멀리 개경(玉京)으로
갔다. 가는 길이 더디고 더뎠지만, 어느덧 경계에 들어왔으니, 마륵
(摩勒)67)이 다시 생기가 돌뿐만 아니라 아울러 우담꽃(優曇)68)이

---

63) 燕臺 : 河北省 大興縣에 있는 臺 이름.

64) 天祐十五年 : 唐나라 哀帝의 연호. 天祐 4년(907)에 당나라가 망하였으
며, 天祐 15년은 後梁 貞明 4년이거나 遼 神冊 3년이어야 한다. 그런데
도 당의 연호인 天祐를 계속 사용한 것은 당시 신라의 외교정책을 잘 보
여준다.

65) 彌天 : 釋道安(312~385). 속성은 衛氏, 河北省 常山 출신. 불교의 중국
화에 크게 기여하였다. 스스로 '彌天道安'이라 하였는데, 彌天이란 구름
이 하늘에 가득한 모양으로 뜻이 높고 원대함을 비유하는 말이다. 「月光
寺圓朗禪師碑」에 "智踰離日 識邁彌天"이라 하였다.

66) 離日 : 離日, 離婆哆라고도 하며, 星宿이라 번역됨. 인도 마가다국의 바
라문 출신으로서 사리불의 막내 동생. 형을 따라 출가하여 카디라숲에
머무르며 고생을 참고 선정을 좋아하여 깨달음을 이루었다. 고향으로 돌
아와 세 사람의 생질을 출가시켰다.

67) 摩勒 : 阿摩勒. 호두 비슷한 과일나무로서 余甘子로 번역되기도 한다.
신맛의 과실로 꼽히며 여러 가지 효능을 가진 약용과실이기도 하다.

68) 優曇 : 優曇鉢華. 뽕나무과에 속하는 인도산 상록수. 포도알과 같은 단

한 번 피어난 듯하였다. 내전으로 받들어 모시고 곧……거듭 석가
(象王)⁶⁹⁾의 말씀을 토로하니, 거듭 자리를 피하면서 공손히 제자의
의례를 삼가 갖추었으며, 일일이 큰 띠(書紳)에 기록하면서 왕사(王
師)의 예로 대했다. 다음날 옮기기를 청하니……청정(淨精)한 오두
막에……영원…….

　대사는 멀리 임금의 청(丹慊)⁷⁰⁾에 따라서 다시 경기(京畿)에 도
착했다. 그래서 옥당을 따로 장식하고 승탑(繩榻)⁷¹⁾에 오르게 하였
다. 대사에게 물었다.

　"과인은 어려서부터 무(武)에 전념하느라 학문을 정밀히 하지 못
하여 선왕의 법을 알지 못합니다. 오히려……존망의 뜻이……기쁜
것은 한(漢) 명제(明帝)가 금인(金人)을 모셔 오는 꿈(漢夢)⁷²⁾을 꾸
는 수고를 하지 않고도 전진왕 부견(符堅)이 진성대사(秦星)⁷³⁾를
모셔 온 것처럼 되었으니, 한(漢) 세종(世宗)이 섭마등⁷⁴⁾을 만나고
양(梁) 무제(梁武)가 보지(寶誌)⁷⁵⁾를 만난 것도 이보다 더하다고

　　맛이 나는 과일이 열린다. 그 꽃은 무화과처럼 과실과 꽃이 함께 있기 때
　　문에 밖에서는 잘 보이지 않는다. 그래서 인도에서는 삼천 년에 한 번밖
　　에 피지 않는 매우 희귀한 꽃으로 알려졌으며, 불교에서는 부처님의 설
　　법을 듣기 어려움에 종종 비유하였다.
　69) 象王 : 釋迦의 별칭.
　70) 丹慊 : 성의. 여기서는 고려 태조가 정성껏 불렀음을 가리킴.
　71) 繩榻 : 새끼를 맨 의자.
　72) 漢夢 : 漢 明帝의 꿈. 後漢 永平 7년(64)에 명제가 머리 위에 日光을 띤
　　　金人(金佛象)이 날아서 궁전으로 들어온 꿈을 꾸고 使者 張騫·羽林郎
　　　中 秦景·博士弟子 王遵 등 18명을 印度에 보내서 佛經 42장을 베껴 왔
　　　다고 한다(『廣弘明集』卷1, 牟子理惑論).
　73) 秦星 : 前秦王 苻堅이 西晉의 道安을 맞이함.
　74) 摩騰 : 迦葉摩騰. 67년(後漢 永平 10년 明帝 때) 중국에 불교 전교.
　75) 寶誌 : 保誌. 호는 寶誌·寶公·誌公·또는 公이라 한다. 謚號는 妙覺

할 수 없을 것입니다. 영원토록 향화(香火)의 공을 닦고 자자손손 끝까지 받들어 모시는 지극함을 표하고자 합니다.”

그래서 다시 흥법선원(興法禪院)을 일으켜……대사로 하여금 (흥법선원에) 주지케 하니, 이 곳이 길상(吉祥)의 땅임을 (알 수 있었고), 지나간 아름다움을 상론하니 연복(延福)의 터임을 재차 알 수 있었다. (이 곳에서) 마치고자 하는 뜻이 있었으니, 마음에 후회 됨이 없었다.

마침내 이 곳에 절문(禪扃)을 활짝 열었다. 오는 자는 구름 같고 배우려는 사람은 안개와 같았다. 옛 계율(琉璃)을 따르자, ……. ……나라에……, 법을 일으키는 설법을 들었다. 대사(大師)의 가르침 을 받들지 않는 자들이 곳곳에 정사(精舍)를 세우긴 했지만, 문도들 이 물리쳤다. 하루 종일 말도 나누지 않았고 하룻밤도 머무르지 않 았다.

어찌 평소 대사에게 병이 없기를 바랐겠는가! 부(富)는……하여 좌품(座品)의 □□는 달라지겠지만, 천복(天福)[76] 5년(940, 태조 23) 7월 18일 새벽(詰旦) 문인(門人)에게 고하여 말하였다.

“온갖 법(萬法)이 모두 공(空)이니, 나 이제 가련다. 한 마음(一 心)이 근본이니 너희는 힘쓸지어다.”

大師로 7세 때 出家 道林寺에서 得道해 음식을 무시로 먹으면서 머리를 길렀다. 誌公의 異跡을 확인한 梁 武帝가 華林園에 迎住케 했다. 梁 武 帝 天監 13년(514) 97세로 죽었다. 僧儉에게 禪을 배우고 宋, 梁 때에 예 언을 많이 행하였다.

76) 天福 : 後晉 高祖의 연호. 936~942.

얼굴을 평상시와 같이한 채 조용히(寂然)77) 앉아서 돌아가시니, 나이(俗年)는 72세이고 승랍은 51세였다. 땅이 흔들리고 산이 무너지듯 하였으며, 구름도 근심하고, 해도 슬퍼하였다. ……슬픔이 가득차니 사부(四部)78)의 천인(天人)들은 배움이 끊어지는 슬픔을 더하였으며, 진실로 애통하니 사방의 사서(士庶)들은 스승을 잃은 애통함에 울었다.

과인(寡人)이 대사의 죽음79)을 갑자기 들으니 가슴은 더욱 미어지고 (대사의) 큰 덕을 애절히 추모함을 그칠 수가 없다. 종림(宗林)의 선백(禪伯)이며 말세(季葉)의 고황(古皇)으로…… 만세토록 오개 사는 것을 ……하여 여러 사람들의 여망을 저버렸다. 이제 대들보가 꺾였다고는 하나 집은 수리할 수 있다. 그러니 앞서는 물이 불어 고기들이 돌아옴을 기뻐하다가, 나중에는 숲이 기울어 새가 흩어짐을 슬퍼하는 격이다. 바라는 바는 빨리 위의를 갖추어 예를 밝혀 이치에 맞게……. 시호를 추증하여 진공대사(眞空大師)라 하고, 탑명을 '□□□□탑'이라 하였다.

대사는 설산(雪山)에서 도를 이루고 연동(煙洞)에서 마음을 깨달았다. 십팔 대의 조종을 전하였고 삼천 년의 선교(禪敎)를 이었으며, 뜬 구름같은 세상을 흠뻑 적시어(浹洽)80) 넓은 법칙을 들었음을 알겠다. 뉘라서 황여(黃輿)가 □을 두루 하며, □향이 향기를 흩날린다고 말할 수 있을 것인가? 문득 호랑나비(胡蝶)의 마음81)을 끌어……, 갈매기(狎鷗)82)의 흥취를 끌어 무수히 성하게 일으키게 하였

77) 寂然 : 적적과 같은 말로 쓸쓸하고 고요한 모양.
78) 四部 : 四部大衆. 비구·비구니·우바이·우바새를 말함.
79) 遷化 : 고승이 죽는 것.
80) 浹洽 : 두루 미침. 보급함.
81) 胡蝶之心 : 胡蝶之夢과 같은 말로 物我一體의 경지를 비유한 말(『莊子』齊物論).

으며(昐蠽),83) 한없이 빛내고 빛내었다고 하겠으니, 가히 인도(身毒)84)의 풍모를 드러내 밝히었고, 천축(쓴乾)85)의 법을 널리 편(敷演)86) 사람이라고 할 만하다.

　문도 제자 오백……, ……몸의 속죄……. 푸른 산이 골짜기로 변하고 푸른 파도가……, ……이 밭이 될까 두려워했던 것이다. 사모하는 정을 드러내어 특별히 비문을 청하였고, 간절함을 쏟아 크나큰 덕을 빈번히 구하였다. 그리하여 무위의 교화를 드러내어 세상(水雲)에 머물게 하고, 썩지 않는 인연을 기약하여 금석에 새기고자 하였다. 애통한 마음을 드러내고 훌륭한 문장을 얽어 문인들을 위로하여……. ……백대(栢臺)에 아름다움을 돌린 것은 국사(國士)들이 추모하는 뜻을 드러내고자 한 것이다.

　이에 명(銘)하노라.

　…………
　소맷자락 모은 어진이들
　치맛자락 걷은 ……
　…………
　감춰 둔 보물로 심인을 알고,
　자애로운 항해로 파도를 가라앉힌다.

---

82) 狎鷗 : 선비가 명예를 등지고 고상하게 지내는 것을 비유하는 말.

83) 昐蠽 : ① 떼지어 나는 작은 벌레 ② 성하게 일어나는 모양.

84) 身毒 : 인도의 별칭. sindhu(水, 河 의미), ind, indus 身毒, 신, 순두, 천축, 인도.

85) 쓴乾 : ① 쓴乾公 부처 ② 천축의 별칭.

86) 敷演 : 敷衍과 같은 말. ① 널리 폄 ② 뜻을 더 자세히 풀이함 ③ 일을 대강 해 둠.

지혜의 횃불로 빛을 가라앉히며,
은빛의 등 석탑을 비춘다.

【음기】

영봉산 고 왕사 진공대사비 음기
무릇 듣자하니, 탕왕(湯王)은 하(夏)를 멸망시키고 마침내 그물을
풀어 준 인자함(開網之仁)을 베풀었으며, 무제(武帝)는……서역의
가르침(西陲之敎)87)을……하였다. 친히 보지(寶誌)를 맞이하여 동
하의 교화를 말하였다. 이리하여 조정 신하를 전부 모이게 하고 거
마를 갖추어 받들어 맞이하였다. 강승회(僧會)가 동원에 나가 노닐
듯 가마에 태우고 함께……하였다. …………
우리나라는 삼한이 서로 맞버티어 피차간에 진위 여부를 모르다
가, 일국(一國)이 웅비하여 홀연히 전쟁의 우열이 가려졌다. 멀리
성덕을 적시고 널리……대사는 표문으로 아뢰었다.

"전하는 정기가 사유(四乳88) : 주 문왕)와 같고 눈이 쌍동(雙
瞳89) : 순임금)만큼 빛납니다. 이 때문에 이찰(梨察)이 원황의 자리
(元皇之座)에 있었고 불도징(圖澄)90)이 조주(趙主) 반딧불91)을 만

---

87) 西陲之敎 : 서쪽 변두리 지방의 가르침.
88) 四乳 : 젖이 네 개 있는 사람으로 周 文王을 가리킴.
89) 雙瞳 : 눈동자가 두 개씩 있는 사람(舜임금).
90) 圖澄 : 佛圖澄(232~348). 서역 龜玆國 출신. 晉 永嘉 4년(310) 돈황을
     거쳐 낙양에 왔다. 포악한 군주였던 石勒과 石虎를 교화시켜 이들로부터
     특별한 숭배를 받았다. 신이한 승려로 이름을 떨쳤으며, 道安 등의 제자
     들은 불교의 중국화에 크게 기여하였다.
91) 趙主 : 5호16국시대 後趙의 군주였던 石勒과 石虎를 가리킴.

난 듯한 것입니다. 그러나 오히려……중이 오가는 것을 꺼림은 뜻이 도에 있기 때문입니다. 무성한 숲 속의 산가는 도인이 머무는 곳이며 궁벽하고 물결치는 해동(海國)은 군자의 마음이 편안한 곳입니다. 엎드려 비오니 가련히 여기시어……"

"대사께서 이제 낙토를 마다하고 깊은 산으로 들어가고자 한 두루마리의 글월(一軸之文)을 높이 날려 구중의 대궐(九重之闕)로 보내 왔습니다. 과인과 대사는 정이 아교칠보다 깊고 의리는……동국을 교화시켰습니다. 맹서컨대 그 흥법선원(興法禪院)은 비록 오래된 절이기는 하지만 그래도 좋은 지역(仁方)에 있으니 스님 생전에 길이 거처할 곳으로 하시오."

대사의 재가제자는……
주관(州官)
통현상좌 낭중   민회내말   김순내말
광휴장로 시랑   홍림내말   수영내말
혜태장로   상내말   신희내말

(역주 : 안영근)

7. 경청선원 자적선사 능운탑비

고려국 상주 명봉산 경청선원 고 교시 자적선사 능운탑비의 명 서문과 아울러

태상1) 검교2)상서3) □□□□□□□□□ 상주국4) [신 최언위5)]

---

1) 大相 : 太相. 후삼국시대에서 고려 전기에 걸쳐 실시된 官階名이다. 처음 실시된 것은 904년 궁예가 국호를 마진으로 고치면서 관제를 개혁할 때부터이다. 고려도 태봉의 관제를 답습하다가 936년 후삼국 통일 후에 관계를 재편성했는데, 이 때 16等級 중 제7위이며 4품에 해당하였다.

2) 檢校 : 처음에는 중국 왕조에서 신라·고려의 국왕과 신하들에게 제수된 名譽爵號(勳號)였다. 신라에서는 경덕왕 때 佛事의 영조를 주관하는 官號를 檢校使로 칭하기도 하였다. 훈관인 검교제가 채용되기 시작한 것은 고려 초 관제의 정비 과정에서였고 현종 때부터 왕자·종실·동서양반에게 수여되었다. 즉 고위 관직의 자리는 한정되어 있는데 승진 대상자가 늘어나는 추세 속에서 이에 따른 한계를 극복하고 보다 많은 인원을 관직 세계에 수용할 필요성에서 마련된 직제로서 상층부에는 檢校職, 하층부에는 同正職이 설치되었던 것이다(韓㳓劤, 1969,「勳官 '檢校'考 - 그 淵源에서 起論하여 鮮初 整備過程에 미침 -」『震檀學報』29·30합집).

3) 尙書 : 고려시대 尙書省의 정3품 관직이다. 형식상으로는 尙書 6部의 장관이지만, 中書門下省의 宰臣이 각 부의 判事를 겸임하였으므로 그 기능은 매우 제한적이었다. 이 때문에 상서 6부가 독립성을 잃고 중서문하

는 교를 받들어 찬하다

　　문하승 □유가 교를 받들어 고서에서 찬집하다

　　각자는 문하승 연훈·법오·심장 등이다

　　허공은 모양도 없고 형체도 없으며 불성은 나지도 않고 멸하지도
않는다. ……從……心……量이 참된……모든 실성이니, 색이 곧
색이 아님은 저 아지랑이6)의 물결과 같으며 이름이 오직 거짓 이름
임은 저 신기루7)의 □과 비슷하여, 심식8)이……한 바요 언어가 이
름하여 □한 바와 같다. 말하되, ……先覺□心 [구하는] 자는 구할
것이 없는 것을 구하고 배우는 자는 배울 것이 없는 것을 배우니,
있고 없음의 □가 실로 여기에 있도다. 그래서 신령스러운 지혜와
심오한 마음으로 은밀히 마니보9)를 지키고 靈□□若 묘한 작용의

　　　성에 예속되는 결과가 나타나게 되었다.
　4) 上柱國 : 고려시대 勳職의 하나이다. 흔히 벼슬은 官(官職과 官階)·爵
　　　·勳으로 구별된다. 이 가운데 훈은 국가에 공이 있는 사람에게 주는 명
　　　예직으로, 상주국은 바로 이 훈에 해당한다. 고려시대 훈직은 상주국과
　　　柱國의 두 가지가 있었다. 문종 때에 상주국은 정2품으로 주국은 종2품
　　　으로 하였는데, 충렬왕 이후에는 폐지되었다.
　5) 崔彦撝 : 신라 말·고려 초기의 문인으로 자세한 내용은 해제 참조.
　6) 炎水之波 : 炎은 焰과 같은 뜻을 지닌 글자로 불꽃을 뜻하니, 불꽃 물결
　　　이란, 곧 아지랑이를 말한다.
　7) 乾城 : 乾闥婆城. 乾闥婆(Gandharva)神에 의해서 허공에 보이는 환상처
　　　럼 化作된 都城을 가리키니, 곧 신기루를 말한 것이다. 모든 것에 실체
　　　가 없고(空) 假의 존재(假有)라고 하는 비유에 쓰인다.
　8) 心識 : 소승의 具舍에서는 心과 識을 同體異名이라고 보지만, 대승의 唯
　　　識宗에서는 그것을 別體로 보았다. 곧 유식에서는 제8 阿賴耶識을 心,
　　　前 6識을 識이라고 했다. 여기서는 심과 식이 전자와 같이 동의어로 사
　　　용되고 있으며, 심리 작용 전체를 총칭한다.
　9) 摩尼之寶 : 摩尼寶. 摩尼는 범어 maṇi의 음역으로 末尼라고도 한다. 珠
　　　·寶珠라고 번역하며 摩尼珠·摩尼寶라고도 한다. 일반적으로 摩尼에

기틀을……法……우리 선사로다.

　선사의 법휘는 홍준이고 속성은 김씨이다. 그의 선조는 진한의 무족(茂族)이고 우리 나라10)의 이름난 가문으로, 혹은 궁궐11)에서 좋은 일을 널리하고 혹은 궁문12)에서 나라를 도왔다. □ 훌륭한 집안13)에서 갈라진 핏줄이요 뛰어난 사람이 많은 집안14)에서 나뉘어진 가지여서……名配在……世 번국15)의 귀호(貴豪)로 지금 □주(州) 사람이다. 조부16)의 이름은 육정(陸正)이고 아버지는 지유(志儒)인데 『도덕경』17)에서 도를 배우기도 하고 『시경』18)에서 각 편

　　는 불행과 재난을 없애 주고 濁水를 청정하게 하는 등의 德이 있다고 한
　　다. 특히 무엇이든 하고자 하는 대로 가지가지의 珍寶를 내는 덕이 있는
　　보주를 如意寶珠라고 일컫는다.
　10) 兎郡 : 漢四郡의 하나인 玄兎郡이다. 여기서는 우리 나라를 말한다.
　11) 紫闕 : 紫閣과 같은 말이니, 紫色으로 塗裝한 宮闕을 말한다.
　12) 黃門 : 宮門을 말한다. 宮門의 小門은 황색으로 칠했으므로 黃闥이라고
　　도 한다.
　13) 瑤源 : 帝王의 族系를 가리킨다(『樂府詩集』 卷9, 北齊享廟樂辭 始基樂
　　恢祚舞, "瑤源彌瀉 瓊根愈秀"). 여기서는 훌륭한 家門의 族系를 말한
　　것으로 보인다.
　14) 玉樹 : 風采가 고결한 사람을 비유하는 말이다(『晉書』 謝玄傳, "安嘗戒
　　約子姪 因曰 子弟亦何豫人事 而正欲使其佳 云云 玄答曰 譬如芝蘭玉
　　樹 欲使其生于階庭耳").
　15) 藩服 : 周代의 토지 행정구획 제도인 九服의 하나이니, 王城에서 5천리
　　떨어진 곳의 사방 5백 리의 땅을 말한다(『周禮』 夏官 職方氏). 여기서는
　　藩國으로 곧 우리 나라를 가리킨다.
　16) 大父 : 祖父를 말한다(『禮記』 深衣, "具父母 大父母 衣純以繢").
　17) 五千 : 老子가 五千餘 言으로 道德의 뜻을 말한 『道德經』을 지칭한다
　　(『史記』 卷63, 열전3 老子韓非傳, "老子脩道德 其學以自隱無名爲務 居
　　周久之 見周之衰 迺遂去 至關 關令尹喜曰 子將隱矣 彊爲我著書 於是
　　老子迺著書上下篇 言道德之意五千餘言而去 莫知其所終").
　18) 三百 : 『詩經』을 지칭한다(『論語』 卷2, 爲政篇, "子曰詩三百 一言以蔽

을 찾기도 하여 뜻을 묻고 논지를 □하니, 고로 글을 매우 좋아하였
다. ……抄……戒 일찍이 어렴풋이 잠들었을 때, ……[그윽이] 유
령(幽靈)에 감응하여 지혜로운 자식을 낳기를 바래 냄새나고 피가
나는 음식19)을 끊고 점점 몸과 마음을 깨끗이 하여 중화 2년20) 3월
16일에 선사를 낳았다.

선사는 나면서부터 [성스러운] 자태가 있었으며, □ 아이들이 하
는 놀이를 하지 않았다. 10여 세21)에 이르러 책을 가지고 배움22)의
자리에 나아가서 온화하고 공손하여 가풍을 잇고 은밀히 지켜 조상
의 덕을 닦았다. 하물며 또 다섯 줄을 한꺼번에 읽어 내려가 이름이
마을에 떨침에 있어서이겠는가. 일찍이 불경을 보았고 유교에……,
□□[之]□은 넓은 바다23)의 근원에서……浮天하고 개미와 거머리
가 사는 수풀이 爭……於……章之…… 했으니……其大小……譚.
이 때에……親 출가하는 것을 의무로 여기니 부모가 그 정이 간
절함을 듣고서 사랑으로 허락하였다. 그리하여 계속 동쪽으로 가서
□ 태령(太嶺)을 넘어 흑암선원(黑巖禪院)에 도달하여 진경대사24)

之 日無邪 朱子集註 詩三百十一篇 言三百者 擧大數也)".
19) 葷血 : 마늘이나 파와 같이 냄새나는 채소와 고기같이 피가 나는 음식을
말한다.
20) 中和二年 : 中和는 唐 희종의 연호(881~885).
21) 幼學 : 10세에 처음으로 배움에 나아감을 말한다. 轉해서 10세를 말한다
(『禮記』曲禮上, "人生十年 曰幼學").
22) 鼓篋 : 학과를 시작할 때 북을 쳐서 학생을 모이게 한 뒤, 책상자에서 책
을 꺼내 공부하도록 한 데서 연유한다. 곧 就學함을 이른다(『禮記』學
記, "入學鼓篋 孫其業").
23) 溟渤 : 大海 또는 蒼海를 말한다(杜甫, 「自京赴奉先縣詠懷五百字詩」,
"胡爲慕大鯨 輒擬偃溟渤").
24) 眞鏡大師 : 853~923년. 휘는 審希, 속성은 新金氏, 任那(伽耶)의 왕족
출신으로 金庾信(興武大王)의 후손이다. 862년(景文王 2) 惠目山 圓鑑

를 뵈니 아름다운 모습은 얼음 같은 자태요 □□는 옥 같은 모습이
었다. 선사는 뜻한 바를 바로 말씀드리고 마음에 기약한 것을 우러
러 고하였다. 대사는 온 세상25)의 인도자26)요 법문(法門)의 영수였
다. 이 때문에 선사는 스승으로 섬겼고 공경을 극진히 하여, 바야흐
로 도(道)의 나무27) [곁에] 깃들었고 마침내 선림(禪林)의 보배를
얻었다. 대사가 선사에게 말하기를 "인도에서 마음을 전한 조사로
훌륭한 기둥인 달마대사28)가 동쪽으로 중화에 들어와서……곧바로

大師 玄昱에게 출가하여 法信을 부촉받았다. 872년(경문왕 12) 구족계를
받은 후 명산 절경을 돌아다니며 두루 선승을 참예하였으나 중국에 유학
갈 필요성은 느끼지 않았다. 888년(진성왕 2)에서부터 904년(효공왕 8)까
지 松溪(전남 강진)와 雪嶽에 머물자 학인과 선객들이 몰려들었고 眞聖
王이 불렀으나 사양하였으며 溟州(강원도 강릉)로 가서 머물렀다. 進禮
城(경남 김해)으로 가서 知金海府進禮城諸軍事明義將軍 金仁匡과 이
어서 등장한 進禮城諸軍事 金律熙(蘇律熙, 신라 하대 김해 지방의 호
족)의 후원을 받고 孝恭王의 귀의를 받았다. 이 시기에 머물던 寺名을
鳳林이라 고치고 선방을 중건하였다. 918년 11월 경명왕의 초청에 응하
여 대궐에 당도하여 '理國安民之術'과 '歸僧□□之方'을 설하였다. 왕에
의해 法膺大師라는 존호를 받았다. 이후 舊居로 돌아와 제자 양성과 중
생구제에 주력하였다. 東山의 법(四祖道信 이후의 禪法을 말하지만, 엄
밀히 말하면 그 제자 五祖弘忍의 그것을 가리킨다)을 전수받았다고 한
다(景明王, 「鳳林寺眞鏡大師寶月凌空塔碑」).

25) 沙界 : 恒河(인도의 갠지스강)의 모래알처럼 많은 세계를 가리킨다.
26) 梯航 : 梯山航海의 준말이다. 사다리를 딛고 산에 오르고 배를 타고 바
    다를 건넌다는 뜻으로, 아주 먼 곳으로 가거나 아주 먼 곳에서 옴을 이른
    다. 이와 함께 인도한다는 의미도 가지고 있다. 여기서는 후자의 뜻으로
    쓰였다.
27) 道樹 : 菩提樹를 말한다. 석존이 이 아래에서 菩提(覺·道)를 이루었다
    하여 생긴 이름이다.
28) 達摩大師 : 達磨. 범어 Dharma의 音譯. 처음에는 達摩였으나 나중에 達
    磨라고 쓰였다. 중국 南北朝時代의 禪僧으로 중국 禪宗의 시조이다. 梵
    名은 Bodhidharma라 하고 菩提達磨라 음역하는데, 달마는 그 약칭이다.
    南印度 香至國의 셋째 왕자로 성장하여 대승불교의 승려가 되어 禪法에

조계의 조사29)에 이르렀다. (그 후) 조사에서 조사로 서로 전하여

통달하여 般若多羅 尊者의 법을 이은 뒤 벵골만에서 배로 떠나 중국 廣東에 이르렀다. 그리고 지금의 남경인 金陵에 가서 梁 武帝를 만났다. 그러나 불교의 현세적 이익에 관심이 많았던 그를 떠나 양자강을 건너 魏나라로 가서 崇山 少林寺에 들어가 9년 간 面壁修道하였다. 이 곳에서 雪中에 斷臂求法의 의지를 보인 제자 慧可에게 법을 부촉하고 그 傳法의 증명으로서 한 벌의 가사를 내렸으며 求那跋陀羅(394~468)가 번역한 『楞伽經』 4권을 전했다고 한다. 달마의 사상은 그의 유일한 친설인 『二入四行論』에 나오는 二入四行說에 집약되어 있다. 二入은 理入과 行入의 두 가지로 구성되어 있는데, 이입은 불타의 근본 종지를 깨달아 모든 중생이 범인이나 성인을 막론하고 同一眞性을 本有하고 있다는 사실을 믿는 것을 말한다. 행입은 네 가지 실천행을 말하니, 바로 報怨行(빚을 갚는 행)·隨緣行(인연에 따르는 행)·無所求行(구하는 바가 없는 행)·稱法行(이치에 계합된 행)이다. 시호는 圓覺大師이다.

29) 曹溪之祖 : 曹溪는 廣東省 曲江縣 東南에 있는 시내이다. 六祖 慧能이 이 곳에 머물러 크게 禪法을 일으켰으니, 曹溪나 曹溪의 祖라 하면 흔히 육조혜능(638~713)을 지칭한다. 혜능의 이름은 처음에는 能大師로 쓰이다가 차츰 惠能에 이어 慧能으로 쓰였다. 중국 선종의 제6조로 추앙된다. 본래 그의 집안은 范陽의 명문 盧氏 가문이었는데, 일찍이 아버지가 당시 변방인 廣東省 新州로 좌천되었기 때문에 거기서 태어났다. 속성이 盧氏여서 盧行者로 불렸다. 『金剛經』(또는 『涅槃經』)을 듣고 느낀 바가 있어 湖北省 蘄州 黃梅山의 五祖弘忍을 찾아가 배웠다. 홍인 문하에서 8개월 가량 방아 찧는 생활을 하다가 '本來無一物'의 시구를 지어 인가를 받음으로써, 홍인의 수제자 神秀(606~706)를 제치고 홍인으로부터 의발을 전수받고 마침내 선종 제6조가 되었다. 이후 嶺南으로 은둔하였다가, 유명한 '風幡問答'을 계기로 印宗法師(627~713)에게 삭발하였다. 이후 廣州의 法性寺와 韶州 曹溪의 大梵寺·寶林寺에 머물면서 설법 교화하였다. 神龍 元年(705)경 唐王室에서는 慧能을 궁중으로 맞이하고자 曹溪로 중사 薛簡을 파견하였으나, 혜능은 병을 핑계로 가지 않았다. 이 때 설간과 혜능 사이에 '坐禪' 등에 관한 문답이 오갔다. 선종의 주요 경전인 『六祖壇經』은 그의 大梵寺 설법을 기록한 것이라고 한다. 혜능은 사후에 제자 神會의 활약으로 일약 長安 불교계에 유명해졌다. 그는 自性淸淨心의 자각과 無念·無住·無相의 반야 실천을 일체화하

저 백암30)에게 전해져 우리 동해에 이르렀으니, 단절되지 않게 하여 그 도를 더욱 아름답게 하였다. 이제 나와 네가 혜목산의 선풍31)을 드날리어 봉림사32)를 영원히 무성하게 하여 장차 올 사람들에게 보이기를 바란다.”라고 하였다.

건부 6년33)에 명주(溟州) 입량율사(入良律師)에게 구족계34)를

여 새로운 중국 선불교를 완성시켜, 달마와 더불어 중국 선종사에서 가장 중시되고 있는 인물이다. 당나라 때 처음으로 大鑒禪師라는 시호를 추증받았으며, 이어 송나라 때 3번이나 추가 시호를 추증받았으니 大鑒眞空普覺圓明禪師가 그것이다(古田紹欽·田中良昭 著, 남동신·안지원 譯, 1993,『혜능』, 玄音社 참조).

30) 百巖 : 章敬懷暉(754~815). 南嶽下 禪僧. 속성은 謝氏, 福建省 泉州 同安人이다. 785년경 江西省 洪州에 있는 馬祖道一을 참알하여 心要를 얻었다. 河北省 定州 百巖寺에서 주석하고 中條山에서 禪法을 열었다. 808년 憲宗의 조칙으로 京兆府(長安) 章敬寺 毘盧遮那院에 주석하여 교화를 폈다. 이후 학도들이 운집하고 조야의 명사들이 날로 모여들어 그의 법을 배웠다. 그는 “自性은 신령스럽게 밝아서 영원토록 물들지 아니하고 우매하지 아니하고 변하지 않는다. 이에 비해 온갖 현상은 꽃과 같이 허망한 마음이 낳는 바이다”라고 하였다. 시호는 大覺禪師이고 追諡는 大宣敎禪師이다.「唐故章敬寺百巖大師碑銘幷序」『全唐文』卷501 ;『祖堂集』卷14 ;『宋高僧傳』卷10 ;『傳燈錄』卷7이 참조된다.

31) 慧目 : 慧目山을 말한다. 이는 곧 경기도 여주군에 있는 혜목산 高達寺에 머물렀던 圓鑑大師 玄昱의 禪風을 이른다. 이 선풍은 玄昱 - 審希 - 洪俊으로 이어졌으며, 현욱은 鳳林山派의 개조로 추앙되었다.

32) 鳳林 : 鳳林寺를 말한다. 진경대사 심희가 진례성제군사 김율희(소율희) 등의 후원으로 慶尙南道 金海에 있던 한 사찰을 중건하고서 새로이 이름 붙인 사찰이다.

33) 乾符六年 : 탁본과 모든 판본에는 乾符六年(879)이나, 이 해는 홍준이 태어나기 이전이므로 ‘乾寧六年’(899)의 오기로 보인다. 그런데 乾寧은 4년까지만 있으니, 원칙적으로는 光化 2년(899, 효공왕 3)이 된다.

34) 具 : 계율이 완전히 구비되었다고 하여 구족계라 하며, 이를 잘 지키면 열반의 경지에 다다를 수 있다고 한다. 具戒라 약칭하고 大戒·比丘戒·比丘尼戒라고도 한다. 梵語는 Upasaṃpanna로 鄔波三鉢那라 음역하

받았다. 그 후 탑35)에 예를 올리려고 뛰어난 지역과 이름난 산의 경
계에 몸을 던졌고 대승36)의 경지를 탐구하기 위해 현명한 스승과
훌륭한 스승의 □를 가렸다.

그 후 □□□□37) 경명대왕38)은 봉림대사39)가 법의 가르침이 높
고 현묘한 기틀이 깊다고 여겨서 특별히 편지를 보내어 서울(경주)
에 오도록 하였다. 이 때 선사가……갔는데 불사가 있어 동천사40)
에서 주지하기도 하면서 대궐로 바삐 가서 (왕을) 뵈니 此□□山,
築……국사41)의 예를……하고 지난날에 베푼 일들을 경건히 행하

고 近圓이라 번역하니, 열반에 친근하다는 뜻이다. 비구·비구니가 지켜
야 할 戒法으로 비구는 250戒, 비구니는 348戒가 있는데, 이 戒를 받으
려면 沙彌戒를 받은 지 3년이 지난 이로 몸이 튼튼하고 모든 죄과가 없
으며, 나이는 만 20세 이상이며 70세 미만인 사람이어야 한다. 출가자는
구족계를 받아야만 승으로서의 자격증을 획득했다.

35) 窣堵婆 : 梵語 stūpa의 음역이다. 부처의 사리를 안치할 목적으로 만든
탑으로 塔婆, 浮圖라고도 한다.
36) 摩訶衍 : 梵語 mahāyāna의 음역이다. 大乘이라 번역하며 보살의 敎法
을 말한다.
37) □□□□ : 내용상 경명왕이 봉림대사를 경주로 부른 시기, 즉 그 연호와
해가 쓰였을 것이다. 그 시기는 貞明 4년(918, 경명왕 2)이다(景明王,
「鳳林寺眞鏡大師寶月凌空塔碑」). 본 단락은 홍준이 봉림대사를 따라
경주로 간 사실을 말하고 있다. 「鳳林寺眞鏡大師寶月凌空塔碑」에 의하
면 '대사를 따라 궁궐에 오른 자가 80인'이라고 하였으니, 홍준도 그 중에
1인이었을 것이다.
38) 景明大王 : 신라시대 제54대 왕(재위 917~924).
39) 鳳林大師 : 眞鏡大師 審希를 가리킨다. 주 24 참조.
40) 東泉寺 : 眞平王(재위 579~631)이 창건한 사찰로 慶州에 있다(『三國遺
事』卷2, 元聖大王, "寺乃眞平王所造 五百聖衆 五層塔 幷納田民焉").
41) 國師 : 신라 및 고려시대에 있었던 승려의 최고 명예직. 신라시대 효소
왕 때 惠通이 국사에 책봉된 뒤부터 國統과 함께 병존한 최고의 승직이
다. 고려시대에 들어와 국통은 차츰 거의 사라지고 국사에 더하여 王師

였으니 어찌 신하가 복종하는 의례를 요구했겠는가.

이후 예천에 이르러 단월을 만났는데 바로 정광[42] □□였다. 그가 동쪽으로……보니 필시 어떤 신이한 사람이 있어 자기 도성으로 들어오므로 먼저 아름다운 상서를……하고 교외에서 맞이할 때에 선사에게 예를……하고 절[43]에 머무르기를 청하여 4사[44]를 [끊어지지] 않게 하였다. 그리하여 홀연히 몇 년 간 잠시 절에 머물렀다.

용이 앉아 비늘을 감추듯 잠시 절에 머물렀으나 학이 울며 날갯짓하여 바야흐로 그 소리가 하늘에까지 들렸으니, 어찌 임금께서[45]

가 생겨났다. 국사의 기능은 고려 전기에는 실질적이기보다는 상징적이었다. 왕에게 이상적인 도덕정치를 권고하는 정도였으며, 교화의 방법을 구체적으로 제시하거나 정치 개혁에 직접적으로 참여하지는 않았다. 그들만이 특별히 주관한 종교의식도 찾아볼 수 없으며, 책봉의식 이외에는 일반 고승과 구분되는 특별한 기능도 발견할 수 없다. 그들은 청정한 수도생활을 통해 정신적 존숭을 받았던 만큼, 경제적인 배경이나 사회적인 명성을 이용하여 교권과 정치권에 영향력을 행사한 흔적은 거의 없다. 대체로 고려 전기에 왕은 국사에게 실질적인 기능을 부여하기보다는 극진한 예우로 책봉의식을 거행함으로써, 불교에 귀의한 민심을 받들어 왕정을 폈던 것이니, 이는 전통적인 동아시아의 정치사상을 불교와 결합시킨 것으로 볼 수 있다. 이는 바로 敎權과 통치권과의 갈등을 피하고, 타협과 조화로써 불교의 교화를 통치에 이용할 수 있는 역량에서 나올 수 있었던 것이다. 국사는 당시 수행이나 교리상 가장 추앙받는 고승이 선정되었다. 책봉하는 과정은 매우 정중하고도 절차가 복잡하였다. 고려시대에 책봉된 국사는 40여 인에 이른다(許興植, 1986, 「國師·王師制度와 그 機能」『高麗佛敎史硏究』, 一潮閣). 여기서는 홍준이 국사에 책봉된 것이 아니라, 국사에 가까운 극진한 예우를 받았던 사실을 말한다.

42) 正匡 : 고려 초기의 官階名. 16等級 중 제4위이며, 2품에 해당한다.

43) 玄關 : 깊고 묘한 이치에 통하는 관문이니, 곧 깊고 묘한 도에 들어가는 단서를 말한다. 여기서는 절이라는 의미로 쓰였다.

44) 四事 : 공양하는 네 가지 물건을 말한다. ①衣服·飮食·臥具·湯藥 ②衣服·飮食·散華·燒香 ③衣服·飮食·房舍·散華燒香.

45) 上 : 고려 태조(재위 918~943)를 가리킨다.

선사는 동산법문의 가르침을 베푼 홍인의 7대 손이요 법응대사[심희]의 제자46)로 높이 열고 잘 유인하여 널리 미묘한 법어를 설하니 부처를 배우려는 무리가 때때로 구름처럼 모여든다는 소문을 들었다고 말하지 않겠는가. 이 때에 특별히 사신을 보내어 선사가 계신 곳에……바야흐로 무리들을 거느리고 대궐47)로 오게 하였다. 선사는 높은 위치에 있는 사람을 평범하게 보고 일찍이 피차를……조사의 덕을……지키고 우러러 예의를 다하는……에 감동함이 깊었다. 在……길을 떠나려는 것은 다만……전하기 위한 연고에서였고 등을 지키고 탑에 예배하려는 것은 (법을) 부촉할 인연을 그윽이 생각해서였다. 그리하여 점점 산을 넘고 자꾸 가서 고개를 넘어 일정을 더욱 빨리 할 무렵에 이윽고 개경에 이르렀다. 임금께서는 선사의 위의를 우러러보고 귀의하려는 원(願)을 실로 간절히 하였고 선사의 용보(龍步)를 보고서 기쁘고 위로하는 마음을 깊이 더하였다. 다음날 옥당으로 맞아들이어 법의 자리에 오르게 하였다. 임금께서는 선사의 덕을 흠앙하여 다른 이보다 열 배나 빼어남에……깨달았고 도풍을 받들어 계승하여 친히 삼귀의 예48)를 폈다. 구름을 헤치듯 선사를 만나게 된 것이 늦은 것을 한스럽게 여기면서 그윽이 과거의 인연을 느꼈다. 그리하여 소□[해당 관청]에 명령하여 서울 내에서……문득 귀산선원49)을……주지(住持)하기를 청하였다. (선사는)

---

46) 宣敎七孫 法膺之子 : 宣敎는 가르침을 베푼다는 뜻으로 그 가르침은 東山法門의 가르침, 즉 五祖弘忍의 禪法을 일컫는다. 七代孫이란 홍인 이하 洪俊까지의 代數이다. 審希는 東山法門의 계승자(景明王, 「鳳林寺眞鏡大師寶月凌空塔碑」, "聞大師 時尊天下 獨步海隅 久栖北岳之陰 潛授東山之法")로 그 제자인 홍준은 자연히 홍인의 7대손이 되는 것이다. 法膺之子란 홍준이 法膺大師 審希의 제자임을 말한다.

47) 鳳城 : 宮城 또는 大闕을 말한다.

48) 三歸之禮 : 佛·法·僧 三寶에 歸依하는 禮를 말한다.

49) 龜山禪院 : 開京 소재 龜山(禪)寺로 추정된다.

이 날 잠깐 동안에 절에 이르러 바야흐로 수레를 멈추니 배우는 사람들이 비오듯 몰려와 그 많은 모양이 마치 논에 서 있는 벼 줄기와 삼밭에 서 있는 삼대와 같이 빽빽하였고50) 오는 자들이 신선처럼 달려오니 줄이 늘어선 모양이 복숭아나무와 오얏나무 밑에 저절로 길이 생길 정도로 많았는데,51) 미혹된 생각을 돌이키고 빈 채로 와서 내실을 얻어 돌아갔으니,52) (선사의) 명성이 온 세상에53) 떨쳤으며 이름이 천년 동안 높아 또한 당(唐)의 장(章)□와 더불어 같이 비교할 수 없을 정도로 뛰어났다54).

여기서 좌선하여55)……5년이 지났는데 불법의 종지에 노닐 날은 줄어들고 입적하는 것은……에 의지하였다. ……천복56) 4년(939,

---

50) 森森稻麻 : 많은 대중이 모여든 모양이 마치 논에 서 있는 벼 줄기와 삼밭에 서 있는 삼대와 같이 빽빽하다는 말이다.

51) 列列桃李 : 桃李不言 下自成蹊에서 나온 말이다. 복숭아나무와 오얏나무의 꽃과 열매가 매우 아름답기 때문에 일부러 사람을 부르지 않아도 서로 다투어 찾아와서 그 나무 밑에는 저절로 길이 생긴다는 뜻이다. 덕망이 높은 사람은 辯說을 요하지 않아도 자연히 많은 사람이 귀복하여 모여든다는 것에 비유한 말이다(『史記』李將軍實傳, "太史公曰 傳曰 其身正 不令而行 其身不正 雖令不從…… 諺曰 桃李不言 下自成蹊 此言雖小 可以喩大也").

52) 虛往實歸 : 빈 채로 왔다가 올차게 돌아감을 말한다(『莊子』德充府, "虛而往實而歸 固有不言之敎 無形而心成者耶").

53) 十方 : 동·서·남·북·4維(동북·동남·서남·서북)·상·하의 열 군데를 말한다.

54) 不可同年而語 : 일률적으로 말할 수도 없으며, 또한 동일하게 취급할 수도 없어 양자가 서로 격함을 비유한 말이다. 즉 양자가 너무 현격히 달라 비교할 수 없다는 말이다(『史記』秦始皇紀, "試使山東之國與陳涉度長絜大 比權量力 則不可同年而語矣").

55) 宴坐 : 坐禪함을 말한다.

56) 天福 : 後晉 高祖의 연호(936~944).

太祖 22) 10월 1일에 귀산법당에서 세상을 떠났다. 죽은 모습은 살아 있는 듯하였고 실과처럼 붉은 입술은 말하는 듯하였으니 몸을 버리는 이치가 어찌……항상……, 혹은 나무를 휘어잡고 열반하고[57] 혹은 산에서 수도하다 입멸하고[58] 혹은 매미가 허물을 벗듯이 가고 혹은 불에 몸을 불살라 죽기도 하는 것이다. 속세의 나이는 58세이고 승랍은 48[59]이다. 그 달 6일에 문인들이 관을 어깨에 매고 절의 북쪽 기슭에 임시로 묻었다. 벼슬하는 사람과 일반인들이 냇물을 가득 메웠고 향기로운 잎이 골짜기에 넘쳤으며……과 샘물도 슬퍼……하고 구름과 해가 쓸쓸해졌다. 임금께서는 항상 현묘한 종지를 앙모하였는데 홀연히 열반에 들었다는 소식을 전해 듣고……

---

57) 泥洹 : 梵語 Nirvāṇa의 音譯. 涅槃이라고도 한다. 寂滅·滅度라 意譯한다. 解脫과 같은 말로 타오르는 번뇌의 불을 滅盡해서 깨달음의 지혜인 菩提를 완성한 경지를 말한다. 또 이 세상에 사람으로서 나타난 불타, 특히 석가모니의 육체의 죽음을 열반이라고도 한다. 여기서는 승려의 죽음을 의미한다.

58) 入定 : 聖者가 死去하는 것을 말한다. 이외에 禪定에 들어가는 것, 곧 마음을 한 곳에 모아서 身·口·意 3業을 그치게 한다는 뜻도 있다.

59) 僧夏四十八 : 夏는 夏安居의 약어니, 僧夏四十八은 곧 하안거를 한 횟수가 48임을 말한다. 승하는 僧臘과 같은 의미로 쓰였다고 볼 수 있다. 승랍은 具足戒를 받은 이후의 햇수를 말한다. 그런데 본 비에서 洪俊이 구족계를 받은 해는 乾寧 6년(899)인 바, 그렇다면 그의 승랍은 48이 아니라 40이 되어야 한다. 그렇다면 승랍과 승하는 별개의 의미로 쓰인 것으로 볼 수도 있을 것이다. 최언위가 지은 僧碑에서는 대개 俗年(春秋·報齡)에 이어 승랍을 말하고 있는데, 예외적으로 본 비와 함께 「興寧寺 澄曉大師寶印塔碑」에서는 報年에 이어 積夏라 하였다. 이 때 적하는 승랍과 그 해가 일치하므로 결국 적하와 승랍은 같은 의미로 쓰였다고 볼 수 있을 것이다. 결국 安居는 적어도 정식 승려로서의 자격을 가지고 있을 경우에만, 즉 구족계를 받은 이후에야만 가능했다고 볼 때, 승랍과 승하는 같은 의미로 사용되었다고 볼 수 있겠다. 그렇다면 본 비에서 '僧夏四十八'은 '僧夏四十'의 오기가 아닌가 한다.

눈물 흘리고 마음에 비통해하였다. 시호를 내려 '자적선사'라 하고
탑을 '능운지탑'이라 이름하였으니 (선사에 대한) 예였다.

선사의 공적은 억겁을 이루고 운수는 천년에 화합하였으니 순정
(淳精)에 감응하여서 옥으로 편빙(編方)을 이루었고 영수(靈數)를
머금어서 승경(勝境)에 태어나 티끌 묻은 과실은 그 법을 베푼 것
이 없고 생각을 잊은 꽃은 그 색을 드러낸 것이 없어서 움직이는 지
역에 살면서도 항상 고요했고 그윽한 거처에 머물면서도 앉아만 있
지 않았다. (이러한 선사의 도행을) 듣는 자는 바람으로 때와 티끌
을 몰아내듯 깨끗해졌고 얻는 자는 해가 어둠을 가르듯 밝아졌다.
선림의 좋은 재목으로 바로 법역(法域)의 동량이고, 내(奈)□의 등
화(等華)로 진실로 자비로운 종지의 담장과 해자였으니, 뭇 중생의
자비로운 아버지가 되었고……병든 자를 치료하는 의왕[60]이 되었
다.

전법제자 작린(綽麟)·승담(承湛) 등 100여 인이 모두 절절이 슬
퍼하며[61] 길이 생전에 스승과 나누던 말씀[62]을 생각하고 선덕(禪
德)을 추모하여 법은(法恩)에 보답하려 하였다. 그 親……좌승[63]
흠노(歆魯)[64]는 벼슬은 재보(宰輔)에 있고 직책은 궁위(宮闈)를 통

---

60) 醫王 : 佛菩薩은 有情의 마음 병을 잘 대치하는 名醫라고 하여 비유적
　　으로 존칭하여 醫王이라고 한다. 또 특히 모든 부처 中 除病의 本願을
　　가진 藥師如來를 醫王이라고 하는 경우도 있다. 『無量義經』에 의하면
　　"大醫王은 病相을 분별하고 약의 성질을 잘 알아 병을 따라 약을 주어
　　서 중생에게 먹게 한다"라고 하였다.
61) 心喪 : ① 喪服은 입지 않되 상제와 같은 마음으로 哀慕한 것을 말한다.
　　② 脫喪한 뒤에도 마음으로 슬퍼하여 喪中에 있는 것 같이 근신하는 것
　　을 말한다.
62) 目語 : 눈짓하여 의사를 통하는 것을 말한다.
63) 佐丞 : 고려 초기의 官階名. 16等級 中 제6위이며, 3품에 해당한다.
64) 歆魯 : 王歆魯이나 행적은 미상이다.

괄하였으며 왕씨의 형제 □ 인도의 별파65)를 받들었다. 재가제자인
상보(尙父) 김선소 공(金善紹公)과 대상(大相) 洪仁□ 公과 더불어
옥처럼 곧았으며 쇠붙이도 끊을 정도의 깊은 우정66)을 보였는데,
함께 선(禪)의 교화에 도움을 주어 각각 썩지 않는 인연을 지녔고
도풍(道風)에 공감하여 모두 끝없는 복을 받치니, 법역의 주춧돌67)
만이 아니라 어진 나라의 견고한 성벽과 해자68)도 되었다. 신은 학
해(學海)의 작은 물줄기요 사림(詞林)의 보잘것없는 사람이나 외람
되이 조서를 받들어 비문을 짓는다.

　명(銘)하여 말한다.

　석가모니의 가르침을
　가섭69)이 도왔으니
　(그 법이) 서역으로부터,

---

65) 쓰[乾]之別派 : 쓰乾은 인도를 말한다. 축건의 별파란 곧 禪宗을 뜻하는
　　것으로 보인다.
66) 斷金 : 쇠를 끊는다는 말이니, 두 사람의 우정이 쇠를 끊을 정도로 굳음
　　을 비유한 말이다(『易經』 繫辭上, "二人同心 其利斷金").
67) 柱石 : 들보를 받치는 기둥과 그 기둥을 받치는 주추이니, 곧 국가의 중
　　임을 맡은 사람을 비유하는 말이다(『漢書』 卷68, 霍光傳, "[田]延年曰
　　將軍爲國柱石 審此人不可 何不建白太后 更選賢而立之").
68) 金湯 : 金城湯池의 준말이니 매우 견고한 城壁과 깊고 넓은 垓字를 말
　　한다. 防守가 견고하여 깨뜨릴 수 없는 城邑을 비유한 말이다(『漢書』 卷
　　45, 蒯通傳, "[范陽令]先下君 而君不利之 則邊地之城……必將嬰城固守
　　皆爲金城湯池 不可攻也").
69) 迦葉 : 범어 Kāśyapa의 音譯이고 飮光·龜氏라 意譯한다. 부처의 10대
　　제자 중 1인이다. 부처 입멸 후 經과 律에 대한 제1차 結集을 주관하였
　　으며, 부처와의 사이에서 있었던 이른바, '拈華微笑'로 禪家에서 付法
　　藏 제1조로 높이 추앙됨.

우리 나라에 이르렀네.

밝게 법인70)을……,

멀리 마음의 기약에 부흥하니

가을 못에 달 그림자 둥글게 비치고,

여름 산봉우리에 구름 걷혔네.

……나무……삐어나,

현관(玄關)을 우러르니

한수(漢水)가 넓지만 좁은 곳에서 시작하여,

도도히 흐르는 법의 물이 되었네.71)

무성한 초목에 곧은 줄기요,

나뭇잎과 가지 나부끼는 속에 선(禪)이……

뜻이 절실하여 원숭이 같은 마음을 조복시키고,72)

정이 깊어 개미를 구제할 정도네.73)

---

70) 法印 : 범어 Dharma-mudra의 의역이다. 法은 佛法을 말하며 印은 敎義
   의 규범이 되고 旗幟가 되는 것을 말하니, 법인은 곧 불법의 旗幟·標幟
   ·特質이라는 뜻으로 증명하는 規準을 말한다.

71) 漢水濫觴 滔滔法水 : 불교가 중국에 漢 明帝 永平 10년(67)에 처음으로
   전래되어, 이후 세월이 지나 흥성하게 된 사실을 말하는 듯하다.

72) 調猿 : 猿은 心猿이니, 마음이 분주하게 움직이는 것을 원숭이에 비유한
   말이다. 『大乘本生心地觀經』 卷8에는 마음이 원숭이와 같아서 五欲의
   나무에 놀면서 잠시도 쉬지 않는다고 하였다. 조원은 분주한 마음을 조
   복시킨다는 뜻이다.

73) 救蟻 : 救蟻沙彌. 개미를 구한 사미. 사미는 출가하여 十戒를 받은 7세
   이상 20세 미만의 아직 具足戒를 받지 않은 남자를 말한다. 옛날에 한
   羅漢이 어린 사미를 기르는데, 이 사미가 불행하게도 7일 후에 죽을 것
   을 알았다. 그래서 7일 간 말미를 주어 집에 갔다 오도록 하였다. 사미가
   가다가 개미떼가 물에 표류하여 죽어 가는 것을 보았다. 그는 자비심을
   내어 가사에 흙을 담아서 물을 막고 개미떼를 건져 살려 주었다. 이 인연
   으로 사미는 복을 받아 죽지 않고 생명을 연장했다고 한다(『雜寶藏經』
   卷4).

스승께서 (법을) 맡기니,

인연이 크고 무거워

무리에서 벗어나 뛰어나고,

성현을 뛰어넘었네.

자비로운 마음이 바다처럼 넓고,

……한 성품은 하늘을 보전하니

간직함을74) 아끼지 않으나,

한 번 가 다시 돌아오지 못함을 매우 한스럽게 여기네.

천복75) 6년(941, 태조 24) 신축 10월 27일에 세우다.

【음기】 76)

---

74) 藏壑 : 藏舟於壑의 준말로 물건을 감춘 것이 堅固함을 이른다(『莊子』
  大宗師).

75) 天福 : 後晉 高祖의 연호(936~943).

76) 음기는 먼저 "廣評省~省史 臣 光"과 "五年辛丑八月卄一日~停勸古
  寶"의 두 부분으로 나뉘어진다. 앞부분은 광평성에서 홍준화상의 문하승
  에게 내린 공문서(帖)를 새긴 것으로서, 그 내용은 ① 홍준의 문하승이
  새로운 선원을 건립하기 위해서 적아현 鷲山에 확보한 절터를 인정해
  줄 것을 요구하는 啓를 중앙의 해당 관서에 올리자 ② 해당 관서는 그
  현에서 入京한 김달함에게 출두하여 상황을 살펴 중앙정부에 보고하게
  하니 ③ 왕이 절터를 인정하는 교지를 내려 ④ 이에 광평성에서 그 교지
  의 내용을 문서로 작성하여 啓를 올린 자에게 보낸 과정을 담고 있다.
  뒷부분은 국가로부터 '境淸禪院'이라는 禪院名을 받고 선원이 건립되었
  음을 밝혀 놓고 있다. 이상은 사원 건립을 위해 토지를 확보하는 경위를
  알려 주며 고려 초기 공문서와 이두 연구에 좋은 자료가 된다. 음기의 나
  머지 부분은 홍준의 승속제자와 비의 건립에 참여한 인물들을 밝히고 있
  다.

광평성77)에서 홍준화상의 무리인 우법사(右法師)에게 첩(帖)78)을 보낸다. 사(師)의 계(啓)79)대로 "(저희) 승(僧)들은 적아현80) 취산(鷲山)에 (선원의) 새 처소를 처음 상주(上奏)하여 조성하고 있습니다"라고 아뢰어, 현에서 입경(入京)하게 한 김달함(金達含)이 나아가 우사(右寺)의 터(原)를 묻되 "큰 산이기 때문에 따로 땅의 주인이 없었으며 무리들이 아뢴 것과 같이 가지곡(加知谷)의 사곡(寺谷)에 들어가 조성하고 있습니다"라고 아뢴 것과 (그 같이) 아뢸 때에 교지(敎旨)가 있어 "그렇다면 호정(戶丁)의 땅일지라도 지사자(知事者)가 국가의 대복전처(大福田處)를 삼아 조성하도록 사용하라"고 하셨다. 천복 4년(939, 태조 22) 기해 8월 1일 성사81) 신 광

---

77) 廣評省 : 고려 초기에 百官을 총괄한 최고 정무기관으로, 태조 1년(918)에 태봉의 관제를 채용하여 설치하였다. 관직으로 侍中·侍郎·郎中·員外郎·史를 두었는데, 성종 1년(982)에 內史門下省이 설치되면서 폐지되었다.

78) 帖 : 고려시대에는 帖이라는 문서가 있었는데, 貼과는 같은 의미로 쓰였던 것으로 보인다. 『三國遺事』에 단편이 자주 인용되고 있고, 현존하는 貼文으로는 「尙書都官貼」(1262)·「僧錄司貼」(1357)과 「境淸禪院慈寂禪師凌雲塔碑」에 새겨져 있는 「廣評省帖」(940)이 있다(許興植, 1988, 「한국 고문서학의 이론」『한국의 古文書』, 民音社, p.49 참조). 조선시대에는 『經國大典』과 『前律通補』에 그 내용이 규정되어 있다. 이에 의하면 品高衙門에서 7품 이하 관원에게 또는 官府의 長이 屬官에게 내리는 문서로서 差定(任命), 勿侵(침범 못하도록 함) 또는 훈령 등에 帖을 내린다. 수령이 향리나 祭官을 임명할 때에도 쓴다(崔承熙, 1981, 『韓國古文書硏究』, pp.141~142).

79) 啓 : 고문서의 한 형식이다. 『동문선』 卷45~46에 걸쳐 있는 啓라는 항목을 보면 주로 자신의 견해를 밝히는 글로서 상관·선배·은사에게 보낼 때 쓴 것 같다. 이에 비해 조선시대는 고려시대보다 좁은 의미로 쓰였다(許興植, 1988, 「한국 고문서학의 이론」『한국의 古文書』, p.36).

80) 赤牙縣 : 경상도 풍기군의 속현이다(『新增東國輿地勝覽』卷25, 豊基郡).

81) 省史 : 廣評省의 관직인 史를 가리킨다.

(光).

5년[82] 신축 8월 21일 국가로부터 산원명(山院名)을 윤허받고 14주군현(州郡縣)을 아우른 계(契)로써 조성시키셨다. 절[83]성조사(節成造使) 정조[84] 인겸(仁謙) 정려고보(停勵古寶)

국주 신성대왕[85]   국통[86] 탄연

　　　　절삼강　　원주[87] 도당

　　　　　　　　전좌[88] 함혜

　　　　　　　　이승[89] 혜윤

---

82) 五年 : 모든 판본에는 '五年'이나 '辛丑年'이므로 '六年'이 맞다.

83) 節 : '임시'와 '당시'의 뜻을 가진 吏讀語이다.

84) 正朝 : 고려 초기의 관계. 919년(태조 2) 태봉의 제도를 모방하여 설치하였고 936년에 총 16등급의 관계 가운데 12위로 품계는 7품이었다. 995년(성종 14) 중국식 문산계를 정식 관계로 사용하면서 鄕職으로 변했는데, 1076년(문종 30) 更定田柴科에서 제13과로 田地 35結, 柴地 8結을 받았다.

85) 神聖大王 : 고려 태조 왕건의 시호(재위 918~943).

86) 國統 : 신라시대 중앙의 최고위 승관직이다. 일명 僧統 또는 寺主라고도 하였다. 이 직은 신라에서 551년(진흥왕 12)에 고구려에서 망명해 온 惠亮을 임명함으로써 시작되었다. 진흥왕은 영토 확장과 함께 불교 홍포에도 진력하여 국통을 임명하였는데, 이 때를 당하여 국통은 불교 교학과 행정을 총괄하였을 뿐만 아니라 교단을 유지하기 위하여 경제적인 방도까지 강구하였다. 국통 밑에는 大都維那와 大書省 등의 승관이 있어 국통을 보조하였으며, 지방에 파견된 州統과 郡統 등도 국통의 지시를 받았을 것이라 추측된다. 한편 국통은 國師와 혼재해서 나타나고 있는데, 이러한 현상은 고려 초에도 계속되고 있다.

87) 院主 : 신라 말·고려 초 선종 사원에 설치된 종무기구인 三綱典의 한 구성원으로, 대내외적으로 사원을 대표하면서 주로 대외적인 업무를 책임지고 처리한 승려로 추정된다.

88) 典坐 : 典座僧. 삼강전의 한 구성원으로, 사원 내의 살림살이를 맡은 승려로 추정된다.

재가제자 좌승 수문

　　　　　좌승 옥충

　　　　　태상 영회

　　　　　원보90) 인강

　　　　　정보91) 인휘

　　　　　원윤92) 혼휘

　　　　　원윤 혼□

　　　　　정위93) 원□

　　　　　정위 □□

　　　　　태경 혼□

　　　　　길영 □□

　　　　　문충 종희

　　　　　□석 □취

　　　□

　　내외□□유나94) □□

　　보주관반95)

---

89) 吏僧 : 史僧의 誤로 추측된다. 史僧은 삼강전의 핵심 구성원은 아니었던
　　것으로 보이며, 사원에 관련된 모든 기록물을 작성하고 보관하는 직임을
　　맡았던 승려로 추정된다.

90) 元甫 : 고려 초기의 官階名. 16等級 중 제8위이며, 4품에 해당한다.

91) 正甫 : 고려 초기의 官階名. 16等級 중 제9위이며, 5품에 해당한다.

92) 元尹 : 고려 초기의 官階名. 16等級 중 제10위이며, 6품에 해당한다.

93) 正位 : 고려 초기의 官階名. 16等級 중 제13위이며, 7품에 해당한다.

94) 惟那 : 維那. 삼강전의 한 구성원으로, 사원 내의 모든 질서 체계를 유지
　　시키고 사원의 창건과 보수 등에 관련된 임무를 수행하는 승려로 추정된
　　다. 이밖에 군사적인 기반의 역할을 담당했을 것으로 추측된다.

95) 輔州官班 : 일정 지역의 州를 보좌하는 관반을 말한다. 관반은 나말여초
　　豪族層이 중앙관제를 모방하여 새로이 도입한 직제에 대한 호칭이다. 원
　　래 호족층의 전신인 신라의 村主, 그들의 직제는 기본적으로 재래의 族

상사찬96) 원길

제 2 순보

제 3 영희

사향촌주97) 길환

長支配의 전통으로부터 편제된 것이었다. 그들 촌주층은 원칙적으로는
중앙의 지배층과는 구분된 상태에 놓여 있었다. 이러한 제반 속성은 中
代 이후 다소 변화를 보이나 승계되는 면도 컸다. 그러나 나말여초에 이
르러 그들이 각지의 호족층을 이루자, 전래의 촌주직제에 따른 제반 구
속을 탈피하면서 격식상 발달된 중앙관제를 모방하는 새로운 직제를 도
입하였으니, 이제 그 자체를 관반으로 호칭하기에 이르렀던 것이다. 한
편 이러한 직제상의 변화는 단순한 형식상의 문제만은 아니었다. 그것은
그들 촌주층이 신라 사회의 제반 여건의 변화 속에서 점진적으로 성장해
온 결과였다. 따라서 그들의 관반 형성은 재래의 제반 구속에서 벗어나
고자 하는 방향에서 얻어진 것이었으며, 이후 그들의 새로운 지배층으로
서의 사회적 지위에 직결되는, 즉 신분적 속성을 가름하는 표징이 되는
것이었다(金光洙, 1979,「羅末麗初의 豪族과 冠班」『韓國史硏究』23,
p.140).

96) 上沙喰 : 아래의 第二·第三과 함께 상급 村主라고 볼 수 있다. 이들은
    신라기 縣의 三重沙干·沙干·乃干 등이 하던 第一·第二·第三 村主
    가 변화한 것으로 보인다. 沙湌이 재래 村主層의 上限 位階였음을 보면,
    이제는 그러한 위계가 바로 최상급의 촌주로 직명화한 것이다. 즉 당시
    사찬은 그 지방 首長級 토호의 명칭으로 바뀌고 있으며 그에 순번이 부
    여됨으로써 서열을 표시함과 동시에 직책을 표시하고 있다고 여겨진다
    (金光洙, 위의 논문, p.126). 원래 촌주는 신라시대 지방관직인 바, 지방
    민을 효율적으로 통제하기 위하여 在地의 유력자에게 주어진 관직으로
    신라 행정조직의 말단에 해당한다. 그 소임은 지방에 파견된 지방관인
    軍主·道使·郡守·縣令 등을 보좌하여 지방민을 통치하는 행정적인
    임무가 주된 것이었다. 신라 하대에는 豪族으로 성장하고 후삼국시대를
    거쳐 고려 王建의 통일에 이르러서는 일부는 중앙귀족이 되었고 그 나
    머지는 지방에 웅거하여 독자적인 세력을 형성하였다. 成宗代에 더욱
    많은 지방관이 파견되고 또 鄕職이 개편되면서 이들의 세력은 크게 위
    축되어 대부분 향리로 전화되었다.

97) 寺鄕村主 : 寺卿村主로 보아야 될 듯하며, 상급 촌주로서 지역의 사원과

　□□관반

　　상사찬 종간

　　제 2 금악

　　제 3 주도

　　촌주 행오

　　촌주 능직

　　촌주 선직

　철장 능일거사

　　석장 상혼

　　　　　　　　(역주 : 박영제)

관계되는 임무를 띤 듯하다(金光洙, 위의 논문, p.126).

8. 정토사 법경대사 자등탑비

유진[1] 고려국 중원부[2] 고 개천산[3] 정토사[4] 교시법경대사 자등
지탑비의 명 서문과 아울러

태상[5] 검교[6]상서[7] 좌복야[8] 전수[9]병부시랑[10] 지한림원사[11] 신

---

1) 晉 : 여기서는 後晉(936~946)을 가리킨다.
2) 中原府 : 忠淸道 忠州.
3) 開天山 : 忠北 中原郡 東良面 소재. 淨土山이라고도 함(『新增東國輿地
   勝覽』 卷14, 충청도 충주목 산천, "淨土山 一云 開天山 在州北三十三
   里").
4) 淨土寺 : 開天山 소재. 龍頭寺 또는 開天寺로도 불리운 듯하다(『新增東
   國輿地勝覽』 卷14, 충청도 충주목 佛宇, "龍頭寺 在末訖山下……有高
   麗崔諺攝所撰僧法鏡慈燈塔碑", "開天寺 在淨土山").
5) 太相 : 大相. 후삼국시대에서 고려 전기에 걸쳐 실시된 官階名. 처음 실
   시된 것은 904년 궁예가 국호를 마진으로 고치면서 관제를 개혁할 때부
   터이다. 그 후 고려도 태봉의 관제를 답습하다가 936년 후삼국 통일 후
   관계를 재편성했는데, 이 때 16等級 중 제7위이며 4품에 해당하였다.
6) 檢校 : 처음에는 중국 왕조에서 신라·고려의 국왕과 신하들에게 제수된
   名譽爵號(勳號)였다. 신라에서는 경덕왕 때 佛事의 영조를 주관하는 官
   號를 檢校使로 칭하기도 하였다. 훈관인 검교제가 채용되기 시작한 것은
   고려 초 관제의 정비 과정에서였고 현종 때부터 왕자·종실·동서 양반
   에게 수여되었다. 즉 고위 관직의 자리는 한정되어 있는데 승진 대상자
   가 늘어나는 추세 속에서 이에 따른 한계를 극복하고 보다 많은 인원을

최언위[12])가 교를 받들어 짓고

　사찬[13]) 전수홍문감경[14]) 비은어대[15])를 하사받은 신 구족달[16])이

　　관직 세계에 수용할 필요성에서 마련된 직제로서 상층부에는 檢校職, 하
　　층부에는 同正職이 설치되었던 것이다 (韓沽劤, 1969,「勳官‘檢校’考 -
　　그 淵源에서 起論하여 鮮初 整備過程에 미침 - 」『震檀學報』29・30합
　　집).

　7) 尙書 : 고려시대 尙書省의 정3품 관직. 형식상으로는 尙書 6部의 장관이
　　지만, 中書門下省의 宰臣이 각 부의 判事를 겸임하였으므로 그 기능은
　　매우 제한되어 있었다. 이 때문에 상서 6부가 독립성을 잃고 중서문하성
　　에 예속되는 결과가 나타나게 되었다.

　8) 左僕射 : 고려시대 尙書省의 중앙본부라 할 수 있는 尙書都省에 딸린
　　정2품 관직.

　9) 守 : 行守法으로서 조선시대에는 官階와 官職 간의 관계를 나타내 주는
　　법제였으니 官階가 낮은 사람이 높은 職位에 앉았을 경우에 관계와 관
　　직 사이에 넣어서 부른 말이었다. 그러나 고려시대에는 散職과 實職 사
　　이의 관계를 표시하는 법제로 기능한 것으로 보인다(朴龍雲, 1981,「高
　　麗時代의 文散階」『震檀學報』52, pp.32~33).

　10) 兵部侍郎 : 통일신라시대 중앙관부인 병부의 차관직. 고려시대 尙書省
　　의 중앙본부인 尙書都省 하부기구 兵部의 정4품직.

　11) 知翰林院事 : 翰林院의 한 관직. 한림원은 고려 태조가 태봉의 제도에
　　따라 설치하였으며, 詞命을 制撰하는 관청이며 국왕 측근의 文翰官으로
　　문필에 능한 儒臣이 임명되고 淸要職으로 중시되었다. 처음에는 元鳳省
　　이었으며 뒤에 學士院으로, 다시 翰林院으로 개정됨.

　12) 崔彥撝 : 신라 말・고려 초기의 문인으로 자세한 내용은 해제 참조.

　13) 沙粲 : 일명 薩飡, 沙咄干, 沙干, 沙飡이라 함. 신라시대 17관등 중 제8
　　관등.

　14) 興文監卿 :『三國史記』卷40, 志9 職官下에 열거되어 있으나, 관직 설치
　　의 시초와 관등의 高下를 알 수 없다고 하였다. 泰封이나 고려 초기의
　　관제일 가능성도 있지만, 崔彥撝의 관직에 신라 관직도 나열되고 있으므
　　로 신라 관직명으로 볼 여지도 있다(李基東, 1978,「羅末麗初 近侍機構
　　와 文翰機構의 擴張」『歷史學報』77 ; 1984,『新羅骨品制社會와 花郎
　　徒』, 一潮閣 참조)

　15) 緋銀魚袋 : 魚袋는 公服에 딸린 물고기 모양의 장식물로서, 官等에 따
　　라 金・玉・銅 등으로 만든 魚符를 넣어 차던 주머니를 말한다. 어대는

교를 받들어 쓰다.

대저 새벽달은 높이 떠올라 사방의 바깥까지 눈을 비추고, 봄바람은 널리 불어 천령(千嶺)의 가에까지 티끌을 날린다. 그런즉 목성이 밝음을 드러내어 피어오르는 현무17)를 흩어 버리고, 푸른 햇무리18)가 두루 빛나 방서(芳序)19)의 법운을 띄운다. 혹은 얼어붙은 것이 음산한 기운을 뭉치게 하고, 혹은 화창한 봄날이 언 것을 풀어 주니, 이와 같은 태평스러운 아름다움을 모아 하늘에 걸린 해의 빛남을 격동시킨다. 이 때문에 음과 양의 두 기운20)이 서로 이어받고 해·달·별의 세 빛21)이 조화를 이루니, 하늘에 걸린 그림자가 우

원래 단순한 장식물로서의 성격을 띠고 있지만, 시간이 지남에 따라 品階의 高下에 따라 차등적으로 지급되었다. 그리하여 紫色公服에 金魚袋, 緋色公服에 銀魚袋라는 식으로 公服制와 결합되어, 공복과 함께 官人社會의 位階를 표시해 주는 표상물로서 기능하였다. 이에 따라 紫金魚袋, 緋銀魚袋 등 합성어를 해당 관직명 뒤에 병기하게 되었다. 우리 나라에서는 新羅 景文王 13~憲康王 18년(873~884) 무렵의 어느 시기부터 시행되었다고 한다. 高麗 光宗 11년(960) 3월 공복 규정에 의하면, "元尹 이상은 紫衫, 中壇卿 이상은 丹衫, 都航卿 이상은 銀衫, 小主簿 이상은 綠衫으로" 되어 있다. 이러한 고려 초기 紫 - 丹 - 緋 - 綠의 공복제에서는 紫金, 丹金(銀), 緋銀의 어대가 있었다(李賢淑, 1992, 「新羅末 魚袋制의 成立과 運用」『史學研究』43·44합집 참조).

16) 具足達 : 생몰년 미상. 고려시대 초의 서예가. 韓允·閔賞濟 등과 함께 羅末麗初 歐法의 대가로 평가된다. 「淨土寺法鏡大師慈燈塔碑」 이외에 「地藏禪院朗圓大師悟眞塔碑」의 글씨도 썼다. 후자의 작품을 쓴 仇足達과는 동일 인물이다. 서체는 해서로 통일신라시대부터 유행하여 고려시대에도 애호되었던 당나라 초기의 歐陽詢體에 기초를 두고 있다.

17) 玄霧 : 검은 안개, 곧 상서롭지 못한 징조를 나타냄.

18) 靑暈 : 태양 주변의 푸른 색 햇무리, 곧 吉祥의 징조를 나타내는 상징.

19) 芳序 : 滿花가 芳暢하는 좋은 계절이라는 말이니, 곧 만물이 약동하는 봄철을 가리킴(括敬, 「花萼樓賦」, "懷明君兮 變芳序").

20) 二氣 : 陰과 陽의 두 기운.

러러보는 것 중에서 으뜸인 바라고 이를 만하다. 이는 곧 (道를) 넓히는 것은 말씀에 있고, 이 말씀은 실제에서 찾자는 것이다.

일찍이 시험삼아 논하건대 한 자쯤 되는 옥만이 보배가 아니니 학문하는 자는 오직 촌음을 귀히 여겨야 하며,22) 검은 구슬이 보배이니 상망(象罔)은 진실로 (하찮은) 가을 이슬을 찾은 것이다.23) 그러므로 유교의 학풍은 삼백여 편의 시24)에 있고, 노자의 가르침은 오천 자의 경25)에 있으니, 공자는 인의(仁義)의 근본을 말하였고 노자26)는 현묘하되 빈 이치를 폈음을 알 것이다. 그러나 비록 (공자는) 생각하고 (노자는) [생각하기를] 잊었다고 하나 감히 이치를 얻

---

21) 三光 : 해, 달, 별의 세 빛.

22) 尺璧非寶 亡羊則唯貴寸陰 : 尺璧은 直徑이 一尺인 寶玉으로 귀중한 珠玉을 말한다. 이와 관련하여 "不貴尺璧重寸陰"이라는 말이 있다. 뜻은 성인은 직경이 1척인 璧보다는 적은 시간을 아낀다는 말이다(『淮南子』原道訓, 『魏文帝典論』論文). 亡羊은 亡羊之歎의 준말인 바, 도망간 양의 뒤를 쫓는데 갈림길이 많은 데에 이르러 마침내 잃어버리고 탄식하였다는 뜻으로, 학문의 길이 다방면이어서 진리를 깨닫기가 어려움을 한탄한다는 것을 비유함(『列子』 說符).

23) 玄珠是珍 罔象則眞探秋露 : 罔象은 『莊子』 外篇 天地에서 象罔으로 쓰이고 있다. 黃帝가 赤水 북녘에서 노닐고 곤륜산에 올라 남쪽을 바라보고 돌아왔는데, 그 때 검은 구슬(玄珠)을 잃어버렸다. 그래서 아는 것이 많고 눈이 밝고 말솜씨 좋은 知・離朱・喫詬 등을 시켜 찾게 했으나 찾지 못하고, 무심한 象罔을 시켜서 그 구슬을 찾았다는 고사. 즉 道의 幽玄한 경지를 言語文字나 思量分別을 떠나 無心의 경계에서 터득하였음을 말하는 것이다. 검은 구슬은 道를 비유한다.

24) 詩惟三百 : 『詩經』의 篇數가 三百임(『論語』 卷2, 爲政篇, "子曰詩三百 一言以蔽之 曰無邪 朱子集註 : 詩三百十一篇 言三百者 擧大數也)".

25) 經乃五千 : 노자『道德經』이 五千言임(『史記』 卷63, 列傳3 老子韓非傳, "老子脩道德 其學以自隱無名爲務 居周久之 見周之衰 迺遂去 至關 關令尹喜曰 子將隱矣 彊爲我著書 於是 老子迺著書上下篇 言道德之意五千餘言而去 莫知其所終")".

26) 聃 : 老子의 이름.

었다 하겠는가? 이것은 영역 안의 가르침이요 사방 안의 말이니, 어찌 정각27)의 도를 이루어 일심을 얻을 수 있음을 알고, 진여28)의 성 (性)이 청정하여 삼제29)에 달리 있다는 것과 같겠는가! 그러므로 지혜가 깨끗한 여섯 가지 신통30)은 나지도 않고 멸하지도 않으며, 생각을 모은 삼매31)는 취할 것도 없고 행할 것도 없음을 알 것이다. 대개는 방편의 문으로 인하여 오히려 신비하고 그윽한 뜻을 알아, 일은 오직 잘 이끄는 데 있고 마음은 참된 종지에 있다.

그러나 지극한 도는 심오하여32) 말로 칭하여 능히 비출 수 있는 것이 아니고, 현묘한 종지는 아득하여 말로 이름하여 붙잡을 수 있는 것이 아니다. 이에 각각 한 쪽 모서리를 지켜서는 다른 세 모퉁이를 통하기 어려우니, 언어·문자33)의 밖에 있어 혜업(慧業)34)이 바탕이 된다. 또 비록 목마른 사슴이 아지랑이를 물인 줄 착각하고 쫓아도 깨끗한 연못가에 이른다고 하는 것이며,35) 눈 먼 거북이가

---

27) 正覺 : 正等覺, 無上正等覺. 바른 불타의 깨달음.
28) 眞如 : 범어 Tathāta의 번역으로, 사물의 있는 그대로의 모습. 사물의 본체로서 진실로 영원불변한 것이란 의미로 이름한 것. 如如·如實·如 등으로 부르며, 大乘에서는 萬有의 本體를 일컫는다.
29) 三際 : 過去·現在·未來를 말함.
30) 六通 : 6종의 신통력. 즉 天眼通·天耳通·他心通·宿命通·神足通· 漏盡通을 말함.
31) 三昧 : 범어 Samādhi의 音譯. 三摩之·三摩提·三摩帝라고도 음역하고, 等持·正·正定·定意·調直定 正心行處라 번역한다. 마음을 한 곳에 둔다는 뜻. 等持라는 역어는 等은 마음이 들뜨고(掉擧) 가라앉음(惛沈)을 여의어서 편안한 것이며, 持는 마음을 하나의 대상에 머무르게 한다는 뜻이다. 곧 마음이 하나의 대상에 집중해서 산란하지 않은 상태를 가리킨다.
32) 希夷 : 심오한 道, 깊은 이치, 道의 본체.
33) 筌蹄 : 고기를 잡는 통발과 토끼를 잡는 덫. 轉하여 목적을 이루기 위한 방편.
34) 慧業 : 空의 이치를 통달하여 모든 善事를 위하는 것.

못에서 놀다가도 떠다니는 나무를 운 좋게 만나 거기에 나 있는 구
멍에 몸을 넣어 땅에 이른다는 것과 같다.[36) 곧 법은 본래 나지 않
는 것인데 남으로 인하여 견해를 일으키고, 견해는 집착을 가능케
하니, 법은 곧 항상 그러하다는 것을 알 것이다. 그렇다면 깨끗하게
법우를 많이 내려 곧 뜨거운 번뇌를 맑게 하고, 정성껏 먼지처럼 많
은 중생을 상대하여 문득 미혹한 무리들을 제도한다. 보리[37)와 열
반[38)과 법성[39)은 상주하니 이로써 불토를 장엄히 하고 중생을 성취
시킨다. 천인(天人)을 제도하고 보살을 가르침에 바야흐로 묘용을
생각하니 주밀하고 근면하다 할 것이다.

그런즉 옛날 여래가 다섯 비구[40)를 위하여 삼승의 가르침[41)을 말

---

35) 渴鹿趣炎 謂至淸池之畔 : 목마른 사슴이 아지랑이를 보고 물인 줄 착각
  하는 것을 迷妄한 마음에 비유한 말(『楞伽經』 卷2).
36) 盲龜遊沼 猶逢浮木之中 : 盲龜値浮木. 눈이 먼 거북이가 떠다니는 나무
  를 만나서 거기에 나 있는 구멍에 몸을 넣다. 사람으로 태어나기가 또는
  佛法을 만나기가 어려움을 비유하는 말. 轉하여 만나기가 어려움을 비유
  함(『雜阿含經』 卷16, "告諸比丘 譬如大海中有一盲龜 壽無量劫 百年一
  遇出頭 復有浮木 正有一孔 漂流海浪 隨風東西 盲龜百年一出 得遇此
  孔 至海東 浮木或至海西 圍繞亦爾 雖復差違 或復相得 凡夫漂流五趣
  之海 還復人身 甚難於此").
37) 菩提 : 梵語 Bodhi의 음역. 覺・智・知・道라고 번역함. 佛・緣覺・聲
  聞이 각각 그 果에 따라 얻는 깨달음의 지혜를 말한다.
38) 涅槃 : 梵語 Nirvāṇa의 音譯. 泥洹이라고도 한다. 寂滅・滅度라 意譯한
  다. 解脫과 같은 말로 타오르는 번뇌의 불을 滅盡해서 깨달음의 지혜인
  菩提를 완성한 경지를 말한다. 또 이 세상에 사람으로서 나타난 불타, 특
  히 석가모니의 육체의 죽음을 열반이라고도 한다. 여기서는 전자의 뜻으
  로 쓰였음.
39) 法性 : 범어 Dharmatā의 역어. 法의 體性. 우주의 모든 현상이 지니고
  있는 진실한 불변의 본성. 眞如法性・眞法性・眞性이라고도 하고 眞如
  의 다른 이름이라고도 한다.
40) 五比丘 : 부처가 성도한 후 녹야원에서 최초로 교화한 비구들로 모두 인
  척이다. 곧 야이고전어, 아슘바, 마하바남, 비메, 바부 등.

씀하고 교화의 인연을 다하자 그로 인해 몸을 옮겼다. 열반할 때에
이르러 위없는 법보42)를 은밀히 가섭43)에게 전하여 세간에 유포시
키도록 하면서 "법을 보호하고 부지런히 닦아 단절케 하지 말라"고
하였다. 대가섭이 그 법안44)을 얻어 아난45)에게 부촉한 이래로 조
사와 조사가 서로 전하며 마음과 마음으로 함께 보전하였다. 이에
응진보살 원각(圓覺)대사46)가 동으로 중화에 [와서] 마땅한 사람이

---

41) 三乘敎 : 성문, 연각, 보살의 근기에 대한 세 가지 교법.
42) 法寶 : 3보의 하나. 부처가 말한 교법은 소중하기가 세간의 값비싼 보배
와 같으므로 이렇게 부른다.
43) 迦葉 : 범어 Kaśyapa의 音譯. 飮光·龜氏라 意譯. 부처의 10대 제자 중
1인. 부처 입멸 후 經과 律에 대한 제1차 結集을 주관하였으며, 부처와의
사이에서 있었던 이른바 '拈華微笑'로 禪家에서 付法藏 제1조로 높이 추
앙됨.
44) 法眼 : 五眼의 하나. 현상계의 온갖 事理를 분명하게 비추어 아는 지혜
의 눈.
45) 阿難 : 부처의 10대 제자 가운데 한 사람. 多聞第一의 제자라고 부른다.
부처가 열반한 후 迦葉의 지휘 아래 이루어진 불경의 편찬, 즉 結集에
참가하여 지대한 공적을 쌓으니 經法이 후대에 전하는 것은 그의 공적
이라 함.
46) 應眞菩薩 圓覺大師 : 達摩大師. 達磨. 범어 Dharma의 音譯. 처음에는
達摩였으나 나중에 達磨라고 썼다. 중국 南北朝時代의 禪僧으로 중국
禪宗의 시조이다. 梵名은 Bodhidharma라 하고 菩提達磨라 음역하는데,
달마는 그 약칭이다. 南印度 香至國의 셋째 왕자로 성장하여 대승불교
의 승려가 되어 禪法에 통달하여 般若多羅 尊者의 법을 이은 뒤 벵골만
에서 배로 떠나 중국 廣東에 이르렀다. 그리고 지금의 남경인 金陵에 가
서 梁 武帝를 만났다. 그러나 불교의 현세적 이익에 관심이 많았던 그를
떠나 양자강을 건너 魏나라로 가서 崇山 少林寺에 들어가 9년 간 面壁
修道하였다. 이 곳에서 雪中에 斷臂求法의 의지를 보인 제자 慧可에게
법을 부촉하고 그 傳法의 증명으로서 한 벌의 가사를 내렸으며 求那跋
陀羅(394~468)가 번역한『楞伽經』4권을 전했다고 한다. 달마의 사상은
그의 유일한 친설인『二入四行論』에 나오는 二入四行說에 집약되어 있
다. 二入은 理入과 行入의 두가지로 구성되어 있는데, 이입은 불타의 근

아니면 (법을) 전수하지 않았다. 당(唐)에 이르기까지 이은 자가 가만히 생각건대 여섯 사람이니, 달마는 혜가[47]에게 전수하였고, 혜가는 승찬[48]에게 전했으며, 승찬은 도신[49]에게 전했고, 도신은 홍인[50]에게 전하였으며, 홍인은 혜능[51]에게 전하였다. 혜능 후에 나

본 종지를 깨달아 모든 중생이 범인이나 성인을 막론하고 同一眞性을 本有하고 있다는 사실을 믿는 것을 말한다. 행입은 네 가지 실천행을 말하니, 바로 報怨行(빛을 갚는 행)·隨緣行(인연에 따르는 행)·無所求行(구하는 바가 없는 행)·稱法行(이치에 계합된 행)이다. 시호는 圓覺大師.

47) 可 : 惠可. 慧可(487~593). 중국 禪宗의 제2조. 幼名은 神光, 속성은 姬氏. 北魏 正光 元年(520) 40세에 崇山 少林寺로 菩提達磨를 찾아가서 눈 속에 앉아 가르침을 구하였으나 허락하지 않으므로, 자신의 왼팔을 끊어 굳은 求道의 뜻을 보였으며, 결국 安心問答으로 크게 깨달았다고 함. 달마에게 心印을 전수받아 후일 北齊 天保 3년(550)에 제자 僧璨에게 법을 전수하였다. 鄴都(河南省)에서 34년 간 설법하고 크게 종풍을 떨쳤다. 시호는 正宗普覺大師·大祖禪師.

48) 璨 : 僧璨(?~606). 중국 禪宗의 제3조. 貫鄕은 不詳. 혜가에게 출가하여 법을 받음. 후에 舒州(安徽省) 司空山에 들어갔는데 그 당시 北周 武帝의 廢佛을 만나 同州 皖公山에 숨어 10여 년을 보냈다. 隋 開皇(581~600) 중에 道信을 얻어 제자로 삼고 8, 9년 후에 正法을 그에게 전하였다. 작품으로 『信心銘』이 전하고 있다. 시호는 鏡(鑑)智禪師.

49) 信 : 道信(580~651). 중국 禪宗의 제4조. 蘄州(湖北省) 廣濟縣 사람. 속성은 司馬氏. 승찬의 衣法을 받고, 후에 蘄州 雙峰山으로 옮겨 30여 년을 머물렀다. 때문에 雙峰道信이라고도 불리운다. 東山法門의 초조로서 문하에 500인이 모여들어 禪宗史上 이같이 많은 수행자가 동일 스승 아래서 수행한 것은 처음 있는 일로 주목된다. 『楞伽師資記』에 의하면 『菩薩戒作法』과 『入道安心要方便法門』이 있다고 했는데, 전자는 전하지 않는다. 그의 사상은 5種의 禪要(知心体·知心用·常覺不停·常觀身空寂·守一不移)를 綱으로 해서 坐禪觀心을 특색으로 한다. 시호는 大醫禪師.

50) 忍 : 弘忍(688~761). 중국 禪宗의 제5조. 기주(호북성)의 黃梅縣 사람. 속성은 周氏. 四祖道信의 제자가 되어 수행하여 법을 이음. 雙峰山의 동쪽 憑茂山으로 옮겨 법문을 선포하였다. 문하에 神秀와 慧能이 유명하

다. 저술에는 『蘄州忍大師導凡趣聖悟解脫宗修心要論』이 있다. 여기에
서 강조한 선사상은 守心, 守眞心, 守本眞心이다. 그 중에서도 "불법의
요지를 알려거든 수심이 제일이다. 이 수심은 바로 열반의 근본이며 입
도의 요문이며 12경전의 본질로서 三世諸佛의 祖가 된다"라고 한 구절
은 가장 유명하다. 수심이란 바로 우리들 자성이 본래 청정한 그 불성을
확인하고 잘 지킬 것을 강조하는 말이다. 홍인의 문하에는 1,000여 명의
수행자들이 운집하여 집단적인 수도생활을 하였다고 한다. 도신이 개창
하여 초석을 이루고 홍인이 크게 떨친 동산법문에서 특히 주목되는 것은
종래 국가권력에 의해 운영되었던 교단과는 전혀 다르게 좌선과 노동으
로 자급자족적인 생산적인 교단을 형성하였다는 점이다. 홍인의 시호는
大滿禪師이다.

51) 能 : 惠能, 慧能(638~713). 혜능의 이름은 처음에는 能大師로 쓰이다가
차츰 惠能에 이어 慧能으로 쓰였다. 중국 선종의 제6조로 추앙됨. 본래
그의 집안은 范陽의 명문 盧氏 가문이었는데, 일찍이 아버지가 당시 변
방인 廣東省 新州로 좌천되었기 때문에 거기서 태어났다. 속성이 盧氏
여서 盧行者로 불렸다. 『金剛經』(또는 『涅槃經』)을 듣고 느낀 바가 있어
湖北省 蘄州 黃梅山의 五祖弘忍을 찾아가 배웠다. 홍인 문하에서 8개월
가량 방아 찧는 생활을 하다가 '本來無一物'의 시구를 지어 인가를 받
음으로써, 홍인의 수제자 神秀(606~706)를 제치고 홍인으로부터 의발을
전수받고 마침내 선종 제6조가 되었다. 이후 嶺南으로 은둔하였다가, 유
명한 '風幡問答'을 계기로 印宗法師(627~713)에게 삭발하였다. 이후
廣州의 法性寺와 韶州 曹溪의 大梵寺・寶林寺에 머물면서 설법 교화하
였다. 神龍 元年(705)경 唐王室에서는 慧能을 궁중으로 맞이하고자 曹
溪로 중사 薛簡을 파견하였으나, 혜능은 병을 평계로 가지 않았다. 이 때
설간과 혜능 사이에 '坐禪' 등에 관한 문답이 오갔다. 선종의 주요 경전
인 『六祖壇經』은 그의 大梵寺 설법을 기록한 것이라고 한다. 혜능은 사
후에 제자 神會의 활약으로 일약 長安 불교계에 유명해졌다. 혜능은 自
性淸淨心의 자각과 無念・無住・無相의 반야 실천을 일체화하여 새로
운 중국 선불교를 완성시켜, 달마와 더불어 중국 선종사에서 가장 중시
되고 있는 인물이다. 그는 당나라 때 처음으로 大鑑禪師라는 시호를 추
증받았으며, 이어 송나라 때 3번이나 추가 시호를 추증받았으니 大鑑眞
空普覺圓明禪師가 그것이다(古田紹欽・田中良昭 著, 남동신・안지원
譯, 1993, 『혜능』, 玄音社 참조).

누어져 둘이 되니, 그 하나는 회양52)이요, 하나는 행사53)인데 그 문하가 환히 밝으니 이를 어찌 서술할 수 있겠는가! 상말(像末)54)에 이르러서는 갈수록 더욱 풍속이 퇴폐해지고 인정이 없어져55) 큰 도를 잃어 버렸다고 말하게 되며, 미묘한 말도 또한 끊어져 버리니 기이함을 찾는 보살56)과 이치에 계합하는 진인57)이 아니면 어찌 한 번에 퇴락한 풍속을 바로잡아 다시 법륜58)을 굴리겠는가! 반드시 진리의 세계로 건너가고 고요한 곳에 마음을 두어 때때로 가끔 나오는 그런 사람이 대대로 있을 것이다.

대사의 법휘는 현휘이고 속성은 이씨이다. 그 선조는 주(周)대에 덕을 감추어 주사59) 벼슬을 하고 영화를 피하였다. 고현60)의 땅은

---

52) 讓 : 南岳懷讓(677~744). 金州(山東省) 安康人, 속성은 杜氏. 15세에 荊州(湖北省) 玉泉寺의 弘景律師에게 출가하여 律藏을 배웠다. 曹溪로 六祖 慧能을 찾아가 15년 동안 모시고, 그의 법을 이었다. 唐 先天 2년 (713) 南岳 般若寺에 들어가 30년 동안 있으면서 禪風을 선양하였다. 開元(713~741) 중에 馬祖道一이 법을 이었다. 靑原行思와 함께 혜능의 2대 제자가 되었는데, 후일 그의 法門은 중국 선종의 주류를 이루었다. 시호는 大慧禪師.

53) 思 : 靑原行思(?~740). 吉州(江西省) 安城人, 속성은 劉氏. 어려서 출가하여 六祖 慧能의 법을 이었다. 南嶽懷讓과 함께 혜능의 2대 제자로 칭해짐. 후에 吉州(江西省)의 靑原山 靜居寺에 있으면서 종풍을 크게 떨쳤다. 그의 遠孫으로 雲門宗·曹洞宗·法眼宗의 3계통이 출현하였다. 시호는 弘濟禪者.

54) 像末 : 佛法의 三期인 正法·像法·末法 가운데 상법과 말법.

55) 澆訛 : 경박하고 誠心이 없음.

56) 上士 : 보살의 異名.

57) 眞人 : 진리를 깨달은 이.

58) 法輪 : 범어 Dharma-cakra의 의역. 부처의 가르침을 轉輪聖王이 가지고 있는 輪寶에 비유한 말. 부처가 설법하는 것을 轉法輪이라고 한다. 중생의 번뇌를 잘 쳐부수고, 一人一所에 그치지 않으며 차례 차례로 교화하기 때문이다.

신령스러워서 용과 같은 성인이 있음을 알았고, 추향61)의 하늘은
보배로워 옛날에 봉황 같은 임금이 나오지 않는다는 탄식62)을 들었
다. 그러므로 노사구(공자)63)가 아니었으면 노자를 알 수 없었다는
것을 말하는 것이다. 먼 조상은 과거에 성당(聖唐)으로부터 멀리 요
동을 정벌할 때 종군하여 이 곳에 도착하였었는데 고역(苦役)으로
돌아갈 것을 잊고 지금의 전주 남원 사람이 되었다. 아버지의 휘는
덕순(德順)인데 특히 『노자 老子』와 『주역 周易』에 밝았으며 우아
하게 거문고와 시를 좋아했다. 당시는 하얀 작은 말이 골짜기에 숨
고64) 또 우는 학이 그늘진 곳에 머무는 것65)과 같이 어두운 시절이
었으므로 은거하는 바를 높이 숭상하여 본디 벼슬하려는 마음이 없
었다. 어머니는 부씨(傅氏)인데 잠이 들락 말락할 때 잠깐 동안 꿈
을 꾸었는데, 어머니의 보시는 구마라타66)의 상서로움을 입증하였

---

59) 柱史 : 서적을 맡은 벼슬로 老子를 가리킴. 노자가 젊었을 때 이 벼슬을
   지낸 적이 있기 때문이다.
60) 苦縣 : 楚의 고을 명, 노자의 고향
61) 鄒鄉 : 맹자의 고향.
62) 歎鳳之君 : 훌륭한 王者가 출현하지 않아 세상이 어지러워짐을 탄식하
   는 말(『論語』子罕篇).
63) 魯司寇 : 형벌과 경찰을 맡은 벼슬로 孔子를 가리킴. 공자가 젊었을 때
   이 벼슬을 지낸 적이 있기 때문이다.
64) 白駒棲谷 : 白駒空谷과 같은 말. 백구는 흰빛 털을 가진 작은 말이고 서
   곡이란 쓸쓸한 空谷에서 놀고 있다는 뜻이니, 才質을 인정받아 조정의
   부름을 받았으나 나아가지 않고 野에 묻혀 있음을 비유함(『詩經』小雅,
   "皎皎白駒 在彼空谷").
65) 鳴鶴在陰 : 음지에 있는 학이 울면 양지에 있는 새끼까지 따라서 우는
   것과 같이 군자가 자기 집 은밀한 골방에서 한 말이 멀리 천리 밖에 있
   는 사람의 귀에까지 들린다는 말(『易經』十翼, "鳴鶴在陰 其子和之 我
   有好爵 吾與爾靡之 子曰 君子居其室 出其言 善 則千里之外應之 況其
   邇者乎").
66) 鳩摩羅馱 : 범어 Kumarālabdha. 鳩摩羅多·究摩羅陀 등으로 음역함.

고 어머니67)의 인연은 학륵야나68)의 서기를 나타내었다. 죽은 어진
이도 일찍이 이러하니 우리도 그와 같다. 하물며 또 잉태하기를 13
개월 하여 낳기는 원정(元正) 진시69)였으니 건부70) 6년(879, 憲康
王 5) 정월 초하루71)에 탄생하였다.

대사는 태어나면서부터 성스러운 자태가 있었으며, 어려서는 아
이 같은 장난이 없었다. 다님에 오직 합장하였고 앉아서는 가부좌
하였다. 흙담에 그림을 그리고 모래를 쌓아 올릴 때도 반드시 불상
과 불탑을 흉내냈고, 밥을 나누어 주고 물을 나누어 반드시 벌레와
고기에게도 주었다. 그런즉 소 발자국에 물이 조금 괸 웅덩이72)를
바라보고는 오학73)에 노닐기를 바라며 몰래 속세를 하직하고 실제
로 출가하고자 하였다. 부모에게 아뢰니 뜻이 간절하고 또한 정성

西天 28祖 중 第19祖이다. 『日出論』·『結髮論』·『喩鬘論』·『痴鬘論』
·『顯了論』등 수십 부 혹은 5백 부의 저서가 있다고 하나 중국에는 전
하지 않는다. 현존하는 鳩摩羅馱의 전기에는 法鏡大師 玄暉가 태어날
때 어머니의 태몽에 나타났던 사실과 같은 내용이 전하지 않고 있다.

67) 聖善 : 어머니에 대한 美稱(『詩經』邶風 凱風, "凱風自南 吹彼棘薪 母
氏聖善 我無令人").

68) 鶴勒夜那 : 鶴勒夜那, 鶴勒那. 범어 Haklena. 西天 28祖 중 제23조. 月
氏國 사람. 부모가 늦게까지 아들이 없어 七佛 前에 기도를 하던 중, 어
머니의 꿈에 須彌山頂에 있다는 한 神童이 금가락지(金環)를 가지고 와
서 "이것은 제가 가지고 온 것이니 받아 주십시오"라는 태몽을 꾸고 잉
태하여 스님을 낳았다고 한다.

69) 伍時 : 진시.

70) 乾符 : 唐 僖宗의 연호(874~879).

71) 孟陬 : 陰曆 正月.

72) 牛涔 : 牛蹄之涔 無尺之鯉. 소 발굽 자국 괸 물에 한 자 되는 잉어가 없다
는 뜻으로 협소한 곳에 큰 인물이 머물지 않는다는 말(『淮南子』俶眞訓).

73) 鰲壑 : 鰲山 아래의 골짜기. 오산은 전설상 큰 자라의 등에 얹혀 있다고
하는 바다 속의 산. 渤海의 동쪽에 있으며 神仙이 산다고 함(『列子』湯問).

스러웠다. 부모가 말하기를, "지금 전날에 꾼 꿈을 생각하니 완연히 똑같아 비로소 과거의 인연을 깨달아 오히려 합계한 것 같다. 너는 전불(前佛)이 제도한 바이며 너도 역시 제도하여야 하므로 임의대로 동서로 가서 빨리 부처의 경지에 올라라. 도사(導師)와 자부(慈父)가 바로 그런 사람일 것이다."라고 하였다.

그러므로 영원히 속세를 떠나서 산을 찾고 봉우리를 넘었다. 동쪽으로 가 영각산사(靈覺山寺)74)에 몸을 던져 심광대사(深光大師)75)를 배알하니 만남76)은 새로웠으나 혼연히 스스로 만족하였다. (심광대사가) 동산의 법77)을 미루어 생각하매 실로 사람을 얻었다 하여 기뻐함이 배로 더하니 어찌 낮밤을 알 수 있겠는가! 우리 도를 떨치는 것은 다른 사람에게 있지 않다고 하였다. 이 때문에 조종(祖宗)을 우러러보니 (심광대사는) 바로 숭엄78)의 아들이요, 선대의 계

---

74) 靈覺山寺 : 지금의 충북 영동군 남쪽에 있음.

75) 深光大師 : 朗慧和尙 無染의 제자 心光과 동일 인물(최병헌, 1972, 「신라하대 선종구산파의 성립」『한국사연구』 7, p.105). 「聖住寺郞慧和尙白月葆光塔碑」, "門弟子 名可名者 菫二千人 索居而稱坐道場者……曰心光" ; 「菩提寺大鏡大師玄機塔碑」, "至於靈覺山中 虔謁深光和尙". 심광의 법맥은 馬祖道一 - 麻谷寶徹 - 無染 - 心光 - 玄暉 · 麗嚴.

76) 傾盖 : 길 가다가 만나 서로 서서 이야기 함.

77) 東山之法 : 東山之旨, 東山法門. 四祖道信 이후의 禪法을 말하지만, 엄밀히 말하면 그 제자 五祖弘忍의 그것을 가리킨다. 道信이 입적한 후 홍인이 湖北省 蘄州 東山(일명 黃梅山)으로 자리를 옮겨 선법을 널리 전파했기 때문에 이런 이름이 생겼다. 후일 홍인의 제자인 神秀가 則天武后(624~705)의 부름을 받고 입궐했을 때, "그대가 전하는 법은 누구의 종지인가"라는 물음을 받고, "기주의 동산법문을 전수받았으며, 『文殊說般若經』의 一行三昧에 의거하고 있습니다"라고 대답한 것에서 '동산법문'이라는 이름이 천하에 알려졌다고 한다(柳田聖山 著, 안영길 · 추만호 譯, 1989, 『禪의 思想과 歷史』, 民族社, pp.176~177). 弘忍下에서 慧能과 神秀 두 제자가 배출되어 선풍을 크게 떨쳤으므로 禪宗을 일컬어 東山之旨라고도 한다.

통을 알고 보니 또한 마곡79)의 손자가 되었다. 충분히 성스러운 도
가 전해지는 바를 보니 조계(曹溪)80)를 종조로 하여 대대로 서로
계합하여 대사에 이르렀다. 이 때문에 강서81)로부터 와서 우리 나
라에 파급되었으니 바닷가 성주산82)은 천하에 비길 바가 없었다.
이에 진리 찾기를 허락하니 정성껏 불교를 배우는데, 절을 나가지
않고 항상 초당에 머물렀다. 대사는 실로 우리 마음을 수고로이 하
고 말은 입에 용납하지 않으니, 후생이 가히 두렵다 할 만하며 그
덕은 더욱 새로웠다. 스스로 오래 전에 심은 좋은 싹과 태어나면서
부터 아는 신령스러운 성품이 아니었다면 그 누가 여기에 이를 수
있겠는가!

---

78) 崇嚴 : 嵩嚴山. 忠南 藍浦의 聖住山. 崇嚴寺·聖住寺가 있다. 여기서는
朗慧和尙 無染을 가리킴.
79) 麻谷 : 麻谷寶徹(?~?). 南岳下 唐代 禪僧. 本貫·俗姓 不詳. 출가 후
馬祖道一에게 배우고 그의 법을 이음. 山西省 蒲州 麻谷山에서 머물면
서 禪風을 고취함.
80) 曹溪 : 廣東省 曲江縣 東南에 있는 시내. 六祖 慧能이 이 곳에 머물러
크게 禪法을 일으킴. 따라서 조계라 하면 흔히 육조혜능(638~713)을 지
칭함. 주 51) 참조.
81) 江西 : 馬祖道一(709~788). 중국 선종 洪州宗의 宗祖. 四川省 漢州 什
邡人, 속성은 馬氏. 일찍이 九流六學을 배웠고 州의 羅漢寺에 투탁하고
四川省 資州 處寂에게 출가하였으며 渝州의 圓律師에게 具足戒를 받았
다. 714년 南嶽懷讓을 찾아가 '南嶽磨磚'의 말에 心印을 얻었다. 福建
省 建陽 佛跡巖에서 開法하고 江西省 撫州 西裏山, 虔州 龔公山에 두
루 머물렀으며, 769년 江西省 洪州 開元寺에서 크게 종풍을 떨쳤기에
세상 사람들이 그 무리를 洪州宗이라 불렀다. 제자로는 百丈懷海·西堂
智藏·南泉普願·塩官齊安·大梅法常 등 130여 인이 있다. 南嶽下의
종풍은 실로 道一에 이르러 천하에 크게 떨치게 되었다.『馬祖道一禪師
語錄』(1권)이 전한다. 그의 禪風은 '平常心是道', '卽心是佛'을 표방하고
經典이나 觀心에 의지하지 않는 大機大用의 禪이었다. 세상에서는 江西
馬祖라고도 부른다. 시호는 大寂禪師.
82) 聖住 : 충남 성주산.

건녕[83] 5년(898, 효공왕 2)에 가야산사[84]에서 구족계[85]를 받았다. 그 후 계의 구슬[86]이 더욱 청정해지고 기름바리때[87]가 더욱 굳어져, 여래[88]의 선을 닦아 마음은 움직이지 않고 문수[89]의 지혜에 계합하여 경계를 비추어도 행함이 없었다. 삼장[90]의 글을 부연함에 지해(知解)와 수행(修行)[91]이 상응하고, 사분률[92]을 엶에 부지런함

---

83) 乾寧五年 : 乾寧은 唐 昭宗의 연호(894~898), 乾寧五年은 光化 1년에 해당.

84) 伽耶山寺 : 충남 가야산사.

85) 具 : 具足戒. 모든 계율이 완전히 구비되었다고 하여 구족계라 하며, 이를 잘 지키면 열반의 경지에 다다를 수 있다고 한다. 具戒라 약칭하고 大戒・比丘戒・比丘尼戒라고도 한다. 梵語는 Upasampanna로 鄔波三鉢那라 음역하고 近圓이라 번역하니, 열반에 친근하다는 뜻이다. 비구・비구니가 지켜야 할 戒法으로 비구는 250戒, 비구니는 348戒가 있는데, 이 戒를 받으려면 沙彌戒를 받은 지 3년이 지난 이로 몸이 튼튼하고 모든 죄과가 없으며, 나이는 만 20세 이상이며 70세 미만인 사람이어야 한다.

86) 戒珠 : 계율은 깨끗하여 몸과 마음을 장엄하는 까닭에 珠玉에 비유함.

87) 油盎 : 油鉢無傾과 같은 말로 威儀가 安詳하고 점잖다는 뜻을 지니고 있다. 기름을 가득히 담은 바리때를 문 뒤에 달아 놓고 문을 열어도 기름이 한 방울도 떨어지지 않았다는 데서 온 말이다(『付法藏因緣傳』卷3).

88) 善逝 : 여래 10호(여래, 응공, 정변지, 면행족, 선서, 세간해, 무상사조어장부, 천인사, 불, 세존) 중 하나.

89) 文殊 : 석가모니불의 보처로서 왼쪽에 있으며 지혜를 맡은 대승보살.

90) 三藏 : 佛陀의 說法을 결집한 經藏, 僧俗의 계율과 威儀를 결집한 律藏, 敎理의 論釋을 모은 論藏으로 佛典의 총칭이다.

91) 解行 : 知解와 修行을 아울러 일컫는 말이다. 불교의 인식적 부분, 곧 수행하는 사람이 智力에 의하여 이론 교의를 了解하는 것을 해 또는 해문이라 한다. 실천적 부분, 곧 요해한 것을 몸소 실천에 옮기는 것을 행 또는 행문이라 한다. 이들은 수행하는 이가 반드시 갖추어야 할 것이므로 옛부터 해를 눈에, 행을 발에 비유한다. 바른 길을 걸어가려면 눈과 발이 서로 떨어지지 않고 반드시 함께하여야 하므로 知目과 行足이라 한다.

92) 四分之律 : 五部律 중의 하나니, 四分은 다음과 같다. 즉 제1분은 비구의 250계와 비구니의 348계에 따른 緣起 및 戒相을 설한 부분, 제2분은 受戒犍度 및 說戒犍度, 제3분은 安居犍度 및 法制犍度, 제4분은 房舍犍

과 닦음을 같이하였다. 이 때문에 가르침을 물으면 읊기를 절묘히
하였고 말을 하면 도를 높였으며, 입은 세속을 말하지 않았고 몸은
진실을 싸고 있음과 같았다. 그런즉 이치를 궁구함에는 세 가지가
있으나 원리를 체득함은 하나를 머금었으니, 반드시 능히 태평한
세상93)에 인(仁)을 일으켜 커다란 위험에서 중생을 건져 주었다.

이 때가 비록 성스러운 운세는 삼천이었으나 어려운 시기는 백육
(百六)94)이었다. 화성이 땅을 비추고, 금호(金虎)95)가 사방을 맡아
전란이 있게 되었다. 이 무렵에 풍문에 남쪽에 무주96)란 곳이 있는
데, 이 가운데 안전한 곳이 있어 능히 난을 피할 수 있고 남은 여생
을 닦고 보호할 수 있다고 하였다. 그러므로 대사가 같이 있던 승려
10여 인과 함께 망망하게 길을 떠나 그 곳에 이르렀는데 과연 많은

度에서 毗尼增一犍度까지이다. 犍度란 동일한 종류의 법을 모아서 한
몫씩 묶어 놓은 것을 말한다.

93) 壽域 : 壽塚. 태평한 세상.

94) 百六 : 『高麗史』高麗世系, "閔漬編年 太祖年十七 道詵復至 請見曰 足
下應百六之運 生於天府 名墟三季 蒼生待君弘濟". 음양가가 數理에서
따진 말로 4617歲를 一元으로 보고 初元의 106歲에 陽九가 있다. 즉 106
歲 중에 災歲가 9번 있는데, 그 수가 가장 많으므로 厄會라고 한다. 9厄
은 陽厄五, 陰厄四로 陽은 旱災, 陰은 水災이다. 또 陰九, 陽九, 陰七,
陽七, 陰五, 陽五, 陰三, 陽三이 있다. 그러므로 一元 중 常歲에는 4,560
歲, 災歲는 57歲, 합 4,617歲가 一元이 된다고 한다. 百六之運은 災厄의
歲, 또는 亂世를 뜻하는 말이다(『譯註 高麗史』1, 太學社, p.13의 註 7).

95) 金虎 : 金星과 昴星으로, 이 두 별이 접근한 때에는 전란이 있었다고 해
석함.

96) 武州 : 통일신라시대 지방 행정구역인 9州 중 하나. 백제가 멸망한 뒤에
는 唐이 한때 이 곳에 軍政을 실시했는데, 신라가 빼앗아 영유하다가
686년(신문왕 6) 武珍州를 처음 설치하였다. 757년(경덕왕 16) 12월 9주
의 이름을 고칠 때 무주가 되었으나, 무진주의 이름도 계속 사용되었다.
757년 개편 당시 무진주는 14개 군과 44현을 관장하였으며, 주에 직접
속하는 현은 셋이었다. 주의 치소는 현재의 光州.

백성들이 모여 편안하게 살고 있었다. 그런데 가만히 듣건대 남해 (南海)에 [절]97)이 많이 있어 실로 머물 만한 곳이라 하여 오래지 않아 그 곳에 가면서 '어찌 머물러 지체하리요?'라고 하였다. 거처한 지 얼마 안 되어 갑자기 도적떼98)를 만났는데 (도적들이) 현실(玄 室)에 몰래 침입하여 곧 옷을 벗기고 동료들을 모두 죽이고 마침내 차례가 대사에게 이르렀다. 대사는 날카로운 칼에 임해서도 정신과 얼굴빛이 태연하였고, 뜻을 청운에 두어 눈빛은 빛났으며 두려운 빛도 없이 얼굴은 태연하였다.

(도적의) 괴수가 그 풍도가 태평하며 목소리가 나직한 것을 듣고 칼을 버리고 함께 절하며 스승으로 섬기기를 청하였다. 승냥이와 이리99) 같은 도적들이 마음을 바꾸고 노략질하던 도적들이 예(禮) 를 알기에 이르렀으니, 비유하자면 마치 현장 삼장이 서역의 희생 이 되려던 데서 벗어났고,100) 혜충대사가 남양에서 화를 입을 것을 면한 것101)과 같다. 무릇 옛 성인이 난을 만난 것이 그와 같았고 우

---

97) 招[提] : 절, 사원.

98) 綠林 : 중국 호북성에 있는 산 이름. 前漢末 王莽 등이 이 산을 근거로 난을 일으킨 후, 전하여 도적의 별칭이 됨.

99) 豺狼 : 승냥이와 이리. 잔인하고 무정한 자를 비유함.

100) 玄奘三藏 抛西域之爲牲 : 현장(602~664)은 중국 당대의 고승으로 불전 번역사상 새 시기를 기록한 新譯의 대가이다. 河南省 洛陽 출신. 13세에 출가하여『涅槃經』·『俱舍論』·『成實論』등을 배우다, 29세에 혼자 서 역으로 떠나 전 인도를 유력하고 돌아와『大般若經』등 무려 75부 1,335 권을 번역하였다. 그 자신은 護法系唯識에 따랐는데, 그 제자 窺基는 『成唯識論』을 주석하여 法相宗의 개조가 되었고, 神光·普光 등에 의해 서 俱舍學派가 생겼다. 현장이 서역의 희생을 중지시켰다는 말은 求法 할 때에 인도의 어느 국경에서 혼자 지나면 사형에 처해지는 법을 범하 여 죽게 되었는데 태연자약하여 그들을 교화시킨 사실을 말함(『大唐故 三藏玄奘法師行狀』).

101) 慧忠大師 免南陽之遇禍 : 혜충(?~775)은 당나라 때 승려로 속성은 冉

리 대사가 사람을 교화한 것도 이와 같았으니, 넓은 지역이 한결같
은 풍속이요,102) 그 돌아가는 것도 한 가지 법도인 것이다.

대사는 그 후 '종신토록 이 곳에 머문다면 반드시 앞길이 지체될
것이다'라고 하시고 천우103) 3년(906, 효공왕 10) 홀로 연해를 걷다
가 얼마 후 배를 타는 자를 만나 같이 서쪽으로 가기를 청하였다.
이에 의탁하여 바다를 건너 저편 언덕에 도달하여 이리저리 서쪽으
로 올라가는데 가는 길은 더디었다. 동양군(東陽郡)104)으로 길을
나와 팽택현(彭澤縣)105)을 지나 구봉산(九峯山) 아래에 이르러 삼
가 도건(道乾)대사106)를 뵈었다. 대사가 넓은 정원에서 자리를 바라
보고 무릎을 꿇어 절하기를107) 반쯤 하였는데, 도건대사가 묻기를

"사리108)의 머리는 희구나."

氏, 이름은 彗忠, 호는 南陽이다. 六祖 慧能의 인가를 받고 오령산 등 여
러 명산을 다니다가, 남양 백애산 당자곡에 들어가 40여 년 동안을 지냈
다. 항상 南岳慧思의 종풍을 사모하였다고 한다. 시호는 大證禪師이다.
혜충이 남양에서 화를 만날 것을 면했다는 것은 그가 남양으로 가다가
賊境에 빠졌을 때 同行이 빨리 피하고자 하였으나 듣지 않았는데, 마침
내 도적이 칼을 목에 들이댔으나 오히려 태연자약하여 그들을 교화시킨
사실을 말함(『宋高僧傳』 卷9, 慧忠傳).
102) 萬里同風 : 천하를 통일하여 만리 먼 곳까지 풍속을 같이하는 것이다
(『漢書』 終軍傳, "今天下爲一 萬里同風";『魏志』 鐘會傳, "萬里同風
九州共貫").
103) 天祐 : 唐 哀帝의 연호(904~907).
104) 東陽 : 중국 동양군.
105) 彭澤 : 중국 강소성에 있는 縣.
106) 道乾大師 : 九峯道虔. 唐末五代 사람. 中國 禪宗 靑原系 石霜慶諸의
제자. 筠州(江西省) 九峰山에 머무르고 澋潭(강서성) 寶峰禪院으로 옮
겼다. 機緣의 語句가 많다. 시호는 大覺禪師이다.
107) 膜拜 : 땅에 무릎을 꿇고 손을 들어 절함.
108) 闍梨 : 阿闍梨. 師範되는 승려.

"현휘의 눈은 사리를 알지 못합니다."

"자기를 물건이라 여기고 모른다고 하지 말라."

"저의 머리는 희지 않습니다."

"너와 이별한 것을 더듬어 생각해 보니 조금도 오래지 않았는데, 어찌 이 가운데 다시 서로 만나리라 기대했겠는가?"

하였다. 기쁜 것은 당에 올라 심오함을 보고 입실[109]하여 참선한 것이었다. 겨우 열흘을 머물렀는데 마음의 요체를 비밀히 부촉받고 현계를 받았으니 마치 덕병[110]을 쏟은 것과 같았다. 치우치지 않고[111] 곧은[112] 마음을 갖추고 오르내리고 주선하는 절도를 얻어 의(義)에 대해서는 의(義) 아닌 듯이 했고 사람에 대해서는 악인[113]처럼 행동했다.

　삼가 생각건대 세간과 출세간이 모두 불성으로 돌아오고 본체는 차별이 없어 모두 일승[114]에서 만나게 된다. 그 때문에 한 번 송문에 의탁하고 10년[115]이 지났다. 홀로 물병과 지팡이[116]를 들고 사방

---

109) 入室 : ① 開室이라고도 한다. 師匠의 거실에 들어가서 친히 法門을 받아 잇는 것 ② 禪宗에서 제자가 師家의 방에 들어가서 道를 묻는 것.
110) 德缾 : 德瓶, 賢瓶, 天瓶, 吉祥瓶. 마음으로 하고자 하는 물건을 내는 보배병.
111) 中和 : 過와 不及이 없는 바른 性情. 中正의 道. 치우치지 아니함.
112) 易直 : 간편함, 간이함(『禮記』樂記, "致樂以治心 則易直子諒之心 油然生矣").
113) 半人 : 惡人을 지칭함(『涅槃經』, "譬如世間爲惡者 名爲半人 修善者 命爲滿人").
114) 一乘 : 불교의 참다운 가르침은 오직 하나로 그 가르침에 의해서 모든 이가 고루 불타가 된다 하는 敎說이다. 특히 天台宗과 華嚴宗에서 이를 종지로 한다. 乘이라는 것은 타는 물건이라는 뜻인데, 곧 깨달음에 나아가게 하는 가르침을 말한다.
115) 槐律 : 槐는 槐秋로 음력 7월인데, 1년에 한 번밖에 없으므로 1년을 뜻

먼 곳까지 찾아 경계가 그윽한 곳은 가서 노닐고 산이 빼어난 곳은
가서 머물렀다. 그러므로 하늘에서는 기이한 것을 우러르고 땅에서
는 풍속을 보았으니, 대유령(大庾嶺)117) 밖에서 우산을 지고 삼가
조사의 탑118)에 예배하고 호남에서 책상자를 짊어지고119) 멀리 선
백의 거처에 몸을 던졌다. 그 후에 다시 북쪽으로는 유주, 연주에까
지 갔고, 서쪽으로는 공 땅과 촉 땅에 이르렀는데 혹 여러 도에서
길을 빌리기도 하고 혹 여러 성에서 길을 빌리기도 했다.

이 때 마침 사명(四明)에 도달하여 홀연히 세 마리의 새를 만났
는데, 오직 말로 전하는 소식을 받으니 동방으로부터 도달한 것이
었다. 가만히 듣건대 본국에서 기산의 안개가 걷히고 점해의 파도
가 그치니 모두 외난을 해소하고 다시 중흥에 이르게 되었다는 것
이다.
이에 동광120) 2년(924, 태조 7)에 구국(舊國)으로 귀국하였다. 나

한다. 또 律은 12音階로 역시 1년 12개월을 가리킨다. 律曆(律歷, 曆法)
은 1년 12개월의 陰陽季節에 관한 법칙이며, 『漢書』·『後漢書』·『晉書』
·『隋書』·『宋史』 등에는 律曆志가 있어 樂律과 曆法의 因革을 다루고
있다.
116) 缾錫 : 瓶(缾과 仝字)이란 손을 씻는 淨瓶과 水桶으로 사용하는 瓶이
있다. 이것은 錫杖과 三衣와 함께 비구가 행각할 때에 반드시 지참해야
하는 소지품이다.
117) 嶺 : 大庾嶺. 중국 南安府(江西省) 大庾縣의 남쪽에 있다. 강서와 廣東
의 두 성에 걸쳐 있는 산으로, 옛날에는 이 산의 남쪽을 嶺南, 북쪽을 嶺
北이라 하였다. 산 위에 매화가 많아 梅嶺이라고 불리고 별도로 台嶺이
라고도 한다. 六祖 慧能이 慧明을 상견한 곳으로 알려져 있다.
118) 祖師之塔 : 육조혜능의 탑. 혜능이 입적하자 탑이 廣東省 新州와 韶州
및 廣州에 각각 세워지고 유해는 소주 曹溪에 세운 탑에 봉안되었다. 이
곳이 寶林寺(일명 南華寺)이다.
119) 負笈 : 책상자를 짊어짐. 곧 유학함을 말함. 負笈從師와 같은 말.
120) 同光 : 後唐 莊宗의 연호(923~925).

라 사람들이 서로 기뻐하여 환영하는 소리가 하늘에 울릴 정도였으니, 교지의 구슬이 돌아온 것이요,121) 조나라의 옥이 돌아왔다122)고 이를 만하다. 우담화가 한 번 나타나고123) 마륵124)이 거듭 빛나는 것을 알겠다.

임금(고려 태조 왕건)이 특별히 사신을 보내어 교외에서 맞아들이니 총애하는 영광의 융성함이 당시로서는 가장 뛰어났다. 다음날에 궁궐에 들게 하고 직접 세 계단을 내려와 경건한 마음으로 찬앙하고 국사125)로 대우하였다. 대사는 안개를 헤치듯 설법할 때126) 빈번히 주미127)를 흔들었고, 임금이 이에 풍채를 바라보고 있을 때 용안은 매우 기뻐하였다. 그러므로 대사가 말하는 것은 바람이 흐르는 것 같았고, 말의 샘은 경계를 끊어 걸림이 없어, 얻지 못할 바를

---

121) 交趾珠還 : 合浦珠還. 잃었던 물건을 다시 얻었다는 비유이다(『後漢書』 循吏 孟嘗傳). 交趾는 漢 때의 郡名(越南 北部)이다.

122) 趙邦璧返 : 完璧而還. 楚나라 和氏가 발견한 寶玉이 이후 趙나라 惠王의 소유가 되었는데, 이를 욕심낸 秦나라 昭王이 15城과 교환 조건으로 손에 넣고 그 대가로 성은 주려 하지 않자, 조나라 사신인 藺相如가 기지를 발휘하여 보옥을 다시 조나라로 돌아오게 했다고 한다(『史記』 列傳21, 藺相如傳).

123) 優曇一現 : 優曇은 優曇跋羅華로 범어 Udumbara의 음역. 3천년에 한 번 꽃이 핀다는 식물로, 꽃이 피면 轉輪王이 나온다고 함. 轉하여 극히 희귀한 일의 비유로 쓰임.

124) 摩勒 : 가장 아름다운 金.

125) 國師 : 신라 및 고려시대에 있었던 승려의 최고 명예직.

126) 披霧之時 : 披雲之際(「菩提寺大鏡大師玄機塔碑」)와 같은 의미. 청법하는 대중의 마음에 덮인 無明의 雲霧를 헤쳐 준다는 뜻이니, 설법하는 때를 가리킴.

127) 塵尾 : 가늘고 긴 판이나 상아 등에 털을 붙인 團扇形으로 說法하거나, 經을 강의할 때 사용하는 기구. 처음에는 塵拂·蠅拂 등의 목적으로 사용했는데, 뒤에는 拂子의 경우처럼 威容을 정비하는 데 사용하였다. 중국에서는 위진시대 청담가들이 담론할 때에 손에 들고 쓴 것을 효시로 하여, 그 뒤 승려 사이에서 널리 행하게 됐다.

얻고, 현묘하고 또 현묘하였다. 문득 현묘한 말씀을 듣고 있으면 번
뇌에 시달리는128) 마음이 모두 제거되고 인하여 우아한 모양을 받
들면 마침내 마음 공부129)의 규범을 품게 되었다. 그런즉 대사는 임
금께, "모든 인연은 무(無)를 체(體)로 하며 여러 법은 하나로 돌아
가는 것입니다. 마치 영약과 독초가 숲속에 같이 있고 단물과 진흙
물이 함께 샘밑에서 나옴과 같은 것이니 능히 분별하여 미혹됨이
없도록 하십시오."라고 하였다.

　임금은 부처를 섬기듯이 정성스러웠고, 깊이 친근한 곳을 구하여
이에 중주(中州)130)의 정토사를 들어 머물도록 청하였다. 대사는 이
로부터 넓고 큰 바다를 건너자마자 늘 그윽하고 깊은 골짜기를 생
각하였는데 '이를 버리고 어디로 가면 내가 원하는 곳이리오'라고
하였다. 이에 곧 산에 갈 행장을 꾸려서 한주와 광주를 넘고 유유히
고개를 넘어 가서 머무니, 경지(境地)는 두루 아름답고 산천(山泉)
또한 매우 아름다웠다. 당주(當州 : 충주를 말함)에서 풍문을 듣고
기뻐하여 이르는 자가 매우 많았다. 대사가 잠시 수레를 멈추고 얼
마 후 선탑131)을 펴니 사방에서 오는 자가 모두 작은 집을 가득 채
우고 늘어선 모양이 벼와 삼 같았는데132) 대사는 가르치기를 게을
리하지 않았다133). 그러므로 처음에는 어려웠으나 뒤에는 얻게 되
어 안개같이 모이고 구름처럼 돌아갔다. 대사는 배우고자 하는 무

---

128) 煩襟 : 煩懷. 번거로운 俗事 때문에 시달리는 마음.
129) 瑩慮 : 쇠붙이를 갈아 광택이 나게 하는 연장으로 생각을 닦음. 비유해
　　서 마음 공부.
130) 中州 : 충청도 충주.
131) 禪榻 : 좌선하는 데 쓰는 걸상.
132) 森若稻麻 : 촘촘히 들어선 모양이 마치 논에 서 있는 벼 줄기와 삼밭에
　　서 있는 삼대와 같이 많다는 뜻이다.
133) 誨之不倦 : '誨人不倦'. 남을 가르치기를 게을리하지 않는다(『論語』述而
　　篇, "子曰 若聖與人 則吾豈敢 抑爲之不厭 誨人不倦 則可謂云爾已矣").

리들을 이끌어 종지를 부연하여 진술하였는데 이치는 묘하고 말은 간략하며 요점은 깊고 뜻은 정밀하여 6바라밀[134]을 실천하는 거북 이나 기린 같은 영물이요, 사람과 하늘[135] 가운데 바다와 큰 산처럼 높고 깊었다.

이에 좌승[136] 유권열[137]이라는 사람이 있었는데 은나라의 부 열[138]과 같은 무리였다. 나라에는 충신이며 재가의 제자로 공자[139] 를 찬양함에 안회[140]의 무리와 같고자 하였고, 석가를 믿음[141]에는 반드시 아난[142]의 무리와 나란히 하려고 하였다. 특별히 선경(禪境) 에 나아가 대사를 공경히 예로써 대할 때에는 곧 자리를 피하는[143]

---

134) 六度 : 六波羅蜜. 彼岸에 도달하기 위하여 행해지는 6가지 필수 수행법 이니, 곧 布施・持戒・忍辱・精進・禪定・智慧이다.

135) 人天 : 六趣에서 인간계와 천상계의 중생을 말함. 육취란 중생이 업에 의해 윤회하는 6종의 세계이다.

136) 佐丞 : 고려 초기의 官階名. 16등급 중 제6위이며, 3품에 해당한다.

137) 劉權說 : 생몰년 미상. 고려 태조 때의 문신. 918년(태조 1) 具鎭이 羅州 道大行臺侍中에 임명되었으나 부임하려 하지 않자, 유권열은 侍郎의 위 치에서 "상으로써 善을 권장하고 벌로써 惡을 징계해야 하니, 마땅히 엄 한 형벌을 가해 여러 신하를 경계하소서"라고 간언하여 그를 부임하도록 하였다. 922년 溟州將軍 王順式이 복속하지 않아 왕이 근심하자, "순식 의 父 許越이 승려가 되어 內院에 있으니 그를 보내 타이르도록 하소서" 라고 진언하여 왕순식을 귀부하도록 하였다.

138) 傅說 : 은나라 고종 때의 어진 재상. 고종이 어느 날 꿈에 본 人相을 그 리게 하여 이를 찾았던 바 마침내 傅巖의 들에서 부열을 찾았다 함.

139) 尼父 : 공자의 존칭.

140) 顔氏 : 顔回(B.C. 521~B.C. 490). 자는 子淵. 공자의 十哲 중 으뜸으로 亞聖이라 일컬어짐. 공자의 80제자 중 가장 학문을 좋아하고 安貧樂道 하며 덕행으로 이름이 높았음.

141) 服膺 : 잘 지켜 잠시도 잊지 아니함

142) 阿難 : 범어는 Ānanda이고 阿難陀라 音譯하기도 함. 부처님의 제자로 多聞第一이다.

143) 避席 : 앉은 자리에서 일어나는 것이다. 즉 높은 분에게 경의를 표하거

예를 보였고 깊이 옷을 걷어올리는144) 정성을 펼쳤다. 그 후 천하145)의 어진 이들은 인(仁)을 구하여 모였고, 중원의 선비들은 덕을 사모하여 무리를 이루었다. 몸가짐146)을 공경히 하여 받드는 자들은 흰 연꽃이 눈앞에서 피어 있는 듯하였고, 말씀을 공경히 듣는 자들은 감로가 마음의 근원에 내리는 듯 여겼다. 그런즉 주승(主僧)147)의 제자인 천군(天君) 법형148)이 '선림에서 무리를 거느리고 道[□]에 천자의 집을 열었으며, 보리수149)에 높이 거하면서 어지러운 말세150)에 법왕151)의 교화를 편 사람이다'라고 한 것이라고 이를 만하다.

　그런데 또한 상법(上法)을 아는 것은 쉽지만 상법을 행하는 것은 어려우며, 상법을 닦는 것은 쉬우나 상법을 증험하는 것은 어렵다. 누가 묻기를

　"온갖 행함이 모두 공하거늘 무슨 까닭에 수행하라고 합니까?"
　"본래 괴로움과 즐거움은 없는 것인데 망령된 습관이 원인이 된 것이다. 중생들의 망령됨이 제거되면 나의 괴로움이 따라서 다할 것이니 다시 어느 곳에서 보리를 찾는가?"

　나 말씀을 드릴 때 앉은 자리에서 일어나 옆이나 앞으로 옮겨서 여쭙는 것을 말한다(『孝經』開宗明義章, "曾子避席曰 參不敏何足以知之").
144) 摳衣 : 옷의 뒷자락을 약간 끌어올리는 것으로 공손히 경례한다는 말.
145) 下國 : 온 세상, 天下.
146) 儀形 : 몸가짐의 모양.
147) 主僧 : 한 절의 가장 으뜸이 되는 승려, 주지.
148) 法兄 : 한 스승에게 같이 법을 받은 사람의 존칭.
149) 寶樹 : 珍寶한 樹林으로 淨土의 草木에 비유하며 菩提樹 등을 이름.
150) 澆季 : 人情이 엷어지고 어지러운 말세. 도덕, 풍속이 어지러운 시대.
151) 法王 : 범어 Dharmarāja의 意譯. 부처를 찬탄한 말. 왕은 가장 수승하고 자재함을 뜻함. 부처는 법문의 주인이며, 중생을 교화함에 자유자재한 妙用이 있으므로 이렇게 이름.

라고 하였다. 그런즉 조정의 사류들이 명을 띠고152) 오고 감에 중부
(中府 : 중원부)로 길을 나오는 사람이 한 해에 몇천이나 되었다. 어
떤 무리들은 공무에 바빠 (대사의) 문지방을 밟지 않는 것을 큰 수
치로 여겼다. 만약 삼가 선관을 배알하면 우러러 한 번의 돌아봄을
받았고,153) 밝은 가르침을 들을 때마다 마치 아침의 허기를 씻은 듯
하였다. 종을 쳐 큰 소리를 울림에 미쳐서는 (설법의) 바다에 들어
가 한결같은 맛을 느끼는 듯하였으니 법에는 근본이 없음을 보고,
마음은 생겨나지 않음을 보았다. 오직 절대 유일의 교법154)은 중도
(中道)155)에 머무니 시원한 바람이 이미 이르러 온갖 열매를 모두
이루었다. 너희들이 능히 모든 법을 가지니156) 나도 또한 따라서 기
쁘다.157) 이로 말미암아 더 이상 없는 깨달음의 길이 나뉘어져 이
종지가 되었다.

대사가 대중들에게, "일찍이 대왕 전하와 향화의 인연을 닦았으
니 영원히 부촉을 말하고 삼가 왕신에게 의탁하겠다. 때문에 나는
병을 참고 바람처럼 빨리 달려가고 길을 찾아 해를 향하듯 하였으
니 한번 이별함에 바라는 것은 다른 것을 구함에 있지 않다."라고

---

152) 銜命 : 명령을 받들어 타인에게 전함.
153) 仰承 : 우러러 받듦.
154) 最上乘 : 절대 유일의 교법, 더할 나위 없는 교법을 말함.
155) 中道 : 범어 Madhyamā-pratipad의 번역. 치우치지 않는 中正한 道. 중
　　도는 불교의 근본적 입장을 말하고 있어 대승·소승에 걸쳐서 중요시되
　　고 있다. 따라서 그 뜻하는 바에도 深淺이 있지만 각 종파에서 이 어구
　　를 가지고 교리의 핵심을 나타내고 있는 점에서는 일치한다.
156) 摠持 : 梵語 Dhāraṇī(陀羅尼)의 번역. 능히 無量無邊한 이치를 攝收해
　　지니어 잃지 않는 念慧의 힘을 일컫는다. 곧 일종의 기억술로서 하나의
　　일을 기억하는 것에 의해서 다른 모든 일까지를 聯想하여 잃지 않도록
　　하는 것을 말하기도 하며, 종종의 善法을 능히 지니므로 能持라 하고, 종
　　종의 惡法을 능히 막아 주므로 能遮라 한다.
157) 隨喜 : 귀의 또는 신앙함으로써 고맙고 기쁘게 느끼는 생각.

하였다. 이로써 곧 상도(上都)에 이르러 친히 정성스럽고 간절함을
펼쳐 보이니, 임금이 대답하기를

"법이 나라로 말미암아 일어난다는 것은 참으로 헛된 말이 아닙
니다. 진실로 원하건대, 대사께서는 안심하고 도를 생각하여 오랫동
안 중생158)을 지켜 주십시오. 제자는 법성(法城)159)을 위하여 담과
구덩이가 될 것이며 절160)을 지키는 견고한 성과 연못161)이 되겠습
니다."

"보살의 큰 서원162)과 상승163)의 발언은 법을 수호하는 것으로
마음을 삼고 자비를 베푸는 데 힘쓰는 것이니, 바로 이같이 한다면
이제 성조(聖朝)를 엿볼 수 있을 것입니다."

"수행의 공용은 멀고 가까움이 마땅히 다릅니까?"

"물방울이 바위에 떨어지면 곧 바다에 모일 것을 압니다."

"말을 깨달아 서로 믿는 것은 먼저 이해하여 가만히 같아지는 것
이니 어린이 같은 중생을 어찌하며, 어떻게 발심(發心)을 권하겠습

---

158) 牛靈 : 牛民. 牛物의 靈長.
159) 法城 : 佛法이 견고하고 신뢰할 수 있으며 또는 온갖 악을 막는다고 하
    여 城에 비유한 말.
160) 祇樹 : 인도 사위국 파사익왕의 태자인 祇陀의 수림. 태자가 부처에게
    공양하였다. 여기서는 절이라는 뜻으로 쓰였다.
161) 金湯 : 金城湯池의 준말이니 매우 견고한 城壁과 깊고 넓은 垓字를 말함.
162) 弘誓 : 넓고 큰 서원. 보살이 스스로 깨닫고 또 중생을 널리 제도하고자
    서원을 세워 마음 속으로 맹세하는 것. 모든 보살에 통하는 서원에는 사
    홍서원(衆生無邊誓願度 煩惱無盡誓願斷 法門無量誓願知 佛道無上誓
    願證)이 있다.
163) 上乘 : 大乘. 小乘의 對. 소승은 자신의 해탈만을 목적으로 自調自度(조
    는 번뇌를 制伏하여 없애는 것, 도는 깨달음에 이르는 것)하는 聲聞·緣
    覺의 道이며, 대승은 열반의 적극적인 의미를 인정하여 自利·利他의
    양면을 다 갖춘 菩薩의 道라 할 수 있다.

니까?"

"아이의 목구멍이 닫히고 나면 유모가 어떻게 할 수 있겠습니까? 무릇 금이 산에 감추어져 있으면 곧 그 산을 이름하여 보악(寶嶽)이라 하고 구슬이 물에 감추어져 있으면 그 물을 진천(珍川)이라 부릅니다. 도를 생각하는 것도 이와 같으니 이 생각을 어찌 그만두겠습니까? 모두 전에 한 말에 있습니다."

라고 하였다.

  이 때 선상(禪牀)164)에서 편안히 좌선하고165) 지혜의 동산을 돌아다니면서166) 지극히 심원한 말로 심법을 연설하였고, 절절한 말로 자성의 근본을 논하였다. 그런데 진공(眞空)은 상(象)이 없으며 실제는 말을 끊는 것이다. 어찌 오직 지혜로운 태양의 빛이 사라져야 바야흐로 열반167)이 빠르다는 것을 느끼며 자애로운 구름이 색을 거두어야 홀연히 멸도168)의 슬픔을 이끌 따름이겠는가. 천복169) 6년(941, 태조 24) 11월 26일 새벽에 문인들에게 고하기를, "가고 머무는 것은 기약이 있고 오고 가는 것은 머무름이 없어 어느덧 죽으

---

164) 禪牀 : 좌선하는 데 주어지는 所定의 자리.
165) 宴坐 : 편안하게 바로 앉는 것. 坐禪하는 것. 燕坐라고도 쓴다.
166) 經行 : 돌아다님. 巡行. 좌선 중 졸음이 올 때마다 일정한 자리를 도는 일.
167) 泥洹 : 梵語 Nirvāṇa의 音譯. 涅槃이라고도 한다. 寂滅 · 滅度라 意譯한다. 解脫과 같은 말로 타오르는 번뇌의 불을 滅盡해서 깨달음의 지혜인 菩提를 완성한 경지를 말한다. 또 이 세상에 사람으로서 나타난 불타, 특히 석가모니의 육체의 죽음을 열반이라고도 한다. 여기서는 승려의 죽음을 의미함.
168) 滅度 : 생사의 괴로움을 없애 버리고 번뇌의 바다를 건너는 일. 곧 승려의 죽음을 뜻한다.
169) 天福 : 後晉 高祖의 연호(936~944).

니 존재하는 것도 그와 같다. 너희들은 힘써 남겨 준 가르침을 받들어 행하고 종지를 무너뜨리지 말아 나의 은혜에 보답하라."고 하였다. 죽기 전날 저녁에 제자가 물었다.

"스님께서 가시고자 하시면 어떤 사람에게 부촉하시겠습니까?"
"등과 등은 저절로 있고 동자가 불을 붙일 뿐이다."
"저 동자는 어떻게 펼쳐 보입니까?"
"별이 푸른 하늘 속에 흩어져 있으니 그 가운데에서 어찌 알 수 있을 것인가?"

라고 하였다. 말을 마치자 앉은 채로 돌아가셨는데, 속세의 나이는 63세였고 승랍은 41년이었다.

　이 때 구름과 해는 처참하였고 바람과 샘은 슬피 울었으며, 산천은 진동하고 날짐승과 길짐승은 슬피 울었다. 천신들이 소리지르고 사람들은 안목이 없었으며, 온 나라가 한스러움을 품었고 세상도 또한 공허하였다. 하늘과 사람이 마음 아파한 것을 결단코 알 수 있었으니 성령의 감응을 어찌 속이겠는가? 제자 활행 등 300여 인이 울면서 (유해를) 받들어 그 달 28일에 북쪽 산봉우리의 양지바른 곳에 장사지내니 상교(像敎)[170]를 따른 것이다.

　임종할 무렵 표(表)를 올려 하직하며 말하기를, "노승은 평소에 품은 생각을 완수하지 못하고 영원히 성대(聖代)를 떠납니다"라고 하였다. 임금이 이에 펴 보고 슬퍼하였다. 이에 시호를 주어 법경대사라 하고 탑은 자등지탑이라 이름하였다. 즉 스승을 섬기는 도가 환히 빛나고 스님을 추모하는 모습이 갖추어진 것이 이보다 더 클 수는 없음을 알겠다.

---

170) 像敎 : 밖으로 보이는 外相, 즉 형상을 만들어 교화하는 가르침.

생각건대 대사는 오직 산악이 신령스러움을 내렸으며 철인이 세상에 난 것으로 불교를 세상에 널리 나타내었고 선종을 드러내 보이셨다. 그런즉 중생을 위하여 태어나서 사람들을 불쌍히 여겨 도를 넓히셨으며, 모습은 온화하고 말수는 적었으며 굶주리고 와서 배불러 돌아갔다. 때문에 마음의 나무에 꽃은 선명했고 법류의 물은 맑았다. 달빛이 밝으니 강은 넓어 보였고, 나무가 떨어지니 산은 더욱 높아 보였다. 그러므로 능히 담복171) 같은 신이한 향기가 났으며 제호172)처럼 뛰어난 맛이 있었고, 바른 도에는 말이 없으나 임시 방편으로는 말씀을 하셨다. 이로 말미암아 사방에 은덕을 베푼 인연은 대중에게 돌아갔고, 한 세상에서 있고 없음을 설한 말씀들은 저 (도를 찾는) 가난한 사람들을 넉넉히 하였다. 그런즉 가히 도는 능가173)에서 물었고 스승은 인도에서 찾았으며, 구함은 팔을 자른 혜가174)보다 깊었고 뜻은 마음을 전하는데 절실했다. 마침내 한 나

---

171) 薝蔔 : 치자나무 꽃인데, 이 꽃이 숲 속에 있으면 온 숲이 향기로 가득찼다고 함.
172) 醍醐 : 牛酪 위에 엉긴 기름 모양의 맛이 좋은 액체. 轉하여 불법, 불성의 묘리. 또는 우수한 인물을 비유함.
173) 楞伽 : 범어 Laṅkā의 음역. 楞伽山으로 지금의 스리랑카 아담봉(Adam's Peak). 석존이 이 산에서 大慧菩薩을 상대로『楞伽經』을 설함. 이 경은『楞伽經』·『入楞伽經』·『大乘入楞伽經』이라고도 함.『般若經』·『華嚴經』·『法華經』 등을 위시하여 『涅槃經』·『勝鬘經』·『解深密經』 등의 사상을 종합하여 독자적인 경지를 이룬 大乘經典. 달마는 4권『능가경』(求那跋陀羅 譯)을 達磨禪의 心要로서 慧可에게 전하였고, 그 후 초기 선종에서 所依經典이 되어 이른바 楞伽宗이 성립하기도 하였다. 후일 선종에서『金剛經』·『楞嚴經』·『圓覺經』 등과 함께 존중되었다. 능가라고 하면 일반적으로『능가경』, 禪宗, 禪法을 말한다. 여기서는 선종의 뜻으로 쓰였다.
174) 斷臂 : 중국 선종의 제2조 慧可가 初祖達磨에게 斷臂求法한 사실을 말함. 여기서는 바로 혜가를 이름.

라로 하여금 인(仁)으로 돌아가게 하여 실로 제왕의 교화를 도왔으며, 많은 사람을 선(善)에 들어가게 하여 두루 백성들의 마음을 적시었다.

하신(下臣)이 홀연히 임금의 글을 받들었는데 (임금이) 문장175)을 짓게 하시었다. 신의 재주는 봉황을 삼킬 정도176)도 아니고, 배움은 반딧불을 모으는 것177)도 사양할 정도이나 억지로 변변찮은 문장을 지어 선사의 덕을 드러내어 날린다. 바라는 바는 영원히 전할 공을 적어 무궁토록 보이려는 것이다. 국주는 추모하고 애도하는 마음으로 봉황 같은 전자로 스승을 잃은 애통함을 드러내었고, 문인은 감동하고 사모하여 비석에 글을 써 학문이 끊기는 슬픔을 표시하였다.

명(銘)하여 이르기를

훌륭하도다. 크게 깨달으신 이여!
어리석도다 우리 뭇 중생이여
아지랑이 물을 마시지 말며
화성(化城)178)을 넘지 말라.

---

175) 蘿臼 : '매운 것'을 '받는다'는 '受辛'의 隱語로 '辭'字이니 絶妙好辭, 즉 뛰어난 名文이라는 뜻.

176) 呑鳥 : 呑鳳 또는 吐鳳이라고도 함. 봉황을 삼켰다는 말이니 문장의 제주가 뛰어난 사람을 이름. 漢나라 때 楊雄이 白鳳을 삼키는 꿈을 꾸고 『太玄經』을 지었다는 고사에서 나온 말.

177) 聚螢 : 가난한 사람이 燈 밝힐 기름이 없어 반딧불을 모아 燈火를 대신하였다는 말이니, 각고의 노력으로 학문에 정진함을 비유하는 말이다.

178) 化城 : 法華 7喩의 하나. 여러 사람이 보배가 있는 목적지를 찾아 나섰는데 그 길이 험악하여 몹시 피로하였다. 지도자가 계교를 내어 신통력으로써 임시로 큰 城을 나타내서 여기가 보배 있는 곳이라 하였다. 사람

색은 색이 아니고

이름은 거짓 이름일 뿐이오

진실을 알았으니

지혜가 밝음을 시험하도다.

위대하도다. 덕이 높으신 이179)여!

마곡의 손자로다.

전체를 갖추어 원만하니

안씨와 같구나.

도는 매를 불쌍히 여긴 부처180)보다 뛰어났고

자비는 개미를 구해 준 스님181)보다 빼어났으니

진종을 깨달아

가만히 그윽한 뜻을 전하였도다.

들은 대단히 기뻐하여 성에서 쉬었다. 잠시 후 사람들의 피로가 회복되는 것을 보고는 화성을 없애 버리고 다시 나아가 진짜 보배가 있는 곳에 이르게 하였다고 한다. 이는 화성을 方便敎의 깨달음에, 보배가 있는 곳을 眞實敎의 깨달음에 비유한 것이다(『法華經』化城品).

179) 至人 : 도덕이 지극히 높은 사람.

180) 憐鷹 : 부처가 過去因行時 산중에서 수도하고 있을 때, 새매로부터 쫓기던 비둘기를 감추어 주었다. 새매가 같은 생명이거늘 어찌 내가 배고파 죽는 것은 방치하느냐고 원망하므로, 부처는 자신의 몸을 보시하여 먹게 하였다는 본생담에서 나온 말이다. 여기서는 法鏡大師 玄暉의 자비가 그보다 높고 넓다는 말이다.

181) 救蟻 : 救蟻沙彌. 개미를 구한 사미. 사미는 출가하여 十戒를 받은 7세 이상 20세 미만의 아직 具足戒를 받지 않은 남자를 말한다. 옛날에 한 羅漢이 어린 사미를 기르는데, 이 사미가 불행하게도 7일 후에 죽을 것을 알았다. 그래서 7일 간 말미를 주어 집에 갔다 오도록 하였다. 사미가 가다가 개미떼가 물에 표류하여 죽어 가는 것을 보았다. 그는 자비심을 내어 가사에 흙을 담아서 물을 막고 개미떼를 건져 살려 주었다. 이 인연으로 사미는 복을 받아 죽지 않고 생명을 연장했다고 함(『雜寶藏經』卷4).

삼보를 이어서 융성케 하고
사의[182]를 받들어 이었네.
현묘한 정은 운세를 탔고
오묘한 효용은 기미를 쉬게 하였네.
지혜의 흐름은 빠르고 굳세었으며
마음의 행로는 돌아갈 곳을 알았네.

듣지 못한 바를 들었고
얻지 못한 것을 얻었네.
법은 가고 옴이 없으나
종지는 남북으로 나뉘었네
성인의 마음을 보지 않으면
누가 선덕을 높이리요.
부처의 계율은 항상 행했고
스승의 말씀은 어기지 않았네

마음은 신령한 기량을 전하였고

---

182) 四依 : 의지하지 않으면 안 될 네 가지를 사의라 하고, 해서는 안 될 네
가지를 四不依라 한다. 먼저 法의 四依는 ① 佛道를 닦는 사람은 그 가
르침을 따를 것이며 가르침을 설하는 사람을 따라서는 안 된다(依法不
依人) ② 가르침의 뜻을 따라야 하며 표현한 말이나 문장을 따라서는 안
된다(依義不依語) ③ 참 智慧를 따를 것이며 미혹된 인간의 情識을 따
라서는 안 된다(依智不依識) ④ 가르침을 완전히 나타내고 있는 了義經
(大乘經典)을 따를 것이며 不了義經(소승경전)을 따라서는 안 된다(依
了義經不依不了義經) 등임(『涅槃經』南本 권6). 다음으로 行의 四依는
① 糞掃衣를 입고 ② 늘 乞食하고 ③ 나무 밑에 앉으며 ④ 腐爛藥(腐尿
藥이라고도 함)으로 만족해야 한다는 등으로 수행자의 규칙을 말한 것인
바, 집착하지 않는 생활에 안주할 것을 가르친 것.

도는 성스러운 조정을 도와
뭇 미혹한 이들을 교화하고
위엄으로 뭇 요망한 무리들을 꺾었네.
과거에 연좌해 있다가
여러 번 임금의 부름에 나아갔네.
생각하고 생각할 뿐
깎거나 다듬지 않았네.
입는 것은 [삼베옷]183)도 따뜻하게 여겼고
먹는 것은 선열을 달게 여겼도다.
임금은 마음에 느끼어 슬퍼하고
참된 재상은 (법을 듣지 못해) 목말라 했도다.
오직 배우는 사람들을 좋아하여
모두 중간에 그만둠이 없었도다.

천복 8년(943, 태조 26, 혜종 즉위년) 세차 계묘년 6월 정미 초하
루 5일 신해에 세우다.
글자를 새긴 승려는 광예, 장초, 행총, 행초이다.

【음기】 184)

개천산
천복 9년(944, 혜종 1) 세차 갑진년 6월 1일 신축에 비를 세운 사
실을 기록한다.

---

183) 緼[黂] : 빈천한 사람들이 입는 조악한 옷.
184)『전문』과 채상식의 논문 참조.『금석원』과『총람』에는 없음.

이에 중원부(中原府)의 도속(道俗) 2관(官)[185]과 공경부로, 백성과 선비 모두가 함께 귀의하고 우러르며, 삼가 대사의 제자가 되었는데 모두 이 비에 싣고 대략 그들의 이름을 쓴다.

홍림[186] 대덕, 경부[187] 대통,[188] 법예 대통, 담홍 대덕, 엄신 화상, 석방 화상, 제홍 화상, 훈예[189] 화상, 능주 의랑[190]

권열 좌승, 견서[191] 좌승, 준양 원보,[192] 필양 원보
용희 원윤,[193] 박겸 원윤, 서궁 원윤, 최율 원윤, 의정 좌윤,[194] 공융 좌윤, 준홍[195] 좌윤

---

185) 道俗二官 : 道官은 불교계를 통괄하는 일종의 승정기구로서 나말여초 사회 전반의 변화에 부응하여 이전의 승정기구가 변화하면서 구축된 승관직제를 의미한다. 지방호족과 일정한 관련을 가지면서 지방호족이 관할하고 있는 지역 내에서 불교계와 각 사찰을 독자적으로 운용, 통제하던 기구라고 할 수 있다. 俗官은 고려 정부측에 의해 파견되어 설치된 관부가 아니고 중원부의 실질적인 지배자들에 의해 설치, 운영된 독자적인 관부로 보인다(蔡尙植, 1982, 「淨土寺址 法鏡大師碑 陰記의 分析」 『韓國史硏究』 36, pp.44~46). 이하 주에서도 채상식의 위 논문이 인용되었다.
186) 弘琳 : 闍崛山派 제2조 開淸의 제자이며, 師子山派의 開山人 折中의 제자이다(「興寧寺澄曉大師寶印塔碑」 음기).
187) 景孚 : 「興寧寺澄曉大師寶印塔碑」 음기와 「玉龍寺洞眞大師寶印塔碑」에 보이는 慶甫大統(869~948)과 동일 인물이 아닐까 한다.
188) 大統 : 신라시대부터 사용되던 僧官職의 변형된 遺制.
189) 訓乂 : 「覺淵寺通一大師□□塔碑」에서 '中原府 上聽 釋訓乂'라 하였다.
190) 儀娘 : 충주 지역에서 尼僧을 통괄하는 승관의 우두머리로 추측된다.
191) 堅書 : 王建이 나주 지역을 진무하기 위해 파견한 적이 있는 인물이다.
192) 元輔 : 元甫. 고려 초기의 官階名. 16等級 중 제8위이며, 4품에 해당한다.
193) 元尹 : 고려 초기의 官階名. 16等級 중 제10위이며, 6품에 해당한다.
194) 佐尹 : 고려 초기의 官階名. 16等級 중 제11위이며, 6품에 해당한다.
195) 俊弘 : 944년 좌윤, 958년에서 960년 내봉성령, 960년 대상으로 중앙관직

장희 아찬, 봉희 아찬, 훤직 아찬, 최유 아찬, 신성 아찬

최충 대나마, 춘일 대나마, 최정 대나마, 국봉 대나마, 인경 대나마, 예봉 대나마

관훈 시랑, 용간 시랑, 견훈 시랑, 봉립 시랑, 김간 시랑, 인왕 시랑, 경유 시랑, 언유 시랑, 총명 시랑, 직봉 시랑

경봉 경, □보 경, 최양 경, 거율 경, 문간 경, 유신 경, 필봉 경, 청양 경, 신홍 경, 한내달 경, 김달 경

집사낭중196) □□ □□ 현위, 사197) 수정, 병부198) 경 충식, 경 □□ 경 [□□]

창부199) 경 언서, 경 공율, 경 행규

대사의 문하승은 총예, 활행, 총신, 정유, 인일, 경수, 법언, □오, 법랑 등 300여 인이다.

원주승200) 행주, 전좌201) 석오, 사승202) 행유, 직세승203) 효행,

에 진출하였으나, 광종의 지방호족 탄압 과정에서 제거된 인물.

196) 執事郎中 : 執事省에 딸린 관직으로 관등은 舍知로부터 奈麻까지. 집사성은 신라시대 행정관부. 위로는 왕명을 받들고 아래로는 행정을 분장하는 여러 관부를 거느렸다. 원래 진덕여왕 5년(651)에 稟主를 개편하여 설치하였으며, 흥덕왕 4년(829) 집사성으로 개칭되어 신라 멸망시까지 존속하였다.

197) 史 : 신라시대 중앙관직으로 관등은 造位에서 大舍까지임.

198) 兵部 : 신라시대 군사를 맡아보던 관청. 법흥왕 3년(516)에 설치됨.

199) 倉部 : 신라시대 재정에 관한 일을 맡아보던 관청. 眞德王 5년(651)에 稟主에서 分置되었다.

200) 院主僧 : 신라 말·고려 초 선종 사원에 설치된 종무기구인 三綱典의 한 구성원으로, 대내외적으로 사원을 대표하면서 주로 대외적인 업무를 책임지고 처리한 승려로 추정된다. 이하 삼강전 구성원의 임무에 대해서는 金在應, 1993, 「新羅末·高麗初 禪宗寺院의 三綱典」, 서강대대학원

도유나승204) 행린

 유덕산인 청주205) 석희 시랑, 원주206) 인인 원외, 당성207) 행린
경, 목죽현208) 총예 촌주209)

(역주 : 조경시)

석사학위논문에 의거했음.

201) 典座 : 삼강전의 한 구성원으로, 사원 내의 살림살이를 맡은 승려로 추
  정된다.
202) 史僧 : 삼강전의 핵심 구성원은 아니었던 것으로 보이며, 사원에 관련된
  모든 기록물을 작성하고 보관하는 직임을 맡았던 승려로 추정된다.
203) 直歲僧 : 삼강전의 한 구성원으로, 주로 사원의 경제적인 수급과 관련된
  업무를 수행한 승려로 추정된다.
204) 都唯那僧 : 維那僧. 삼강전의 한 구성원으로, 사원 내의 모든 질서 체계
  를 유지시키고 사원의 창건과 보수 등에 관련된 임무를 수행하는 승려로
  추정된다. 이 밖에 군사적인 기반의 역할을 담당했을 것으로 추측된다
  (蔡尙植, 1982,「淨土寺址 法鏡大師碑 陰記의 分析」『韓國史硏究』36, p.65).
205) 靑州 : 지금의 靑州.
206) 元州 : 지리지 류에는 보이지 않으나 지리적인 위치와 '元'자의 음으로
  보아 지금의 原州로 추측된다.
207) 當城 : 지금의 槐山 근처에 唐城이 있었던 것으로 보아 괴산 근처로 추
  측된다.
208) 目竹縣 : 지금의 洪城 근처에 目牛縣이 있었고 또 괴산 관내에 目所山
  이 있었으나 지리적인 연결로 보아 경기도 竹山이 아닌가 한다.
209) 村主 : 신라시대 지방관직. 지방민을 효율적으로 통제하기 위해 在地의
  유력자에게 주어진 관직으로 신라 행정조직의 말단에 해당한다. 신라 하
  대에는 豪族으로 성장하고 후삼국시대를 거쳐 고려 王建의 통일에 이르
  러서는 일부는 중앙귀족이 되었고 그 나머지는 지방에 웅거하여 독자적
  인 세력을 형성했다. 成宗代에 더욱 많은 지방관이 파견되고 또 鄕職이
  개편되면서 이들의 세력은 크게 위축되어 대부분 향리로 전화되었다.

9. 오룡사 법경대사 보조혜광탑비

진(晉) 고려국 용암산 오룡사 고 왕사 법경대사 보조혜광지탑 비명 서문과 더불어

대개 듣건대 (석가가) 영취산[1]에서 종지(宗旨)를 연 것은 교(敎)를 세워 무위(無爲)의 화(化)를 드러냄이오, (가섭이) 계족산[2]에서 선정(禪定)에 든 것은 마음을 전하여 기다리는 모습을 고요히 한 것이니, 먼저 미언(微言)을……하거나 처음 善□을……하였다. 그러므로 특별히 지혜의 눈[3]으로 보고 온 몸으로 깊이 물었으니 해탈이 아님이 없고, ……(혜가는) 우러러 눈 속에 서 있는 정성[4]을 드러냈으니, 오로지 도(道)를 간직하고 있음을 알아서 구름처럼 떠도

---

1) 鷲嶺 : 靈鷲山. 중인도 마갈타국 왕사성 부근에 있는 산. 부처가 이 곳에서 『法華經』을 설함.
2) 雞山 : 雞足山. 摩訶迦葉이 入定하던 산. 중인도 마갈타국에 있음.
3) 法眼 : 五眼의 하나. 현상계의 온갖 事理를 분명하게 비추어 아는 지혜의 눈.
4) 雪立之誠 : 중국 선종 二祖慧可(487~593)가 40세에 숭산 소림사를 찾아가서 초조 달마에게 눈 속에 앉아 가르침을 구하였으나 허락하지 않으므로 자신의 왼팔을 끊어 굳은 뜻을 보여 마침내 허락을 받고 크게 깨달았다는 고사.

는 뜻을 멈춘 것이다. 그러므로 간간이 뛰어난 사람5)이 나와 스승과 제자가 서로 이으니 그 도가 날로 새로워지고 두루 천하에 공공연히 행해지는 것으로, 지금도 옛과 같아 대대로 이어갈 사람이 있다.

대사의 법휘(法諱)는 경유(慶猷)이고 속세의 성(姓)은 장(張)씨이다. 그 선조는 남양(南陽)의 훌륭한 집안6)으로 대한(大漢)의 갈래였다. 먼 조상이 마침 바다7)를 건너 우리 나라8)에 와서 살게 되었다. 아버지는 미영(未榮)인데 예악을……알았고, ……총명을……하여 공자에게서 시를 듣고 노자에게서 『도덕경』을 배운 듯하여……도를 지키고 공(公)을 받드는 데 죽을 때까지 종사하였다. 어머니 맹(孟)씨는 일찍이 잠깐 잠이 들었다가 홀연히 상서로움9)을 얻었는데, 놀라 깨어났을 때 스스로 임신한 것을 알고, 항상 깨끗한 마음을 닦고, 바로 매운 음식10)을 끊었다. 함통11) 12년(871, 신라 경문왕 11) 4월 11일에 대사를 낳았다.

대사는 나면서부터 법상(法相)을 지녔으며 일찍부터 깨달음의 지혜12)를 품었다. [甘羅가 入仕하던] 나이(12세)13)에 다섯 줄을 한꺼

---

5) 英靈 : 뛰어난 사람, 영혼.
6) 冠族 : 지체가 훌륭한 집안. 名門, 甲族.
7) 鯨波 : 큰 물결, 황해 바다. 우리 나라를 지칭.
8) 兎郡 : 玄兎郡. 우리 나라를 지칭.
9) 禎祥 : 상서, 길조.
10) 葷辛 : 훈채와 고추 같은 매운 것.
11) 咸通 : 唐 懿宗의 연호(860~874).
12) 菩提 : 梵語 Bodhi의 음역. 覺·智·知·道라고 번역함. 佛·緣覺·聲聞이 각각 그 果에 따라 얻는 깨달음의 지혜를 말한다.
13) 甘羅入仕之年 : 甘羅는 戰國時代 秦나라의 策士. 12살 때 秦相 呂不韋

번에 읽어 내려가는 총명함이 있었으며, 자진(子晉)이 승선(昇仙)하던 나이14)에 삼극을 문득 이루었다. 그 후 속세를 떠날 뜻이 간절하고 마음은 서쪽을 향해 앉기를 구하였다. 종사(宗師)에게 의탁할 것을 부모에게 아뢰니, 양친이 당부하기를 "구습(舊習)을 따르지15) 말라. 더욱 고통스러운 과보를 부르는 것은 이 때문이다" 하였다. 이에 앞서 [쌍]봉의 □철선사가……적멸로 돌아갔다. 수제자인 훈종(訓宗) 장로가 문도들을 여러 부문16)으로 나누어 송문(松門 : 절)에서 나오지 않고 여러 해17)가 지났다. 이 때 대사의 나이 겨우 15세였는데, 뜻은……을 기약하는 데 으뜸이었고, 원하는 바는 문벌(門閥)을 넘는 것이었으므로 선원에서 끝내기를……하고 마침내 □道를 닦았다. 그러므로 현관18)이……열렸으며 참예하는 곳에서는……하였다. 마침내 머리를 깎고 승복을 입게 하고 입실19)할 것을

를 위하여 趙에 사신으로 가서 趙 襄王을 설복시켜 5城을 바치고 秦을 섬기게 하였는 바, 그 공으로 上卿에 봉해졌다(『史記』卷71, 甘羅傳). 감라가 벼슬에 나아간 나이란 12살을 말한다.

14) 子晉昇仙之歲 : 子晉은 周나라 靈王의 太子. 왕에게 直諫했기 때문에 폐위되어 庶人이 되었다. 道士 浮丘公과 嵩山에 오르기를 30여 년 하여 緱氏山에서 登仙하니, 후에 祠堂을 이 곳에 세웠다고 함(『逸周書』太子晉解). 자진이 신선으로 오른 나이란 앞뒤 내용으로 보아 13세 전후로 보면 될 듯하다.

15) 因循 : 舊習을 따라 행함.

16) 部署 : 여러 부문으로 나누어 분담시키는 사무의 부문. 각기 할 일을 분담시킴.

17) 槐律 : 槐는 槐秋로 음력 7월인데, 1년에 한 번밖에 없으므로 1년을 뜻한다. 또 律은 12音階로 역시 1년 12개월을 가리킨다. 律曆(律歷, 曆法)은 1년 12개월의 陰陽季節에 관한 법칙이며, 『漢書』・『後漢書』・『晉書』・『隋書』・『宋史』등에는 律曆志가 있어 樂律과 曆法의 因革을 다루고 있다.

18) 玄關 : 깊고 묘한 이치에 통하는 관문. 곧 깊고 묘한 도에 들어가는 단서.

허락하였으니 오히려 문에서 환영함이 다른 사람보다 더 하였다.
광계 4년20)(888, 신라 진성왕 2) 통도사21)의 영종(靈宗)율사에게서
구족계22)를 받았다.

　이미 계(戒)의 구슬23)을 밝게 하고 말은 자비의 집에 돌아왔으며,
하나를 들으면 열을 아니 덕이 이루어지고 교학(教學)은 높아졌다.
그러나 빈 계곡에서 고기를 잡는 듯하였으니, 나무에 올라 고기를
구하기24)를 바꿀……였고, ……산에서……을 하는 듯하였으니, 그
루터기만 지켜 토끼를 잡는 태도25)를……할 때였다. 그러므로 병을

---

19) 入室 : ① 開室이라고도 한다. 師匠의 거실에 들어가서 친히 法門을 받
　　아 잇는 것 ② 禪宗에서 제자가 師家의 방에 들어가서 道를 묻는 것.
20) 光啓四年 : 光啓는 唐 僖宗의 연호(885~888). 광계 4년은 文德 1년에
　　해당.
21) 通度寺 : 경상남도 양산군 하북면 지산리 영축산에 있는 절로, 646년 慈
　　藏이 창건하였다. 자장이 중국에서 유학하고 귀국할 때 가지고 온 사리
　　와 가사, 대장경 40여 함을 봉안하고 戒壇을 쌓고 사람들을 得度시켰다.
　　그 후 점차 커져 고려 초에는 國長生石標를 둘 만큼 확대되었다.
22) 具 : 具足戒를 말함. 구족계는 모든 계율이 완전히 구비되었다고 하여
　　이름된 것이며, 이를 잘 지키면 열반의 경지에 다다를 수 있다고 한다.
　　具戒라 약칭하고 大戒라 하며 比丘戒·比丘尼戒라고도 한다. 梵語는
　　Upasaṃpanna로 鄔波三鉢那라 음역하고 近圓이라 번역하니, 열반에 친
　　근한다는 뜻이다. 비구·비구니가 지켜야 할 戒法으로 비구는 250戒, 비
　　구니는 348戒가 있는데, 이 戒를 받으려면 沙彌戒를 받은 지 3년이 지난
　　이로 몸이 튼튼하고 모든 죄과가 없으며, 나이는 만 20세 이상이며 70세
　　미만인 사람이어야 한다.
23) 戒珠 : 계율은 깨끗하여 몸과 마음을 장엄하는 까닭에 珠玉에 비유함.
24) 緣木求魚 : 나무에 올라 물고기를 구하는 것으로, 곧 불가능함을 비유하
　　는 말(『孟子』梁惠王上, "以若所爲 求若所欲 猶緣木而求魚也").
25) 守株待兎 : 어떤 농부가 우연히 나무 그루에 토끼가 부딪쳐 죽은 것을
　　잡은 후, 또 잡을까 하여 일도 하지 않고 나무 그루만 지켜보고 있었다고
　　하는 고사에서 나온 말로, 곧 變通할 줄 모름을 비유한 말이다(『韓非子』
　　五蠹, "宋人 有耕田者 田中有株 兎走觸株 折頸而死 因釋其耒 而守株
　　冀復得兎 兎不可復得 而身爲宋國笑 今欲以先王之政 治當世之民 皆守

들고 문을 나와26) 지팡이를 흔들며 길을 나섰다.27) 바라는 바는 당(唐)에 가는 사신을 기다려 배를 띄울 때를 만나는 것이었는데, 뜻을 같이하는 사람과 함께 가다가28)……을 만났다. 대사가 경건히 평소의 생각을 진술하기를 간절하게 하니,29) 사신30)이 의심하며 듣다가 그 공(功)을 깊이 믿어 받들어……하여, 순식간에 서쪽 나루에 이르렀다. 이 때 화정31)에 배를 묶고 계원에서 길을 찾아 동림(東林)32)의 아름다운 경치를 바라면서 북저(北渚)33)의 즐거운 들34)을 바라보았다. 문득 운거도응화상(雲居道膺和尙)35)이 도는 선종36)에

株之類也").

26) 挈瓶出門 : 挈瓶은 結瓶(「廣照寺眞澈大師寶月乘空塔碑」)과 같은 의미. 결병은 瓶을 꾸린다는 말이니, 병이란 손을 씻는 淨瓶과 水桶으로 사용하는 병이 있다. 이것은 三衣와 錫杖과 함께 비구가 행각할 때에 반드시 지참해야 하는 소지품이다. 결국 挈瓶出門이란 소지품을 정돈하여 문을 나섰다는 뜻.

27) 飛錫 : 錫杖은 比丘가 여행할 때 반드시 휴대해야 하므로 승려가 널리 다니면서 교화하는 것을 비석이라 함.

28) 西南得朋 : 同類와 같이 간다는 뜻이다(『周易』 卷2, 坤, "西南得朋 乃與類行").

29) 涕泗 : 눈물과 콧물을 흘리며 움.

30) 專介 : 使者를 말함.

31) 華亭 : 江蘇省 松江縣 西平原村에 있음.

32) 東林 : ① 동방의 숲(江淹, 「效阮公詩」, "孤雲出北山 宿鳥驚東林") ② 東晉 廬山 慧遠의 號로, 그가 머물던 절의 이름에서 유래.

33) 北渚 : 북방의 물가(『楚辭』 九歌, 湘君, "夕弭節兮北渚").

34) 樂郊 : 안락한 장소, 樂土와 같음.

35) 雲居道膺和尙 : ?~902년. 禪僧. 河北省 幽州人, 속성은 王氏. 洞山 良价의 法을 잇고 江西省 洪州 雲居山에 들어가서 법을 선양함. 우리 나라 승려 중 운거의 제자로는 雲住·麗嚴·逈微·利嚴·慶猷 등등이 있다. 시호는 弘覺禪師(『祖堂集』 권8 ;『景德傳燈錄』 卷17).

36) 楞伽 : 범어 Laṅkā의 음역. 楞伽山으로 지금의 스리랑카 아담봉(Adam's Peak). 석존이 이 산에서 大慧菩薩을 상대로 『楞伽經』을 설함. 이 경은 『楞伽經』·『入楞伽經』·『大乘入楞伽經』이라고도 함. 『般若經』·『華嚴

서 으뜸이고 공(功)은 선서[37]만큼 높으며 보수(寶樹)의 왕자요, 선림(禪林)의 주인이라는 말을 들었다. (사람들은)……모두 경유(慶猷)와 형미(逈微),[38] 여엄(麗嚴),[39] 이엄(利嚴)[40]을 해동의 4무외[41]

經』·『法華經』 등을 위시하여 『涅槃經』·『勝鬘經』·『解深密經』 등의 사상을 종합하여 독자적인 경지를 이룬 大乘經典. 달마는 4권『능가경』(求那跋陀羅 譯)을 達磨禪의 心要로서 慧可에게 전하였고, 그 후 초기 선종의 所依經典이 되어 이른바 楞伽宗이 성립하기도 하였다. 후일 선종에서 『金剛經』·『楞嚴經』·『圓覺經』 등과 함께 존중되었다. 능가라고 하면 일반적으로 『능가경』, 禪宗, 禪法을 말한다.

37) 善逝 : 범어 sugata의 번역. 妙去, 妙往이라고도 번역하며 須伽陀라 음역. 如來에게 있는 功德相을 일컫는 열 가지 명호, 즉 如來, 應供, 正遍知, 明行足, 世間解, 無上師, 調御丈夫, 天人師, 佛世尊, 善逝 중 하나인데, 부처는 여실히 저 언덕에 이르러 다시는 생사의 바다에 빠지지 않기 때문에 이렇게 이름한다.

38) 逈微 : 864~917년(경문왕 4~경명왕 1). 보림사 體澄에게 入室하였다가, 882년(헌강왕 8) 화엄사 관단에서 구족계를 받았다. 891년(진성왕 5) 入唐하여 雲居道膺의 법을 전해 받은 후 905년(효공왕 9) 귀국하여 무위갑사에 머물렀다. 궁예에게 죽임을 당하였다(「無爲寺先覺大師遍光塔碑」참조).

39) 麗嚴 : 862~930년(경문왕 2~태조 13). 무량사 주종법사에게 화엄을 공부하고 헌강왕 6년(880) 구족계를 받았다. 嵩嚴山 廣宗(無染), 靈覺山 深光에게 수학한 후 入唐하여 雲居道膺의 법을 전하였다. 효공왕 13년(909)에 귀국하여 소백산에 머물렀다. 태조가 청법하고 菩提寺를 내려 주지케 하였다(「菩提寺大鏡大師玄機塔碑」참조).

40) 利嚴 : 870~936년(경문왕10~태조19). 12세에 迦耶岬寺 德良法師에게 출가하고 본사 道堅律師에게 구족계를 받았다(886, 정강왕 1). 896년(진성왕 10)에 入唐하여 雲居道膺의 법을 전하고 911년(효공왕 15)에 귀국하여 소율희가 시주한 승광산에 머물다가 전란을 피해 靈覺山에 옮겼다. 태조가 태흥사를 수리하여 주석케 하고 제왕의 도를 물었다. 다시 개경 서북 해주 수미산에 광조사를 지어 주석케 하였다(「廣照寺眞澈大師寶月乘空塔碑」참조).

41) 無畏 : 범어 vaiśāradya의 번역으로 無所畏라고도 한다. 佛·菩薩의 德의 하나로, 어떤 일이든 두려움이 없는 10全의 자신을 가지고 안심하고

대사42)라 일컬었다. 화상이 말하기를, "말을 들으면 선비를 알고 얼굴을 보면 사람을 아는 것이다. 만 리 떨어진 지역이었으나 풍속을 같이하며43) 좀처럼 만나기 어려운 기회를 얻었다."44)고 하였다. 그러므로 4현(賢)은 (스승으로 모셔) 자리를 피하는45) 생각이 깊었으며, (제자가 되어) 당(堂)에……하는 느낌이 절실하였다. 이 후 평소에 도를 닦는 수단46)을 미리 쌓고……하였으며, 말로써 계합하는 것은 힘쓰지 [않고] 눈으로 전하는 징조를 저으기 이루었다. 이에 자비의 등불을 몰래 부촉하고 법의 요체를 은밀히 전하면서 마침내

용감하게 法을 설하는 것이다. 여기에는 4種의 무외가 있어 4무외·4무소외라고 하는데, 佛의 4무외는 '나는 일체의 법을 깨달아 증득했다', '일체의 번뇌를 아주 끊었다', '수행에 장애가 되는 것은 이미 모두 설했다', '苦界의 迷妄의 세계에서 벗어나 해탈에 들어가는 길을 설했다'고 하는 두려움 없는 자신이다. 보살의 4무외는 敎法을 잘 기억하여 잊지 않고 뜻을 설함에 있어 두려움이 없는 자신, 중생의 根機를 알고 그에 대한 적절한 설법을 하는 것에 대한 두려움 없는 자신, 중생의 의문을 해결하는 데 대한 두려움 없는 자신, 모든 물음에 대해 자유자재로 대답할 수 있어 두려움 없는 자신을 말한다.

42) 大士 : 범어 mahāsattva의 번역으로, 開士라고도 하며, 음역으로는 摩訶薩이라 한다. 佛·菩薩의 통칭으로도 쓰고 혼히 大菩薩의 의미로 쓰인다.

43) 萬里同風 : 천하를 통일하여 만 리 먼 곳까지 풍속을 같이 하는 것이다 (『漢書』 終軍傳, "今天下爲一 萬里同風" ; 『魏志』 鐘會傳, "萬里同風 九州共貫").

44) 千年一遇 : 千載一遇. 천 년에 한 번 만난다는 뜻으로 좀처럼 만나기 어려운 좋은 기회를 이른다(袁宏, 「三國名臣序贊」, "夫萬世一期 有生之通塗 千載一遇 賢智之賀會 遇之不能無欣 喪之何能無慨").

45) 避席 : 앉은 자리에서 일어나는 것이다. 즉 높은 분에게 경의를 표하거나 말씀을 드릴 때 앉은 자리에서 일어나 옆이나 앞으로 옮겨서 여쭙는 것을 말한다(『孝經』 開宗明義章, "曾子避席曰 參不敏何足以知之").

46) 筌蹄 : 전은 물고기를 잡는 통발, 제는 짐승을 잡는 그물로, 어떤 일을 성취하기 위한 도구와 수단이라는 뜻이다.

말하기를, "우리의 도는 동쪽으로 갈 것이니, 바로 경유 한 사람이다. '나를 일으키는 자[47]는 상(商)[48]이다'라는 말이 여기에 있도다."라고 하였다. 이른바 불도를 크게 넓히는데 어찌 가문의 귀천을 논할 것이며 멀리 선종을 펴는데 어찌……의……를……하겠는가? 또……의……힘을……하는데 어찌 다른 사람의 마음을 빌릴 것인가?

한가로이 이 문을 보면, 본래 문자를 떠나 매양 마음의 경계를 생각하여 마침내 번뇌[49]를 털어 내는 것이다. 신라가 이치를 얻는데 미혹함을 가엽게 여겨, 운거(雲居)의 심인[50]을 잘 지니고 일역(日域)[51]의 흐름을 소생시킬 것을 기약하였다. 이는 곧 진재(眞宰)[52]가 힘쓰고 도인(道人)이 수고하여, 그……을 잊고, ……한 것이며, (공자가) 주나라를 (돌아다니다가) 바삐 노나라에 돌아간 것과 같다. 이에 천우(天祐) 5년[53](908, 효공왕 12) 7월에 무주(武州)[54]의

---

47) 起予 : 자신의 마음을 열어 밝게 하는 것이다(『論語』八佾篇, "起予者商也 始可與言詩已矣").

48) 商 : 성은 卜이고 字는 子夏, 春秋時代 衛나라 사람. 孔子의 제자로 文學과 詩學으로써 稱名된다. 공자가 죽은 후 西河에서 가르침으로 직업을 삼았다. 그리하여 魏나라의 文侯師로 초빙되었고, 아들이 죽어 곡하다가 시력을 잃기도 하였다.

49) 客塵 : 우연히 밖으로부터 온 번뇌라는 말. 본래 있던 것이 아니라 밖에서 온 것이므로 客이라 하고, 心性을 더럽히므로 塵이라 한다.

50) 印 : 범어 Mudrā의 意譯으로 敎義의 규범이 되고 旗幟가 되는 것. 선종에서 문자나 언어를 초월하여 깨달음을 心印이라 한다.

51) 日域 : 해가 돋는 곳. 우리 나라를 말하기도 함. 日本은 日東이라 함(揚雄, 「東楊賦」, "東震日域 注 : 日域 日初出之處也)".

52) 眞宰 : 도교에서 말하는 우주의 주재자이다.

53) 天祐五年 : 天祐는 唐 哀帝의 연호(904~907), 천우 5년은 908년에 해당하는데 唐은 907년에 망하였으므로 원칙적으로는 천우 4년까지만 있어야 한다.

회진(會津)55)에 도착하였다.

이 때에 전란이 땅에 가득 차고 도적의 무리들이 크게 일어나니,56) 삼불(三佛)이 머무는 곳은 사방에 작은 진지(성)가 많았다.57) 대사가 암혈에 깊이 숨어 전란58)을 멀리 피하여, 사슴59)과 더불어 같이……하고……을 만났다. [그러므로] 구슬이 비치어 물이 아름다우니 큰 바다에 달이 비치는 때를 만난 것과 같고, 옥이 드러나 산이 빛나니 바로 깊은 골짜기 바람소리 들리는 곳과 같았다.

선왕(先王)60)이 바로 북쪽에서 출발하여 남쪽을 정벌하는 일에 전적으로 힘쓰면서 순행할 때,61) 임금을 피하는 사람이 적었다. 특별히 사신을 보내어 먼저 선문(禪門)에 나아가 조서를 받들어 전하여, 군진에 나오도록 하였다. 대사가 문득 제왕의 명을 들었으니 어찌 왕의 일정을 지체시키겠는가! 곧 진영62)에 이르자 바로 임금의

---

54) 武州 : 통일신라시대 지방 행정구역인 9州 중 하나. 백제가 멸망한 뒤에 唐이 한때 이 곳에 軍政을 실시했는데, 신라가 빼앗아 영유하다가 686년(신문왕 6) 武珍州를 처음 설치하였다. 757년(경덕왕 16) 12월 9주의 이름을 고칠 때 무주가 되었으나, 무진주의 이름도 계속 사용되었다. 757년 개편 당시 무진주는 14개 군과 44현을 관장하였으며, 주에 직접 속하는 현은 셋이었다. 주의 치소는 현재의 光州.

55) 會津 : 본래는 백제의 豆肹縣으로, 신라 경덕왕 때 회진으로 이름을 바꾸었다(『高麗史』 卷57, 志11 地理2 全羅道 羅州牧 會津縣).

56) 滔天 : ① 큰 물이 하늘에까지 창일함 ② 하늘을 업신여겨 죄악 등이 큼.

57) 四郊多壘 : 국가에서 병란이 다스려지지 않아 사방의 교외에 軍壘가 많음을 말한다(『禮記』 曲禮上, "四郊多壘 此卿大夫之辱也").

58) 烟塵 : ① 연기와 먼지 ② 전쟁터에서 일어난 먼지와 연기, 즉 병란·전란을 말함.

59) 麋鹿 : 순록.

60) 先王 : 弓裔를 가리킨다.

61) 徇地 : 땅을 순행하여 그 곳의 백성을 굴복시킴.

62) 柳營 : 細柳營. 漢나라 周亞夫가 장군이 되어 가는 버들(細柳)로 陣을 칠 때, 軍營의 규율이 엄숙하고 號令이 嚴明하기가 다른 장군의 覇上·

처소63)로 맞이하여, 머물도록 여러 번 붙잡고, 거듭 부촉하여 "과인
이 군대64)를 이끌고 엎드려 대사의 위의(봉의)를 공손히 받들겠습
니다"라 하였다. 대사가 수레를 타고 가는 것이 어려워 계속…….
[그런]즉 일찍이 대장경을 보다가 승사(僧史)를 살펴보았는데, 송
무제(宋武帝)가 적을 평정할 때 각현(覺賢)65)이 봉황에 의지하는
정성을 따르고, 수 문제(隋文帝)가 지방을 살필 때 법찬(法瓚)66)이
용을 따르는 정성에 응한 것과 같았다. 한 마음으로 법을 존중함이
천 년이 지났어도 같았는데, 어찌 임금의 지위67)가 장차 기울어지
고 국가의 기강이 타락할 것을 기약했겠는가. 군신이……하고, 부자
가……하여, ……의 흉악한 무리들을……하고 충성스럽고 곧은 신
하들을 베어 점점 쇠퇴함이 실로 하·은(夏·殷)보다 심하였다. 이
때 함께 독부(獨夫 : 궁예)68)를 한스럽게 여기고 몰래 명주(明主 :
왕건)를 생각하였다. 얼마 안 되어 여러 흉악한 무리들이 다투어 일

棘門의 진영에 비해서 훨씬 더 하였다. 순시하던 文帝가 이를 보고 크게
감동하여 細柳營이라는 이름을 남겼다고 한다(『漢書』 周亞夫傳). 이것
에 연유하여 將軍의 陣所를 柳營이라 雅稱한다.

63) 蘭殿 : 王后의 宮殿.
64) 龍旆 : 용을 그린 旗. 왕이 出行할 때 前騎가 드는 깃발.
65) 覺賢 : 359~429년. 인도 가비라국 사람. 범명은 佛馱跋羅. 인도에 구
법차 갔던 중국 승려 智嚴의 청으로 중국에 와서 鳩摩羅什과 法相을 논
하고 慧遠을 위하여 처음으로 禪經을 강설하였다. 418년『華嚴經』을 번
역하고 이 밖에 15부 117권을 번역하였다. 江陵에 머물고 있다가 宋 武
帝가 劉毅를 토벌할 때 따라 온 太尉의 청으로 장안에 돌아와 道場寺에
머물렀다(『高僧傳』 卷2, 佛馱跋陀羅).
66) 法瓚 : 齊州人. 隋 文帝의 초청으로 승광사에 머물렀다(『續高僧傳』 卷
10, 法璨, "開皇十四年 文帝省方 招訪名德 人有述其淸曠者 乃下勅延
之 與帝同歸達于京邑 住勝光寺").
67) 神器 : 임금의 자리.
68) 獨夫 : 惡政을 하여 국민들에게 배반을 당한 임금(『書經』, "獨夫受[受는
紂]").

어나니 진(秦)나라 때 제위(帝位)를 서로 노려 누구에게 돌아갈지 모르던[69] 것과 같았으나, 큰 원망이 모두 녹으니 한(漢)나라가 용처럼 일어나던[70] 해와 같았다.

금상(今上)[71]이 서쪽에서 정해진 의견을 모아 북쪽에서 높은 곳을 지키기를 끝까지 하니, 성스러운 해가 우리 나라에 떠 있고, 요사스런 기운을 조해(棗海)에서 씻어 내었다. (上이) 문득 대사가 오랫동안 혜일(慧日)을 엿보고 일찍이 현풍(玄風)을 들었으며, 큰 파도에 작은 배를 타고 중국에서 도를 물었음을 들었다. 상(上)이 빨리 마차를 부리어 조(詔)를 보내……우러름이 바다를 헤아림보다 더욱 깊고, 흠모하여 잇고자 하는 것이 더욱 간절하여, 매번 머리를 조아리고 삼가 거문고를 내려놓아 스승을 섬기는[72] 예의를 표했으며, 항상 존경하는 뜻으로 몸을 굽히고[73] 겸손히 옷을 걷는[74] 예를 다하였다. 그러므로 누차 경계할 것을 고하니, 더욱 간절히 귀의하였고 왕사(王師)로서 대접하여 임금이 임하는 吉□을 돕게 하였다.

---

69) 鹿死 : 사슴은 여러 사냥꾼들이 다투어 쫓아가는 짐승이므로 여러 사람들이 경쟁하여 얻으려고 하는 목적물, 특히 帝位를 말한다. 이와 연결되는 말로 鹿死誰手가 있는데, 이는 형세가 혼돈하여 승부가 아직 결정되지 않음을 말하는 것으로, 온 천하가 누구의 손에 돌아가게 될 것인가 하는 비유이다(『晉書』石勒載記, "勒因饗酒酣笑曰 朕若逢高皇 當北面而事之 與韓彭競鞭而爭先耳 脫遇光武 當並驅於中原 未知鹿死誰手").

70) 龍興 : 제왕이 될 사람이 일어남을 이르는 것으로, 곧 王業이 일어남을 비유한다(孔安國 『尙書』 序, "漢室龍興 開設學校 旁求儒雅 以闡大猷").

71) 今上 : 高麗 太祖 王建을 말한다.

72) 捨瑟 : 曾點이 瑟을 타다가 스승 孔子의 질문을 받자, 놓고 일어서서 대답한 고사에서 유래하여 스승을 공경하는 태도를 의미한다(『論語』 先進篇上, "點 爾何如 鼓瑟希 鏗爾舍瑟而作 對曰 異乎三子者之撰……").

73) 鞠窮 : 존경하는 뜻으로 몸을 굽히는 것을 말하며, 나아가 주의하고 힘쓴다는 의미이다.

74) 摳衣 : 옷의 뒷자락을 약간 끌어올리는 것으로 공손히 경례한다는 말.

그 아들……태제(太弟)인 태광(太匡)75) 왕신(王信)76)이 문득 마납
가사77) 1벌과 놋쇠 발우 1개를 취하였는데, 상(上)이 오를 때에 차
례로 받들어 무릎 꿇고 대사에게 바쳤다. 그런즉 부처를 공경하는
마음과 스승을 높이는 도리는 원위(元魏)가 승사(僧祠)를 받들던
날과 같았고, 大□가……를……할 때와 같아서……이와 같이 성하
였다. 그러므로 나원(奈苑)78)에 오래 머물면서 연비(蓮扉)에서 참
선하니, 오는 자가 구름과 같았고 받아들임이 바다와 같아, 벼와 삼
처럼 열을 이루니79) 마치 장자의 뜰과 같았고, 복숭아와 오얏나무
밑에 길이 만들어지듯 하니80) 마치 선인(仙人)의 시장과 같았다.

75) 太匡 : 大匡. 고려 초기의 官階名. 太祖가 고려를 세운 직후에 泰封의
　　관계를 이어받아 919년(태조 2)부터 사용하기 시작하였으며, 문관·무관
　　에게 수여된 관계 중 실질적으로 최고위에 해당되었다. 그러나 936년(태
　　조 19) 후삼국을 통일한 뒤 관계를 재정비한 후에는 16等級 중 제3위 2
　　품에 해당되었다.
76) 王信 : ?~926년. 고려 태조 王建의 사촌동생. 925년(태조 8) 10월 왕건
　　이 후백제 甄萱과 曹物城 전투 후 화의를 맺을 때 후백제에 인질로 보내
　　졌다. 926년 고려에 인질로 와 있던 견훤의 조카 眞虎가 고려에서 죽자,
　　견훤이 옥에 가두었다가 죽이고 고려를 공격하였다. 927년 정월에 견훤
　　이 왕신의 시체를 보내자 그 아우 育이 맞아들였다. 태조는 930년 安和
　　禪院을 세워, 그의 願堂으로 삼았다(『高麗史』卷1, 태조 8년 秋10월 을
　　해 ; 9년 夏4월 경진 ; 10년 春정월 을축 ; 13년 秋8월).
77) 摩納袈裟 : 摩納은 범어 Mānavaka, 摩納婆, 摩納婆迦라고도 하는데, 청
　　년 특히 바라문의 청년을 말함. 그러나 여기에서는 磨衲과 같이 쓰여, 비
　　단 袈裟를 말한다. 『六祖壇經』에 의하면 당 중종이 705년 6조 혜능에게
　　비단 紫磨로 짠 袈裟와 水晶珠를 공양하였다고 한다.
78) 奈苑 : 궁궐 안의 절.
79) 稻麻有列 : 稻麻成列. 많은 대중이 모여드는 것이 마치 논에 서 있는 벼
　　줄기와 삼밭에 서 있는 삼대와 같이 列을 이룬다는 뜻이다.
80) 桃李成蹊 : "桃李不言 下自成蹊"의 준말. 복숭아나무와 오얏나무의 꽃
　　과 열매가 매우 아름답기 때문에 일부러 사람을 부르지 않아도 서로 다
　　투어 찾아와서 그 나무 밑에는 저절로 길이 생긴다는 뜻이다. 덕망이 높

정명 7년[81](921, 태조 7) 3월 23일에……하고 이어서 칼싸움하는 소리가 들리니, 이것은 (대사를) 받들어 맞아 가려는 기병(騎兵)이 었다. 일월사(日月寺)[82] 법당에서 돌아가시니 속세의 나이가 51이요, 승랍이 33이었다. 이 때에 하늘이 어두워지고 땅이 갈라지며 안개가 캄캄해지고 구름이 슬픔을 머금었다. 산짐승들도 슬피 울었으며 들의 [새들도]……하였다. ……다음해 정월 19일에 부도[83]를 용암산 동쪽 봉우리에 옮기니 절에서부터 300여 보쯤 떨어진 곳이다.

우리 대사는 하늘이 준 지기(志氣)를 지녔고 산이 내려 준 훌륭한 영혼을 가진 분으로서 그윽함을 찾아 뭇 오묘함을 이해하였고, ……하였다. ……에……하다가 4마(四魔)[84]를 (물리치니) 정각(正覺)[85]에 훈수(薰修)[86]함이 으뜸이었고 진여(眞如)[87]에 응화[88]함이

은 사람은 辯說을 요하지 않아도 자연히 많은 사람이 귀복하여 모여든 다는 것에 비유한 말이다(『史記』 李將軍實傳, "太史公曰 傳曰 其身正 不令而行 其身不正 雖令不從……諺曰 桃李不言 下自成蹊 此言雖小 可以喩大也").

81) 貞明七年 : 貞明은 後梁 末帝의 연호(915~921). 정명 7년은 龍德 1년에 해당.

82) 日月寺 : 『高麗史』 卷1, 世家 태조 5년 夏4월의 기사에 의하면, 922년 (태조 5) 여름 4월 대궐 서북쪽에 창건되었다("創日月寺于宮城西北"). 그러나 이 기사가 중창되어 완공된 때를 의미하는 것이라면 법경대사 경유가 숨진 일월사와 동일 사찰이라고 볼 수 있으나, 확실하지는 않다.

83) 神座 : 부도.

84) 四魔 : 네 가지 魔軍. 즉 陰魔・煩惱魔・死魔・天子魔. 五陰은 여러 가지 苦痛을 내므로 음마라 하고, 貪欲을 비롯한 여러 가지 煩惱는 우리의 心身을 어지럽게 하므로 번뇌마, 죽음은 인간의 生命을 빼앗으므로 사마, 欲界의 제6천 他化自在天王이 좋은 일을 방해하므로 천자마 또는 自在天摩라 한다.

85) 正覺 : 正等覺, 無上正等覺. 바른 불타의 깨달음.

86) 薰修 : 薰은 熏習으로 향이 옷에 배는 것에 비유한 것이며, 수는 수행으로 곧 德을 몸에 배게 해서 수행함을 가리킴.

87) 眞如 : 범어 Tathātā의 번역으로, 사물의 있는 그대로의 모습. 사물의 본

뛰어났다. 하물며 또 일찍이 옥음(玉音)을 듣고 부처님의 말씀[89]을 전함에 있어서이겠는가. 선정의 산에서 아름다움을 쌓아……보좌하는 풍모를 도왔으며, 지혜의 물에서 자비로움……하여 임금의 교화를 도왔으며……하여 임금의 마음을 받들어 공손히 인재를 등용하려는[90] 계획을 받들었으며, (佛法을) 유전(流傳)시키려는 뜻을 올바로 받았다고 이를 만하였다.

상이 이에 조서를 보내 문인(門人)을 위로하여 "아름다운 저 쌍봉의 법[손]은 한 나라의 자부(慈父)라 할 만한데, 지금은……하기 어렵다. ……의 가르침을……하여 법은(法恩)에 보답하려고 한다. 추복(追福)의 때를 만났으니, 시호를 받는 특전[91]을 거행함이 마땅하다"라 하였다. 이에 시호를 내려 가로되 법경(法鏡)이라 하고 탑명을 보조 혜광(普照慧光)이라 하였다. 거듭 하신(下臣)에게 명을 내려 큰 공적을 써서 기리게 하니, 사양하려 하였으나 이루지 못하고 거칠게 문장을 만들었다. ……하기 어려워 높은 산봉우리의 높음을 찾지 못했다. 그러므로 오로지 이 글을 지어 비록 기리고 칭찬하는 아름다움을 모았으나, 그 전하는 바를 그대로 쓸 뿐이니 우아하고 아름답게 하는 기술이 없음을 한스럽게 여긴다.

체로서 진실로 영원불변한 것이란 의미로 이름한 것임. 如如·如實·如 등으로 부르며, 大乘에서는 萬有의 本體를 일컫는다.

88) 應化 : 應現. 佛과 菩薩이 중생의 근기에 맞게 여러 가지 모습으로 몸을 나타내어 잘 교화하는 것.

89) 金口 : ① 부처의 입을 말함. 부처의 몸이 황금빛이므로 그 입을 금구라고 하며, 또 金剛과 같이 견고하므로 그렇게 말하기도 한다 ② 부처의 말씀. 부처의 말씀은 만세에 없어지지 않는 진리이고 金剛과 같으므로 금구라 하고 또 금빛 입으로 하는 말이므로 그렇게 말한다. 여기서는 후자를 뜻함.

90) 汲引 : 물을 길어 올림, 인재를 등용함.

91) 易名之典 : 임금에게 시호를 받는 특전.

그 사(詞)에 가로되,

위대하도다 우리 가섭[92]이여,

당당히 도처에 봄이로구나.

주머니 속의 보배를 두려워할 만하니,

오직 자리 위의 보배를 알겠구나.

뛰어나도다 그윽한 가르침의 주인이여,

우리 해동의 바닷가에 태어났도다.

조계산에 조탑(祖塔)을······ 했음이여, ······

군왕이 거듭 거문고를 내려놓았고,

재신이 여러 번 글을 띠에 적어 놓았도다.[93]

배우는 무리들은 법의 요체를 탐구하며

오는 자는 좋은 인연을 맺었도다.

바야흐로 연좌에서 주목하였더니,

열반[94]이 갑자기 정신을 상하게 했도다.

보배로운 달이······에 빠지니······

---

92) 龜氏 : 범어 Kāśyapa의 意譯. 飲光이라고도 하고 迦葉이라 音譯함. 부처의 10대 제자 중 1인. 부처 입멸 후 經과 律에 대한 제1차 結集을 주관하였으며, 부처와의 사이에서 있었던 이른바 '拈華微笑'로 禪家에서 付法藏 제1조로 높이 추앙됨.

93) 書紳 : 잊지 않기 위해 큰 띠에 적어 둠(『論語』衛靈公篇, "子張書諸紳").

94) 泥洹 : 梵語 Nirvāna의 音譯. 涅槃이라고도 한다. 寂滅·滅度라 意譯한다. 解脫과 같은 말로 타오르는 번뇌의 불을 滅盡해서 깨달음의 지혜인 菩提를 완성한 경지를 말한다. 또 이 세상에 사람으로서 나타난 불타, 특히 석가모니의 육체의 죽음을 열반이라고도 한다. 여기서는 승려의 죽음을 의미함.

　천복95) 9년(944, 혜종 1) 갑진년96) 5월 임신 초하루 29일 경자에 세우다.
　석장(石匠) □ □□

【음기】

　검교도□□사승 석 정□
　제일좌승 석 장현
　원주승 석 □회
　전좌승 석 신영
　도유나승 석 계희
　직세승 석 허윤
　전지비사승(專知碑事僧) 석 담홍
　전지지리사(專知地理事) 대덕 총훈
　수도사자
　좌윤97) 강수영

95) 天福 : 後晉 高祖의 연호(936~944).
96) 龍集 : 龍은 별의 이름. 木星 곧 太歲를 이른다. 集은 머무는 곳, 星座 (별자리). 목성은 1년에 하늘을 한 번 옮기므로 1년을 용집이라고 한다. 용집 갑진은 태세 갑진의 뜻이다(『何承天 天贊』, "軒轅改物 以經天人 容成造曆 大橈創辰 龍集有次 星紀內分").
97) 佐尹 : 궁예가 904년 국호를 摩震, 연호를 武泰라 칭하고 廣評省 등의 관부를 설치할 때 이루어진 官人 9품계 중 제5위. 고려 건국 후에는 919 년부터 태봉의 관계를 이어받아 사용하였는데, 16관계 중 제11위로 5품 에 해당한다. 그 뒤 광종 때 중국의 文散階가 들어와 함께 사용되었는데 주로 비관인층, 지방호족들에게 적용되었다.

광평성98)리 왕익

재학제자의 관위 성명은 모두 다음에 있다.

신성대왕99)
강공[훤]100) 태광과 부인 박씨
금필101) 태광
왕□ 태광
유권열102) 좌승103)과 부인 김씨
왕유 좌승

---

98) 廣評省 : 고려의 중앙관부로 百官을 총괄하였으며, 그 장관을 侍中이라
    하였다.
99) 神聖大王 : 고려 태조 왕건의 諡號.
100) 康公[萱] : 생몰년 미상. 나말여초 경북 풍기 지방의 호족. 선종 9산파
    중 하나인 성주산파의 麗嚴을 후원하였다. 즉 知基州諸軍事上國이었을
    때 소백산에 은거하던 여엄에게 귀의, 태조에게 추천하니 태조가 양평
    菩提寺에 머물게 했다. 927년(태조 10) 9월 견훤이 신라를 습격했을 때,
    경애왕의 요청에 따라 당시 시중으로서 군사 1만을 거느리고 출정하였
    다. 또 936년 왕건의 후백제 공격 때 大相으로서 기병 3백 인과 군사 1만
    4천 7백 인을 거느리고 출정하여 신검 등의 항복을 받는 데 공헌하였다.
101) 黔弼 : 庾黔弼(?~941). 平州人으로 太祖를 도와 고려를 건국하는 데 큰
    공을 세워 開國功臣이 되었다. 994년 太師로 추증되었고, 태조 묘정에
    배향되었으며, 시호는 忠節이다.
102) 劉權說 : 생몰년 미상. 고려 태조 때의 문신. 918년(태조 1) 具鎭이 羅州
    道大行臺侍中에 임명되었으나 부임하려 하지 않자, 유권열은 侍郞에 있
    으면서 "상으로써 善을 권장하고 벌로써 惡을 징계해야 하니, 마땅히 엄
    한 형벌을 가해 여러 신하를 경계하소서"라고 간언하여 그를 부임하도록
    하였다. 922년 溟州將軍 王順式이 복속하지 않아 왕이 근심하자, "순식
    의 父 許越이 승려가 되어 內院에 있으니 그를 보내 타이르도록 하소서"
    라고 진언하여 왕순식을 귀부하도록 하였다.
103) 佐丞 : 고려 초기의 官階名. 16등급 중 제6위이며, 3품에 해당한다.

최언위104)

한계봉 원보105)와 부인 금씨

정□ 원보

한헌윤 원윤106)

한평 시랑107)

* 추기부분은 마멸이 심하여 내용을 파악하기 어렵기 때문에 번역을 생략하였다.

(역주 : 김영미)

---

104) 崔彦撝 : 신라 말·고려 초기의 대표적 문인으로 자세한 내용은 해제를 참조.
105) 元甫 : 고려 초기의 官階名. 16등급 중 제8위이며, 4품에 해당한다.
106) 元尹 : 고려 초기의 官階名. 16등급 중 제10위이며, 6품에 해당한다.
107) 侍郎 : 고려시대의 관직. 고려 태조 때 廣評省과 內議省의 차관급이었으나, 성종과 문종 때 상서 6부의 정4품 벼슬로 정착되었다.

10. 흥녕사 징효대사 보인탑비

당[1] 신라국 사자산 흥[녕선원 고]교시 징효대사 보인지탑비의 명
서문과 아울러

조청대부[2] 수[3]집사시랑[4] 자금어대[5]를 하사받은 신 최언위[6]가

1) 唐 : 비문이 완성된 924년은 後唐 莊宗 同光 2년에 해당.
2) 朝請大夫 : 관직명. 隋代에 설치됨.
3) 守 : 行守法으로서 조선시대에는 官階와 官職 간의 관계를 나타내 주는
   법제였으니 官階가 낮은 사람이 높은 職位에 앉았을 경우에 관계와 관
   직 사이에 넣어서 부른 말이었다. 그러나 고려시대에는 散職과 實職 사
   이의 관계를 표시하는 법제로 기능한 것으로 보인다(朴龍雲, 1981, 「高
   麗時代의 文散階」『震檀學報』52, pp.32~33 참조).
4) 執事侍郎 : 執事省의 次官職. 집사성은 신라시대 행정관부. 왕명출납,
   인사관리, 외교 등의 업무를 관장하였다. 중앙행정관부를 통괄하였는지
   에 대해서는 견해가 엇갈린다. 원래 진덕여왕 5년(651)에 稟主를 개편하
   여 설치하였으며, 흥덕왕 4년(829) 집사성으로 개칭되어 신라 멸망시까
   지 존속하였다.
5) 紫金魚袋 : 唐代 高官에게 내리던 魚袋의 일종. 당나라에서는 四色公服
   制度에 의하여 服色을 1~3품은 紫, 4·5품은 緋, 6·7품은 綠, 8·9품은
   靑으로 정하였는데, 3품 이상 服紫에는 금어대, 5품 이상 服緋에는 은어
   대를 차게 하였다. 우리 나라에서는 新羅 景文王 13년(873) 이후 憲康王
   10년(884) 이전에 魚袋制가 성립하였으며, 高麗 光宗 11년(960) 3월 百
   官의 公服制가 개정될 때까지 행해졌다. 자금어대는 고려시대의 경우 1

교를 받들어 짓다.
　최윤이 칙을 받들어 쓰고 아울러 전액을 하다.

　무릇 참된 종은 고요하고 고요하여 억지로 가르침을 세우는 문을
……하였으며, ……마음을 전하는 취지를……하였다. 그 요체란 그
윽한 기틀과 그윽한 경계이며, 그 종지란 부처의 말과 부처의 마음
이다. 이름과 말로써는 그 처음과 끝을 볼 수 없고, 보고 듣는 것으
로써는 그 법도를 알 수 없다. 이에 때를 탄 대사(大士)7)와 세상에
나온 신인(神人)이 있어, 언어라고 하는 수단을 빌리지 않고 홀로
가서 곧바로 본성의 바다로 돌아갔으며, 오히려 뜻의 길을 좇아 외
로이 가서 깊이 선(禪)의 산에 들어갔다. 반드시 이단을 천착하고
그 사견(邪見)을 믿는 사람이 있어서……, 원숭이 같은 마음8)이 독
있는 수풀에서 매양 날뛰는지라, 좋은 인연으로써 대우하여 그로
하여금 잘 인도함을 알게 하였으니, 이렇게 미혹된 자를 인도하는
것을 우리는 대사에게서 찾아볼 수 있다.

　대사의 휘는 절중(折中)이요, 자(字)는……이고 속성(俗姓)은 □
씨로서 [한주] 휴암9) 사람이다. 그 선조가 모성(牟城)10)에 벼슬살이

　~4품관에게 하사되었다(李賢淑, 1992,「新羅末 魚袋制의 成立과 運用」
　『史學硏究』43·44합집 참조).
6) 崔彦撝 : 신라 말·고려 초기의 대표적 문인으로 자세한 내용은 해제를
　참조.
7) 大士 : 범어 mahā-sattva의 번역으로, 開士라고도 하며, 음역으로는 摩
　訶薩이라 한다. 佛·菩薩의 통칭으로도 쓰고 흔히 大菩薩의 의미로 쓰
　인다.
8) 心猿 : 마음이 분주하게 움직이는 것을 원숭이에 비유한 말. 『大乘本生
　心地觀經』卷8에는 마음이 원숭이와 같아서 五欲의 나무에 놀면서 잠시
　도 쉬지 않는다고 하였다.

한 것이 인연이 되어 그 고을의 족속이 되었다. 아버지 선당(先幢)
은 활쏘기와 말타기를 아주 잘하여 중국과 신라에 이름을 떨쳤다.
효성스럽고 자애로움은 역사에 실리고 공적은 왕실까지 쌓여서, 고
을의 귀감이 되고 마을의 기둥이 되었다. 어머니 백씨가 선잠에 들
었을 때 꿈에 한 천녀(天女)가 말하기를, "어머니11)는 지혜로운 아
들을 꼭 낳을 것이다"라고 하였다. 보배로운……을……하여 대사를
임신하게 되었다. 보력12) 2년(826, 헌덕왕 18, 홍덕왕 1) 4월 7일에
대사를 낳았다.

(대사는) 태어나면서부터 성인의 자태가 있었으며, 일찍이 어린
애 티를 내지 않았다. 일곱 살(832)에 선승(禪僧)이 걸식하는 것을
보고는 출가를 흠모하여, 마침내 양친을 하직하였다. 이에 홀로 가
서 오관산사(五冠山寺)13)에 이르러 진전법사(珍傳法師)를 만나 뵈
었다. (법사가) 머리를 쓰다듬을 때 문득 마음을 편안케 하는 뜻을
깨달아, 그대로 자비의 집에 머물며 머리를 깎고 (승복을) 입었다.
(법사)가 이르기를, "후대의 염도인(染道人)14)이 여기에 다시 나타

---

9) 僧嵓 : 고구려시대의 군 이름, 후대의 黃海道 鳳山郡.
10) 牟城 : 牟城은 『三國史記』 卷35, 地理2 朔州 益城郡에 보이는 母城과
　　동일 지명인 것으로 보이며, 지금의 江原道 金化郡 金城面 일대이다(李
　　丙燾, 『國譯 三國史記』, 乙酉文化社, p.542 ; 朴貞柱, 1992, 「新羅末·高
　　麗初 獅子山門과 政治勢力」, 翰林大碩士學位論文, p.7 참조).
11) 阿孃 : 어머니를 말함.
12) 寶曆 : 唐 敬宗의 연호(825~826).
13) 五冠山寺 : 경기도 長端郡의 오관산에 있던 절. 五冠山 靈通寺가 아닌
　　가 함.
14) 染道人 : 미상. 혹시 漆道人과 동일한 인물이 아닐까 한다. 칠도인은 東
　　晉의 道安(312~385)을 말한다. 12세에 출가하여 西域僧인 佛圖澄에게
　　배웠는데, 얼굴이 검어서 칠도인이라는 별명을 얻었다고 한다(『梁高僧
　　傳』 권5, 釋道安傳).

낳구나!"라고 하였다. 여러 사람들이 말들이 많았지만, 장차 개미를 구한 사미15)와 어찌 비교하여 말할 수 있으리요.16)

열다섯 살(840)에 부석사(浮石寺)17)로 곧장 나아가 다투어 『화엄경 華嚴經』18)을 듣고 방광(方廣)의 진리19)를 찾고 십현(十玄)의 묘의20)를 궁구하였다. 교리·이론21)을 공부하던 사문들이 그의 말을 처음 듣자마자 그 마음을 인정하였으니, 마치 공융(孔融)이 이응(李膺)의 문하에 나아가니 나이 차이를 잊고 힘써 그와 벗으로 사귀고,22)……가……에……하니 죽음을 같이 하기로 한 교제23)를 지킨

---

15) 救蟻沙彌 : 개미를 구한 사미. 사미는 출가하여 十戒를 받은 7세 이상 20세 미만의 아직 具足戒를 받지 않은 남자를 말한다. 옛날에 한 羅漢이 어린 사미를 기르는데, 이 사미가 불행하게도 7일 후에 죽을 것을 알았다. 그래서 7일 간 말미를 주어 집에 갔다 오도록 하였다. 사미가 가다가 개미떼가 물에 표류하여 죽어 가는 것을 보았다. 그는 자비심을 내어 가사에 흙을 담아서 물을 막고 개미떼를 건져 살려 주었다. 이 인연으로 사미는 복을 받아 죽지 않고 생명을 연장했다고 한다(『雜寶藏經』 卷4).

16) 不可同年而語 : 일률적으로 말할 수도 없으며, 또한 동일하게 취급할 수도 없어 양자가 서로 격함을 비유한 것. 즉 양자가 너무 현격히 달라 비교할 수 없다는 말.

17) 浮石 : 경북 영주 浮石寺. 義相(625~702)이 문무왕 16년(676)에 창건. 신라 화엄종의 중심 사찰.

18) 雜華 : 『華嚴經』의 별칭.

19) 方廣之眞詮 : 方廣은 대승경전, 眞詮은 진리를 나타내는 문구. 즉 대승의 가르침을 의미.

20) 十玄之妙義 : 十玄은 十玄門 또는 十玄緣起를 이름. 華嚴宗에서 말하는 四種法界 가운데 事事無碍法界의 특징을 10가지 방면에서 설명한 것. 智儼의 古十玄과 法藏의 新十玄이 있음. 여기서는 화엄의 교의라는 의미.

21) 義學 : 敎理·理論에 관한 학문. 解學이라고도 함. 行證을 주로 하는 行學에 대해서 다만 智解를 증가시키는 데 치중하는 학문.

22) 孔詣膺門 競作忘年之友 : 孔融이 李膺의 門下에 나아가니 나이 차이를 잊고 힘써 그와 벗으로 사귀다. 공융(153~208)은 東漢 말 魯人으로 자는 文擧. 벼슬이 太中大夫에 이름. 선비를 좋아하고 문장이 훌륭했다

것과 같다.

열아홉 살(844)에 이르러 백성군(白城郡)[24] 장곡사(長谷寺)에서 구족계[25]를 받았다. 대사가 계단(戒壇)에 오르는 날에 붉은 기운이 계단 가운데로부터 곧바로 일어나는 것이 보였다. 이 절에 있던 노승이 뭇 사람들에게 말하기를, "이 사미는 평범한 사람이 아니며, 하루아침에 이루어진 것이 아니다. 이러한 영험을 보건대 계의 구슬[26]을 얻어 반드시 후대에 미혹한 이들을 유인하려고 먼저 신이한 상서를 드러내는 것이다."라고 하였다. 전날의 꿈을 미루어 생각해 보니 완연히 부합되었다. 이에 정성스레 계율을 지키고[27] 멀리 절

(『後漢書』卷70, 鄭孔荀 列傳60 孔融). 이응(110~169)은 漢 潁川 襄城 人으로 자는 元禮. 벼슬이 桓帝시 累官하여 司隷校尉에 이르렀다(『後漢書』卷67, 黨錮 列傳57 李膺). 忘年之友는 상대방의 학문과 재주를 존경하여 사귀는 벗으로서 손윗사람이 손아랫사람에게 대하여 이르는 말. 여기서는 澄曉大師 折中이 나이가 어렸음에도 공부가 여러 사문 중에서 가장 뛰어났음을 말하는 것.

23) 幷日之交 : 幷日은 同日. 즉 죽음을 같이하기로 한 교유.

24) 白城郡 : 경기도 안성군. 원래 고구려의 奈兮忽이었는데, 신라 경덕왕이 백성군으로 고쳤음.

25) 具足戒 : 모든 계율이 완전히 구비되었다고 하여 이름된 것이며, 이를 잘 지키면 열반의 경지에 다다를 수 있다고 한다. 具戒라 약칭하고 大戒라 하며 比丘戒 · 比丘尼戒라고도 한다. 梵語는 Upasampanna로 鄔波三鉢那라 음역하고 近圓이라 번역하며, 열반에 친근하다는 뜻이다. 비구 · 비구니가 지켜야 할 戒法으로 비구는 250戒, 비구니는 348戒가 있는데, 이 戒를 받으려면 沙彌戒를 받은 지 3년이 지난 이로 몸이 튼튼하고 모든 죄과가 없으며, 나이는 만 20세 이상, 70세 미만이어야 한다.

26) 戒珠 : 계율은 깨끗하여 몸과 마음을 장엄하는 까닭에 珠玉에 비유함.

27) 浮囊 : 浮囊不漏. 浮囊은 헤엄칠 때 몸의 浮力을 돕기 위해 쓰이는 羊皮나 牛皮로 만든 공기주머니이다. 40卷本 『大般涅槃經』卷10에서 부처가 迦葉菩薩에게 護戒의 마음이 金剛과 같아야 함을 말하면서, 다음과 같은 비유를 들고 있는 데서 나온 말이다. 즉 어떤 사람이 부낭을 가지고 大海를 건너는 도중에 바다 가운데서 한 羅刹이 부낭을 달라고 하였다.

경을 찾았다. 멀리 들으니 풍악(楓岳) 장담사(長潭寺)에 도윤화상
(道允和尙)[28]이 있는데, 오래도록 중국[29]에서 유학하다가 막 고향
에 돌아왔다고 하였다. 특별히 선문에 나아가 스스로 오체를 던지
는 예를 하였다. 화상이 말하기를, "영산에서 너와 이별한 지 몇 생
이런가, 서로 상봉함이 어찌 이다지도 늦은가."라고 하였다. 대사가
이윽고 입실[30]의 은혜를 입고 자애로운 교화에 깊이 감응받아 원하
던 바라 여기고 인하여 사사하였다. 화상은 일찍이 중국에서 먼저
남전(南泉)[31]을 만났는데, 남전은 강서(江西)[32]를 이었고, 강서는

그 주인이 불응하자 半만, 아니면 3분의 1만, 또 그도 아니면 털 1개만이
라도 뽑아 달라고 하였다. 그러나 주인은 끝내 한 터럭도 뽑아 주지 않았
다. 한 터럭만 뽑아도 물이 스며들어 마침내 익사하게 되기 때문이다. 이
는 浮囊을 지키듯이 계율을 생명처럼 護持하라는 뜻을 비유한 말이다.
바다에 뜨는 주머니(부낭)가 새지 않았다는 것은 승려가 계율을 매우 잘
지킴을 비유한 말이다. 浮囊도 같은 의미로 쓰인 것.

28) 道允和尙 : 또는 道均(798~868). 속성은 朴氏. 漢州 鵂巖郡 출신. 18세
에 출가하여 鬼神寺에서 華嚴을 수학. 헌덕왕 17년(825) 입당하여 南泉
普願의 법을 전수하고 문성왕 9년(847) 귀국하였음. 雙峰寺에 머물렀고,
경문왕이 귀의하였음. 시호는 澈鑑, 탑호는 澄昭(『祖堂集』卷17, 雙峯和
尙).

29) 華夏 : 중국의 별칭.

30) 入室 : 開室이라고도 한다. 師匠의 거실에 들어가서 친히 法門을 받아
잇는 것, 또는 禪宗에서 제자가 師家의 방에 들어가서 道를 묻는 것을
말함.

31) 南泉 : 南泉普願(748~834). 중국 선종 南嶽系. 속성이 王氏여서 王老師
라고 칭하였다. 河南省 鄭州 新鄭人. 757년 密縣 大隈山 大慧禪師에게
출가하였다. 777년 嵩山 會善寺 暠律師에게 구족계를 받았다. 律藏을
배우고 이어서 『楞伽經』・『華嚴經』과 三論를 배웠지만, 교학을 버리고
江西 馬祖道一에게 가서 嗣法하였다. 795년 安徽省 池陽 南泉山에 머
물며 30년 간 교화하여 크게 종풍을 떨쳤다. 陸亘・彭城의 劉公의 보호
를 받았다. 나이 87, 법랍 58. 제자에 趙州從諗이 있으며, 『語錄』이 전함.

32) 江西 : 馬祖道一(709~788). 중국 선종 洪州宗의 宗祖. 四川省 漢州 什

남악(南岳)33)을 이었으며, 남악은 곧 조계(漕溪)34)의 제자이니, 그

邡人, 속성은 馬氏. 일찍이 九流六學을 배웠고 州의 羅漢寺에 투탁하고
四川省 資州 處寂에게 출가하였으며 渝州의 圓律師에게 具足戒를 받았
다. 714년 南嶽懷讓을 찾아가 '南嶽磨磚'의 말에 心印을 얻었다. 福建
省 建陽 佛跡巖에서 開法하고 江西省 撫州 西裏山, 虔州 龔公山에 두
루 머물렀으며, 769년 江西省 洪州 開元寺에서 크게 종풍을 떨쳤기에
세상 사람들이 그 무리를 洪州宗이라 불렀다. 제자로는 百丈懷海·西堂
智藏·南泉普願·塩官齊安·大梅法常 등 130여 인이 있다. 南嶽下의
종풍은 실로 道一에 이르러 천하에 크게 떨치게 되었다.『馬祖道一禪師
語錄』(1권)이 전한다. 그의 禪風은 '平常心是道', '卽心是佛'을 표방하고
經典이나 觀心에 의지하지 않는 大機大用의 禪이었다. 세상에서는 江西
馬祖라고도 부른다. 시호는 大寂禪師.

33) 南嶽 : 南嶽懷讓(677~744). 선종 승려. 시호는 大慧禪師. 속성은 杜氏.
山東省 金州 사람. 15세에 湖北省 荊州의 玉泉寺 弘景律師에게 출가하
였다. 구족계를 받은 후에 律藏을 배웠으며, 동학인 坦然의 권유로 嵩山
의 慧安에게 배우고 다시 曹溪의 六祖 慧能에게서 크게 깨친 다음 이를
嗣法하였다. 713년 南嶽의 般若寺에 머무르며 馬祖道一 등 제자를 양성
하였다. 744년 8월 11일 입적. 나이 68. 탑호는 最勝輪.

34) 漕溪 : 廣東省 曲江縣 東南에 있는 시내. 六祖 慧能이 이 곳에 머물러
크게 禪法을 일으킴. 따라서 조계라 하면 흔히 육조혜능(638~713)을 지
칭함. 혜능의 이름은 처음에는 能大師로 쓰이다가 차츰 惠能에 이어 慧
能으로 쓰였다. 중국 선종의 제6조로 추앙됨. 본래 그의 집안은 范陽의
명문 盧氏 가문이었는데, 일찍이 아버지가 당시 변방인 廣東省 新州로
좌천되었기 때문에 거기서 태어났다. 속성이 盧氏여서 盧行者로 불렸다.
『金剛經』(또는『涅槃經』)을 듣고 느낀 바가 있어 湖北省 蘄州 黃梅山
의 五祖弘忍을 찾아가 배웠다. 홍인 문하에서 8개월 가량 방아 찧는 생
활을 하다가 '本來無一物'의 시구를 지어 인가를 받음으로써, 홍인의
수제자 神秀(606~706)를 제치고 홍인으로부터 의발을 전수받고 마침내
선종 제6조가 되었다. 이후 嶺南으로 은둔하였다가, 유명한 '風幡問答'
을 계기로 印宗法師(627~713)에게 삭발하였다. 이후 廣州의 法性寺와
韶州 曹溪의 大梵寺·寶林寺에 머물면서 설법 교화하였다. 神龍 元年
(705)경 唐王室에서는 慧能을 궁중으로 맞이하고자 曹溪로 薛簡을 파견
하였으나, 혜능은 병을 핑계로 가지 않았다. 이 때 설간과 혜능 사이에

고매함을 알 수 있도다. 대사는 이로부터 마음으로 복종하여 좌우를 떠나지 않고 동산(東山)의 법[35]을 이었으니, 어찌 중국[36]유학이 [반드시 필요하겠는가].

그 후에 도담선원(道譚禪院)에 곧장 나아가 자인선사(慈忍禪師)[37]를 만나 뵈었다. (자인선사는 대사가) 인사하는 것[38]을 보자마자 곧 오래 사귄 것 같이 말하였다.

"만나는 게 늦었군. 오랫동안 목이 빠져라 기다렸다."

'坐禪'등에 관한 문답이 오갔다. 선종의 주요 경전인 『六祖壇經』은 그의 大梵寺 설법을 기록한 것이라고 한다. 혜능은 사후에 제자 神會의 활약으로 일약 長安 불교계에 유명해졌다. 혜능은 自性淸淨心의 자각과 無念·無住·無相의 반야 실천을 일체화하여 새로운 중국 선불교를 완성시켜, 달마와 더불어 중국 선종사에서 가장 추앙받는 인물이 되었다. 그는 당나라 때 처음으로 大鑒禪師라는 시호를 추증받았으며, 이어 송나라 때 세 번이나 추가 시호를 추증받았으니 大鑒眞空普覺圓明禪師가 그것이다(古田紹欽·田中良昭 著, 남동신·안지원 譯, 1993, 『혜능』, 玄音社 참조).

35) 東山之法 : 東山之旨, 東山法門. 四祖道信 이후의 禪法을 말하지만, 엄밀히 말하면 그 제자 五祖弘忍의 그것을 가리킨다. 道信이 입적한 후 홍인이 湖北省 蘄州 東山(일명 黃梅山)으로 자리를 옮겨 선법을 널리 전파했기 때문에 이런 이름이 생겼다. 후일 홍인의 제자인 神秀가 則天武后(624~705)의 부름을 받고 입궐했을 때, "그대가 전하는 법은 누구의 종지인가"라는 물음을 받고, "기주의 동산법문을 전수받았으며, 『文殊說般若經』의 一行三昧에 의거하고 있습니다"라고 대답한 것에서 '동산법문'이라는 이름이 천하에 알려졌다고 한다(柳田聖山 著, 안영길·추만호 譯, 1989, 『禪의 思想과 歷史』, 民族社, pp.176~177). 弘忍下에서 慧能과 神秀 두 제자가 배출되어 선풍을 크게 떨쳤으므로, 禪宗을 일컬어 東山之旨라고도 한다.

36) 震旦 : 중국.

37) 慈忍禪師 : 생몰년 미상. 중국 유학을 하였으며, 聖住山門 圓朗禪師 大通이 그에게서 수학하였다. 「月光寺圓朗禪師大寶禪光塔碑」 참조.

38) 摳衣 : 옷을 여미고 敬禮함.

그 때 대사는 문득 눈앞의 물병을 가리켜 말하였다.

"병이 병이 아닐 때는 어찌합니까."
"네 이름이 뭐냐."
"절중입니다."
"절중이 아닐 때 너는 누구냐."
"절중이 아닐 때는 이렇게 묻는 사람도 없을 것입니다."
"이름 아래에 헛된 일이 없다더니, 절중은 어찌하지 못하겠군. 사람을 여럿 보아 왔다만, 너 같은 사람은 흔치 않았다."

그래서 16년 간이나 오래도록 선문에 머무르며 이치를 깊이 탐구하였다. 마침내 말이 없는 경지를 밟았으며, 끝내는 뜻을 얻는 경지로 돌아갔으니, 가히 푸른색은 쪽풀에서 나왔으나 쪽풀에는 푸른색이 없고 붉은색은 꼭두서니에서 나왔으나 꼭두서니에는 붉은색이 없는 것과 같다고 할 만하다. 그러므로 문을 나서지 않고도 천하를 아는 자를 대사에게서 볼 수 있다. 바다에 들어가 구슬을 찾고 산에 올라가 옥을 캐는데39) 무슨 일정한 스승이 있으랴 하는 말이 여기에서 생겨났도다. 이후에 지팡이를 잡고 병을 차고40) 두루 선지

---

39) 入海探珠 登山采玉 : 바다에 들어가 구슬를 찾고 산에 올라 옥을 캐다. 「菩提寺大鏡大師玄機塔碑」에는 "已抵驪淵 得認探珠之契 仍登鳥徑 方諧採玉之符"라고 하였다. "已抵驪淵 得認探珠之契"는 驪淵에 이르러 구슬을 찾는 인연을 안다는 말. 古代 寓言에 深淵 속에 驪龍이 살고 있는데 그 용의 턱 밑에 千金의 寶珠가 있었다고 하니, 그것을 얻기가 심히 어려웠다고 한다. 보통 探驪得珠라 하여 위험을 무릅쓰고 大利를 얻음을 비유한다. 여기서는 각고의 노력으로 진리를 얻었음을 말함(『莊子』 列禦寇). "仍登鳥徑 方諧採玉之符"는 조경에 올라 바야흐로 옥을 캐는 부절과 화합하다는 말. 이루기 어려운 일을 성취함을 비유한 말. 鳥徑은 새들이 아니면 다닐 수 없는 험한 산길을 말함.

식41)을 찾아다녔다.

중화42) 2년(882, 헌강왕 8)에 앞서 국통(國統)43)을 지낸 대법사 위공(威公)44)이 대사가 부평초처럼 떠돌아다니며 머무를 처소가 없다는 말을 듣고는, 문득 가슴에 가시를 삼킨 양 슬퍼하다가 급히 곡산사(谷山寺)를 수배하여 머물게 할 것을 주청하였다. (대사는) 비록 뜨거운 정성에 깊이 감동하여 잠시 머물렀으나, 한스러운 것은 서울45)에 가까운 점이었으므로 마음에 썩 내키지 않았다.

이에 사자산(師子山)에 운예선사(雲乂禪師)란 중이 있어 저으기 대사를 받들고 있었는데, (대사가) 덕은 중국과 신라에 으뜸이나 머무를 처소가 없다는 것을 듣고 뛰어난 제자를 보내어 뜨거운 정을 진실하게 나타내며 이르기를, "노승이 머무르고 있는 곳은 그릇이 작은 사람이 머무르기에는 마땅치 않습니다. 대사께서 이 곳에 머무신다면……우리 스님이 아니고서야 뉘라서 머물 수 있겠습니까. 청컨대 수레를 돌리어 절에 와서 머무십시오."라고 하였다. 대사는

---

40) 杖錫荷瓶 : 錫 곧 錫杖은 지팡이의 일종으로 大乘比丘가 늘 가지고 있어야 하는 비구 18物의 하나. 瓶이란 손을 씻는 淨瓶과 水桶으로 사용하는 瓶이 있다. 석장과 병은 三衣와 함께 비구가 행각할 때에 반드시 지참해야 하는 소지품이다. 결국 석장을 잡고 병을 찬다는 것은 소지품을 정돈한다는 뜻.

41) 知識 : 善知識. 범어 Kalyāṇamitra의 번역. 바른 도리를 가르치는 자.

42) 中和 : 唐 僖宗의 연호(881~884).

43) 國統 : 신라시대 중앙의 최고위 승관직이다. 일명 僧統 또는 寺主라고도 하였다. 이 직은 신라에서 551년(진흥왕 12)에 고구려에서 망명해 온 惠亮을 임명함으로써 시작되었다. 국통 밑에는 大都維那와 大書省 등의 승관이 있어 국통을 보좌하였으며, 지방에 파견된 州統과 郡統 등도 국통의 지시를 받았을 것이라 추측된다. 한편 국통은 國師와 혼재해서 나타나고 있는데, 이러한 현상은 고려 초에도 계속되고 있다.

44) 威公 : 생몰년 미상. 「深源寺秀澈和尙楞伽寶月塔碑」에 나오는 惠威와 동일 인물로 추정됨. 國統 역임.

45) 京輦 : 京師, 즉 서울.

멀리서 청하는 정성을 거스르기 어려워 그대로 초청하러 온 뜻에 따라 곧 참선하는 무리를 이끌고 가서 머물렀다. 이 절은 수많은 계곡이 병풍처럼 둘러섰고 온갖 바위가 벽처럼 에워쌌으니, 실로 해동의 절경이요 또한 천하의 복전(福田)이었다. 대사가 도착한 날부터 멀리서 오는 자가 아침에 셋 저녁에 넷씩, 비바람이 몰아치는 듯하였으며, 복숭아와 오얏은 말이 없어도 길이 생기듯 하였고46) 벼와 마가 줄을 지은 듯 많았다.47)

이 때에 헌강대왕48)이 급히 글을 보내어 대궐로 부르는 한편, 사자산 홍녕선원(興寧禪院)49)을 중사성(中使省)50)에 예속시켰다. 바야흐로 국운이 중흥함을 기뻐하다가, 홀연히 (헌강대왕이) 붕어하심51)을 탄식하게 되었다.

정강대왕52)이 선교(禪敎)를 흠숭하는 것이 전대에 못지 않아 왕

---

46) 桃李無言 : '桃李不言 下自成蹊'의 준말. 복숭아나무와 오얏나무의 꽃과 열매가 매우 아름답기 때문에 일부러 사람을 부르지 않아도 서로 다투어 찾아와서 그 나무 밑에는 저절로 길이 생긴다는 뜻이다. 덕망이 높은 사람은 辯說을 요하지 않아도 자연히 많은 사람이 귀복하여 모여든다는 것에 비유한 말이다(『史記』 李將軍實傳, "太史公曰 傳曰 其身正 不令 而行 其身不正 雖令不從…… 諺曰 桃李不言 下自成蹊 此言雖小 可以 喩大也").

47) 稻麻成列 : 많은 대중이 모여드는 것이 마치 논에 서 있는 벼 줄기와 삼밭에 서 있는 삼대와 같이 줄을 이룬다는 뜻이다.

48) 獻康大王 : 신라 49대 憲康王(재위 875~886).

49) 興寧禪院 : 신라 말 선종 구산파의 하나인 사자산파의 중심 사찰. 현재는 그 寺址에 法興寺가 있음.

50) 中使省 : 中事省. 李基東은 「羅末麗初 近侍機構와 文翰機構의 擴張」 『歷史學報』 77, p.21에서 中事省의 誤記로 봄. 신라 하대에 唐의 三省制를 본떠 설치한 관서의 하나. 국왕 근시기구로서 기능을 수행한 듯하나, 자세한 것은 알 수 없다.

51) 宮車晏駕 : 임금의 죽음.

52) 定康大王 : 신라 50대 왕(재위 886~887).

의 사람을 누차 보내어 멀리서 찬양의 뜻을 표하였다. 이 무렵의 운
수는 혼란기를 맞아 시절이 어려웠으며, 왕실이 위태롭기가 달걀을
쌓아 놓은 것 같아, 곳곳에 불타는 연기와 말달리는 먼지가 갑자기
일어나니 요사스런 기운이 절까지 미칠 것을 두려워하였다.

[광계] 2년(886)53) 대사는 상주의 남쪽으로 피난가서 조령(鳥
嶺)54)에 잠시 머물렀다. 이 때를 당하여 본산(사자산 흥녕사)이 과
연 병화를 만나 귀한 절이 불타 버렸으니, 대사께서 미리 길흉을 점
쳐 함께 불타는 재난을 면한 것이다.

진성대왕55)이 나라를 다스린 지 2년(888)에 명주승정(溟州僧
正)56) 석(釋) 포도(浦道)와 동궁내양(東宮內養)57) 안처현(安處玄)
등을 특별히 파견하여 멀리 말씀을 내리고 멀리서 법력을 빌었다.
그리고 음죽현(陰竹縣)58) 원향사(元香寺)를 영원히 선나별관(禪那
別觀)에 속하게 하였다.

이 날에 바야흐로 북쪽을 떠나 점차 남쪽으로 갔다. 공주(公州)로
길을 나와 성 아래를 지나갈 때 장사(長史)59) 김휴(金休) 공과 군

---

53) [光啓]二年 : 光啓는 唐 僖宗의 연호(885~888), 광계 2년은 정강왕 1년
(886). 모든 판본에는 大順二年으로 되어 있으나 앞뒤 내용으로 추정. 大
順은 唐 昭宗의 연호(890~891)로 대순 2년은 진성여왕 5년(891).

54) 鳥嶺 : 새재. 충북 괴산군과 경북 문경군 사이에 위치한 고개.

55) 眞聖大王 : 신라 51대 왕(재위 887~897).

56) 僧正 : 이 僧官名이 신라에서 사용된 예는 본 비문과 崔仁渷,「太子寺郎
空大師白月栖雲塔碑」(景明王代)에 보인다. 이로 보아 통일신라기에는
당나라와 마찬가지로 僧統이라는 북조계통 명칭과 僧正이라는 남조계통
명칭이 혼용된 듯하다.

57) 東宮內養 : 왕태자가 거처하는 동궁에 설치된 관직의 하나.

58) 陰竹縣 : 지금의 忠北 陰城.

59) 長史 : 신라시대의 지방관직. 州에서 都督과 州助를 보좌하였으며 관등
은 舍知 이상 大奈麻 이하였고 일명 司馬라고도 한다. 고려시대에는 六
衛 소속의 관직으로 품계는 종6품이었다.

리(郡吏) 송암(宋嵒)60) 등이 멀리서 (대사의) 자애로운 …를 듣고
는 군(郡)의 성으로 맞이하고 겸하여……좋은 거처를 가려서 머물
것을 요청하였다. 대사가 장사에게 이르기를, "빈도(貧道)는 늙어
가므로 쌍봉(雙峰)61)으로 가서 동학들을 만나 보고 선사(先師)의
탑에 참례하고자 남쪽으로 떠나는 것이니 머뭇거릴 수가 없다."고
하였다. 마침내 무리를 이끌고 떠나 곧바로 진례군(進禮郡)62) 경계
로 들어갔다가 홀연히 도적들이 길을 끊는 바람에 선중(禪衆)들이
길을 잃고 헤매었는데, 갑자기 연기와 안개가 자욱하고 잠깐 동안
에 어두워졌다. 도적들이 홀연히 공중에서 갑병과 말들의 소리를
듣고 놀랄 겨를도 없이 달아나 뿔뿔이 흩어졌다. 대사가 무리와 더
불어 그 겁탈의 재앙을 면하였으니, 이는 곧 관음보살63)과 대세지
보살64)이 옹호한 덕분이었다. 한탄스런 것은 온 나라에 초구(草寇)
가 없는 곳이 없다는 것이다. 이 무렵 별이 있는 밤에는 여정을 배
나 빨리 하여 무부(武府)에 도달하였다. 이에 뭇 군사들이 공경하여
숭앙하고 온 고을이 소생한 듯하였다. 대왕은 대사가 남방을 유력
하며 사경(四境)65)을 호지하자, 뭇 흉악한 무리들이 손을 모으고 아

---

60) 宋嵒 : 비문 음기에는 공주 지방의 史上으로 나온다.
61) 雙峰 : 전남 화순군 쌍봉사를 이름. 현재 澈鑑禪師 道允의 浮屠와 碑身
   이 없는 塔碑가 전한다.
62) 進禮郡 : 忠南 錦山郡.
63) 觀音 : 관세음보살. 아미타불의 협시보살로서 또는 단독으로 등장하여,
   중생을 제도하는 역할을 수행한다. 주로 중생들이 현실에서의 고난을 벗
   어나기 위하여 관음보살을 많이 신앙하였다. 여기서는 大勢地菩薩과 함
   께 아미타불의 협시보살로서 등장하였는데, 이는 신라 하대 선종 승려의
   아미타신앙을 보여 주는 귀중한 사료로서 가치가 높다.
64) 勢慈 : 大勢地菩薩. 관음보살과 함께 아미타불의 협시보살로 등장한다.
65) 四境 : 四鏡인 듯하다. 四鏡은 『大乘起信論』에서 眞如가 淸淨함을 明鏡
   에 비유하되, 그 내용과 성질을 4種의 義相, 즉 如實空鏡·因熏習鏡·
   法出離鏡·緣熏習鏡 등에 비유한 것을 말한다.

주 돈독한 마음으로 귀의하였다는 말을 듣고는, 곧 대사가 국가를
영원히 복되게 하고 겸하여 나라의 성(城)이 됨을 알고서, 특별히
무량사(無量寺)66)와 영신사(靈神寺)67)의 두 절을 맡기며 주지할
것을 요청하였다. 무주의 군리(群吏)인 김사윤(金思尹) 등이 선지
(禪旨)를 문득 듣고 깊이 법은을 입어 분령군(芬嶺郡)68)의 동림사
(桐林寺)69)에 머무르며 영원히 선승의 거처로 삼아 생애를 마칠 곳
으로 여기기를 청하였다. 혜원(惠遠)이 여산에 거처하던 날 진(晉)
[안제(安帝)]가 존숭하였고,70) 승조(僧稠)가 용산에 있을 때 제(齊)

---

66) 無量 : 無量寺. 충남 부여군에 위치한 사찰.
67) 靈神 : 靈神寺. 武州에 위치한 사찰.
68) 芬嶺郡 : 全南 昇州郡 樂安面.
69) 桐林 : 桐林寺. 전남 승주군 낙안면에 위치한 사찰.
70) 惠遠居廬阜之日 晉[安]尊崇 : 惠遠이 廬阜, 즉 廬山에 머무를 때 東晉
    의 安帝(재위 395~418)로부터 존숭받았던 사실을 말함. 惠遠(334~416)
    은 中國 東晉시대의 승려, 廬山敎團의 지도자. 속성은 賈氏. 원래 儒家
    古典과 老莊學에 정통하여 이름을 날렸는데, 釋道安을 만나 그의 『般若
    經』 강의를 듣고 출가하였다. 난을 피하여 각지를 유랑하다가, 381년 동
    문인 慧永의 요청으로 廬山 西林寺에 들어갔으며, 384년(또는 381) 桓伊
    가 惠遠을 위해 건립한 東林寺에 들어가 이후 30여 년 간 산을 나오지
    않고 수행에만 전념하였다. 이 때 儒生·道士·僧侶·信徒 등 123명을
    함께 모아 부패한 교단을 반성하는 白蓮結社運動을 전개하였는데, 그
    내용은 念佛三昧의 실천을 통해 西方往生을 기약하는 것이었다. 여기에
    는 劉遺民을 비롯한 지식인 그룹도 참여하였으며 나중에는 陶淵明·陸
    修靜 등과 교유하여 유명한 '虎溪三笑'의 일화를 남기기도 하였다. 혜원
    의 사상은 노장사상을 매개로 불교를 이해하는 格義佛敎 단계의 般若學
    이며, 여기에 禪觀을 幷修하였다. 혜원과 그의 문하는 중국 불교계가 나
    아갈 방향을 제시함으로써 인도 불교의 중국화에 커다란 기여를 하였다.
    저술로는 국가권력 내지 국왕에 대한 불교도의 독립성을 주장한 『沙門
    不敬王者論』, 세속인을 계몽하기 위한 『三報論』, 승려의 胡服 착용을
    합리화한 『袒服論』 등 다수를 남겼으며, 鳩摩羅什과 주고받은 교의문답
    은 나중에 『大乘大義章』으로 정리되었다.

문선제(文宣帝)가 정중히 대하였으며,71) 또 허순(許詢)이 지둔(支
遁)을 스승으로 모셨고,72) 주서(朱序)가 저 도안(道安)에 의탁한
것73) 등은 자랑할 만한 것이 못 된다. 그러니 세상의 다리가 되고
시절의 약이 되며, 임금과 신하가 의뢰하고 선비와 백성이 귀의하
는 자라고 할 만 하도다.

얼마 안 되어 대사가 무리에게 이르기를, "이 땅은 반드시 재해가
생겨서 도적들이 서로 죽일 터이니, 일찍이 가는 이만 못하다. 난이
이르면 속수무책이 될 것이다" 하고는, 홀연히 북산으로 길을 잡고
마침내 서해에서 뗏목을 탔다. 이 때 갑자기 풍랑을 만나 배를 안정
시키기가 어려웠다. 대사가 뱃사람74)에게 물었다.

---

71) 僧稠在龍山之時 齊文鄭重 : 僧稠가 天保 2년(551)에 北齊 文宣帝(재위
　　550~559)를 만나 그에게 설법을 하고 菩薩戒를 주자, 文宣帝는 이에 감
　　동하여 천하에 도살 금지령을 내리는 한편, 이듬해에 鄴城의 서남쪽 80
　　리 되는 龍山 남쪽에 雲門寺를 개창하고 僧稠로 하여금 주지케 하였던
　　사실을 말함. 僧稠(480~560)는 小乘의 習禪者로서 속성은 孫氏이며, 항
　　상『涅槃經』聖行品의 四念處法을 수행하였다.
72) 許詢之師於支遁 : 支遁(314~366)은 字가 道林이며 東晉 중기의 고승으
　　로서 당시 귀족불교의 대표자였다. 당시의 지식인과 교류하였으며, 그
　　중의 한 사람이 許詢이었다. 許詢은 자가 元度이고 산수에 노닐기를 좋
　　아하였다고 한다.
73) 朱序之託彼道安 : 朱序는 東晉시대 사람으로 자는 次倫, 대대로 명장
　　가문 출신으로 양주자사와 예주자사를 역임하였다. 道安(312~385)은 남
　　북조시대 화북 지방에서 활약한 고승이다. 일찍이 佛圖澄에게 배웠으며,
　　前秦의 苻堅이 襄陽을 공략한 후 그의 요청을 받아 長安에서 불교 연구
　　에 전념하였다. 일생『般若經』연구와 禪觀 수행에 힘썼으며, 경전 주석,
　　경전 목록, 번역론, 불교 의례 등의 모든 면에서 중국 불교의 개척자였다.
　　그는 전란기에 불교 교단을 보호 육성하기 위해서는 국왕 권력의 후원이
　　절대적임을 절감하고 '王卽佛'사상을 부르짖기도 하였다. 제자로는 廬
　　山 惠遠이 대표적이다.
74) 海師 : 항해에 숙달한 사람.

"밤낮 쉬지 않고 부지런히 천리를 왔는데, 여기가 어디인지 속히 앞길을 알고 싶소."

"앞길을 가만히 헤아려 보니 반드시 서국일 것입니다."

대사가 게(偈)를 지어 이르기를, "앞서 진(秦)에 노닐며 기상이 클75) 때를 생각하니, 늙은……가 도리어 학생아이가 되었구나. 옛날 서쪽으로 유학하기를76) 구하던 것을 미루어 생각해 보니, 문득 때가 되었다고 생각하며 너무 더딤을 한하노라"고 하였다. 황홀한 순간 침잠하여 읊조릴 때 그 근심하고 경계하는 가운데 꿈에 바다신을 보았는데, (바다신이) 말하기를, "대사는 당나라에 들어갈 필요가 없는데, 어찌 근본으로 돌아감을 방해합니까. 열심히 노력하되 상심하지는 마십시오" 하였다. 홀연히 편풍(便風)을 만나 동쪽으로 반나절 정도 가서 당성군(唐城郡)77)의 서쪽 경계에 도달하여 평진(平津)78)에 나아갈 수 있었다. 이 때문에 수진(守珍)79)에 가서 임시로 머물 것을 꾀하였다. 마침내 은강선원(銀江禪院)에 이르렀는데 차차 대사의 마음에 맞아 그대로 열흘을 지내며 잠시 여장을 풀었다.

대왕이 마침내 황양현(荒壤縣)80) 부수(副守) 장연열(張連說)을 보내어 오로지 차와 향을 갖고 가 멀리 편지를 주며 이르기를, "늘 왕을 보좌할 수 있는 재주를 사모하여 국사81)의 예를 표하고자 합

75) 落拓 : 기상이 큼.
76) 西笑 : 서방을 갈망하는 웃음. 여기서 서방은 中國. 곧 중국으로 유학감을 말함(『桓譚新論』祛蔽, "人聞長安樂 則出門向西而笑").
77) 唐城郡 : 京畿道 南陽의 옛 이름.
78) 平津 : 서해안에 위치한 포구이나 위치는 미상.
79) 守珍 : 지금의 江華로 추정됨(朴貞柱, 앞의 논문, p.15의 주 37).
80) 荒壤縣 : 경기도 양주군. 백제시대에는 骨衣奴(內)였던 곳을 신라 경덕왕 16년에 荒壤으로 고쳤다.

니다” 하였다. 대사는 연진(煙塵)에 쫓겨 세도(世道)가 위태롭다 여
겨서, 혜능이 설간(薛簡)의 맞이함[82]을 거절하듯, 주풍(朱豊)의 간
절함[83]으로써 사양하며 말하기를, “세상이 모두 혼탁하며 시절이

81) 國師 : 신라 및 고려시대에 있었던 승려의 최고 명예직. 신라시대 효소
왕 때 惠通이 국사에 책봉된 뒤부터 國統과 함께 병존한 최고의 승직이
다. 고려시대에 들어와 국통은 차츰 거의 사라지고 국사에 더하여 王師
가 생겨났다. 국사의 기능은 고려 전기에는 실질적이기보다는 상징적이
었다. 왕에게 이상적인 도덕정치를 권고하는 정도였으며, 교화의 방법을
구체적으로 제시하거나 정치 개혁에 직접적으로 참여하지는 않았다. 그
들만이 특별히 주관한 종교의식도 찾아볼 수 없으며, 책봉의식 이외에는
일반 고승과 구분되는 특별한 기능도 발견할 수 없다. 그들은 청정한 수
도생활을 통해 정신적 존숭을 받았던 만큼, 경제적인 배경이나 사회적인
명성을 이용하여 교권과 정치권에 영향력을 행사한 흔적은 거의 없다.
대체로 고려 전기에 왕은 국사에게 실질적인 기능을 부여하기보다는 극
진한 예우로 책봉의식을 거행함으로써, 불교에 귀의한 민심을 받들어 왕
정을 폈던 것이니, 이는 전통적인 동아시아의 정치사상을 불교와 결합시
킨 것으로 볼 수 있다. 이는 바로 敎權과 통치권과의 갈등을 피하고, 타
협과 조화로 불교의 교화를 통치에 이용할 수 있는 역량에서 나올 수 있
었던 것이다. 국사는 당시 수행이나 교리상 가장 추앙받는 고승이 선정
되었다. 책봉하는 과정은 매우 정중하고도 절차가 복잡하였다. 고려시대
에 책봉된 국사는 40여 인에 이른다(許興植, 1986,「國師·王師制度와
그 機能」『高麗佛敎史硏究』, 一潮閣). 여기서는 왕이 절중을 국사에 정
식으로 책봉하고자 한 것이 아니라, 국사에 가까운 극진한 예우를 베풀
고자 했던 사실을 말해 주는 것이다.
82) 薛簡之邀 : 神龍 元年(705)경 唐王室에서는 六祖慧能을 궁중으로 맞이
하고자 曹溪로 薛簡을 파견하였으나, 혜능은 병을 핑계로 가지 않았다.
이 때 설간과 혜능 사이에 ‘坐禪’ 등에 관한 문답이 오갔다.
83) 周豊之懇 : 주풍은 魯나라 哀公 때의 賢者이다. 哀公이 만나자고 했으
나 거절하니, 애공이 그렇다면 만나는 것을 그만두겠다 하고 사람을 보
내어 백성들에게 어떻게 하면 恭敬을 받을 수 있겠는가를 물었는 바, 이
에 주풍은 禮義와 忠信과 誠慤之心(정성스럽고 진실한 마음)을 근본으
로 하면 된다고 하였다(『禮記』 檀弓下, “魯人有周豊也者. 哀公執贄 請
見之 而曰不可. 公曰我其已夫 使人問焉 曰有虞氏 未施信於民 而民信

오래도록 혼미합니다. 횃불로는 한밤중의 어두움을 제거할 수 없으며, 아교로는 황하의 탁류를 막을 수 없습니다. 매번 악로(惡路)를 볼 때마다 실로 생도(生途)가 싫습니다"하였다.

건녕 7년84)(900, 효공왕 4) 3월 9일 새벽에 문득 문인들에게 고하기를, "삼계(三界)85)가 모두 공하며, 온갖 인연이 함께 고요하다. 나는 장차 가리니 너희는 힘써 선문을 수호하여 종지를 어그러뜨리지 않는 것으로써, 나의 은혜에 보답하라"하였다. 말을 마치고는 앉은 채 돌아가셨다. 나이가 75세요, 승려가 된 지 56년이었다. 이 때 하늘색이 창망해지고 햇빛이 참담하였으며, 사람들은 모두 시력을 잃은 듯하였고 온 세상이 마음 아파하였으니, 하물며 문하 제자들이 함께 절절히 마음 아파하고 모두 이별을 슬퍼함에 있어서이겠는가! 천축의 구시(拘尸)의 화장하는 법86)을 본받아 석실의 서쪽에서 다비를 하여 사리 1천 립을 얻었다. 그날 밤에 그 고을의 제치사(制置使)인 김견환(金堅奐)이 이르기를, "석단 위에 붉은 기운이 하늘을 찌르니 하늘의 무리가 날아와서 그 사리를 주워 갔습니다"하였다.

之 夏后氏 未施敬於民 而民敬之 何施而得斯於民也. 對曰墟墓之閒 未施哀於民 而民哀 社稷宗廟之中 未施敬於民 而民敬 殷人作誓 而民始畔 周人作會 而民始疑 苟無禮義忠信誠愨之心 以涖之 雖固結之 民其不解乎").

84) 乾寧七年 : 乾寧은 唐 明宗의 연호(898~901)로 5년 8월에 光化로 改元하였으므로, 그 7년은 光化 3년으로 900년.

85) 三界 : 중생이 生死에 유전하는 迷의 세계. 生死輪廻하는 미혹의 生存界[有]에 대한 분류이므로 三有生死라고도 하고 단순히 三有라고도 한다. 즉 欲界(欲有)·色界(色有)·無色界(無色有)의 셋을 말한다. 삼계는 끝이 없어 大海와 같은 迷·苦의 영역이므로 苦界·苦海라고 한다.

86) 拘尸之法 : 拘尸는 석가모니가 입멸한 구시나가라. 따라서 拘尸之法이란 불교식 장례, 즉 화장(茶毘)을 말한다.

이에 아침을 기다려 먼저 원에 이르러서 특이한 상서로움을 갖추어
승려들에게 알려 주었다. 승려들이 이에 놀라 다비한 곳[87]으로 가
서 과연 백여 립을 습득하였다. 천인(天人)이 공경하고 승속이 슬퍼
하였으니…… ……이 강안……현읍에서……인데, 한스러운 것은
산사에서 멀고 바다 습기에 가까워 오직 승려로서 성변에 의탁한
것이니, 비유하자면 제비가 천막 위에 서식하는 것과 같았다. 그래
서 은밀히 사리를 가지고 동림(桐林)에 이르러 천우[88] 3년(906, 효
공왕 10)에 석분을 높이 세우고 금골을 안치하였다.

대사의 정령은 산악이 내린 것이요 지혜로운 깨달음은 하늘이 부
여하였다. 선백을 거느리는 종(宗)이요 무생(無生)의 경지에 오른
조사였다. 이르는 곳마다 다만 선실을 열었으며, 머무는 곳마다 항
상 진승(眞乘)을 설하였으니, 곧 오는 자들은 구름이 달리듯 하였고
받아들이기는 바다와 같이 하여 가르침에 게으름이 없었다는 것[89]
이 바로 여기에 있도다. 이른바 세상을 위하여 태어나 사방에서 교
화를 펼치고 머무는 것이 일정하지 않아 그 이로움이 넓었도다. 마
침내 선관을 크게 넓히고 큰 가르침을 드날리게 하여, 마군을 말대
(末代)에서 일소하고 왕도를 삼조(三朝)에서 도왔으며, 바람, 서리
가 숙연하는 것과 같은 위엄을 거두어 매양 뜻의 나무를 타고, 비와
이슬이 생성시키는 듯한 덕을 헤아려 항상 정(情)의 밭에 물을 대
었다. 진리의 말씀을 가리켜 보이고 두터운 뜻을 베풂에 이르러서
는, 혹은 학도의 입에 오르내리고 혹은 승사(僧史)의 말에 실려 있
는 자로다.

---

87) 雙林 : 석가모니가 열반한 숲으로 鵠林, 鶴林이라고도 하는데, 여기서는
折中을 茶毘한 곳을 가리킨다.
88) 天祐 : 唐의 마지막 왕인 哀帝의 연호(904~907).
89) 誨人不倦 : 남을 가르치기를 게을리하지 않는다(『論語』述而篇, "子曰
若聖與人 則吾豈敢 抑爲之不厭 誨人不倦 則可謂云爾已矣").

전법제자인 여종(如宗), 홍가(弘可), 신정(神靖), 지공(智空) 등 천여 인이 돌이 쌓여 성이 될 것을 함께 염려하고, 구릉이 계곡으로 변할 것[90]을 같이 우려하여, 표를 대궐에 올리고 생각을 아뢰어 비를 세울 것을 청원하였다. 효공대왕은 일찍이 중국풍을 숭앙하고 항상 불교의 이치를 흠모하여, (대사를) 추증하여 시호를 '징효대사'라 하고 탑명을 '보인지탑'이라고 하였다. 이어서 한림학사[91] 전수예부시랑[92] 박인범[93]에게 명하여 비문을 짓게 하였다. 인범이 왕명을 받들고 나서 아직 문장을 다 짓기도 전에 장수(漳水) 물가[94]에 눕더니 갑자기 장학(莊壑)을 탄식하게 되었다. 이에 문인들은 방진(芳塵)이 차츰 멈추고 비석이 새겨지지 않을까 두려워하였으므로, 부지런히 정성을 드러내고 행장을 진술하였으니, 이는 진실

---

90) 陵谷：陵谷之變. 언덕이 변하여 골짜기가 되고 골짜기가 변하여 언덕이 됨. 世事의 변천이 격심함을 비유함.

91) 翰林學士：翰林院의 學士로 정3품. 한림원은 詞命을 制撰하는 관청이며 國王側近의 文翰官으로 문필에 능한 儒臣이 임명되고 淸要職으로 중시되었다.

92) 禮部侍郎：고려시대 尙書省의 중앙본부인 尙書都省 하부기구 禮部의 정4품직.

93) 朴仁範：생몰 연대 미상. 入唐留學하여 唐 懿宗 咸通年間(860~873)에 國學에서 공부하였고, 乾符 3년(876) 金渥과 함께 賓貢科에 급제하였다. 귀국하여 員外郎에 임명되어 探候使로 입당한 바가 있다. 그는 詩의 대가였으며 崔致遠이 신라 조정을 떠난 후에는 文柄을 장악했다.「玉龍寺先覺國師證聖慧燈塔碑」(1150)에 瑞書學士,「興寧寺澄曉大師寶印塔碑」에 翰林學士 前守禮部侍郎으로 나온다. 그는 澄曉大師 折中의 비문 찬술을 명받았으나 완성하지 못하고 세상을 떠났다(李基東, 1978,「羅末麗初 近侍機構와 文翰機構의 擴張」『歷史學報』77 ; 1984,『新羅骨品制社會와 花郎徒』, 一潮閣, p.252 참조).

94) 漳濱：漳水의 가. 장수는 중국 湖北省 當陽縣 동북을 흐르고 있는 강으로 북쪽에 漳鄕이 있다. 여기서 蜀漢의 關羽와 그 아들 關平이 죽었으므로, 죽음을 의미한다.

로 구름이 흘러 빗돌을 쓰다듬고 학의 울음소리가 하늘까지 들렸던 것이다. 금상(今上 : 경명왕)은 신기로 꽃다움을 전하고 보도로 천명을 받아 그 선인의 뜻을 잇고 장차 후손에게 보이고자, 하신(下臣)에게 명하여 고매하고 아름다운 것을 드날리고자 하였다. 인연(仁渷)은 재주가 봉황을 토할 정도95)가 아니고 학문은 망양을 잃음을 탄식하는 정도96)에도 부끄럽다. 계과(桂科)는 비록 마음을⋯⋯하기를 간절하나, 방아 찧다가97) 손만 다칠까 우려된다. 바라는 바는 억지로 붓을 놀려 길이 국주의 은혜를⋯⋯하고 모름지기 삼가 오언98)하여 종내 [문]인의 뜻을 위로하고자 하는 것이다. 거듭 앞서의 뜻을 베풀어 이에 명(銘)을 짓노라.

  대각의 상승이여
  ⋯⋯도를 열었으며,
  능인99)의 은미한 뜻이여
  진리의 나루100)로 인도하는구나.
  거짓을 버리고 진리를 깨침이여
  때로 역력하며, 범인에 즉하여 성인을 이룸이여
  세상에 많고도 많구나.

---

95) 吐鳳 : 문장의 재능이 빼어남을 이름. 한나라 揚雄이 『太玄經』을 다 짓고 나서 봉황을 토하는 꿈을 꾼 고사에서 유래.
96) 亡羊 : 亡羊之歎의 준말. 도망간 양의 뒤를 쫓는데 갈림길이 많은 데에 이르러 마침내 잃어버리고 탄식하였다는 뜻으로, 학문의 길이 다방면이어서 진리를 깨닫기가 어려움을 한탄한다는 것을 비유함(『列子』).
97) 虀臼 : '매운 것'을 '받는다'는 '受辛'의 隱語로 '辭'字이니 絕妙好辭, 즉 뛰어난 名文이라는 뜻.
98) 五言 : 五德(仁義禮智信)의 말.
99) 能仁 : 부처님.
100) 玄津 : 中道의 도리. 『十二門論』序에 나옴.

별산이 빼어남을 잉태함이여

기골을 낳았으며,

학수(鶴樹)101)가 슬픔을 머금음이여

보신102)을 장사지냈도다.

바야흐로 알겠도다 고매한 자취여

비록 입멸이 있을지라도,

문득 보니 성대한 이름이여

또한 날로 새롭구나.

교화를 흠모하여 끝까지 장식함이여

五□가 있으며,

밝음을 이어 자취를 거듭함이여

천인(千人)이 있도다.

달이 작은 집을 위로함이여

길이 해를 가리고,

서리가 내원을 적심이여

영원히 봄을 이별하노라.

□□장로 운초장로 [당]시주인화상 형서 [장로] 예홍장로가 용덕103) 4년(924, 경명왕 8, 태조 7) 세차 갑신 4월 15일에 비문을 완성하였으나, 국가에 일이 많았기 때문에 20여 년을 건너뛰어 문득 사군(四郡)에 연기가 사라지고 온 나라에 먼지가 멈추어지자 천복104) 9년(944, 혜종 1) 세재 갑진 6월 17일에 세우다. 최환규가 글

---

101) 鶴樹 : 鶴林, 雙林과 같은 의미.
102) 報身 : 三身의 하나로 과보와 수행의 결과로 주어진 佛身, 즉 오랜 수행의 과정을 겪어 무궁무진한 공덕이 갖추어진 몸을 의미한다. 여기서는 징효대사 절중을 가르킴.
103) 龍德 : 後梁 末帝의 연호(921~923).

을 새기다.

【음기】

삼가 뛰어난 승속제자의 존위를 기록하여 뒤에 배열한다.

능선[105]사주,　승전사주,　총월사주,　최허대덕

홍림대덕,　계정대통,　경보[106]대통,　성언대덕

왕요군[107]

왕조군[108]

□□대[광],[109]　필영대[광],　영장정광,[110]　왕경대승,[111]

청단□주,　김일소판,[112]　궁달소판,　왕규좌승[113]

권열[114]좌승,　왕순좌승,　왕렴좌승,　성준원보[115]

---

104) 天福 : 後晉 高祖의 연호(936~944).

105) 能善 : 「鳳巖寺智證大師寂照塔碑」에 나오는 院主 能善과 동일인.

106) 慶甫 : 869~948년. 나말여초의 선승. 속성은 김씨, 전라도 영암 출신. 아버지는 闕粲益良이며 어머니는 박씨. 19세에 八公山 夫仁寺로 출가하였으며 光陽 白鷄山의 道乘(道詵)에게서 禪과 律을 익힘. 19세에 月遊山 華嚴寺에서 구족계를 받았으며, 차례로 聖住山 無染과 崛山寺 梵日을 찾아가 선을 닦음. 892년 중국에 건너가 曹洞宗을 익힌 다음 921년 귀국함. 처음에는 후백제 견훤의 후원을 받아 全州 南福禪院을 거쳐 광양 玉龍寺에 머물다가, 후삼국 통일 후 高麗 太祖의 王師가 되었다. 시호는 洞眞大師이다(「玉龍寺洞眞大師寶雲塔碑」 참조).

107) 王堯君 : 고려 태조의 제3왕자로 후일의 定宗(재위 945~949).

108) 王照君 : 王昭君. 고려 태조의 제4왕자로 후일의 光宗(재위 949~975).

109) 大匡 : 고려 초기의 官階名. 16等級 중 제3위이며, 2품에 해당한다.

110) 正匡 : 고려 초기의 官階名. 16等級 중 제4위이며, 2품에 해당한다.

111) 大承 : 大丞. 고려 초기의 官階名. 16等級 중 제5위이며, 3품에 해당한다.

112) 蘇判 : 신라 17관등 중 제3관등. 일명 迊干, 迊湌.

113) 佐承 : 佐丞. 고려 초기의 官階名. 16等級 중 제6위이며, 3품에 해당한다.

□□대상,116)   김환아찬,117) 김휴장사,   일휴랑118)

□순원보,   희열조,119)   궁열조,   식영한찬

관질한찬, 궁일해찬,120)   현방원보,   관헌원보

염상해찬, 윤방원보,   헌옹원윤,121) 사윤일철찬

간영아찬, 장겸사상,122)   필형대감,123) 요겸랑

최방원윤, 기오원윤,   기달원윤,   지련정위124)

여일정조,125)

평직아간126) 명주127), 극기대나마 명주,   김예경128) 명주

---

114) 權悅 : 생몰년 미상. 劉權說과 동일로 추정됨. 고려 태조 때의 문신. 918년(태조 1) 具鎭이 羅州道大行臺侍中에 임명되었으나 부임하려 하지 않자, 유권열은 侍郞에 있으면서 "상으로써 善을 권장하고 벌로써 惡을 징계해야 하니, 마땅히 엄한 형벌을 가해 여러 신하를 경계하소서"라고 간언하여 그를 부임하도록 하였다. 922년 溟州將軍 王順式이 복속하지 않아 왕이 근심하자, "순식의 父 許越이 승려가 되어 內院에 있으니 그를 보내 타이르도록 하소서"라고 진언하여 왕순식을 귀부하도록 하였다.
115) 元甫 : 고려 초기의 官階名. 16等級 중 제8위이며, 4품에 해당한다.
116) 大相 : 太相. 후삼국시대에서 고려 전기에 걸쳐 실시된 官階名. 처음 실시된 것은 904년 궁예가 국호를 마진으로 고치면서 관제를 개혁할 때부터이다. 그 후 고려도 태봉의 관제를 답습하다가 936년 후삼국 통일 후 관계를 재편성했는데, 이 때 16等級 중 제7위이며 4품에 해당하였다.
117) 阿湌 : 신라 17관등 중 제 6관등. 일명 阿尺干, 阿粲. 重阿湌부터 四重阿湌까지 있음.
118) 郞 : 신라시대 중앙관직. 관등은 造位에서 大舍까지로 史와 같음.
119) 助 : 州助. 신라시대 州의 차관. 관등은 奈麻에서 重阿湌까지로 일명 州輔.
120) 海湌 : 신라 17관등 중 제4관등. 일명 海干, 破彌干, 波珍湌.
121) 元尹 : 고려 초기의 官階名. 16等級 중 제10위이며, 6품에 해당한다.
122) 史上 : ① 史의 上. 史는 신라시대 중앙관직으로 관등은 造位에서 大舍까지임 ② 舍上. 후삼국시대 궁예가 그의 部將들에게 준 직함.
123) 大監 : 신라시대 兵部의 侍衛府・浿江鎭典의 차관.
124) 正衛 : 正位. 고려 초기의 官階名. 16等級 중 제13위이며, 7품에 해당한다.
125) 正朝 : 고려 초기의 官階名. 16等級 중 제12위이며, 7품에 해당한다.

연세대감 명주,　　　왕간대나마 원주,　　덕영사간129) 죽주130)
제종사간 죽주,　　　송암사상 공주,　　　평직촌주131) 제주,132)
귀평일길간133) 제주
견필촌주 냉정,　　　견환사간 신지현,　　월지산인 신지현
애신사간 우곡군,　　능애사간 우곡군,　　세달촌주 나생군134)
식원대감 냉수현,　　명환촌주 주연현,135) 강선조 별근현
전립방소랑,　　　　길사촌주 단월이,　　최산나마은

당시 삼강전의 성명과 지위를 나열한다.
원주 희랑장로136)

---

126) 阿干 : 阿飡.
127) 溟州 : 지금의 江原道 江陵市.
128) 卿 : 신라시대 관직. 주로 차관급에 해당. 관등은 阿飡 이하.
129) 沙干 : 일명 沙飡, 薩飡, 沙咄干이라 함. 신라시대 관등. 17관등 중 제8
　　관등.
130) 竹州 : 京畿道 安城.
131) 村主 : 신라시대 지방관직. 지방민을 효율적으로 통제하기 위하여 在地
　　의 유력자에게 주어진 관직으로 신라 행정조직의 말단에 해당한다. 그
　　소임은 지방에 파견된 지방관인 軍主 · 道使 · 郡守 · 縣令 등을 보좌하
　　여 지방민을 통치하는 행정적인 임무가 주된 것이었다. 신라 하대에는
　　豪族으로 성장하고 후삼국시대를 거쳐 고려 王建의 통일에 이르러서는
　　일부는 중앙귀족이 되었고 그 나머지는 지방에 웅거하여 독자적인 세력
　　을 형성하였다. 成宗代에 더욱 많은 지방관이 파견되고 또 鄕職이 개편
　　되면서 이들의 세력은 크게 위축되어 대부분 향리로 전화되었다.
132) 提州 : 提川.
133) 一吉干 : 신라시대 관등의 하나. 17관등 가운데 제7관등. 일명 一吉飡,
　　乙吉干.
134) 奈生郡 : 江原道 寧越郡.
135) 酒淵縣 : 江原道 寧越郡 酒泉面.
136) 希朗長老 : 崔源植은 王建을 지지했던 海印寺의 希朗과 같은 사람으로
　　보고, 이를 해인사 승려들의 禪敎融合的인 경향의 한 증거로 채택하였

전좌 혼효상좌

사　도징선사

직세 낭연선사

□검교유나 양선장로

당유나 계음상좌

지객　계렴선사

(역주 : 남동신)

11. 무위사 선각대사 편광탑비

고려국 고 무위갑사 선각대사 편광영탑비의 명 서문과 더불어

태상1) 검교2)상서3) 좌복야4) 겸 어사대부5) 상주국6) 지원봉성사7)

---

1) 太相 : 大相. 후삼국시대에서 고려 전기에 걸쳐 실시된 官階名. 처음 실
   시된 것은 904년 궁예가 국호를 마진으로 고치면서 관제를 개혁할 때부
   터이다. 그 후 고려도 태봉의 관제를 답습하다가 936년 후삼국 통일 후
   관계를 재편성했는데, 이 때 16等級 중 제7위이며 4품에 해당하였다.

2) 檢校 : 처음에는 중국 왕조에서 신라·고려의 국왕과 신하들에게 제수된
   名譽爵號(勳號)였다. 신라에서는 경덕왕 때 佛事의 영조를 주관하는 官
   號를 檢校使로 칭하기도 하였다. 훈관인 검교제가 채용되기 시작한 것은
   고려 초 관제의 정비 과정에서였고 현종 때부터 왕자·종실·동서 양반
   에게 수여되었다. 즉 고위 관직의 자리는 한정되어 있는데 승진 대상자
   가 늘어나는 추세 속에서 이에 따른 한계를 극복하고 보다 많은 인원을
   관직 세계에 수용할 필요성에서 마련된 직제로서 상층부에는 檢校職, 하
   층부에는 同正職이 설치되었던 것이다(韓㳓劤, 1969,「勳官 '檢校'考 -
   그 淵源에서 起論하여 鮮初 整備過程에 미침 - 」『震檀學報』29·30합
   집).

3) 尙書 : 고려시대 尙書省의 정3품 관직. 형식상으로는 尙書 6部의 장관이
   지만, 中書門下省의 宰臣이 각 부의 判事를 겸임하였으므로 그 기능은
   매우 제한되어 있었다. 이 때문에 상서 6부가 독립성을 잃고 중서문하성
   에 예속되는 결과가 나타나게 되었다.

4) 左僕射 : 고려시대 尙書省의 중앙본부라 할 수 있는 尙書都省에 딸린

신 최언위8)가 교를 받들어 짓고,

　정조9) [수10)광]평시랑11) 주국12) 단금어대13)를 하사받은 유훈률

　　　　정2품 관직.

　5) 御史大夫 : 고려시대 時政을 논하고 風俗을 교정하며 百官을 규찰 탄핵
　　　하는 일을 맡아보던 관청인 御史臺의 으뜸 벼슬로 정3품.

　6) 上柱國 : 고려시대 勳職의 하나. 흔히 벼슬은 官(官職과 官階)・爵・勳
　　　으로 구별된다. 이 가운데 훈은 국가에 공이 있는 사람에게 주는 명예직
　　　으로, 상주국은 바로 이 훈에 해당한다. 고려시대 훈직은 상주국과 柱國
　　　의 두 가지가 있었다. 문종 때에 상주국은 정2품으로 주국은 종2품으로
　　　하였는데, 충렬왕 이후에는 폐지되었다.

　7) 知元鳳省事 : 원봉성의 한 관직. 원봉성은 고려 태조가 태봉의 제도에
　　　따라 설치하였으며, 詞命을 制撰하는 관청이며 국왕 측근의 文翰官으로
　　　문필에 능한 儒臣이 임명되고 淸要職으로 중시되었다. 뒤에 學士院으로,
　　　다시 翰林院으로 개정됨.

　8) 崔彦撝 : 신라 말・고려 초기의 대표적 문인으로 자세한 내용은 해제를
　　　참조.

　9) 正朝 : 고려 초기의 官階名. 16等級 중 제12위이며, 7품에 해당한다.

　10) [守] : 行守法의 표시이며 조선시대에는 官階와 官職 간의 관계를 나타
　　　내 주는 법제였다. 官階가 낮은 사람이 높은 職位에 앉았을 경우에 관계
　　　와 관직 사이에 넣어서 부른 말이다. 그러나 고려시대에는 散職과 實職
　　　사이의 관계를 표시하는 법제로 기능한 것으로 보인다(朴龍雲, 1981,
　　　「高麗時代의 文散階」『震檀學報』 52, pp.32~33).

　11) [廣]評侍郎 : 고려의 중앙관부로 百官을 총괄한 廣評省의 次官.

　12) 柱國 : 주 6 참조.

　13) 丹金魚袋 : 魚袋는 公服에 딸린 물고기 모양의 장식물인데, 이 玉・金
　　　・銅 등으로 만든 魚形을 袋, 곧 주머니에 넣고 있었으므로 어대라고 일
　　　컫게 되었다. 어대는 원래는 단순한 장식물로서의 성격을 띠고 있었지만,
　　　시간이 지남에 따라 品階의 高下에 따라 차등적으로 지급되었다. 紫色
　　　公服에 金魚袋, 緋色公服에는 銀魚袋라는 식으로 公服制와 결합되어,
　　　공복과 함께 官人社會의 위계를 표시해 주는 표상물로 기능 하였던 것
　　　이다. 이에 따라 紫金魚袋・緋銀魚袋 등 합성어를 해당 관직명 뒤에 병
　　　기하게 되었다. 우리 나라에서는 新羅 景文王 13년(873) 이후 憲康王 10
　　　년(884) 이전 무렵의 어느 시기부터 시행되었다고 한다. 高麗 光宗 11년
　　　(960) 3월 百官의 公服 규정에 의하면 '元尹 이상은 紫衫, 中壇卿 이상

이 교를 받들어 쓰다.

　대개 듣건대 부처는 세상에 나오셔서 영취산14)에서 중생을 이롭
게 하는 문을 열었고, 가섭15)은 때를 만나 계족산16)에서 완전함으
로 돌아가는 방을 닫았다. (이에) 천축에서 성인이 돌아가셔도 인도
(印度)17)에서는 인(仁)을 머금었으니,18) 사라쌍수19) 아래에서 석가
가 돌아가심을 마음 아파하면서도 용화수20) 아래에서 미륵의……
을 기다리는 것이다. (그러나)……의 숨음과 그 풍속이 점점 쇠퇴함
을 슬퍼하였으니, 어찌 조사에서 조사로 마음을 전하여 본체를 갖

　　은 丹衫, 都航卿 이상은 緋衫, 小主簿 이상은 綠衫'으로 되어 있는데, 이
　　러한 紫 - 丹 - 緋 - 綠의 공복제에서는 紫金・丹金(銀)・緋銀의 어대가
　　있었다(李賢淑, 1992, 「新羅末 魚袋制의 成立과 運用」『史學研究』43・
　　44합집 참조).
　14) 鷲頭 : 인도에 있는 靈鷲山.
　15) 迦葉 : 범어 Mahākāśyapa. 音譯하여 摩訶迦葉, 의역하여 大飲光・大.
　　龜氏라 한다. 부처의 10대 제자 중 한 사람. 부처 입멸 후 經과 律에 대
　　한 제1차 結集을 주관하였으며, 부처와의 사이에서 있었던 이른바 '拈華
　　微笑'로 禪家에서 付法藏 제1조로 높이 추앙됨.
　16) 鷄足 : 인도에 있는 鷄足山이니, 迦葉의 열반처이다. 중인도 마갈타국에
　　있다.
　17) 身毒 : 身篤. 인도의 옛 이름.
　18) 懷仁 : ① 仁을 마음에 품다(『後漢書』嚴光傳, "懷仁輔義 天下悅") ②
　　(군자가) 仁에 돌아가다(『禮記』禮器, "君子有禮 則外諧而內無怨 故物
　　無不懷仁 鬼神饗德 注 : 懷 歸也").
　19) 鶴樹 : 鶴林. 雙林. 인도 拘尸羅의 북쪽 跋提河 西岸의 沙羅雙樹林을
　　일컫는다. 여기서 석가가 입적하자 그 사방의 나무가 희게 말랐는데, 마
　　치 흰 鶴이 모여 있는 것과 같다 하여 지어진 이름이다.
　20) 龍華 : 龍華樹. 용화수는 梵語 Nāgavṛkṣa인데, 那伽樹・龍華菩提樹라
　　고도 한다. 미륵보살이 56억 7천만 년 후 이 세계에 출현하여 용화수 아
　　래에서 성도한다고 한다. 이 나무의 꽃가지가 용의 머리와 같았기 때문
　　에 용화수라고 불렀다.

추고 은미함을 터득한 승려가 있고, 조사와 조사가 연이어 고산에
서 우러른[21] 무리가 있었음을 말하겠는가! 원각대사[22] 달마가 인
(仁)을 깊이 하여, 멀리 남해(南海)에 머물게 됨에 이르러 (불법을)
크게 퍼뜨린 덕 높은 스님(혜가)[23]이 일찍이 [숭]산(崇山)에 머물렀
다.[24] 기다리는 마음은 영땅의 장인[25]에 비유할 만하였으니, 한 송

---

21) 仰止 : 우러러 사모함(『詩經』, "高山仰止 景行行止").
22) 圓覺 : 達磨의 諡號. 달마는 범어 Dharma의 音譯이다. 처음에는 達摩였
    으나 나중에 達磨라고 쓰였다. 중국 南北朝時代의 禪僧으로 중국 禪宗
    의 시조이다. 梵名은 Bodhidharma라 하고 菩提達磨라 음역하는데, 달마
    는 그 약칭이다. 南印度 香至國의 셋째 왕자로 성장하여 대승불교의 승
    려가 되어 禪法에 통달하여 般若多羅 尊者의 법을 이은 뒤 벵골만에서
    배로 떠나 중국 廣東에 이르렀다. 그리고 지금의 남경인 金陵에 가서 梁
    武帝를 만났다. 그러나 불교의 현세적 이익에 관심이 많았던 그를 떠나
    양자강을 건너 魏나라로 가서 崇山 少林寺에 들어가 9년 간 面壁修道하
    였다. 이 곳에서 雪中에 斷臂求法의 의지를 보인 제자 慧可에게 법을 부
    촉하고 그 傳法의 증명으로서 한 벌의 가사를 내렸으며 求那跋陀羅(394
    ~468)가 번역한 『楞伽經』 4권을 전했다고 한다. 달마의 사상은 그의 유
    일한 친설인 『二入四行論』에 나오는 二入四行說에 집약되어 있다. 二入
    은 理入과 行入의 두가지로 구성되어 있는데, 이입은 불타의 근본 종지
    를 깨달아 모든 중생이 범인이나 성인을 막론하고 同一眞性을 本有하고
    있다는 사실을 믿는 것을 말한다. 행입은 네 가지 실천행을 말하니, 바로
    報怨行(빚을 갚는 행)·隨緣行(인연에 따르는 행)·無所求行(구하는 바
    가 없는 행)·稱法行(이치에 계합된 행)이다. 시호는 圓覺大師.
23) 碩德 : 덕이 높은 사람. 덕이 높은 승려.
24) 大弘碩德 會栖崇山 : 慧可의 일을 말하는 것으로 보인다. 혜가(487~
    593)는 중국 禪宗의 제2조. 幼名은 神光, 속성은 姬氏. 北魏 正光 元年
    (520) 40세에 崇山 少林寺로 菩提達磨를 찾아가서 눈 속에 앉아 가르침
    을 구하였으나 허락하지 않으므로, 자신의 왼팔을 끊어 굳은 求道의 뜻
    을 보였으며, 결국 安心問答으로 크게 깨달았다고 함. 달마에게 心印을
    전수받아 후일 北齊 天保 3년(550)에 제자 僧璨에게 법을 전수하였다.
    鄴都(河南省)에서 34년 간 설법하고 크게 종풍을 떨쳤다. 시호는 正宗普
    覺大師·大祖禪師.

이 연꽃이 핀 곳에서26) 여섯 잎이 거듭 빛을 내었다.27) 중간에……
한 (사람들이 나와)……계속하여 운거 도응의 뒤를 이었고, 사람들
이 도를· 넓혀 조사들의 종지를 보존하였으니, 오직 우리 대사가 바
로 그런 사람이다.

대사는 법휘가 형미이고, 속성은 최씨이다. 그 선조는 박릉땅28)의
높은 귀족이고,29) (중국) 수도 서울의 기둥이 되는 신하였는데, 신
라에 사신으로 왔다가 우리 나라(兎郡)30)에서 은혜를 입었다. 그러
므로 마음을 자연에 두고 해변가에 살았으니, 지금 무주(武州)의31)

---

25) 郢匠 : 郢人. 楚나라 수도인 郢에 사는 壁塗의 名人을 말한다(『莊子』 徐
无鬼, "莊子가 장례식에 가다가 惠子의 묘 앞을 지나게 되자 從者를 돌
아보고 말했다. 郢 사람이 자기 코끝에 白土를 파리 날개만큼 얇게 바르
고 匠石에게 이것을 깎아 내게 했다. 장석은 도끼를 바람소리가 나게 휘
둘렀으나 영 사람은 그저 듣기만 하고 그대로 있었다. 백토는 죄다 깎여
떨어졌지만 코는 조금도 다치지 않았고 영 사람도 선 채로 모습을 바꾸
지 않았다. 宋의 元君이 이 이야기를 듣고 장석을 불러들여 '어디 시험삼
아 내게도 해 보여 주게' 하니, 장석은 대답하기를 '저는 이전에는 그렇게
할 수 있었지만 그 기술의 근원이 되는 영 사람이 죽었습니다'고 했다.
나도 혜자가 죽은 뒤로 장석처럼 대상이 없어져서 더불어 이야기할 사람
이 없어졌구나").
26) 啓處 : 啓居와 같은 말. 편안히 앉음.
27) 一蓮啓處 六葉重光 : 선종의 初祖達磨가 禪法을 펴고서부터 六祖 慧能
까지 그 법이 전해져 빛났음을 말한다. 一蓮은 初祖達磨요 六葉은 初祖
達磨, 二祖 慧能, 三祖僧璨, 四祖道信, 五祖弘忍, 六祖 慧能을 가리킨
다.
28) 博陵 : ① 郡名. 後漢代 설치, 지금의 河北省 安平縣. 北周代 설치, 지금
의 甘肅省 臨潭縣의 西·隋代 설치, 지금의 河北省 定縣 ② 縣名. 漢代
설치, 지금의 陝西 경계. 漢代 陸成縣.
29) 冠盖 : 4필의 말로 끄는 옛날 귀족이 타던 수레.
30) 兎郡 : 玄兎郡. 여기서는 우리 나라를 말함.
31) 武州 : 통일신라시대 지방 행정구역인 9州 중 하나. 백제가 멸망한 뒤에

……사람이 되었다. 아버지는 낙권(樂權)으로, 어려서부터 노장을 배워 익혔고, 사랑한 바는 거문고와 책이었다. 松□에서 은자를 구하여 찾는 시32)를 (읽었고) 절에서는33) 스님들과 사귀었다. 어머니는 김씨인데, 잠이 어렴풋이 든34) 저녁에 갑자기 상서로운 징조를 얻었으니, 호승(胡僧)이 방으로 들어와 옥으로 만든 서안(書案)을 들어 맡기는 것을 보았다. 놀라 깨어나 곧 남편35)에게 말하니

"반드시 보배를 품은 아이를 낳을 것이니 먼저 아들을 낳는 경사36)를 고한 것이다."

라고 답하였다. 후에 실내에서……매번 등불을 밝히는……이 있었으며, 갑자의……정광(定光)여래의 상서로움을 증험하여 함통 5년(864, 경문왕 4)에 (대사를) 낳았다.

는 唐이 한때 이 곳에 軍政을 실시했는데, 신라가 빼앗아 영유하다가 686년(신문왕 6) 武珍州를 처음 설치하였다. 757년(경덕왕 16) 12월 9주의 이름을 고칠 때 무주가 되었으나, 무진주의 이름도 계속 사용되었다. 757년 개편 당시 무진주는 14개 군과 44현을 관장하였으며, 주에 직접 속하는 현은 셋이었다. 주의 치소는 현재의 光州(『三國史記』卷36, 地理 3).

32) 招隱 : 詩篇의 이름. 招隱詩라고도 함. 은자를 구하여 찾는 뜻을 서술한 시로서 晉의 張華・左思・陸機・閭丘沖・王康琚 등에 대한 歌辭가 있다.

33) 蕭寺 : 梁나라 武帝가 사원을 짓고 자기 姓을 따서 부른 데서 연유한 말로 寺院의 범칭이다.

34) 魂交 : 잠을 잔다는 뜻이니, 잠을 잘 때에는 혼이 교합하고 깨었을 적에는 五官이 열린다고 한 데서 나온 말(『莊子』齊物論, "其寐也魂交 其覺也刑開").

35) 藁砧 : 처가 남편을 부르는 은어(『書言故事』夫婦類, "夫曰 藁砧").

36) 弄璋之慶 : 사내아이를 낳은 기쁨. 사내를 낳으면 장난감으로 璋이란 玉을 준 고사에서 유래한다.

대사는 태어나면서부터 특이한 모습이 있었고, 어려서도 아무나 사귀지 않았다. 배움에 뜻을 둘 나이(15세)에 이르기까지 출가할 생각을 몰래 쌓아 왔었다. 이 때 갑자기 두 눈에 눈물을 흘리면서 양친에게 경건하게 말씀드리기를, "속세를 버리고 (불가에 몸을) 던지기를 간절히 바랍니다"고 하였다. 부모가 그 뜻을 [뺏지] 못할 것을 알고……. 드디어 갈림길을 비스듬히 올라 바로 보림사37)로 찾아가 체징선사38)를 만났다. 선사의 법통은 진전(도의)의 손자39)이다. 화상(체징)은 비록 속으로는 '처음 만나지만 서로 아는 사이 같다'고 하며,

"옛적에 헤어진 지가 오래 되었는데, 지금 오니 왜 늦었는가!"

하고, 입실(入室)40)하여……하기를 허락하였다. (형미는) 이에 선종을 공경하고……하니……하던 석자(釋子)보다……하고, 개미를 구

---

37) 寶林 : 全南 長興 寶林寺.
38) 體澄禪師 : 804~880년. 속성은 金氏이고 忠淸道 熊津 출신이다. 雪嶽山 億聖寺로 道義大師를 이은 廉居和尙에게 禪法을 익히고 唐에 갔다가 840년에 귀국하였다. 武州 黃壑蘭若에서 禪風을 진작하였고 憲安王의 초청을 안거와 병을 이유로 사양하였으나 그의 청으로 迦智山寺로 옮겨 주석하기도 하였다. 문하 제자에 800여 명이 있다고 한다(「迦智山寶林寺普照禪師靈塔碑」참조).
39) 陳田孫子 : 진전은 설악산 진전사로 도의대사가 머물렀던 곳이다. 道義 - 廉居 - 體澄으로 心印이 계승되었기 때문에 체징은 도의선사의 손자가 되는 것이다. 道義大師는 憲德王 13년(821) 馬祖道一의 제자 西堂智藏에게서 南宗禪을 받고 귀국하여 禪風을 선양하다가, 문자에 의한 경전 연구에 치중하던 당시의 불교계에서 용납되지 못하여, 결국 雪嶽山 陳田寺로 은거하였던 것이며 迦智山派의 開祖이다.
40) 入室 : ① 開室이라고도 한다. 師匠의 거실에 들어가서 친히 法門을 받아 잇는 것 ② 禪宗에서 제자가 師家의 방에 들어가서 道를 묻는 것.

하려던 사미41)보다……하여, 부지런히 고행을 닦아 더욱 힘쓰며,
좌우를 떠나지 않았다.

중화42) 2년(882, 헌강왕 8) 화엄사43) 관단44)에서 구족계45)를 받
았다. 대사가 계단에 올라 편안히 앉으니, 흰무지개 같은 기운이 와
서 법당을 덮었다. 이에……기름이 담긴 바리때46)를 기울이지 [않

---

41) 救蟻沙彌 : 개미를 구한 사미. 사미는 출가하여 十戒를 받은 7세 이상
   20세 미만의 아직 具足戒를 받지 않은 남자를 말한다. 옛날에 한 羅漢이
   어린 사미를 기르는데, 이 사미가 불행하게도 7일 후에 죽을 것을 알았
   다. 그래서 7일 간 말미를 주어 집에 갔다 오도록 하였다. 사미가 가다가
   개미떼가 물에 표류하여 죽어 가는 것을 보았다. 그는 자비심을 내어 가
   사에 흙을 담아서 물을 막고 개미떼를 건져 살려 주었다. 이 인연으로 사
   미는 복을 받아 죽지 않고 생명을 연장했다고 함(『雜寶藏經』 卷4).
42) 中和 : 唐 僖宗의 연호(881~885).
43) 華嚴寺 : 경상도 구례 소재의 사원.
44) 官壇 : 戒를 주는 公的인 장소. 受戒는 거의 공적인 관단에서 이루어졌
   다. 특히 통치제도를 확립하기 시작한 고려 통일 후는 모두 관단에서 수
   계하였고, 신라 말・고려 초에도 관단에서 수계한 사실이 특기되고 있다.
   오늘날에도 金山寺와 桐華寺의 유적에서 볼 수 있듯이 관단은 舍利浮
   屠를 중심으로 石欄이 둘러 있다. 관단을 구비한 사원은 여러 곳이 있었
   으나 일정한 수를 정하였던 것으로 추측된다. 관단 사원은 대부분 華嚴
   宗 사원이고 禪宗 사원은 하나도 찾아지지 않는다(許興植, 1986, 『高麗
   佛敎史硏究』, 一潮閣, p.321)
45) 具戒 : 具足戒. 모든 계율이 완전히 구비되었다고 하여 이름된 것이며,
   이를 잘 지키면 열반의 경지에 다다를 수 있다고 한다. 具戒라 약칭하고
   大戒라 하며 比丘戒・比丘尼戒라고도 한다. 梵語는 Upasaṃpanna로 鄔
   波三鉢那라 음역하고 近圓이라 번역하니, 열반에 친근하다는 뜻이다. 비
   구・비구니가 지켜야 할 戒法으로 비구는 250戒, 비구니는 348戒가 있는
   데, 이 戒를 받으려면 沙彌戒를 받은 지 3년이 지난 이로 몸이 튼튼하고
   모든 죄과가 없으며, 나이는 만 20세 이상이며 70세 미만인 사람이어야
   한다.
46) 無傾油鉢 : 威儀가 安詳하고 점잖다는 말. 기름을 가득히 담은 바리때를
   문 뒤에 달아 놓고 문을 열어도 기름이 한 방울도 떨어지지 않았다는 데

고] 계의 구슬을 (잘 지녔으니), 감히 풀에 묶였으나 풀지 않던 마음[47]을 이지러뜨리지 않았고 더욱 계율[48]을 잘 지켰다.

그 해 하안거가 끝날 때에 도륜산(度倫山)[49]에 가서 융견장로(融堅長老)를 뵈었다. ……, 서하(西河)[50]의 가에서 있었던 것을……하였고, 북해[51] 가운데에 있었던 일을 더듬어 생각하였다. 그러므로 자주 선을 논하고, 하늘 가운데[52]……하였다. 장[로가 말하기를]

"……도는 사람에게 있음을 알았다. 어찌 구름 덮인 봉우리에서

서 온 말(『付法藏因緣傳』卷3).
47) 草繫之心 : 풀에 얽매인 比丘처럼 항상 마음에 持戒精神을 가져 놓지 않는다는 말. 옛날 인도에서 비구들이 길을 가다 도적떼를 만나 옷을 빼앗기고 벗긴 채 풀에 묶였다. 도둑은 가 버렸지만 비구들은 풀을 끊어 다치게 하는 것도 살생이라 여겨 그냥 묶인 채로 뜨거움과 굶주림을 참고 있었다. 때마침 왕이 사냥 나와 이를 보고 크게 감동하여 불교에 귀의를 했다고 한다. 이는 禁戒의 중요하고 엄격함을 비유한 이야기이다(『賢遇經』).
48) 尸羅 : 범어 Śila의 음역이니, 계율을 뜻한다.
49) 度倫山 : 전라도 해남에 있는 頭輪山을 말하는 듯하다.
50) 西河 : 孔子의 제자인 子夏가 공자가 죽은 후 이 곳에서 가르침으로 직업을 삼았다고 한다. 『禮記』 檀弓上에 의하면, 자하는 늙어서 서하에 살며 스승인 공자에게 배우고 들었다는 것을 밝혀 스승을 높이 推擧하지 않고, 자기의 지혜와 학설인 것처럼 행동하여, 서하 사람들로 하여금 자하가 공자보다 어질다고 의심하게 하였다고 한다. 이 때문에 자하는 증자에게 꾸지람을 당하였다고 한다.
51) 北海 : 孔融이 이 곳에 살면서 학교를 일으키자 배우는 무리가 몰려들었다고 한다. 공융은 後漢代 魯의 사람. 孔子의 후예, 字는 文擧. 어려서부터 俊才였고 獻帝 때에 北海(지금의 山東省 소재 郡名)의 相이 되어 학교를 일으키고 儒生을 중시했다. 후에 太中大夫가 되었다. 만년에 曹操에게 시기를 받아 죽임을 당했다. 저서에 『孔北海集』이 있다(『後漢書』 卷103 ; 『三國志』 卷12 ; 『英雄記鈔』).
52) 中霄 : 中天. 하늘의 한복판.

구름을 젖히고 약산에서 약을 캐지 않는가. 노승은 다른 사람을 따라 서쪽으로 가서 웃으면서[53] 지름길을 묻고, 돌아다니며 조계산에서 조사들의 탑[54]에 예를 드리고, 순례하며 지□에서……하지 않았음을 한스럽게 여긴다. 빨리 건너……하며 구습을 따르지 말라. 때는 사람을 기다리지 않는 것이니, 어찌 자기가 소속한 바에만 매여 있을 것인가! 멀리서 망상을 쫓아 [적수 가에서][55] 검은 구슬을 찾고, 황룡을……하여 우리 나라에 법의 거울을 비추라."

하였다. 대순[56] 2년(891, 진성왕 5) 봄이 시작될 때에 이르러 문득 입조사 행렬을 만나 의탁하여 서쪽으로 가 저쪽 언덕에 도달하였는데, 경수(鏡水)에 배를 대고, 종릉(鍾陵)으로 길을 잡았다. 운거 도응대사[57]가 앞선 부처가……, 징조를……하고 진실로 부촉하는 마

---

53) 西笑 : 西笑는 서방을 갈망하는 웃음인데, 여기서 서방은 中國이니, 곧 중국으로 유학 가고자 하는 마음을 말한다(『桓譚新論』 祛蔽, "人聞長安 樂 則出門向西而笑").

54) 祖塔於曹溪 : 조계는 廣東省 曲江縣 東南에 있는 시내인데, 六祖 慧能이 이 곳에 머물러 크게 禪法을 일으켰다. 조계에 있는 조사의 탑은 바로 六祖 慧能의 탑을 말한다. 혜능이 입적하자 탑이 廣東省 新州와 韶州 및 廣州에 각각 세워지고 유해는 소주 曹溪에 세운 탑에 봉안되었다. 이 곳이 寶林寺(일명 南華寺)이다.

55) 遠從罔象 [探]玄珠於[赤水之濱] : 象罔이 黃帝가 赤水에서 잃어버린 구슬을 찾아 주었던 이야기를 말한다(『莊子』 外篇 天地). 黃帝가 赤水 북녘에서 노닐고 곤륜산에 올라 남쪽을 바라보고 돌아왔는데, 그 때 검은 구슬(玄珠)을 잃어버렸다. 그래서 아는 것이 많고 눈이 밝고 말솜씨 좋은 知·離朱·喫詬 등을 시켜 찾게 했으나 찾지 못하고, 무심한 象罔을 시켜서 그 구슬을 찾았다는 고사. 즉 道의 幽玄한 경지를 言語文字나 思量分別을 떠나 無心의 경계에서 터득하였음을 말하는 것이다. 검은 구슬은 道를 비유한다.

56) 大順 : 唐 昭宗의 연호(890~891).

57) 雲居道膺大師 : ?~902년. 曹洞宗 禪僧. 河北省 幽州人, 속성은 王氏.

음을 따른다는 것을 들었다. 가는 길은 더디고 멀리……대사……큰
깨달음을 열어 주는 것 같았다. (운거)대사가 말하길, "그대가 돌아
왔구나. (나는) 일찍이 네가 올 걸 알았다. 만약 당(堂)에 오르고자
한다면, 보배로운 가르침58)을 지적해 보아라."

  기쁜 것은 실가(室家)의 아름다움을……하고, 선교(禪敎)의 종지
를 전할 수 있게 된 것이다. 이로 인하여 그윽한 경지에서 심오함을
보았고, 이치의 굴에서 현묘함을 찾았으며……에 참여해 찾고, …
…하였으니, (부처가) 가유라위성59)에서 법을 베풀었지만 아난만이
불문에서 독보적이었고, (공자가) 궐리60)에서 경(經)에 대해 설명했
지만 안자(晏子)만이 □室에서……했던 것과 어찌 같지 않겠는가!

  경복 3년61)(894, 진성왕 7) 담주(潭州)의 절도사(節道使)인 마□
공과 절도부사인 김경공이 풍문을 듣고 흠앙하여, 안개를 떨치듯
공경하였다. ……청하여 살게 하니, 그 때에 바라보고 귀의하는 사
람들이 모두 이와 같았다.

  천우62) 2년 6월(905, 효공왕 9)에 물러나 무주(武州)의 회진(會
津)63)으로 돌아왔다. 이 때 무주를 맡고 있던 소판(蘇判)64) 왕지본

  洞山良价의 法을 잇고 江西省 洪州 雲居山에 들어가서 법을 선양하였
  다. 우리 나라의 제자로는 雲住·麗嚴·逈微·利嚴·慶猷 등등이 있다.
  시호는 弘覺禪師이다.
58) 寶藏 : 부처의 교법.
59) 迦維 : 迦毗羅城(Kapilavastu)이라고도 한다. 悉達太子의 탄생지이니,
  여기서는 印度를 지칭한다.
60) 闕里 : 孔子가 탄생한 산동성 곡부현의 땅.
61) 景福三年 : 景福은 唐 昭宗의 연호(892~893), 경복 3년은 신라 진성왕
  8년(894)이나, 원칙적으로는 乾寧 1년이 맞다.
62) 天祐 : 唐 哀帝의 연호(904~907).
63) 會津 : 본래는 백제의 豆肹縣으로, 신라 景德王 때 회진으로 이름을 바
  꾸었다(『高麗史』 卷57, 志11 地理2, 全羅道 羅州牧 會津縣).

(王池本) 공이 그윽이 대사가 배를 버리자마자 평진(平津)65)에 이르렀음을 듣고……자[안](慈顔)을 (우러르기를) 매번 먼지 속을 달려가 지혜로운 해님을 엿보듯 하였으며, 항상 사사(四事)66)를 행하기를 멀리 하늘 푸줏간을 빌린 듯하였으니, 실로……를 펼쳐……한 것이었다. 이에 □나산 무위갑사(□那山 無爲岬寺)에 주지하시기를 청하였다. 대사는 명(命)을 듣고 신령스러운 곳에 옮겨 머물렀다. 이 절은 수풀과 시내가……하고, ……땅의……이었다. 그리하여 그 터를 수리하고 팔 년 동안 있었는데, 오는 사람들은 구름같이 몰려왔고 받아들이기를 바다같이 하였다.

(당시는)……했고, 혼란이 유비와 조조의 삼국시대(劉曹之代)67)보다 심하였다. 위로는 성주(聖主)가 없어 고슴도치와 같은 무리들로 뒤덮였고, 아래로는 용렬한 무리들만 있어 약소국을 병탄하는 의롭지 못한 사람(鯨鯢)68)들의 어려움도 막지 못하였으니, ……사방이 들끓었고, 삼한(三韓)이 소요스러웠다. (천우) 9년(912) 8월에 이르러 앞의 임금(前主 : 궁예)이 북□를 영원히 평정하고자……하니……뱃머리를 일으켜 친히 거가(車駕)를 몰았다. 이 때 나주가 귀순하니 개펄과 섬 옆에 군대를 주둔시켰고, 무주(武州 : 견훤)가 왕의 뜻을 거역하니69) 군사들을 경기 지방에서 움직였다.70) 이 때

---

64) 蘇判 : 신라 17관등 중 제3관등. 일명 迊干, 迊湌.

65) 平津 : 우리 나라 서해안에 위치한 포구이나 위치는 미상이다.

66) 四事 : 4종류의 공양. 즉 臥具·衣服·飮食·湯藥 등.

67) 劉曹之代 : 蜀나라 昭烈帝인 劉備와 魏나라 武帝인 曹操의 시대를 말한다. 여기에 吳나라의 孫權을 합하면 어지러웠던 三國時代가 되는 것이다.

68) 鯨鯢 : 수고래와 암고래. 작은 고기를 집어 삼켜 먹으므로 약소국을 병탄하는 의롭지 못한 악인의 巨魁를 비유하나, 뜻이 변해 살육 당하는 것을 의미하기도 한다.

69) 逆鱗 : 용의 턱 밑에 거슬려 난 비늘이 있어 이것을 건드리면 노하여 건

문득 대왕(왕건)께서 대사가 근래 오월(吳越)로부터 새로 우리 나
라에 도착하였으니, 마니주71)가 바다 끝에 숨은 것과 같고, 아름다
운 구슬(美玉)이 하늘 밖72)에 감추어진 것과 같다는 말을 들었다.
그러므로 먼저 편지를 띄우고, 곧 도(道)의 장대에 몸을 굽혔다. 대
사가 거센 파도를 움켜 제압하고 사나운 물결을 바람 타고 달리듯
이 가서 몸소 호익(虎翼)73)을 살피고 (왕이) 가만히 용두(龍頭)를
숙였으니,74) 승[회]가 오나라 왕을 짝하고,75) □명이……을 내린 것

드린 자를 죽인다 함. 轉하여 帝王의 분노.

70) 至九年八月中~動衆於郊畿之場 : 궁예와 견훤이 912년 덕진포에서 싸
    운 것을 말함. 『三國史記』卷50, 견훤전에 의하면, 건화 2년(912)에 견훤
    과 궁예가 德津浦에서 싸운 것으로 되어 있으며, 『高麗史』卷1, 세가 태
    조 1년조에는 開平 3년(909)에 궁예가 나주 방비를 태조에게 명했는데,
    이후 견훤이 전함을 목포에서 덕진포까지 늘어놓고 태조와 전투하였다
    는 기록이 나오고 있다.
71) 摩尼 : 범어 mani의 음역으로 末尼라고도 함. 珠·寶珠라고 번역하며
    摩尼珠·摩尼寶라고도 한다. 일반적으로 摩尼에는 불행과 재난을 없애
    주고 濁水를 청정하게 하는 등의 德이 있다고 한다. 특히 무엇이든 하고
    자 하는 대로 가지가지의 珍寶를 내는 덕이 있는 보주를 如意寶珠라고
    일컫는다.
72) 天表 : 하늘 밖.
73) 虎翼 : 호랑이의 사나움 위에 다시 날개를 붙여 준다는 뜻이니, 轉하여
    세력가에게 권위를 더해 준 것을 비유한다. 여기서는 최강의 권위를 가
    진 임금을 가리킨다(『後漢書』翟酺傳, "虎翼一奮 卒不可制").
74) 暗縮龍頭 : 용두는 용 모양을 새겨서 만든 임금의 곁에 두는 깃발이다.
    이러한 용두를 가만히 숙여 놓았다고 했으니, 이는 형미에 대한 존경을
    나타내는 것이다.
75) 僧[會]之儔]吳王 : 구체적으로 어떤 일을 말하는지 분명하지 않으나, 西
    域 康居國의 康僧會가 吳王 孫權의 귀의를 받고 극진한 대접을 받은 사
    실을 말하는 듯하다. 승회는 先代가 康居國에 살았으나 본래 인도에 世
    居했던 집안이다. 그는 아버지가 상인이어서 중국의 최남단인 交趾로 옮
    겨왔기 때문에 이 곳에서 출생하고 출가하였다. 赤烏 10년(247)에 建鄴
    에 와서 佛道를 몸소 실천하였다. 그러나 처음에는 기괴한 사람으로 의

과 (비교해 볼 때) 더할 것이 없을 정도였다.

그 후 군대를 거느리고 돌아올 때 특별히 같이 가길 청하여, 이틀 만에76) 북쪽에 도달하였다. 마침내……에 [머물게 하고] 공급해야 하는 물건들은 내고(內庫)에서 주었다.

한스러운 것은 여러 마귀들을 굴복시키기 어려워 뭇 사람들이 병으로 여기는 것을 막지 못하는 것이었으니, 오직 법(法)을 받들어 참됨에 머물고자 하여 이에……하였다. 지금 화(禍)라고 생각되는 것은 두루……하여 무고한 사람을 함부로 죽이는 것이고, 지금 어려움을 만났다고 생각되는 것은 구름처럼 모여든 병정77)들을 파묻어 모두 같이 죄짓는 데로 돌아가는 것이었다. 그러하니 불도징 같은 도덕으로 감히 오랑캐 석륵의 흉폭함을 고쳤고,78) [담]시와 같은 인자함으로 오히려 혁련(赫連)의 포악함을 그치게 했다.79) 하물며

심을 받고 손권에게 불려갔는데, 舍利의 영험을 보여 그를 감복시켜 이로 인해 江左에 불법이 일어나게 되었다.『阿難念彌經』,『鏡面王經』등 많은 경전을 번역하고 주석을 달았다(『高僧傳』卷1, 康僧會傳 ;『三國志』吳志 참조).

76) 信宿 : 이틀 밤을 묵음.

77) 雲屯 : 병정들이 구름처럼 많이 모여 주둔함.

78) 澄公道德 敢悛胡石之兇 : 澄公은 佛圖澄을 말하고, 胡石은 石勒이니 後趙의 明祖를 말한다. 西晉 懷帝 4년(310) 불도징이 불법을 위해 西域으로부터 洛陽에 이르러, 오로지 살육으로써 위엄을 떨치고 있던 석륵에게 靈驗을 보여 불법에 귀의하도록 한 사실을 말한다(『梁高僧傳』卷9, 竺佛圖澄傳).

79) [曇]始仁慈 寧止赫連之暴 : 담시는 중국 승려로 출가한 뒤부터 이상한 행동이 많고, 발이 얼굴보다 희어 白足和尙이라 하였다. 晉 孝武 太元(376~396) 말에 經律 수십 부를 가지고 遼東에 와서 교화하여 高句麗가 佛道를 듣게 되는 시초가 되었다고도 한다. 혁련은 五胡十六國時代 夏의 武烈帝 赫連勃勃이다. 東晉 말 朔方 凶奴인 발발이 關中을 점령하고 무수한 사람을 살육하였다. 이 때 담시도 해를 받아 칼이 몸에 내리쳤으나 상하지 않았다. 이에 발발이 감탄하고 승려들을 풀어 주어 모두

또 영원히 나라를 옮기는 일[80])을 말함에 오직 □人을 노래함에 있어서이겠는가. 의심 많은 자는……을……라 해도 믿지 못하는 것과 같다고 이를 만하다. ……날에 대왕(왕건)이 서둘러 편지를 보내어 궁궐(龍庭)로 오게 하니, 자취를 끊은 이야기를 듣고 무언(無言)의 이치를 알기를 바란 것이다. 대사가 □내에서 간절히……하였는데, 주상(궁예)이 당헌(當軒)에 우뚝 서 있으면서[81]) 일의 처음과 끝[82])을 헤아리기 어려워 어떻게 행동할 바를 몰랐으나 어찌 임금의 덕[83])을 생각하면서 현고(玄高)[84])가 다시……하고……을 두려워했겠는가! ……거짓이 옳음을 대신하는 세상을 만난 것이다. 업보가 장차 이를 것이니, 인연을 피할 수 없다 하여 최호(崔皓)[85])가 간사

죽임을 면하였다고 한다(『梁高僧傳』 卷10, 曇始傳).

80) 移國 : 나라를 옮기다. 나라를 훔치다(『後漢書』 光武紀贊, "炎正中微 大盜移國 九縣飇回"; 庾信, 「哀江南賦序」, "大盜移國 金陵瓦解").

81) 鶚立 : 독수리가 우뚝 서 있는 부동의 자세를 가리킴이니, 왕이 當軒에 엄연히 앉아 있음을 비유한 말이다(『埤雅』, "鶚 性好峙立 每立更不移處 所謂鶚立").

82) 端倪 : 일의 처음과 끝(『莊子』 大宗師, "假於異物 託於同體 忘其肝膽 遺其耳目 反覆始終 不知端倪 [疏]端緒也 倪畔也").

83) 就日 : 해가 있는 곳으로 나아감. 堯帝의 덕을 칭찬하는 就之如日의 줄인 말.

84) 玄高 : 402~444년. 12세에 출가하여 佛馱跋陀羅에게 사사하고 후에 장안의 사문인 曇弘 등 100여 명과 함께 麥稄山에 은거하며 禪道를 행하였다. 그는 外國 禪師인 曇無毘에게 배웠으며, 후에 北魏의 태자인 拓跋晃의 스승이 되기도 하였지만 太武帝 廢佛시에 죽음을 당했다. 제자로는 玄暢과 僧印 등이 있다(『高僧傳』 卷11, 玄高傳).

85) 崔皓 : 381~450년. 北魏 太武帝 때 재상으로 神天師道의 창시자인 寇謙之(363~448)와 결탁하고 태무제에게 아첨하여 불교 탄압에 기치를 들었다. 탄압의 피해는 "太平 7년(446)을 효시로 하여 불법을 훼멸하여 軍兵을 풀어 사원을 분탕질하게 하고 統內의 僧尼로 하여금 모두 환속케 하였다. 사원 근처에 방황하는 자가 있으면 모두 사람을 파견하여 체포하고 잡히면 참수하였다. 그러므로 사원 경내에 두 번 다시 사문이 존재

함을 품고, 구겸지(寇謙之)86)가……한 것을 당했다 할 만하다. 대왕
이 대사에게 말하기를, "우리 대사는 인간세상의 자애로운 아버지
이며, 세상을 이끄는 스승이니, 어찌 존비(存非)가 있겠습니까마는
피차는 없지 않을 것입니다."

대사가 바야흐로 화가 급하여 위기를 피할 수 없음을 알고 (대사
가) 말하기를, "……한다면, 어찌 거나라87) 신하들이 가진 꾀와 섞
일 것이며, 어진 이가 은혜를 생각한다면 상신(商臣)88)의 악함과 섞
일 수 있겠습니까?"

그러나 한 마디도 받아들여지지 않고 내쫓아 (죽임을) 더하니 목
숨을 버릴 때이고, 세상에서……의 인연을……하니, 속세의 나이로
54세요 승랍이 35세였다. 이 때 시내와 연못물이 모두 마르고 해와
달은 빛을 잃었으며, 도속(道俗)의 무리들은 모두 소리를 삼키었고,
사람들의 안색과 하늘의 색깔도 바뀌었다.

어찌 진(秦)의 들판에서 [사슴을 쫓아가듯이]89) 세상에 나아간…

하지 않았다"(『高僧傳』卷10, 曇始傳)고 할 정도로 극심하였으니, 이는
後周 武帝, 唐朝 武宗의 그것과 함께 三武의 廢佛로 유명하다. 당시 태
자 晃(恭宗)이 사사하였던 사문 玄高와 고승 慧崇이 처형되기도 하였다.
최호는 결국 태무제에 의해 주살되었다.

86) 寇謙 : 寇謙之. 북위의 태무제 때 의례면에서 불교를 받아들이면서 신사
천도를 개창한 道師이다. 재상 최호와 결탁하여 폐불에 관여하였다.

87) 莒 : 周代의 國名. 지금의 山東省 莒縣에 있었음.

88) 商臣 : 春秋時代 楚 穆王의 이름. 아버지 成王을 시해하고 스스로 왕이
되어 12년 간 재위하였다(『史記』卷40).

89) 鹿死 : 사슴은 여러 사냥꾼들이 다투어 쫓아가는 짐승이므로 여러 사람
들이 경쟁하여 얻으려고 하는 목적물, 특히 帝位를 말한다. 이와 연결되
는 말로 鹿死誰手가 있는데, 이는 형세가 혼돈하여 승부가 아직 결정되
지 않음을 말하는 것으로, 온 천하가 누구의 손에 돌아가게 될 것인가 하
는 비유이다(『晉書』石勒載記, "勒因饗酒酣笑曰 朕若逢高皇 當北面而
事之 與韓彭競鞭而爭先耳 脫遇光武 當竝驅於中原 未知鹿死誰手").

…이고, 한나라 조정이 일어나는 것과 같아[90]……우리 임금(태조)이 존귀한 자리에 오를 때를……(왕이) 여러 신하들에게 말하기를, "돌아가신 대사는 도(道)는 십지(十地)[91]보다 높고, 덕은 여러……중에 으뜸인데, 멀리 □방에 갔다가 돌아와 낙토의 본보기가 되었다. 과인은 일찍이 우러러 바라보고 공경히 귀의하였는데, 맺었던 인연을 생각하기만 하면 항상 대사를 잃은 슬픔이 간절하다"고 하였다. 이에 빗물처럼 눈물을 흘리니 실로 애통함이……한 것이고 미루어……하여……을 닦도록 하였다.

다음 해 3월에 드디어 문제자(門弟子) 한준과 화백 등을 불러 말하기를 "개주(開州)[92]의 [오]관산(五冠山)[93]은 □□의 장태처(藏胎處)이다. 이 산은 산등성이가 매우 아름답고, 땅줄기는 편평하고 안정되어 있어 무덤을 쓸 만한 곳으로 마땅하니, 반드시 종지를 높이는데 도움이 될 것이다. 스님들과 관할 관청(有司)에서는 빨리 산사(山寺)를 수리하고 석탑을 조성하도록 하라"고 하였다. 그 날에 이르러 먼저 절을 세우고, 또 높은 탑을 만들었다. 탑이 만들어지자 스님들이 울면서 시신을 받들어 (새로) 만든 무덤에 옮겨 장사를 지냈다. 2년이 지나 (임금께서) 조(詔)를 내려 말하기를, "선사의 덕을 널리 드러내기 위해서는 의당 아름다운 이름을 주어야 마땅할 것이

---

90) 龍興 : 제왕이 될 사람이 일어남을 이르는 것으로, 곧 王業이 일어남을 비유한다(孔安國, 『尙書』 序, "漢室龍興 開設學校 旁求儒雅 以闡大猷").

91) 十地 : 十聖으로 보살이 수행하는 위계인 52위 중에서 41~50까지를 말함. 중생을 교화해 이익을 주는 것이 大地가 만물을 싣고 潤益함과 같으므로 地라 함.

92) 開州 : 황해도 개성을 말한다.

93) 五冠山 : "(장단도호)부의 서쪽 30에 있는데, 산꼭대기에 작은 봉우리 다섯이 둥그렇게 관처럼 생겼으므로 오관산이라 한다"(『新增東國輿地勝覽』 卷12, 長湍都護府 山川).

다"고 하였다. 시호를 내려 선각대사(先覺大師)라 하고 탑의 이름은 편광영탑(遍光靈塔)이라 하였다. 이에 절 이름을 내려 태안(泰安)이라 하였으니, 돌아가신 이를 추모하는 영화가 이보다 성한 사람이 없었다.

하신(下臣)은 망령되이 벼슬 공부로 인하여 외람되이 중추가 되는 기관을 맡았으나 문채(文采)를 더하는 것은 뛰어난 재주를 지닌 이에게 사양하였고, 지언(知言)94)은 현명한 사람에게 사양하였다. 이에 앞서 옥당에서 부(賦)를 써 올린 적이 있었고, (과거시험에 합격하여) 금방(金牓)에 이름을 내건 적이 있었지만, 어찌 가난한 선비의 집95)에 조서가96) 내려 절(蓮宇)에 절묘한 글97)로 명(銘)을 지을 것을 기약했는가! 바라는 바는 억지로 붓98)을 놀려 대군(大君)께서 법을 숭상하는 연유를 드러내고, 애오라지 조촐한 글을 지어 문하(門下)의 사람들이 장사를 지내는 간절한 심정을 위로하는 것이다.

명(銘)하여 이르기를.

오묘하도다 신령스런 경지여.
......
선(禪)의 □로 밥을 삼고,
도(道)의 정(情)으로 병(兵)을 삼았도다.

---

94) 知言 : 도리에 밝은 말. 사리에 합당한 말.
95) 蓽門 : 나뭇가지로 엮어서 만든 문. 사립문. 가난한 사람의 집.
96) 紫泥 : 武都에서 나는 자줏빛 진흙. 조서를 封하는 데 씀.
97) 黃絹 : '黃絹幼婦外孫蘁臼'의 준말이다. '絶妙好辭'란 4자 중에 辭字에 해당되니, 곧 훌륭한 문장을 말한다.
98) 柔翰 : 붓의 異稱.

색(色)에 즉하였으나 색(色)이 아니고,
오직 이름은 거짓 이름일 뿐이니,
비록 방편(方便)을 말하지만
다만 중생(衆生)을 위한 것이었도다.

때에 뛰어난 스님이 있었는데,
……한 선백(禪伯)이니
마군(魔軍)들로 하여금
……로 돌아갈 수 있게 하였도다.
장대비 속의 벼와 삼 같은 분이고,
서리 내린 후의 소나무·잣나무 같은 분이니
도리에 맞는 말99)에는 반드시 절하였고,
아름다운……로 속이지 않았도다.

움직이면 불사(佛事)요
뒤척이면 사람……를 입히나
참됨이 쇠하고 속됨이 성하며
법(法)은 약하고 마(魔)는 (강)하도다.
몸은 욕되었지만 이름은 높았으며,
명(命)이 다할지라도 도(道)는 빛냈으니
남은 자취가 부끄러움이 없었고
옛날의 꽃다운 향기를 본받았도다.

여기에 그 덕을 기록하여
영원히 전하니

---

99) 昌言 : 도리에 맞는 말. 거리낌없이 하는 말.

제자(神足)들은 마음이 상하여……

塔……

반석겁이 빈번히 바뀌더라도

하늘과 땅은 영원히 변하지 않을 것이다.[100]

　　개운[101] 3년(946, 定宗 1) 5월경인 29일 무오에 세우다.

　　[새긴 이는 신] 김문윤, 최환규이다.

(역주 : 김인호)

---

100) 天長地久 : 하늘과 땅은 영구히 변함이 없다는 말이다(『老子』, "天地所
　　以能長且久者 以其不自生 故能長生").

101) 開運 : 後晉 出帝의 연호(944~946).

12. 대안사 광자대사비

곡성 대안사 광자대사비

유당 고려국 무주[1] 고 동리산[2] 대안사[3] 황제의 명으로 시호를
받은 광자대사비의 명 서문과 더불어

태상 전수예빈령(前守禮賓令)[4] 원봉령(元鳳令)[5] 겸 지제고(知
制誥)[6] 상주국(上柱國)이며, 자금어대를 하사받은(賜紫金魚袋) 신

---

1) 武州 : 『三國史記』 卷36, 志5 地理3에 의하면 무주는 본래 백제 땅으로
   신문왕 6년(686)에 武珍州라 하였다가 경덕왕 때 무주로 고쳤으며, 고려
   에 들어와 光州로 고쳤음을 알 수 있다.
2) 桐裏山 : 현재 全南 谷城郡 竹谷面 元達里에 있다.
3) 大安寺 : 현재의 泰安寺로 寂忍禪師 慧徹이 이 곳에서 桐裏山門을 개
   창한 이래 廣慈大師 允多가 머물면서 교화를 베풀던 곳으로, 이들의 비
   석과 부도가 현재 남아 있다.
4) 前守禮賓令 : 『高麗史』 卷76, 志30 百官1, 禮賓寺條에 의하면 禮賓寺는
   賓客・燕享을 관장하는 관청으로 태조 4년(921)에 설치된 禮賓省에서
   유래되어 성종 14년(995) 客省으로 고쳐졌으며, 문종 때 判事는 正三品,
   卿은 從三品, 少卿은 從四品으로 정하였다고 한다.
5) 元鳳令 : 『高麗史』 卷76, 志30 百官1 藝文館條에 의하면 藝文館은 詞命
   의 制撰을 관장한 관청으로 태조가 泰封의 제도를 따라 元鳳省을 둔 데
   서 비롯되었고, 뒤에 學士院으로 고쳤는데 학사승지는 正三品으로 하였
   다 한다.

손소(孫紹)가 황제의 명을 받들어 짓다.

　사찬(沙粲) [전수흥문]감경([前守興文]監卿)이며, 비은어[대를 하
사받은 (賜緋銀[魚]袋) 신 □□□가 황제의 명을 받들어 쓰다].

　대저 빈 것을 쳐서 소리를 내는 것은 진실로 깨달음으로 나아가
는 능력(就悟之能)에 부응하기 위한 것이니, 속이 찬(實) 것을 쳐서
소리가 잠겨 버리게 되면 어찌 이것이 미혹한 것을 대하는 방법(處
迷之術)이겠는가! 문이 아무리 넓더라도(縱闊) 뚫고 나갈 수 없고,
언덕이 아무리 가깝더라도 넘어가기는 어려운 것이다. 지극한 이치
는 (마음) 가운데에 있으니 그루터기만 지키는 자(守株者)[7]는 견성
(見性)을 볼 수 없고, 참된 종지(宗旨 : 眞宗)는 밖에 있는 것이 아
니므로 대롱으로 하늘을 엿보려는 자(窺管者)[8]는 마음을 전해 받
을 수 없다. 지난 날 넓고 끝없는 세상(曠劫)[9]에 도(道)의 싹을 심
어, 바야흐로 헤아릴 수 없이 많은 일이 생겨나는 세상(多生)[10]에
법의 그릇을 이루게 되었다. 운수(運數)가 일천 갑자(一千甲子)만
에 열려야 비로소 뛰어난 성인(聖人)을 만날 수 있고, 역수(曆數)가

---

　6) 知制誥 : 『高麗史』卷76, 百官志1에 의하면 왕명의 制撰을 담당하는 예
　　문관 소속 관료로, 翰林院과 寶門閣을 겸한 자를 內知制誥, 他官이 겸
　　한 자를 外知制誥라 하였다가 뒤에 知制敎로 고쳤다.
　7) 守株者 : 守株는 守株待兎. 『韓非子』에 宋나라의 한 농부가 우연히 나
　　무 그루터기에 토끼가 부딪쳐 죽은 것을 잡은 후, 또 그와 같이 토끼를
　　잡을까 하여 일도 하지 않고 나무 그루터기만 지켜보고 있었다 한다. 변
　　통이 없이 어리석게 고집하여 지키기만 함을 의미.
　8) 窺管者 : 대롱 구멍으로 하늘을 본다는 뜻이니, 식견이 좁음을 비유한 것
　　이다. 『陸雲與陸典書』에 "所謂窺管以瞻天 緣木以求魚也"라 하였다.
　9) 曠劫 : 넓고 끝없는 세상.
　10) 曠劫多生 : 한없는 세상에 났다가는 죽고, 죽었다가는 나고 하는 일이
　　많음.

오백 성상(星霜)[11]을 지나야 다시 슬기로운 현인(賢人)을 만나게
(再逢賢哲)[12] 된다. 어떤 사람은 칠정(七淨)[13]을 받아 결출하고, 어
떤 사람은 십지(十智)[14]를 쌓아 중생을 제도한다. (이런 이들은) 옛
부터 드물었고 지금도 귀한데, 두 가지 아름다움을 모두 갖춘 이가
바로 우리 대사이다.

대사의 법휘는 윤다(允多)이다. 자는 법신(法信)으로 서울(京師)
사람이다. 선조[15]들 (중에는) 일족이 모두 대대로 높은 벼슬(簪
纓)[16]을 한 이들이 많았으며, 가문은 효와 의를 오로지 하였다. 가
문의 기록은 난리로 없어졌으나 명성과 영예는 귀와 입으로 전하여

---

11) 星霜 : 1년. 별은 1년에 하늘을 한 번 돌고 서리는 1년에 한 철씩 내린다
   는 뜻에서 옴.
12) 再逢賢哲 :『論語』에 聖人은 일천 년 만에 한 번 나고, 賢哲은 오백 년
   만에 한 번 난다고 하였다. 李智冠은 불교가 인도에서 일어난 지 일천
   년 뒤에 중국에 전해졌고, 중국에 전해진 지 오백 년 뒤에 우리 나라에
   전해진 것을 가리킨다고 보았다(李智冠, 1994,「谷城 大安寺 廣慈大師
   碑文」『校勘譯註 歷代高僧碑文』高麗篇 1, 가산문고, p.344 註 12 참
   조).
13) 七淨 : 七淨華의 준말로, 수행의 단계를 말한다. 七淨華란 ① 戒淨 ②
   心淨 ③ 見淨 ④ 度疑淨 ⑤ 分別道淨 ⑥ 行斷知見淨 ⑦ 涅槃淨을 말한
   다.
14) 十智 : 십지란 五海十智의 준말로, 得道의 과정을 말한다.『화엄경』盧
   舍那品에 의하면 십지는 ① 無量無邊法界智 ② 能詣三世諸佛所智 ③
   一切世界海成懷智 ④ 入無量衆生界智 ⑤ 佛甚深法門智 ⑥ 一切三昧
   不壞三昧住智 ⑦ 入一切菩薩諸根界智 ⑧ 一切衆生語言轉法輪辭辯海
   智 ⑨ 一身徧滿一劫世智智 ⑩ 一切諸佛音聲智를 가리킨다(李智冠, 앞
   의 글, p.345 註 14 참조).
15) 祖考 : 돌아가신 할아버지라는 뜻이나, 여기서는 조상을 폭넓게 가리킨
   다.
16) 簪纓 : 비녀를 꽂고 갓끈을 맨 사람. 轉하여 대대로 높은 벼슬을 하여 온
   사람을 가리킨다.

졌다. 어머니는 박씨(朴氏)이니, 타고난 성품이 다사로웠으며 사람됨이 곧고 깨끗하였다. 어려서부터 속된 음식을 먹지 아니하였으며, 자라서는 불사(佛事)를 부지런히 닦았다. 산의 정기를 받아(岳降)17) 아기를 낳을 무렵에 이르렀을 때 효성에 감응되어 쉽게 낳았으니, 마치 서리맞은 씀바귀가 쉽게 뽑히듯18) 하였다. 함통19) 5년(864, 경문왕 4) 4월 5일에 탄생하였다.

대사는 처음 사악한 기운을 쫓는 쑥대로 만든 화살(蓬矢)20)을 쏠 즈음(태어날 때)에는 두 기둥(雙柱)21)이 뛰어났으며, 장차 비단 강보(錦褓)를 떠날 나이22)가 되었을 때는 삼정(三亭)23)이 아름다웠다. 놀 때(遨遊)24)에도 행동거지가 방정하였고, 예의와 절도는 엎어

---

17) 岳降 : 신령스런 산의 정기를 받아 태어났음을 의미.

18) 若霜蓳之出疾 : 씀바귀는 뿌리가 외줄기라 가을에 서리를 맞으면 쉽게 뽑히는데, 그와 같이 쉽게 해산하였음을 가리킨다.

19) 咸通 : 唐 懿宗의 연호.

20) 蓬矢 : 桑弧蓬矢의 준말로, 봉시는 쑥대로 만든 화살을 가리킨다. 사내아이가 태어났을 때 뽕나무로 만든 활(桑弧)에 쑥대로 만든 화살(蓬矢)을 天·地와 四方의 여섯 군데에 날려 邪氣를 쫓고 성공을 기원하였다고 한다(『禮記』射義, "射人以桑弧蓬矢六 射天地四方", "蓬是禦亂之草 桑衆木之木").

21) 雙柱 : 코와 귀를 가리킨다. 薛道衡의 『盧氏碑』에 "三門雙柱 票耳鼻之寄蹈 五把十影手足之異"라 하였고, 『神仙傳』에는 "老子額有三五達理 日角月懸 鼻純骨雙柱"라 하였다.

22) 錦褓之年 : 비단 강보를 떠날 나이인 3~4세 전후를 가리킨다.

23) 三亭 : 三停이라고도 하며, 관상을 볼 때 몸과 얼굴을 세 부분으로 구분한 것. 몸에서는 머리 부분을 上停, 허리 부분을 中停, 발 부분을 下停이라 하며, 얼굴에서는 天中(이마 윗부분)에서 印堂(眉間)까지를 上停, 山根(콧등)에서 準頭까지를 中停, 人中(코와 윗입술 사이의 중앙)에서 地閣(턱)까지를 下停이라 한다.

24) 遨遊 : 재미있게 놀다.

지고 자빠지는(顚沛)25) 위급한 상황에서도 떨어뜨리지 않았다. 베개를 부채질(扇枕)26)하는 아름다운 영예가 일찍이 마을(鄕閭)에 알려졌고, 재가 날아가는(搥灰)27) 듯한 빠른 말이 일찍부터 원근에 퍼졌다. 나이 겨우 8세 때에 출가(三歸)28)할 뜻이 있었다. 문득 부모님께 고하여 집(蝸門)29)을 떠나 선의 가르침에 의탁하기를 바랐으나 부모님이 전보다 더욱 기르는 데 정성을 쏟으셨으므로 오히려 이에 얽히어(縈紆)30) 허락을 얻지 못하였다. 대사가 눈물을 흘리며(潸然)31) 말하였다. "출가하여 도를 닦는 것도 이익 됨이 없지 않습니다. 단지 옹자(翁子)가 비단 옷을 두른32) 것이 산승(山僧)이 털옷(氎衲)33)을 입는 것보다 낫겠습니까!" 거듭 슬피 울고 여러 번 여쭈

---

25) 顚沛 : 엎어지고 자빠지는 매우 위험하고 다급한 상황(『論語』里仁, "君子無終食之間違仁 造次必於是 顚沛必於是").

26) 扇枕 : 扇枕溫被의 준말로, 효자의 行을 가리킨다. 여름에 더울 때에는 베개를 시원하게 부채질하고, 겨울에 추울 때에는 이부자리를 따뜻하게 하여 정성껏 어버이를 모심. 효성이 지극함을 나타낸다(『東觀漢記』, "黃香至孝 暑月則扇枕 寒則身溫枕席").

27) 搥灰 : 재를 입으로 불거나 막대기로 털면 가볍게 날아가듯 말재주가 뛰어나고 민첩함을 가리킨다.

28) 三歸 : 佛·法·僧의 三寶에 귀의함. 출가하여 승려가 됨을 의미.

29) 蝸門 : 蝸牛廬, 蝸舍와 같은 뜻이니, 달팽이 껍질과 같은 작은 집을 가리킨다. 자기의 집이 누추하다는 謙稱.

30) 縈紆 : 빙 돌아 얽힘. 물결이 굽이쳐 돎.

31) 潸然 : 눈물을 줄줄 흘리는 모양.

32) 翁子之錦衣 : 翁子는 漢나라 때 朱買臣의 字이다. 會稽 출신으로, 젊었을 때는 집안이 가난하여 땔감을 팔아 생계를 꾸려 나갔으나 너무나 가난하여 부인이 도망갈 정도였다. 그러다가 武帝 때 嚴助의 추천을 받아 會稽太守가 되고, 벼슬이 丞相長史에까지 이르면서 50세를 전후하여 크게 富貴를 누렸으니, 이를 '朱買臣五十富貴'라고 한다(李智冠, 앞의 글, p.347 주 37 참조).

33) 氎衲 : 氎褐. 氎衣(『法苑珠林』, "衣中有四者 一糞掃衣 二氎衣 三衲衣 四三衣"). 천한 사람이 입는 옷, 천한 사람을 의미한다.

었다. (부모님이) 깊은 생각과 간절한 정을 진실로 저버리기 어려워
한 번 허락하자 이튿날 부모님 곁을 떠났다.

　걸어서 구름처럼 사방을 돌아다녔다. 가고 머무름에 오직 외로운
그림자만이 짝하였으며, 덥고 서늘함이 잠깐 사이에 몇 년이 지나
갔다. 요동(遼東)에서 여러 지방을 두루 다니다가(跋涉)[34] 이어서
멀리 동리(桐裏)에 나아가 화상(和尙)[35]을 만나 뵈니, (화상이 대사
의) 얼굴을 대하여 물끄러미 보시고 모습을 살펴보셨다. 며칠 후에
상방(上方)으로 모시어 받드니, 화상이 말하였다.

　"옛 말에 '마음을 오로지 하면 돌도 뚫을 수 있고, 뜻이 간절하면
샘도 솟게 할 수 있다' 하였다. 도는 몸 밖에 있는 것이 아니며, 부
처로 나아가는 것은 마음에 달렸다. 잘 익힌 자(宿習者)[36]는 찰나
에 깨닫고, 어리석은 자(蒙昧者)[37]는 만겁토록 머물게 된다. 여래가
가르침을 베풀 때 정진이 둔한 사람을 위해서는 거듭 말씀하셨고,
근기가 날카로운 사람을 위해서는 간략히 말씀하셨다. 네 자신을
잘 살피라. 나의 말에 있는 것이 아니다."

　가야갑(迦耶岬)의 새 절[38]에서 구족계를 받은 후(受具)[39]에는 분

---

34) 跋涉 : 산을 넘고 물을 건너 여러 지방을 돌아다님(『傳』, "草行曰跋 水
　　行曰涉").
35) 和尙 : 李智冠은 惠哲의 제자 慶甫道詵國師(827~898)로 추정하였다(李
　　智冠, 앞의 글, p.348 註 43 참조).
36) 宿習者 : 전생(宿世)에서부터 불법을 잘 닦은 자.
37) 蒙昧者 : 사리에 어둡고 어리석은 자.
38) 迦耶岬新藪 : 岬은 山, 藪는 寺를 의미. 가야갑의 새 절. 충남 熊州에 있
　　었던 普願寺를 가리키는 듯하다. 崔致遠 撰, 『唐大薦福寺故寺主翻經大
　　德法藏和尙傳』 가운데 義湘의 "誘令一國學遍十山" 註에 "熊州迦耶峽
　　普願寺"라 하였다(李智冠, 앞의 글, p.348 註 52 참조). 보원사는 현재 충

주히 움직이는 마음(心猿)을 잡아 가두고, 안주하지 못하는 생각(意
馬)[40]을 좇지 않았다. 계율의 병을 끌어 당겨(戒甁方挈)[41] 기름 바
리가 기울지 않게 하였다. 밤낮으로 뜻을 채찍질(鞭志)하였으며, 잠
깐 사이에도 마음을 갈고 닦았다(砥心). 지게문과 창문을 통하지 않
고도(不戶不牖)[42] 대도(大道)를 보았으며, 곤륜산과 바다를 건너지
않고도(不崑不海)[43] 신주(神珠)를 얻게 되었다. 꽃다운 명성(芳聲)
이 이미 사방에 떨쳐지니, 불법을 짝할 만한 사람들(法侶)이 멀리
팔방(八表)[44]에서 이르렀다.

　법조 서당(西堂)[45]이 철(慧徹)[46]에게 전하였고, 철이 선사 여(

　　남 서산 해미에 위치한다.

39) 受具 : '具'는 具足戒를 의미. 小乘律에서 정한 比丘・比丘尼가 지켜야
　　할 계법으로 비구는 250계, 비구니는 348계를 받으며, 대체로 사미계를
　　받은 지 3년 이상인 사람에게 주어진다.

40) 但繫心猿 無縱意馬 : 心猿意馬에서 나온 말. 마음이 私慾에 이끌리는
　　것은 원숭이나 말이 경박스럽고 조급하듯이 억제하기 어려움을 가리킨
　　다(『安樂集』, "諸凡夫 心如野馬 識劇猿猴 馳騁六塵 何曾停息").

41) 挈甁之智 : 작은 슬기.

42) 不戶不牖 : 중국에 유학하여 법을 구하지 않았음을 의미.

43) 不崑不海 : '崑'은 崑崙山, '海'는 赤水를 가리킨다. 崑崙山은 중국 서
　　방에 있는 최대의 靈山으로 西方의 樂土로서 西王母가 살고 있으며, 美
　　玉이 난다고 전해지고 있다. 또한 『莊子』天地篇에 의하면 "赤水遺珠
　　象罔得之"라 하여 황제가 赤水를 구경하다가 구슬을 잃었는데, 눈이 밝
　　고 점을 잘 치는 知, 離朱, 喫詬 등을 시켜 찾게 했으나 찾지 못하고 장
　　님인 象罔이 찾았다 한다.

44) 八表 : 팔방의 한없는 끝. 전 세계(陶潛, 『歸鳥詩』, "遠之八表 近憩雲
　　岑").

45) 西堂 : 西堂智藏(735~814)을 가리킨다.

46) 徹 : 寂忍國師 慧徹(785~861)을 가리킨다. 谷城 大安寺 寂忍國師 照輪
　　清淨塔碑에 의하면 慧徹은 字가 體空, 俗姓이 朴氏이며, 서울(경주) 사
　　람으로 15세 때 출가하여 浮石寺에서 華嚴을 공부하였고, 22세 때 具足

如)[47]에게 전하였는데, 여가 우리 스님께 전하였으니, (대사는) 곧 서당의 증손[48]이다. 대사는 법의 교화(法化)를 서당에게서 전해 받았으나 서쪽으로 가서 유학하는 수고는 하지 않았다. 우리 나라에 세상의 인연을 나누어 참으로 동쪽 사람들을 잘 이끌었다. 무학(無學)의 종지(無學之宗)[49]를 배우면서도 꼭 게송(祇夜)[50]에 의지하였고, 무사(無師)의 가르침(無師之旨)을 스승으로 하였으나 반드시 경전(修多)[51]에 힘입었다. 그리하여 일심(一心)을 희롱하는 자는 일음(一音)[52]을 크게 믿게 하고, 구결(九結)[53]에 묶여 있는 자는 구업(九業)[54]으로 점차 돌아가게 하였다. 많은 방편으로 인도하고 빠른 위력으로 꺾으니, 교화의 인연은 메기의 멧부리(鯷岑 : 우리 나라)[55]에 두루 하였고 발자취는 복숭아 들(桃野 : 우리 나라)[56]에 가

戒를 받았다. 30세 때인 814년(헌덕왕 6)에 당나라에 가서 西堂智藏에게 心印을 받고 西州의 浮沙寺에서 3년 간 大藏經을 연구하다가 55세 때인 839년(신무왕 1)에 귀국하여 全南 谷城郡 大安寺에 정착하여 佛道를 펼쳐 桐裏山門의 開祖가 되었다.

47) 先師如 : 如和尙. 李智冠은 先師 如를 道詵으로 추정하였다.

48) 西堂曾孫 : 西堂智藏 - 桐裏慧徹 - 如和尙 - 廣慈允多.

49) 無學之宗 : 禪宗을 가리킨다.

50) 祇夜 : 梵語 Geya. 12部經의 하나. 게송. 舊譯에는 重頌偈, 新譯에는 應頌이라 하였다.

51) 修多 : 修多羅(불경).

52) 一音 : 여래의 설법을 가리킨다. 『維摩經』 佛國品에 "부처는 一音으로 설법하지만 듣는 衆生은 類에 따라 각각 해석한다" 하였고, 止觀七下에 "一音의 특수한 부름은 많은 귀를 즐겁게 한다"고 하였다.

53) 九結 : 아홉 가지의 번뇌. ① 愛結 ② 恚結 ③ 慢結 ④ 癡結 ⑤ 疑結 ⑥ 見結 ⑦ 取結 ⑧ 慳結 ⑨ 嫉結.

54) 九業 : 欲·色·無色의 三界의 業. 欲界의 作業·無作業·非作非無作業과, 色界의 作業·無作業·非作非無作業, 無色界의 無作業·非作非無作業·無漏業을 가리킨다.

55) 鯷岑 : 우리 나라의 별명. 동해에 메기가 많으므로 동해를 鯷海라고 한다.

득하였다.

근본을 잊지 않고 옛 산에 되돌아왔다. 겨우 두 밤을 지냈는데 갑자기 산적이 절에 들어와 옷과 물건을 빼앗으려고 곧바로 상방(上方)57)에 이르렀다. 대사는 놀랐으나 두려워함이 없이 선좌에서 움직이지 않았다. 위엄의 칼날을 들어 악을 물리치고 지혜의 칼날을 잡아 마귀를 눌렀다. 적의 무리가 무수하게 대사에게 맞닥뜨렸으나 스스로 죄과를 알게 되어 말을 마치자 절을 하고 달아났다. 이 모습을 보고 생각하지 않을 수가 없었는데, 밤에 이르러 꿈을 꾸었다. 한 전장(戰將)이 법당 안에 들어와 물타나(勿陀那)58) 칠구(七軀)를 보았다. 말좌(末座)에서 대사를 향하여 글씨를 썼는데, 그것은 거듭된 '인(忍)' 두 자뿐이었다. 잠에서 깨어나 놀랍고 의아하여 일어나 손을 씻고 양치질(盥漱)을 한 후 단정히 앉아 말하였다(偶言).59) "그것 참 신기하다! 그것 참 신기하다! 환한 대낮에 여우의 의심이 사라지고, 맑은 밤에 나비의 꿈이 이루어짐60)을 헤아리지 못하였다. 옛 사람이 말하기를, '한 번 참으면 오랜 즐거움을 얻을 것이고, 다시 한 번 참으면 세상에 살면서 오래도록 좋을 것이다'라고 하였으니, 거듭된 인(忍) 두 자가 어찌 헛된 것이겠는가!"

대사가 이로 인하여 길이 마음을 가라앉히고 참선하게 되었고, 오래도록 절에 머물렀다. ……누런 파도가……하니 선(禪)의 종지를 깨달아 알게 되었고, 성인의 말씀을 뛰어넘었다. 성색(聲色) 속

56) 桃野 : 桃園. 우리 나라의 별명.
57) 上方 : 큰스님이 머무는 방.
58) 勿陀那 : 八部神將 중 摩睺羅伽(Mahoraga)를 가리킨다. 摩睺勒, 摩休勒, 牟呼洛迦, 莫呼洛伽 등으로 音譯하였는데, 蛇, 龍, 服行神 등으로 번역된다(李智冠, 앞의 글, p.351 주 76 참조).
59) 偶言 : 마주앉아 이야기함.
60) 淸宵蝶夢 : 莊子가 밤에 나비가 되어 훨훨 날아다닌 꿈을 꾼 일을 가리킨다.

을 떠나고 시비(是非)의 관문을 벗어나니 승려들(衲子)61)이 문에
가득 찼다. 의(義)를 사모하고 인(仁)에 (몸을) 던지는 이들이 구름
처럼 달려오고 안개같이 모여들었으며, 선에 참예하고 도를 배우는
이들은 빈 채로 왔다가도 결실을 맺고 돌아갔다.

　효공대왕(孝恭大王)62)이 멀리 곡성(谷城)63)을 향하여 편지(綸
翰)를 띄워 지혜의 눈을 열어 국가의 사직을 도와주기를 원하였다.
이 때는 신라의 운세가 기울어 병화가 자주 일어났다. 궁예(弓裔)64)
가 기강을 어지럽히며 견훤(甄萱)65)이 이름을 도적질하였다. 천명

---

61) 衲子 : 승려의 謙稱.
62) 孝恭大王 : 효공왕을 가리킨다. 효공왕은 諱가 嶢이며, 憲康王의 庶子.
　　母는 義明王太后 金氏. 895년(진성여왕 9) 10월에 태자로 책봉되었다가
　　2년 뒤인 897년(진성여왕 11) 6월에 양위를 받아 즉위하여 912년(효공왕
　　16) 4월에 薨하였다.
63) 谷風 : 만물을 자라나게 하는 바람. 여기서는 대사가 谷城에서 베푼 교
　　화를 의미.
64) 弓裔 : ?~918년. 신라 제 47대 헌안왕 또는 경문왕의 庶子라고 전해지
　　며, 世達寺의 중이 되었다가 891년(진성여왕 5) 竹州 箕萱의 부하가 되
　　었다. 이듬해 양길의 부하가 되었으나 898년(효공왕 2) 송악에 서울을 정
　　하고 그에 반기를 들었으며, 901년(효공왕 5)에 스스로 왕을 칭하였고,
　　국호를 後高麗라 하였다. 904년(효공왕 8) 국호를 摩震, 연호를 武泰에
　　서 水德萬歲로 고치고 서울을 철원으로 옮겼으며, 강원·경기·황해의
　　대부분과 평안·충청의 일부를 점령하였다. 그러나 국력이 강해지자 미
　　륵불을 자처하면서 방탕한 생활로 국가재정을 고갈시켜 민심의 이탈이
　　나타나 결국 장군 申崇謙·洪儒·卜智謙·裵玄慶 등이 王建을 추대하
　　자 도망하다가 平康에서 피살되었다.
65) 甄萱 : ?~936년. 姓이 李氏이며, 尙州 사람으로, 阿慈介의 아들이다. 본
　　래 신라의 裨將으로 있다가 892년(진성여왕 6)에 반기를 들었고, 900년
　　(효공왕 4) 完山(全州)에 도읍을 정하여 후백제를 세웠다. 견훤은 중국
　　여러 왕조들과 국교를 맺는 등 활발한 외교관계를 전개하는 한편, 대내
　　적으로는 궁예를 격파하기도 하고, 927년(경순왕 1)에는 경주 포석정에
　　서 연회중이던 경애왕을 죽이고 경순왕을 세우는 등 한때 후삼국 중에서

(天命)이 돌아가는 곳이 있어 나라의 기반을 새로이 이루어야 했으나, 봉홧불(狼煙)66)이 흔들리어 오고 가는 것이 사문(沙門)에게는 혹독한 괴로움이어서 끝내 왕에게 도움이 되지는 못하였다.

신성대왕(神聖大王 : 태조)은 때를 탄 성스러운 임금(聖主)이요, 드물게 있는 밝은 임금(明君)이었다. 나라를 평안히 하고 속세를 위무하는 큰 기미를 풍성하게 하고, 법을 수호하며 이치에 부합하는 신이한 기술에 통달하였는데, 여러 가지 정무(萬機)67)를 하는 여가에 마음을 현문(玄門)68)에 두셨다. 즉위하기 전부터 대사의 명성을 익히 들었으므로(飽聆)69) 낭관(郎官)을 보내 왕의 편지(御札)를 가지고 산에 들어가 청하였다.

"덕을 우러러 사모한 지 오래 되었습니다. 스님의 위의(威儀)를 뵙기 원합니다. 대사께서는 연세가 많이 드셔서 아마 걷기(行脚)70) 어려우실 듯하니, 말을 타시는 것이 무슨 상관이 있겠습니까. 한 번 궁궐로 와 주십시오."

"노승은 전부터 일찍이 말을 탄 적이 없이 이 나이에 이르렀습니다.71) 산승 역시 왕의 백성(王民)이니 어찌 감히 명을 거역하겠습니

가장 큰 세력을 떨쳤으나 넷째 아들 金剛에게 왕위를 전하려다 맏아들 神劍에 의해 金山寺에 유폐되었다가 도망하여 932년 고려에 항복하였다. 고려는 그에게 尙父의 대우를 하여 楊州를 식읍으로 주었다.

66) 狼煙 : 烽火, 狼火. 전쟁 때 신호로 쓰던 불. 이리 똥을 나무 속에 섞어서 불을 피우면 바람이 불어도 연기가 위로 똑바로 올라간다.『里語』에 "古之烽火用狼糞 取其煙直而聚 雖風吹之不斜"라 하였다.

67) 萬機 : 임금의 정무. 여러 가지 정사. 정치상의 모든 중요한 기틀.

68) 玄門 : 현묘한 문. 法門.『資特記』上一地三에 "佛法深妙 有信得入 故曰玄門"이라 하였다.

69) 飽聆 : 싫도록 들음.

70) 行脚 : 여러 곳을 걸어다니며 불도를 수행한다는 의미.

71) 老僧由來 未嘗騎馬 至於齡年 : 승려들은 사치를 금한다는 의미에서 馬

까."

지팡이를 짚고 미투리(芒鞋)[72]를 신고 걸어서 궁궐(輦下)에 이르렀다. 임금께서 크게 기뻐하고 의빈시(儀賓寺)[73]에 머물러 쉬게 하였다(安頓).[74] 며칠 후에 불러 들였는데, 궁궐에 오를 때 잔걸음[75]으로 걷지 않도록 하였으며 상하의 상(床)을 맞대어 빈례(賓禮)로 접대하니 여러 신하들이 황송하게 여겼다.[76] 태조가 물었다.

"고사(古師)께서는 '마음이 곧 부처'라고 하셨는데, 이러한 마음은 어떤 것입니까?"

"만약 열반에 이른 자는 부처님의 마음에 머무르지 않을 것입니다."

"부처님께서는 어떤 과정을 거쳐서 곧 그와 같은 데에 이르신 것입니까?"

"부처님께서 어떤 과정을 거친 것이 아닙니다. 마음 자체가 과정이 없는 것입니다."

"짐은 하늘의 도움을 받아 어지러움을 구하고 폭군을 베었습니다. 어떻게 하면 백성들을 편안하게 다스릴(保乂)[77] 수 있겠습니까?"

"전하께서 오늘의 물음을 잊지 않으신다면 나라가 매우 다행일

祖道一의 말에 의해 말을 타는 것을 계율에 어긋나는 것으로 여긴다.

72) 芒鞋 : 미투리.

73) 儀賓寺 : 의빈시라는 관청명은 『高麗史』나 『高麗史節要』에는 나타나지 않는데, 禮賓寺를 지칭하는 것이 아닌가 한다.

74) 安頓 : 安着.

75) 趨 : 공경의 뜻으로 윗사람 앞을 머리를 굽히고 빨리 걷는 것.

76) 竦然 : 황송하여 응숭그림.

77) 保乂 : 편안하게 다스림.

것이며, 백성들에게도 지극히 다행일 것입니다.”

"대사께서는 어떠한 덕행으로 중생을 교화하여 따르게 하셨습니까?”

"신승(臣僧)은 스스로도 구제하지 못하였는데, 어찌 감히 다른 (이들의) 속박을 벗겨 주겠습니까?”

이 날 옥소리가 낭랑하여 구름같이 일어나는 물음이 끊이지 않았다. 대사의 네 번의 대답(四辯)78)은 물 흐르듯(亹亹)79) 하여 병 속의 물을 따르는 듯한 대답이 막힘이 없었다. 갖추어 기록하면 글이 번거로우므로 개괄하여 간략히 기록하였다.

엎드려 생각하건대 금상대왕(태조)께서는 위엄이 양(梁)나라 원제(元帝 : 兩曜)80)와 같아 정사에 임함에 도가 하늘과 땅에 화합하고, 덕업은 순(舜 : 重瞳)81)임금보다 뛰어나 백성을 다스림에 사악한 무리가 없게 하셨다. 오연(五衍)82)에 귀의함은 중인도의 파사닉왕(波斯匿王)83)과 다르지 않고, 삼선(三禪)84)을 높이 앙모함은 서

---

78) 四辯 : 四無碍辯・四無碍智・四無碍解. 마음의 방면으로는 智・解, 입의 방면으로는 辯이라 하는데, ① 온갖 敎法에 통달한 法無碍辯 ② 온갖 교법의 要義를 아는 義無碍辯 ③ 여러 가지 말을 알아 통달치 못함이 없는 辭無碍辯 ④ 일체 교법을 말하는데 자재한 樂說無碍辯을 말한다. 여기서는 태조의 물음에 대한 네 번의 대답을 가리키는 듯하다.
79) 亹亹 : 물이 흘러가는 모양. 열심히 노력하는 모양.
80) 兩曜 : 해와 달. 여기서는 梁 元帝를 가리킨다(『梁元帝纂要』, "日月謂之兩曜").
81) 重瞳 : 겹눈동자. 舜임금과 項羽, 顔回가 눈동자가 둘이었다고 한다(『史記』, "舜目蓋重瞳子 項羽亦重瞳子";『劉子』, "顔回重瞳").
82) 五衍 : 五衍은 五行, 즉 布施行・持戒行・忍辱行・精進行・止觀行을 가리킨다.
83) 中印匿王 : 중인도 사위국의 파사닉(Prasenajit)왕. 석가모니 당시의 왕.
84) 三禪 : 色界의 第三禪天.

천 서역국(西天)85)의 계일왕(戒日王)86)과 같았다. 법을 바로 하고 나라를 일으키는 시대에 글을 닦고 근본을 심는 임금으로서 오롯한 아름다움이 지금 여기에 있으니, 옛날에도 드물게 보인 것이었다.

대사가 삼례(三禮)를 행하고 물러나니 명하여 흥왕사(興王寺)에 안치하였다. 황주원(黃州院) 왕욱랑군(王旭郎君)87)이 맑은 기풍을 멀리서 우러러 짤막한 편지(尺牘)를 전하여 제자가 되기를 원하였고 스승을 따르기를 바랐다. 떠나온 지 수년이 되니 산간이 다시 어떠하겠는가! 내의령(內議令) 황보숭(皇甫崇)과 태상(太常) 충량(忠良)이 날마다 대사의 음식을 살피기를 마치 심부름꾼의 직분을 행하는 것과 같이 하니 대사가 더욱 편치 아니하였다. 하루는 상에게 말하였다.

"고라니와 사슴(麋鹿)88)이 들에 뛰놀듯이 언덕과 구렁(丘壑)89)에 엎드려 있다가 외람되이 임금의 명을 받아 왕의 땅(王城)에 와서 살게 되었습니다. 두려운 정이 깊어짐은 추녀 끝에 매인 학(軒鶴)90)과 들보에 묶인 새(梁鵜)91)로도 비유하기에 부족합니다. 엎드려 바라건대 미천한 정을 좇아 구름이 옛 산으로 돌아가고 물고기가 깊은 구렁에서 놀도록 하여 주시면 은혜가 크겠습니다."

---

85) 西天 : 西天西域國. 옛날 중국에서 인도를 가리킨 말.

86) 戒日 : 인도의 왕.

87) 黃州院 王旭郎君 : 황주원 왕욱랑군은 태조의 아들로 神靜王太后 黃甫氏 소생이며, 광종 20년(969)에 卒하였다. 아들은 孝德太子·成宗·敬章太子가 있었으며, 성종이 즉위한 후 睿聖宣慶大王으로 추존되었고, 廟號는 戴宗이다(『高麗史』卷90, 列傳3 宗室傳 太祖).

88) 麋鹿 : 고라니와 사슴. 비천한 것.

89) 丘壑 : 언덕과 구덩. 속세를 떠난 곳.

90) 軒鶴 : 추녀 끝에 매인 鶴.

91) 梁鵜 : 들보 위의 사다새. 鵜는 사다새. 사다새는 원래 바다에 사는 새로, 들보 위에 있으니 편안하지 않음을 의미한다(『詩經』, "維鵜在梁").

상이 허락하여 동리(桐裏)의 옛 산으로 돌아가도록 하고, 본 도의 수상(本道 守相)92)에게 명하여 토지와 노비를 나누어 주고 음식을 공급하게 하였다. 외호(外護)하는 기풍을 잊지 않고 매번 팔행(八行)93)의 예를 펼쳤다. 파견하는 관리들의 왕래가 길에 이어졌으니, 이렇듯 융성하게 높이 받든 일은 일찍이 없었다.

대사는 개운(開運) 2년(945, 혜종 2) 11월(荒落)94) 22일에 대중을 불러 놓고 말하였다.

"사는 것은 한정이 있고, 죽음은 정해지지 않은 것이다. 나는 이제 가려 하니 각 관(官)은 잘 있거라. 부처님의 말씀에 '바라제목차(波羅提木叉 : 계율),95) 이것이 바로 너희들의 큰 스승이라' 하였으니, 나 역시 이 말을 너희에게 부촉한다. 너희들이 따라 행하면 나는 죽지 아니한 것이다."

분향하며 염불(焚香念佛)96)하게 하고, 합장한 채 문득 돌아가니 속세의 나이는 82세요, 승랍은 66세였다.
이에 치도(緇徒)가 슬피 울며 나루터의 다리(津樑)97)가 이미 끊

---

92) 本道守相 : 桐裏山이 있는 전라도의 관찰사를 가리킨다.
93) 八行 : 팔행은 孝·悌·睦·연·任·中·和 등 여덟 가지 선행을 의미하기도 하나, 여기서는 '편지'를 가리킨다.
94) 荒落 : 荒落은 땅이 거칠어 쓸쓸함을 의미. 11月을 뜻한다.
95) 波羅提木叉 : 梵語 Pratimoksa. 몸과 입으로 범한 허물을 따로 따로 해탈하는 것으로 '別解脫'이라 번역한다. '戒律'을 의미.
96) 令焚香念佛 : 중국에서는 禪師들이 입적할 때 염불당에 들어가 제자들에게 阿彌陀佛을 염불하게 하였다 한다.
97) 津樑 : 나루(津河)를 건너는 다리와 뗏목. 道諦에 비유한 것으로, 부처님의 敎法이 苦海의 중생을 교화하고 깨달음의 경지로 인도함을 의미.

어짐을 탄식하고, 선백(禪伯)이 탄식하며(咨嗟)[98] 법의 수레바퀴가
영원히 닫혀짐을 보았다. 날짐승이 슬퍼하고 들짐승도 애처로워하
였다(悽愴).[99] 평일에 귀를 상쾌하게 해 주던 잔잔한 바위틈의 물
(潺湲[100]澗水)이 슬픈 소리로 변하였고, 오랜 세월 눈을 달래 주던
자옥한 산의 구름(靉靆)도 모두 슬픈 색이 되었다. 작은 벌레와 나
무들[101]까지 마음 아파한 것을 붓과 종이로 어찌 다 형용할 수 있
겠는가! 드디어 그 때 일을 아뢰어 얼마 지나지 않아 곧 조정의 명
을 받아 본산에 탑을 세웠다. 관청의 창고(官廩)에서 재물을 내고
가까운 곳의 백성들을 사역시켰는데, 장엄함이 빈틈이 없었으며(周
密)[102] 조각한 것이 매우 기묘하였다. 상수 문인(上首門人) 등이 다
시 조정에 고하여 이르기를, "선사(先師)이신 신 모(臣某)는 다행히
지우(知遇)를 입어 나라의 은혜가 망극하니 살아서나 죽어서나 모
두 영화로웠습니다. 그러나 탑 위에 명(銘)이 없어 선사 신이 평일
에 세운 도행이 점차 사라져 버릴까(湮沒)[103] 염려됩니다. 엎드려
바라건대 임금의 은택을 빕니다" 하니, 비문 세우는 것을 허락하였
다.

이에 미천한 신에게 명하여 선의 교화를 널리 찬양하게 하셨다.
소(紹)는 글을 빨리 짓는 재주(七步)[104]가 없고, 다섯 수레의 책(五

---

98) 咨嗟 : 탄식함. 한숨쉼.
99) 悽愴 : 마음이 몹시 구슬픔.
100) 潺湲 : 물이 졸졸 흐르는 모양.
101) 蠢植 : 蠢은 꿈틀거리는 곤충. 植은 森林.
102) 周密 : 빈틈없고 자세함.
103) 湮沒 : 湮滅. 흔적도 없이 사라져 버림(『後漢書』, "舊章湮沒").
104) 七步 : 七步才. 詩나 文章을 빨리 짓는 재능. 魏나라 曹操의 아들인 文
帝 曹丕가 그 아우 曹植을 꺼려하여 일곱 걸음을 걷는 동안에 詩를 짓
도록 하자 曹植이 즉석에서 "煮豆燃豆萁 豆在釜中泣 本是同根生 相煮
何太極"라는 詩를 지었다는 데에서 유래되었다.

車)105)을 읽지도 못하였다. 직언(直言)을 하여도 주생(朱生)106)을 감탄하게 하지 못하고, 도끼질과 자귀질107)은 니씨(禰氏)를 칭송하여야 하나 일이 부득이하여 억지로 글을 짓는다.

명(銘)하여 이르기를,

위대하도다 개사(開士)여!
진리를 깨달으니,
법의 문은 아득히 깊고(杳杳),108)
지극한 이치는 깊고 깊도다.
교화는 바다 밖에서 부응하여
도가 해뜨는 변방에서 으뜸이니,
구름은 깊은 골짜기로 돌아가고,
달은 맑은 연못에 떨어지도다.
의기(意氣)를 움직여
마음의 밭을 고르게 하다가
오늘 아침에 적멸을 보이니
어디에서 선을 이야기하랴!
계족산109)은 높고 험하며(崒崒)110)

---

105) 五車 : 다섯 수레에 가득 실을 만큼 많은 책.『莊子』天下篇에 "惠施多方 其書五車"라 하였고,『古事成語考』文事篇에 "博學之儒學 當五車"라 하였다.
106) 朱生 : 朱生은 朱買臣(?~B.C. 109)으로 추정된다. 朱買臣은 前漢의 정치가로 字는 翁子인데, 武帝에게 중용되었으나 御史大夫 張陽을 모함한 죄로 죽음을 당하였다.
107) 斤斧 : 목수가 사용하는 도끼.
108) 杳杳 : 아득한 모양.
109) 鷄山 : 雞足山. 가섭존자가 열반한 곳.

압수는 굽이쳐 흐르니(透迤)[111]

땅에 인연이 있어

깃들어 머물 곳(棲遲)[112] 이 곳이로다.

범을 풀어 주듯 도가 높고[113]

개미를 구해 주듯 은혜가 드리우니,[114]

돌이 와서 말씀을 듣고[115]

나무도 향하여 오도다.

두 서까래가 홀연히 꿈(兩楹忽夢)[116]에 나타나고,

한 짝의 신이 문득 남으니(隻履俄遺)[117]

---

110) 崒嵂 : 산이 높고 험한 모양.

111) 透迤 : 비틀거리며 가는 모양.

112) 棲遲 : 벼슬하지 않고 놀며 지냄.

113) 解虎道峻 : 호랑이의 싸움을 멈추게 할 정도로 道가 높다는 뜻. 『續高僧傳』卷16, 釋僧稠傳(『大正藏』卷50, p.553 中)에 의하면 齊나라 龍山 雲門寺의 승려 僧稠가 懷州 서쪽 王屋山에서 十六特勝法인 數息觀을 닦고 있었는데, 어느 날 두 호랑이가 싸우는 소리가 巖谷을 진동하므로 승조가 六環杖을 던지니 각기 흩어졌다고 한다. 또한 『續高僧傳』卷16, 釋曇詢傳(『大正藏』卷50, p.559 上)에도 어느 날 산길을 가다가 두 마리의 호랑이가 서로 싸우니 담순이 六環杖으로 갈라놓고 "너희들이 같은 숲에서 살면서 이렇게 싸울 필요가 어디에 있느냐. 각기 흩어져 가라"고 당부하니 호랑이가 머리를 숙여 노기를 풀고 흩어졌다는 기록이 있다.

114) 救蟻恩垂 : 길을 가던 沙彌僧이 비가 내린 후 홍수에 떠내려가기 직전에 있는 수많은 개미를 안전한 곳으로 옮겨 구해 주었다는 고사.

115) 石臻 : 돌들이 와서 강설을 들었다는 말. 『三國遺事』卷4, 勝詮觸髏條에 의하면 勝詮法師가 尙州에 精廬를 짓고 石觸髏를 청중으로 삼아 『華嚴經』을 강설하였다고 한다.

116) 兩楹忽夢 : 공자의 죽음을 가리킨다.

117) 隻履俄遺 : 달마의 죽음을 가리킨다. 『景德傳燈錄』권3, 菩提達磨狀에 의하면 달마대사는 太和 19년(495) 12월 28일에 입적하여 熊耳山에서 장사지내고 定林寺에 塔壙을 세웠는데, 3년 후 魏나라 宋雲이 西域에 사신으로 갔다가 돌아오던 중 葱嶺(pamirs 고원)에서 달마대사가 신발

법은 가히 설명할 수 없으나
일컬음이 광자(廣慈)에게 있도다.
삼업(三業)118)을 맑고 깨끗하게 하며
육진(六塵)119)을 쓸어 없애고
동리(桐裏)에 돌아가
금인(金人)을 만나도다.
제발(提拔)120)과 비슷하고(依俙)121)
파륜(波輪)122)과 방불하니
그윽한 말씀 넓고 커서
큰 지혜와 정신이로다.
피안에 오르시자
불을 놓아 장작을 사르니,
뭇 중생(介衆)123) 바라보며
푸른 하늘(蒼旻)124) 향해 슬피 울도다.

한 짝만 들고 翩翩히 홀로 걸어가는 것을 보았다고 하여 塔壙을 열어 보니 棺은 텅 비어 있고 신발 한 짝만 남아 있었다고 한다.

118) 三業 : 三業은 身·口·意에서 오는 선악의 행동. 貪慾·瞋恚(자기 마음에 맞지 않는 것을 성내고 원망함)·愚痴의 세 죄업.

119) 六塵 : 六賊, 六境. 『法華經』에 의하면 "以六識緣六塵 偏染六根"이라 하였고, 『金剛經』에는 "於此六塵 起憎惡心"이라 하였다. 즉, 육진은 智慧를 해치고 功德을 덜게 하며 憎惡心을 일으키는 여섯 가지 害物로 色·聲·香·味·觸·法을 말하는데, 사람을 미혹되게 하는 여섯 가지 근원인 眼·耳·鼻·舌·身·意의 六根에서 비롯된다.

120) 提拔 : 提波達多·須跋陀羅라고도 하며, 부처의 최후 설법을 들었다는 보살이다.

121) 依俙 : 어렴풋함. 분명하지 않음. 비슷함.

122) 波輪 : 薩陀波崙·波崙·波倫이라고도 하는데, 般若를 구하기 위해 7일 밤낮을 울었다는 보살이다.

123) 介衆 : 介는 大의 뜻이니, 大衆을 가리킨다.

124) 蒼旻 : 봄 하늘을 蒼天이라 하고, 가을 하늘을 旻天이라 한다. 푸른 하늘

가히 오래 되고 가히 커서

만세에 닳지 않으리니(不磷),

이에 사라지지 아니할 업적을 서술하여

곧은 옥돌(貞珉)125)에 기록하노라.

광덕 2년 경술년(950) 10월 15일 세우다.126)

새긴 이 문민(文旻)

당시 있던 복전(福田)127)은 40명이며, 항상 신중법석(神衆法
席)128)을 행하였다. 본래 정한 별도의 법석은 없다.

본전식(本傳食)129) 2, 939석(石) 4말(斗) 2되(升) 5홉(合).

의 총칭.

125) 貞珉 : 굳고 고운 돌. 비석.

126) 光德二年~十月十五日立 : 光德 2년은 951년이며, 干支로는 辛亥年에
    해당한다. 따라서 '光德二年'이라는 부분과 '歲次庚戌'이라는 부분은
    서로 모순이 되는데, '庚戌'이라는 干支가 분명히 나타나므로 본 비의
    정확한 건립 연대는 광종이 즉위한 지 2년째 되던 해인 950년(광종 1, 庚
    戌年)이라 생각된다. 본 비의 '光德二年 歲次庚戌'이라는 부분은 당시
    즉위년 칭원법이 쓰여지고 있었음을 나타낸다고 하겠다. 광종은 11년
    (960) '峻豊'이라는 연호를 사용하기 전까지 즉위 초부터 10여 년 동안
    이 '光德' 연호를 사용하였다.

127) 福田 : 부처를 공양하면 밭에서 먹을 것을 수확하듯 福德을 거두어들일
    수 있다는 의미로, 승려를 가리킨다(李智冠, 1993,「谷城 大安寺 寂忍禪
    師 照輪淸淨塔碑」『譯註 歷代高僧碑文』신라편, 伽山文庫, p.92 註 70
    참조).

128) 神衆法席 : 시니라하대에 성행하기 시작한 華嚴神衆信仰과 관련된 法
    席(南東信, 1993,「羅末麗初 華嚴宗團의 대응과『(華嚴)神衆經』의 성
    립」『外大史學』5, p.152).

129) 本傳食 : 본래 전해진 食.

　예식(例食)[130]　　보시(布施)한 등유(燈油)[131]는 없었다.

　전답시(田畓柴)[132]　전답(田畓)은 모두 494결(結) 39부(負), 좌지(坐地)[133] 3결, 하원(下院)[134]의 대전(代田)[135] 4결 72부, 시지(柴地)[136] 143결.

　두원지(荳原地)　염분(鹽盆) 43결.

　노　비(奴婢)　노(奴) 10명(名), 비(婢) 13구(口).

(역주 : 김혜원)

---

130) 例食 : 국가에서 내려 주는 食.

131) 燈油 : 송진으로 만든 기름.

132) 田畓柴 :『泰安寺誌』雜部 雜錄 부분에 의하면 이 전답시의 내역은

晋州 永善縣의 地田畓	94結 13負 7束	
宜寧의 土田畓	110結 39負 3束	
(本寺의 維持費 부분에서는 114결 29負 3束으로 나타남)		
靈光 森溪縣의 地田畓	18結 70負 2束	
年平縣의 地田畓	29結 85負	
羅州 餘榥縣의 地田畓	97結 18負	
(本寺의 維持費 부분에서는 艅艎縣으로 나타남)		
寶城 五果縣의 地田畓	61結 55負	
昇州 富有縣의 地田畓	22結 98負 8束	
陜川 加祚縣의 地田畓	60結 30負 2束	
昇平縣・阿今島・小楮島・用老島 등의 藋田		
	9結 99負 8束	

　등 총 505結 10負로 나타나 있는데, 土田畓과 地田畓의 차이는 미상이다.

133) 坐地 : 절터

134) 下院 : 일종의 '末寺'를 의미.

135) 代 : 代田을 의미하는 듯.

136) 柴 : 땔감을 채취하는 땅.

13. 태자사 낭공대사 백월서운탑비

신라국 고 양조[1]국사[2] 교시 낭공대사 백월서운지탑비의 명 서문과 더불어

문인 한림학사[3] 수[4]병부시랑[5] 지서서원사[6]로 자금어대[7]를 하

---

1) 兩朝 : 신라 제52대 孝恭王(재위 897~912)과 제53대 神德王(재위 912~917)의 시기를 말함.
2) 國師 : 신라 및 고려 시대에 있었던 승려의 최고 명예직.
3) 翰林學士 : 翰林臺의 한 관직. 한림대는 원래는 詳文師였는데, 聖德王 13년에 通文博士로 고쳤으며 景德王이 翰林으로 개칭하고 후에 學士를 두었다(『三國史記』 雜志8, 職官中 詳文師). 고려시대 한림원의 정3품직. 한림원은 태조가 태봉의 제도에 따라 설치한 원봉성에서 시작되었다. 詞命을 制撰하는 관청이며 국왕 측근의 文翰官으로 문필에 능한 儒臣이 임명되고 淸要職으로 중시되었다. 원봉성, 뒤에 學士院으로, 다시 翰林院으로 개정되었다.
4) 守 : 行守法으로서 조선시대에는 官階와 官職 간의 관계를 나타내 주는 법제였으니 官階가 낮은 사람이 높은 職位에 앉았을 경우에 관계와 관직 사이에 넣어서 부른 말이었다. 그러나 고려시대에는 散職과 實職 사이의 관계를 표시하는 법제로 기능한 것으로 보인다(朴龍雲, 1981, 「高麗時代의 文散階」『震檀學報』 52, pp.32~33).
5) 兵部侍郞 : 통일신라시대 중앙관부인 병부의 차관직. 고려시대 尙書省의 중앙본부인 尙書都省 하부기구 兵部의 정4품직.
6) 知瑞書院事 : 瑞書院의 한 관직. 서서원은 翰林臺의 改名으로 추정되며

사받은 신 최인연[8]이 교를 받들어 비문을 짓다.

김생[9]의 글씨를 승려 단목(端目)이 집자하다.

듣건대 무릇 불교의 참된 경계[10]는 심오하고 현묘한 나루[11]는 아
득하여, 맑기가 푸른 바다와 같고 아득하기가 하늘과 같으니, 지혜
의 배로 어떻게 그 물가에 이를 것인가, 또한 지혜의 수레로도 그
끝을 찾을 수 없는 것이다. 더구나 성인으로부터 더욱 멀어지고 범
부(凡夫)에 머물러 있음이 이미 깊으니, 원숭이 같은 마음[12]을 제어
할 수 없고 말 같은 의식[13]을 조련하기가 어려움에 있어서랴. 이 때

신라 말기 文翰機構의 중추적 존재였다. 泰封과 고려 초기의 元鳳省에
해당하는 翰林學士院으로 볼 수 있다.

7) 紫金魚袋 : 唐代 高官에게 내리던 魚袋의 일종. 당나라에서는 四色公服
制度에 의하여 服色을 1~3품은 紫, 4·5품은 緋, 6·7품은 綠, 8·9품은
靑으로 정하였는데, 3품 이상 服紫에는 금어대, 5품 이상 服緋에는 은어
대를 차게 하였다. 우리 나라에서는 新羅 景文王 13년(873) 이후 憲康王
10년(884) 이전에 魚袋制가 성립하였으며 高麗 光宗 11년(960) 3월 百官
의 公服制가 개정될 때까지 행해졌다. 자금어대는 고려시대의 경우 1~4
품관에게 하사되었다(李賢淑, 1992, 「新羅末 魚袋制의 成立과 運用」
『史學硏究』 43·44합집 참조).

8) 崔仁渷 : 崔彦撝의 다른 이름으로 신라 말·고려 초기 대표적 문인. 자
세한 내용은 해제를 참조.

9) 金生 : 711~791년. 통일신라시대 명필. 隸書·行書·草書가 모두 신묘
한 경지에 이르렀다고 함(『三國史記』 卷48, 列傳8 金生傳).

10) 眞境 : 신선 등이 사는 아주 깨끗한 땅. 여기서는 불교의 참된 경계를 이
름.

11) 玄津 : 현묘한 나루라는 뜻으로 불교를 이름.

12) 心猿 : 마음이 분주하게 움직이는 것을 원숭이에 비유한 말. 『大乘本生
心地觀經』 卷8에는 마음이 원숭이와 같아서 五欲의 나무에 놀면서 잠시
도 쉬지 않는다고 하였다.

13) 意馬 : 인간의 마음은 外境을 쫓아가므로 일정한 곳에 안주하지 못하는
데, 이것이 마치 날뛰는 말과 같음을 비유한 말.

문에 허를 따르고 실을 버리는 자는 모두 흙덩이를 좇는14) 뜻을 품고, 유(有)에 집착하고 공(空)에 미혹된 자는 누구나 아지랑이15)를 좇는 생각을 일으킨다. 만약 철인(哲人)이 세상에 나오고 보살16)이 때를 타서 참된 뜻을 높이 드러내고 좋은 가르침을 널리 베풀지 않는다면 어떻게 현묘하고도 현묘한 이치를 밝혀 온갖 오묘한 이치가 나오는 문17)으로 돌아가게 할 것인가. 심오한 불법18)을 깊이 알고 심인(心印)19)을 남모르게 전승하여 이러한 도를 통달한 자가 어찌 다른 사람이겠는가. 바로 대사인 것이다.

---

14) 逐塊 : '獅子咬人 韓獹逐塊'의 준말. 사람이 흙덩어리를 던지면 사자는 던지는 사람을 깨물지만, 개는 반대로 그 흙덩이를 깨문다는 데서 나온 고사. 韓獹는 한에서 생산된 개. 이 고사는 한갓 枝葉末節인 言語文字에만 얽매여 사물의 眞相을 제대로 보지 못하는 것을 비유함(『虛堂和尙語錄』卷2 ;『高峰和尙禪要』開堂普說其一 참조).

15) 趁炎 : 炎은 陽炎이니 아지랑이를 지칭함. 이를 목마른 사슴이 물인 줄로 잘못 알고 쫓아간다는 뜻.

16) 開士 : 菩薩의 다른 명칭으로 僧侶를 이름.

17) 衆妙之門 : 우주의 삼라만상을 만들어 내보내는 곳, 모든 묘리가 나오는 근원.

18) 髻珠 : 髻子 가운데 있는 보배 구슬. 法華七喩의 하나인 髻珠喩.『法華經』제5권에 轉輪聖王이 여러 나라를 쳐서 항복받고 장병 중 전공이 있는 자에게 논밭·집·옷·보배 등을 줄 적에, 가장 공로가 큰 이에게는 자신의 상투 속에 있는 보배구슬을 준다고 하였다. 이는 전륜성왕을 如來에, 상투를 二乘 方便敎에, 구슬을 一乘 眞實敎에 비유한 것으로『법화경』이 지금까지 이승 방편교에 가리어 있던 일승 진실교를 열어 나타낸 것을 말한 것이다. 여기서는 석존의 진실한 가르침이나 참된 禪法을 말한다.

19) 心印 : 佛心印이라 함. 선종에서는 언어나 문자로 나타낼 수 없는 內心의 깨달음을 佛心이라 한다. 이 깨달음은 세간의 印形처럼 결정적으로 알 수 없으므로 心印이라 한다. 선종에서 문자에 의하지 않고 見性시키는 것을 심인을 전한다고 한다.

대사의 법휘는 행적(行寂)이고 속성은 최씨이다. 그의 선대는 주나라 조정 상보(尙父)[20]의 먼 자손이자 제나라 정공[21]의 먼 후예인데 그 후손이 토군[22]에 사신으로 나왔다가 계림(신라)에 머물러 살아 지금은 경만(京萬) 하남(河南)의 사람이 되었다. 할아버지의 휘는 전(全)인데 세상을 피해 영화를 마다하고 깊이 들어앉아 정신을 수양하였다.[23] 아버지의 휘는 패상(佩常)인데 나이 아홉 살에 배움은 삼동(三冬)에 으뜸이었다. 자라서는 붓을 던지고 무예를[24] 배울 마음이 일어나서 전쟁을 그치게 할[25] 재주를 배웠으므로, 군[26]에 들어가 관직을 역임하였다. 어머니는 설씨로 꿈에 스님을 보았는데 (스님이) "전생부터의 인연을 좇아 어머니[27]의 아들이 되기를 원합니다" 하였다. 꿈을 깬 뒤에 신령스러운 상서로움을 느껴 그 사실을 남편[28]에게 낱낱이 아뢰고, 스스로 기름진 음식[29]을 끊고서 정성껏 태교(胎教)를 행하여 태화[30] 6년(832, 흥덕왕 7) 12월 30일에 대사를 낳았다.

---

20) 尙父 : 周나라의 賢臣인 太公望 呂尙의 존호. 여상은 周 東海人으로 본성은 姜씨, 呂에 봉하였으므로 여상이라 함. 주 문왕의 스승이며 무왕을 도와 殷 紂王을 쳐서 나라를 세운 공으로 齊에 봉해짐.

21) 丁公 : 태공망 여상의 아들 呂伋의 시호.

22) 兔郡 : 玄兔郡. 여기서는 우리 나라를 말함.

23) 養志 : 뜻을 고상하게 함. 정신을 수양함.

24) 投筆 : 擲筆과 같은 뜻으로 붓을 던져 버린다는 말이니, 곧 무예에 종사함을 이름.

25) 止戈 : 전쟁을 멈춤. 휴전.

26) 戎行 : 군대의 행렬. 진군함. 행진함.

27) 阿孃 : 어머니.

28) 所天 : 하늘같이 받들어 공경하는 사람. 곧 신하가 임금을, 아내가 남편을, 아들이 어버이를 일컫는 따위. 여기서는 남편을 의미함.

29) 膻腴 : 기름지고 노린내가 남.

30) 大和 : 太和. 太和는 唐 文宗의 연호(827~835).

대사는 나면서부터 특이한 골상을 지녀 보통 사람과는 다른 점이
있었다. 장난하며 놀던 어릴 때에도 반드시 불사(佛事)를 하여 언제
나 모래를 모아 탑을 만들고 항상 풀잎을 따서 향을 삼았다. 이에
어릴 때부터31) 스승32)을 찾아 나섰는데 학업을 청할 때에는 침식마
저 모두 잊었고 글을 읽을 때는 뜻의 근원을 모두 파악하였다. 일찍
이 부처님의 말씀33)을 깊이 믿고 속세를 벗어나려는 뜻이 있어 아
버지에게 말하기를 “소원은 출가하여 도를 닦아 끝없는 은혜를 갚
는 것입니다” 하였다. 그의 아버지는 전생의 인연이 지난날의 꿈과
부합되는 점이 있음을 알고 그 뜻을 막지 않고 사랑하면서도 허락
하였다.

마침내 머리를 깎고 검은 승복을 입고는 배움에 노닐기를 갈구하
였는데 배움의 바다를 찾고자 명산을 두루 찾아다녔다. 가야산 해
인사34)에 이르러 곧 종사(宗師)를 배알하고 경론을 열심히 탐색하
여, 화엄35)의 오묘한 뜻을 섭렵하고 경전36)의 참된 뜻을 망라하였
다. 스승이 학도들에게 말하기를, “부처의 제자 아난(阿難)37)은 들
은 것이 많고 공자의 제자 안회(顔回)38)는 배우기를 좋아하였다는

---

31) 靑襟 : 靑衿. 청색 깃의 옷, 곧 유생을 가리키는 말.
32) 絳帳 : 붉은 빛깔의 자리. 스승의 자리, 학자의 서재.
33) 金言 : 부처의 입에서 나온 불멸의 法語.
34) 伽耶海印寺 : 경남 합천 가야산 해인사.
35) 雜花 : 『華嚴經』의 별칭.
36) 貝葉 : 貝多羅葉. 인도 다라수의 잎. 경문을 쓰는 데 씀.
37) 多聞 : 阿難. 부처의 10대 제자 가운데 한 사람. 多聞第一의 제자라고 부
   른다. 부처가 열반한 후 迦葉의 지휘 아래 이루어진 불경의 편찬, 즉 結
   集에 참가하여 지대한 공적을 쌓으니 經法이 후대에 전하는 것은 그의
   공적이라 함.
38) 顔生 : B.C. 521~B.C. 490년. 성은 顔氏, 명은 回, 자는 子淵. 공자의 十
   哲 중 한 사람으로 亞聖이라 일컬어짐. 공자의 80제자 중 가장 학문을
   좋아하였다 함.

말을 옛날에 들었는데 이제 그러한 사람을 보았으니 어찌 청안(靑
眼)39)이나 적자(赤髭)40)와 더불어 비교하여 말할 수 있겠느냐"41)
라고 하였다.

대중42) 9년(855, 신라 文聖王 17)에 복천사(福泉寺)43) 관단44)에

---

39) 靑眼 : 범어 Vimalākṣa. 卑摩羅叉라 音譯하고 無垢眼이라 意譯함. 罽賓
國 사람. 律藏에 밝아서 사방의 학자가 다투어 와서 사사하였다. 처음에
龜茲에서 율장을 홍포할 때 鳩摩羅什도 와서 배웠다. 그 후 중국에 들어
와 後秦 弘始 8년(406) 關中에 이르자, 구마라집이 스승의 예로써 존경
하였다. 구마라집이 죽자 安徽省 壽春으로 가서 石澗寺에 머물렀다. 여
기서 구마라집이 번역한『十誦律』58권을 교정하여 61권으로 삼았다. 그
後 江陵으로 가서 辛寺에서『십송율』을 강의하며 戒律의 홍포에 주력하
다가 다시 수춘 석간사로 돌아와서 77세로 입적하였다. 특히 푸른 색의
눈을 하고 있어 그 당시 사람들이 靑眼律師라 불렀다.

40) 赤髭 : 범어 Buddhayśas. 佛陀耶舍라 음역하고 覺明이라 의역함. 罽賓
國 출신, 바라문종족. 鳩摩羅什이 한때 그의 문하에서 毘婆沙를 수학할
정도로 뛰어났으나, 그 후 불타야사는 大乘法을 다시 구마라집에게 배우
기도 하였다. 後秦 弘始 9년(407) 長安에 와서부터 시작하여 410년까지
『四分律』40권과『長阿含』등 많은 經律을 번역하였으며, 특히 大毘婆
沙에 정통하였다. 코밑의 수염이 붉어 사람들이 赤髭毘婆沙라 불렀다
한다.

41) 同年而語 : 不可同年而語. 일률적으로 말할 수도 없으며, 또한 동일하게
취급할 수도 없어 양자가 서로 격함을 비유한 것. 즉 양자가 너무 현격히
달라 비교할 수 없다는 말.

42) 大中 : 唐 宣宗의 연호(847~860).

43) 福泉寺 : 충북 보은 속리산 법주사의 동쪽 7리쯤 되는 곳에 있다.

44) 官壇 : 戒를 받는 公的인 장소. 受戒는 거의 공적인 관단에서 이루어졌
다. 특히 통치제도를 확립하기 시작한 고려 통일 후는 모두 관단에서 수
계하였고, 신라 말·고려 초에도 관단에서 수계한 사실이 특기되고 있다.
오늘날에도 金山寺와 桐華寺의 유적에서 볼 수 있듯이 관단은 舍利浮
屠를 중심으로 石欄이 둘러 있다. 관단을 구비한 사원은 여러 곳이 있었
으나 일정한 수를 정하였던 것으로 추측된다. 관단 사원은 대부분 華嚴
宗 사원이고 禪宗 사원은 하나도 찾아지지 않는다(許興植, 1986,『高麗
佛敎史硏究』, 一潮閣, p.321).

서 구족계45)를 받았다. 얼마 후 부낭46)을 지키듯이 계율을 철저히 지킬 뜻이 간절하고 풀에 묶여 있듯이47) 계율을 지키려는 생각이 깊이 들었다. 불법의 종지48)는 이미 노력하여 힘써 배웠으니 현묘한 기틀의 뜻49)을 어찌 마음으로 찾지 않을 것인가. 그래서 지팡이

---

45) 具戒 : 具足戒. 모든 계율이 완전히 구비되었다고 하여 이름된 것이며, 이를 잘 지키면 열반의 경지에 다다를 수 있다고 한다. 具戒라 약칭하고 大戒라 하며 比丘戒・比丘尼戒라고도 한다. 梵語는 Upasaṃpanna로 鄔波三鉢那라 음역하고 近圓이라 번역하니, 열반에 친근하다는 뜻이다. 비구・비구니가 지켜야 할 戒法으로 비구는 250戒, 비구니는 348戒가 있는데, 이 戒를 받으려면 沙彌戒를 받은 지 3년이 지난 이로 몸이 튼튼하고 모든 죄과가 없으며, 나이는 만 20세 이상이며 70세 미만인 사람이어야 한다.

46) 浮囊 : 浮囊不漏. 浮囊은 헤엄칠 때 몸의 浮力을 돕기 위해 쓰이는 羊皮나 牛皮로 만든 공기를 넣은 가죽주머니이다. 40卷本『大般涅槃經』卷10에서 부처가 迦葉菩薩에게 護戒의 마음이 金剛과 같아야 함을 말하면서, 다음과 같은 비유를 들고 있는 데서 나온 말이다. 즉 어떤 사람이 부낭을 가지고 大海를 건너는 도중에, 바다 가운데서 한 羅刹이 부낭을 달라고 하였다. 그 주인이 불응하자 半만, 아니면 3분의 1만, 아니면 털 1개만이라도 뽑아 달라고 한다. 그러나 주인은 끝내 一毛도 뽑아 주지 않았다. 털 하나만 뽑아도 물이 스며들어 마침내 익사하게 되기 때문이다. 이는 浮囊을 지키듯이 계율을 생명처럼 護持하라는 뜻을 비유한 말이다. 바다에 뜨는 주머니(浮囊)가 새지 않았다는 것은 승려가 계율을 매우 잘 지킴을 비유한 말이다.

47) 繫草 : 草繫. 草繫比丘. 도적의 습격을 받아 풀에 묶여 있으면서 풀이 상할까 봐 몸을 움직이지 않았던 비구로부터 기인한 말. 옛날 인도에서 비구들이 길을 가다 도적떼를 만나 옷을 빼앗기고 벗긴 채 풀에 묶였다. 도둑은 가 버렸지만 비구들은 풀을 끊어 다치게 하는 것도 살생이라 여겨 그냥 묶인 채로 뜨거움과 굶주림을 참고 있었다. 때마침 왕이 사냥 나와 이를 보고 크게 감동하여 불교에 귀의를 했다고 한다. 이는 禁戒의 중요하고 엄격함을 비유한 이야기이다(『賢遇經』).

48) 像敎之宗 : 敎宗의 敎理.

49) 玄機之旨 : 禪宗의 宗旨.

를 가지고 병을 차고[50] 산을 내려가 길을 찾아 나섰다. 드디어 굴산[51]사로 가서 통효대사(通曉大師)[52] 범일을 배알하고 스스로 온 몸으로 예배하고[53] 정성껏 깊은 생각을 아뢰니, 대사는 곧 당에 오를 것을 허락하여[54] 마침내 제자가 되게 하였다. 이로부터 여러 해 동안 가르침을 받으면서[55] 여러 가지로 고행을 쌓았다.

비록 지극한 도는……이나 눈앞에 마주한 듯이 산을 이룰 뜻을 다하였으며, 항상 재계하여 담박하더라도 정신이 피곤하도록 바닷물을 달이는 수고를 더하였다. 그래서 두루 어려움을 겪고 나서야 잡일에 많이 능통하다는 것을 알고, 항상 앉으나 누우나 외국에 유학하는 것만을 생각하였다. 드디어 함통[56] 11년(870, 경문왕 11)에 조공을 바치러 가는 사신 김긴영(金緊榮)공을 찾아가 중국에 유학하고자 한다는 마음[57]을 뜻한 바대로 갖추어 이야기하니, 김공은

---

50) 杖策挈瓶 : 錫杖과 瓶은 三衣와 함께 비구가 행각할 때에 반드시 지참해야 하는 소지품이다. 결국 지팡이를 짚고 병을 끌어 찬다는 것은 소지품을 정돈한다는 뜻.

51) 崛山 : 闍崛山. 江原道 江陵 소재.

52) 通曉大師 : 闍崛山派의 開祖 梵日(810~889). 馬祖門下인 杭州 鹽官齊安의 心印을 받아 와 江原道 江陵 崛山寺에 주지하여 禪風을 진작함. 그의 문하에는 朗圓大師 開淸과 入唐하여 石霜慶諸의 심인을 받아 온 朗空大師 行寂(882~916)이 있어서 사굴산파의 門風을 크게 드날림.

53) 投五體 : 五體投地. 두 무릎, 두 팔꿈치, 이마 등 5체를 땅에 붙여 예배하는 것.

54) 入室 : ① 開室이라고도 한다. 師匠의 거실에 들어가서 친히 法門을 받아 잇는 것 ② 禪宗에서 제자가 師家의 방에 들어가서 道를 묻는 것.

55) 服膺 : 잘 지켜 잠시도 잊지 아니함.

56) 咸通 : 唐 의종의 연호(860~873).

57) 西笑之心 : 西笑는 서방을 갈망하는 웃음. 여기서 서방은 中國. 서소의 마음은 곧 중국으로 유학가고자 하는 마음(『桓譚新論』 祛蔽, "人聞長安樂 則出門向西而笑").

깊이 마음에 들어58) 함께 갈 것을 허락하였다. 얼마 후 대천(서해)
을 건너59) 서안(중국)에 당도하였다.

　이 때 천리 길을 멀다 하지 않고 상도(上都 : 장안)에 이르렀다.
이어서 유사(有司)가 사유를 갖추어 황제60)에게 아룀에 힘입어, 칙
명을 내려 좌가 보당사(寶堂寺)의 공작왕원(孔雀王院)에 대사를 안
치하게 하였다. 기쁜 것은 신이한 거처에 발길을 머물고 빼어난 경
계에서 마음을 깃들일 수 있었다는 점이었다. 얼마 안 되어 황제의
탄신일에 칙명으로 불러 대궐에 들어갔다. 의종황제(懿宗皇帝)는
지극한 교화를 넓힐 생각으로 삼가 현풍을 추앙하였는데, 대사에게
묻기를 “멀리 바다를 건너와 무슨 구할 것이 있는가?” 하였다. 대사
가 칙서에 대답하여 이르기를, “빈도가 다행히 상국(上國)의 문물
을 구경하고 중화에 도를 묻게 되었는데, 오늘 외람되이 큰 은총을
입어 성대한 일을 볼 수 있었습니다. 바라는 것은 신령스러운 자취
에 두루 노닐어 적수의 보주를 더듬어 찾아보고,61) 돌아가 우리 나
라를 빛내 다시 청구62)의 심인(心印)63)을 만드는 것입니다”고 하

―――――――――

58) 傾盖 : 노상에서 우연히 만나 車蓋를 마주 대고 相論하는 경우처럼 한
　　번 보고 서로 친해지는 일.
59) 利涉 : 항해함.
60) 懿宗皇帝 : 당나라 황제(재위 859~873).
61) 尋赤水之珠 : 黃帝가 赤水에서 구슬을 잃어버렸는데, 象罔이 그것을 찾
　　았다는 고사. 출전은 『莊子』 外篇 天地. 黃帝가 赤水 북녘에서 노닐고
　　곤륜산에 올라 남쪽을 바라보고 돌아왔는데, 그 때 검은 구슬(玄珠)을
　　잃어버렸다. 그래서 아는 것이 많고 눈이 밝고 말솜씨 좋은 知·離朱·
　　喫詬 등을 시켜 찾게 했으나 찾지 못하고, 무심한 象罔을 시켜서 그 구
　　슬을 찾았다는 고사. 즉 道의 幽玄한 경지를 言語文字나 思量分別을 떠
　　나 無心의 경계에서 터득하였음을 말하는 것이다. 검은 구슬은 道를 비
　　유한다. 여기서 적수의 구슬은 불법의 진수를 말한다.
62) 靑丘 : 軫宿 동남쪽에 있는 일곱 별. 이 별이 우리 나라를 맡고 있다는
　　신앙에서, 우리 나라의 별칭으로 쓰임.

였다. 천자가 은총을 두텁게 내리고 그 말을 매우 좋게 생각하였으니, 법수(法秀)가 진(晉) 문제를 만나고[64] 담란(曇鸞)이 양(梁) 무제를 대한 것[65]과 같아서 고금은 비록 다르지만 이름과 덕망은 한 가지였다.

　이후 오대산[66]에 이르러 화엄사(花嚴寺)[67]에 투신하였다. 문수

---

63) 印 : 범어 Mudrā의 意譯으로 敎義의 규범이 되고 旗幟가 되는 것. 선종에서 문자나 언어를 초월하여 깨달음을 心印이라 한다.

64) 法秀之逢晉文 : 법수가 만난 왕은 진나라 문제가 아니라 唐의 玄宗(재위 712~756)이니, 비문의 찬자가 착각을 한 듯하다. 법수는 어디 출신인지 미상이며 京寺와 咸鎬 등지에서 교화하였고 현종과 인연이 있다(『宋高僧傳』 권18, 法秀傳).

65) 曇鸞之對梁武 : 曇鸞이 梁 武帝(재위 502~549)를 대하다. 담란(476~542)은 北魏 高僧. 中國 淨土敎 五祖의 初祖. 우연히 大集經을 註解하다가 병이 들어서, 長生不死의 법을 찾아 梁에 이르러 陶弘景을 찾아가 仙經 10권을 얻어 돌아왔다. 도중에 洛陽에서 菩提留支를 만나 無量壽經 1권을 받은 뒤부터 仙經을 불사르고 一心으로 淨業을 닦아 정토에 往生하기를 원하였다. 양무제가 불러 극진히 대접하고 佛法을 물었다. 魏王이 존경하여 神鸞이라 존칭하고 대암사에 있게 하였다. 저서에 『往生論註』·『讚阿彌陀佛偈』 등이 있다. 淨土敎 교리의 기초를 확립하여 후세 정토교의 발전에 공이 크다. 양 무제는 만년에 "釋敎에 빠졌다"(『南史』 卷7, 武帝紀論)라고 전해질만큼 불교에 마음을 깊이 기울였다. 天監 10년(511)에는 스스로 斷酒肉文을 공표하여 불교도로서의 戒律生活에 들어갔다. 천감 16년에는 犧牲廢止의 칙령을 내렸고, 동년 10월에는 천하의 道觀을 없애고 道士를 모두 환속시켰다. 천감 18년에는 菩薩戒를 받았다. 그는 大愛敬寺·大智度寺 등과 같은 대찰을 세웠으며 대규모적인 齋會를 베풀기도 하고 네 차례에 걸쳐 捨身을 행하였다. 무제의 불교 관계 저작으로는 『涅槃經』·『大品經』 등의 義記 수백 권이 있었다고 한다. 『大梁皇帝立神明成佛義記』·『大梁皇帝勅答臣下神滅論』을 비롯하여 譯經序나 불교 관계의 詔·頌·文·賦·詩 등이 현존하고 있다. 무제는 菜食을 하며 계율 생활을 하였기 때문에 皇帝菩薩이라고 불렸지만, 지나치게 불교에 몰두했기 때문에 결국 梁朝를 멸망으로 이끄는 원인이 되었다.

대성[68]과 교감하기를 구해 우선 중대에 올랐다가 갑자기 신인을 만났는데 머리털과 눈썹이 온통 희었다. 고개를 숙여[69] 절하여 예를 행하고 엎드려[70] 은혜를 빌자, 대사에게 말하기를, "멀리서 오는 것이 쉽지 않은데, 훌륭하다 불자여! 이 곳에 머무르지 말고 빨리 남쪽으로 가서 그 오색의 서리를 깨달으면 반드시 진리[71]의 비에 목욕하리라"고 하였다. 대사는 슬픔을 머금고 이별한 다음 차츰차츰 남쪽으로 갔다.

건부[72] 2년(875, 신라 헌강왕 1)에 성도[부](成都[府])[73]에 이르러 여러 곳을 돌아다니며 배알하고, 정중정사(靜衆精舍)[74]에 가서 무상대사(無相大師)[75]의 영당에 배례하였는데 대사는 신라 사람이

---

66) 五臺山 : 중국 산서성에 있으며, 淸凉山 또는 紫府山으로도 부름. 문수 신앙의 성지로 추앙됨.

67) 花嚴寺 : 오대산에 있는 화엄종 사찰.

68) 文殊大聖 : 大乘菩薩 가운데 한 사람. 석가모니불의 보처로서 왼쪽에 있으며 지혜를 맡음.

69) 叩頭 : 머리가 땅에 닿도록 절함.

70) 膜拜 : 두 손을 들고 땅에 엎드려 절하는 것

71) 曇摩 : 범어 dharma의 음역, 法을 이름.

72) 乾符 : 唐 僖宗의 연호(874~879).

73) 成都[府] : 중국 사천성 분지의 西安에 위치하며 옛날 삼국시대 촉의 도읍지였음.

74) 靜衆精舍 : 성도부에 있었던 淨衆寺.

75) 無相大師 : 680~762년. 聖德王의 제3왕자로 동왕 27년(728)에 입당하여 唐 玄宗의 知遇를 받았다. 후에 成都로 들어가 北宗의 神秀와 南宗의 慧能과 함께 또 한 파를 이루고 있었던 資州智詵(609~702)의 제자 資州處寂(648~734)의 선풍을 이어받아 靜(淨)衆寺의 주지가 되었다. 無憶・無念・莫忘의 三句說과 引聲念佛로 유명하였다. 신라 文聖王 15년(853) 梓州慧義精舍의 南禪院에 四證堂을 만들 때 四證으로 保唐無住, 馬祖道一, 西堂智藏과 아울러 靜(淨)無相을 들고 있어 중국 禪宗史上에서 무상의 위치를 짐작할 수 있다(崔柄憲, 1972, 「新羅下代 禪宗九山派의 成立」『韓國史研究』 7, pp.90~91 참조).

다. 그래서 진영에 참배하고 훌륭한 행적을 들어보니 그는 당나라 황제의 도사(導師)로서 (현종이 안사의 난으로 성도부에 피난하였을 때) 현종의 스승이었다. 같은 나라 사람으로서 한스러운 것은 그 시대가 다름이었고, 후일의 사람으로서 찾는 것이란 그 자취를 좇을 뿐이었다.

석상(石霜) 경저화상(慶諸和尙)76)이 여래의 집을 열고 가섭77)의 뜻을 베푸니 보리수78) 그늘에 참선하는 무리들이 모였다는 소리를 듣고, 대사는 은근히 예를 행하고 간절히 정성을 바쳤으며, 그대로 방편문에 머물러 마침내 마니보79)를 얻었다. 얼마 후 형악(衡嶽)80)을 찾아 노닐어 선지식81)이 참선하는 거처를 배알하고, 멀리 조계산82)에 이르러 6조 혜능의 보탑83)을 배례하였으며, 동산84) 홍인의

---

76) 石霜慶諸和尙 : 807~888년. 靑原下 禪僧. 江西省 吉州 新淦人, 성은 陳氏. 道五圓智의 법을 이음. 潭州의 石霜山에 머물며 수행과 교화에 힘씀. 시호는 普會大師.

77) 迦葉 : 범어 Kāśyapa의 音譯. 飮光·龜氏라 意譯. 부처의 10대 제자 중 1인. 부처 입멸 후 經과 律에 대한 제1차 結集을 주관하였으며, 부처와의 사이에서 있었던 이른바 '拈華微笑'로 禪家에서 付法藏 제1조로 높이 추앙됨.

78) 道樹 : 菩提樹를 말함. 이 아래에서 부처가 成道했다 하여 생긴 이름.

79) 摩尼之寶 : 摩尼는 범어 mani의 음역으로 末尼라고도 함. 珠·寶珠라고 번역하며 摩尼珠·摩尼寶라고도 한다. 일반적으로 摩尼에는 불행과 재난을 없애 주고 濁水를 청정하게 하는 등의 德이 있다고 한다. 특히 무엇이든 하고자 하는 대로 가지가지의 珍寶를 내는 덕이 있는 보주를 如意寶珠라고 일컫는다.

80) 衡岳 : 衡, 衡山 또는 衡嶽이라 한다. 湖南省 衡山縣 서북에 있는데, 五嶽 중 南嶽에 속한다.

81) 知識 : 善知識. 범어 Kalyāṇamitra의 번역. 바른 도리를 가르치는 자.

82) 漕溪 : 曹溪. 廣東省 曲江縣 東南에 있는 시내. 六祖 慧能이 이 곳에 머물러 크게 禪法을 일으킴.

83) 祖師之寶塔 : 六祖 慧能의 탑을 말함. 육조혜능(638~713)은 그 이름이 처음에는 能大師로 쓰이다가 차츰 惠能에 이어 慧能으로 쓰였다. 중국

먼 자취를 가까이 하여 6조[85]의 남은 행적을 찾았으며, 사방 먼데까지 찾아보아서 이르지 않은 곳이 없었다.

비록 공과 색을 보았으나 어찌 본국[86]을 잊을 수 있겠는가. 그리하여 중화 5년(885, 신라 헌강왕 11)[87]에 고국으로 돌아왔다. 그 때 굴령[88]에 이르러 다시 통효대사를 배알하였다. 대사가 말하기를,

---

    선종의 제6조로 추앙됨. 본래 그의 집안은 范陽의 명문 盧氏 가문이었는데, 일찍이 아버지가 당시 변방인 廣東省 新州로 좌천되었기 때문에 거기서 태어났다. 속성이 盧氏여서 盧行者로 불렸다. 『金剛經』(또는 『涅槃經』)을 듣고 느낀 바가 있어 湖北省 蘄州 黃梅山의 五祖弘忍을 찾아가 배웠다. 홍인 문하에서 8개월 가량 방아 찧는 생활을 하다가 '本來無一物'의 시구를 지어 인가를 받음으로써, 홍인의 수제자 神秀(606~706)를 제치고 홍인으로부터 의발을 전수받고 마침내 선종 제6조가 되었다. 이후 嶺南으로 은둔하였다가, 유명한 '風幡問答'을 계기로 印宗法師(627~713)에게 삭발하였다. 이후 廣州의 法性寺와 韶州 曹溪의 大梵寺·寶林寺에 머물면서 설법 교화하였다. 神龍 元年(705)경 唐王室에서는 慧能을 궁중으로 맞이하고자 曹溪로 薛簡을 파견하였으나, 혜능은 병을 핑계로 가지 않았다. 이 때 설간과 혜능 사이에 '坐禪' 등에 관한 문답이 오갔다. 선종의 주요 경전인 『六祖壇經』은 그의 大梵寺 설법을 기록한 것이라고 한다. 혜능은 사후에 제자 神會의 활약으로 일약 長安 불교계에 유명해졌다. 혜능은 自性淸淨心의 자각과 無念·無住·無相의 반야 실천을 일체화하여 새로운 중국 선불교를 완성시켜, 달마와 더불어 중국 선종사에서 가장 중시되고 있는 인물이다. 그는 당나라 때 처음으로 大鑒禪師라는 시호를 추증받았으며, 이어 송나라 때 3번이나 추가 시호를 추증받았으니 大鑒眞空普覺圓明禪師가 그것이다(古田紹欽·田中良昭 著, 남동신·안지원 譯, 1993, 『혜능』, 玄音社 참조).

84) 東山 : 중국 湖北省 黃州府 蘄州 黃梅縣 동북 30리에 있는 憑茂山의 별칭. 五祖弘忍의 도량이 있었다.

85) 六葉 : 初祖達磨, 二祖慧可, 三祖僧璨, 四祖道信, 五祖弘忍, 六祖 慧能을 말함.

86) 偏陲 : 우리 나라, 신라를 말함.

87) 中和 : 唐 僖宗의 연호(881~884).

"일찍 돌아온 것이 기쁘며, 서로 보게 될 줄이야 어찌 생각이나 했
겠는가. 후학들은 각기 그 가르침을 받았지만 생각은 여기에 있었
구나" 하였다. 그래서 다시 문하89)에 있으면서 주위를 떠나지 않다
가 중간에 갑자기 물병과 바리90)를 들고 재차 물과 구름을 찾아 나
서 혹은 오악91)에 지팡이를 날려 잠시 천주와 같은 자신을 머물게
하고 혹은 삼하를 배로 건너 수정과 같은 자신을 머물게 했다.

문덕92) 2년(889, 진성왕 3) 4월중에 굴산대사가 병이 들었으므로
곧 옛 산으로 가서 정성껏 병을 돌보았는데 입적함에 이르러 부촉
을 받아 마음을 전한 자는 오직 대사 한 사람뿐이었다. 처음 삭주93)
의 건자야(建子若)94)에 머물러 작은 집을 짓고 비로소 산문을 여니
찾아오는 사람들이 구름처럼 많아 아침에는 셋이고 저녁에는 넷이
었다. 그 무렵은 때가 액운을 당하고 세상은 혼란하여 재앙을 나타
내는 별이 삼한에 길게 비추고 독이슬은 항상 4군에 깔려 있었으니,
더구나 암곡에 계책 없이 숨어 있겠는가. 건녕95) 초에 왕성에 와 머
물면서 분향하는 절에서 담복96)을 피우다가, 광화97) 말에 시골로

88) 崛嶺 : 江原道 江陵에 있고 通曉大師 梵日이 이 곳에 있었음.
89) 扉蓮 : 門下. 또는 蓮扉와 같은 말로 寺院을 가리킴.
90) 瓶鉢 : 瓶이란 손을 씻는 淨瓶과 水桶으로 사용하는 瓶을 말하며 鉢은
　　바리때로 行脚할 때 필히 갖추어야 하는 소지품.
91) 五嶽 : 동악은 吐含山(大城郡), 남악은 地理山(菁州), 서악은 雞龍山(熊
　　川州), 북악은 太伯山(奈巳郡), 중악은 父岳(一云 公山이니 押督郡에
　　있음)(『三國史記』卷32, 雜志1 祭祀志).
92) 文德 : 문덕은 唐 昭宗의 연호(888).
93) 朔州 : 강원도 춘천 .
94) 建子若 : 建子蘭若, 즉 建子寺.
95) 乾寧 : 唐 昭宗의 연호(894~898), 신라 진성여왕 8~孝恭王 2년에 해당.
96) 薝蔔 : 치자나무 꽃인데, 이 꽃이 숲 속에 있으면 온 숲이 향기로 가득찼
　　다고 함.
97) 光化 : 唐 昭宗의 연호(898~901), 신라 효공왕 2~5년에 해당.

되돌아가 잡초를 정리한 터에 전단[98])을 심었다. 한스러운 것은 때
마침 마군을 만난 것이었으나 장차 불도를 베풀고자 하였다.

효공대왕[99])이 갑자기 보위에 올라 선종을 존숭하였는데, 대사가
해동에서 으뜸이고 천하에 뛰어나다고 하여 특별히 승정(僧正)[100])
인 법현(法賢) 등을 보내 조서를 내리고 대궐로 불렀다. 대사는 문
인에게 이르기를, "스스로 선에 편안하려는 것은 마침내 교화를 도
우려는 것이다. 우리 도가 말대(末代)까지 전해 내려온 것은 밖에서
보살펴 준[101]) (임금의) 은혜가 있어서이다" 하였다. 마침내 천우[102])
3년(906, 효공왕 10) 가을 9월 초에 시골[103])을 훌쩍 떠나 서울로 돌
아왔다. 16일에 이르러 대궐에 들어가 높이 선상에 앉았다. 주상은
미리 마음[104])을 맑게 하고 면복을 똑바로 하고서 국사의 예로 대하
며 우러러 진리를 배우겠다는 뜻[105])을 경건하게 폈다. 대사는 말하
는 기색이 조용하고 자세가 자연스러웠는데, 도를 높이는 것으로는
복희와 헌원 씨의 방법을 말하고 나라를 다스리는 것으로는 요임금
과 순임금의 교화를 논하니, 거울이 피곤한 줄을 잊고 큰 종이 쳐주

---

98) 栴檀 : 인도 특산 식물, 높은 향기를 가졌음. 향나무의 총칭. 재덕 또는
   시문이 뛰어남을 비유.
99) 孝恭大王 : 신라 52대 왕(재위 897~912).
100) 僧正 : 이 僧官名이 신라에서 사용된 예는 본 비문과 崔彦撝, 「興寧寺
   澄曉大師寶印塔碑」(924, 景明王 8)에 보인다. 이로 보아 통일신라기에
   는 당나라와 마찬가지로 僧統이라는 북조계통 명칭과 僧正이라는 남조
   계통 명칭이 혼용된 듯하다.
101) 外護 : 2護의 하나. 俗人이 승려의 수행을 도와 불법의 弘通에 힘이 되
   도록 援護하는 것. 이에 대해 부처님이 제정한 계법으로 身·口·意를
   보호하는 것을 內護라 함.
102) 天祐 : 唐 哀帝의 연호(904~907).
103) 溟郊 : 시골.
104) 宸襟 : 임금이 품고 있는 마음 속.
105) 鑽仰 : 성인의 도를 우러러보며 진리를 깊이 연구함.

기를 기다리는 [듯하였다]. 함께 따라 대궐에 올라간 사람이 네 사
람이 있었는데 행겸(行謙), 수안(邃安), 신종(信宗), 양규(讓規)였
다. 양[규]는 행실이 10철[106]보다 뛰어나고 이름은 3선[107]을 덮는
이로, 현향(玄鄕)의 신비스런 종지를 더듬고 절경의 그윽한 기예를
논하였다. 성인(왕)은 자주 주미[108]를 돌리는 것을 보고 용안에 매
우 기쁜 빛을 보였다.

이듬해(907, 천우 4, 효공왕 11) 늦여름에 갑자기 서울을 떠나 바
닷가를 따라 잠시 노닐다가 김해부에 이르렀다. 지부(金海府知軍府
事)인 소충자[109]와 그의 아우로 영군인 율희[110]가 옷깃을 여미어

---

106) 十哲 : 孔子의 문하 중 열 사람의 뛰어난 제자로 孔門十哲(顔淵, 閔子
騫, 冉伯牛, 仲弓, 宰我, 子貢, 冉有, 子路, 子游, 子夏)이라 한다.
107) 三禪 : 色界 4天의 하나인 三禪天. 少淨天, 無量淨天, 偏淨天으로 나뉨.
108) 塵尾 : 가늘고 긴 판이나 상아 등에 털을 붙인 團扇形으로 說法하거나,
經을 강의할 때 사용하는 기구. 처음에는 塵拂·蠅拂 등의 목적으로 사
용했는데, 뒤에는 拂子의 경우처럼 威容을 정비하는 데 사용하였다. 중
국에서는 위진시대 청담가들이 담론할 때에 손에 들고 쓴 것을 효시로
하여, 그 뒤 승려 사이에서 널리 행하게 됐다.
109) 蘇公忠子 : 蘇忠子(?~?), 일명 蘇忠至. 신라 효공왕 때 김해 지방의 세
력가. 원래 김해 지방의 가장 유력한 호족세력은 知金海府進禮城諸軍事
明義將軍이라는 관직을 가졌던 金仁匡이었는데, 소충자가 그의 동생 蘇
律熙와 함께 효공왕 10년(906)을 전후하여 새로 등장하여 김인광을 몰아
내고 金海府知軍府事가 되었다(『三國遺事』 卷2, 駕洛國記, "新羅季末
有忠至匝干者 攻取金官高城 而爲城主將軍……"; 『新增東國輿地勝覽』
卷32, 金海都護府 名宦條, "金仁匡 忠至"; 崔柄憲, 1978, 「新羅末 金海
地方의 豪族勢力과 禪宗」 『韓國史論』 4 참조).
110) 律熙 : 蘇律熙(?~?). 신라 효공왕 때 김해 지방의 호족. 효공왕 11년
(907)부터 동왕 15년 사이에 金海府知軍府事가 되어 군사권을 장악하고
제1인자가 된 것으로 보인다. 그 뒤 金律熙로 이름을 고쳤는데, 김율희
는 '쇠유리'의 한자 표기로서, 신라 말기에 와서 傳來姓을 가지지 못하였
던 지방의 피지배층 안에서 대두하던 호족세력들이 새로운 姓을 가지게
되는 모습을 나타내 주고 있다. 姓을 고치면서 그 관직명도 知進禮城諸

풍화를 흠모하고 가슴을 열어 도를 사모하면서, 명사(名寺)에 머물기를 청하고 창생에게 복을 주기를 빌었다. 대사는 머물 만하다고 여기고 남모르게 자비의 교화를 베푸니 변방에서 요망한 기운을 쓸어 버리고 산중에 단 이슬을 뿌렸다.

신덕대왕[111]이 왕위를 계승하고 대궐로 들어오라고 불렀다. 정명[112] 원년(915, 神德王 4) 봄에 대사는 서둘러 참선하는 무리를 거느리고 서울에 이르니, 지난날과 같이 명하여 남산 실제사[113]에 안거하게 하였다. 이 절은 그 전에 성상 자신이[114] 즉위하기 전에 거처하던 집[115]을 임금이 되어 절로 만들었는데 대사에게 맡겨 길이 선우(禪宇)로 쓰게 하였다. 이 때 행재소로 대사를 맞아들여 다시 자비로운 얼굴을 접견하고, 이에 가르침을 기대하던 마음을 열어 거듭 무위의 설법을 들었다.

하직하고 돌아갈 무렵에 특별히 좋은 인연을 맺었다. 그 때 여제자 명요부인이 있었는데 신라[116]의 종지이자 경주[117]의 관족이었

軍事로 개칭하고 김해 지방에 대한 지배력을 더욱 강화시켜 나갔다. 그는 선종 승려들을 적극적으로 후원하여 효공왕 때에는 김해 지방이 선종의 요람지로서 전국에 명성을 떨치게 되었다. 그리하여 각지에서 많은 선승들이 모여 들어와 이 곳에 머물고 있었으며, 그러한 선승 가운데 오늘날까지 이름을 남기고 있는 사람만도 行寂 이외에 審希·□雲·利嚴·忠湛 등 5인에 이르고 있다(崔柄憲, 앞의 글 참조).

111) 神德大王 : 신라 53대 왕(재위 912~917).
112) 貞明 : 後梁 末帝의 연호(915~920).
113) 南山實際寺 : 慶州 南山 소재.『三國史記』卷47, 驟徒傳에는 이 절에 道玉이라는 승려가 있었는데, 武烈王 때 백제가 助川城을 치므로 驟徒라 이름을 바꾸고 從軍殺身하였다는 내용이 전한다.『三國遺事』卷5, 迎如師條에는 景德王 때 덕행이 높은 迎如라는 승려가 있어 國師에 추봉되었다고 한다.
114) 潛龍 : 물 속에 잠겨 있는 용으로, 여기서는 아직 帝位에 오르지 못하고 邸宅에서 潛居하고 있는 太子를 말한다.
115) 黃閣 : 黃閤 또는 黃闥와 같은 뜻. 王宮의 殿閣으로 東宮이 있는 집.

다. 높은 산을 우러르듯 대사를 떠받들고 불교의 이치를 존숭하였
는데, 석남산사[118]를 받아 거두어 길이 주지할 것을 청하였다. 가을
7월에 대사는 마음에 매우 만족하여 비로소 그 곳에 머물 생각을
가졌다. 이 절은 멀리 4개의 산이 연해 있고 남쪽 바다를 높이 내려
다보는 곳으로, 시냇물은 급히 흘러 금여의 골짜기[119]와 흡사하고
바위산은 우뚝 솟아 자개의 봉우리[120]인 듯하니, 참으로 은자를 부
르는[121] 그윽한 터이고 또한 선사가 머물 만한 좋은 곳이었다. 대사
는 영산을 두루 탐색하였지만 머물 곳을 정한 데가 없었는데 처음
이 산에 와서 세상을 마칠 장소로 삼았다.

이듬해(916, 신덕왕 5) 봄 2월 초에 대사는 몸이 편치 못함을 알
고 작은 병이 들었다고 말하였으며, 12일 아침에 무리에게 고하기
를, "삶이란 한계가 있는 것이니 나는 떠나가겠다. (법을) 지켜 잃지
말고 너희는 힘쓰도록 하라" 하고 승상에 가부좌를 하고서 엄숙히
입적하니 나이는 85세이고 승랍은 61년이었다.

이 때 구름과 안개가 깜깜하게 깔리고 산이 진동하였다. 산 밑의
사람으로서 산꼭대기를 바라본 자가 있었는데, 오색의 빛줄기가 공
중을 찌르고 그 속에 한 물체가 하늘로 올라가는데 흡사 금기둥 같
았다고 하였으니, 어찌 지순(智順)이 죽었을 때 하늘이 꽃일산을 내

---

116) 鼇島 : 우리 나라, 즉 신라를 이름.
117) 鳩林 : 경주를 이름.
118) 石南山寺 : 현재의 경북 영일군 妙峰山에 있는 石南寺로 보임.
119) 金輿之谷 : 시냇물이 졸졸 소리를 내면서 앞을 다투어 흘러가는 것이 마
    치 쇠수레를 계곡 바닥으로 끌고 가는 것과 같다는 말.
120) 紫盖之峰 : 기암 절벽으로 이루어진 산봉우리가 하늘을 찌를듯 저마다
    더 높이 솟으려고 다투는 듯한 것이 마치 紫色으로 만든 車盖가 불쑥 위
    로 솟은 것과 같다는 말.
121) 招隱 : 세상을 등지고 숨어 사는 隱士를 초청한다는 말.

리고[122] 법성(法成)이 죽었을 때 허공에서 신령스런 관을 거둔 것[123]에 그칠 뿐이겠는가. 이에 문인들은 5정[124]을 베는 슬픔이 부모 형제를 잃은 듯하였는데, 17일에 삼가 색신(色身)을 받들어 서쪽 봉우리 기슭에 임시로 묻었다. 성고대왕(신덕대왕)은 갑자기 입적하였다는 말을 듣고 진실로 애통해하면서 특별히 중사(中使)를 보내 장례를 감호하고 조상하여 제사지내게 하였다. 정명(貞明) 3년(917, 경명왕 1) 11월 중에 동쪽 산꼭대기에 옮겨 묻었는데 절에서 300여 보 떨어졌다. 전신이 흩어지지 않았고 얼굴빛이 평소와 같으니 문인들은 대사의 자애스런 얼굴을 다시 보고 사모하는 마음을 이기지 못하였으며, 돌문을 만들어 봉하였다.

대사는 하악(河岳)의 정령을 받고 성신(星辰)의 기운을 타고나 승려[125] 중 영걸로 있으면서 임금[126]을 보좌하는 상서로움에 응하였다. 이 때문에 일찍 선경(禪境)에 들어가 오랫동안 번뇌를 털어

---

122) 智順則天垂花盖 : 智順은 徐氏로 15살 때 출가하여 일생 苦行精進하였다. 天監 6년(507) 雲門精舍에서 세상을 떠나니 속년이 61세였다. 임종하는 날 방안에 이상한 향기가 가득할 뿐만 아니라, 하늘에 華盖가 드리워져 있음을 보고 시체를 空地에 버려 蟲鳥들이 먹게 하라는 遺命을 남겼다. 그러나 제자들이 유언을 따르지 않고 절 옆에 窆葬하고 비를 세워 頌德하니 陳君 哀昻이 비문을 짓고 釋慧擧는 墓誌를 지었다. 저서는 『法事贊』과 「受戒弘法記」 등이 있다(『高僧傳』 卷8, 智順傳).

123) 法成則空斂靈棺 : 法成은 涼州人이니 16세에 출가하여 經律에 정통하였다. 일생 동안 五穀은 먹지 않고 오직 松脂만 먹으면서 穴岩에 은거하여 참선하였다. 어느 날 가벼운 병이 들었는데 기력이 없어 항상 自誦하던 『寶積經』을 반권만 끝내고 다른 사람에게 독송케 하여 일편이 끝나자마자 합장하고 입적하였다. 곁에서 侍病하던 10여 인이 함께 공중에 紺馬가 金冠을 등에 짊어지고 허공으로 올라가는 것을 보았다고 전한다 (『高僧傳』 卷11, 法成傳).

124) 五情 : 喜怒哀樂怨 또는 喜怒哀樂欲. 눈·귀·코·혀·몸의 欲情.

125) 縷褐 : 남루한 베옷, 僧衣로 여기서는 곧 승려.

126) 黃裳 : 綠衣黃裳의 준말. 황색으로 물들인 치마 또는 太子를 지칭한다.

내 두 군주(효공왕과 신덕왕)를 양조에서 보좌하고 중생을 3계[127)
에서 구제하니 나라가 태평하고 마적(魔賊)이 항복하였다. 그러므
로 대사는 대각[128)의 진신이며 관음[129)의 후체로서 그윽한 진리의
문[130)을 열어 지극한 이치를 선양하고 자비의 집을 열어 불제자들
을 이끌었음을 알겠다. 태어난 목숨이 죽는 것을 보여 부처가 학
수[131)에서 입적한 자취를 본받았고, 입적한 몸이 살아 있는 것 같아
서 가섭이 계족산[132)에서 고요함에 머물고 있는 마음을 따랐다. 살
아서나 죽어서나 사람을 교화시키고 처음부터 끝까지 도를 넓혔으
니, 정혜가 걸림이 없고 신통이 자재하였다고 이를 만하다.

제자인 신종(信宗)선사, 주해(周解)선사, 임간선사 등 500여 인이
모두가 한 마음을 지니고 다 상족[133)의 위치에 있었으며, 항상 불법
을 열심히 수호하고 추모하는 마음이 길이 간절하였다. 언제나 큰
바다에 먼지가 날고 높은 바람에 번개가 사라질까 염려한 나머지
여러 번 대궐[134)에 가서 큰 비를 세우기를 청하였다. 금상(경명왕)

---

127) 三界 : 중생이 생사에 流轉하는 미혹의 세계로서 色界·欲界·無色界
　　를 말함. 삼계는 끝없는 大海와 같은 迷·苦의 영역이므로 苦界·苦海
　　라고도 한다.
128) 大覺 : 부처를 말함.
129) 觀音 : 관세음보살. 아미타불의 협시보살로서 또는 단독으로 등장하여
　　중생을 제도하는 역할을 수행한다. 주로 중생들이 현실에서의 고난을 벗
　　어나기 위하여 관음보살을 많이 신앙하였다.
130) 玄關 : 깊고 묘한 이치에 통하는 관문. 곧 깊고 묘한 도에 들어가는 단
　　서.
131) 鶴樹 : 鵠樹. 中印度 구시나가라성의 북쪽, 跋提河의 서안 沙羅雙樹의
　　숲. 여기서 석가가 입적하자 그 사방의 나무가 희게 말라 흰빛으로 변하
　　여 마치 흰 학들이 모여 있는 것 같이 되었다고 하여 이렇게 일컬음.
132) 鷄峯 : 中印度 摩揭陀國에 있는 鷄足山. 摩訶迦葉이 그 산에 들어가 入
　　定하였는데 석가모니에게서 전해 받은 가사를 彌勒에게 전하기 위해 미
　　륵이 세상에 나오기를 기다렸다고 함(『傳燈錄』 卷1, 摩訶迦葉章).
133) 上足 : 뛰어난 제자, 수제자.

은 능히 국가의 큰 기틀을 잇고 삼가 왕위135)를 계승하였는데, 선화
(禪化)를 존숭하기를 전조(신덕왕)와 다름없이 하여, 시호를 낭공대
사라 하고 탑명은 백월서운지탑이라 하였다.

　이에 미천한 신(최인연)에게 명하여 글136)을 지으라 하였는데, 인
연은 굳이 사양하다 못하여 명을 따랐다. 문득 볼품 없는 문장을 지
어 큰 공을 선양하자니 이를테면 물병으로 바닷물을 헤아려 큰 바
다137)의 깊음을 모르고, 대롱으로 하늘을 살펴 푸른 하늘의 넓음138)
을 모르는 것과 같다. 그러나 일찍이 자비로운 가르침을 입었고 종
맹(宗盟)139)으로 사랑받았다. 오직 잡은 붓에 정이 서려 지은 글에
부끄러움이 없으니 굳이 현묘한 도를 나타내어 법은에 보답하려 한
다.

　그 사(詞)에 이르기를

　지극한 도는 작위가 없어
　대지와 마찬가지이며
　일만 가지 법은 같은 곳으로 돌아가고
　일천 가지 문은 한 가지로 일치하네.
　저 정각140)은

---

134) 魏闕 : 높고 큰 문의 뜻으로 대궐의 정문. 전하여 조정을 이름.
135) 寶籙 : 道家의 符錄. 미래의 예언서.
136) 虀臼 : ‘매운 것’을 ‘받는다’는 ‘受辛’의 隱語로 ‘辭’字이니 絶妙好辭,
　　 즉 뛰어난 名文이라는 뜻.
137) 溟渤 : 넓은 바다.
138) 穹蒼之闊 : 푸른 하늘의 넓음. 穹蒼은 모양은 활과 같고 빛은 푸르다는
　　 뜻으로 푸른 하늘을 말함(『詩經』 大雅, “糜有於力 以念穹蒼”).
139) 宗盟 : 천자와 제후와의 동맹. 또는 천자를 존칭하는 말.
140) 正覺 : 正等覺, 無上正等覺. 바른 불타의 깨달음.

중생을 유도하니
성인과 범인이 비록 다르지만
깨달음에는 다름이 없네.

훌륭하도다, 선백이여!
우리 해동에 태어나니
밝음은 해와 달과 같고
도량은 허공과 같도다.
이름은 덕에 따라 드러나고
지혜는 자비와 융화되며
나가서는 법의 요체를 전하였고
돌아와서는 중생을 교화했도다.

물과 달에 마음 맑게 하고
연기와 노을에 빛을 숨겼는데
갑자기 아름다운 명예 드날려
임금의 부르심 자주 내렸네.
두 조정 보좌하고
현묘한 가르침 베푸니
병 깨져 등불 밝고
구름 트여 달 밝았네.
철인이 세상 떠나니
승려와 신자들이 마음 아픈데
문도의 기원 간절하고
나랏님은 은총이 깊었도다.
탑을 산마루턱에 봉하고

비는 시냇가에 세웠으니
개자겁141)이 다할지라도
선림을 길이 빛내리.

【후기】

신라국 석남산 고 국사 비명의 후기
문하의 법손인 승려 순백(純白)이 기술하다.

　삼가 생각하건대 우리 나라 대사의 처음 출생에서부터 마지막 세
상을 떠날 때까지의 태어난 인연과 가족 관계며 일을 겪은 인연 따
위는 곧 문생인 장로 김윤정(金允正)이 지은 기록에 갖춰져 있고,
문인 태상 최인연이 지은 비문에 서술되어 있다.
　이제 순백이 기록하는 까닭은 다음과 같다. 대사가 당 신라국 경
명왕의 천우년간에 교화의 인연142)을 마치자 경명왕은 시호와 탑명
을 내리고 이어 시랑 최인연에게 명하여 비문을 짓게 하였다. 그러
나 세상은 어지럽고 사람들은 교활하여 성대한 일을 이루기 어려웠
다. 이리하여 세월은 자꾸 흘러가도 비석은 세우지 못하였는데, 그
후 고려국이 4군을 평정하고 3한을 바로잡은 때에 이르러, 현덕143)

---

141) 芥城 : 芥子를 사방 사십 리의 성내에 가득 채워 놓고 夜摩天 사람이 3
　　년마다 한 번씩 와서 한 개씩 가지고 가서 그 개자가 다하는 동안을 一
　　芥子劫이라고 한 데서 유래한 말이니, 곧 헤아릴 수 없이 긴 시간을 말
　　함.
142) 化緣 : 교화의 인연. 施物을 많이 내는 사람은 불도에 인연이 있다고 하
　　여 기부를 권화 모집하는 것을 일컬음.
143) 顯德 : 後周 世宗의 연호(954~959).

원년(954, 光宗 5)7월 15일에 이 큰 비를 태자산에 세우니 진정 좋은 인연이 있어서인가 보다.

이에 국사의 문하로서 신족(神足)144)이며 국주사의 승두(僧頭)인 건성원화상이 있었는데, 법휘는 양경이고 속성은 김씨이며 자는 거국이라 하였다. 스승을 위해서는 몸과 마음을 다하고, 임금을 위해서는 귀가 되기도 눈이 되기도 하였다. 장차 꽃다운 법을 바람이 쓸어 버리고 아름다운 자취를 구름이 녹여 버리는데 비문은 낡아 가고 비석은 세우지 못하고 있음을 두려워하여, 스승의 은혜에 보답코자 스스로 비석을 세웠다. 화상의 할아버지 애(藹)는 원성왕의 이종145)이자 헌강왕의 외서구인데 청렴하다는 소문이 떠들썩하고 충성스럽고 효성스럽다는 칭송이 높고 낮은 이를 막론하고 자자하였다. 안에서는 집사시랑을 맡고 밖에서는 패강도호를 맡았다. 아버지 순례는 재주는 6예146)를 겸하고 학문은 5경을 꿰뚫어 달 아래 바람 앞에서 정을 따르고 사물을 느끼는 글귀를 짓고, 봄꽃이 핀 달밤에 가야금 타고 피리 부는 음률을 만들었으며, 벼슬이 안으로는 집사함향에 이르고 밖으로는 삭주147)장사148)를 지냈다. 화상의 어릴 때부터 늙을 때까지의 행동거지와 말하는 꾀며 행한 자취의 풍격은 다른 기록에 갖추어져 있으므로 여기서는 생략하기로 한다.

그리고 국사의 비문과 기록에 기록이 되었어야 하는데 그렇지 못한 자들이 있다. 용담 식조, 건성 양경, 연□ 혜희, 유금 윤정, 청룡 선관, 영장 현보, 석남 형한, 승산 가언, 태자 본정 등이니, 위 아홉

144) 神足 : 뛰어난 제자.
145) 表來孫 : 이종 5대손.
146) 六藝 : 고대 중국의 여섯 가지 교육 과목(禮・樂・射・御・書・數).
147) 朔州 : 지금의 춘천. 신라 9주의 하나. 선덕왕 6년(637)에 우수주를 두었다가 경덕왕 16년(757)에 이 이름으로 고쳤다.
148) 長史 : 신라시대 지방관직의 하나.

대사는 국사의 생존시에는 날개가 알속에서 자라지 않아 청운의 끝에 날지 못했고, 국사가 돌아간 뒤에 뿔이며 발이 몸을 이루어 비로소 벽해 속에 노닐었다. 국사가 살았을 때는 법석에서 소털[149]의 수를 [세고] 국사가 입적한 뒤에는 선좌에서 종유(鍾乳)[150]가 많음을 이루니, 사람들이 평하기를 "9유[151]는 종과 같아서 9방의 불자(佛子)를 기르고 일면은 거울처럼 반반하여 한 나라의 군신을 바로잡았으니, 옛날에 이른바 여기 저기 날개가 푸덕인다는 말이 바로 이런 경우로다" 하였다.

윤정 장로는 건성 양경의 쌍둥이 아우이다. 계행을 높이 지닌 자로서 이름은 여느 사람보다 뛰어났으니 존몰과 언행은 문인들이 따로 기록하였다. 그의 어머니가 꿈을 꾸었는데 [잉태한] 첫날에는 해가 침실에 들어왔고 임신한 끝달에는 달이 밀굴에 들어와 과연 건성 양경과 유금 윤정을 나았으니, 어찌 담제의 어머니가 두 물건의 징조를 꿈꾸고[152] 혜주의 어머니가 두 개의 과일을 얻은 상서로움

---

149) 牛毛 : 쇠털. 많은 수의 비유.
150) 鍾乳 : 종의 어깨 둘레에 장식한 젖꼭지처럼 튀어나온 부분. 대개 그 수가 3×3으로 9개.
151) 九乳 : 종유는 9개이니, 여기서는 龍潭式照・乾聖讓景・鷟□惠希・宥襟允正・淸龍善觀・靈長玄甫・石南逈閑・嵩山可言・太子本定 등 9인을 가리킨다.
152) 曇諦阿母夢二物之徵 : 曇諦는 東晉 때의 고승. 성은 姜씨, 선조는 康居國 사람. 後漢 靈帝代(168~188) 중국으로 옮겨왔다. 아버지의 이름은 肜嘗이니 冀州別駕였다. 夢二物之徵이란 어느 날 曇諦의 어머니 黃氏가 낮잠을 자다가 꿈을 꾸었는데, 한 스님이 황씨에게 어머니가 되어 달라면서 一塵尾인 拂子와 鐵鏤書鎭 二枚를 주었던 바, 깨어 보니 그 두 가지 물건이 곁에 현실로 있었던 조짐을 말한다. 어머니는 그로부터 임신하여 曇諦를 낳았다. 5살 때 그의 어머니가 塵尾 등 두 가지 물건을 보여 주었더니 曇諦가 말하기를 秦王이 軍糧餉條로 준 것이라고 하였다 (『高僧傳』 卷7, 曇諦傳).

뿐이겠는가.153)

(최)인연은 진한의 번성한 집안이다. 사람들이 이른바 "한 시대에 3최가 금방154)에 이름을 걸고 돌아왔으니 최치원,155) 최인연, 최승우156)이다"라고 말하는 사람들 중 가운데 사람이다. 학문은 해악(海岳)을 품안에 넣어 다섯 수레157)의 책에 두 수레를 더하고, 재주는 풍운을 휘감아 (글을 지을 때) 일곱 걸음에서 세 걸음을 뺄158) 정도

---

153) 慧住阿孃 獲二果之瑞 : 慧住는 전기 미상. 혜주의 어머니가 二果의 상서를 얻는 꿈을 꾸고서 혜주를 낳았음을 말하는 것이다.

154) 金牓 : 金榜. 과거에 급제한 사람의 이름을 써서 내건 방.

155) 崔致遠 : 字는 孤雲(또는 海雲)으로 憲安王 원년(857)에 태어났고, 어려서 중국에 유학하여 18세에 唐의 賓貢科에 급제하였다. 그 후 黃巢의 亂에 淮南節度使 兼諸道行營兵馬都統으로 討賊에 나선 高騈의 從事官이 되어 문장을 인정받게 되었고(「檄討黃巢書」), 이로 인하여 都統巡官 承務郎 殿中侍御史 內供奉이 되었다. 28세(884)에 唐의 조서를 전달하는 使臣의 형식을 빌어 귀국하니, 憲康王은 侍讀 兼翰林學士 守兵部侍郎 知瑞書監을 삼았다. 그러나 정치에 영향력을 행사하지 못하고 주로 지방관을 역임하다가, 眞聖女王 8년에 時務策을 건의하여 阿飡에 임명되기도 하였지만, 결국 자신의 뜻을 펴지 못한다고 생각하여 벼슬을 버리고 방랑의 길에 들어서 말년에는 海印寺에 은거하였다. 『桂苑筆耕』과 『帝王年代曆』 이외에 여러 시문을 지었는데, 지금은 『계원필경』과 『東文選』에 전하는 약간의 시문 및 금석문들만이 전하고 있다. 특히 그의 금석문 4편이 모아져 『사산비명』으로 전해지고 있다.

156) 崔承祐 : 眞聖女王 4년(890)에 당나라에 유학하고 동왕 7년에 禮部侍郎 楊涉 아래서 賓貢科에 급제, 뒤에 귀국하여 후백제 甄萱 아래서 仕官하였다. 그는 유학시 당말의 명사들과 폭넓게 교유하였다. 저술로는 『四六集』 5권 외에 『餬本集』이 있었다고 하나 전해지지 않고, 다만 『東文選』 卷12에 10首의 七言律詩가 수록되어 전할 뿐이다(『三國史記』 卷46, 薛聰傳附 崔承祐傳).

157) 五車 : 『莊子』 天下篇에 "혜시는 꾀가 많으니 그의 책이 다섯 수레이다(惠施多方 其書五車)"라고 하였다. 오거는 많은 서적을 읽었다는 뜻.

158) 除三步於七步 : 칠보는 뛰어난 재주가 있음을 말함. 魏 文帝가 그의 아우 曹植에게 "일곱 걸음 안에 시를 지어라. 만약 지어내지 못한다면 큰

로서 실로 군자국의 군자이고 또한 대인향(大人鄕)의 대인이었다. 그래서 혹은 중국에서 급제하여 향기로운 바람을 상국에서 일으키고 신라159)에서 학문을 성취하여160) 동쪽 우리 나라에서 영광의 빛을 빛내기도 하였는데, 대사가 가르쳐 준 은혜를 입고 대사의 비문을 지었다.

순백은 자를 가지고 하늘의 높이를 재니 어찌 그 멀고 가까움을 알 것이며 바가지로 바닷물을 잔질하니 어찌 그 적고 많음을 헤아릴 것인가. 그렇다면 말을 하여도 마땅치 않고 가만히 있는 것도 옳지 않으니, 후세의 군자가 스스로 취할 것은 취하고 버릴 것은 버리면 될 뿐이다.

현덕 원년(954, 광종 5) 세재 갑인 7월 15일에 비를 세우다.

구당사승　형허장로
각자승　　숭태상좌,　수규상좌,　청직사,　혜초사
원주승161) 숭현장로,　전좌승162) 청량,　　유나승163)　수종

벌을 내릴 것이다"라고 하자 조식은 일곱 걸음 안에 "콩을 콩대로 볶으니 콩은 솥에서 우네. 본래 한 뿌리에서 나온 것인데 어이 이리 급히 볶아대나"라고 지어내 벌을 모면하였다. 세 걸음을 뺀다는 것은 최인연의 재주가 네 걸음 안에 그와 같은 시를 지을 수 있을 정도로 뛰어나다는 뜻.
159) 羅域 : 신라를 이름.
160) 得魚 : 得魚而忘筌. 학문이 성취되었다는 것.
161) 院主僧 : 신라 말·고려 초 선종 사원에 설치된 종무기구인 三綱典의 한 구성원으로, 대내외적으로 사원을 대표하면서 주로 대외적인 업무를 책임지고 처리한 승려로 추정된다. 이하 삼강전 구성원의 임무에 대해서는 金在應, 1993,「新羅末·高麗初 禪宗寺院의 三綱典」, 서강대대학원 석사학위논문에 의거했음.
162) 典座僧 : 삼강전의 한 구성원으로, 사원 내의 살림살이를 맡은 승려로

사승164)   일언,   직세승165)   규언

【추기】 166)

　내가 어렸을 때 김생의 필적을 『비해당집』167)의 고첩에서 얻어
그 용이 뛰고 호랑이가 드러누운 듯한 기세를 사랑하였으나 세상에
많이 전해지지 않음을 한하였었다. 영주에 와서 이웃 읍인 봉화현
에 비석이 홀로 옛 절의 남은 터에 있는데 김생의 글씨라는 말을 들
었다. 나는 그 세상에 드문 지극한 보물이 잡초에 묻혀 있음을 아깝
게 여겼으나, 누군가가 거두어 보호함이 없으니 들소의 날카로운
뿔과 목동의 두드리는 불이 모두 염려가 되었다. 드디어 군에 사는
사람인 전 참봉 권현손과 함께 이전을 꾀하여 자민루168) 아래에 안
치하고 난간을 세우고 그 빗장과 문을 굳게 하였다. 진실로 타모(탁
본)하는 사람이 아니면 출입하지 못하게 하였으니 그들이 함부로
범하여 건드릴까 두려워서였다. 이로부터 김생의 필적이 널리 당시

　　　추정된다.
163) 維那僧 : 삼강전의 한 구성원으로 사원 내의 모든 질서 체계를 유지시키
　　　고 사원의 창건과 보수 등에 관련된 임무를 수행하는 승려로, 추정된다.
　　　이 밖에 군사적인 기반의 역할을 담당했을 것으로 추측된다(채상식,
　　　1982, 「정토사지 법경대사비 음기의 분석」『한국사연구』36, p.65).
164) 史僧 : 삼강전의 핵심 구성원은 아니었던 것으로 보이며, 사원에 관련된
　　　모든 기록물을 작성하고 보관하는 직임을 맡았던 승려로 추정된다.
165) 直歲僧 : 삼강전의 한 구성원으로, 주로 사원의 경제적인 수급과 관련된
　　　업무를 수행한 승려로 추정된다.
166) 『총람』에서 옮김.
167) 匪懈堂集 : 안평대군의 문집.
168) 字民樓 : 榮川郡의 객관 북쪽에 있다. 宣德 丁未年(1427, 조선 세종 9)
　　　에 郡守 權詳이 세웠다.

에 전하여져서 사대부로서 호사하는 무리들이 앞을 다투어 감상하였다. 오호라! 천백 년 동안 황곡에 버려졌던 돌을 하루아침에 큰 집에 들여와서 세상이 보배로 여기게 되었으니, 대저 물건의 드러남과 숨음이 또한 그 운수가 있음인져. 내가 비록 재능이 얕고 졸렬하여 창려169) 한유의 박식하고 우아함에는 미치지 못하나 이 물건을 감상하게 된 것은 곧 진실로 기산(岐山)의 석고170)와 다름이 없으니 어찌 우연이겠는가.

정덕171) 4년(1509, 조선 中宗 4) 추 8월 (영천)군수인 낙서 이항이 기록하고 박눌이 쓰다.

(역주 : 윤영호)

---

169) 昌黎 : 당송 8대가의 하나인 韓愈의 호.
170) 石鼓 : 漢代의 天水縣 冀南山에 있었다는 커다란 돌의 이름. 이 돌이 울면 난리가 난다고 함.
171) 正德 : 明 武宗의 연호(1506~1521).

14. 오월국왕 전홍숙 팔만사천동탑명

【탑신부】

오월(吳越)[1]국왕 전홍숙(錢弘俶)[2]이 공경히 팔만 사천 보탑을
만들다.

을묘년(955, 광종 6)[3]에 쓰다.

---

1) 吳越 : 중국 五代十國時代의 한 나라로서 錢塘江 유역에 있었다. 錢鏐
  가 唐 昭宗 景福 2년(902)에 鎭海節度使가 되어 兩浙 地方을 차지한 뒤,
  天復 2년(902)에 越王, 哀帝 天祐 원년(904)에 吳王으로 봉해졌다. 後梁
  太祖 즉위 후에는 吳越王으로 봉해졌고, 도읍을 杭州에 정하였다. 그 세
  력은 상당히 컸으며, 신라와 발해 등 국왕에게 사신을 보내 책봉도 하여
  海中의 여러 나라가 모두 그를 君長으로 숭배하였다. 그의 뒤를 이어 第
  5子 元瓘, 元瓘의 아들 佐, 倧, 俶이 차례로 왕위를 세습하였다. 宋 太宗
  太平興國 3년(978)에 이르러 땅을 바치고 송에 귀속하였다.
2) 錢弘俶 : 錢元瓘의 아들로, 자료에는 錢俶, 錢弘俶, 錢宏俶 등으로 나타
  난다. 그의 異母兄 錢倧이 胡進思에 의하여 폐위당한 뒤, 948년에 그 뒤
  를 이어서 즉위하였다. 兩浙 地方에서 세력을 떨쳤는데, 宋이 건국한 뒤
  온건한 관계를 맺다가 宋 太宗 太平興國 3년(978)에 땅을 바치고 송에
  귀속하였다.
3) 乙卯歲 : 吳越國王 錢弘俶 즉위 8년.

【대좌】

덕

(역주 : 배종도)

15. 퇴화군 대사종(흥해대사종)

퇴화군[1] 대사(大寺) 종(鐘) 표(表)

　무릇 종이라는 것은 삼신(三身)[2]의 전체 이름이다. 고요하기는 쇠로 된 뫼와 같고, 응하기는 하늘의 우레와 같다. 아, 크게 구함이여! 삼계[3]의 여러 미혹한 사람들을 깨우쳐 구제하도다. 여제자 명호의 아들인 정조(正朝)[4] 수강은 위로는 깨달음을 바른 길에서 구하고, 아래로는 뭇 중생을 어두운 세상에서 구제하려고,[5] 경건하게 큰 종을 만들며, 우러러 부처의 경쇠에 귀의한다. 엎드려 금상(今上) 황제의 덕이 사람(有裁)에게 미치길 빌며, 다음으로는 나라 안

---

1) 退火郡 : 본래는 퇴화군이었다가, 신라 경덕왕대 의창군으로 이름을 바꾸었으며, 고려시대에는 흥해군으로 고쳤다. 현재의 경북 迎日郡 흥해면이다. ①『三國史記』卷34, 地理志 良州 義昌郡, "義昌郡 本退火郡 景德王改名 今興海郡" ②『高麗史』卷57, 地理志2 慶尙道 東京留守官 慶州 屬郡 興海郡, "興海郡 本新羅退火郡 景德王改爲義昌郡 高麗初改今名 顯宗九年來屬".

2) 三身 : 法身·報身·應身을 가리킴.

3) 三界 : 欲界·色界·無色界를 말함. 欲界는 욕망의 세계, 色界는 욕망은 없지만 형체를 갖고 있는 세계, 無色界는 욕망도 형체도 없는 영적 세계이다.

4) 正朝 : 『高麗史』卷75, 選擧志3 鄕職條에 의하면, 7品에 해당.

5) 上求菩提正路 下濟群生昏衢 : 보살 사상.

이 안태(安泰)하고 법계의 많고 많은 중생들이 모두 피안에 오르길
바란다.

　　현덕6) 삼년 병진년(956, 光宗 7) 정월 25일에 기록한다.

(뒷쪽)

필조도령 좌승7) 정훤달 공8)

금교지휘도령 (석 혜초, 석 능회)

도감전 (촌주 명상, 경 경순, 전 길정, 진 능달,

　　　　　석 능적 · 경여 · 간여 · 양길)

제반 일에 사용되었던 도속(道俗)들은 아울러 300여 인이었다.

　　　　　　　　　　　　　　　　　(역주 : 배종도)

---

6) 顯德 : 後周 世宗의 연호(954~959).

7) 佐丞 :『高麗史』卷75, 選擧志3 鄕職條에 의하면, 3品에 해당.

8) 鄭暄達 : 홍해 지방의 호족으로서 고려 태조 13년(930)에 고려에 내항(來
降)함. ①『高麗史』卷1, 世家 太祖 13년(930) 2월 경자(고창 전투 직후),
"北彌秩夫城主萱達與南彌秩夫城主來降" ②『新增東國輿地勝覽』卷22,
興海郡 郡名條, "退火 彌秩夫城 義昌 曲江 鼇山".

16. 옥룡사 통진대사 보운탑비

고려국 광주 희양현 고백계산옥룡사 제시통진대사 보운지탑비의
명 서문과 더불어

통직랑[1] 정위[2] 한림학사[3]로서 단금어대[4]를 하사받은 김정언[5]

---

1) 通直郎 : 고려 때 文官의 官階. 문종 때 문산계에는 6품의 下로 규정하
   였으나, 1308년(충렬왕 34)에 5품으로 개정하였고 1310년(충선왕 2)에는
   정5품으로 하였다가 1356년(공민왕 5)에 폐지하였다.
2) 正衛 : 고려 초기의 官階名. 16等級 중 제13위이며, 7품에 해당한다.
3) 翰林學士 : 고려 때 翰林院에 소속된 정4품의 관직, 정원은 2명이었다.
4) 丹金魚袋 : 唐代 高官에게 내리던 魚袋의 일종. 당나라에서는 四色公服
   制度에 의하여 服色을 1~3품은 紫, 4·5품은 緋, 6·7품은 綠, 8·9품은
   靑으로 정하였는데, 3품 이상 服紫에는 금어대, 5품 이상 服緋에는 은어
   대를 차게 하였다. 우리 나라에서는 新羅 景文王 13년(873) 이후 憲康王
   10년(884) 이전에 魚袋制가 성립하였으며 高麗 光宗 11년(960) 3월 百官
   의 公服制가 개정될 때까지 행해졌다(李賢淑, 1992, 「新羅末 魚袋制의
   成立과 運用」『史學研究』43·44합집 참조).
5) 金廷彦 : 김정언은 정사에서 이름을 찾을 수 없지만, 그가 지은 비문을
   통해 그의 이력을 알 수 있다. ①「玉龍寺洞眞大師碑」(958, 광종 9), 通
   直郎 正衛 翰林學士 賜丹金魚袋 ②「覺淵寺通一大師塔碑」(광종 9년 8
   월~11년 3월 이전), 通直郎 [正衛 翰林學士 賜]紫金魚袋 ③「高達院元
   宗大師碑」(975, 광종 26), 光祿大夫 太丞 翰林學士 內奉令 前禮部使 參
   知政事 監修國史 ④「普願寺法印國師碑」(978, 경종 3), 光祿大夫 太丞

이 교를 받들어 짓다.

문제자 사문인 신 석현이 교를 받들어 글씨를 쓰다.

공손히 생각해 보면, 법신(法身)[6]은 움직이면서도 고요하고 도체(道體)는 깊고도 오묘하다.[7] 속세의 사람들[8]은 성인을 보고자 하는 마음을 매어 놓고 승려들[9]도 인(仁)을 구하려는 생각을 걸어 놓았으나, 부처[10]는 서쪽에서 태어났고 불법은 동쪽으로 전해졌다. 강승회(康僧會)가 오나라에서 머물고[11] 섭마등이 한나라에 이르러[12]

翰林學士 前內奉令. 이상의 비문으로 보면 김정언은 958년 당시 문산계인 통직랑과 관계인 정위를 겸대하고 한림학사의 직에 있었다. 또 광종이 훙거한 975년에는 관계가 광록대부·태승으로, 관직은 한림학사·내봉령·전예부사·참지정사·감수국사로 나타난다. 그리고 978년에도 관계는 여전히 관록대부·태승이며 관직은 한림학사·전내봉령이었다. 그가 역임한 관직으로 미루어 광종대의 개혁정치에 관여한 인물로서 경종 초의 정치적 혼란에도 아무런 피해를 입지 않았던 점이 주목된다고 한다 (全基雄, 1985, 「高麗 光宗代의 文臣官僚層과 後生讒賊」『釜大史學』9, p.150).

6) 法身 : 비로자나불의 약칭.

7) 希夷 : 심오한 도리. 道의 본체. 깊은 이치. 도란 형체가 없어 보아도 보이지 않고 들어도 들리지 않으므로 견문으로서 터득할 수 없기 때문에 希夷라고 하였다(『道德經』卷1, "上篇 視之不見 名曰夷 聽之不聞 名曰希"). 불교에서 말하는 言語道斷, 또는 心行處滅과 같은 뜻.

8) 塵區 : 티끌이 많은 세계.

9) 沙界 : 沙門의 世界.

10) 大雄 : 부처의 別稱.

11) 僧會遊吳 : 승회는 삼국시대 吳나라 고승인 康僧會를 말함. 본디 康居國 계통의 사람으로서 天竺에 世居하였으며 부모를 여의고 출가하여 많은 사람을 제도했다. 吳의 大帝 赤烏年間(238~251)에 建業(南京)으로 가서 초려를 짓고 불상을 모시며 도를 행하였는 바, 이로 인해 吳나라에 佛法이 널리 퍼지게 되었다(『三國志』吳志).

12) 摩騰赴漢 : 後漢 明帝가 꿈에서 金人을 보고 사자를 인도에 보내 佛法을 구하게 했는데, 그가 도중에서 白馬에 불상과 경전을 싣고 오던 迦葉

부처(梵仙)의 밀인(密印)을 가지고 선백(禪伯)의 신비한 종지13)를 드러내었다. 마침내 불법을 배우게 하여 사람들을 교화하였고 선을 익히게 하여 세속을 구제했다. 불법(楞伽)14) 위에서 보월(寶月)이 떠오름은 금인(金人)을 고요히 생각해서이고 적수 가운데서 현주(玄珠)를 얻음은 망상(罔象)에 크게 의지한 것이다.15) 이에 묵묵(默默)함에 의지하여야 다만 마음을 마음답게 할 수 있는 것이다. 목경(目鏡)을 매달고 서쪽에 유학하여 여러 가지 묘함을 품게 되었고 마음의 보배(心珠)……를 빛내어 동쪽으로 돌아와 중생16)을 섭화했다. 불문17)이 우리 나라(風丘)에서 크게 열렸고 그윽한 도가 우리 나라(震域)에서 마침내 일어났다. 부처는 깨달음이니, 그를 스승으로 삼아서 행해야 하는 것이다. 대사야말로 그렇게 한 사람이다.

대사의 법휘는 경보(慶甫)요, 자는 광종(光宗)이다. 속성은 김씨로, 구림(鳩林)18) 사람이다. 아버지는 익량(益良)으로 위(位)는 알

摩騰과 竺法蘭을 만나, 그들을 데리고 돌아와 보고하니 낙양 밖에 白馬寺를 짓게 하고 머물게 했다는 것.

13) 秘宗 : 영원토록 생멸 변화함이 없는 신비한 종지.

14) 楞伽 : ranka의 음역. 들어가기 어려운 곳의 뜻으로 고대 인도인들이 악마의 섬으로 여긴 오늘날의 스리랑카. 초기 중국 선종이 이론적 근거로 의지한 『楞伽經』의 무대.

15) 玄珠於赤水之中 高憑罔象 : 『莊子』에 의하면 "黃帝가 赤水의 북쪽 기슭으로 여행을 떠나 곤륜산에서 남쪽을 바라보고 돌아왔는데, 그 때 지니고 있던 玄珠를 잃었다. 그래서 知·離朱·喫詬 등 신하에게 차례로 찾도록 했으나 찾아 내지 못했는데 마지막으로 상망을 시켜 찾게 했던 바 그는 찾아냈다"고 하였다. 여기서 나오는 赤水(남쪽끝의 물)란 도가 유현한 경지를 상징하는 것이고, 玄珠는 道, 知는 智慧, 喫詬는 언변의 상징일 것이다. 도는 智慧가 있거나 눈이 밝거나 말 잘하는 능력으로도 찾아 내지 못했지만 무형으로는 쉽게 찾아냈다는 말이다(『莊子』天地).

16) 群生 : 衆生과 같은 뜻("上求菩提正路 下濟群生昏衢").

17) 釋門 : 佛門.

찬(闢粲)이다. 우리 나라(鼇呫)에 정기를 내려 빛나는 경사스러움이
계속 이어졌고 계림(雞林)이 순수함을 낳아 대대로 아름다운 향기
가 있었다. 어머니는 박씨이다. 행동[19]은 맑은 바람과 같고 마음
씀[20]은 이슬처럼 향기로웠다. 가사일[21]을 돌봄이 궁중의 내정(內政
: 壼政)에 비할 바 아니었고 안으로는 화목하여 이로부터 집안이
번창했다.[22] 함통[23] 9년(868, 경문왕 8) 7월[24] 3일[25] 밤에 꿈을 꾸
었는데, 흰쥐가 푸른 유리구슬 하나를 물고 와서 말하였다.

"이 물건은 희대의 진기한 보배로 불문[26]의 으뜸가는 보배이니,
품어서 잘 지니면[27] 나와서 반드시 빛나리라."

이로 인하여 임신하니 마음을 경건히 하고 재계하였는데, 여래
(如來)가 태어난 달(4월) 20일에 대사가 탄생했다.

---

18) 鳩林 :『新增東國輿地勝覽』卷35, 靈巖郡 고적 崔氏園에 의하면 신라인
   최씨가 정원에 열린 한 자가 넘는 외를 몰래 따먹고는 임신하여 아들을
   낳았다고 한다. 아이가 태어나자 대나무 숲에다 버렸는데 비둘기와 수리
   가 날개로 덮어 보호하였다. 이상히 여겨 다시금 데려다 길렀다. 아이가
   자라서 중이 되었는데, 이름이 道詵이다. 그는 唐에 들어가 一行禪師의
   地理法을 배운 뒤 귀국하여 山水를 보는 데 신령스러움이 있었다고 한
   다. 뒤에 그 곳을 鳩林 또는 飛鷲라고 했다.
19) 行葉 : 행동.
20) 心花 : 마음씀.
21) 中饋 : 餽遺. 물건을 보냄.
22) 家肥 : 肥家. 王家의 생활을 기름지게 함.
23) 咸通 : 唐 懿宗의 연호.
24) 相月 : 7월의 다른 이름.
25) 哉生明 : 달의 밝은 부분이 처음 생긴다는 뜻. 음력 초사흘.
26) 玄門 : 十玄門. 十玄緣起. 화엄종에서 말하는 四種法界 가운데 事事無
   碍法界의 특징을 10 방면에서 설명한 것. 智儼의 古十玄과 法藏의 新十
   玄이 있음. 여기서는 화엄의 교의라는 의미로 사용됨.
27) 護念 : 항상 부처나 菩薩을 마음 속에 품고 선행을 닦으면 부처나 菩薩,
   諸天들이 여러 가지 장애로부터 衆生을 보살펴 준다는 말.

대사가 탄생하여 한달 동안 재앙이 없었고 유년 시절(髫年)에 과연 경사로움이 있었으니, 이는 불법의 싹이 일찍부터 있어서 좋은 결과를 미리 닦은 것이다. 아무리 아이들이 노는 틈에 있더라도 오히려 그들보다 위에 있었다. 나이가 되어 배울 때가 되었다. 잠깐 공부28)에 뜻을 두었는데, 덕은 귀하고 노련하였다.29) 이미 불문(緇門)에 뜻을 두어 양친(二親)에게 말씀드렸다.

"속세를 떠나고자 하는 청을 드립니다. 허락을 얻어 불지(佛地)에 오르는 인연을 닦게 되었으면 합니다. 비록 지혜의 자루(惠柯)가 되기에 부족하긴 하지만 오직 불법의 동량(法棟)이 될 것만을 기약합니다."

이에 부모는 가만히 탄식하였다.

"자기를 이룸은 인(仁)이요, 남을 이루게 해주는 것은 지(智)라고 하니 내외의 도(道)를 합한 것이다. 네가 선(禪)에 깃들면 아름다워 좋지만 우리가 자식 사랑을 끊어야 하니, 그 슬픔은 슬픔이 아닌가."

대사의 뜻은 부모에게 있었으나 마음은 부처가 될 것을 기약했다. 부모가 드디어, "사람이 하고자 하는 바는 하늘도 이에 따르는 것이다. 어찌 자식을 사랑하는 인연에 매여서 부친이라고 거절할 수 있겠는가" 하고, 울면서 허락했다.

곧장 부인사(夫仁山寺)에 가서 머리를 깎았다.30) 교학을 배웠으나 선(禪)을 즐기진 못하였다. 빠른 발이 헛되이 머무르게 되니 다

---

28) 鼓篋 : 취학을 말함. 옛날에 학과를 시작할 때 북을 쳐서 학생을 모으게 한 뒤, 책을 꺼내 공부하도록 한 데서 연유함(『禮記』 學記, "入學鼓篋 遜其業").

29) 老成 : 노련함.

30) 落采 : 머리를 깎고 먹물들인 옷을 입는다는 뜻으로 불문에 출가함을 뜻함.

른 마음은 항상 있었다. 밤에 꿈을 꾸었는데, 부처[31]가 정수리를 어루만지고 귀를 당기면서 가사[32]를 주며 말하였다.

"너는 그 옷으로 몸을 싸고 가야 한다. 이 곳은 심학자(心學者)[33]가 오래 머무를 곳이 못 되니 빨리 떠나는 것이 마땅하지 않겠는가."

대사는 꿈에서 깨는[34] 즉시, (이로) 인하여 경계로 삼고, 장차 도를 행함에 시기를 놓쳐서는 안 된다고 생각하였다. 동이 틀 무렵이었으므로 아침이 되기를 기다려 여장을 꾸려 새처럼 빨리 갔다. 백계산(白雞山)에 가서 도승(道乘和尙)[35]을 배알하고 제자가 될 것을 청했다. 보살도를 수행하고 여래가(如來家)에 들었다. 그윽함을 보는 눈[36]을 일찍이 뜨고 기틀을 아는 마음[37]을 이미 깨쳤으니, 지(智)가 아니면 법을 지킬 수 없고 계(戒)가 아니면 어긋남을 막을 수 없다고 생각했다. 18세에 월유산(月遊山) 화엄사(華嚴寺)에서 구족계를 받고, 인초(忍草)[38]에서 싹이 돋고 부낭(浮囊)[39]으로 파

---

31) 金儼 : 석가여래의 별칭.

32) 方袍 : 네모진 袈裟. 3종이며 비구가 입음.

33) 心者 : 禪宗승려를 말함.

34) 形開 : 잠(꿈)에서 깨어남.

35) 道乘和尙 : 道詵(827~898)으로 추정됨(金映遂, 1938, 「曹溪禪宗에 就하여」『震檀學報』9, p.153). 속성은 金氏로 영암에서 출생. 母는 姜氏. 15세(841)에 월유산 화엄사에서 머리 깎고 20세(846)에 입당. 西堂地藏에게 密敎를 전수받고 귀국한 동리산 泰安寺 혜철의 제자가 되었고, 23세에 착도사에서 구족계를 받음. 898년 3월 10일에 72세로 입적(崔惟淸 撰, 「白鷄山玉龍寺贈謚先覺國師碑」).

36) 覿奧之眼 : 奧旨(화엄경의 심오한 뜻)를 알아보는 눈.

37) 知幾之心 : 知幾(사물의 기미를 알아차림)를 할 수 있는 마음.

38) 忍草 : 양치식물의 하나. 뿌리가 얽혀 옥형을 이루는데, 매달아 두고 관상함.

39) 浮囊 : 浮囊은 옛날 바다를 건널 때 쓰는 羊皮나 牛皮로 만든 가죽주머니. 물을 건너는 도중에 羅刹鬼가 방해를 목적으로 浮囊을 달라고 요구

도를 건너, 계율의 향기(戒香)를 거듭 경험하였으며 돌과 같은 마음
(心石)을 매우 굳게 했다. 하안거40)를 마치자 구름이 되돌아가듯 백
계산으로 돌아갔다. (도승)대사에게 떠날 것을 말하니, 대사가 말하
였다.

"너의 그 뜻과 형세는 빼앗을 수도, 막을 수도 없다. 네가 나를
평범한 사람(東家丘)41)으로 여기니, 어찌할 수 없구나."

드디어 웃으면서 떠날 것을 허락했다. 이로부터 돌아다니며 널리
보고 배움에 일정한 스승이 없이, 성주산의 무염대사42)와 굴산의
범일대사43) 등을 차례로 배알하여 이야기의 실마리를 풀자 깊은 기
틀(玄機)44)을 깨우치고 '옥(玉)을 캐고45) 구슬 찾기46)를 생각하였

한다. 주인이 不應하면, 반쯤만 아니면, 1/4 내지 털 1개만이라도 뽑아
달라고 요구한다. 그러나 끝내 一毛도 뽑아 주지 않았다. 즉 계율을 그와
같이 생명처럼 지키라는 것을 비유한 말(40卷本『大般涅槃經』卷11).

40) 坐雨 : 夏安居. 雨安居.

41) 東家丘 : 공자의 서쪽 이웃 사람이 공자가 성인임을 알지 못하고 단지
東家丘라고 불렀다는 故事. 큰 인물도 同鄕 사람에게는 평범하게 보임.

42) 無染 : 801~888. 신라의 승려로 속성은 김씨이고 호는 無住이다. 무열왕
의 8대손으로 9세에 글을 배울 때 눈으로 보면 곧 외웠으므로 海東神童
이라고 불렸다. 13세에 설악산 五色石寺에서 승려가 되었다. 822년경에
唐에 건너가 馬祖道一의 문인인 麻谷寶徹에게서 法印을 받았다. 845년
(문성왕 7)에 귀국하여 왕자 金昕의 청으로 웅천의 烏合寺에 주석하였
는데 문성왕이 聖住寺로 개명, 성주산문의 개조가 되었다.

43) 梵日 : 810~889. 신라의 승려로 속성은 김씨. 15세에 출가하여 20세에
구족계를 받고 흥덕왕 때 金義琮를 따라 唐에 가서 鹽官齊安에게서 6년
간 수학. 뒤에 藥山惟儼에게 道를 묻고 사방을 유력한 뒤 847년(문성왕
8)에 귀국, 金周元系의 후원으로 江陵 崛山寺에서 40여 년을 지냄. 禪宗
九山門의 하나인 사굴산문의 開祖.

44) 玄機 : 언어로써 측량할 수 없는 玄妙한 樞機(『景德傳燈錄』卷29, 洞安
常察禪師 十玄談中玄機, "迢迢空劫勿能收 豈爲塵機作繫留 妙體本來
無處所 通身何更有蹤由 靈然一句超群象 迥出三乘不假修 撒手那邊諸
聖外 廻程堪作火中牛").

으니47) 도(道)가 멀리 있겠는가? 행하면 바로 이것이다'라고 하였
다.

  경복 원년(892, 진성여왕 5) 봄, 가볍게 산을 내려와 바다를 끼고
돌아다니다가 중국에 들어갈 마음48)이 생겼다. 이에 뱃사람(凌波之
客)을 만나 사정을 말하니, 배에 오를 것을 허락하고 흔쾌히 동행했
다. 진교(秦橋)를 지나 중국에 다다랐다. 구름처럼 도를 물었고 이
리저리 돌아다니며 스승을 깊이 찾았다. 무주(撫州) 소산(疎山)에
나아가 광인화상(匡仁和尙)49)을 배알하니 화상이 말하길, "그대는
신라(鰈海)50)의 용자(龍子)51)구나"라고 하였다.

---

45) 採玉 : 入海探珠 登山采玉과 같은 말. 바다에 들어가 구슬을 찾고 산에
  올라가 옥을 캐다. 「菩提寺大鏡大師玄機塔碑」에는 "已抵驪淵 得認探珠
  之契 仍登鳥徑 方諧採玉之符"라고 하였다. "已抵驪淵 得認探珠之契"
  는 驪淵에 이르러 구슬을 찾는 인연을 안다는 말. 古代 寓言에 深淵 속
  에 驪龍이 살고 있는데 그 용의 턱 밑에 千金의 寶珠가 있었다고 하니,
  그것을 얻기가 심히 어려웠다고 한다. 보통 探驪得珠라 하여 위험을 무
  릅쓰고 大利를 얻음을 비유한다. 여기서는 각고의 노력으로 진리를 얻었
  음을 말함(『莊子』 列禦寇). "仍登鳥徑 方諧採玉之符"는 조경에 올라 바
  야흐로 옥을 캐는을 성취한다는 말. 이루기 어려운 일을 성취함을 비유
  한 말. 鳥徑은 새들이 아니면 다닐 수 없는 험한 산길을 말함.
46) 探珠 : 赤水探珠와 같은 말. 黃帝가 赤水에서 노닐다가 검은 구슬을 잃
  어 버렸다가 象罔을 시켜서 그 구슬을 찾았다(『莊子』 外篇 天地).
47) 念言 : 깊이 생각한 바를 말로 나타냄.
48) 入漢之心 : 攝摩騰이 漢나라에 들어간 마음.
49) 匡仁和尙 : 생몰년 미상. 唐末五代의 禪僧. 曹洞宗 光仁이라고도 함. 洞
  山 良价의 法嗣. 출가하여 香嚴智閑 등에게 參謁하였지만 후에 洞山의
  法을 잇고 撫州(江西省) 臨川의 疎山에 머무르면서 洞山의 宗風을 날
  림. 저술에는 四大頌과 略華嚴長者論이 있음(『宋高僧傳』 卷13 ;『祖堂
  集』 卷8 ;『傳燈錄』 卷17 ;『宗門聯燈會要』 卷22 ;『五等會元』 卷13 ;
  『禪學大辭典』 大修館書店).
50) 鰈海 : 鰈水, 鰈域. 우리 나라의 별칭. 동해에서 가자미가 많이 잡히므로

대사가 현언(玄言)을 드날려 비설(秘說)을 물으니, 이에 당에 오를 것을 허락했다. 제자가 되어 바야흐로 눈빛에 힘입어52) 이미 마음을 전하였다. 광인화상이 크게 기뻐하여 일러주었다.

"(불법이) 동쪽으로 전해질 것이라는 말이 있었으나 불법을 구하는 자로서 더불어 도를 말할 수 있는 자는 드물었다. 동쪽에서 온 사람 중에서 입으로 말하지 않아도 통하는 자는 오직 그대 뿐이다. 지금 손을 잡아 불법의 등불을 전하고 마음에 의지하여 법인(法印)을 전하겠는가. 그대는 신라53)에서 불일(佛日)54)을 도와서 다시 중흥시키고 신라55)에서 선(禪)의 바다(禪河)를 이끌어 다시 넓힐 것이 분명하다."

이로부터 승려로서 진실한 자는 반드시 찾아 뵙고, 훌륭한 자는 반드시 찾았다. 떠나서 강서(江西)의 노선화상(老善和尙)을 배알하니, 화상이 그의 말과 행동을 살피고자 하여 말하였다.

<hr/>

이렇게 부르는데, 일설에는 그 地形이 가자미처럼 생겼기 때문이라고 함.
51) 龍子 : 용의 새끼. 왕족. 洞眞大師를 이름.
52) 目擊 : 目睹와 같은 뜻. 以心傳心의 다른 표현으로 '눈빛과 눈빛의 부딪침으로 진리를 전한다'는 뜻. 以心傳心은 心傳, 傳心으로 줄여 쓰듯이, 以目擊目의 줄임말.
53) 盤桃山側 : 우리 나라를 말함. 蒸棗와 蟠桃는 삼국유사 가락국기에 나온다. 즉 "妾也浮海假尋於蒸棗 移天夐赴於蟠桃"이다. 김석형은 증조를 남해, 반도를 동해라 해석하였고(1966,「'가락국기'를 통해 본 한일관계」『초기조일관계사연구』, 사회과학출판사 ; 1988,『고대 한일관계사』, 한마당), 김인배는 증조를 남해에 있는 紅島, 반도를 濟州道라고 보았다(1989,「'해류'를 통해 본 한국 고대 민족의 이동」『역사비평』6, pp.126～128).『十州記』의 "東海有山 名度索山 有大桃樹 屈盤數千里" 참조.
54) 佛日 : 부처의 빛. 부처의 德이 無明의 어둠을 깨치는 것을 태양에 비유한 말.
55) 蒸棗 : 盤桃의 주석 참조.

"흰 구름이 행인의 길을 막아 끊었다."

"저절로 푸른 하늘의 길이 있거늘 흰 구름이 어찌 머물 수 있겠습니까."

화상은, 대사가 재빠르게 대답하여 막힘이 없고 소리 높이 말하여 거침이 없자, 이에 떠나 보내면서, "이로움은 가는 곳에 있으니 때가 된 후 가라."고 하였다.

대사는 붕은 남명(南溟)에서 반드시 변하고56) 학은 반드시 동해에 돌아오듯,57) 생각은 중국58)을 떠나 돌아와 우리 나라59)를 비추기를 생각하였다. 마침 귀국하는 배를 만나 고국에 돌아왔다. 천우(天祐)60) 18년(921) 여름에 전주 임피군에 도달했다.

때는 도가 헛되이 행해지는 때였고 불리한 시절의 초기였다. 주(州)의 도통(都統)인 견훤 태보(太傅)가 만민을 통용하고 있었다. 태보61)는 본래 스스로 선근(善根)62)을 가졌고 장군의 종자(將種)로

---

56) 鵬必變於南溟 : 窮髮 북쪽 溟海라는 天池에는 크기가 수천 리나 되는 鯤魚가 사는데 날개가 구름 같은 큰 붕새로 변하여 南冥으로 날아간다고 한다(『莊子』逍遙遊).

57) 鶴須歸於東海 : 한나라 요동 사람 丁令威가 靈虛山에서 도술을 배웠는데 나중에 학으로 변하여 요동으로 돌아왔다고 한다(『續搜神記』).

58) 華夏 : 中國 본토의 과칭.

59) 桑津 : ① 우리 나라를 가리킴. 桑은 동쪽이라는 뜻이 있다 ② 佛門의 別稱이다.

60) 天祐 : 唐 哀帝의 연호.

61) 太傅 : 周의 三公의 하나. 천자를 도와 덕으로 인도한다는 의미의 벼슬 이름(『書經』周官, "立太師太傅太保 玆惟三公"). 甄萱은, 889年에 武州를 점령한 후에 자칭 '新羅西面都統指揮兵馬制置持節都督全武公等州軍事行全州刺史兼御史中丞上柱國漢南郡開國公食邑二千戶'라 했고 『三國史記』卷50, 甄萱傳에는 景福 元年(892)이라고 되어 있으나 『三國

태어나, 바야흐로 큰 뜻(壯志)을 펴고자 했다. 비록 출중한 지략63) 을 우선으로 여겼으나 대사의 인자한 얼굴(慈顔)을 우러러뵙고는 첨앙하고 의지하는 뜻(瞻依之志)이 배나 더해졌다. 이에 탄식하면 서 말하기를, "우리 스승을 만남이 비록 늦었지만 제자됨을 어찌 늦 추겠는가?"라고 하면서, 자리를 피하기64)를 진실히 하고65) 띠에 적 기66)를 독실히 했다.67) 드디어 주내(州內)의 남쪽(离地)에 있는 남 복선원(南福禪院)68)에 머물 것을 청하자 대사가 말하기를, "새도 나무를 가려 깃들거늘, 제가 어찌 꼭지 달린 박과 외처럼 얽매여 머 물 수 있겠습니까"69) 하였다. 백계산 옥룡사는, 돌아가신 스승(道詵

遺事』卷2, 후백제 견훤조에는 龍化(紀) 元年(889)에 위의 직함을 자칭 한 것으로 되어 있다. 900년에는 吳越로부터 '檢校大保'를 加授받고, 918 년에는 吳越로부터 '中大夫'를 加授받았다. 925년에는 後唐으로부터 '檢 校大尉兼侍中判百濟軍事'를 제수받고 '持節都督全武公等州軍事行全州 刺史海東四面都統指揮兵馬判置等事百濟王食邑二千五百戶'에 봉해졌 다. 이상에서 견훤은 스스로 신라의 지방관임을 자처했을 가능성이 있다.

62) 善根 : 根機가 착한 이.

63) 擒縱之謀 : 제갈량의 7縱 7擒을 말함.

64) 避席 : 앉은 자리에서 일어나는 것이다. 즉 높은 분에게 경의를 표하거 나 말씀을 드릴 때 앉은 자리에서 일어나 옆이나 앞으로 옮겨서 여쭙는 것을 말한다(『孝經』開宗明義章, "曾子避席曰 參不敏何足以知之").

65) 拳拳 : 진실하고 독실한 모양

66) 書紳 : 잊지 않기 위해 큰 띠에 적음을 이른다(『論語』衛靈公篇, "子張 問行 子曰……子張書諸紳").

67) 慥慥 : 진실하고 독실한 모양.

68) 南福禪院 :『新增東國輿地勝覽』卷33, 全州府 驛院, "南福院在府南八 里". 남복선원이 동리산문에 소속된 사찰인지는 단언키 어려우나, 求禮, 南原, 任實, 全州로 이어지는 교통로로 보아 그럴 가능성은 충분히 상정 될 수 있다(金杜珍, 1988,「나말여초 동리산문의 성립과 그 사상」『東方 學志』57, p.6).

69) 吾豈匏瓜 : 吾豈包瓜. 包瓜는 匏瓜로서 바가지를 가리킴.『論語』卷17 陽貨篇에 "吾豈包瓜也哉 焉能繫而不食"이라 한 데서 유래한 말로 시렁

인 듯)께서 도를 즐기시던 맑은 거처로서 참선하기에 알맞은 곳70)
이고, 구름덮인 시내가 허공에 있는 듯하여 경치가 가장 적당한
곳71)이었다. 드디어 태보에게 말하니 이를 허락하여 그 곳에 옮겨
거처하였다. 실로 뗏목을 이미 돌아간 곳에서 버렸으니72) 구슬이
다시 우리 나라에 돌아왔다고 이를 만하다.73) 인자한 분74)의 지나
간 자취를 밟고 지혜로운 횃불75)의 남은 빛을 이으셨다. 이에 학문
이 끊어졌던 이들76)이 서로 기뻐하면서 말했다.

"비록 근년에 태산이 무너지는 아픔(도선의 죽음)을 한스럽게 여
겼으나, 오늘날 많은 무리들의 안앙(安仰)하는 슬픔이 없음을 기뻐
한다."

이에 옷을 공손히 여미는 자77)가 진실로 많았으며 패랭이를 끄는

에 걸려 있는 바가지라는 뜻. 쓸모 없는 사람을 비유한 말. 여기서는 慶
甫 자신이 제 발로 고려 태조를 찾아간 행위를 정당화하고 있는 것으로
보임.
70) 勝踐 : 경치 좋은 곳. 그런 경치를 구경함.
71) 枕漱 : 枕流漱石. 晉의 孫楚가 '돌을 베개 배고 흐르는 물로 양치질한다'
고 하려던 말이 잘못 나와 '흐르는 물을 베개 배고 돌로 양치질한다'고
하였다. 이를 들은 王濟가 그런 말이 어디 있느냐 하자, '흐르는 물을 베
개 뱀은 귀를 씻기 위함이요, 돌로 양치질함은 이를 닦기 위함이다' 라고
받아넘긴 고사. 好勝之癖이 강함을 말함.
72) 筏旣捨於歸塘 : '巨筏悉能捨'와 같은 말. 큰 뗏목을 툭 털어 능히 버림.
즉 正法에 이르고 나서 모든 수단을 잊어버렸다는 뜻이니 마치 뗏목을
타고 저편 언덕에 이른 뒤 필요 없게 된 뗏목을 버리는 것과 같음.
73) 珠復還於舊浦 : 珠還合浦, 交阯珠還과 같은 뜻. 본래 청렴한 관리의 공
적을 칭송한 말. 여기서는 入唐하여 득도한 뒤 우리 나라에 돌아 왔다는
뜻으로 쓰였음(『後漢書』孟嘗傳, "嘗遷合浦太守 郡不産穀實而海出珠
寶 先時 宰守竝多貪穢 詭人採求不知紀極 珠遂漸徙于交阯郡界 嘗到官
革易前敝 未踰歲去珠復還 百姓 皆反其業").
74) 慈軒 : 임금이 머무는 가옥.
75) 智炬 : 慧炬와 같은 말. 智慧의 횃불. 번뇌의 속박을 끊어 버린다.
76) 絶學者 : ① 학문을 그만두다 ② 중도에 끊어진 학문.

제자들이 그 수를 헤아릴 수 없었다.[78] 대사는 한결같이 운수(雲水)에 머물러 20여 년이 지났는데, 맑은 거울이 피곤함을 잊듯 큰 종이 쳐주기를 기다리듯[79] 정연하게 우리 나라(扶桑)[80]에서 선(善)을 이끌었다.

　청태(淸泰) 3년(936) 가을에, 우리 태조 신성대왕(神聖大王)이 몸소 갑옷(周衣)을 입고 손에는 칼(漢劍)을 들어 천토(天討)를 공손히 행하였다. 우리 나라를 가득 덮어[81] 삼한을 화목케 하고 사군(四郡)을 전부 차지하여, 다시 군자의 나라[82]를 평안히 하였고 불법(梵王家)[83]을 존승하였다. 대사가 중국[84]에서 구름처럼 유학하고 돌아와서 안개처럼 남산에 숨었는데도[85] 근심함이 없이 빼어난 경관에서 진리를 펴 복을 천하[86]에 쌓았다는 것을 들었다. 태조는 이에 맑은 바람을 바라보고 하얀 달을 멀리서 쳐다보듯, 서둘러 서신[87]을 보내 왕경(玉京)[88]에 오도록 했다. 대사의 훌륭한 모습[89]을 보고

---

77) 摳衣者 : 옷의 뒷자락을 걷어올림, 옛날의 경례. 옷을 여미고 경례한다는 뜻이니, 佛敎의 偏袒右肩과 같은 뜻이다.

78) 其數不億 : 셀 수 없을 정도로 많음.

79) 洪鍾待扣 : 큰 종이 쳐주기를 기다림. 큰 것으로 치면 큰 소리가 나고 작은 것으로 치면 작은 소리가 날 것이므로 이는 훌륭한 스승이 제자들의 질문에 따라서 적절하게 가르치는 말을 비유한 말(『禮記』 學記).

80) 扶桑 : 동쪽에 있는 神木. 두 나무의 뿌리가 같아서 생겨날 때부터 서로 의지하였으므로 '扶'라고 한다. 해가 뜨는 장소에 있으므로 이는 동쪽을 가리키니, 곧 東國인 新羅를 말한다(『山海經』, "暘谷之上 有扶桑十日所浴 在黑齒北 居水中有大木 九日居下枝 一日居上枝").

81) 丕冒 : 크게 뒤덮음.

82) 君子國 : 新羅를 말함(『唐書』 新羅傳, "新羅號君子國").

83) 梵王家 : 寺廟, 곧 佛法을 말함.

84) 西土 : 중국을 말함.

85) 霧隱南山 : 안개가 걷혀야 出山하는 玄豹의 故事를 말함.

86) 寰區 : 寰內와 같은 말. 왕이 직접 다스리는 땅.

87) 芝檢 : 貴書, 貴函과 같은 말. 임금의 편지.

귀로써 대사의 좋은 말씀90)을 듣고자 하였다. 비록 승려에게 귀의
하는 예였으나, 바야흐로 부처를 모시는 예의와 같았다. 대사는 이
에 달이 푸른 하늘(蒼天)을 지나고 구름이 푸른 산굴(碧峀)에 돌아
오듯 하였다. 고요히 세상 밖에서 빛을 감추고91) 나라 안에 현묘한
교화92)를 베풀었으니, 이른바 엄숙히 하지 않아도 교화가 이루어지
고 무위(無爲)이나 다스려진다는 것이었다. 선도(善道)에 다투어 달
려오고,93) 함께 불문에 출입하였다. 얼마 안 되어 용의 수염이 떨어
져(태조의 죽음),94) 고기가 헤엄치기 어려웠다. 기국(杞國)에서 하
늘이 무너진다고 한탄하고 서쪽 바다(咸池)에 해가 잠기므로 빛을
잃은 듯 하였다.95)

　　의공대왕(義恭大王)96)은 태조의 유풍을 받들고 그 뜻을 계승하
였다. 마음을 기울여 정성을 다하고97) 법력을 기원함이 정성스러웠
는데, 갑자기 인간세계를 떠나 하늘나라로 돌아가 버렸다.

　　문명대왕(文明大王)98)은 왕위를 계승하여(陟崗) 아름다움을 이

88) 玉京 : ① 개경 ② 하늘에 옥황상제가 산다는 白玉京을 말함.
89) 鳳來儀 : 훌륭한 모습을 하고 오는 것을 말함.
90) 龍變化 : 龍이 千變萬化하는 것. 大師가 남긴 여러 가지 異跡을 말함.
91) 葆光 : 밝은 달이 그 빛을 감춤. 곧 슬기를 감추고 드러내지 않음을 말
　　함.
92) 施化 : 교화를 베풂.
93) 犇馳 : 빨리 달림.
94) 龍遽墮髥 : 왕의 죽음을 말함. 黃帝가 형산에서 동정을 만들어 용을 타
　　고 승천할 때 군신 후궁 등 70여 인이 동승했는데, 그 밖의 소신들이 이
　　를 따르고자 용의 수염을 붙들었으나 수염이 뽑혀져 黃帝의 궁에 떨어
　　져 버렸다. 그래서 백성들이 黃帝가 승천해 버린 것을 우러르며 궁과 용
　　의 수염을 붙들고 울었다고 한다(『史記』 孝武本紀).
95) 日蘸之光 : 해가 서쪽 바다에 잠겼을 때의 빛. '日蘸咸池時'는 해가 함지
　　(서쪽 바다)에 잠겼을 때로 해질녘을 의미한다.
96) 義恭大王 : 惠宗(943~945).
97) 亹亹 : 부지런히 힘쓰는 모양.

루었고 즉위하여99) 다시 빛을 거듭 빛내고 중국에 이어서 천축의 기풍(불교)을 넓혔고 거울을 잡아서 우리 나라(海邦)의 풍속을 맑게 하였다. 이에 서찰100)을 보내 대궐(象軒)에 오기를 기다렸다.

3년이 지난 정미년(丁未年 : 947) 세차(歲次)101) 4월 20일, 대사는 장차 입적102)하려고 손씻고 목욕103)을 마친 뒤, 방 앞에서 무리들에게 명하여 모두 뜰에 이르게 하고 경계하는 말을 남겼다.

"나는 이제 가련다. 너희들은 잘 있거라. 속세104)에는 귀천(貴賤)이 있으나, 불가105)에는 존비(尊卑)가 없다. 물이나 달과 같이 마음을 맑게 하고 연기와 노을106)처럼 자취를 남기지 말라. 옷은 반드시 고르게 입고, 먹는 것도 별다른 양식이 없도록 하여라. 다만 채소와 나물로 양식107)을 삼고 참선의 즐거움으로 배부름(飫味)을 삼는다면 이들이 곧 나의 제자이며 나의 바람에 부합하는 것이로다. 행하되, 남는 힘이 없게 하라. 너희들은 나를 위해 탑을 세워서 유체(遺體)를 보관하거나, 비석을 세워 행한 일을 적는 일은 하지 않음이

---

98) 文明大王 : 定宗(945~949).
99) 莅阼 : 즉위.
100) 鳳筆 : 자루에 봉황을 새긴 붓. 전하여 천자의 조서를 이름.
101) 龍集 : 歲次. 龍은 별의 이름. 木星 곧 太歲를 이른다. 集은 머무는 곳,
    星座(별자리). 목성은 1년에 하늘을 한 번 옮기므로 1년을 용집이라고
    한다(『何承天 天贊』, "軒轅改物 以經天人 容成造曆 大橈創辰 龍集有
    次 星紀內分").
102) 化往 : 승려의 죽음.
103) 盥浴 : 손 씻고 목욕함.
104) 塵俗 : 속세를 말함.
105) 空門 : 佛門・佛家를 말함.
106) 煙霞 : 연기와 놀. 山水의 경치.
107) 裏粮 : 양식을 쌈.

또한 마땅하지 않겠는가. 이것이 곧 세상떠난 스승의 명복(冥福)108)
을 돕는 것이로다."

말을 마치고 방에 들어가 승상109)에 기대어 결가부좌한 채 옥룡
사 상원(上院)에서 엄숙히 입적하였다. 슬프다. 부모로부터 육신을
물려받은 지 80년110)이요, 보살위에 들어간 지 62년이었다.

이 날 새벽 북쪽 현무산(玄武山) 봉우리 꼭대기에 4, 5명의 어린
아이 우는 소리가 들렸고, 태양은 향정(香庭)을 참담하게 했으며 바
람은 절111)을 슬프게 하였다. 소나무와 잣나무는 슬픈 색깔을 띠었
으며 인령(人靈)들은 두려워하는 소리를 머금었다. 다음날 시신112)
을 백계산 감실에 옮겨 임시로 돌문을 만들어 닫았다.
    문명대왕(정종)은 대사의 입적을 알고 더 이상 남겨 두지 않음
을113)을 슬퍼했다. 이에 사신을 보내어 조문하는 글을 내렸다.

"돌아가신 옥룡사 선화상(禪和尙)은 조각달이 하늘을 돌아다니
듯 하였고 외로운 구름이 산굴에서 나오듯이 하였다.114) 배를 타고

---

108) 冥福 : 죽은 뒤의 행복. 冥福.
109) 繩床 : 繩座. 比丘가 앉거나 눕는 데 쓰는 牀의 한 가지. 스님들이 거처
    하는 방에는 목상이나 승상을 사용하는데, 승좌는 자리에서 상탁을 기대
    고 앉는다는 뜻으로, 윗부분을 노끈으로 얽어매어 승좌라 한다.
110) 八十春 : 七十九春의 계산 착오로서, 즉 임신된 해인 868년부터 세어야
    947년이 80이 된다.
111) 寶利 : 절을 말함.
112) 神座 : 부도.
113) 慭遺 : 억지로라도 어진이를 남겨 둠.
114) 孤雲出岫 : 出岫로 약하기도 함. 외로운 구름이 산 동굴로부터 나오는
    것이 별다른 목적이 있어서가 아니라 '저절로 그러하다(自然)'는 뜻(도
    연명, 「歸去來辭」).

중국에 건너가 보배를 가지고 우리 나라에 돌아왔다. 인자한 기풍이 만리 밖까지 풍겼고 선월(禪月)이 구천115) 밖을 비춘 사람은 오직 진실로 우리 스님뿐이다. 그런 까닭에 시호를 추증하여 통진대사(洞眞大師)라 하고, 탑호를 보운(寶雲)이라 한다."

이에 국공(國工)으로 하여금 돌을 다듬어 탑을 세우게 하였다.116) 2년이 지나(949), 문인 등이 감실을 열고 대사의 모습과 얼굴을 보니 마치 살아 있는 사람과 같았다. 이에 육신117)을 받들어 백계산 동쪽의 구름 낀 봉우리에 탑을 세움으로써 고명(顧命)을 받들었다. 노을진 언덕이 병풍처럼 둘러 있고 구름 낀 시내가 거울처럼 맑았다. 진실로 경사스러움을 키울 만한 신비한 지역이었고 진리에 돌아가는 신비로운 집이었다. 계족산에 들어가 자씨(慈氏)118)를 기다리는 것 같으니 재갈을 잇고 끌채를 나란히 할 사람은 우리가 아니면 누구이겠는가.

대사가 태어나면서부터 기이한 자태는 본래 하늘로부터 받았으니, 인(仁)은 자신에게서 비롯하였고 덕(德)은 다른 사람에게 나누어주었다. 선객(禪客)119)이 많고 법손이 홍성하여, 마음의 등불이 연이어 비추고 행한 자취는 아름다움을 전했다. 법을 전한 큰 제자인 천통선사(泉通禪師) 등이 모두 심상(心喪)에 지쳤는데 눈앞에서 이별함을 사모하여 서로 상의하였다.

"우리들이 선사의 뜻을 확실히 받들어 그 유언을 굳게 지켜야

---

115) 九天 : 궁중. 하늘의 가장 높은 곳.
116) 封層塚 : 무덤(塔婆)을 높이 쌓음.
117) 色身 : 부처나 菩薩의 肉身.
118) 慈氏 : 미륵불을 말함.
119) 禪子 : 法孫과 대비되는 말.

하지만, 만약에 법갈(法碣)에 공훈을 새기고 선비(禪碑)를 돌에 새기지 않는다면, 먼저 해야 할 일이란 없을 것이다."

　이 때 조사(祖師)를 높임에 유래하는 바에 대해 드디어 표문(表文)을 올리어, 아름다운 글(幼婦)[120]을 청해 스승의 행적을 기록하려 하니, 제(制)하여 '가(可)하다'고 했다. 그런데 어찌 활을 놓음[121]을 빨리 만나(정종의 죽음) 돌에 새기는 것이 중지될 줄 알았겠는가. 그러므로 문인 등이 계수(鷄峀)[122]에서 빛을 감춤을 공연히 슬퍼하였고, 슬픔이 깊어 땅에 쓰러졌다가[123] 다시금 호계(虎溪)[124]에서 자취를 감춤을 기록하니, 소문이 임금에게까지 들렸다.[125]

　금상(광종)은 형제간에 왕위를 계승했으니,[126] 왕이 될 징조[127]가

---

120) 幼婦 : "黃絹幼婦 外孫齏臼"에서 유래. 좋은 문장.

121) 號弓 : 활이 소리를 냄. 신궁이 울면 나라에 변고가 생긴다는 옛 설화에서 비롯된 말.

122) 鷄峀 : 우리 나라를 말함.

123) 擗地 : 擗踊과 같은 표현. 벽용은 몹시 슬퍼서 가슴을 두드리고 땅을 구르며 통곡함. 부모의 喪事를 당하여 매우 슬피 울며 가슴을 두드림.

124) 虎溪 : 虎溪三笑에서 나온 말. 강서성 九江縣의 남쪽, 盧山 동림사의 앞에 있던 시내. 동진의 慧遠法師는 盧山 東林寺에 은거하면서 虎溪를 나온 적이 없었는데, 하루는 그 옛 친구인 陶淵明과 陸修靜의 방문을 받고 두 사람이 돌아갈 때에 이들을 전송하여 서로 이야기하면서 가다가, 모르는 사이에 일찍부터 이 다리를 건너 산 밖으로 나가지 아니하리라고 서원하였던 虎溪다리를 지나쳐 버렸는데, 호랑이 울음소리를 듣고서 安居禁足의 맹세를 깨뜨린 것을 알고서, 이 일을 두 벗에게 말하고 세 사람이 손뼉을 치며 크게 웃었다. 이것을 세상에서 '虎溪三笑'라 한다. 호계는 출세간의 상징적 마지노선의 의미.

125) 聲有聞天 : 聞于天. 천자에게 알려짐(『詩經』 小雅 鶴鳴, "聲聞于天").

126) 瓊萼聯芳 : 아름다운 꽃받침이 꽃과 이어짐. 형제간에 왕위를 물려주고 받는 것.

있었던 것이다. 조상의 업을 이어받아 닦고 선대의 기풍을 빛내었
으며, 항상 백행(百行)128)의 성실을 다하고 삼귀(三歸)129)의 뜻을
더하였다. 드디어 한림학사 신 김정언에게 조서를 내려 말하였다.

"돌아가신 옥룡대사는 몸은 태어나 죽었으나 심학(心學)130)은 끝
이 없었으며, (중국에) 가서는 가섭의 그윽한 종지131)를 전수받고
돌아와서는 우리 나라132)의 쇠퇴한 풍속을 교화하여, 능히 정리(靜
利)로써 세상을 이롭게 했지만 그 이롭게 한 바를 말하지 않았으니
위대하고 훌륭하도다. 장차 대사(大士)133)의 은혜를 갚고자 행적을
썩지 않는 곳(金石)에 새기고자 한다. 모름지기 훌륭한 글(外孫)134)
이 있으면 넉넉함이 오래 내려가도록 할 것이다. 너는 마땅히 붓(鴻
筆)으로써 공훈을 적고 비135)에 행적을 기록하여, 현묘한 자취136)
를 영원히 보이고 크신 행위137)를 생생토록 기리도록 하라."

신은 등에 식은땀이 흘러 머리를 조아리고 말하기를, "신은 기록

---

127) 瑤圖 : 河圖洛書를 말함, 즉 왕이 될 징조.
128) 百行 : 모든 행동.
129) 三歸 : 佛·法·僧에 귀의하는 일.
130) 心學 : 마음을 수양하는 학문. 佛敎를 비유한 말.
131) 玄宗 : 심원한 道.
132) 靑丘 : 신선이 산다는 뜻. 軫宿 동남쪽에 있는 7별을 가리키기도 하는데,
     이 별이 우리 나라를 맡고 있다는 신앙에서 우리 나라의 별칭으로도 쓰
     이고 또 동방의 나라라는 뜻도 있다. 靑邱라고도 함.
133) 大士 : 범어 mahasattva의 번역으로, 開士라고도 하며, 음역으로는 摩訶
     薩이라 한다. 佛·菩薩의 통칭으로도 쓰고 혼히 大菩薩의 의미로 쓰인
     다.
134) 外孫 : "黃絹幼婦 外孫齏臼"에서 유래. 좋은 문장.
135) 龜珉 : 거북이 모양의 빗돌 받침(龜趺)에 얹힌 옥돌(碑石).
136) 玄蹤 : 현묘한 발자취.
137) 景行 : 훌륭한 행실.

을 적는 데도 무능하고 변변치 못한 글138)을 지어 부끄러울 뿐입니
다. 좋은 비문139)을 지으려 하나 할 수 없으며 공중의 실을 가리려
하나 역시 어렵지 않겠습니까.140) 청컨대 비문 작성141)을 피했으면
합니다."

상(上)이 말하길, "의(義)에 의지하여 행하고 인(仁)을 마주해서
는 사양치 말라"142) 고 하였다.

신은 이 날 아침에 조서를 받드니, 실로 용기를 과시할 여력143)이
없고 훗날 훌륭한 문장144)에 대해 공연히 흉내만 냈다145)는 꾸지람
을 들을 것이다. (능력이 없으니) 자귀질을 할 때 손을 상할까146)
염려하며 구하는 것이 몸을 깎는 것보다 심하였다. 드디어 흔들리
는 마음147)을 안정시켜, 억지로 붓148)을 놀려 거듭 그 의(義)를 펼

---

138) 編苫 : 지붕을 새끼줄로 졸라매듯이 글도 줄여서 간단히 쓰려 한다는
      말.
139) 色絲 : 아름다운 문장을 비유한 말.
140) 分空縷而不亦難乎 : 空縷難分. 허공에 뜬 베올은 분간하기 어렵다는
      말. 空縷는 大乘法을 비교한 말로 大乘法은 고매하여 알기가 어렵다는
      뜻(『高僧傳』 鳩摩羅什傳).
141) 筆路 : 筆法과 같은 말. 글을 짓는 것.
142) 當仁不讓 : 仁을 행할 때에는 비록 스승이라 할지라도 양보하지 않음
      (『論語』 衛靈公篇, "子曰 當仁不讓於師").
143) 賈勇 : 자기의 용력을 과시하여 써 주기를 바람.
144) 受辛 : '辭'의 破字. 受에 辛을 합치면 '辭'가 됨. 훌륭한 문장을 뜻함.
145) 效顰 : 무턱대고 남의 흉내를 냄. 越의 미인 西施가 불쾌한 일이 있어
      찡그렸는데, 사람들이 그것도 아름답다고 했는 바, 한 추녀가 그것을 흉
      내냈다는 고사.
146) 傷手 : 서투른 목수가 손을 다칠까 걱정하여 일에 나서지 못하는 것처럼
      찬자가 자신의 글재주 없음과 佛敎에 대하여 잘 알지 못한 것을 걱정한
      나머지 선뜻 비문 짓는 일에 착수하지 못하였다는 뜻.
147) 猿心 : 不定한 마음을 말함.
148) 兎翰 : 兎毫. 붓의 다른 이름.

치고 송(頌)을 짓는다.

교(敎)는 그윽하지 않음이 없고
선(禪)은 공(空) 아님이 없으니
도가 어찌 마음 밖에 있으리.
부처는 몸 안에 있도다.
지혜로운 햇살 비추시고
참된 바람을 일으키시어
일찍이 부처를 안 이는
오직 우리 선사(禪師)로다. (첫째)
빼어난 잎이 무성하고
우담발화(優曇鉢華)가 꽃봉오리를 맺으니
아름답게 도(道)를 빛냄은
말의 꾸밈에 연유치 않도다.
소산의 심인을 얻고
벽해에 법등을 전하니
복숭아, 오얏꽃이 피어 말하지 않더라도 길이 생겨났으며
벼와 삼대처럼 여기에 많이 모였도다. (둘째)
말로는 설명할 수 없고
현묘하고 또 현묘하여
중생을 교화함에 빛났고
도(道)를 넓히어 끝이 없도다.
군신이 만났고
사서(士庶)에 인연이 있었으니
크나큰 이름은 후세에까지 빼어나고
아름다운 자취는 앞에서 빛나리. (셋째)

세상을 구제함에 위엄과 자비로 하고
세상을 아름답고 이롭게 했으나
달은 선(禪)의 뜰에 떨어지고,
산(山)은 성스러운 땅에서 무너졌도다.
비문은 사(辭)에 속하나
영원토록 갖추어져 이을 것이니
비록 부끄러운 글이나
그 사실을 직서하노라. (넷째)

현덕 5년(958) 8월 15일에 세우고 문생(門生) 승(僧) 계묵(繼默)
이 글자를 새기다.

(역주 : 심 재 석)

17. 각연사 통일대사탑비

고려국 괴주[1] 고 [정자산[2] 각연사] 황제의 명으로 통일대사의 시호를 받은 □□[의 탑비명과 서]

통직랑(通直郎)[3] [정위(正衛)[4] 한림학사(翰林學士)로] 자금어대(紫金魚袋)를 [하사받은] 신 김정언(金廷彦)[5]이 황제의 명을 받들

---

1) 槐州 : 지금의 충청북도 槐山.『高麗史』卷56, 志10 地理1 楊廣道 忠州牧 槐州條에 의하면 "본래 고구려의 仍斤內郡으로 신라 경덕왕이 고쳐 槐楊郡으로 삼았고, 고려 초에 지금 이름으로 고쳐 顯宗 9년에 내속 하였으며, 뒤에 監務를 두었다. 별호를 始安(成廟에 정한 바이다)이라 한다"라 하였으며, 장연현·장풍현·음죽현·음성현·청풍현이 속현으로 나타나 있다.
2) 亭子山 : 현재 忠北 槐山郡 寶蓋山이다.
3) 通直郎 : 고려 초의 從六品 下 文散階.
4) 正衛 : 고려 초의 正七品 下 官階.
5) 金廷彦 :『朝鮮金石總覽』·『韓國金石全文』에는 '□□□(3자 결)'로 되어 있으나, "通直郎 [賜]紫金魚袋 臣 □□□" 및 "邃□翰林學士 金" 등의 표현으로 미루어 金廷彦으로 추정된다(葛城末治, 1935,『朝鮮金石攷』, pp.662~663). 金廷彦은 광종 9년(958)에 玉龍寺洞眞大師寶雲塔碑, 광종 9~11년(958~960) 覺淵寺通一大師塔碑, 광종 26년(975) 高達院元宗大師慧眞塔碑, 그리고 경종 3년(978)에 普願寺法印國師寶乘塔碑의 비문을 지은 인물이다. 이들 碑文을 지을 당시 김정언의 官品과 官職은

어 짓다.

　통직랑(이하 마멸)6)

　옛날 유동보살(儒童菩薩)이7)……성(聖)(이라 하였고), 음양을 헤
아리기 어려움을 신(神)이라 하였다. ……법의 기둥에 의지하여 연
[오](蓮[塢])에 단정히 거하니……[대사가 그러한 사람일 것이다.]

　[대사의 법휘(法諱)는 □□이며, 자는 □]통(通), 속세의 성은 김
씨(金氏)이니 그 선조는 계림인(鷄林人)이다. ……의(儀)를 일찍부
터 갖추었으며, 곧은 규범을 지켜 깨끗하고 청렴하였다. ……아이가
놀 때에도 늘 노성(老成)한 사람을 본받았다.

　……축건태자(竺乾太子)8)가 죽고 태어나는……를 보고……. 네
가 선근(善根)을 기르는 것을 보았다. 마땅히 그것을 부지런히 [배
양하여 좋은 열매를 맺도록 하라]. ……. 輝光……나는 그 나아가고
그침을 보았다. 大……. □□의 푸른 풀잎이 싹이 나니, 도솔(兜率)

　　다음과 같다. ①「玉龍寺洞眞大師(慶甫)碑」(958, 광종 9), 通直郎 正衛
　　(位) 翰林學士 賜丹金魚袋 ②「覺淵寺通一大師塔碑」(광종 9년 8월~11
　　년 3월 이전), 通直郎 正衛 翰林學士 賜紫金魚袋 ③「高達院元宗大師
　　(璨幽)碑」(975, 광종 26), 光祿大夫 太丞 翰林學士 內奉令 前禮部使 參
　　知政事 監修國史 ④「普願寺法印國師(坦文)碑」(978, 경종 3), 光祿大夫
　　太丞 翰林學士 前內奉令.
　6) 書者로 추정된다.
　7) 儒童菩薩 : 摩那婆. 年少한 보살이라는 뜻. 석가세존이 전생에 보살이
　　되어 燃燈佛을 공양할 때의 이름이다.『海錄碎事十三』에『淸淨法行經』
　　을 인용하여, "부처께서 三弟子를 보내어 震旦을 교화하였으니, 儒童菩
　　薩은 孔丘, 淨光菩薩은 顔回, 마하가섭은 老子이다"라 하였다.
　8) 竺乾太子 : 竺乾公. 부처를 뜻한다.

의[9] 금(金)□가 □□. ……이르기를, "부처는 몸 가운데 있으니, 도
(道)는 [마음 밖에 있는 것이] 아니다. ……" 하였으니, ……期……
子……이와 같은…….

……으로 중국에 들어가……. ……지(旨)가 그윽하여 현묘한 말
……. 손을 잡고 후불(後佛)……. ……선(禪)의 아들이 많았고, 법
(法)의 손자들이 빛났다. 혜수(惠水)의 □□□를 말함이 어찌…….
……그쳤다.

오고 가는 것이 끝이 (없었다). □□포(浦)에 이르렀다. 구름이
옛 산으로 돌아오니, 마침 돌아오는 배를 만나 그로 인하여 동쪽으
로 노를 저어 왔다. ……. 혜가(惠柯)에서 빼어났고, ……달려…….
□□을 맞이하여 받들었다. 駈……. …… 師法……. 우리 태[조 신
성대왕(神聖大王)이]……군복[10]…… 손을 잡고 □□□하니……氏
……덕이 더욱 □□하여 [제자들이] 동쪽 숲을 바라보며 목을 늘어
뜨리고, 남쪽 시내를 향하여 [마음을 기울여]……. 宇□阿□ 부처가
열반을 마음으로 증득(證得)하였으니 어찌……하기를 더디게 하겠
으며……. 태조가 기뻐하며 사관(舍館)으로 맞이하며 이르기를, "스
님께서는……". ……□業□者……옷깃……물과 돌로 마음을 깨끗
하게 하고……. 海龍……笴衣利見……. 태조가 이에……. 繇是行
葉更筏□□□염부(閻浮)[11]를 굳게 하고, 義□□□□후에……. …
…承□擊卽□□傳徹公[12]……. 이에 길이……. □□의 현주(玄

---

9) 兜率 : tustia의 音譯. 欲界 6天의 제4天. 욕계의 淨土. 지상에서 32萬 由
旬의 곳에 있으며, 미륵보살이 있다고 함. 兜率天.

10) 戎衣 : 군복.

11) 閻浮 : 인도에 있는 나무 이름. 閻浮提의 북쪽에 있다는 상상의 큰 나무.
『阿含經』에 "須彌山外 所迦羅山北 有大樹曰 閻浮"라 하였다.

珠)13)를……하고, □□의 장벽(牆壁)14)……하여……. □□의 위에서 풀어 □自□來登. 배우는 무리들이 벼와 삼처럼 줄지어 찾아왔고, 벗들도 [복숭아와 오얏나무 밑에 길이 생기듯] 많이 왔다. ……도(道)가……하여 적적함을 얻었다. 진공(眞空)의 가르침과 사람을 이끄는 말은 마음을 비옥하게 하여……있었다.

……마니(摩尼)의 보배로운 구슬을 (얻었다). ……그 선(禪)의 바라밀(波羅密)은 □가 있었다. 이러한 [마음이 곧] 부처이니, 부처가 어찌 씨가 (따로) 있겠는가. 나는 장차 멀리 가려 하니……. 공(空)을 보고서 자기를 □□하니, 어찌 근본을 잊는 데로 다른 사람을 이끌겠는가. 이에……하였다. 이튿날 보리산(菩提山)에 신좌(神座)를 받들어 모셨다. ……朝□□□聖□心□□有求□□□□. 상이 듣고서 선방(禪房)이 일찍 퇴락해지는 것을 개탄하여……씨자(氏者) 구리동이와 고삐를 잡고 □□하여……. ……이름 없는 □에서 어찌……. ……松門……, 제(制)를 내려 '옳다' 하셨다. 드디어 한림학사 김[정언(金廷彦)]에게 [조서를 내려] 이르기를, "……". ……의 靜 □□□□□□ [절하고] 머리를 조아리며 드디어 이르기를, "[신]은 ……".

變濟……道□必目語□□□之又……

【음기】

---

12) 徹公 : 寂忍禪師 慧徹로 추정.
13) 玄珠 : 도의 본체(『莊子』 天地篇, "登崑崙之丘 南望而還歸 遺其……").
14) 牆壁 : 담과 벽.

제자 대덕(大德) 석총훈(釋聰訓)

　　충원부(忠原府)15) 상청(上聽)16) 석훈예(釋訓乂)

　　　　　　하청(下聽)　　석계여(釋桂茹)

　　　　　　　　　석삼효(釋三曉)

삼강(三綱)

　　직세승(直歲僧) 처직(處直)

　　전좌승(典座僧) 처연(處緣)

　　원주승(院主僧) 총례(聰禮)

　　도유나(都維那) 서균(恕均)

　　내의성령(內議省17)令) 광겸(匡謙)

---

15) 忠原府 : 『高麗史』卷56, 志10 地理1 楊廣道 忠州牧條에 의하면 충원부
　　는 "본래 고구려의 國原城으로 신라가 취하여 眞興王이 小京을 두었고,
　　景德王이 中原京으로 고쳤으며, 太祖 23년(940)에 또 고쳐 忠州로 삼았
　　는데 成宗 2년(983)에 처음으로 12牧을 두니 州는 그 하나이다"라고 하
　　여 고려 太祖 23년 이후 忠州라는 이름으로 불리워졌던 것처럼 나타난
　　다. 그러나 金石文에는 太祖 22년(939)에 세워진 「菩提寺大鏡大師玄機
　　塔碑」에는 '仲原府', 惠宗 원년(944)에 쓰여진 「淨土寺法鏡大師慈燈塔
　　碑陰記」와 景宗 6년(981) 王融이 撰한 「智谷寺眞觀禪師悟空塔碑」, 顯
　　宗 8년(1017)에 孫夢周가 撰한 「淨土寺弘法國師實相塔碑」 등에는 '中
　　原府', 그리고 光宗 11년(960) 무렵 만들어진 본 碑에 '忠原府'로 나타
　　나고, 顯宗 13년(1022)에 만들어진 「師子頻迅寺石塔記」에 '中州'로 나
　　타나 고려 초에도 상당 기간 동안 仲原府·中原府·忠原府 등으로 불
　　리었음을 알 수 있다.

16) 上聽 : 鮎貝房之進에 의하면 上聽·下聽은 승려의 職位를 나타내는 것
　　으로 보이지만 중국·일본에는 없었던 것이라 한다. 그리고 聽은 '敎法
　　의 廳'이라는 뜻으로 바뀌어 宗派의 僧職位號가 된 것이 아닐까 추정하
　　였다(鮎貝房之進, 1942, 「覺淵寺通一大師塔碑」 『雜攷 俗字攷·俗文攷
　　·借字攷』, 國書刊行會, p.487).

17) 內儀省 : 『高麗史』에는 內'議'省으로 기록되어 있다. "모든 庶務를 관
　　장하며, 그 郎舍는 諫諍과 封駁을 관장하였다. 국초에는 內議省이라 칭
　　하였다가 成宗 元年에 內史門下省으로 고쳤다.…… 判門下는 국초에

내봉성령(內奉省18)令) 준홍(俊弘)19)

시중(侍中) 인봉(仁奉)

시랑(侍郎) 혼양(昕讓)・윤겸(尹謙)

석장(石匠) 잉시의(仍尸依)20)

철장(鐵匠) 부오(富烏)

(역주 : 김혜원)

内儀令이라 칭하였다가 成宗이 內史令으로 고쳤으며, 文宗이 中書令으로 고쳤다. 1인으로 정하되 秩은 從一品으로 하였다. 侍中은 成宗이 門下侍中을 두었으며, 文宗이 1인으로 정하되 秩은 從一品으로 하였다"(『高麗史』卷76, 志30 百官1 門下府).

18) 内奉省 : 내봉성은『三國史記』卷40, 志9 職官下에 의하면, "廣評省(최고 행정부)……內奉省(지금 都省)……元鳳省(지금 翰林院)……. 이상은 弓裔가 정하였던 관직의 칭호이다"라 하여 廣評省・元鳳省과 함께 궁예 때 만들어진 관부임을 알 수 있다. 趙仁成에 의하면 내봉성은 904년 摩震代에 설치될 당시에는 人事行政을 전담하던 기관으로 서열 9위였으나 911년 泰封代 이후 司正機能까지 담당하면서 서열 2위로 廣評省 다음 가는 지위로 상승하면서 궁예 정권의 전제화를 뒷받침하였다고 한다(趙仁成, 1986,「弓裔政權의 中央政治組織」『白山學報』33, pp.78~83). 이에 속하였던 관직으로는 內奉令을 비롯하여 內奉卿・內奉郎中・內奉員外郎・內奉史・內奉監・內奉理決・內奉評察 등이『高麗史』태조세가 원년 초에 집중적으로 나타나며,『高麗史』卷2, 세가 광종 23년조 말미에도 副使內奉卿 崔業에게 檢校司農卿 兼 御使大夫를 제수한 기록이 보이고 있다.

19) 俊弘 :『高麗史』卷2, 世家2 光宗 11년 3월조에 의하면, "評農書史 權信이 大相 俊弘과 左丞 王同 등이 모역하였다고 참소하니, 이를 귀양보냈다"고 하여, 광종 11년 3월에 모역사건을 일으켰다가 귀양 간 인물임을 알 수 있다.

20) 仍尸依 : 鮎貝房之進은 高達院元宗大師慧眞塔碑에 보이는 '仍乙希'와 동일인으로 추정하였다(鮎貝房之進, 앞의 글, p.488).

18. 용두사 당간기

용두사1) 철당2)기

전(前) 한림학생 김원이 짓고, 아울러 글자를 쓰다. 새긴 사람은 손석이다.

일찍이 듣건대 당간은 불문(佛門)을 꾸미는 옥 같은 표로 만든 바요, 번개(幡盖)3)는 절을 단장하는 신령스런 기에서 유래한 것이라고 한다. 그 모습은 학이 푸른 허공을 나는 것 같고, 용이 파란 하늘을 뛰는 것 같도다. 세운 사람은 크게 믿는 마음을 일으키고, 바라보는 사람은 반드시 붉은 정성을 기울일 것이니, 진실로 마귀를

---

1) 龍頭寺 : 충청북도 청주시에 있던 절. 조선 초에 이미 폐사가 되었음.
2) 幢 : 범어로 Dhvaja. 馱縛若 또는 計都라 음역. 장대 끝에 용(龍)머리 모양을 만들고 깃발을 달아 드리운 것. 불·보살의 위신과 공덕을 표시한 장엄구로서, 불전(佛殿)이나 불당(佛堂) 앞에 세우며, 혹은 중생을 지휘하고 마군(魔軍)을 굴복시키는 표지.
3) 幡盖 : 幡은 범어의 Pataka로서 幢幡이라고도 함. 불·보살의 위덕을 표시하는 장엄도구인 깃발이다. 盖는 天盖로서 불상을 덮는 일산인데, 본래는 천으로 만들었지만, 나중에는 금속이나 목재로 조각하여 만든 것이 많으며, 천장에 달거나 위가 굽은 긴 장대에 달았다.

굴복시키는 철장이요, 도적을 떨쳐 버리는 오색기임을 알겠다.

근자에 당대등4) 김예종(金芮宗)이라는 사람이 있었는데, 고을의 호가(豪家)요 향려(鄕閭)의 관족(冠族)이었다. 뜻밖에 병에 걸리자 문득 부처님과 하늘에 약속하기를, 우러러 철당을 경건히 만들기를 빌고, 엎드려 옥찰(玉刹 : 절)을 장엄하게 할 것을 맹세하였다. 그러나 흘러가는 세월5)은 멈추기 어려우며, 죽음6)에 빠지기 쉬워서, 그 사이 몇 해가 지연되고 때는 쉽게 멀어졌다. 이에 종형인 당대등 정조(正朝)7)로 단은어대를 하사받은 김희일(金希一) 등이 저기서 서원을 돌이키고 여기서 무너진 제사를 이어서, 마침내 30단의 철통을 주조하여 60척의 당주를 세우게 하였다. 구름을 뚫어 해를 받들며 안개를 관통하여 허공에 기대니, 노씨의 구름사다리라도8) 용개(龍盖)를 붙잡기 어렵고, 감녕의 비단 닻줄9)로도 옥돌 밧줄을 당할 수 없도다. 가히 죽은 자를 받드는 마음이 깊고 망한 자를 부흥시키는 정이 간절해서, 금강(金剛)의 불후함을 심고 옥찰(玉刹)의 무궁함을 경영한다고 이를 수 있겠다.

---

4) 堂大等 : 고려 성종 2년(983)에 鄕吏職을 개편할 때 '戶長'으로 바뀜(『高麗史』 卷75, 選擧志3 鄕職 成宗 2年, "成宗二年 改州府郡縣吏職 以兵部爲司兵 倉部爲司倉 堂大等爲戶長 大等爲副戶長 郞中爲戶正 員外郞爲副戶正 執事爲史 兵部卿爲兵正 筵上爲副兵正 維乃爲兵史 倉部卿爲倉正").

5) 逝水 : 세월.

6) 黃泉 : 죽음을 의미함.

7) 正朝 : 『高麗史』 卷75, 選擧志3 鄕職條에 의하면, 7品에 해당.

8) 魯氏雲梯 : 公輸班(般) 또는 魯班이라고 부르는 名匠이 만든 攻城 무기로 樓車라고도 부른다. 수레에 높이 올라가는 사다리가 붙어 있으며, 초나라가 이것을 이용해 송나라를 공격하려고 했다(『墨子』 公輸篇 참조).

9) 甘寧錦纜 : 오나라 감녕은 성질이 호사하여 비단 닻줄로 배를 매었다는 故事(『三國志』 吳書 甘寧傳 참조).

저는 변통성이 없는[10] 완특한 무리이며, 몽매하고[11] 천박한[12] 문
장을 지녔는데, 문득 저에게 권하는 것에 힘입어 애오라지 짧은 문
장을 표합니다.

그 사(詞)에 이르기를,

당간이 비로소 서니,
하늘 가운데까지 미치며,
교묘히 물건의 형상을 이루어,
불법을 장엄하게 하도다.
형제 두 집,
함께 선업(善業) 닦아
주조하고 세우니,
영겁토록 무궁하리로다.

당사령 석주 대덕, 단월 겸 영(令) 김희일 정조, 김수□ 대등,[13]
김석희 대등, 김관겸 대등, 감사 상화상 신학 □□, 전(前) 시랑 손
희 대나마, 전(前) 병부경 경주홍 대나마, 학원경 한명식 대나마, 전
(前) 사창 경기준 대사, 학원낭중 손인겸, 주대□□.

---

10) 膠柱 : 膠柱鼓瑟의 준말로 이는 비파나 거문고의 기둥을 아교풀로 고착
   시키면 한 가지 소리밖에 나지 않는 것과 같이 변통성이 없는 것을 이르
   는 것.
11) 尫舟 : 刻舟求劍에서 나온 말로 이 말은 배에서 물 속으로 칼을 떨어뜨
   리고는 뱃전에다 표를 해 놓고, 칼이 떨어진 장소의 표중으로 생각하여
   칼을 찾고자 한다는 뜻. 너무나 몽매하여 세상 물정에 어두운 것을 비유
   한 것.
12) 膚物 : 文辭가 천박함을 말함. 피부가 깊지 않음에서 유래한 비유.
13) 大等 : 고려 성종 2년(983)에 鄕吏職을 개편할 때 '副戶長'으로 바뀜(『高
   麗史』 卷75, 選擧志3 鄕職 成宗 2年條 참조).

준풍14) 3년(962, 광종13) 태세 임술 3월 29일에 주조하여 완성하다.

(역주 : 배종도)

---

14) 峻豊 : 고려 광종 때 고려가 독자적으로 사용한 연호의 하나(960~963).

19. 고미현 서원종

　소대왕1)(광종) 준풍2) 4년(963) 계해 9월 18일 고미현3) 서원(西院)의 종을 주조한 기록.

　(종을 주조하는 데 관계가 있는) 무리들의 이름을 적는다.
　(승려로는) 동원(同院)의 원주(院主)인 영현화상, 신엄 장로, 효현 상좌이며, (속인으로는) 혼직 경, 예언 경이다.
　대백사[태박사]4)는 나주의 지미 □벌□이며,5) 백사[박사]는 당현

---

1) 昭大王 : 高麗 光宗(재위 949~975), 諱는 昭, 字는 日華(『고려사』 권2 광종세가 참조).
2) 峻豊 : 고려 광종 때 고려가 독자적으로 사용한 연호의 하나(960~963).
3) 古彌縣 : 본래 백제의 고미현으로 신라 경덕왕대에 곤미현으로 개명되었다. 조선시대에 폐현이 되어 영암군에 속했다. ①『삼국사기』 권36, 지리지3 武州 潘南郡 領縣 昆湄縣, "昆湄縣 本百濟古彌縣 景德王改名 今因之" ②『고려사』 권57, 지리지2 全羅道 羅州牧 靈岩郡 屬縣 昆湄縣, "昆湄縣 本百濟古彌縣 新羅景德王改今名來屬 高麗仍之" ③『신증동국여지승람』 권35, 靈巖郡 古跡條, "昆湄廢縣".
4) 百士 : 「新羅 禪林院鐘」(804, 애장왕 5)에 보이는 '鐘成在坒'의 '坒'과 같은 것으로서 종을 만든 기술자로 추정됨.
5) 伐 : "沙干"과 마찬가지로 관등의 일부만 판독된 것이 아닐까? 예를 들면, "及伐干" 등과 같이 "□伐□"을 생각해 볼 수 있지 않을까 한다.

(當縣 : 고미현)의 총규 사간이다.

(역주 : 배종도)

20. 봉암사 정진대사 원오탑비

고려국 상주 희양산 봉암사 왕사 증시정진대사 원오지탑비의 명
과 서

봉의랑[1] 정위[2] 한림학사[3] 전수[4]병부경[5] 단금어대[6]를 하사받은
신 이몽유가 교를 받들어 짓다.
문림랑[7] 한림원[8] 서박사인 신 장단열이 교를 받들어 글씨와 전

---

1) 通直郞 : 고려 때 文官의 官階. 문종 때 문산계에는 종6품의 상.
2) 正衛 : 고려 초기의 官階名. 16等級 중 제13위이며, 7품에 해당한다.
3) 翰林學士 : 고려 때 翰林院에 소속된 정4품의 관직, 정원은 2명이었다.
4) 守 : 行守직의 守. 官階는 낮은데 官職이 높으면 守, 반대는 行.
5) 兵部卿 : 지방의 土豪로 지방 관반의 兵部卿(고려 성종 2년[983] 개편되
   는 兵正)과 같은 것이거나 州縣軍 將校의 전신이 아닌가 한다.
6) 丹金魚袋 : 唐代 高官에게 내리던 魚袋의 일종. 당나라에서는 四色公服
   制度에 의하여 服色을 1~3품은 紫, 4·5품은 緋, 6·7품은 綠, 8·9품은
   靑으로 정하였는데, 3품 이상 服紫에는 금어대, 5품 이상 服緋에는 은어
   대를 차게 하였다. 우리 나라에서는 新羅 景文王 13년(873) 이후 憲康王
   10년(884) 이전에 魚袋制가 성립하였으며 高麗 光宗 11년(960) 3월 百官
   의 公服制가 개정될 때까지 행해졌다(李賢淑, 1992,「新羅末 魚袋制의
   成立과 運用」『史學研究』43·44합집 참조).
7) 通直郞 : 고려 때 文官의 官階. 문종 때 문산계에는 종9품의 下로 규정
   하였다가, 1298년(충렬왕 24)에 9품을 통사랑으로 개칭했다.

액을 쓰다.

　일찍이 듣건대 세계[9] 중에서 땅이 귀한 것으로 들 수 있는 것은
인도[10]이고, 삼계[11]에서 위치가 존귀하게 올라간 사람은 부처[12]이
다. 중국[13]을 살피는 덕이 하늘을 빛냈고, 동쪽으로 전해진[14] 지 오
래 되었다. 이 때문에 노자[15]께서도 우리 스승의 이야기를 나타냈
고, 공자[16]도 성인의 이야기를 드러내었다. 하물며 다시 노나라에서
하늘로부터 별이 떨어지는 것[17]을 보고 기록한 사실과 같이 금빛

자태를 드러내 밝히고, 후한(後漢) 명제(明帝)의 꿈 속에 목덜미에
둥근 해를 찬 금인(金人)을 나타낸 것18)과 같이 좋은 책으로 소리
를 전함에 있어서랴! 사체(四諦)19)의 법륜을 일정한 곳에 머물지
않고 굴러다니게 하고, 삼승(三乘)20)의 법을 설하였으며, 교화의 인
연21)을 이미 다하고 열반에 들어가실 때에 가섭22)에게 일러 말하셨
다.

　"더없는 법보(法寶)23)를 부촉하여 더욱 넓게 퍼지도록 하려 한
다. 마땅히 항상 부지런히 생각을 지켜서,24) 생사의 고통에서 벗어
날 것이니라."

　이로 말미암아 대가섭이 법안(法眼)25)을 얻어 아난26)에게 부

　여 "항성이 나타나지 않고 밤이 낮처럼 밝았으니 곧 文殊菩薩이 설산에
　서 오백의 仙人으로 화신하여 큰 광명을 방사한 때이다"라고 하였는데,
　믿기 어렵다(『春秋』莊公 7年, "夏四月辛卯 夜恒星不見 夜中星隕如雨"
　;『左氏傳』, "夏 恒星不見 夜明也 星隕如雨 與雨偕也"; 道宣, 『集古今
　佛道論衡』, "春秋 魯莊公 七年 夏四月恒星不現 夜明如日 乃文殊菩薩
　於雪山 化五百仙人 放大廣明之時").
18) 佩日徵於漢夢 : 後漢의 明帝가 꿈속에 목덜미가 둥근 해를 찬 金人을
　본 고사(A.D. 60, 영평 3) 이후 천축에 사신을 파견하여 불법을 구해 오
　도록 했다 함.
19) 四諦 : 四聖諦라고도 함. 苦集滅道. 현실의 인생은 苦라는 것(苦), 苦의
　원인은 번뇌라는 것(集), 깨달을 목표(滅,) 열반에 이르는 방법(道).
20) 三乘 : 성문, 연각, 보살에 대한 세 가지 교법. 聲聞은 부처님이 말씀하는
　소리를 듣고 해탈하는 것, 緣覺은 스승에게 가지 않고 스스로 잎이 피고
　꽃이 지는 따위의 이치를 깨닫는 것. 菩薩은 6바라밀의 법문으로 스스로
　해탈하고 남을 해탈케 하여 부처를 이루는 것.
21) 化緣 : 교화의 인연.
22) 迦葉 : 불제자 중 불입멸 후 1차 결집을 주관한 마하 가섭을 가리킴.
23) 法寶 : 삼보의 하나. 부처님이 말씀하신 교법
24) 護念 : 항상 부처나 菩薩을 마음 속에 품고 선행을 닦으면 부처나 菩薩,
　諸天들이 여러 가지 장애로부터 衆生을 보살펴 준다는 말.
25) 法眼 : 일체의 법을 분명하게 비춰 보는 눈. 현상계의 온갖 사리를 분명

촉27)하였는데, 이로부터 전하여 이어짐에 단절된 적이 없었다. 가운
데에 마명28)과 용수29)가 있고, 끝에 학륵30)과 구마라타31)가 있다.
서로 부촉한 이래 27대 후 달마대사가 있었는데, 응진보살32)이라고

하게 비추어 아는 지혜의 눈

26) 阿難 : 釋迦의 弟子, 從兄弟, 釋迦 입멸 후 經文撰集에 참여하고 가섭에
   이어 長老가 됨. 阿難陀. 부처 10대 제자의 한 명. 多聞第一의 제자.

27) 付囑 : 부처님에게 교법을 잘 전해 줄 것을 부탁함. 부처님이 佛法을 잘
   홍통하도록 임금과 승단에 부탁하는 것을 말한다.

28) 馬鳴 : 인도 마갈타국인 『大乘起信論』·『大莊嚴論經』을 저술한 대승의
   論師. 불멸 후 5~6세기경에 태어났다. 바라문교를 받들다가 나중에 불
   교를 믿었다.

29) 龍樹 : s.Nagarjuna. 印度의 28조 중 제13조. 불멸 후 600~700년 무렵
   (B.C. 3~2C) 南印度(혹은 西印度)의 佛敎學者. 바라문교의 집안에서 태
   어났으나 불교에 귀의했다. 불전의 깊은 뜻을 窮究하여 中國과 그 밖의
   나라에서 八宗의 師로 추앙받음. 中道 空 사상을 확립하여 보살로 불려
   진다. 저서는 中論·十二門論·大智度論 등이 있다. 마명의 뒤를 이어
   인도의 대승불교를 크게 선양한 사람.

30) 鶴勒夜那 : 鶴勒那라고도 함. 西天 28祖 중 23祖. 인도 月氏國 사람. 아
   버지는 千勝, 어머니는 金光. 이들 부부 사이에 늦게까지 아들이 없어
   七佛 앞에서 기도하던 중 어머니의 꿈에 須彌山頂에 있다는 한 神童이
   금가락지(金環)를 가지고 와서 "이것은 제가 가지고 온 것이니 받아 주
   십시오"라는 태몽을 꾸고 잉태해서 태어났다. 그 후 22살 때에 출가하였
   고, 30살에 이르러 摩拏羅 尊者를 만나 그로부터 正法眼藏을 전해 받고
   제자가 되었다.

31) 鳩摩羅馱 : 鳩摩羅陀 혹은 鳩摩羅多라고도 함. 서천 28祖 중 19祖. 인도
   大月氏國 바라문의 아들. 過去 自在天人이었으나, 菩薩의 화려한 華鬘
   瓔珞을 보고, 문득 애착심을 일으킨 탓으로 忉利天으로 타락하였다. 帝
   釋天王의 반야경 설법을 들은 공력으로 梵天으로 올라갔다가 그 후 中
   天國으로 가서 闍夜多를 만나 그에게 傳法하고 제자로 삼았으니, 그가
   바로 20祖인 闍夜多尊者이다.

32) 應眞菩薩 : 中國 禪宗의 개조인 達摩大師(?~528)를 말함. 圓覺祖師라
   고도 함. 圓覺은 達摩大師의 諡號이고 조사는 한 종파를 세워 그 종파를
   주창한 사람을 높이어 부르는 말. 達摩大師는 본래 南天쓰 향지국의 제

도 하였다. 남쪽 천축33)에서 나라를 하직하고 중국34)에 (도의) 바람
을 전하였다. 심인(心印)35)을 지키는데 깎임이 없었고, 신의(信
衣)36)를 주는데 타락함이 없었다. 동산의 법37)이 점차 남쪽으로 향
하여 조계38)에 이르기까지 또 6대이다. 이로부터 거듭된 발자취를
계속 밝혀 적출의 계승자가 면면히 이어졌으니, 조계는 남악 회
양39)에게 전하고, 회양은 강서 도일40)에게 전하였고, 도일은 창주

　3왕자로서 梁 武帝 때 금릉에 갔다가 뒤에 崇山의 少林寺에서 9년 동안
　面壁坐禪한 끝에 悟道하여 禪宗을 열었는데 뒤에 당의 대종이 圓覺이
　라는 諡號를 내렸음.

33) 南天 : 남인도.

34) 東夏 : 중국을 가리킴.

35) 心印 : 禪家에서 말이나 글에 의하지 않고 以心傳心으로 전하여진 깨달
　음의 내용을 이름.

36) 信衣 : 付衣爲信. 달마가 慧可에게 衣鉢을 주어 신표로 삼음.

37) 東山之旨 : 東山法門은 4조 道信 이후의 禪法을 말하지만, 엄밀히 말하
　면 5조 弘忍의 禪法을 가리킨다. 기주 雙峰山(湖北省 黃梅縣 西部)은
　두 개의 봉우리로 이루어져 있는데, 4조 道信이 입적한 후 제자인 홍인
　이 동산(일명 황매산)으로 자리를 옮겨 선법을 널리 전파했기 때문에 이
　런 이름이 생겼다. 후일 홍인의 제자인 神秀가 則天武后(624~708?)의
　부름을 받고 입궐했을 때 "그대가 전하는 법은 누구의 종지인가"라는 물
　음을 받고 "기주의 동산법문을 전수받았으며, 『文殊說般若經』의 一行三
　昧에 의거하고 있습니다"라고 대답한 것에서 '동산법문'이라는 이름이
　천하에 알려졌다고 한다(柳田聖山 著, 안영길 · 추만호 譯, 1989, 『禪의
　思想과 歷史』民族社, 1989, pp.176~177).

38) 曹溪 : 六祖 慧能을 가리킴. 원래 中國 廣東省 曲江縣 소주의 동남쪽에
　있는 시내의 이름인데 후일 唐나라 때 六祖 慧能이 이 곳에 있던 寶林
　寺에서 佛法을 크게 선양했다고 해서 曹溪라는 별칭이 붙음.

39) 讓 : 南岳 懷讓禪師(677~744). 중국 당나라 스님으로 속성은 杜氏이다.
　金州 安康 사람으로 15세에 荊州 옥천사의 弘景에게 중이 되어 律을 배
　웠다. 후에 坦然의 권고로 嵩山稜安을 만나고, 다음에 六祖 慧能의 시자
　로 15년 동안 모셨다. 713년 남악 반야사에 들어가 30년을 있으면서 남
　악의 禪風을 선양하고, 唐 天寶 3년에 입적하였다. 시호는 大慧禪師.

신감[41])에게 전하였다. 신감은 동쪽을 돌아보아 해동에 전하였다. 이은 자가 누구냐면 남악[42])의 쌍계 혜소[43])선사이시다. 거듭 밝혀 현계 왕사 도헌(지증 도헌)에게 전하고, 도헌은 강주 백엄의 양부선사에게 전했으니, 양부가 우리 대사의 엄한 스승이시다.

대사의 휘는 긍양이고 속성은 왕씨로 공주 사람이다. 할아버지는 숙장이고 아버지는 양길인데, (두 분 다) 모두 인의(仁義)에 힘써 자신을 이루려는 마음을 지녔으며, 덕을 쌓고 공을 넉넉히 하여 자손에 넘겨주는 업(業)을 귀하게 하였다. 힘을 다해 관직에 복무했고, 서리와 눈을 품은듯 마음을 깨끗이 하였다. 주리(州里)에서는 (사람들이) 어른이라 칭하였고, 원근 (마을에서는) 명예를 잘 지켜 현명하다는 소리를 들었다. 고조·증조는 모두 군읍(郡邑)의 호부(豪富)로서 그 집안(戶)을 알기 어렵지 않으므로 싣지 않는다. 어머니는 김씨이다. 여자의 공에 대해서는 상대할 사람이 없을 정도이고, 아내의 도리에 대해서도 규범이 있었다. 머리카락을 자르는 심정으로 순수히 정을 지키려 하였고, 학문을 중도에 그만두는 것을 경계하여[44]) 절개에 힘썼다. 스님과 부처님께 공경을 다하였고, 시부

---

40) 一 : 馬祖道一(709~788). 漢州 什邡 사람으로 속성은 馬氏이다. 어렸을 적에 資州의 唐和尙에게 출가하여 渝州의 圓律師에게 戒를 받았다. 開元年間(713~741)에 南岳의 懷讓에게 가서 禪을 익혀 心印을 받았다. 大歷年間(766~779)에 江西 鐘陵의 開元寺에 들어가니, 이 때부터 학자가 운집하여 선풍을 드날렸다. 貞元 4년에 建昌의 石門山에서 입적하였다. 제자로는 百丈, 大梅, 鹽官, 南泉 등 139인이 있었다. 남악의 종풍은 실로 道一에게서 떨치게 되었다. 시호는 大寂禪師로 세상에서는 江西 馬祖라고 부른다.

41) 神鑑 : 馬祖道一의 80 제자 중의 하나.

42) 南岳 : 智異山의 별칭.

43) 慧昭 : 낭혜화상비의 雙磎 沼와 같은 인물일∙듯 함.

44) 斷機之戒 : 학문을 중도에 그만둠을 경계함. 맹자의 어머니가 맹자를 훈계하기 위하여 짜던 베를 끊었다 한 데서 나옴.

모 섬기기에 예를 다하였다. (어느 날) 꿈에 유성이 품속에 들어 왔는데 크기가 항아리만했고, 색은 누런 윤택이 났다. 이로 인하여 임신하였다. 이 때문에 냄새나는 음식을 끊고 삼가며 보호하기에 힘써 태교를 끊지 않았다. 기간이 좀 지나 태어났다.

대사는 타고난 성품이45) 특이하였고, 마음과 얼굴 빛46)이 아름답고 기묘했다. 내의(萊衣)를 끌어올 때 (아이일 때)부터 대나무 말을 탈 때까지47) 어린애 같은 행동이 없어서 마치 나이든 것 같았다. 앉을 때에는 반드시 가부좌를 하고 행할 때는 모름지기 합장을 하였다. 모래를 모아 담을 쌓으면48) 불탑과 비슷한 것을 만들었고, 나뭇잎을 모으고 꽃을 따면 공구(供具)49)와 비슷한 것을 만들어 진열하였다. 공부할 나이에 이르러서는50) 날마다 경전을 끼고 있었다. 집51)에서는 시와 예를 배웠고, 학교 강당52)에 가서는 강론을 들었는데, 세 번 끊어질 정도53)로 열심히 공부하여, (漢代의) 구류가(九

---

45) 天骨 : 타고난 성품. 천성. 타고난 재능.

46) 神彩 : 神色. 마음과 얼굴 빛.

47) 竹馬之年 : ① 7세 전후의 아이들(『博物志』, "小兒 五歲曰鳩車之戲 七歲曰竹馬之戲") ② 12세 전후의 아이들(『後漢書』, "年十四 猶綴帛爲幡 乘竹馬而戲").

48) 畵堁 : 벽에 금을 그음.

49) 供具 : ① 연회 때 쓰는 도구 ② 불 보살에게 공양하는 향화, 번개 등의 공구.

50) 鼓篋 : 취학을 말함. 옛날에 학과를 시작할 때 북을 쳐서 학생을 모으게 한 뒤, 책을 꺼내 공부하도록 한 데서 연유함.

51) 鯉庭 : 가정을 말함. 공자가 아들 鯉와 마주친 뜰에서 시, 서, 예를 배우도록 훈계한 고사에서 유래(『論語』 季氏, "子嘗獨立 鯉趨而過庭 曰學詩乎 對曰未也 不學詩 無以言 鯉退而學詩 他日 又獨立 鯉趨而過庭 學禮乎 對曰未也 不學禮無以立 鯉退而學禮").

52) 鱣肆 : 강당. 강의하는 곳. 후한대 楊震이 강론하는 강당 앞에 황새가 세 마리의 구렁이를 물고 날아다녔다는 고사에서 나온 말.

53) 三絶 : 책끈이 세 번 끊어짐. 공자가 공부를 열심히 하여 『주역』을 꿰맨

流家)54)보다 더하다고 할 수 있었다.

이에 어머니와 아버지에게 간절히 아뢰어 출가(出家)하여 입도할 것을 진실로 청하였다. (그리하여) 공주 서혈원 여해선사에게 출가하여, 머리를 깎고, 몸을 머물렀다. 뜻은 아침에 듣는 데 두었고55) 배움은 날마다 넘치기를 기대하였다. 실로 배전의 공을 들였으니 누가 감이 더디다 하겠는가? 상량56)이 무너지고, 종이 깨지는 듯한 소리가 들렸다. 이에 혁희(赫曦)57)의 빛남을 알게 되었고, 돌오(突奧)의 빛살도 엿보게 되었다. 사방으로 나가 세 벗(三友)58)을 택하였다.

마침내 건녕 4년(897, 진성왕 10) 계룡산 보원정사(普願精舍)에서 지범(持犯)을 품은 연후에 하안거(坐雨)59)를 할 때에는 마음을 굳히고, 구름 위에 누운듯 생각을 간절히 하여 계율(戒珠)60)를 지키는 데에는 비길 사람이 없었고, 지혜의 칼을 가는 데에는 더 굳은 것이 없었다. 능히 계초지심(繫草之心)61)을 지니고, 세상을 떠나려

끈이 세 번이나 떨어지도록 읽은 것을 비유함.

54) 九流 : 漢代의 아홉 학파. 儒家・道家・陰陽家・法家・名家・墨家・縱橫家・雜家・農家.

55) 朝凡暮聖 : 아침에 凡夫인 사람이 저녁에 聖者가 됨. 禪宗의 頓悟를 말함(崔致遠,「新羅壽昌郡護國城八角燈樓記」, "頓悟而朝凡暮聖 漸修而小往大來").

56) 鯨桴 : 고래등같은 마룻대(상량).

57) 赫曦 : ① 빛이 반짝거리고 성대한 모습 ② 심한 더위.

58) 三友 : ① 친하게 지낼 수 있는 세 가지(詩・酒・琴, 山水・松林・琴酒, 松・竹・梅) ② 이익 되는 세 벗과 손해 되는 세 벗.

59) 坐雨 : 夏安居. 雨安居.

60) 戒珠 : 장엄하여 사람의 몸을 결백하게 하는 戒律을 구슬에 비유한 말.

61) 繫草之心 : 草繫比丘와 같이 계율을 지키려는 굳은 심정은 점점 깊어 졌다는 말(『梵網經』卷下, 48輕垢戒中 第34 暫離菩提心戒條[『大正藏』卷24, p.1007 中] ;『涅槃經』卷29, "寧捨身命 不毁禁戒 如草繫比丘").

는 마음에 힘썼다. 법익을 구하는 데(請益)[62] 부지런하였고, 머물러 있지 않고 사방을 돌아다녔다. 마침내 서혈원의 양부선사를 찾아갔다. 선사는 반갑게 맞이하고(靑眼)[63] 진심(赤心)[64]으로 접대하였다. 거문고와 북(瑟鼓)[65]으로 말미암아 공자의 문하에서 열 명의 능한 사람(知十)[66]의 이름도 알았고, 세 가지 예의(在三之禮)[67]를 펼칠 때도 있었다. 마음에 남기는 데(腹膺)[68] 게을리하지 않았고, 봉양하는 데(就養)[69] 오직 힘썼다. 아스라히 탄식하였다.

"급한 때는 말달리는 것과 같고, 흐르는 세월은 화살과 같다. 얕은 물(牛涔)[70]에 몸을 구부리고 있으면, 깊은 바다의 파도 위에 뜨지 못하는 것이다. (그렇게 되면) 보주(寶洲)[71]에 가기 어려우니, 어찌 피안(彼岸)[72]에 갈 수 있으리요."

---

62) 請益 : 學人이 특별히 묻는 의식을 거쳐 師家에게 法益을 청하는 것.

63) 靑眼 : 친한 사람을 대할 때의 눈빛. 晉의 阮籍이 가까운 사람은 靑眼으로 대하고 거만한 사람은 白眼으로 대했다 함.

64) 赤心 : 조금도 거짓이 없는 참된 마음. 진심.

65) 瑟鼓 : 膠柱鼓瑟. 비파나 거문고의 기둥을 아교풀로 고착시키면 한 가지 소리밖에 나지 않는 것과 같이 변통성이 없는 것을 이름.

66) 知十 : 十知 공자의 열 제자.

67) 三禮 : 몸·입·뜻의 삼업으로 경의를 표하여 세 번 禮拜함.

68) 腹膺 : 마음에 남기어 잊지 아니함. 몸에서 떼지 않음.

69) 就養 : 부모의 곁에서 孝養함.

70) 牛涔 : '牛跡之涔 無尺之鯉'의 준말. 소발굽 자국에 괸 물에 한 자 되는 잉어 없다는 말로 협소한 물에 큰 인물이 나지 않는다는 비유(『淮南子』 俶眞訓, "牛蹄之涔 無尺之鯉 塊阜之山 無丈之材 所以然者 皆其營宇狹小 而不能容巨大也" ; 『淮南子』 氾論訓, "牛蹄之涔 不能生鱣鮪 而蜂房不容鵠卵").

71) 寶洲 : 보배의 고장. 須彌四洲의 중심인 南瞻部洲(閻浮提)에 '四主'가 있는데(東은 人主, 西는 寶主, 南은 象主, 北은 馬主) 人은 中夏, 寶는 胡國, 象은 印度, 馬는 突厥을 가리킨다(『西域記』).

72) 彼岸 : 저 편의 언덕. 佛敎의 이른바 '열반의 언덕'.

광화73) 3년(900, 효공왕 3)에 천자가 타는 배가 서쪽으로 향하는
것을 알았으니, 마치 봉새가 남쪽으로 날아가는 운세를 만난듯 하
였다. 이틀 밤(信宿)74)이 지나지 않아 강회(江淮)의 언덕에 도달하
였다. 겨우 천벽(天壁)을 넘어 조금 있다가 설봉(雪峯)으로 갔다.
원령(猿嶺)을 넘다가, 도중에서 쌀을 운반하는 선승의 무리를 만났
다. 길을 같이 가다가 일시에 함께 쉬었다. 무리 중에 일승(日僧)이
있었는데, 마른 용나무를 가리키면서 말하였다.

"마른 나무가 홀로 자리잡고 있으니, 봄이 와도 다시 꽃피지 않을
것이다."
"속세의 경지를 넘었으니, 오랫동안 도를 즐기겠다."

이에 무리들이 탄복하여 입에서 입으로 전하지 않음이 없었다.
혀를 놀리는 수고로움(鼓舌75)之勞)을 끊고 마음의 뜻을 전하는 바
(傳心76)之旨)를 맞춘 것이었다. 마침내 태령을 넘어 선사들이 사는
곳을 두루 찾아갔다. 혹은 눈과 같은 산길과 구름 봉우리에 지팡이
(虎錫)77)를 걸쳐 놓기도 하였고, 나는 듯한 계곡과 드리운 산골 물
에 바리때(龍鉢)78)를 씻기도 하였다. 바라는 바가 많이 합치되고(適

<hr>

73) 光化 : 唐 昭宗의 연호.
74) 信宿 : 이틀 간 묵음(『春秋左氏傳』 莊公 3年, "師一宿爲舍 再宿爲信 過
信爲次").
75) 鼓舌 : 혀를 놀림. 곧 말을 함.
76) 傳心 : '以心傳心'의 도.
77) 虎錫 : 호랑이 무늬가 있는 錫杖. 중 또는 도사가 짚는 지팡이. 위에 여
러 가지 쇠고리를 달아 소리나게 되어 있음.
78) 龍鉢 : 바리때. 降龍之鉢의 故事에서 나온 말. 西域僧으로 전진의 부견
(세조, 재위 357~385) 때 中國 장안에 왔던 승섭은 이상한 주문으로 신
룡을 하강하게 하였으므로 가물 때면 부견이 그로 하여금 비를 청하도록

願),79) 원하는 곳을 많이 가 보게 되니, 그윽함을 찾으려는 마음이
더욱 간절하였다.

곡산에 찾아가 도연화상(道緣和尙)80)을 뵈었다. (도연화상은) 석
상(石霜)81)의 올바른 계승자(適嗣)이다. (대사가 도연화상에게) 물
었다.

"석상의 종지는 어떠합니까?"
"대대로 전승되지 않았다."

대사는 말을 마치자 크게 깨달았다. 마침내 묵묵한 가운데 현묘
한 기틀(玄機)82)에 이르는 것을 얻었고, 비밀스런 심인(心印)을 몰
래 전해 받았으니, 마치 진나라 황제의 거울에(秦皇之鏡)83) 비치는

했는데 용이 내려와 바리때에 들면 문득 하늘에서 큰비가 내렸다고 함
(『晉書』승섭전).

79) 適願 : 바라는 바가 합치됨.

80) 道緣和尙 : 道乾大師. 福建省 출신. 俗姓은 劉氏. 石霜慶諸(807~888)의
제자. 道虔이라고도 함. 九峰山에 久住하였으므로, 호는 九峰, 諡號는
大覺 禪師이다(『景德傳燈錄』卷16).

81) 石霜 : 807~888년. 慶諸和尙 靑原系. 道吾 圓智의 제자. 唐의 고승. 新
淦 출신. 속성 陳氏. 字는 慶諸. 潭州의 石霜山에 주석. 光啓末에 입적,
諡號는 普會大師.

82) 玄機 : 언어로 측량할 수 없는 玄妙한 樞機(『景德傳燈錄』卷29, 洞安常
察禪師 十玄談中玄機, "迢迢空劫勿能收 豈爲塵機作繫留 妙體本來無
處所 通身何更有蹤由 靈然一句超群象 迥出三乘不假修 撒手那邊諸聖
外 廻程堪作火中牛").

83) 秦皇之鏡 : 秦始皇이 西域의 沙門인 실리방 등을 궁중에 가두자 거울을
달아 맨 것처럼 밝은 얼굴을 한 丈六金身이 밤중에 나타나 그들이 달아
날 수 있도록 도와주었던 故事. 이것은 곧 불력이 두드러진 것을 뜻함
(朱士行, 『經錄』, "秦始皇時 有西域沙門室利防等十八人 來化始皇 始
皇弗從乃囚之 夜有丈六金身 面如懸鏡 破獄出之 乃稽首謝焉").

것 같았고, 황제의 구슬(黃帝之珠)[84]을 찾은 것 같았다. 하나의 진
실을 깊이 탐구하기 위해서 일찍이 삼매(三昧)[85]의 경지에 빠졌다.
푸름과 붉음이 색을 막고(藍茜沮色)[86] 구슬과 불이 빛을 비추는 듯
하였다. (마침내) 선문(禪門)의 영수가 되었고, 법원(法苑)의 생황
과 큰 종과 같은 지위를 점하였으니 어찌 세기(趌趌)[87]만 할 뿐이
겠는가, 실로 강인(鏗鏗)[88]하다. 대사가 또 게송(偈子)[89]을 지어 화
상에게 보이면서 말했다.

"열 사람의 선승이 같이 급제했다. 방머리에 걸려 모두 한가함을
얻었다. 한 사람은 머리를 돌리지 않았으나 아홉 사람은 세간으로
나왔다."

화상이 이를 보고 경탄하였다. 세 벌을 만들어 여러 사람들이 외
우게 하였다.

대사는 용기를 기르는 데에는 남음이 있었고, 인을 행하는 데에
는 사양하지 않았다(當仁不讓).[90] 붓(兎毫)[91]을 놀려 이치를 깨치

---

84) 赤水所遺 : 『莊子』 天地篇, "赤水遺珠 象罔得之"에서 따온 말. 황제가
    赤水를 구경하다가 구슬을 잃었는데, 눈이 밝고 점을 잘치는 자, 이주,
    끽구 등을 시켜 찾게 하였으나 찾지 못하였고, 장님인 象罔이 이를 찾았
    다는 고사. 말없는 가운데의 말과 법 없는 가운데의 법은 玄妙하여 언어
    문자와 사량계교인 세계의 총명으로는 터득할 수 없다는 뜻이다.

85) 三昧 : 무언가에 한 마음을 집중함으로써 마음이 안정된 상태로 들어가
    는 것.

86) 藍茜沮本色 : 푸른 물감은 남색에서 취한 것이지만 남초보다 더 푸르고
    붉은 물감은 천초에서 취한 것이나 천초보다 더 붉음. 제자가 스승보다
    뛰어난 것을 비유(『荀子』 勸學, "靑取之於藍 以靑於藍").

87) 趌趌 : 센 모양. 헌걸찬 모양.

88) 鏗鏗 : 쇠붙이 소리. 아첨하지 않는 사람.

89) 偈 : 시의 한 형식으로 불덕을 찬미하거나 교리를 서술한 것

90) 當仁不讓 : 當仁不讓於師. 仁을 행할 때에는 비록 스승이라 할지라도
    양보하지 않음.

91) 兎翰 : 兎毫. 붓의 이명.

고, 봉이 꾸미는 듯한 문장을 지었다. 가치가 중하지 않음이 없고, 푸른 구름의 운은 높았다. 백설이 어찌 진리를 궁구하여 연구하여 닦지 않겠는가! (이 이야기는) 세상에 전해지기 때문에 싣지 않는 다. 대사의 마음은 머물러 있는 물과 같이 맑았고, 자취는 한조각 구름(斷雲)[92]처럼 기이하였다. 기이한 경치와 신령스런 산에는 반 드시 찾아가 노닐었고, 강남·하북에는 찾아가 밟아 보는 수고로움 을 사양치 않았다. 경치가 특이하거나 신령스러운 산은 반드시 찾 아가 돌아다니는 흥취를 다하였고, 양자강 남쪽이나 황하 북쪽이라 도 돌아다니는 수고((跋涉[93])之勞)를 사양하지 않았다.

양 용덕[94] 4년(924, 경애왕 1) 곡산(谷山)을 뛰어나와 유대(幽 代)[95]로 길을 잡았다. 오대산(五臺)[96]에 가서 참례하였고, 성스런 자취는 멀어도 찾아갔다. 만 리 험한 길을 지나 관음사에 이르렀다. 잠시 쉬려 하니 밤낮이 아스라히 지나갔다. 문득 얼굴에 붉은 부스 럼이 나서 (여러 곳에) 참례하고 찾아볼 수가 없었다. 주후와 같은 명의의 비술을 만나더라도 병을 낫게 하는 공을 도울 수 없었다. 오 랫동안 없어지지 않고, 점점 위독해졌다. 마침내 홀로 앉아 열반에 들려고 당위에 앉아서 보살을 외웠다. 마음이 경각에 달했을 때, 한

---

92) 斷云 : 片云. 조각구름.
93) 跋涉 : 산을 넘고 물을 건너 여러 지방을 돌아다님.
94) 龍德 : 後梁 末帝의 연호.
95) 幽代 : 幽州와 代州.
96) 五臺 : 中國 山西省 五臺縣 동북방에 있음. 淸凉山 또는 紫府山으로도 부름. 文殊신앙의 성지로 추앙됨. 東西南北中의 다섯 봉우리가 솟아 있 는데, 東西南北의 四臺는 모두 中臺로부터 脉을 發하였다. 산 주위는 400餘 里이다. 中臺 위에는 큰 연못이 있고, 精舍와 石塔이 있다. 北臺 위에는 鐵浮圖 2座와 舍利塔, 그리고 文殊像이 모셔져 있다(『華嚴經』 菩薩住處品, "五臺山東北 有菩薩住處 名淸凉山 現有菩薩 名文殊師利 與一萬菩薩 常住說法"[『大正藏』卷9, p.590上 ; 卷10, p.241中]).

노승이 문으로 들어왔다.

"네가 이르고자 하는 곳은 어디며, 고통스러워하는 바는 무엇이
냐?"
"바다 끝에서 와서 오랫동안 강남에 있었는데, 이와 같이 독창에
걸려, 마음이 편하지 않다."
"근심하고 괴로워(優苦)[97]하지 말라. 오랫동안 원통해서서 그렇
게 된 것이다."

하고, 물을 부어 주니, 마치 단 술로 씻은듯 완쾌되었다. "나는 이
산의 주인이다. 잠시 와서 위로코자 한 것이다. 장차 지킬 것을 부
지런히 하고, 필요하면(用事)[98] (여기저기) 돌아다녀라." 말을 마치
자 돌아갔다. 마치 꿈에서 깬 듯이 소활했고, 피부는 다친 곳이 없
었으며, 부스럼 역시 없어졌다. 대개 대사가 몸소 청량한 계율(淸
凉)[99]을 실천하고 친히 덕이 높은 사람(妙德)[100]들을 보아, 일찍부
터 구씨(龜氏)[101]의 종지를 이어 과연 성왕(龍種)[102]을 빈 것이 아
니겠는가. 불가사의한 것이 이와 같았다. 그 후 서쪽으로 운개(雲
盖)에 가 보았고, 남쪽으로는 동산(洞山)에 가 보았다. 경치가 특이
한 곳은 반드시 찾아갔고, 덕이 높은 승려들은 반드시 찾아뵈었다.
후당 동광[103] 2년(924, 경애왕 1) 7월에 전주 희안현 포구로 돌아

---

97) 憂苦 : 근심하고 괴로워함.
98) 用事 : 필요한 일. 정권을 마음대로 함. 일을 처리함. 맹세함
99) 淸凉 : 尸羅. 청량계의 뜻. 선도를 행하여 스스로 방일하게 굴지 않는 것.
100) 妙德 : 뛰어난 덕.
101) 大龜氏 : 부처님의 10대제자 중의 하나인 迦葉을 말함. s.Mahakasyapa
   인데 意譯하여 大飮光, 大龜氏라고 한다.
102) 龍種 : 임금의 자손. 뛰어나게 좋은 말. 어린 아이.
103) 同光 : 後唐 莊宗의 연호.

왔다. (와서) 배를 묶고(維舟)104) 뗏목을 버리니, 마치 맹상(孟嘗)의 구슬이 포구로 돌아오고(孟嘗之珠還在浦),105) 뇌환(雷煥)의 검이 연못으로 돌아온 것 같았다(雷煥之劒復入池).106) 덕은 더욱 닦아 몸을 보배같이 하고자 하였고, 뜻은 더욱 굳게 하여 세속을 떠나(高蹈)107) 몸을 깨끗이 보전하고자 하였다. 엎드려 있던 자라가 하늘로 싹터 오르듯 하고, 푸른 거위가 땅에서 나온 것 같았음에랴!

들도적과 산적들이 각각 다투어(忿爭)108) 힘을 겨루었고, 편 듯한 바위들과 휘장 두른 듯한 산봉우리들은 분노의 불꽃이 만들어 내는 재앙을 근심하였다. 이에 땅을 피하고자 하는 뜻을 좇아 속세와 끊어진 자취를 내세웠으니, 검은 표범(玄豹)109)이 안개 속에 숨은 듯(隱霧)110)한 효과를 내었고, 학 울음소리가 하늘에 들리는듯(聞天)111) 두려워하였다. 산중에 그림자를 드리우니, 실력을 감추어 드러내지 않더라도(韜光)112) 아래 사람들은 더욱 무성해졌다. 비록

---

104) 維舟 : ① 배를 대다(繫舟) ② 諸侯가 타는 四船을 연결한 배.

105) 孟嘗之珠還在浦 : 珠還合浦. 본래 청렴한 관리의 공적을 칭송한 말. 여기서는 入唐하여 득도한 뒤 新羅에 돌아 왔다는 뜻으로 쓰였음(『後漢書』孟嘗傳, "嘗遷合浦太守 郡不産穀實而海出珠寶 先時 宰守竝多貪穢 詭人採求 不知紀極 珠遂漸徙于交阯郡界 嘗到官革易前敝 未踰歲去珠復還 百姓 皆反其業").

106) 雷煥之劒復入池 : 劍化延津. 中國에서 득도한 뒤 돌아오지 않음을 이름. 두 개의 영검이 각각 따로 있다가 마침내 용으로 변하여 서로 합쳐졌다는 故事에서 비롯됨("雷煥 于豊城得雙劍 送一與華 留一自佩 曰靈異之物 終當化去 不永爲人服也 華誅 失劍所在 煥卒 子持劍行 經延平津 劍從腰間躍出墮水 使人沒水取之 但見兩龍 各長數丈"『晉書』張華傳).

107) 高蹈 : 멀리 감. 세속을 떠나 몸을 깨끗이 보전함.

108) 忿爭 : 성이 나서 다툼.

109) 玄豹 : 빛이 검은 표범.

110) 隱霧之志 : 안개처럼 깊은 산중에 은둔하려는 생각.

111) 聞于天 : 聞天. 천자에게 알려 짐(『爾雅』釋古, "天 君也" ; 『詩經』小雅 鶴鳴, "聲聞于天").

평화스런 동네(煙霞113)之洞)였지만, 복숭아꽃과 오얏나무 무성해지
듯 (사람들이 무리를) 이루자(桃李之蹊),114) 몰래 숨지 않고(潛藏),115)
다시 의논하여 강주 백암사로 옮기었으니, 이 곳은 서혈원의 옛 스
승(楊孚禪師)이 창건한 곳이었다. 선사(先師)들이 세상을 버리고,
법장(法匠)들이 참됨에 돌아가면서, 문인(門人)들은 안앙(安仰)의
슬픔이 많았고, 신사(信士)들은 귀의하지 못한 탄식을 발하였었다.
하물며 구름같이 높은 산과 연기같이 높다란 고개에서 사계절의 변
하는 자태가 더욱 높아지고, 소나무와 대나무가 흔들리는 소리(竹
聲)116)처럼 백 가지 퉁소 소리가 조화롭게 읊조리는 소리가 끊어지
지 않아, 우리 나라(東林117)之境)에서도 빼어났을 터인데, 중국의
배운 종지(西域之宗)를 잘 전했음에랴!

　천성118) 2년(927, 경순왕 1) 나아가 살았다. 대사는 법의 거울에
의지하여 항상 닦아(법을 잘 지켜) 비치고 통하는데 막힘이 없었고,
선의 북(鏞)119)을 잘 닦아 두드림을 기다렸다(선 공부를 열심히 하

---

112) 韜光 : 빛을 감추어 밖에 비치지 않도록 함. 재능이나 학식을 감추어 남
　　에게 알리지 않음.
113) 煙霞 : 노을과 안개가 자욱히 덮인 山水의 경치를 말함.
114) 桃李成蹊 : 복숭아나무와 오얏나무는 꽃과 열매가 있기 때문에 부르지
　　않아도 사람들이 다투어 나아가서 저절로 작은 길이 난다는 것으로, 덕
　　이 있는 사람은 말을 하지 않아도 사람들이 자연히 귀복하여 제자들이
　　많아진다는 비유이다(『史記』李將軍實傳, "太史公曰 傳曰 其身正 不令
　　而行 其身不正 雖令不從……諺曰 桃李不言 下自成蹊 此言雖小 可以
　　喩大也").
115) 潛藏 : 몰래 숨음.
116) 韻竹之聲 : 현을 타고 죽관을 부는 소리를 냄.
117) 東林 : ① 동방의 숲(江淹,「效阮公詩」, "孤雲出北山 宿鳥驚東林") ②
　　東晉 廬山 慧遠의 號로, 그가 머물던 절의 이름에서 유래.
118) 天成 : 後唐 明宗의 연호.
119) 鏞 : 큰 쇠북.

였다). 사람들을 따라오게 하는 인연이 있어(響應120)有緣), 여러 사람(萬彙)121)들의 마음을 돌리고, 사방의 눈들을 불식시켰다. 도를 찾는 사람들은 구름이 마르고 안개가 뛰듯 하였고, 더함을 청하는 자(請益)122)들은 발걸음을 쫓아 어깨가 이어지듯 하였다. 우리 나라(海隅)123)를 두루 교화하여 명성이 이 땅(日域)124)에 진동하였다.

신라 경애왕이 멀리서 대사(玄杖)를 모시고 큰 뜻을 헤아려 정리코자 하였다. 혼란스런 때(像季)125)여서, 선나(禪那)126)의 가르침을 받들고자 하여, 사신을 통해 글을 보냈다.

"삼가 대사께서는 일찍이 큰 바다(溟渤)127)를 건너 멀리 조계에 가서, 마음 속의 비인(秘印)128)을 전하고 턱밑의 밝은 구슬(頷下之明珠)129)을 찾았으며, 지혜의 횃불(慧炬)130)을 계속을 비추어 널리

---

120) 響應 : 소리에 이어서 울리는 소리가 응함. 어떤 사람의 주창에 따라 그 행동을 따라 함.
121) 庶彙 : ① 여러 가지 물건 ② 백성, 인민.
122) 請益 : 學人이 특별히 묻는 의식을 거쳐 師家에게 法益을 청하는 것.
123) 海隅 : 바다의 구석진 곳. 新羅를 말함.
124) 日域 : 해 돋는 동쪽을 가리키므로 東隅 또는 暘谷이라고도 하며, 여기서는 新羅를 가리킨다.
125) 像末 : 불법의 3기. 정법(부처가 떠난 지 500년), 상법(부처가 떠난 지 1천 년), 말법(1만 년) 중의 상법과 말법 시대를 말함.
126) 禪那 : ① s.dhana의 音寫. 禪 또는 禪定이라고 한다. ② 불교의 수행법. 마음을 하나의 목적물에 집중시킴으로써 마음의 산란함을 막고 지혜를 몸에 모아서, 진리를 꿰뚫는 수행법.
127) 溟渤 : 큰 바다.
128) 心印 : 禪家에서 말이나 글에 의하지 않고 以心傳心으로 전하여진 깨달음의 내용을 이름.
129) 龍頷下 : 용의 턱밑에 있다는 구슬을 가리킴. 곧 求法을 비유하는 말 (『莊子』 裂禦寇).
130) 慧炬 : 智慧의 횃불. 번뇌의 속박을 끊어 버린다.

미혹한 무리들(迷津)131)의 길을 인도한다고 들었습니다. 그리하여
강물과 같은 넓은 선(禪)은 날로 넘치고, 산과 같이 높은 법(法)은
높고 높다고 합니다. 계령(鷄嶺)의 오묘한 바람이 구림(鳩林)132)의
먼 땅에까지 퍼지기를 기대합니다. 한 나라가 의지하는 것은 천 년
에 한 번 만나는 것이라고 합니다."

임금이 특별히 불러 봉종대사라 하였다. 대사는 바다같이 받아들
여 거부하고 어그러뜨리는 바가 없었으니, 잘 이끄는 공이 이처럼
넓었으며, 근기를 보는 도리를 더욱 신중히 했던 것이다.

청태133) 2년(935, 경순왕 9, 태조 18) 도를 넓히고자 하는 생각(念
言)134)이 들어 꼭 산을 가려야겠다고 결심하였다. 행장을 갖추고 미
리 생각하지 않고 떠나려고 하였는데, 홀연히 구름과 안개로 (주위
가) 어둑어둑해지더니, 지적을 분간하기가 어려웠다. (그러더니) 신
인(神人)이 내려와 대사에게, "이 곳을 버리고 어디로 가려 하느냐?
가는 곳이 멀지 않은가?"라고 하였다. 이에 무리들이 모두 의혹을
품고, 진실로 머물기를 청하였다. 대사가 (무리들의 청을) 따르지
않을 것을 확실히 하고 문득 밖으로 나갔다. 호랑이 (한 마리)가 울

---

131) 迷津 : 미혹의 나루터, 곧 此岸. 반대는 彼岸.
132) 鳩林 : 계림과 같음. 경주를 이름.『新增東國輿地勝覽』卷35, 靈巖郡 고
     적 崔氏園에 의하면 신라인 최씨가 정원에 열린 한 자가 넘는 외를 몰래
     따먹고는 임신하여 아들을 낳았다고 한다. 아이가 태어나자 대나무 숲에
     다 버렸는데 비둘기와 수리가 날개로 덮어 보호하였다. 이상히 여겨 다
     시금 데려다 길렀는데, 이 아이가 자라자 중이 되었는 바 이름을 道詵이
     라고 했다. 그는 唐에 들어가 一行禪師의 地理法을 배운 뒤 귀국하여 山
     水를 보는 데 신령스러움이 있었다고 한다. 뒤에 그 곳을 鳩林 또는 飛
     鷺라고 했다.
133) 淸泰 : 後唐 廢帝의 연호.
134) 念言 : 깊이 생각한 바를 말로 나타냄.

면서 앞서거니 뒤서거니 하며, 거의 30리를 갔다. 또 호랑이 한 마리를 길 가운데에서 만나 좌우에서 인도하였는데, 마치 날개를 펼쳐 호위하는 듯하였다. 희양산 기슭에 이르러 핏자국 흔적을 남겨놓고 바야흐로 돌아가기 시작했다.

대사가 봉암사에 거주하니, 참새가 뛰어 나는 것처럼 기뻐하였다(雀躍).135) 저 산봉우리를 넘어 산의 뒷면을 보니, 비취빛 나는 산봉우리는 여러 층을 이루었고, 붉은 빛 나는 절벽은 여러 겹을 둘렀다. 적들의 불지름으로 재만 날고 있었지만, 겹겹 산봉우리와 산 개울은 그 모양을 바꾸지 않았고, 절 마당과 승방 등은 반쯤 타 가시밭과 같았다. 우뚝 서 있는 것을 보니, 거북이 돌을 지고 선사의 덕에 대한 명(銘)을 새긴 것이었고, 높고 큰 것(歸然)136)을 보니, 불상을 금으로 주조한 것으로서 신령스런 빛을 비추고 있었다. 선조의 덕을 사모하여 서술(聿修)137)하고자 하는 뜻이 더욱 예리해지니, 어찌 반드시 잇고자 하는 공(必葺)138)을 사양하겠는가! 가섭이 진흙을 밟던 것을 생각하고 건련이 땅을 쓸던 것을 본받아, 선방을 수리하고, 배울 이들을 이끌어 내는데, 춥고 따뜻함을 미처 옮기지 못했는데도 대나무와 갈대처럼 열을 이루었다(竹葦成列).139) 대사는 사람을 이끄는 데 게을리하지 않았고, 만물을 이롭게 하는 공이 있었다. 상인들도 절(化城)140)로 데려와 쉬게 하고, 가난한 사람(窮子)141)들도 모두 절로 돌아오게 하였다. 나무를 줄지어 심어 놓은

---

135) 雀躍 : 참새가 뛰어 나는 것처럼 춤추며 기뻐함.
136) 歸然 : 높고 크고 견고한 모양. 독립 자존하는 모양
137) 聿修 : 선조의 덕을 사모하여 서술함.
138) 必葺 : 잠시 머물더라도 반드시 집을 수리함.
139) 稻麻成列 : 稻麻竹葦라고도 함. 많은 대중이 모여 있는 것이 마치 논에
　　서 있는 벼 줄기와 삼밭에 서 있는 삼대와 같이 열을 이룬다는 말.
140) 化城 : 법화 7유의 하나. 번뇌를 막아 주는 안식처. 절, 사원.
141) 慈父懷玉而歸 窮子得寶幾日 : 『法華經』 信解品의 窮子譬喩에 어떤 사

곳에 향나무의 향이 매우 높았고(旃檀[142]馥郁[143])), 뜰 가득히 연꽃들이 풍성하였다(菡萏).[144] 선사들과 조사들의 풍모를 크게 넓히고, 법왕의 가르침을 밝게 비치었다. 은혜를 골고루 미쳐 구제하였고, 덕을 보면 빛과 조화를 이루었다. 비록 산 가운데서 조용하고 묵묵히 지키고 있었지만, 역내에서는 맹렬한 위세를 보이셨고, 마귀들을 누르는 기술을 은근히 떨치셨다. 돕고 따르는 공을 널리 펴서 마침내 개미처럼 모인 흉악한 무리들과 뱀처럼 달아난 역당(逆黨)들을 우매한 성품(愚迷)[145]을 가진 사람들로 바꾸었고, 강폭한 마음을 갖지 말게 하니, 점점 다투려는 마음을 없애고 각각 편안하게 살 것을 기약하였다.

청태 을미년(935, 경순왕 9, 태조 18) 우리 태조는 흉악한 무리를 제어해야 할 운이 있었고, 난을 평정해야 할 때였다. (태조는) 훌륭한 장수에게 명하여 전 군사를 주고, 백제의 하룻강아지 같은 굴과 올빼미 같은 새집을 가리키며, 육도(六韜)의 기이한 꾀와 특이한 전략을 펼치도록 하였다. 북을 치니 산하에 번개가 진동하듯 하였고, 깃발을 날려 풀과 나무가 안개처럼 사라지게 하였다. 우리들은 매가 하늘을 날 듯이 용맹스럽고(鷹揚),[146] 그들은 모두 생선이 썩은

람이 어렸을 적에 아버지를 버리고 집을 나가 50년을 떠돌아다니다가 우연히 그 아들을 애타게 찾던 아버지 집에 이르렀으나 아버지를 알아보지 못하고 겁을 내고 도망하였다. 아버지가 方便으로 아들을 데려다가 품팔이를 시키며 한 집에서 지내다 임종에 미쳐 결국 자기의 아들임을 선언하고 금은보화를 비롯한 전 재산을 물려주었다는 얘기가 있다. 그런데 여기서 玉을 품고 돌아온 자애로운 아버지는 대승의 가르침을, 보배를 얻은 가난한 아들은 소승의 사람들을 가리킨다.

142) 旃檀 : 향나무 이름.
143) 馥郁 : 향기 높은 모양.
144) 菡萏 : 연꽃의 봉우리. 미인을 일컫는 말. 풍성한 모양.
145) 愚迷 : 愚昧. 어리석고 사리에 어두움.

듯 부패하다(魚爛).147) 은나라 주왕을 목야(牧野)148)에서 쫓아내고,
초나라 항우를 오강에서 패배시키듯 바닷물을 말려 고래를 잡고,
숲을 기울여 외뿔난 들소를 베었다. 오랜 세월(48) 동안 먼지가 날
려 어둡더니, 하루아침에 소탕하여 남은 것이 없었다. 묘를 봉하여
마을을 열어 주나라 문왕(周王)149)의 높은 발자취를 이었고, 승려를
중히 하고 부처로 돌아와 양나라 무제(梁帝)150)의 남긴 풍모를 좇
았다. 다섯 인도(五天)151)를 모방하여 불교의 장식을 더욱 숭상하였
고, 네 문을 열어 영웅과 현자들을 불러모았다. 이에 도인(道人)들
이 폭주하고 선승(禪侶)들이 구름처럼 몰려들어 어른에게 받은 은
덕의 종지(上德152)之宗)에 대해 다투어 논하였고, 태평스런 일을
높이 찬양하였다.

　이 때 대사는 조서(鵠版)153)를 기다리지 않고, 절(虎溪)154)에서

---

146) 鷹揚 : 매가 하늘 높이 날아 武勇을 떨치는 것.
147) 魚爛 : 생선이 썩어짐. 나라가 허물어지고 어지러워짐.
148) 牧野 : 周의 武王이 殷의 紂王을 멸한 곳. 지금 河南省 淇縣 남쪽.
149) 周王 : 周 文王.
150) 梁帝 : 梁 武帝.
151) 五天 : 五天竺.
152) 上德 : 어른에게 받은 은덕.
153) 鵠版 : 天子의 召文. 詔板. 鵠書.
154) 虎溪 : 虎溪三笑에서 나온 말. ① 강서성 九江縣의 남쪽, 廬山 동림사의
　　앞에 있던 시내 ② 慧遠선사의 '호계삼소도'가 유래한 곳. 동진의 慧遠
　　法師는 廬山 동림사에 은거하면서 虎溪를 나온 적이 없었는데, 하루는
　　그 옛 친구인 陶淵明과 陸修靜의 방문을 받고 두 사람이 돌아갈 때에
　　이들을 전송하여 서로 이야기하면서 가다가, 모르는 사이에 일찍부터 이
　　다리를 건너 산 밖으로 나가지 아니하리라고 서원하였던 虎溪다리를 지
　　나쳐 버렸는데, 호랑이 울음소리를 듣고서 安居禁足의 맹세를 깨뜨린 것
　　을 알고서, 이 일을 두 벗에게 말하고 세 사람이 손뼉을 치며 크게 웃었
　　다. 이것을 세상에서 虎溪三笑라 한다 ③ 호계는 출세간의 상징적 마지
　　노선의 의미.

나왔다. 발을 벗고 움직여 나는 것처럼 걸었고, 눈 같은 눈썹을 거듭 깜박이니 그 기쁨은 가히 볼 만하였다. 길을 가다가 중원부에 이르렀다. (중원)부에는 연주원의 원주인 예백이라는 사람이 있었는데, 항상 『능가경』을 읽으며 일찍이 쉬지 않았다. 잠에 꿈을 꾸는데, 선인(仙人)이 탑 꼭대기에서부터 합장을 하면서 내려오면서 "마땅히 나한승이 지나갈 것이니 미리 알고 공경히 대하라"고 하였다. 다음날 아침 무리들을 모아 그 꿈을 이야기하니, 무리들도 모두 이상하다고 탄식하였다. 문 앞과 뜰에 물 뿌리고 쓸고, 우두커니 서서 바라보고 있는데, 그 날 저녁에 과연 대사가 왔다. (모시고) 개경(京師)155)에 찾아갔다. 태조가 보고 이상이 여겼다. 자리에서 일어나 공경스럽게 대하며 법을 전하는 것에 대하여 물었는데 응대하는 것이 흐르는 물과 같았다. (태조는) 대사를 늦게 만난 것을 한스럽게 여겼다. 이에 대사의 얼굴을 보며

  "현장법사가 서역에 두루 돌아다니다가 다시 장안(咸京)156)에 돌아와서, 불경(金言)157)을 번역해 내고 귀중품을 보관하는 창고(寶藏)158)에 비밀히 두었습니다. 정원159)년간(785~804) 이래로 다시 경론들의 본(本)을 만들어 점점 많아졌기 때문에 근년에 문구를 사신으로 보내어 대장경 진본과 바꾸어 오도록 하여, 항상 기원하여 많은 경전을 읽어(轉讀)160) 널리 퍼지게 했습니다. 요즈음 다행히 병화가 꺼져, 불교의 가르침을 진작시킬 수 있습니다. 대장경 한 본

---

155) 京師 : 즉 임금의 궁성이 있는 곳.
156) 咸京 : 秦의 서울. 咸陽 혹은 長安이라고 함.
157) 金言 : 부처의 입에서 나온 불멸의 法語.
158) 寶藏 : 보물로서 간직함. 귀중품을 간직하는 창고. 부처의 教法.
159) 貞元 : 唐 德宗의 연호.
160) 轉讀 : 기원할 때에 많은 경전을 讀誦하는 것. 경전의 요소만 읽은 것.

을 다시 복사하게 하여 개경과 서경 양도(兩都)에 나누어 두려고 하는데, 뜻이 어떻습니까?"

"실로 공덕이 되는 일입니다. 무상보리를 막지 않고 경전을 펴 아름다움을 널리 펴는 것이니, 부처를 믿는 마음이라 할 만합니다. 부처님의 은혜와 왕의 교화함이 땅만큼 오래 가며 하늘만큼 높을 것입니다. 복됨과 이로움은 가없고, 공덕과 이름은 썩지 않을 것입니다."

이로부터 한 마음으로 공경하고 우러르며, 부지런히 네 가지 공양(四事)161)에 힘썼다. 혹 궁궐을 돌아다니며, 널리 찾아볼 것(邀延)162)을 간절히 청하였고, 혹은 절(紺宇)163)을 찾아다니면서 직접 묻고 물었다. 그리는 정(鶴情)은 연인을 바라는 것과 같았고, 구름 같은 통찰력은 날로 깊어졌다. 왕의 □□을……했으니, (대사가) 개경(天衢)164)을 사양하고 나와 번개처럼 갔는데, (왕이) 승사(僧史)에 명하여 도와주도록 보내고, 깨끗한 보시를 두텁게 하여 총애함을 행한 것이다. 도로에는 빛이……. 한 번 먼 산봉우리로 돌아가 7년 동안 지내는 동안, 매번 전역(傳驛)을 왕래시키면서 향(香)과 차(茗)를 보내 주었다(饋遺).165) 문득 (태조가) 구천(九天)166)에서 솥과 수레가 되고, 승하하여 사해의 금실이 되었다고 들었다. 비록 뜻이 잘 통하는 사이(忘言)167)라 할지라도 임금의 밀지가 그쳤으니,

---

161) 四事 : 四事供養의 준말. 신도들이 스님에게 올리는 네 가지 공양(臥具·依服·飮食·湯藥).
162) 邀延 : 널리 찾아봄.
163) 紺宇 : 佛寺.
164) 天衢 : 서울. 하늘의 길.
165) 饋遺 : 물건을 보냄.
166) 九天 : 궁중. 하늘의 가장 높은 곳.
167) 忘言 : ① 적당한 말을 찾지 못하여 말로 표현할 수 없는 상태 ② 서로

어찌 눈물 쏟아지는 슬픔이 없겠는가!

혜종이 건국의 대업(丕搆)[168]을 이었다. 선조의 뜻을 계승하고자, 초헌을 탄 사신을 보내었으니, 천자의 병풍을 짊어질 만한 인연이 었다고 칭할 만했다. 이로 말미암아 대사는 승개(僧介)를 달려 나는 듯이 좋은 문장으로 상주하였고, 왕통의 빛나는 계승을 축하하였다. 멀리서 도울 것을 빈다는 뜻을 거듭 나타냈으나 미처 인연을 맺을 틈도 없었다. 공동산에서 한 청(崆峒之請)[169]은 기한이 있다 하더라도, 어찌 임금의 돌아가심(蒼梧[170]之巡)을 돌이킬 수 없다 하겠는가!

정종이 임금의 자리(御宇)[171]를 이어 밝히고, 숨은 곳을 떠나 천하를 다스렸다. 항상 불문(佛門)에 관심을 쏟고, 선(禪)의 기쁨을 맛볼 것을 기대하였다. 대사는 여러 곳을 돌아다니는 것(跋履)[172]을 사양하지 않고, 걸어서 서울에 가서 나라의 병을 고치는 약되는 말을 베풀었으니, 비유하면 먹줄로 측량하여 나무를 바르게 하고, 일에 물을 뿌리고(事如投水),[173] 도는 선천적인 결함을 인위적으로 고치는 것과 맞았다(道洽補天).[174] 마음은 기름져(沃心)[175] 여유가

말이 필요하지 않을 정도로 뜻이 잘 통하는 친구 사이.

168) 丕搆 : 큰 사업. 건국의 대업(=洪業).

169) 崆峒之請 : 黃帝가 崆峒山에 있는 廣成子를 찾아가 지도를 물었다는 故事.

170) 蒼梧 : 순임금이 죽었다고 전하는 곳. 지금 廣西省 蒼梧縣.

171) 御宇 : 임금이 통치함. 임금이 통치하는 기간.

172) 跋履 : 여러 곳을 돌아다님.

173) 以石投水 : 돌을 물에 던지면 물이 돌을 받아들이지 않을 수 없다는 뜻. 여기서는 거역할 수 없는 형세를 말함(『淵鑑類函』地部 石四, "以水投石 莫之受也 以石投水 莫之逆也").

174) 補天 : 하늘의 이지러진 곳을 보충함. 옛날 女媧氏가 五色의 돌을 달구어 蒼天을 보충했다는 '鍊石補天'의 故事에서 나옴(『淮南子』 覽冥訓, "女媧鍊五色石 以補蒼天"). 곧 人力으로 天然을 보충한다는 말인데 여

있었으니 서신(書紳)176)으로 가히 증험할 수 있다. 그럼으로써 새로
만든 마납가사 1령을 기증하고 산으로 돌아갔다. 또 새로 적은 의희
본(義熙本)177) 화엄경 8질을 보내 주었으니, 대개 대사가 색공(色
空)에 다른 바가 없고, 말은 묵묵하여 같다 할 수 있는 것이다. 매번
부처의 말씀(金言)178)을 풍부히 하여, 옥 두루말이에 적은 것이다.

우리 임금(광종)께서는 무지갯빛 나는 물가에서 햇빛을 날렸고
(騰暉虹渚),179) 용이 머문 연못에서 덕을 길렀다. 천년의 기다림에
일어나 응하였고, 궁중(九天)180)의 지위를 빛나게 이었다. 공이 높
아 지극한 곳에 섰고, 업은 성하여 큰 기틀을 이었다. 장차 우리 나
라 사람들을 편안히 하려 하였고, 서쪽 천축(西乾)181)의 가르침을
깊이 받들었다. 부지런히 임금의 도를 펼쳤었고, 승려들을 위해 복
의 씨를 많이 뿌렸다. 선(禪)의 강에 정수(定水)182)를 띄웠고, 대궐
(宸澤)183)에 자애로운 파도를 출렁거리게 하셨다. 『능가경』(楞
迦)184)에 이르는 문을 크게 깨우치고, 다라니(摠持)185)를 외우는 곳

기서는 世運을 挽回하는 것을 말함.

175) 沃心 : 마음을 기름지게 한다는 뜻. 대신이 임금을 보좌함(『書經』 說命,
    "啓乃心`沃朕心").
176) 書紳 : 잊지 않기 위하여 띠에 적는 것(『論語』 衛靈公, "子張問行 子曰
    ……子張書諸紳").
177) 義熙本 : 義熙本 華嚴經은 眞本 60卷本을 말하는 것으로 東晉 安帝의
    義熙年間에 번역, 출간하였기 때문에 이런 이름이 붙었다.
178) 金言 : 부처의 입에서 나온 불멸의 法語.
179) 虹渚騰輝 : 黃帝의 비이며 少昊(김천) 씨의 母인 여절(황아)이 어느 날
    무지개 같은 별이 떨어져 화저로 흐르는 것을 보고 감응이 있어 소호 씨
    를 낳았다는 고사.
180) 九天 : 궁중. 하늘의 가장 높은 곳.
181) 西乾 : 서쪽의 쁘乾. 쁘乾公 부처. 천축의 별칭.
182) 定水 : 정심의 맑고 고요함을 움직이지 않은 물(지수)에 비유한 말.
183) 宸澤 : 대궐.
184) 楞伽 : 『楞伽經』·『入楞伽經』·『大乘入楞伽經』이라고도 함. 능가산(스

을 빛나게 열었다. 마침내 자애로운 스승(慈軒)186)을 맞이하고자,
친히 지혜의 눈을 바라보았다.

성조 광덕(光德)187) 2년(951, 광종 2) 봄, 역말을 달려 천자의 조
서를(龍緘)188) 전하였다. 서로 만나 반드시 뵐 것을 서술하였는데,
와서 귀의하여 바라보고자 함(來儀)189)이 간절하였다. 대사 역시,
동림(東林)190)에서 나올 것을 생각하고, 대궐로 가려 하였다. 정인
(淨人)들을 재촉하여 아침에 밥을 짓고, 종자들로 하여금 행장을 갖
추게 하였다. 이 때에 일면 북사다리가 법당 위에 있었는데, 갑자기
스스로 울렸다. 그 소리가 힘들여 치는 소리와 같아서 마치 산 위에
서 여울물 소리가 나고, 돌 부딪치는 소리가 나는 것과 같았고, 계
곡 아래에서 바람 부는 소리가 나는 것과도 같았다. 무리들이 귀로
듣고 모두 놀라, 한 마음으로 머물기를 청하였다. 대사는 그 청을
따르지 않고, 곧 나가 출발하였다.

가는 도중에 과연 사신(中使)191)을 만났다. 선승(禪侶)들은 월악
산(月岳)192)을 가로질렀고, 왕인(王人)들은 한강을 건너왔다. 해후
해서 만난 것을 기뻐하여 뒤로 발길을 돌려 돌아갈 의논을 하지 않

리랑카의 아담봉)에서 大慧 菩薩을 상대로 설한 경이다. 般若, 華嚴, 法
華 등을 위시하여 涅槃, 勝鬘, 解深密經들의 사상을 종합하여 독자적인
경지를 이룬 것이다. 또 이 경은 달마가 2조인 혜가에게 전수했다고 할
만큼, 선종에서 『金剛經』, 『圓覺經』, 『楞嚴經』 등과 함께 존중되었다.
185) 摠持 : 진언을 외워서 모든 법을 가짐. 다라니.
186) 慈軒 : 임금이 머무는 가옥.
187) 光德 :『高麗史』卷2, 光宗 元年, "建元光德".
188) 龍緘 : 천자의 조서.
189) 鳳來儀 : 훌륭한 모습을 하고 오는 것을 말함.
190) 東林 : 中國 廬山의 동쪽 기슭에 있던 절. 慧遠이 창건하였으며 절경으
로 유명함.
191) 中使 : 궁중에서 보내는 사신.
192) 月嶽 : 충북 충주 月岳山.

왔다. (대사의 일행이) 경기 지역으로 길을 잡아 들어올 때, (광종
은) 여러 절의 승려들과 조정 가득히 있는 신하들로 하여금 서울 거
리(紅塵)193)로 인도하고, 길가(紫陌)194)에 뒤따르도록 하여, 호국
제석원(護國帝釋院)이 자리잡은 곳으로 찾아가게 하였다.

　다음날 아침 □□□위에서 궁궐문(天門)195)을 크게 열고, 깨끗한
방을 특별히 마련하여 친히 구름같이 부드럽게 맞이하였다. 특별히
가는 대로 만든 집을 만들어, 평소의 정성을 들여 우러렀고, 정치의
도에 대하여 자문하였다. 대사가 천자를 찾아가(就日)196) 마음을 좋
은 곳에 돌리고자 하였다(廻天).197) 망언지언(忘言之言)198)을 이야
기하였고, 무설지설(無說之說)199)에 대해서 설명하였으니, 어찌 홀
로 도의 멋에 의지하여 정치의 풍토를 이끌었다 하지 않겠는가 ! 군
주를 보필하고 백성을 구제하는 공(開濟200)之功)을 아름답고 크게
하여, 마침내 귀의코자 하는 간절함에 부합되었다. 그 해 4월 사나
선원으로 옮겨 거주하셨다. 이에 마납가사 1령을 보내었고, 영과 겸
하여 재를 설하였으니, 정성스럽고 부지런하지 않음이 없었다. 임금

---

193) 紅塵 : 서울 거리.
194) 紫陌 : 서울 거리.
195) 天門 : 궁궐문, 대궐문. 하늘 문.
196) 就日 : 해가 있는 곳으로 나아감. 堯帝의 덕을 칭찬하는 "就之如日"이란
　　　말의 줄인 말.
197) 廻天之力 : 하늘을 돌리는 힘. 천자의 마음을 좋은 방향으로 돌리는 힘.
198) 忘言之言 : '以心傳心'의 도. 즉 心法에 통달한 사람이라는 뜻. 佛敎에
　　　서는 心法을 전함에 있어 말이나 글에 의하지 않고 심심상인한다. 초보
　　　적 단계에서는 말로써 알려 주기도 하지만 그것을 깨닫고 난 뒤에는 그
　　　말을 잊어 버려야 한다. 왜냐하면 어디까지나 心法을 깨닫기 위한 방편
　　　이기 때문이다. 따라서 忘言은 '以心傳心'을 말한다.
199) 無說之說 : 禪宗의 선지를 가리킨다.
200) 開濟 : 창업과 수성. 또는 군주에 대한 보필을 다하고, 백성에 대한 구제
　　　의 공이 있는 것.

께서 여러 신하들에게 말하였다.

"생각해 보면, 어릴 때(幼沖)201) 왕업을 잇는 기틀을 얻어, 매번 국가의 중요한 정무(機務)202)에 당할 때마다 역사책들을 살펴보았다. 옛날 삼황(軒皇)203) 때부터 주 문왕에 이를 때까지, 모두 사보(師保)204)가 있었는데, 크게 쓰는 데 게을리하지 않았다. 군민(君民)이 신하로써 스승을 삼으면 왕도정치를 한다 했고, 신하를 벗으로 삼으면 패도정치를 한다 하였다. 황차 스승을 높이 숭상하는 것을 일러 이익이 크게 된다 하였다. 지금 희양대사를 보니, 진실로 보살의 화신이다. 어찌 사자(師資)205)의 예를 베풀지 않겠는가!"

모두 가하다 하고, 특별히 다른 말이 없었다. 이에 왕이 양가 승통대덕 법여와 내의령 태상 황보□□에게 명하여 절에 찾아가 갖추어 성지(聖旨)를 전하였다. 계속 사신을 파견하여 비단으로 된 마납가사 1령과 함께 발꿈치에서 이마까지의 장식을 보내었다. 그런 후에 왕이 문무(文虎)206) 양반과 승관을 이끌고 궁궐(珠宮)207)을 나와 친히 절(金地)208)에 가서, 손에는 향로209)를 들고 얼굴은 큰 인물을 만나 찬탄하듯210) 하였다. 이에 한림학사·태상·수병부령 김

---

201) 幼沖 : 幼少. 나이가 어림.
202) 機務 : 국가의 가장 귀중한 정무
203) 軒皇 : 軒轅氏.
204) 師保 : 군주를 가르쳐 보좌함
205) 師資 : ① 스승 선생(資는 도움) ② 스승과 제자(『後漢書』 儒林傳).
206) 文虎 : ① 중국의 사례도 있음 ② 혜종의 휘가 武, 避諱. 우리 나라 최초의 피휘로 여겨짐.
207) 珠宮貝闕 : 금은 보석으로 아름답게 꾸민 대궐.
208) 金地 : 절을 말함.
209) 鵲尾 : 긴 자루가 달린 향로. 승려가 부처나 사람에게 예를 올릴 때 사용함.
210) 龍頤 : 어려서의 神爽을 보고 모두들 장래 큰 인물이 될 것이라고 찬탄

악에게 조(詔)를 내려[211] 널리 임금의 말을 지어 알리게 하였다.

  "옛날에 진나라 왕은 혜원(遠公)[212]을 만나 마음을 다하여 예로써 공경하였고, 오나라 왕은 승려 승회(僧會)[213]를 만나 예(禮足)[214]로써 귀의하였습니다. (이런 일들을) 사람과 하늘이 함께 전하니, 예나 지금이나 아름다운 일입니다. 과인의 덕이 비록 지난 명석한 사람에게는 부끄러운 점은 있지만, 불문(空門)을 공경히 하는데 뜻을 두어, 부지런히 힘써 행동하고, 빨리 마음을 닦고자 합니다. 대사는 우담화(優曇)[215]가 한 번 나타난 듯하고, 지혜의 해(慧日)[216]가 거듭 밝히는 듯 하여, 한 번 쳐다보면 번뇌가 스스로 없어지는 것 같고, 말씀하시는 입술을 보면 속세의 수고로움이 모두 없어지는 듯합니다. 많은 삶(多生)[217]의 인과로 금세에 다시 만났으니, 감히 지극한 마음을 열어 맑은 덕을 우러러 듣고자 합니다. 스승됨의 예를 펼쳐 오랜 인연이 이루어지기 바랍니다."

  함(『大正藏』卷50, p.494下, "此子若逢鳳德 終爲王佐之才 旣挺龍頤 必有封侯之應").
211) 綸言 : 임금이 아랫사람에게 내리는 말(『禮記』緇衣).
212) 晉主遇於遠公 : 慧遠(334~416)이 여산에 머무를 때 진 왕실로부터 존숭받았음.
213) 吳王逢於僧會 : 康居國 출신의 승려인 康僧會(?~280)는 불교 선포를 뜻하여 赤烏 10년(247)에 交趾로부터 오나라의 수도인 建業으로 들어가 吳主 孫權의 후원 하에 활약하였다.
214) 禮足 : 佛敎의 예법. 꿇어 앉아 두 손으로 상대의 발을 들어 자기의 머리에 대는 예법.
215) 優曇 : 優曇花. 優曇鉢羅花. 梵語로는 udumbara. 印度의 전설 속에 나오는 상징적인 꽃으로 삼천 년에 한 번씩 꽃이 피며 이 꽃이 필 때에는 金輪名王이 나타난다고 함. 극히 드물고 좋은 일에 비유.
216) 慧日 : 佛菩薩의 지혜.
217) 曠劫多生 : 한없는 세상에 났다가는 죽고, 죽었다가는 나고 하는 일이 많음.

몸소 절에 찾아와, 얼굴에 거듭 간절한 뜻을 나타내고, 엎드려 자
애로운 가르침을 바랬으며, 우러러 진실로 바래, 스승의 도를 밝히
기를 청하였다. 공경히 호를 높여 증공대사라 하였다. 영원토록 자
애로운 항해로 널리 제도하기를 위탁했고, 있는 곳 처한 곳마다 지
혜의 기치를 끌어 치켜세우기(游揚)²¹⁸)를 머리를 숙여 삼가 아뢰었
다. 이에 도속제자들 모두 하나같이 열을 지어 축하하는데, 예에는
어긋남이 없고, 도는 더욱 높일 뿐이었다. 대사의 자취는 사의(四
依)²¹⁹)에 드러나고 공은 오랜 세월을 닦았으며 말은 반드시 이치에
부합하였고, 행동은 보통 사람보다 지나침이 있었다. 불공(香火)²²⁰)
의 인연을 바꾸고, 도리천으로 가는 것(忉利之行)²²¹)을 기약하면서,
크나큰(希夷)²²²) 가르침을 널리 열었고, 맑고 깨끗한 풍모를 크게
빛냈다. 왕이 지켜야 할 바를 드러내 정리하였고, 전법(傳法)을 크
게 하였다. 비밀히 법보(法寶)를 전하여 금륜(金輪)²²³)의 세계를 오
랫동안 유지하도록 하였으며, 왕을 더욱 빛나게 하였다. 또 자애로
운 등불을 밝혀 삼한의 땅에 감로와 같은 은택으로 뚫게 하였으며,
한 나라에 골고루 임금의 수레(輦轂)²²⁴)가 머무르게 하였다. 오랜
세월이 흐르는 동안, 교화하는 공(化導之功)²²⁵)은 이미 이루었고,

---

218) 游揚 : 치켜세움. 널리 칭찬함.
219) 四依 : 法·義·智·了義經(佛法의 四依).
220) 香火 : 향불. 제사 또는 불공
221) 忉利之行 : 忉利天으로 감. 곧 죽음을 이름(『法華經』菩賢菩薩).
222) 希夷 : 심오한 도리. 도의 본체. 깊은 이치(『道德經』卷1, "上篇 視之不
見 名曰夷 聽之不聞 名曰希"). 불교에서 말하는 言語道斷, 또는 心行處
滅과 같은 뜻.
223) 金輪 : 황금으로 장식한 수레. 三輪의 하나로 최하위는 風輪, 다음은 水
輪, 최상이 金輪
224) 輦轂 : 곡은 수레. 서울을 천자가 타는 수레 밑이라는 뜻으로 轂下라고
도 한다.
225) 化導之功 : 교화하여 이끈 공.

몸을 살찌우고 피하는 것은 없어졌다.

　주(周) 광순226) 3년(953, 광종 4) 가을 옛 산으로 돌아갔다. 임금께서 옷을 들고(摳衣)227) 자리를 피하는 예의(避席)228)로 더해 줄 것을 청하여(請益)229) (뜻을) 바꾸려 하였다. 멀리서 높은 정성을 다하였으나, 어찌 세속의 일(忘機)230)을 잊어버리지 않을 수 있으리요 ! 몸소 법을 끌어내어 울면서 산으로 가는 (대사의) 행장을 보냈다. (대사가) 지팡이를 짚고 서서히 가는 것이, 학이 아주 오랜 세월 동안 비어 있던 들로 걸어가는 자태와 같았고, 새가 아주 먼 옛 산으로 찾아가는 것과 같았다. 이후 초헌과 말들이 연이어 날아가는 것처럼 왕인(王人)들이 왕복하였고, 고삐가 도로에 교대하여 바위 계곡에 계속해서 그림자를 드리웠다. 향내 나는 바리때와 물병을 주었는데, 지극히 잘 새긴 것이었고, 비둘기 구덩이(鳩坑)와 오랑캐 바다(蠻海)를 더했는데, 맛 기운이 향내를 진동시켰다.

　현덕231) 3년(956, 광종 7) 가을 8월 19일 갑자기 무리들에게 말하였다.

　"나는 서쪽에서 배우고 동쪽으로 돌아왔다. 36년 동안 이 산을 택해 머물면서 (사람들을) 이끌어 왔다. 푸른 산과 흰 구름을 빌어 미혹하여(迷津)232) 길을 잃은 무리들을 인도해 왔다. 매번 옥 같은 게

---

226) 廣順 : 後周 太祖의 연호.
227) 摳衣 : 옷을 여미고 경례한다는 뜻이니, 佛敎의 偏袒右肩과 같은 뜻이다.
228) 避席 : 앉은 자리에서 일어나는 것이다. 즉 높은 분에게 경의를 표하거나 말씀을 드릴 때 앉은 자리에서 일어나 옆이나 앞으로 옮겨서 여쭙는 것을 말한다(『孝經』 開宗明義章, "曾子避席曰 參不敏何足以知之").
229) 請益 : 學人이 특별히 묻는 의식을 거쳐 師家에게 法益을 청하는 것.
230) 忘機 : 세속의 일이나 欲念을 잊어버림.
231) 顯德 : 後周 世宗의 연호.
232) 迷津 : 미혹의 나루터, 곧 此岸. 반대는 彼岸.

송(玉偈)233)을 찾아내어, 나라를 돕고, 인연을 복되게 하였다. 지금 바람 앞의 촛불과 같고, 물방울과 같아 오래 갈 수도 없고, 다시 만들기도 어렵다. 나는 가려 한다. 각자 자신의 마음을 잡아, 부처의 가르침을 힘써 좇도록 하여라."

또 전법제자 중 맨 처음에 선 형초선사에게 일러 주었다.

"너는 선방(禪室)을 지어 계속 등을 전하도록 하여라. 오로지 광전(光前)을 일삼을 것이며, 서로 부촉하려는 자들을 타락시키지 말아라."

말을 마치자 그대로 앉아서 돌아가셨다. 누린 나이는 79세이고, 승려가 되신 지는 60년이다. 이 날 하늘은 어두워지고, 비가 내려 검어 졌다. 땅은 움직이고 산이 흔들렸다. 날짐승과 뭍짐승이 슬피 울고, 삼나무와 닥나무(杉栝)234)는 추해지고 파리해졌다. 이에 승려들이나 일반 배우는 무리들, 그리고 멀리, 가까이 있던 늙은이나 어린애들도 모두 이상하게 변하여 보통 때와 달랐다. 슬프고 근심됨을 머금고 달려와 모여, 눈물을 뿌린 것이 들판에 흘렀고, 슬피 우는 소리가 산과 시내를 진동시켰다. 어찌 노나라 성인이 양목(壤木)의 노래를 부른다 할 것이며, 어찌 도왕이 절량(折梁)의 꿈에서 놀라 깨어났을 뿐이겠는가(闍王驚折梁之夢)!235)

임금이 듣고 애통해하며 침전에서 곡(哭)을 하였다. 이에 좌승유 대덕 담유, 원윤 수전중감 한윤필 등을 사신으로 보내어 글과 □□ 으로 조의를 표하였고, 곡식과 향으로 부의하였다. 또 시호탑명사 ·

---

233) 玉偈 : 옥 같은 게송.
234) 杉栝 : 삼나무와 향나무.
235) 闍王驚折梁之夢 : 折梁之慟 ① 마치 脊梁骨이 부러지는 것과 같은 아픔 ② 들보가 부러지는 것과 같이 애통함이 간절하다는 뜻.

원보 김준암, (시호탑명) 사부 좌윤 전광평시랑 김정범 등을 보내어 깨끗한 시호를 내려 '정진대사 원오지탑'이라 하였다. 이에 해당 관청에 명하여 진영(眞影) 1포를 비단 위에다 금가루(金軸)236)를 뿌려 그리라고 하였는데, 하루도 되지 않고 만들어 제액을 찬술하였다. 그리하여 우승유 대덕 종예, 정보 김영, 정위 병부경 김영우 등에게 명하여 진영을 잘 운송해 오게 하여 영(營)과 겸하여 재를 설하니, 마치 □□□□□□과 같았다. 장사를 지내는 예의가 이처럼 뛰어났고, 대사를 섬기는 도리가 이처럼 빛났다.

대사는 타고난 성품이 순박하였고, 영묘한 기운을 품고 있었다. 눈동자는 구슬처럼 밝았고, 골격은 쇠와 같이 가늘었다. 넓고 넓어 파도가 넓은 바다를 맑게 하는 것과 같았고, 크고 커서 산봉우리가 천 길이나 솟아오른 것과 같았다. 매번 배우는 무리들을 권하려 힘썼는데, 말은 간단하였으나, 뜻은 심원하였다.

"좌우를 떠나지 말라고 했는데, 알지 못하는 사람은 누구입니까?"

"나는 사리를 모른다."

"피차간에 알지 못할 때는 어떻게 합니까?"

"東西不□□".

"□成一處 活".

"해가 저처럼 높이 떴으니, 후대에 무엇을 걱정하겠는가?"

이른바 말은 간단하였으나, 뜻은 심원하다(簡遠)는 많은 것들은 모두 이런 것들이다. 어찌 토목의 형해라도 조금씩 차이가 나, 엇갈리겠는가! 호범(護犯)을 지녀 하나라도 결점이 남은 것이 없었다.

---

236) 金軸 : 玉軸과 같음.

나이는 해 저물 무렵(桑楡)[237]에 점점 가까워지고, 몸은 바뀌어 기장과 같이 가벼워졌다. 관욕(盥浴)[238]을 할 때, 앉아서 대야에 있는 것이 마치 부표가 가라앉지 않는 것과 같았다. 옷을 드리우고 죽을 때를 생각하는데, 질펀하게 앉아서 씻지 않았으나(澣濯)[239] 몸에는 가려운 곳이 없었고, 서캐와 이가 생기지도 않았다. 이래로 거의 48년이 지났다. 일찍이 희미한 때의 꿈 속에 삼층으로 된 돌 부도 위에 앉아 있었는데, 무리 가운데 이를 해석하는 이가 있었다.

"대사께서는 반드시 세 번 호를 더해 받을 것이고, 만승(萬乘)[240] 천자의 스승이 될 것이다."

이를 들은 사람들이 경탄을 하고 담장이 무너지듯 와서 치하하였는데, 과연 그렇게 되었다. 돌아가실 때에 절의 동쪽 서쪽 봉우리에 푸른 잣나무와 소나무들의 색깔이 슬픈 빛으로 변하였다(鵠樹).[241] 또 산 북쪽이 이유 없이 무너졌는데, 거의 100여 장의 높이였다. 역시 호랑이(於菟)[242] 한 마리가 있었는데, 산 동쪽에서 남쪽으로 돌면서 지날 때마다 슬피 울었다. 긴 늪에서 계곡으로 소리가 났는데, 밤낮으로 연이어 끊기지 않았다. 이에 문하승이 표를 올려, 비를 세우고 공적을 기록하여 썩지 않고 빛나도록 하자고 청하였다. 임금께서 허락하셨다. 이에 석판을 구하고자 하였는데, (구하기가) 매우 어려웠다. 남해 바닷가에 있는 여미현에 명하여 돌을 캐서 배로 운반하고자 하였다. 그 수고비를 계산하고자, 사람을 보내어 그 곳에

---

237) 桑楡 : 해 저물 무렵. 말년. 죽을 때. 해가 지는 곳.
238) 盥浴 : 몸을 씻고 목욕을 함.
239) 澣濯 : 빨래하는 것.
240) 萬乘 : 천자를 이름.
241) 鵠樹 : 부처가 입멸할 때 흰색으로 변했다는 沙羅雙樹를 말함.
242) 於菟 : 中國 春秋시대 초나라에서 호랑이를 이르던 말(『春秋左氏傳』宣公 4年, "楚人謂乳穀 謂虎於菟").

가서 역에 대해 의논하고 공을 일으키는데, 어찌 천만뿐이겠는가! (그러던 중에) 문인이 본산 기슭에서 석판을 하나 캐어 냈는데, 그 모양은 넓고 크고, 색은 청백색이 나는 것이었다. 쪼고 가는 번거로움도 없는데도, 허물되는 곳이 없어 사람을 번거롭게 하지 않았다. 아름다운 공을 이룬 것이라 하여 갖추어 표를 올려 보냈더니, 왕이 듣고 기쁘게 허락하였다. 지금 이 절 내에는 옛 선사의 법갈이 있다.243) 신라 말에 전 진사 최치원이라는 자가 글을 썼다. 그 돌 역시 남해로부터 왔다. 지금 역사에 대해서 말이 많은데, 그렇기 때문에 흥미롭다. 대사는 살아 계실 때에 기이하고 상서롭고 비밀스런 이야기를 많이 하셨다. 글을 위로부터 아래로 써내려 가는 것이 대나무를 쪼개는 것과 같았으며, 남산에서 연구하여 파도를 말리는 듯하였으니, 동해에서 어찌 준비할 수 있겠는가라는 등의 말이 모두 기록되어 있다.

　신 몽유는……하여 □術하고 학문은 부족하여 닭장에 있는 것과 같습니다. 삼가 임금의 말씀(綸言)244)을 받들었으니, 진실로 사양하는 예로 보일 수 없습니다. 큰 덕을 엿보아 문득 직필(直筆)의 글로 적을 뿐이니, 깊고 푸른 물에 표주박을 기울여 물을 뜨는 것과 같아, 깊고 얕은 것을 (구별하지 못하고) 헤맬 것입니다. 푸른 하늘을 우러러 관롱대로 측정(測管)245)하니 별자리라고는 찾을 수도 없습니다. 말은 울지 못한 매미(寒蟬)246)와 같고, 행동은 절뚝거리는 자라와 같습니다. 임의로 붓을 당겨 부탁하여 날리되, 손이 상할까(傷手)247) 오로지 근심을 합니다. 명(銘)하여 말하기를

---

243) 禪師法碣 :『東國輿地勝覽』卷29, 聞慶縣 佛宇, "鳳巖寺 一名 陽山寺. 在曦陽山. 有崔致遠所撰 僧智證碑. 及李夢游所撰 僧眞靜碑".
244) 綸言 : 임금이 아랫사람에게 내리는 말(『禮記』緇衣).
245) 測管 : 窺管. 대롱을 통해 하늘을 측량함. 소견이 좁음을 의미.
246) 寒蟬 : 가을 매미, 울지 않는 매미.

위 없는 법은
오직 하나만이 전해지니,
달 그림자로는 움켜쥘 수 없고
이슬방울로는 뚫을 수 없도다.
믿음의 옷을 주고
지혜의 햇불이 불타올라
광명은 더욱 빛나고,
빛을 비추는 데에는 끝이 없도다.
움직이지도 않고 머물러 있지도 않으니
어느 것이 뒤며 어느 것이 앞인가
깨달은 자가 누구냐면,
우리 대사이다.
구름처럼 중국을 돌아다녔으며,
유주(幽州)의 연지(燕地)까지 발자취를 남겨
청량산 가에도 갔고,
묘덕당 앞에도 갔다.
임금의 자손(龍種)248)과 같은 성인을 바라보고,
계족산의 선도 엿보다가
석상 경저를 우러러
곡산의 도연화상을 잇고자 하였다.
입실(入室)하여 오묘함을 엿보았으며,
도(道)를 물어 현묘함을 탐구하니

---

247) 傷手 : 서투른 목수가 손을 다칠까 걱정하여 일에 나서지 못하는 것처럼
　　　찬자가 자신의 글재주 없음과 佛敎에 대하여 잘 알지 못한 것을 걱정한
　　　나머지 선뜻 비문 짓는 일에 착수하지 못하였다는 뜻.
248) 龍種 : 임금의 자손. 뛰어나게 좋은 말. 어린 아이.

바다와 같은 참의 세계에 떠돌아다니며,
떠 있는 큰 배를 두드렸구나.
노 저어 돌아왔는데,
우연히 적들이 모인 곳을 만나
학이 있는 바로 돌아가,
오랫동안 자취를 숨기었다.
적들이 진친 곳을 평정하고
승전(僧田)을 크게 여니
기대고 의지함이 끝이 없었으며,
닦고 우러러 더욱 굳어졌다.
도로 사방을 빛냈고,
이름은 오직 하나의 현인이라 하여
은혜는 조야에 흘렀고,
덕은 군주에까지 미치었다.
우리 황제는 자리를 피하는 예의로,
단견(袒肩)의 예를 지극히 하였고
실로 사사(四事)로 공양하였으니,
어찌 구연(九筵)할 틈이 있었겠는가!
뛰어나가 서울에 가셨다가,
돌아와 자연 속에 누웠으니
가을 계곡에 달빛이 스며들고,
동트는 마을에 안개가 가득한 듯하였다
몸에는 물병과 지팡이만 지녔으며,
눈 가득히 산천만 있었는데
오가며 묻는 사람들이 많았고,
전역(傳驛)이 연이어 날았다.

법은 오직 항상 머무를 것이라고 생각했는데,
갑자기 돌아가셔서
자애로운 방이 무너지고,
지혜의 도끼 자루가 없어져 버렸다.
산 위 푸른 잣나무의 색이 변하였고,
연못 위 흰 연꽃이 슬픈 빛을 띠어
돌 산봉우리에 비(碑) 만이 버티고
바위 산꼭대기에 탑이 솟아 있다.
그 글은 영원히 썩지 않고
쑥대밭만 있는 빈 땅을 영원히 비추리라.

건덕 삼년(965, 광종 16) 을축년 오월 신미 삭(朔) 이십일일 신묘
에 세우다
조각자 할업승(割業僧) 신(臣) 섬률(暹律)이 조칙을 받아 새기다.

(역주 : 이인재)

21. 성주 석불좌상배명

[건]덕[1] 5년(967, 광종 18) 정묘 3월 10일
……돌로 이루온……
두 기둥……□대화상이……
위광화상(位光和上)이 [불상을] 만들고……
□화상이 공양하여……
……촌에서 합하여 이루다.

(역주 : 김영미)

---

1) 乾德 : 宋 太祖의 연호(963~967).

22. 단성 단속사 진정대사비

□산 단속[1]

---

1) 斷俗寺 : 경상남도 산청군 단성면 운리 지리산 동쪽에 있었던 절로, 748
년(경덕왕 7) 대내마 李純이 창건하였다는 설과 763년에 信忠이 창건했
다는 설이 있다.

23. 고달원 원종대사 혜진탑비

혜목산1) 고달선원2) 국사 원종대사의 비

고려국 광주 혜목산 고달원 고 국사 제증시 원종대사 혜진탑비의 명과 서

광록대부 태승 한림학사 내봉령 전예부사 참지정사 감수국사 신 김정언3)이 황제의 명을 받들어 짓다.

---

1) 慧目山 : 驪州 州治에서 북으로 25리 지점에 위치. 『高麗史』地理志에 의하면, 忠州牧 原州郡에 속해야 하는데, 여기서는 廣州 소속으로 나오고 있다. 이로 보아 고려 초의 군현 영속 관계는 『高麗史』地理志와 다소 차이가 있었던 것으로 짐작된다.

2) 高達禪院 : 경기도 여주군에 위치. 현재는 폐사. 764년(경덕왕 23) 창건. 신라 말에 鳳林山派를 개창한 玄昱이 머물렀으며, 고려 광종 때에는 3대 不動寺院의 하나로서 왕실의 후원을 받았다. 元宗大師 璨幽의 탑(보물 7호), 탑비의 귀부와 이수(보물 6호), 부도(국보 4호) 및 석조불좌(보물 8호)가 현재 전해지고 있음.

3) 金廷彦 : 金廷彦은 광종 9년(958)에 玉龍寺洞眞大師寶雲塔碑, 광종 9~11년(958~960)에 覺淵寺通一大師塔碑, 광종 26년(975) 高達院元宗大師慧眞塔碑, 그리고 경종 3년(978)에 普願寺法印國師寶乘塔碑의 비문을 지은 인물이다. 이들 碑文을 지을 당시 김정언의 官品과 官職은 다음과

봉의랑 좌윤 전군부경 겸 내의승지사인 신 장단열이 황제의 명을 받들어 쓰고 아울러 전액을 하다.

보건대 무릇 해는 동쪽에서 떠올라 인간이 우러러보는 바가 되며, 부처는 천축에서 태어나 세상이 귀의하는 바가 되어 군자의 나라로 하여금 법왕의 도를 배우게 하였으니, 이른바 도는 마음의 바깥에 있는 것이 아니며 부처는 몸 속에 있다는 것이다. 그러므로 도가 높아 도사(導師)가 되고 덕이 두터워 자부(慈父)가 될 수 있다. 이에 불법의 행적4)으로 인하여 마침내 부처의 마음5)을 보임으로써, 빛나기가 물 위의 연꽃과 같고 밝기가 별 가운데 달과 같으니, 실로 대사가 그 사람이다.

대사의 존칭은 찬유(璨幽)요 자는 도광(道光)이며 속성은 김씨로서 계림 하남(河南)6) 사람이다. 자자손손이 드러난 족속이요, 대대로 유명한 가문인데, 조상을 드높이는 깨끗한 규범과 종족을 공경하는 꽃다운 자취는 삭제하여 기록하지 않겠으니, 이는 불문(佛門)의 종지를 따르는 것이다.

아버지의 휘는 용(容)인데, 흰 무지개의 빼어난 기운과 단혈7)의

같다. ① 「玉龍寺洞眞大師(慶甫)碑」(958, 광종 9), 通直郎 正衛(位) 翰林學士 賜丹金魚袋 ② 「覺淵寺通一大師塔碑」(광종 9년 8월~11년 3월 이전), 通直郎 正衛 翰林學士 賜紫金魚袋 ③ 「高達院元宗大師(璨幽)碑」(975, 광종 26), 光祿大夫 太丞 翰林學士 內奉令 前禮部使 參知政事 監修國史 ④ 「普願寺法印國師(坦文)碑」(978, 경종 3), 光祿大夫 太丞 翰林學士 前內奉令.

4) 象跡 : 부처의 행적일 듯.

5) 它心 : 부처의 마음.

6) 河南 : 위치 미상.

7) 丹穴 : ① 丹砂가 나오는 구멍 ② 남방. 해가 지는 곳 ③ 산 이름. 꼭대기

기이한 자태로 저녁 노을8)의 남은 빛을 머금고 새벽종의 청아한 소리를 진동시키는 듯하였다. 마침내 가문을 일으켜 창부낭중9)이 되었으며, 얼마 안 되어 나가 장사현10)령이 되었다. 백 리 고을에서는 봄에 순행하는 교화11)로 꽃 고을에서 더욱 향기로웠으며, 구중궁궐에서는 해를 향한 마음으로 해바라기 동산에서 두드러지게 아름다웠으니, 조야가 따라서 의지하고 백성들이 우러러 의지하였다. 어머니 이씨는 아내로서의 덕을 잘 닦고 어머니로서의 자세를 풍성히 지녔는데, 꿈에 한 신인이 있어 고하기를, "어머니의 아들이 되고 부처님의 자손이 되는 까닭에 묘한 인연에 의탁하여 삼가 자비로운 교화를 펴고자 원합니다"라고 하였다. 특별한 꿈을 꾸었다고 여겼는데, 인하여 잉태를 하였다. 행동거지를 삼가고 태교를 받들어 행하였다. 함통12) 12년(869, 경문왕 9) 세차13) 기축년 4월 4일에 태어났다.

대사는 선의 싹이 일찍 돋아났고 오묘한 열매가 더디지 않았다. 나이 겨우 13세 때 아버지께 말씀드리기를,

"비록 지혜의 가지는 모자라지만 깨달음의 나무가 되고자 합니다."

에 金玉이 많고 붉은 물이 나와 발해로 들어감.
8) 霞綺 : 저녁 노을인 듯.
9) 倉部郎中 : 재정을 맡는 倉部의 관직. 원래는 大舍였는데 경덕왕 때 낭중으로 고쳤다가, 혜공왕이 다시 대사로 환원하였음. 정원은 2인. 관등은 舍知(13)에서 奈麻(11)까지이다.
10) 長沙縣 : 지금 전북 고창군. 본래 백제의 上老縣으로 경덕왕대에 개명.
11) 行春 : 관할하는 고을을 봄에 순행하는 일.
12) 咸通 : 唐 懿宗의 연호.
13) 龍集 : 歲次와 같은 말.

"내 비록 보는 눈은 없으나 일찍이 너의 선근(善根)은 보았다. 너는 의당 부지런히 배양하여 좋은 과보를 닦도록 하여라."

대사는 다행히 소원대로 아버지의 승낙을 얻어 곧 머리를 깎고 출가하였다. 상주 공산14) 삼랑사의 융제선사(融諦禪師)가 도를 강론함이 깊고 사람을 교화함이 밝다는 소식을 삼가 듣고 그의 제자가 될 생각으로 멀리 선사를 찾아갔다. 선사가 말하였다.

"이리 오너라. 오늘 너의 오는 모습을 보니 장차 훌륭한 사람15)을 만난 것을 알겠다. 우리 종의 선화상(禪和尙)은 법호가 심희(審希)16)인데 진짜 한 부처가 세상에 출현하여 동국을 교화한 주인이시다. 지금 혜목산(慧目山)에 계시니 너는 마땅히 찾아가서 그 분을 스승으로 섬겨라."

대사는 '나의 스승임에 틀림없으니 나의 소원을 이루었다. 지체 말고 가는 것이 좋겠다'라 생각하고, 곧 혜목산을 찾아가 정성껏 섬기면서 도를 배우는 마음을 더 닦고 선을 익히는 뜻을 한층 가다듬었다. 얼마 되지 않아 묘리를 정밀히 탐구하고 현기(玄機)를 높이

---

14) 公山 : 현재의 대구 八公山. 신라시대에는 父岳이라고 불렀으며, 新羅五岳 가운데 中岳에 해당하여 中祀를 지냈음(『新增東國輿地勝覽』卷26, 大邱都護府 山川條 참조).

15) 利見 : 훌륭한 사람을 마땅히 봄(『周易』卷1, 乾卦 九五, "飛龍在天 利見大人").

16) 審希 : 853~923년(문성왕 15~경명왕 7). 속성은 新金氏로 김유신의 후손. 父는 盃相, 母는 朴氏. 862년 慧目山 玄昱에게 출가. 872년 구족계를 받았으나 중국 유학의 필요성에는 공감하지 않음. 888~904년 사이에 松溪 雪嶽 溟州를 거쳐 金海 進禮城으로 가서 金律熙의 후원을 받고 金仁匡의 지원으로 鳳林寺를 중창함. 918년 경명왕과 만나 法膺大師의 존호를 받음. 924년 「鳳林寺眞鏡大師寶月凌空塔碑」(경명왕 撰) 건립.

깨달았으며, 깨달음의 길을 걸어 관통하였으면서도 계율을 준수하
고 벗어나지 않았다.

22세 때 양주(楊州) 삼각산 장의사(莊義寺)[17]에서 구족계를 받았
다. 이 때는 인동초의 싹이 나온 이후이자 계주가 빛을 발산할 초기
였다. 그런데도 도를 물어 지칠 줄 모르고 스승을 찾아 게을리함이
없었다. 때마침 대사의 스승이 광주(光州) 송계선원(松溪禪院)[18]으
로 옮겨가 있었는데, 대사는 멀리 행장[19]을 꾸려 특별히 송계로 찾
아가 예족(禮足)의 정성을 표하고 스승의 가르침[20]의 은혜에 감사
하였다. 스승이 말하였다.

"흰구름은 천 리 만 리 깔려 있어도 모두가 같은 구름이고, 밝은
달은 앞시내와 뒷시내에 비춰도 일찍이 다른 달이 아니다. 그래서
정신과 정신에 따르고 마음과 마음에 있을 뿐이다."

대사는 '무릇 도에 뜻을 둔 사람에게 어찌 일정한 스승이 있겠는
가' 하는 생각에, 멀리 유학하여 두루 관람하겠다는 뜻을 아뢰었다.
스승이 이르기를, "타인의 마음은 멈출 수 없고 빠른 발은 머무르기
어렵다고들 하는데, 너에게서 그것을 징험한다"라 하고, 웃으면서
떠나는 것을 허락하였다. 대사는 길이 멀다고들 하지만 걸어가면
곧 닿는다는 생각에, 마침내 산을 나와 바닷가로 가서 서쪽으로 바
다를 건너갈 기회를 살폈다.

---

17) 莊義寺 : 藏義寺. 현재 서울 종로구 세검정 초등학교로, 신라 문무왕이
   백제와의 황산 전투에서 전사한 長春郎과 罷郎의 명복을 기리고자 세움.
   교정 동쪽에 높이 3.6m의 당간지주(보물 제235호)가 남아 있음.
18) 松溪 : 전남 강진군.
19) 節杖 : 지팡이.
20) 鑄顔 : 孔子가 顔子를 훌륭한 인물로 만든 일.

경복21) 원년(892, 진성왕 6) 봄에 때마침 중국으로 들어가는 상선을 만나 그 배를 타고 서쪽으로 갔다. 그리하여 정처 없이 운수를 바라보고 마음을 맡기며 저녁 노을을 향하여 발길을 내디뎠는데, 참 스님은 반드시 찾아보고 옛 자취는 반드시 답사하였다. 드디어 서주(舒州) 동성현(桐城縣)22) 적주산(寂住山)으로 가서 투자선화상(投子禪和尙)23)을 예방하였다. 화상은 법호가 대동(大同)으로 석두산(石頭山)24)의 법손인 취미무학대사(翠微無學大師)25)의 정통이었다. 대사의 특이한 눈 모습26)과 남다른 옥호27)의 상을 보고 말하기를, "불법이 동으로 흘러간다는 말과 서쪽의 학문을 구하려는 자가 있기는 하지만, 함께 도를 말할 만한 사람은 오직 그대뿐일 것이다"라고 하였다. 대사는 이리하여 혀 밑에서 미묘한 말을 깨닫고 몸 가운데서 진짜 부처를 체득하였으니, 어찌 부처28)의 밀전(密傳)을

---

21) 景福 : 唐 昭宗의 연호.
22) 桐城縣 : 지금의 安徽省 桐城.
23) 投子禪和尙 : 819~914년. 속성은 劉氏로, 舒州 會寧人. 保唐 滿禪師에 출가하여 처음에 安般(數息觀)을 익히고 나중에 화엄을 배웠음. 다시 翠微山으로 가서 선을 닦고 投子山에서 죽을 때까지 30여 년을 은거함.
24) 石頭山 : 石頭希遷(700~790). 선승. 시호 無際대사. 속성은 陳氏로 廣東省 端州人. 처음 慧能에게 갔다가, 혜능의 입적 후 그의 지시로 靑原行思를 사법. 湖南省에서 주로 활약. 마조도일과 더불어 2대 감로문이라 지칭. 종풍은 眞金鎭(마조는 雜金鎭). 저서로『參同契』·『草庵歌』를 남김.
25) 翠微無學大師 : 丹霞天然의 제자(『景德傳燈錄』卷14, 翠微無學[『大正藏』卷51, p.313下] 참조).
26) 蓮目 : 부처의 눈. 부처의 32相 가운데 스물아홉 번째 상. 부처의 눈이 맑고 푸른 연꽃 같다고 하여 붙여진 이름.
27) 玉毫 : 부처의 양미간에 있는 털. 백호. 부처의 32상 가운데 서른한 번째의 상. 진리의 발산을 의미.
28) 善逝 : sugata의 음사. 부처의 10호의 하나. 因으로부터 果로 잘 가서 돌아오지 않는다는 것. 즉 生死의 바다에 다시는 빠지지 않음을 이름.

계승하고 유마(維摩)29)의 묵대(默對)를 받드는 것에 그칠 뿐이겠는가. 대사가 장차 투자화상을 하직하려 하니, 화상이 일렀다.

"멀리 가지도 말고 가까이 가지도 말라."

"비록 멀거나 가까이 가지 않는다 하더라도, 또한 머물러 있는 것도 아닙니다."

"이미 마음으로 전한 것을 알았는데 눈으로 말할 게 무엇이 있겠는가."

그 후 널리 뛰어난 벗을 찾고 두루 고명한 스승을 예방하여 혹은 천태(天台)에서 숨은 것을 찾고, 혹은 강좌(江左)에서 현묘한 것을 더듬음으로써, 진여(眞如)의 성해(性海)에 들고 마니의 보주를 얻었다.

이에 봉새는 반드시 천지에서 변하고 학은 요해30)에 돌아가기 마련이라고 생각하여, 애초부터 끝까지 돌아갈 것을 잊지 않다가, 때마침 귀국하는 본국의 배를 만나 동쪽으로 노질하여, 정명31) 7년(921, 경명왕 5) 가을 7월 강주 덕안포(德安浦)에 닿았다.

곧장 봉림(鳳林)32)으로 가서 진경대사(眞鏡大師)33)를 찾아뵈었

---

29) 淨名 : 부처의 재가제자인 유마힐.
30) 鵬必~遼海 : 窮髮 북쪽 溟海라는 天池에는 크기 수천 리나 되는 鯤魚가 사는데 날개가 구름 같은 큰 봉새로 변하여 南冥으로 날아간다고 하며(『莊子』逍遙遊), 한나라 요동 사람 丁令威가 靈虛山에서 도술을 배웠는데 나중에 학으로 변하여 요동으로 돌아왔다고 한다(『續搜神記』).
31) 貞明 : 後梁 末帝의 연호.
32) 鳳林 : 경남 창원시 봉림산에 위치한 폐사. 신라 말 구산선문의 하나. 眞

다. 스승이 말하기를, "오늘에 와서 서로 만나다니 너무도 기쁘다"
라고 하였다. 따로 선당(禪堂)을 꾸며 설법하는 자리에 오르게 하
고, 서쪽에서 탐방한 진법(眞法)을 듣고 동국으로 돌아온 묘한 인연
을 경하한 다음, 조용히 이르기를, "사람은 노소가 있으나 법에는
선후가 없다. 너는 여래의 밀인(密印)을 차고 가섭의 비종(秘宗)을
깨쳤으니, 마땅히 삼랑사(三郞寺)에 머물러 선백(禪伯)이 되어야
한다"라고 하였다. 대사는 그 뜻을 받들어 그 곳에 머물렀다.

　겨울을 세 번 보낸 뒤에 생각하기를, '이 절은 진실로 도를 즐길
만한 청아한 집이며 선에 안주할 만한 좋은 장소이나, 새도 나무를
가려서 깃드는데 나라고 어찌 무익하게 한 곳에 얽매어 있을 수 있
겠는가'[34] 하였다. 삼가 듣자하니, 우리 태조 신성대왕(神聖大王)[35]
이 꿈에 북두성을 품에 안아[36] 천운에 부응하고 순임금처럼 포(褒)
자를 손안에 쥐어[37] 왕통을 열므로써, 하(夏)나라를 고쳐 하늘이 돌
보는 명을 받고 주(周)나라를 이어 해가 뜨는 나라를 일으켰다고들
하였다. 그래서 마침내 조각달이 허공에 떠가듯 외로운 구름이 산
봉우리에 나오듯 마음이 움직였다. 저 창룡(蒼龍)[38]이 물결을 헤쳐

　　鏡大師 審希가 당시의 유력자 金仁匡의 후원 하에 중창.

33) 眞鏡大師 : 審希.

34) 吾豈包瓜 : 包瓜는 匏瓜로서 바가지를 가리킴.『論語』卷17, 陽貨篇에
　　"吾豈匏瓜也哉 焉能繫而不食"이라 한 데서 유래하는 것으로서, 시렁에
　　걸려 있는 바가지란 뜻. 쓸모 없는 사람을 비유하는 말. 여기서는 璨幽
　　자신이 제 발로 고려 태조를 찾아간 행위를 정당화하기 위해서 사용하고
　　있음.

35) 太祖神聖大王 : 고려 태조 王建.

36) 斗 : 북두칠성을 가리킴.

37) 握褒 : 순임금의 손 안에 '褒'자 문양이 있었다는 고사. 褒는 勞苦에서
　　일어나 褒飾하여 大祥을 이룬다는 의미.

38) 蒼龍 : 푸른 용. 푸른 말. 老松. 동방의 七宿.

나갈 때는 본디 뗏목에 의지할 마음이 없으나, 단봉39)이 허공을 날 때는 오히려 오동나무에도 깃들 뜻이 있는 법이므로, 멀리 명아주 지팡이40)를 들고 곧장 개성으로 가서 마침내 태조대왕을 배알하였다.

대왕은 대사가 현도(玄道)를 원만히 행하고 법신을 충분히 갖추었다고 하여, 광주(廣州) 천왕사(天王寺)에 머물기를 청하므로 그 곳에 머물렀다. 그 곳에 있더라도 세상을 교화시킬 수 있었지만, 혜목산은 노을진 뫼가 강연하는 자리에 너무도 적절하고 구름 낀 계곡이 선승의 거처로서는 매우 흡족하기 때문에, 그 곳으로 옮겨 머물렀다. 그러자 먼 사방에서 나루를 묻는 자들이 천 리 길을 반걸음으로 보았으며 구름처럼 몰려오는 자들을 바다처럼 받아들이니, 선의 길로 그리워하며41) 몰려들고 그윽한 문으로 왕성히42) 출입하지 않음이 없었다. 태조는 마침 그 무렵 인연을 표시하고자 하납의(霞衲衣)와 좌구(座具)를 보냈다. 얼마 안 되어 태조가 기(杞)나라의 하늘이 무너지듯 우천(虞泉)43)으로 해가 지듯이 붕어하자, 애초의 아름다운 인연을 좋게 생각하여 마지막을 장식하는 저승길을 인도하였다.

혜종대왕(惠宗大王)이 왕위에 올라 공손한 마음으로 조상을 받들고 효성을 펴며, 어진 정사를 일으켜 풍속을 교화하고 부처를 높이고 승려를 존대하여, 대사에게 향기 고운 차44)와 비단 법의로 선물하였다. 대사는 불심으로 마음을 열어 주고 신통력을 베풀었다. 3

---

39) 丹鳳 : 머리와 날개가 붉은 난새.
40) 藜杖 : 명아주로 만든 지팡이.
41) 憧憧 : 그리워하는 모양.
42) 濟濟 : 많고 성한 모양.
43) 虞泉 : 해가 지는 곳. 虞淵.
44) 馣 : 향이 왕성함.

년이 지나(945년 9월) 혜종45)이 승하하고 정종대왕(定宗大王)이 왕
통을 이어받아 진풍(眞風)을 존경하여, 운납가사(雲衲袈裟)와 마납
법의(磨衲法衣)를 보냈다. 대사는 정종이 불사를 일으킨 것을 매우
기뻐하였는데, 어찌 정종이 갑자기 대궐을 떠나가시고 문득 인간세
상46)을 하직할 줄이야47) 알았겠는가

지금의 임금(光宗)께서 태자로 뽑혀 왕위를 잇고 높이 앉아 나라
를 다스리는데, 거울을 잡고 인도의 풍속을 비추며 피리를 불어 영
축산의 바람을 일으킴으로써, 더욱 성스런 공덕을 드러내고 부처의
교화를 드높였다. 대사는 심왕(心王)의 묘결(妙訣)을 설법하고, 각
제(覺帝)의 미묘한 말을 베풀기를 맑은 거울이 지칠 줄을 모르고
큰 종이 누가 쳐주기를 기다리는 듯하니, 배우는 무리는 벼와 삼처
럼 줄짓고 찾아오는 벗은 복숭아와 오얏을 찾아가는 길을 이루는
듯하였다.

임금님께서 믿어 향하는 마음이 깊고 공경하여 받드는 뜻이 지극
하여, 마침내 대사를 받들어 증진대사(證眞大師)라 호를 내렸다. 이
어 도인과 속인의 두 사자를 보내어 조서를 내리고 궁궐로48) 불렀
다. 대사는 '도가 행하여지려고 하는데 이 때를 놓칠 수 없다. 석가
모니의 부촉을 생각하여 나는 가야겠다'하고, 마침내 호계를49) 나

---

45) 恭王 : 惠宗. 혜종의 정식 시호는 '惠宗仁德明孝宣顯義恭大王'.
46) 人寰 : 인간세상.
47) 宮車 : 宮車晏駕. 崩御.
48) 金城 : 궁궐.
49) 虎溪 : 江西省 九江縣의 남쪽, 廬山 東林寺의 앞에 있던 시내. 東晉의
    慧遠法師는 여산 동림사에 은거하면서 일찍이 호계를 나온 적이 없었는
    데, 하루는 陶淵明과 陸修靜 두 사람을 배웅하는 도중 얘기에 취하여 무
    심결에 虎溪를 건넜다가, 호랑이 울음소리를 듣고서 安居禁足의 맹세를
    깨뜨린 것을 알고는 세 사람이 서로 돌아보고 대소하였다는 고사에서 유

와 대궐로 나아갔다. 이리하여 눈썹이 하얀 장로의 깨끗한 무리와 조정 신하의50) 뭇 영웅들이 법안(法眼)을 바라보느라 함께 모이고 자안(慈顔)을 대하여 에워싸고 우러르면서, 왕성(王城) 사나원(舍那院)51)으로 보내 주었다. 다음날 임금은 사나원에 거동하여 사례하기를, "제자가 동쪽 숲을 바라보며 목을 늘이고 남쪽 시내를 향하여 마음을 기울였는데, 스님께서는 근기(根機)를 따르기를 골짜기를 스치는 폭풍 소리와 같고 느낌에 부응하기는 못에 비친 달 그림자와 같습니다. 귀의하는 마음 다시 간절하고 배우고 싶은 소원은 더욱 깊습니다"라고 하였다. 3일 후 중광전(重光殿)에서 법연을 열었는데 금란자락을 끌고 자전(紫殿)에 오르니, 임금은 대사의 도톰한 입술을 보고 선에 들어 기뻐하고 둥글고 맑은 눈을 받들기를 정성껏 하였다. 온 세계를 위하여 자리를 피하는 예우를 바치고 온 나라를 위하여 말씀을 띠에다 쓰는52) 뜻을 베풂으로써, 삼귀(三歸)를 더욱 힘쓰고 십선(十善)53)을 더욱 닦았다. 그리하여 겨자씨로 채운 성 안이 비워지고 옷자락으로 간 돌이 닳아 없어질 때까지 계속한다면, 반드시 성인을 알현할 좋은 인연이 쉬지 않고 스승을 위하는 아름다운 도가 끝이 없을 것으로 생각되었다. 그 자리에서 면복을 내려 국사54)로 받들어 모시면서 삼가55) 향화(香火)의 인연을 맺고 정성껏56) 사자(師資)의 예를 맺었으며, 이어 답납가사(踏衲袈裟) ·

래. 즉 호계는 世間과 出世間의 상징적 경계선.
50) 鷺序 : 조정에서 벼슬아치의 서열.
51) 舍那院 : 경기도 개성 궁 밖에 있던 절. 고려 태조 2년(919)에 창건.
52) 書紳 : 잊지 않고자 큰 띠에 적어 둠.
53) 十善 : 열 가지의 착한 행동. 十惡(殺生 · 偸盜 · 邪淫 · 妄語 · 兩說 · 惡口 · 綺語 · 貪欲 · 瞋恚 · 邪見)의 반대.
54) 國師 : 제도화된 것은 광종대 이후.
55) 虔虔 : 삼가고 조심하는 모양.
56) 慥慥 : 독실한 모양.

마납오57) · 좌구(座具) · 은병 · 은향로 · 금테두리를 한 바리때58) ·
수정염주 등을 바쳤다. 대사는 연못 가운데 달이 있고 산 정상에 구
름 한 점 없듯이, 한 마음으로 묘각(妙覺)의 바람을 베풀고, 수많은
눈에 대자대비(大慈大悲)의 교화를 보였다. 임금은 크게 기뻐하여
말하기를, "제자는 현언(玄言)을 들어 도를 깨달았으며 묘지(妙旨)
를 받아 이치를 알았습니다. 받들어 행동에 옮기고 감히 그 가르침
을 잃어버리지 않겠습니다"하였다. 드디어 천덕전(天德殿)에 법연
을 크게 열어 원해(願海)의 일천 파도를 기울이고, 심향(心香)의 한
심지를 태웠다. 대사는 먼지떨이(塵尾)를 휘저으면서 말하기 시작
할 때 어떤 중이 물었다.

"어떻게 해야 최고의 경지를 향한 한 길이 됩니까."
"어떤 성인으로부터도 얻을 수 있는 것이 아니다."59)
"이미 어떤 성인으로부터도 얻을 수 있는 것이 아니라면, 위로부
터 서로 전한다는 말은 어떻게 있을 수 있습니까."
"다만 어떤 성인으로부터도 얻을 수 있는 것이 아니기 때문에 위
로부터 서로 전하게 된 것이다."

"그렇다면 2조(二祖)60)가 서천(西天)을 바라지도 말고 달마(達摩)61)도 당나라 땅에 오지 않았어야 하지 않습니까."

"비록 어느 성인으로부터도 얻을 수 있는 것은 아니지만, 달마가 헛되이 온 것은 아니다."

이리하여 인간과 하늘이 감응하고 현인과 성인이 기뻐하며 꽃비가 하늘에 날고 향 연기가 해를 가렸으니, 저 섭마등(攝摩騰)62)이 한(漢)나라에 오고 강승회(康僧會)63)가 오(吳)나라에 노닐면서, 부처를 받들게 한 큰 공과 승려에 귀의하게 한 뛰어난 아름다움도 이보다 더할 수는 없을 것이다. 이는 이른바 사방이 다 복종하고 만대가 길이 힘을 입을 일로서, 분명히 지혜의 해가 다시 중천에 뜰 시대이자 동방이 크게 변할 때였다.

대사가 임금에게 말하기를, "노승이 나이가 죽을 때에 임박하여64) 치아가 냇버들처럼 시들었으니,65) 단지 송문(松門)으로 돌아가서 발을 쉬며 대궐 쪽으로 마음을 보내기를 원할 따름입니다" 라고 하였다. 임금은 비록 대사의 얼굴이 그립지만 그 뜻에 따라 수레를 바라보며 눈으로 전송하고 사찰을 향하여 마음을 기울였다. 그

---

60) 二祖 : 선종의 제2조 慧可를 지칭.

61) 達摩 : 중국 선종의 개창조 菩提達摩.

62) 摩騰 : 攝摩騰. 後漢 明帝 永平年間(58~75)에 『四十二章經』과 畵像을 백마에 싣고 月氏國에서 귀환하는 사자 張騫을 따라 낙양에 옴.

63) 僧會 : 康僧會. 康居계 인도 상인의 아들로서 중국의 최남단 交趾 출생. 10세에 출가. 한인 승려에게서 수학. 불교 선포를 뜻하여 赤烏 10년(247) 吳나라의 수도 建業에 들어가 오주 孫權의 후원 하에 활약. 이후 오의 역대 군주의 탄압 하에 불교 유포에 진력. 『六度集經』9권 등 다수 한역.

64) 桑楡 : 말년, 죽을 때. 해가 지는 곳.

65) 蒲柳 : 냇버들의 잎이 가을에 제일 먼저 지므로 신체가 허약함을 이름.

후로도 사자를 보내어 정을 전하고 편지를 띄워 정성을 쏟았다. 그
러면서 송덕시를 지어 바쳤다.

지혜의 해가 높이 걸려 바다 고을에 빛나고,
진신(眞身)은 고요히 화광(和光)66)을 드러낸다.
패엽67) 속에서 법을 베풀어 미혹된 길을 열고,
바리때 안에 연꽃이 피어 선정(禪定)의 도량에 든다.
한 마디 외침이 소리가 되어 안개를 깨끗이 걷고,
두 문이 상(相)을 떠나 티끌을 벗어나 청량하다.
현관(玄關)은 멀리 산천 밖에 떨어져 있고,
파도처럼 달려가 스님을 뵙지 못함을 한하네.

이어 오정(烏程)68) 지방에서 나는 향기로운 차69)와 단요(丹徼)70)
지방에서 나는 유명한 향을 선물하면서, 믿는 마음을 표하고 멀리
법력을 빌었다. 대사는 임금을 하직하고 나서 구름 낀 산으로 돌아
와 보니, 연라(烟蘿)는 노닐기에 적합하고 수석(水石)은 돌을 베개
삼고 시냇물에 양치질하기에 퍽이나 좋아, 마음에 한없이 애착이
가 그 곳에서 여생을 마칠 생각을 가졌다. 그리하여 중생들이71) 바
람처럼 달려오고 배우려는 자들이72) 구름처럼 모여들었다. 대사는

66) 和光 : 和光同塵. "和其光 同其塵"(『老子』卷4)에서 유래. 즉 재주를 가
   지고 있으면서도 드러내지 않음. 불교에서는 부처와 보살이 깨달음의 지
   혜(光)를 감추고 중생을 구원하고자, 세속에 태어나 번뇌(塵)를 같이하
   며 중생을 차례로 불법으로 인도하여 가는 것을 뜻함.
67) 貝 : 貝葉經. 인도에서는 多羅樹의 잎인 貝多葉 위에 불경을 베꼈음.
68) 烏程 : 浙江省 烏程縣.
69) 芳荈 : 차의 품명. 향기로운 차.
70) 丹徼 : 남쪽의 변방. 南蠻.
71) 氄 : 취의, 취납의. 승려들이 입는 옷.

색(色)과 공(空)을 다 멸하고 정(定)과 혜(慧)를 원만히 갖추어, 산 속에서 지극한 도를 행하고 우주 안에서 심오한 공덕을 베풀었으니, 부처가 도를 깨치면 신통력으로 세상을 교화한다는 것과 무엇이 다르겠는가.

현덕73) 5년(958, 광종 9) 세차 무오년74) 가을 8월 20일에 대사는 입적하고자 목욕을 마치고 방 앞에서 문생들에 명하여 모두 뜰 안으로 모이게 하고는 유훈을 하기를, "만법(萬法)은 다 공(空)한 것이라, 나 이제 떠나가련다. 한 마음(一心)은 곧 근본이니 너희는 힘쓰도록 하라. 마음이 생기면 법도 생기고 마음이 사라지면 법도 사라진다.75) 자네들 마음76) 그대로가 곧 부처이니, 어찌 종자가 따로 있겠는가. 여래의 올바른 계를 보전하고 힘쓸지어다"라고 하고는 말을 마친 다음, 방안으로 들어가 단정히 가부좌하고서 고달원 선당에서 입멸하였다.

아! 동방에 몸을 드러낸 지 90년, 승복을 입은 지 69년이었다. 호계의 물소리는 목이 메이고 곡수77)의 나무 빛은 근심을 머금었다. 문생은 의지할 데가 없어진 슬픔을 품고 불문(佛門)78)에서는 철인

---

72) 攝齋 : 옷자락을 걷는 일. 스승에 대한 예. 攝齊.
73) 顯德 : 後周 世宗의 연호.
74) 敦牂 : 十二支 가운데 午의 별칭.
75) 心生法生 心滅法滅 : 『大乘起信論』에 나오는 "心生則種種法生 心滅則種種法滅"에서 유래.
76) 仁心 : 인자한 마음, 또는 어진 마음. 그런데 仁은 친애하는 사람을 부르는 2인칭 대명사로도 쓰이기 때문에, 여기서는 '자네들 마음'이라는 의미로 해석할 수도 있음.
77) 鵠樹 : 鶴樹(林). 인도 跋提河 가에 있는 사라수. 석가모니 입멸시에 숲이 모두 흰색으로 변하였는데, 그 모습이 백학과 같았다는 데서 유래.

(哲人)이 사라진 탄식을 하였다. 불문과 세속의 사녀(士女)는 땅을 치고 발을 구르며 통곡하니79) 소리가 산골짜기를 울렸다. 다음날 신좌(神座)를 혜목산 감실로 받들어 옮겼는데, 얼굴빛을 보니 살아 계실 때와 같아 임시로 돌문으로 닫아 봉하였다. 임금은 대사가 입적하였다는 말을 듣고 선월(禪月)이 빨리 사라지고 각화(覺花)가 먼저 진 것을 슬퍼하여, 사자를 보내어 곡서(鵠書)로 조문하였다. 시호를 원종대사(元宗大師)라 추증하고 탑호를 혜진(惠眞)이라 하였으며, 영정 한 벌을 삼가 만들었다. 이어 국공(國工)에게 돌을 다듬어 여러 층으로 된 사리탑을 만들게 하였다. 문인들은 소리쳐 울며 시신을 받들어 혜목산 서북 언저리에 탑을 세우니 불법에 따른 것이다.

대사는 마음의 등은 활활 불탔고 선정의 물은 파랑이 없었다. 지혜는 바다처럼 깊고 자비는 구름처럼 덮었다. 부처를 배우고 선을 깨치는 덕이 행하여졌고 마귀를 굽히고 세속을 진압하는 위력이 날카로웠다. 서쪽으로는 찬란한 공적을 드러내고 동쪽으로는 드높은 법을 펴서, 마침내 반도(盤桃)80)의 색깔이 윤택해지고 약목(若木)81)이 빛나게 하였으니, 그 성스런 공은 지혜로도 알 수 없고 그 신묘한 교화는 알음알이로도 인식할 수 없다. 그러나 오히려 법신(法身)은 모습이 없는 것이 반드시 모습을 통하여 공을 베풀고 도의 본체는 말이 소용없는 것이 반드시 말을 통하여 가르침을 보이

78) 山世 : 승려가 머무는 곳. 산중과 취락을 말함.
79) 擗踊 : 가슴을 치고 날뜀.
80) 盤桃 : 우리 나라를 지칭.『十州記』의 "東海有山 名度索山 有大桃樹 屈盤數千里" 참조. 또한 '蟠桃之島'로서 제주도로 추정하기도 함(김인배, 1989,「'해류'를 통해 본 한국 고대 민족의 이동」『역사비평』 6 참조).
81) 若木 : 해가 지는 곳에 있다는 나무.

는 법이니, 어찌 묘유(妙有)로 인하여 진공(眞空)을 징험하지 않을 것인가.

대제자 양가승총(兩街僧摠)[82] 삼중대사(三重大師)[83] 흔홍(昕弘) 등은 불가의 큰 종이자 선문의 모범으로 스승의 지난 자취를 좇고 가르침의 남은 빛을 계승하였다. 길게 탄식하기를, "비록 (스님의) 비밀스런 말씀을 마음에 새겼다 하나, 만약 기이한 자취를 돌에 새겨 두지 않는다면, 어떻게 한결같이 진실된 법을 드러내어 길이 전수할 수 있을 것인가" 하였다. 이에 대사의 행실을 엮어 임금의 은 전을 바라면서, 훌륭한 문장으로[84] 우리 대사의 덕업을 기록해 줄 것을 청하였다.

임금께서 명하기를, '그렇게 하라' 하시고, 이어 한림학사 신 김정 언(金廷彦)에게 명하기를, "돌아가신 국사 혜목대사는 행실은 구름 밖에 드높고 복은 인간세상을 흠뻑 적시었다. 너는 마땅히 큰 붓으 로 공적을 써서 검은 빗돌에 넉넉히 기록하라" 하였다. 신은 진땀이 온 몸을 적셔 머리를 조아리며 아뢰기를, "신은 밤에 새끼줄에도 쉽 게 혼동되고 공중의 실도 분간하기 어렵습니다. 보잘 것 없는 작은 재주로 현묘한 큰 행실을 기록한다는 것은 마치 달 속[85]에서 달을 잡고 검은 바다[86] 속에서 구슬을 찾는 것과 같습니다. 설사 오랜 세 월이 흘러서 푸른 하늘이 낮아져 절구 끝에 닿고, 깊은 바다가 줄어 들어 치마를 걷고 건너갈 때까지 바라는 바는 큰 공덕이 오래 가고

82) 兩街僧摠 : 僧錄司의 최고 책임자.
83) 三重大師 : 고려시대 僧階의 하나.
84) 幼婦 : "黃絹幼婦 外孫虀臼"에서 유래. 좋은 문장.
85) 蟾宮 : 달의 다른 이름. 蟾은 달빛을 이름.
86) 驪海 : 용의 일종인 驪龍. 黑龍. 여기서는 검다는 의미.

오묘한 자취가 보존되어야 한다는 것입니다" 하였다. 감히 성덕의
규모를 찬미함에 인하여 장래의 승사(僧史)에 도움이 있기를 바란
다. 거듭 그 뜻을 베풀어 마침내 다음과 같이 명을 한다.

위대하도다 오묘한 깨달음이여
아득하구나 진실된 종지여,
깊이 깊이 교화를 보이고
묵묵히 가르침을 베풀었도다.
참된 유(有)는 유가 아니고
참된 공(空)은 공이 아니니,
연꽃은 물 위에 피었고
달은 별 속에서 나오누나.
두루 대략 보이니
인간과 하늘이 우러러,
심오한 바다에 뜻 기울이고
부처의 이치에 마음 돌리누나.
선의 즐거움 맛보고
법의 기쁨에 배부름을,
그 뉘라서 이를 가지리
오직 우리 대사일 뿐.
울연히 성인을 위하고
부처를 흠앙하며,
고요한 곳에 마음을 전하고
빛나는 빛에 자취를 지키도다.
두둥실 배타고 가서
당당히 뗏목을 버려,

가서는 가섭을 전수받고
와서는 동쪽 나라 교화하였네.
부처의 해가 중천에 다시 뜨고
법의 구름이 세상을 크게 덮으니,
온 백성이 사자(師資) 관계를 맺고
임금과 신하가 서로 만났도다.
선의 마당을 기약할 만하여
문득 은혜로운 인연을 기울였는데,
계족산에 빛이 잠기니
용이(龍頤)를 어찌 만날거나.

개보[87] 8년(975, 광종 26) 세차 을해(乙亥)[88] 10월 일에 세움. 글자를 새긴 이 이정순(李貞順).

【음기】

건덕[89] 9년(971, 광종 22) 세차 신미(辛未) 10월 21일에 원화전에서 대장경을 읽을 때 황제 폐하가 조서를 내리기를, "국내 사원 가운데 오직 세 곳은 단지 그대로 두어 변동시키지 말고 문하의 제자로 서로 이어 주지하여 대대로 끊어지지 않게 하되, 이로써 법을 삼으라"라고 하였다. 이른바 고달원(高達院),[90] 희양원(曦陽院),[91]

---

87) 開寶 : 宋 太祖의 연호.
88) 淵獻 : 大淵獻. 古干支로서 '亥'에 해당.
89) 乾德 : 宋 太祖의 첫번째 연호.
90) 高達院 : 高達寺.
91) 曦陽院 : 현재의 경북 문경군 가은읍 희양산에 있는 鳳巖寺. 신라 헌강

도봉원(道峰院)[92]의 주지삼보(住持三寶)는 반드시 국왕의 힘에 의
지하였으니, 이는 석가여래가 세상에 나와 불법을 말하고 왕과 대
신에게 부촉한 일이 있기 때문이다. 그래서 우리 황제 폐하는 깊은
정으로 석문(釋門)의 묘리를 존중하고 함께 좋은 인연을 맺어 끝없
는 가르침을 펴려고 한 것이다.

   문하 제자로서 도(道), 속(俗) 등의 성명은 다음과 같다.

   중대사[93] 동광, 중대사 행근, 대사 전인, 대덕 금경, 삼중대사 훈
선, 중대사 준해, 대덕 승연, 대덕 의광, 대사 전상, 대덕 승명, 행희
화상, 행해화상, 행위화상, 승총 계정, 대통 담홍, 대덕 행길 등 5백
여 인.
  삼강전 : 원주승 효안, 전좌승 행숭, 직세승 법원, 유나승 행온
  문하 각자승 : 행언, 경연, 종능, 광규
  탑명사 : 태상 신보, 부사 좌윤 영허
  송장사 : 정보 신강, 부사 좌윤 규강
  재사 : 원윤 수영, 녹승사 영순
  수비사 : 경 규응, 직무 헌규
  장지필연관 : 진서좌직학생 이홍렴
  석장 : 잉을희

   왕 5년(879)에 智證國師 道憲이 창건. 신라 하대 구산선문의 하나인 희
   양산파의 중심 사찰. 현재 도헌의 비와 靜眞大師 兢讓碑 및 삼층석탑(국
   보 제228호)이 현존함.
  92) 道峰院 : 道峰山 寧國寺. 지금의 望月寺. 광종대에 중국에 유학하여 法
   眼文益(885~958) 문하에서 수학하고 法眼宗을 고려에 소개한 慧炬國師
   가 주석하였음. 고려 초 법안종 계통의 중심 사찰.
  93) 重大師 : 고려시대의 僧階.

병인년(966, 광종 17)에 시작한 비탑이 마침내 정축년(977, 경종 2)에 이르러 공역이 끝났다.

원주승 효안
전좌승 행숭
유나승 행온
직세승 법원

(역주 : 남동신)

24. 광주 교산리 마애약사상

    태평[1] 2년(977, 고려 경종 2) 정축 7월 29일에 옛 석불이 있던 것을(在如賜乙)[2] 중수하오니, 지금 황제(今上皇帝 : 景宗)[3]께서 오래 사시기를 기원합니다.

(역주 : 남동신)

---

1) 太平 : 원래는 太平興國으로 宋 太宗의 연호이다. 太平興國을 太平으로 생략한 예는 『太平御覽』에도 보인다.
2) 在如賜乙 : 고려시대의 이두이다. 在는 '있다'는 뜻이며, 如賜乙은 '-더시늘'에 해당한다. 여기서는 '있더시늘' 즉, '있었는데' 정도로 해석할 수 있겠다.
3) 今上皇帝 : 고려 景宗을 가리킴. 이러한 표현을 통하여 지방에서는 여전히 光宗代의 稱帝建元하던 분위기가 남아 있었음을 짐작할 수 있다.

25. 보원사 법인국사 보승탑비

가야산 보원사[1] 고 국사[2] 제증시 법인 삼중대사[3]의 비

---

1) 普願寺 : 新羅 下代에는 華嚴十刹의 하나였고(崔致遠, 『唐大薦福寺故寺主翻經大德法藏和尙傳』), 지금은 폐사지로 法印國師寶乘塔·同塔碑와 함께 고려시대의 것으로 추정되는 五層石塔·幢竿支柱·石槽 등이 남아 있다. 이 절에서 옮겨온 것으로 보이는 雲山面鐵佛坐像(8세기 중엽과 고려초 조성설이 있음)과 鐵造丈六如來坐像(고려초)이 현재 국립중앙박물관에 소장되어 있다. 이외에 6세기 중엽 경의 金銅如來立像과 8세기 후반으로 추정되는 金銅如來立像이 이 절터에서 출토되었다. 한편 法印國師寶乘塔碑에는 光宗 卽位年(949)과 同王 6년(955)에 각각 釋迦三尊金像과 三尊金像을 조성하였다고 했는데, 姜友邦은 양자를 광종 즉위년에 이루어진 동일 불상으로 보고 바로 鐵造丈六如來坐像이 그 本像이라고 하였다(강우방, 참고문헌 논문). 雲山面鐵佛坐像의 編年과 비문의 三尊金像에 관한 자료 해석은 논란의 여지가 있다.

2) 國師 : 신라와 고려시대 승려의 최고 명예직이다. 신라 孝昭王代(692~701)에 惠通을 국사로 삼았다(『三國遺事』 권5, 惠通降龍)는 자료가 첫 기록이다. 고려 전·중기에는 國政이나 僧政에 관여치 않는 상징적인 존재였으며, 수행이나 학문이 높아 나라의 師表가 될만한 高僧이 책봉되었다. 僧科·僧階制度와 결합되어 확고한 제도로 정비된 것은 광종대 이후이다(許興植, 1986, 「國師·王師制度와 그 機能」『高麗佛敎史硏究』, 一潮閣).

3) 三重大師 : 광종대 敎宗·禪宗 승려의 최고 僧階이다. 이후 교종은 首座·僧統, 禪宗은 禪師·大禪師가 추가되었다.

고려국 운주 가야산 보원사 고국사 제증시 법인 삼중대사 보승탑
비의 명 서문과 아울러

광록대부[4] 태승[5] 한림학사[6] 전내봉령[7] 신 김정언[8]이 제를 받들
어 찬하다.

유림랑[9] 사천대[10] 박사 신 한윤이 제를 받들어 쓰고 아울러 액면
에 전자를 쓰다.

공손히 생각컨대 깨달은 황제[11]인 석가(釋迦)가 곡수[12]에서 승

---

4) 光祿大夫 : 고려 초의 종3품 文散階이다.
5) 太丞 : 大丞. 고려 초의 9품계 16등급 중 3품 5등급에 해당하는 官階이
    다.
6) 翰林學士 : 고려시대 翰林院에 딸린 정4품 관직이다. 한림원은 왕의 명
    령을 받아 문서를 작성하는 일을 맡아본 관청으로 정식으로 설치된 것은
    顯宗代이지만 실제로 출발한 것은 그 이전이다.
7) 內奉令 : 고려 초 內奉省의 장관직이다. 내봉성은 內務와 百官에 관한
    사무를 맡아본 관청이다.
8) 金廷彦 : 다음의 僧碑로 그의 官歷을 알 수 있다. ① 「玉龍寺洞眞大師
    寶雲塔碑」(958, 광종 9), 通直郎 正衛 翰林學士 賜丹金魚袋 ② 「覺淵寺
    通一大師塔碑」(광종 9년 8월~11년 3월 이전), 通直郎 [正衛 翰林學士
    賜]紫金魚袋 ③ 「高達院元宗大師慧眞碑」(975, 광종 26), 光祿大夫 太丞
    翰林學士 內奉令 前禮部使 參知政事 監修國史 ④ 「普願寺法印國師寶
    乘塔碑」(978, 경종 3), 光祿大夫 太丞 翰林學士 前內奉令
9) 儒林郎 : 고려 초의 정9품 上 文散階이다.
10) 司天臺 : 고려 초 天文에 관한 사무를 맡아보던 관청이다. 太卜監・監
    ・少監・四官正・丞・卜博士・卜正을 두었다.
11) 覺帝 : 覺皇 또는 法王과 같은 말이니, 곧 부처를 지칭한다.
12) 鵠樹 : 雙樹. 裟羅雙樹를 말한다. 부처가 入滅한 곳이다. 부처가 네 쌍
    여덟 그루의 裟羅樹 사이에서 涅槃에 들었는데, 그 때 네 그루는 무성하
    였으나 나머지 네 그루는 말랐으므로 이 나무를 四榮四枯樹라 하며 잎
    이 말라죽어 흰 학과 같은 색이 되었다고 하여 鶴林이라고도 한다.

하한 후, 황태자13)인 미륵이 용화14)에서 지위를 이어받은 전까지는 대대로 어진 이가 있었는데, 그 마음이 저 부처와 같았다. 부처란 깨달음이니 그를 스승 삼아 행동해야 하는 것이다. 그러므로 증조15) 바다 구석에 불교16)를 끌어와 다시 넓히고, 반도17) 산 곁에 불보살의 가르침18)을 도와서 더욱 빛나게 하였으니, 도가 높은 이를 임금의 스승으로 삼고 덕이 두터운 자를 중생의 아버지로 삼았다. 하물며 석씨(釋氏)의 삼장19)에는 여섯 가지 뜻이 있어, 안으로 계(戒) · 정(定) · 혜(慧)이니 선(禪)의 뿌리요, 밖으로는 경(經) · 논(論) · 율(律)이니 교(敎)의 문이다. 누가 그것을 온전히 갖추었겠는가. 실로 대사라 하겠다.

---

13) 儲君 : 儲后라고도 하며, 곧 皇太子를 말한다.

14) 龍華 : 龍華樹. 彌勒菩薩이 兜率天에서 인간세상(閻浮提)에 下生하여 이 곳 아래에 앉아 正覺을 이루고 중생을 위해 3번 설법하게 되는데, 그 나무 모습이 龍이 백 가지 보석을 뿜어내는 것과 흡사하여 龍華樹라고 불렀다 한다.

15) 蒸棗 : 蟠桃와 함께 『삼국유사』 권2, 가락국기에 나온다("妾也浮海遐尋 於蒸棗 移天夐赴於蟠桃"). 이에 대해 김석형은 증조를 남해, 반도를 동해라 해석하였다(1966, 『초기 조일 관계사 연구』, 사회과학원출판사 ; 1990 『고대한일관계사』, 한마당, p.395). 김인배는 1989, 「'해류'를 통해 본 한국 고대민족의 이동」『역사비평』 6, pp.126~128에서 증조는 남해에 있는 紅島, 반도는 濟州道라고 하였다. 본 비에서는 양자 모두 우리 나라를 가리킨다.

16) 玄津 : 현묘한 나루라는 뜻으로, 곧 불교를 이른다.

17) 蟠桃 : 우리 나라를 가리킨다. 주 15 참조

18) 慧日 : 佛菩薩의 지혜나 가르침을 말한다(『無量壽經』 卷下, "慧日이 세 간을 비추어 生死의 구름을 깨끗하게 쓸어 버렸다").

19) 三藏 : 佛陀의 說法을 결집한 經藏, 僧俗의 계율과 威儀를 결집한 律藏, 敎理의 論釋을 모은 論藏을 말하는 것으로, 곧 불교 경전을 총칭한다. 이 三藏을 수행자가 반드시 닦아야 하는 3가지 기본 항목인 戒定慧 三學에 배대해서 經은 定, 律은 戒, 論은 慧의 學이라고도 한다.

대사는 법호가 탄문(坦文)이요 자는 대오(大悟)이며, 속성은 고
씨(高氏)요 광주(廣州) 고봉20) 사람이다. 할아버지는 척(陟)이니,
덕을 심은 것이 끝이 없었고 공을 이룸에 넉넉함이 있었다. 일찍이
일동(一同)21)의 장(長)이 되어 마침내 세 가지의 기이한22) 아름다
움을 빛냈다. 아버지는 능(能)이니, 그 고을23)의 이름난 가문이며
좋은 가정24)의 번성한 집안(茂族)으로 드디어 가풍(家風)의 경사를
이어받고 성하게 읍장(邑長)의 높은 이가 되었다. 어머니는 전씨(田
氏)이니, 오직 훌륭한 어머니25)의 마음을 닦고 신통스러운 아들 얻
기를 원하여 아내의 도를 받들어 행하고 어머니의 위의를 삼가 지
켰다. 꿈에 어떤 인도 승려를 보았는데 그가 금빛 나는 기이한 과실
을 주어 이로 인하여 임신을 하였다. 낳을 달이 다 되어 아버지 역
시 꿈을 꾸었는데, 법당26)이 마당 가운데에 세워져 있고 범패27)가

---

20) 高烽 : 경기도 고양군에 있다(『新增東國輿地勝覽』卷11, 高陽郡 建置沿
革條, "古高峯縣 在今治西十里 峯一作烽"). 한편 坦文의 속성인 高氏는
고봉현의 토성이다(같은 책, 高陽郡 姓氏條).

21) 一同 : 사방 100리의 땅을 말한다(『春秋左氏傳』襄公 25年, "昔天子之
地一圻 列國一同. [注] 同 方百里").

22) 三異 : 세 가지의 기이함을 말함이니, ① 해충이 국경을 침범하지 않는
것 ② 교화가 동물에까지 미치는 것 ③ 仁心이 아이에게까지 있는 것을
이른다(『後漢書』魯恭傳).

23) 花縣 : 縣의 전 지역이 꽃이 심어져 아름답다는 뜻으로, 곧 잘 다스려진
縣을 美稱한 것이다.

24) 蘭庭 : 난을 심은 뜰이라는 말로서, 여기서는 좋은 가정을 가리키는 것
같다.

25) 聖善 : 어머니를 말한다(『詩經』國風 邶 凱風, "凱風自南 吹彼棘薪 母
氏聖善 我無令人").

26) 法幢 : 幢竿, 幡竿. 幢(幡)을 달기 위한 장대를 말한다. 幢竿支柱에 法幢
을 세우고 그 머리에 幢을 단다(『高麗圖經』卷17 祠宇, "庭中立銅鑄幡
竿 下徑二尺 高十餘丈 其刑上銳 逐節相承 以黃金塗之 上爲鳳首 衘錦
幡").

그 위에 걸려 있으면서 바람에 따라 흔들리고 햇빛을 받으며 나부
끼고 있었으며, 많은 사람들이 그 밑에 모여 쳐다보는 것이 담을 두
른 듯하였다. 건녕(乾寧) 7년(900, 효공왕 4) 세차(歲次) 경신(庚
申)28) 가을 8월 14일 하늘이 밝아 올 때 대사가 탄생하였다.

  대사는 태(胎)가 목을 둘러 드리운 것이 마치 방포29)를 입혀 놓
은 것과 같았다. 태어나면서부터 기골이 있었고 어려서도 말을 함
부로 하지 않았다. 불상30)을 보면 마음을 경건하게 하였고 승려31)
를 마주해서는 합장하였으니, 그 근기가 거의 익었고 착한 싹이 일
찍부터 움텄음을 보겠다. 나이 겨우 5세에 속세를 벗어나려는 심정
이 도타웠고 티끌 세상을 떠날 뜻이 있었다. 자취를 불문에 의탁하
고 마음을 절32)에 붙이기를 원하여 먼저 어머니에게 말씀드리니,
어머니는 옛날의 꿈을 생각하고 울면서 말하기를, "좋다. 오는 세상
을 제도하기를 원한다. 내 다시는 문에 기대어 자식을 기다리는 마
음33)에 흔들리지 않겠다"라고 하였다. 이후에 아버지를 뵈니 아버

27) 梵旆 : 당간에 다는 旗를 말한다.
28) 龍集涒灘 : 龍集은 해를 干支를 좇아 정한 차례, 곧 歲次를 뜻한다. 涒
  灘은 古甲子에서 申을 가리킨다. 여기서는 庚을 가리키는 上章을 생략
  하였다.
29) 方袍 : 비구가 입는 3종 가사를 말한다. 모가 난 옷이란 뜻이니, 가사를
  펴면 네모가 져 있기 때문에 이렇게 이름한 것이다.
30) 金像 : 佛像을 말한다.
31) 桑門 : 범어 śramaṇa의 음역. 佛徒·僧侶·沙門을 가리킨다(張衡, 『西
  京賦』, "治心修靜 行乞以自給 謂之沙門 或曰桑門 總謂之僧").
32) 金界 : 황금으로 두른 경계, 곧 절을 말한다. 舍衛城의 須達多(또는 給
  孤獨)라는 長子가 석가에게 불법을 널리 펼 수 있도록 祇陀太子의 동산
  을 매입하여 祇園精舍를 세워 바쳤는데 이 때 동산을 산 값이 황금으로
  그 땅을 덮을 만하였다고 한데서 유래한다.
33) 倚門之念 : 어머니가 문에 기대어 아들이 돌아오기를 기다리는 간절한

지도 기뻐하며 말하기를, "좋다"라고 하였다. 곧 머리를 깎고 부모님과 헤어졌으며, 마음을 닦고 불법을 배우기 위해 향산[34]에 있는 큰 절의 대덕화상(大德和尚)을 뵈었다. 화상은 대사의 풍채[35]가 기이한 상이고 나계[36]가 남다른 자태임을 보고서 말하기를, "나이는 어린데 이미 노성한 덕을 품고 있구나. 자네 같은 자가 나를 스승으로 삼는 것은 나무 그루터기를 지키며 토끼를 기다리고[37] 나무에 올라 고기를 구하는 것[38]과 같다. 나는 너의 스승이 아니다. 나은 곳으로 가도록 하라" 라고 하였다.

그리하여 대사는 승려 중에 참된 자는 반드시 방문하고, 자취 중에 오래된 곳은 필히 찾아가 보고자 하여, 마침 떠나려고 뵈니 말하기를, "고로(古老)가 서로 전하는데, 향성산[39] 안에 옛 절터가 있으니 옛날에 원효보살[40]과 의상대덕[41]이 함께 지내면서 쉬던 곳이라

마음을 말한다(『戰國策』齊篇).

34) 鄕山 : 지금의 북한산으로 추정된다. 경기도 고양군 신도읍 북한리에 위치한 元曉庵과 그 부근의 元曉峰·義湘峰은 원효와 의상이 좌선했다는 전설이 전하고 있다.

35) 鳳毛 : 풍채와 기백이 빼어나거나 文才가 뛰어남을 뜻한다.

36) 螺髻 : 螺髮과 肉髻. 전자는 오른쪽으로 말린 꼬불꼬불한 나선형 모양의 머리카락이고, 후자는 보통 부처의 머리 위에 혹과 같이 살이 올라온 것이나 머리뼈가 튀어나온 것으로 지혜를 상징한다.

37) 守株待兎 : 농부가 우연히 나무 그루에 부딪쳐 죽은 토끼를 잡은 후, 또 잡을까 하여 일도 하지 않고 나무 그루만 지켜보고 있었다고 하는 고사에서 유래한 말로, 곧 變通할 줄을 모르거나 힘들이지 않고서 무엇인가를 얻으려는 잘못된 생각을 비유한다(『韓非子』五蠹, "宋人有耕田者 田中有株 兎走觸株 折頸而死 因釋其耒而守株 冀復得兎 兎不可復得 而身爲宋國笑 今欲以先王之政 治當世之民 皆守株之類也").

38) 緣木求魚 : 나무에 올라 물고기를 구한다는 뜻으로, 곧 불가능하다는 비유이다(『孟子』梁惠王上, "以若所爲 求若所欲 猶緣木而求魚也").

39) 鄕城山 : 鄕山을 이른다. 주 34 참조.

40) 元曉菩薩 : 617~686년. 신라 6두품 출신으로서 주로 경주 일대를 중심

고 한다."라고 하였다. 대사는 이미 이 성스러운 자취가 있다는 애기를 듣고서 '어찌 저 현묘한 터에 가서 선(善)을 닦지 않겠는가' 하고, 드디어 그 옛 터에 초막을 짓고서 분주히 움직이는 마음42)을 잡아 가두고 안주하지 못하는 생각43)을 잡아매며, 발을 쉬고 마음을 재계하면서 수년을 보냈다. 당시 사람들이 성사미(聖沙彌)라 불렀다.

대사는 신엄대덕44)이 장의산사45)에 머물면서 『화엄경』46)을 강설한다는 말을 들었다. 명공(名公)의 제자가 되기를 바라고 진불(眞佛)의 법손이 되기를 원하여 특별히 그 절로 찾아갔다. 겨우 제자가 되자마자 곧 『화엄경』47)을 독송하였는데, 1권을 하루에 외우는데 빠뜨려 남기는 것이 조금도 없었다. 엄공(嚴公)이 그릇이라 여겨 크

으로 불교 교학의 체계화와 대중화에 힘썼다. 一心思想에 근거한 和諍思想이 특징적이며 대표적 저술로『大乘起信論疏』·『金剛三昧經論』·『華嚴經疏』·『十門和諍論』등이 있다.

41) 義想大德 : 625~702년. 신라 진골 출신이다. 신라 화엄종의 개조로서 浮石寺와 洛山寺를 중심으로 화엄사상의 실천에 주력하였으며, 주요 저술로는「華嚴一乘法界圖」가 있다.

42) 心猿 : 마음이 분주하게 움직이는 것을 원숭이에 비유한 말이다(『大乘本生心地觀經』卷8, "마음이 원숭이 같아서 五欲의 나무에 놀면서 잠시도 쉬지 않는다").

43) 意馬 : 外境을 좇아 일정한 곳에 안주하지 못하는 인간의 의식을 날뛰는 말에 비유한 말이다.『趙州錄遺表』에 "心猿은 뛰기를 그치고 意馬는 날뛰는 것을 쉬어라"라고 하였다.

44) 信嚴大德 : 화엄종 승려로 추정되나 자세한 행적은 미상이다.

45) 莊義山寺 : 藏義寺. 서울 彰義門 밖에 있었다. 신라 문무왕이 백제와의 黃山戰鬪에서 전사한 長春郎과 罷郎의 명복을 기리고자 세웠다(『新增東國輿地勝覽』권3, 漢城府 佛宇條). 현재 종로구 세검정 초등학교로 추정된다. 교정 동쪽에 높이 3.6m의 당간지주(보물 제235호)가 남아 있다.

46) 雜華 :『華嚴經』의 다른 이름이다.

47) 雜華經 :『華嚴經』의 별칭이다.

게 기뻐하면서 말하기를, "옛 스승이 말하기를, '현명한 이는 하루
에 30명의 사나이를 대적하고 뒤에 출발했으나 먼저 이른다'라고
했는데, 장차 이 사람이 아닌가"라고 하였으니, 과연 '정성을 다해
마음에 남기어 잃지 아니한다'[48]는 말과 '스승이 가르쳐 주지 않았
는데도 공은 배나 되었다'라는 말을 징험한 것이다. 용수[49]가 사람
을 교화한 설법으로 바로 심전(心傳)을 얻게 되었으니, 불화[50]가 도
를 강론한 말씀이 어찌 목어[51]를 수고롭히랴.

  비록 그러하나 묘한 깨달음에는 오히려 율의(律儀)가 있는 것이
니, 나이 15세에 드디어 장의사에서 구족계(具足戒)를 받았다. 처음
율사(律師)의 꿈에 한 신승(神僧)이 나와 말하기를, "새로 계를 받
는 사미가 있을 것인데, 이름이 문(文)이란 자이다. 이 사미는 보통
사람이 아닐 뿐더러 법에 대해서는 화엄의 큰 그릇 감이다. 어찌 하
필 몸을 수고롭게 하여 계를 받겠는가"라고 하였다. 깨어나서 찾아
보니 대사의 이름이 바로 이것이었다. 율사가 기이하게 여겨 전의
꿈을 설명하면서 말하기를, "신인이 그와 같이 경계하였으니 어찌
구족계를 받을 필요가 있겠는가"라고 하였다. 이에 대사는 말하기
를, "제 마음은 구르는 돌이 아닌데,[52] 어찌 물러섬이 있겠습니까?

---

48) 拳拳服膺 : 받들어 잡아서 마음과 가슴의 사이에 붙여 두는 것이니, 능
   히 지킴을 말한다(『禮記』 中庸).
49) 龍樹 : 범어 Nāgārjuna. 佛滅 후 600~700년 경(B.C. 3~2C.) 南印度 출
   신이다. 馬鳴의 뒤를 이어 인도 대승불교를 크게 선양하였다. 특히 緣起
   −無自性−空이라는 논리로 空思想을 전개하여 이후의 모든 대승불교에
   큰 영향을 미쳤다. 저서는 『中論』·『大智度論』·『十二門論』 등이 있다.
50) 佛華 : 부처를 지칭하는 듯하다.
51) 目語 : 눈짓하여 의사를 소통하는 것을 말한다.
52) 我心匪石 : 내 마음은 구르는 돌이 아니다라는 말이니, 곧 지조나 결심
   이 굳음을 뜻한다(『詩經』 國風 邶 柏舟, "我心匪石 不可轉也 我心匪席
   不可卷也 威儀棣棣 不可選也").

불타의 자손이라 일컬어지기를 원하므로 보살계53)를 받는 것이 마땅합니다"라고 하고, 드디어 계향(戒香)을 받으니 행엽(行葉)이 더욱 향내났다.

이로 말미암아 깊숙한 데서54) 소래를 냈으나 천 리에까지 반응하였다. 그리하여 태조는 대사가 치림(緇林)에서 뛰어난 자이고 각수(覺樹)에서 지혜의 가지임을 듣고서 제(制)하여 말하기를, "이미 어려서 남다름을 드러내어 성사미라 불리었으니, 마땅히 금일에는 기이함을 나타내어 별화상(別和尙)이라 칭해져야 할 것이다"라고 하였으니 이는 이르되, '명예를 피하려 해도 명예가 나를 따르고 명성를 피하려 해도 명성이 나를 좇는다'55)는 것이다.

용덕(龍德) 원년(921, 태조 4) 해회(海會)56)를 두어 승려를 선발할 때 제(制)하기를, "장의산사 별화상(莊義別和尙)은 하필 다시 거사57)가 되겠는가. 바야흐로 명승(名僧)을 만들어라"라고 하고, 마침내 발탁해서 시관58)으로 삼으니 비유컨대 종을 치니 크게 울리면서도 끊어지지 않고 널리 퍼진다는 경우가 여기에 있다고 하겠다.

동광(同光) 병술년(926, 태조 6) 태조는 유왕후59)가 임신하여 특

---

53) 菩薩戒 : 4부대중인 불자는 누구나 다 받는 大乘戒를 말한다. 대승계는 『梵網經』의 10重 47輕戒를 가리킨다.

54) 九皐 : 水澤의 으슥하고 깊은 곳으로 深遠한 곳을 비유한다(『詩經』 小雅 彤弓之什 鶴鳴, "鶴鳴于九皐 聲聞于天").

55) 逃名名我隨 避聲聲我追 : 『後漢書』逸民, 法眞傳, "逃名而名我隨 避名而名我追" 에서 유래한다.

56) 海會 : 고려 태조 때 승려 선발을 위해 실시한 것으로 僧科의 시초이다 (許興植, 1986, 『高麗佛敎史硏究』, 一潮閣, pp.364~365).

57) 居士 : 경제적으로 넉넉한 재가 불교신자를 말한다.

58) 問者 : 僧科의 試官을 말하는 것으로 보인다.

59) 劉王后 : 고려 태조의 后妃인 神明王后 劉氏로 제3대 定宗과 제4대 光宗의 어머니이다. 忠州人으로 贈太師 內史令 劉兢達의 딸이다. 시호는

별한 꿈을 꾸었으므로 대추 열매 같은 마음에 의지하여 옥같이 넉
넉한 영명스러운 자질을 낳고자 하여, 드디어 대사를 청하여 법력
을 기원하였다. 이에 금로(金鑪)에 향을 불사르고 옥축60)에서 불경
을 열어 남자 아이 낳기61)를 원하고 순산하기62)를 바랐다. 후일 과
연 징험해 보니 왕자(王者)가 될 만한 상63)으로 기이한 자태였으며
천자 같은 얼굴64)은 특이한 관상이었다. 단정히 궁궐65)에 거처하면
서 나라66)를 이어받아 지키게 되니 이 분이 바로 대성왕(大成王)67)
이시다. 실로 대사는 부처를 터득한 마음이 깊고 하늘을 받드는 힘
이 두터워서 신묘한 감응(妙感)은 복이 자손에게 드리워지기68)를
빌었고 유현한 공적(玄功)은 복이 밝은 덕 잇기69)를 원했다. 태조가

神明順聖太后이다(『高麗史』 卷88, 列傳1 后妃1).

60) 玉軸 : 옥으로 된 축으로 書畵의 表裝에 쓰이는데, 일반적으로 불경을
   가리킨다.

61) 維熊之吉夢 : 꿈에 陽의 祥瑞를 지닌 곰(熊)이나 말곰(羆)을 보면 좋은
   데, 이는 아들을 낳기 때문이라는 데서 유래한 말이다(『詩經』 小雅 祈
   父, "大人占之 維熊維羆 男子之祥").

62) 如羍之誕生 : 양(羍)과 같이 難産없이 쉽게 새끼를 낳는다는 말이니, 곧
   順産을 뜻한다(『詩經』 大雅 生民之什 生民, "誕彌厥月 先生如達 不坼
   不副 無菑無害 以赫厥靈 上帝不寧 不康禋祀 居然生子"). 達은 새끼양
   을 뜻한다.

63) 日角 : 이마 중앙의 뼈가 마치 해모양(日形)처럼 튀어나온 것으로 王者
   相을 뜻한다.

64) 天顔 : 天子의 얼굴로 御顔 또는 龍顔이라고도 한다.

65) 鶴禁 : 황태자의 궁궐을 일컫는다. 鶴은 태자의 거처를 상징하는 것으로
   범인이 함부로 들어가지 못하는 곳이기에 鶴禁이라 한다.

66) 鴻圖 : 큰 계획, 큰 판도, 큰 영토 등의 뜻으로 여기서는 왕이 다스릴 영
   토, 즉 나라를 말한다.

67) 大成王 : 고려 제4대 光宗(재위 949~975)의 시호이다.

68) 垂裕 : 道를 후세에 남기는 데 여유가 있음을 말한다(『書經』 商書 仲虺
   之誥, "德日新 萬邦惟懷 志自滿 九族乃離 王懋昭大德 建中于民 以義
   制事 以禮制心 垂裕後昆").

심히 좋게 여겨 편지를 띄워 노고를 치하하였다.

이후 구룡산사70)로 옮겨 머물면서 『화엄경』을 강설하였는데 뭇 새가 방 앞에 둘러 있었고 호랑이71)가 뜰 아래에 엎드려 있었다. 문인들이 둥그러니 둘러서서 보고 떠니 대사는 편안한 얼굴로 태연히 말하기를, "너희들은 시끄럽게 하지 마라. 이것들은 진기한 날짐승이요 달리는 짐승으로 법에 귀의하고 승려에 의지하고 있을 뿐이다"라고 하였다.

다음해 봄 대사는 행(行)은 초계비구(草繫比丘)의 마음72)을 닦았고 덕(德)은 화엄의 수장들 중 으뜸이 되어 별대덕(別大德)73)에 제수되었다. 이에 배우는 자들을 잘 가르치니 이로부터 배움을 청하는74) 자가 헤아릴 수 없이 많아75) 실로 문도가 번성하였다.76)

---

69) 繼明 : 明德을 계승함을 말한다(『易經』離, "象曰 明兩作離 大人以繼明照于四方").

70) 九龍山寺 : 羅末麗初 당시의 화엄종 계통 사찰이나 현재 위치는 미상이다.

71) 於菟 : 오토라 읽는다. 中國 春秋時代 楚國에서 호랑이를 이르던 말이다(『春秋左氏傳』宣公 4年, "楚人謂乳穀 謂虎於菟").

72) 草繫之心 : 풀에 얽매인 비구의 마음을 말한다. 석가 당시 어떤 比丘가 도적들에게 물건을 빼앗기고 풀에 묶이게 되었는데, 비구는 풀을 다치게 하는 것도 살생이라 여겨 그것을 끊지 않고 며칠을 그냥 묶여 있었다. 때마침 왕이 사냥을 나와 이를 보고 크게 감동하고 불교에 귀의했다는 데서 유래한다. 이는 곧 禁戒의 중요하고 엄격함을 비유한 것이다(『賢愚經』).

73) 別大德 : 大德은 僧階의 하나이고, '別'은 대덕 중에서 특별한 대덕이라는 수식어로 쓰인 것 같다. 비문 앞 부분에 나오는 聖沙彌나 別和尚 등과 같은 경우이다.

74) 請益 : 佛家에서 學人이 일정한 儀式을 거쳐 스승에게 법문 듣기를 청함으로써 자신을 이익이 되게 하는 것이다. 원래 儒家에서 일단 가르쳐 준 내용에 대해 더욱 설명해 주기를 청할 때 쓰던 말이었다(『禮記』曲禮上). 禪宗에서는 청익에 대한 일정한 作法을 여러 문헌에서 규정하고 있

태조가 바야흐로 온 나라를 통합[77]하려고 불교[78]를 공경하여 숭배하였다. 청태[79] 초에 서백산(西伯山)[80]에 있는 신랑(神朗)[81] 태대덕(太大德)이 각현(覺賢)[82]이 남긴 사업을 잇고 방광(方廣)[83]의 비밀스런 종지를 펼쳤는데, 지금은 나이가 세상을 떠날 때가 되어[84] 모습이 쇠약해졌다[85]는 말을 듣고서 드디어 대사에게 낭공(朗公)한테 가 보도록 청하였다. 낭공은 옥으로 만든 자루[86]를 잡고 지시하면서 부처의 말씀[87]을 강연하고 ……법을 익힌 자였다. 대사가

다(『勅修百丈淸規』卷6, 請益).

75) 其麗不億 : 그 수가 헤아릴 수 없이 많음을 말한다(『詩經』大雅 文王之什 文王, "商之孫子 其麗不億"). 麗와 麗는 모두 數를 말한다.

76) 寔繁有徒 : 이 말은 원래 夏나라 桀임금의 시대에는 어진이를 업신여기고 권세에 아부하는 무리들이 득실거렸다는 데서 유래한다(『書經』商書 仲虺之誥, "簡賢附勢 寔繁有徒").

77) 糺合龍邦 : 後三國 통일을 말한다.

78) 象敎 : 불교를 지칭한다.

79) 淸泰 : 後唐의 연호로 934~936년까지 이다.

80) 西伯山 : 화엄종 소속 사찰인 西伯寺가 있었던 산이나 위치는 미상이다(南東信, 1993, 「羅末麗初 華嚴宗團의 대응과 『(華嚴)神衆經』의 성립」『外大史學』5, p.166).

81) 神朗 : 10세기 초 무렵 海印寺 주지로 있으면서 『화엄경』을 강설하였던 希朗으로 추정된다(南東信, 위의 논문, pp.165~168).

82) 覺賢 : 359~429년. 인도 가비라국 사람으로 梵名은 佛馱跋陀羅이다. 인도에 유학한 중국 승려 智嚴의 청으로 중국에 와서 鳩摩羅什과 法相을 논하고 慧遠을 위하여 처음으로 禪經을 강설하였다. 418년 『화엄경』을 번역하고 이 밖에 15부 117권을 번역하였다(『高僧傳』卷2, 佛馱跋陀羅).

83) 方廣 : 大乘經典의 통칭으로 쓰인다.

84) 桑楡 : 지는 해의 그림자가 뽕나무와 느릅나무 끝에 남아 있다는 뜻에서 해가 지는 곳을 말하며 이와 관련하여 노인의 말년이나 죽을 때를 의미한다.

85) 蒲柳 : 냇버들로 이 잎이 가을에 제일 먼저 지니, 곧 신체가 허약함을 이른다.

86) 玉柄 : 拂子 중에서 옥으로 된 손잡이를 말한다.

드디어 서백산에 가서 (낭공이 설하는)『화엄경』삼본88)을 들었으니, 어찌 석가모니89)가 가섭에게 은밀히 전수하고 유마거사90)가 문수에게 묵묵히 대한 것과 다르리요. 그런데 낭공이 (대사와) 응대하다가 부끄러운 빛을 띠면서 말하기를, "옛날 유동보살(儒童菩薩)91)이 '나를 일으키는 자는 상(商)이로구나!'92)라고 하더니, 이제 화엄대교(華嚴大敎)가 여기에서 성하겠구나"라고 하였다.

천복(天福) 7년(942, 태조 25) 가을 7월 염주93)와 백주94) 두 주의 땅이 메뚜기 떼로 농사에 피해를 입었다. 대사가 법주(法主)가 되어『대반야경』95)을 강설하니 한 마디 겨우 법을 연설하자마자 온갖 벌

---

87) 金言 : 黃金身의 입으로 한 말로서, 곧 부처의 입에서 나온 불멸의 法語를 말한다.

88) 雜華三本 : 60권본, 80권본, 40권본의 三本『華嚴經』을 가리킨다.

89) 善逝 : 범어 Sugata의 한역으로 如來 十號의 하나이다. 잘 가는 이란 뜻으로, 미혹의 세계를 뛰어 넘어서 다시 미혹으로 돌아오지 않는 이, 곧 如來를 말한다.

90) 淨名 : 維摩居士의 별칭이며 杜口大士라고도 한다. 文殊菩薩이 그에게 菩薩이 不二法門에 드는 것을 물었으나 묵묵히 말이 없었는데 그것이 곧 대답이었다고 한다(『維摩經』入不二法門品).

91) 儒童菩薩 : 年少한 보살이라는 뜻으로, 석가세존이 전생에 보살이 되어 燃燈佛을 공양할 때의 이름이다. 여기서는 孔子를 가리킨다.『海錄碎事』(宋, 葉廷珪 撰) 권13에『淸淨法行經』을 인용하여 부처께서 三弟子를 보내어 震旦을 교화하였으니 儒童菩薩은 孔丘, 淨光菩薩은 顔回, 摩訶迦葉은 老子라고 하였다.

92) 起予者 商也 : 孔子가 자신를 계발시켜 준 제자 商(子夏의 이름)을 칭찬해서 한 말이다(『論語』八佾, "起予者 商也 始可與言詩已矣").

93) 鹽州 : 황해도 연백군 연안읍의 옛 이름이다.

94) 白州 : 황해도 연백군 배천의 옛 이름이다.

95) 大般若經 :『大般若波羅蜜多經』의 약칭이며 600권으로 唐의 玄奘이 번역했다. 空思想을 천명하고 있으며 六波羅蜜 중 般若波羅蜜을 강조하고 있다. 이 경의 제398권에 "誦持하는 자, 轉讀하는 자, 思惟하는 자, 如實히 행하는 자는 모든 惡趣에 떨어지지 않는 法을 얻을 것이다"라고 하

레들이 더 이상 재앙이 되지 못했다. 이 해에 풍년이 들어 도리어 만물이 태평해졌다.

혜종(惠宗)이 왕위를 이어 『화엄경』삼본을 사경(寫經)하여 일이 끝나자 천성전(天成殿)에 법연을 제대로 베풀고서 대사를 청하여 그 경을 강설 열람하고 겸하여 경찬불사96)를 펴서 보배로운 게송를 널리 선양하고 꽃다운 인연을 길이 맺었다. (일이 끝나자) 대사에게 (『화엄경』삼본을) 붙여 구룡산사에 보내 드렸고 별도로 법의97)를 드리고 진귀한 차를 폐백으로 드렸으며 선향(仙香)을 딸려서 드렸다.

정종(定宗)이 즉위하자 드디어 구룡산사에 설법의 자리를 두고 대사를 법주로 삼았다. (대사는) …… 임금이 나라를 다스리는 데에98) 많은 복이 있기를 기원했다.

대성대왕(광종)이 즉위하여 한층 십선99)을 닦고 더욱 삼귀100)에 힘썼다. 정성스런 참마음을 우러러 펴고 성실함을 배로 더하여 매번 우리 스승의 모습 보기를 저 부처의 화상101) 보듯 하였다. 그리

<hr>

였기에, 除災招福과 鎭護國家를 위하여 신앙적으로 폭넓게 誦持 轉讀되었다. 고려 高宗代 蒙古 격퇴를 기원하여 이루어진 再雕大藏經에 이 경이 그 첫머리에 나옴은 이 때문이다.

96) 慶讚 : 불상·경전 등을 봉안할 때 또는 절·탑 등의 佛事를 마쳤을 때 경축하고 佛德을 찬양하는 행사를 말한다.

97) 法衣 : 승려의 의복을 말한다. 원래는 석존이 정한 比丘가 입는 三衣(僧伽梨·鬱多羅僧·安陀會)와 比丘尼가 입는 五衣(僧伽梨·鬱多羅僧·安陀會·僧祇支·厥修羅)를 가르킨다. 우리 나라와 중국·일본에서는 기후와 풍토관계로 三衣가 형식화되었다.

98) 君臨 : 천자가 되어 나라를 다스림을 뜻한다.

99) 十善 : 열 가지의 착한 행위를 말하는데, 이는 十惡(殺生·偸盜·邪淫·妄語·兩說·惡口·綺語·貪欲·瞋恚·邪見)을 여의는 것이다.

100) 三歸 : 佛·法·僧에 귀의함을 말한다.

101) 晬容 : 원래 임금의 화상을 말하나, 여기서는 부처의 화상이란 뜻으로

하여 대사를 청하여 법의 힘에 기도하였다. 대사는 승천(僧泉)[102]이 주미[103]를 흔들고 혜필(惠弼)[104]이 용의 턱[105]을 움직이듯 (광종이) 즉위한[106] 현묘한 공을 선양하고 나라를 교화하는 묘밀한 법을 강설하였다. 그러므로 이에 때는 편안하고 도는 커졌으며 나라는 성장하고 가정은 창성하였다. …… 엎드려 대왕을 위하여 부처를 받들고 옥 같은 게송을 베풀었으며, 법왕[107]의 도를 공경하고 군자의 나라[108]를 빛내려고 석가삼존금상(釋迦三尊金像)을 조성하였다.

광종이 나라를 다스린 지 4년(953, 광종 4) 봄에 대사가 불사리 3과를 얻어서 유리 단지[109]에 담아 법당에 안치하였다. 며칠 후 밤에 꿈을 꾸었는데 일곱 승려가 동방에서 와서 말하기를, "지금 묘한 서원(誓願)이 모두 원만하고 신령스런 모습으로 온 세상이 두루 교화되었기에 왔소"라고 했다. 깨어나서 그 단지를 보니 사리가 뱅뱅 돌기를 세 번 하였고 …… 절에 세운(世運)을 만회하기 위한[110] 감실

쓰였다.

102) 僧泉 : 승려임이 분명하나 전기는 알 수 없다.

103) 麈尾 : 글자 뜻은 고라니의 꼬리이다. 이는 淸談家에서 담론할 때에 손에 들고 한 것을 효시로 한다. 후에 승려들도 지녀 法具의 하나가 되었는데, 설법할 때나 경론을 강의할 때 象牙 등에 붙여 사용하였다.

104) 惠弼 : 속성은 蔣氏로 중국 陳·隋代의 승려이다(『續高僧傳』卷9, 慧弼傳).

105) 龍頤 : 慧弼이 어릴 때 모두들 그의 神爽을 보고 장래 큰 인물이 될 것이라고 찬탄하였다는 데서 유래한다(『續高僧傳』卷9, 慧弼傳 ; 『大正新修大藏經』권50, p.494下, "此子若逢鳳德 終爲王佐之才 旣挺龍頤 必有封侯之應").

106) 莅阼 : 천자가 보위에 오름을 말한다.

107) 法王 : 覺皇 또는 覺帝와 같은 말이니, 곧 부처를 지칭한다.

108) 君子國 : 원래 新羅를 가리키나(『唐書』新羅傳, "新羅號君子國"), 여기서는 우리 나라 곧 고려를 말한다.

109) 瑠璃甖 : 瑠璃로 만든 단지를 말한다. 瑠璃는 청정함을 상징한다.

110) 補天練石 : 三皇 때에 女媧가 하늘의 西北이 부족하기에 五色의 돌로

(龕室)을 일으켜서[111] 임금의 수명을 연장하고 성스러운 교화를 도왔다.

현덕(顯德) 2년(955, 광종 6) 여름 대사는 법체가 편하지 않고[112] 찡그린 얼굴에 병색이 있었다. 어느 날 밤 꿈에 거사 30여 인이 배를 대놓고 와서 대사를 태워 서쪽으로 가려고 하였다. 대사가 바야흐로 말하기를, "이것이 내가 탈 배로 서쪽으로 가는 것이구나"라고 하고, "나는 세상에 나면서부터 도에 뜻을 두어 하늘의 가르침[113]을 공경히 펴서 바다 같은 ……을 크게 구제하기를 원했소. …… 세상 떠나기를 어찌 그리 서두르오"라고 하니, 거사들이 듣고 배를 돌려 후일을 기약하고서 갔다. 이후 수명이 멀리 연장됨을 얻었고 관화(貫花)[114]가 더욱 번성함을 다하였으니, 이는 '정신이 꿈에 통하고 혼령이 유명(幽明)을 징험한 것이다'를 이름이다. 대사가 문인에게 고하여 말하기를, "성군(聖君)께서 나를 불러다 스승이라 칭하였으니 임금께 부처로써 보답하겠다"라고 하고서 임금[115]의 만수를 받들어 축원하기 위해 삼존금상(三尊金像)을 조성하니 시대[116]가 새로워지고 큰 계획[117]에 빛남이 있었다.

건[덕 6년][118](968, 광종 19) (왕은) …… 대궐 안에 대장경법회

써 그곳을 보충했다는 데서 유래한다(『淮南子』覽冥訓, "女媧鍊五色石以補蒼天"). 이는 人力으로서 天然의 조화가 부족한 부분을 보충한다는 말로, 곧 世運을 挽回하는 것을 말한다.

111) 於置地□金之利, 起補天練石之龕 : 절에다 석탑을 세워 불사리 3과를 안치한 사실을 말하는 듯하다. 현재 보원사지에는 고려시대에 조성된 것으로 보이는 5층석탑 1기가 남아 있다.

112) 乖和 : 신체의 조화가 어그러짐을 말한다.

113) 天敎 : 여기서는 불교를 말한다.

114) 貫花 : 꿰어진 꽃, 곧 敎化를 의미하는 것으로 보인다.

115) 玉皇 : 道家에서 하느님을 일컫는 말로, 여기서는 光宗을 가리킨다.

116) 鳳曆 : 책력을 말한다. 여기서는 새로운 시대를 뜻한다.

117) 鴻圖 : 큰 계획을 말한다.

(大藏經法會)를 두고 급히 편지119)를 날려 대사를 대궐120)로 불러 오게 하였다. 대사가 산사의 문을 떠나 개경의 절121)에 도착하니 대왕이 승(僧)과 속(俗)의 사신을 보내어 내도량122)으로 맞아들였는데, 돋보이게 예우했고 여래같이 공경히 하여 별도로 마납가사123)와 아울러 백마노염주124)를 드렸다.

이 해 가을 9월에 귀법사를 새로 중창하였는데125) 물이 졸졸 흘러 명주로 감싼 듯하고 산은 우뚝하여 병풍 둘러 열린 듯하였다. 아울러 법당126)은 …… 바로 개사127)가 사는 깨끗한 곳이요 진인128)

---

118) 乾[德六年] : 비문에 의하면 이 해에 탄문은 王師가 되었다. 왕사가 된 해는 968년이다(『高麗史』 권2, 광종 19년, "以僧惠居爲國師 坦文爲王師"). 그 해가 바로 乾德六年이 되는 것이다.

119) 芝檢 : 芝는 영지라는 상서른 풀로 王者의 仁德을 상징하며, 檢은 문서를 봉한 곳에 글자를 쓰거나 표시하는 것으로, 이 두 글자를 합해서 왕의 편지를 의미한다.

120) 珠宮 : 玉으로 아름답게 꾸민 宮, 곧 대궐을 美稱한 말이다.

121) 金地 : 황금으로 두른 지역, 곧 절을 말한다. 金界와 같은 말이다.

122) 內道場 : 궁궐 안에 있는 절을 말한다.

123) 磨衲袈裟 : 비단 袈裟를 말한다. 『六祖壇經』에 의하면 唐 中宗이 705년 六祖慧能에게 비단 紫磨로 짠 袈裟와 水晶珠를 공양하였다고 한다.

124) 白碼磖念珠 : 흰색의 아름다운 석영의 일종인 마노로 만든 염주를 말한다.

125) 新刱歸法寺 : 귀법사는 경기도 개풍군 영남면에 있었던 고려시대의 절이다. 963년(光宗 14)에 창건되었으며(『高麗史』 卷2, 광종 14년, "秋七月 創歸法寺"), 화엄종의 중심사찰로서 坦文과 均如가 머물렀다. 新刱은 963년 初創 이후에 있었던 重創을 뜻하는 것으로 보인다.

126) 像殿 : 불상을 봉안한 전당을 말한다.

127) 開士 : 범어 Bodhisattva의 意譯이고, 이 音譯이 菩薩이다. 佛法을 열어 중생을 교화 인도하는 자를 말한다.

128) 眞人 : 佛敎에서는 협의로 소승에서 최고의 깨달음을 얻은 阿羅漢(Arhan)을 가리키나, 광의로는 大·小乘을 통하여 진리를 깨달은 이로서 곧 부처를 가리킨다. 한편 道敎에서는 道를 깨달은 자, 또는 神仙을 말한다. 여기서는 불교적 의미로 쓰였다.

이 사는 맑은 집이었기에, 드디어 대사에게 머물기를 청하였다. 대사가 가서 거주하니 엄연히 절129) 같았다. 별도로 계금가사130)와 아울러 법의(法衣)를 보내 드렸고 태자131)도 우리 스승을 믿었는데 정성이 임금의 뜻과 같았으며 별도로 법의와 아울러 한명(漢茗)과 만향(蠻香) 등을 드렸다.

　이 해 겨울 10월에 대왕은 대사가 석문(釋門)의 종주(宗主)요 험한 길에서 이끄는 스승으로서 조람(組纜)132)의 비밀스런 종지를 연설하고 우리 나라133)의 ……을 교화한다고 하여, 이에 오랜 덕망134)을 높이 숭상하며 큰 자비에 깊이 감응하여 승려와 속인의 사신을 보내 소(疏)를 받들어 왕사135)가 되어 주기를 청하였다. 대사

---

129) 化城 : 부처가 신통력을 내어 일시적으로 만든 城이다. 부처는 방편으로 이 성을 만들어 피곤에 지친 수행자들을 일시 쉬게 하고 기력을 회복시켜 결국 깨달음에 이르게 했다고 한다(『法華經』化城喩品). 한편 절을 달리 일컫는 말로 쓰이기도 한다. 여기서는 후자의 뜻으로 쓰였다.

130) 罽錦袈裟 : 罽는 모직물이고, 錦은 비단의 일종이니, 곧 모직과 비단으로 된 좋은 가사를 말한다.

131) 儲后 : 儲君과 같은 말로, 皇太子를 말한다. 여기서는 광종의 장남으로 뒤에 景宗이 된 伷를 지칭한다.

132) 組纜 : 素怛纜의 뜻으로 쓰인 듯하다. 이는 범어 Sūtra의 음역으로 經을 말한다.

133) 扶桑 : 잎은 뽕잎 비슷하고(桑) 키가 수천 丈, 둘레가 스무 아름인데 두 그루씩 한 뿌리에서 나와 서로 기대고 있기(扶) 때문에 붙여진 이름이다(『十州記』). 扶木 혹은 若木이라고도 하는 神木이다.『山海經』에는 "暘谷의 위에는 扶桑이 있는데 이 곳은 열 개의 태양이 목욕을 하는 곳으로 黑齒의 북쪽에 있다. 물 가운데에 큰 나무가 있는데 아홉 개의 태양이 아랫가지에 있고 한 개의 태양이 윗가지에 있다"라고 하였다. 여기서는 해가 뜨는 동쪽, 곧 우리 나라를 일컫는다.

134) 宿德 : 오래도록 쌓은 덕망이나 덕망이 있는 노인을 일컫는다.

135) 王師 : 고려시대 승려에게 주어진 國師 다음의 명예직이다. 국사와 마찬가지로 정신적이고 상징적인 존재였으며, 僧科·僧階制度와 결합되어 확고한 제도로 정비된 것은 광종대 이후이다(許興植, 1986,「國師·王師制

가 이에 사양하여 말하기를, "마음 구슬은 밝지 않고 눈 거울은 달리지 않았으니 승(僧)이 어찌 감히 그릇되게 왕사가 되겠습니까"라고 하였다. 대왕이 이에 말하기를, "덕 높으신 스님을 사모하고 있으니136) 어느 날엔들 잊겠습니까. 장차 혼돈의 근원137)을 열고자 진실로 공동산의 청138)을 간절히 합니다"라고 하였다. 대사가 말하기를, "승은 부처에 귀의하고자 하는 데에만 마음이 있을 뿐 진실로 임금을 위하는 데는 무력합니다. (그러나) 오래도록 지나치게 ……입었으므로 굳게 사양할 길이 없습니다"라고 하였다. 이에 태상139) 김준암(金逡巖) 등으로 하여금 휘호140)를 받들게 하여 왕사홍도삼중대사(王師弘道三重大師)라 하였다. 다음날 대왕이 몸소 내도량으로 가서 절하여 스승으로 삼으니, 임금이 되어 나라를 경영하는 방법은 하늘을 본받아 뜻을 기울였고 부처에 의지하여 사람을 교화하는 법도는 바다를 바라보아 마음을 기름지게 했다.141) 이에 드디

度와 그 機能』『高麗佛敎史硏究』,一潮閣).

136) 高山仰止 : 덕이 높은 이를 우러러 사모한다는 말이다(『詩經』小雅 桑扈之什 車舝, "高山仰止 景行行止").

137) 混沌之源 : 혼돈은 天地가 아직 개벽되지 않은 때의 元氣 狀態를 말한다. 혼돈의 근원이란 여기서는 佛法이 널리 퍼지기 이전의 상태를 비유한 말로 보인다.

138) 崆峒之請 : 黃帝가 崆峒山에 있는 廣成子를 찾아가 지극한 道를 청했다는 故事에서 유래한다(『莊子』在宥).

139) 太相 : 大相. 후삼국시대와 고려 초기의 官階名이다. 904년 궁예가 국호를 摩震(911년 泰封으로 바뀜)으로 고치면서 관제를 개혁할 때 처음으로 실시되었다. 고려는 태봉의 관제를 답습하다가 936년 후삼국 통일 후에 관계를 재편성했는데, 이 때 太相은 16等級 중 제7위이며 4품에 해당하였다.

140) 徽號 : 帝后의 尊號 위에 더하는 褒美하는 칭호이다. 여기서는 탄문에게 주는 德號를 말한다.

141) 沃心 : 마음을 윤택하게 한다는 뜻이다(『書經』說命上, "啓乃心 沃朕心").

어 좋은 말을 드리고 잠계(箴誠)를 베푸니 (대왕은) 법력에 우러러
의지하고 정성스런 마음을 배로 기울여 별도로 계금가사와 아울러
황흑마노염주를 드렸다.

　개보(開寶) 5년(972, 광종 23) 대사는 특별히 태자가 오래 살
고[142] 태자궁[143]이 날로 성하며 옥의(玉扆)[144]를 도와 아름다움을
쌓고 요도(瑤圖)[145]를 도와 복을 펴도록 하기 위하여 천불도량(千
佛道場)에 들어가 분향하고 빌었다. 7일이 지난 날 밤 꿈에 500명의
승려가 와서 말하기를, "대사가 바라는 바를 부처께서 들어줄 것입
니다"라고 하므로 화사(畫師)를 임금께 청하여 오백나한(五百羅
漢)[146]을 공경히 그려 안선보국원(安禪報國院)에 안치하였다. 그리
고 나서 대사가 말하기를, "옛날에 내가 보원사에 있을 적에 삼본
『화엄경』(三本華嚴經)을 받들어 지니고서 매번 한밤중에 불전(佛
殿)을 돌기[147]를 수년 동안 그치지 않았다. 그런데 어느 날 밤 홀연
히 삼보(三寶)[148] 앞에 한 승려가 있기에 '스님은 어디서 왔소'라

---

142) 鶴第 : 鶴은 長壽를 상징하는 새로서, 鶴第은 곧 장수를 축원한다는 뜻
　　을 지닌다.
143) 龍樓 : 漢代 太子宮門의 이름이었으며, 후에는 太子宮을 가리켰다(『漢
　　書』成帝紀).
144) 玉扆 : 玉을 아로새긴 扆이다. 扆는 진홍색으로 도끼를 그린 병풍인데
　　천자가 제후를 대할 때 이를 뒤에 세워 놓고서 南面한다. 玉座와 같은
　　의미로 쓰인다. 여기서는 임금을 가리킨다.
145) 瑤圖 : 옥돌로 그려진 河圖이다. 이는 伏羲氏 때 黃河에서 나왔다는 八
　　卦 그림인데, 이를 翰代 鄭玄은 帝王이나 聖者가 天命을 받을 때 나타
　　나는 祥瑞로운 상징물이라 하였다. 여기서도 앞의 玉扆와 같이 임금을
　　상징하는 것으로 보인다.
146) 羅漢 : 阿羅漢(Arhan)의 약칭이다.
147) 經行 : 일정한 장소를 도는 행위를 말한다. 坐禪 중 피로를 풀고 졸음을
　　쫓기 위해 하기도 한다.
148) 三寶 : 三輔 또는 三甫라고도 한다. 사찰에서 손님 접대를 담당하는 승
　　려이다.

고 물으니, '성주원(聖住院)149)에서 중생을 교화하던150) 500명의
승려가 인연을 따라 감응해서 이 곳을 지나다 저로 하여금 문안을
드리게 하는 것입니다'라고 대답하고서 삼보에게 가서 발을 씻기를
마치자 내 방을 향해 갔다. 내가 먼저 방으로 돌아가 들어오기를 청
했으나 응하지 않고서 가 버렸는데 갑자기 소나기가 쏟아졌다. 이
튿날 아침에 사존151)에게 '밤에 객승이 온 일이 있느냐'라고 물으
니, '밤 내내 승려가 온 일은 없고 마당에는 호랑이 자취가 가득히
있습니다'라고 말하였다. 이런 일은 내가 『십만잡화』152)를 받들어
지니고 부처님께 귀의하였음을 증험하는 것으로 그리하여 오백나
한이 절에 빛을 내며 내려왔던 것이다. 그러므로 영자(靈姿)에 감동
하고 성덕(聖德)을 갚기 위하여 매년 봄과 가을의 좋은 계절에 나
한(羅漢)의 묘재(妙齋)를 베푸는 것은 까닭이 그러해서이다"라고
하니, 제자들이 이를 알았다.

　개보(開寶) 8년(975, 광종 26) 봄 정월에 대사가 마침내 몸이 쇠
약해져서 옛 산으로 돌아가기를 청하였다. 대왕은 오히려 대사와
이별함을 안타까이 여겨 귀법사에 머물기를 청하면서 말하기를,
"마니주153)의 보배가 깊은 산에 숨어 머물러 있는 것이 옳겠습니까.
청컨대 인간세계에 나타나시어 삼천계(三千界)154)를 환히 비춰 주

---

149) 聖住院 : 忠南 保寧의 聖住寺로 보인다.
150) 住持 : "安住正法 執持敎化"의 뜻이니, 곧 부처의 바른 敎法을 지니고
　　서 중생을 교화함을 말한다.
151) 司存 : 三寶와 같이 사찰에서 손님 접대를 담당하는 승려인 듯하다.
152) 十萬雜華 : 『華嚴經』을 말한다. 10만 頌의 『화엄경』은 龍樹가 龍宮에서
　　가져와 天竺에 전히였는데, 『大唐西域記』에는 이 경이 于闐國과 南遮俱
　　槃國의 산중에 있다고 하였다. 이 10만 송 『화엄경』을 鈔略한 것이 40권,
　　60권, 80권의 三本 『華嚴經』이다(法藏, 『華嚴經探玄記』 卷1).
153) 末尼 : 범어 maṇi의 음역이다. 摩尼・摩尼寶・摩尼珠라고도 한다. 온갖
　　재액과 고난을 없애고 衆生을 이롭게 하는 德이 있다고 한다.

십시오. 제자의 소원입니다"라고 하니, 대사가 이에 말하기를, "승(僧)은 몸을 푸른 골짜기에 깃들여 해를 보내고 눈을 푸르른 산에 붙여 날을 한가로이 하려는 것이 아닙니다. 다만 인연에는 처음과 마침이 있으니 돌아갈 생각을 하는 것입니다"라고 하였다. 대왕이 비록 대사155)를 사모했으나 그의 발걸음을 머물게 하기는 어려웠다. 이에 대사의 몸이 구름과 더불어 골짜기에 살고 마음은 달과 가지런히 허공에 있었으며 지혜는 한 나라를 교화하고 덕은 사방 먼 곳까지 향내 났기에, 마땅히 군신이 찬앙하고 나라가 스승 삼음이 …… 하였다. 함께 보배로운 달의 빛을 품고 모두 자비로운 구름의 그늘에 들어갔으니, (대왕은) 금생(今生)에 만남이 다겁(多劫)에 걸친 인연이라고 생각해서 겸손하게 공경을 다하였고 정성스럽게 생각을 말하여, 휘호를 받들어 국사(國師)가 되어 주기를 청하였으나 대사는 늙고 병들었다 하여 사양했다. 대왕이 마음을 기울여 청하며 머리를 조아려 말하니, 대사가 말하기를, "승(僧)이 도를 배웠으되 공은 적고 스승이 되기에는 덕이 엷은데도 오히려 성은을 입은 것이 얕지 않으니 인(仁)을 행하는 마당에 겸할 이유가 없겠습니다"156)라고 하였다. 대왕은 몸소 도량에 나아가 예복을 입고 면류관을 쓰고 절하여 국사로 삼고서, 피석(避席)157)의 예를 ……하고 서

---

154) 三千界 : 三千大千世界의 약칭이다. 고대 印度人의 세계관에서 나온 것으로 須彌山을 중심으로 펼쳐지는 전 우주를 뜻한다.

155) 玉毫 : 白毫. 부처의 양 눈썹 사이에 오른쪽으로 말리면서 난 희고 부드러운 털이다. 부처의 32吉相 가운데 하나로 진리의 발산을 상징한다. 여기에서는 坦文을 상징적으로 가리킨 것이다.

156) 當仁之讓無由 : 仁을 행할 때에는 스승에게도 양보하지 않는다는 말에서 유래한다(『論語』 衛靈公篇, "子曰 當仁 不讓於師").

157) 避席 : 앉은 자리에서 일어나는 것이다. 즉 높은 분에게 경의를 표하거나 말씀을 드릴 때 앉은 자리에서 일어나 옆이나 앞으로 옮겨서 여쭙는 것을 말한다(『孝經』 開宗明義章, "曾子避席曰 參不敏何足以知之").

신(書紳)158)의 예를 펴고서 도를 묻고 말을 청하니 대사가 말하기를, "승은 이제 몸이 늙어 허약해서 한적한 자연159)의 깨끗한 곳에서 쉬고자 합니다. 몸은 절160)에 돌아가더라도 마음은 궁궐161)에 있으면서 용안을 우러러 그리워하며 오직 대왕의 복을 빌 뿐입니다"라고 하였다. 대왕이 감사하며 말하기를, "법운(法雲)이 잇닿아 그늘 드리우고 감로(甘露)가 이어서 내려 제자는 불법의 교화를 입은 것이 멀지 않으니 정성 펴기를 더욱 간절히 합니다"라고 하였다.

바야흐로 이별하게 되어 행장을 갖추어 드리고 자라법의162)·승가모163)·자결사혜164)·운명165)·천향166)·상겸167)·무곡168) 등을 드렸다. 그리고서 승유(僧維)169) 석(釋) 혜윤(惠允)과 원보(元輔)170) 채현(蔡玄) 등에게 호위하여 보내드리도록 명령하였다. 대왕은 백관을 거느리고 동쪽 교외로 행차하여 송별연을 베풀고,171)

158) 書紳 : 잊지 않기 위해 큰 띠에 적음을 이른다(『論語』衛靈公篇, "子張問行 子曰……子張書諸紳").
159) 煙蘿 : 안개에 덮여 있는 칡넝쿨이다. 여기서는 개경을 벗어난 한적한 자연을 의미한다.
160) 松徑 : 소나무 사이로 난 길이다. 곧 자연을 말하나 여기서는 가야산에 있는 보원사를 가리키는 듯하다.
161) 蘂宮 : 香草가 아름답고 번성한 궁전, 곧 天子의 궁전을 뜻한다.
162) 紫羅法衣 : 자줏빛의 얇은 명주로 된 袈裟를 말한다.
163) 僧伽帽 : 승려의 모자를 말한다.
164) 紫結絲鞋 : 자색 실로 삼은 신발을 말한다.
165) 雲茗 : 雲茶인 듯하다. 雲茶는 石藥의 異稱으로 이끼의 일종이다. 옛날에는 차의 대용품이었으며, 특히 山東의 蒙山에서 생산되는 것을 蒙頂茶라고 불렀다.
166) 天香 : 뛰어나게 좋은 향을 말한다.
167) 霜縑 : 서리와 같이 희고 고운 옷감을 말한다.
168) 霧穀 : 가볍고 얇으며 잔주름이 많은 서리처럼 흰 비단을 말한다.
169) 僧維 : 고려시대 僧錄司에 딸린 僧職의 하나로서 左·右僧維가 있었다.
170) 元輔 : 고려 초기의 官階名으로, 16관계 가운데 제8위이며 품계는 4품이다.

태자와 함께 친히 다과를 드렸다. 이어서 대사의 문하승 가운데 이름난 덕행 있는 자로서 대사(大師)와 대덕(大德)이 될 만한 자 20인에게 남묘(南畝)[172] 1,000경(頃)과 불노(佛奴) 50인을 시납하도록 은총으로 허락하였다. 국사가 사례하여 말하기를, "성택(聖澤)을 넉넉하게 더해 주시고 승전(僧田)이 볼 만하니, 천생(千生)의 복이 헛되지 않을 것이고 만겁의 공(功)이 어찌 다 헤아려질 수 있겠습니까"라고 하였다. 임금이 머리 숙여 절하고 말하기를, "제자는 자애로운 위엄에 의지하여 자신을 닦고 오묘한 불법에 돌아가 사람을 교화하려 합니다. 반드시 법체(法體)가 처음처럼 회복되고 마음이 옛날과 같아져 다시 개경으로 돌아오시어 길이 자비를 보이시길 바랍니다"라고 하였다. 대사가 말하기를, "전생에 맺은 인연으로 금생에 이 국토에 태어나서 황왕(皇王)의 은혜를 무겁게 입었고 창해(滄海)의 물결에 깊이 적시었습니다. 지금 옛 산에 돌아가 남은 목숨을 연장할 수 있으면 다시 대궐에 와서 거듭 대왕 대하기를 바랍니다. 흘러가는 물은 멈추기 어려운 것처럼 남은 생명이 머물지 않는다면 바라건대 반드시 내세에 다시 사문(沙門)이 되어 더욱 불법의 인연을 징험하고 왕의 교화를 우러러 갚겠습니다"라고 하고, 날이 저무니 절하고 울면서 이별하였다. (대왕은) 대사의 수레를 우러러보며 목송하고[173] 석장[174]을 생각하며 마음이 대사의 곁을 떠나지 않았다. 가는 도중에 말방울을 멈추게 하였고[175] 거둥을 잠시 머

---

171) 祖席 : 祖宴, 즉 송별연을 말한다.
172) 南畝 : 양지바른 남쪽 밭, 전하여 좋은 田地를 말한다(『詩經』國風 豳 七月, "同我婦子 饁彼南畝").
173) 目送 : 눈빛으로 서로 보냄을 이른다(『春秋左氏傳』桓公 元年, "宋華父 督見孔父之妻于路 目逆而送之 曰美而豔").
174) 虎錫 : 범 장식의 錫杖, 곧 승려가 필수적으로 지녀야 하는 비구 18物 중의 하나인 지팡이를 말한다.
175) 停鑾 : 鑾은 天子가 타는 수레를 끄는 말의 고삐에 다는 방울인데, 轉하

무르게 하였으며,176) 계속하여 안부177)를 묻는 사자178)를 내려 보
내고 자주 애닯게 그리워하는 편지179)를 전하였다. 이로부터 승려
와 속인들이 물결처럼 모여들었으며 천신과 지신180)이 가는 길을
옹호하였다. 마음을 기울이는 공경을 우러러 다하니 어찌 머리카락
을 깔아 맞이한 것181)과 다르랴.

　가야산사182)에 이르니 승도들이 부처를 맞이하듯 아름다운 음
악183)을 울렸다. 이에 번개184)가 구름처럼 날고 나발과 소라가 우레
처럼 부르짖었다. 교종과 선종 승려 1,000여 인이 대사를 맞이해 받
들어서 절에 모셨다. 대사가 문제자(門弟子)들에게 명령하기를, "내

　　여 천자가 타는 수레를 말한다. 여기서는 탄문이 탄 수레를 가리키는 것
　　으로 그 수레를 가는 도중에 멈추게 하였다는 것은 탄문에 대한 배려가
　　지극하였음을 말한다.
176) 駐蹕 : 蹕은 거둥한다는 뜻으로 천자의 行幸을 말한다. 駐蹕은 곧 천자
　　가 거둥할 때 도중에 車馬를 잠시 머물거나 經宿함을 뜻한다.
177) 起居 : 살아가는 형편, 즉 安否를 말한다.
178) 星使 : 천자의 使者를 말한다.
179) 綸言 : 綸音, 絲綸. 천자의 말은 입에서 처음 나올 때는 마치 실날같이
　　(絲) 가늘지만 일단 나와 시행되면 밧줄같이(綸) 굵고 힘이 있다는 데서
　　나온 말이다. 천자의 말씀이나 詔書를 말한다(『禮記』 緇衣).
180) 神祇 : 天神과 地神을 말한다
181) 布髮之迎 : 釋尊이 부처가 되기 위한 수행을 할 때 머리카락을 잘라 진
　　흙땅에 펴서 燃燈佛의 발에 흙이 묻지 않게 하였다는 고사에서 나온 말
　　이다(『六度集經』 卷8 ; 『儒童受決經』 ; 『智度論』).
182) 迦耶山寺 : 忠南 迦耶山 普願寺를 가리킨다.
183) 仙樂 : 신선이 연주하는 음악 또는 아름다운 음악을 말한다(白居易, 「長
　　恨歌」, "驪宮高處入靑雲 仙樂風飄處處聞").
184) 幡盖 : 幡은 幢幡이라고도 하는데, 佛菩薩의 威德을 장엄하는 깃발이다.
　　盖는 天盖로서 불상을 덮는 日傘인데, 본래는 천으로 만들었지만 나중
　　에는 금속이나 목재로 조각하여 만든 것이 많으며 천장에 달거나 위가
　　굽은 긴 장대에 달았다.

가 죽으면 석실(石室)을 만들어 안장하여야 할 것이니 너희들은 그
땅을 잡아라"라고 하고, 문득 의발과 몸에 지녔던 법구(法具)를 희
사하여 문도들에게 주었다. 대왕이 상의(尙醫)185) 공봉시랑(供奉侍
郞) 직문(直文)에게 명하여 특별히 선약(仙藥)을 가지고 가서 조석
으로 모시어 보살피게 하였다. 대사가 말하기를, "노승의 병에는 성
약(聖藥)이 없소. 청컨대 시랑은 대궐186)로 돌아가 대왕187)이나 잘
모시지, 어찌 노승을 위하여 오래도록 산사에 머무십니까"라고 했
으니, '유마(維摩)의 병188)은 동군(桐君)189)의 약을 빌리지 않는다'
고 함을 이르는 것이다. 대사는 마음을 몸의 주인으로 삼고 몸은 마
음의 스승을 삼아서 음식은 여러 가지를 먹지 않았고 옷은 반드시
단벌만 입었으니,190) 그의 60여 년의 행한 일이 이와 같았다.

　태사대왕191)은 반드시 우리 대사에게 예족하였으니,192) 저 부처
에게 마음을 귀의하는 것과 무엇이 다르리요. 그러므로 예의는 두
터웠고 은총은 넉넉하여 계금법의(罽錦法衣)를 드리고 말씀과 편
지193)로 안부를 물었으며 폐백은 거른 달이 없었고 글은 끊어지지

---

185) 尙醫 : 고려시대 왕의 약을 제조 공급하는 일을 담당하였던 관청이다.
186) 象闕 : 宮廷의 闕門이다. 여기서는 대궐을 의미한다.
187) 龍墀 : 대궐의 뜰을 말하는 것으로, 여기서는 임금을 가리킨다..
188) 維摩之疾 : 유마거사는 석존 당시 인도 비야리성에 살았던 長者로서 俗
　　家에 있으면서 菩薩行을 닦았던 자이다. 그는 佛法을 가르치는 方便으
　　로 거짓 병을 앓는 체하여 문병하러 온 사람들을 상대로 설법하였다고
　　한다(『維摩經』).
189) 桐君 : 중국 黃帝 때 醫師로 약을 깨면서 道를 구하였으며 草木과 金石
　　의 性味를 잘 알았다고 한다.
190) 均服 : 단벌의 옷을 말한다. 여러 벌의 옷을 가지고 있지 않다는 뜻이다.
191) 太師大王 : 光宗을 말한다.
192) 禮足 : 꿇어 앉아 두 손으로 상대의 발을 들어 자기의 머리에 대는 불교
　　의 예법이다(『法華經』化城類品).
193) 仙札 : 임금의 편지를 말한다.

않았으니, 저 한나라 명제가 섭마등을 공경하고[194] 오나라 손권이
강승회를 존중한 것[195]과 같은 격으로 말할 수 없으리라.[196]

개보 8년(975, 광종 26) 세차 을해 봄 3월 19일에 대사가 장차 세
상을 떠나려고 목욕을 하고 나서 방 앞에서 대중에게 분부하고서
가르침을 남기기를, "사람에게는 노소가 있지만 법에는 선후가 없
다. 부처께서도 쌍수(雙樹)에서 입멸을 고하였으니 만법(萬法)은 마
침내 공[197]으로 돌아가는 것이다. 나는 멀리 가려고 하니 너희들은
잘 있고 여래(如來)의 바른 계율을 지키고 힘쓰라"라고 하였다. 말
을 마치자 방에 들어가 엄숙하게 가부좌하고 보원사 법당에서 시멸
하였다. 속년이 76이고 승랍이 61이었다.

이 날 새벽 성스러운 땅에 산이 무너지고 향기로운 뜰에 달이 떨
어졌다. 사람들은 슬프디 슬퍼했고 소나무 잣나무도 몹시 비통해했
다. 문하승들은 스승이 돌아가신 것을 탄식하고 이제 누구를 우러
러 의지하랴 하고 슬퍼하여 가슴을 두드리고 땅을 구르며 통곡하니
그 소리가 암곡에 떨쳤다. 영구[198]를 가야산 서쪽 멧부리에 받들어

---

194) 漢帝之敬摩騰 : 後漢 明帝가 꿈에서 金人을 보고 사자를 인도에 보내
    佛法을 구하게 했는데, 사자가 도중에 白馬에 불상과 경전을 싣고 오던
    迦葉摩騰과 竺法蘭을 만나게 되어 그들을 데리고 돌아와 명제에게 보고
    하니, 낙양 밖에 白馬寺를 짓게 하고 머물게 하면서 공경을 다하였다고
    한다(『梁高僧傳』 卷1).

195) 吳主之尊僧會 : 康居國의 승회가 吳王 孫權을 사리 영험으로 굴복시키
    자, 손권은 비로소 信心이 생겨 승회를 자기의 수레에 모시고 다니면서
    존숭했다는 데서 유래한다(『梁高僧傳』 卷1).

196) 不可同年而語 : 일률적으로 말할 수도 없으며 또한 동일하게 취급할 수
    도 없어 양자가 서로 격함을 비유한 말이다. 즉 양자가 너무 현격히 달라
    비교할 수 없다는 말이다(『史記』 秦始皇紀).

197) 空 : 범어 Śūnya의 의역이다. 모든 現象界는 因緣에 의하여 나고 존재
    하지만 고정된 실체는 없다고 보는 大乘佛敎 哲學의 기본 개념이다.

198) 神座 : 시신을 담은 靈柩인데, 여기서는 화장 후 유골을 담은 函인 듯하

옮기고 임시로 돌문으로 봉하여 닫으니 그 모습이 온 절을 비통하
게 하고 그 소리는 개경까지 들리었다.

광종대왕이 듣고 크게 슬퍼하며 깨달은 꽃(覺花)이 먼저 진 것을
안타까워하고 지혜의 달(慧月)이 일찍 기운 것을 개탄하였다. 글로
써 조문하고 곡식으로 부의하여 깨끗한 공양을 도와 명복을 넉넉히
하였다. 진영(眞影) 한 벌을 공경히 만들고 국공(國工)에게 명령하
여 사리탑을 쌓게 하자, 문인들이 울면서 색신199)을 받들어 가야산
서쪽 멧부리에 탑을 세우니 상법200)을 따른 것이다.

법을 전해 받은 대제자 삼중대사 영찬(靈撰)·일광(一光), 대사
명회(明會), 병림(芮林)·윤경(倫慶)· 언현(彦玄)·홍렴(洪廉), 대
덕 현오(玄悟)·영원(靈遠)·현광(玄光)·진행(眞幸) 등은 모두 석
문(釋門)의 본보기요 법원(法菀)의 큰 종인데, 지혜로운 횃불의 남
은 빛을 잇고 자애로운 수레가 지나간 바퀴 자국을 따라가, 스승의
은혜에 감사하여 뼈에 새기고 성인의 교화에 귀의하여 마음에 잊지
않았다.

엎드려 생각해 보면, 금상201)은 옥을 밟고202) 임금이 되고 하늘
에서 수명을 받아서203) 아름다움을 이었으며, 인풍(仁風)을 펴서 세

다.
199) 色身 : 물질적 존재로서 형체를 가진 肉身을 말한다.
200) 像法 : 像敎와 같은 말인 듯하다. 상교는 밖으로 보이는 外相, 즉 형상을
    만들어 교화하는 가르침을 말한다.
201) 今上 : 고려 제 5대 景宗(재위 975~981)을 가리킨다.
202) 當璧 : 楚 共王이 총애하는 아들 5형제 중에서 한 사람을 後嗣로 삼으
    려고 미리 璧(環狀의 玉)을 大室의 뜰에 묻어 놓고 아들들을 차례로 들
    어오게 하여 그 중에서 璧을 밟고서 절한 사람을 후사로 택했다는 故事
    에서 유래한다(『春秋左氏傳』昭公 13년).
203) 夢齡 : 周 文王과 武王의 꿈에 대한 대화에서 유래한다. 후일 長壽를 축
    원하는 賀詞로 쓰였다(『禮記』文王世子, "文王謂武王曰 女何夢矣 武王
    對曰 夢帝與我九齡……文王曰 非也 古者 謂年齡 齒亦齡 我百 爾九十

속을 구제하고 불일(佛日)204)을 도와 승려를 존숭하였다. 제(制)하
여 말하기를, "선조국사205) 고가야산(故迦耶山) 홍도대사(弘道大
師)께서는 취령(鷲嶺)의 현묘한 말씀206)을 살피고 용궁(龍宮)의 심
오한 뜻207)을 궁구하여 성스러운 가르침208)을 흥성하게 하고 우리
나라209)를 밝게 교화하였다. 그러므로 성고210)께서 받들어 스승으
로 삼고 부처와 같이 공경했으니, (대사의) 현묘한 교화는 천하211)
에 넓게 베풀어지고 자애로운 바람은 온 땅212)에 밝게 입혔다. 나는
하늘이 (대사를) 남겨두지213) 않아 대중이 배움을 끊어 버린 것을
유감으로 생각하여 선지(先志)를 잇고 뒤따라가서 덕을 숭상하는
인연을 드러내고자 멀리서 시호 내리는 의전214)을 거행하고자 한

吾與爾三焉 文王 九十七乃終 武王 九十三而終").

204) 佛日 : 모든 衆生을 구제하는 부처의 광명을 태양에 비유한 말이다.

205) 先朝國師 : 先朝는 고려 太祖·惠宗·定宗·光宗朝를 말하며 國師는
法印國師 坦文을 가리킨다.

206) 鷲嶺之玄言 : 鷲嶺은 중인도 靈鷲山·鷲頭山의 약칭이며 鷲臺·鷲峰
이라고도 한다. 마가타국 왕사성의 동북에 있으며 석가가『法華經』을 설
했다는 산이다. 취령의 현묘한 말씀은 곧『법화경』의 미묘한 말씀을 가
리킨 것이다.

207) 龍宮之奧旨 : 용궁의 심오한 뜻이란『華嚴經』의 교설을 말한다. 인도의
대승불교 철학을 확립한 龍樹가 용궁에 들어가 이 경전을 가지고 왔다
는 전설이 있다.

208) 聖教 : 佛敎를 가리킨다.

209) 仁方 : 仁은 방위상 東을 의미하므로, 仁方은 곧 우리 나라를 지칭한다.

210) 聖考 : 光宗을 가리킨다.

211) 普率 : 온 천하를 뜻한다(『詩經』小雅 北山之什 北山, "溥天之下 莫非
王土 率土之濱 莫非王臣";『孟子』萬章章).

212) 寰瀛 : 寰海. 海內, 곧 천지가 직접 다스리는 친하를 말한다(『晉書』地
理志上, "昔大禹觀於濁河而受綠字 寰瀛之內可得而言也").

213) 慭遺 : 마음은 내키지 않으나 억지로라도 어진이를 남겨둔다는 말에서
유래한다(『詩經』小雅 祈父之什 十月之交, "不慭遺一老 俾守我王").

214) 易名之典 : 천자가 諡號를 내리는 儀典을 말한다(『禮記』檀弓下, "公孫

다. 그리하여 시호를 추증하여 '법인(法印)'이라 하고 탑명은 '보
승(寶乘)'이라 하니, 이는 더욱 꽃다움을 보이고 썩지 않게 전하기
위해서이다"라고 하고서, 이에 본말을 돌에 새기기를 허락하였다.
구름이 송문215)에 빛나니 문제자들이 서로 즐거워하며 말하기를,
"선조(先朝)의 깊은 외호 느끼니 슬픔과 영화가 망극하고 지금 큰
은혜 입으니 총애와 대우가 이렇듯 깊구나"라고 하면서, 대왕의 은
혜를 받들어 대사의 행적을 기록하여 올렸다.

　이에 (대왕이) 정언(廷彦)에게 조서(詔書)를 내려 말하기를, "그
대는 일찍이 감수국사216)가 되어 몸소 전적(典籍)217)과 조서를 살
펴보면서 군왕의 덕을 앙모하는 일을 맡았었다.218) 돌아보건대, 선
왕께서 한림학사(翰林學士)를 더하여 대우하였으니, 마땅히 국사의
비명을 지어 보답하되 큰 붓을 들어 말을 세우고 비석219)에 새기어
덕을 기록하라"라고 하였다. 신이 사양하여 말하기를, "전하께서는
신에게 '붓220)으로 일을 돕고 뛰어난 글221)을 지어서, 글로써 덕에

　　文子卒 其子戍 請謚於君曰 月有時 將葬矣 請所易其名者").
215) 松門 : 소나무로 문을 삼는다는 것으로, 곧 절을 말한다(趙颯, 「晩宿山
　　寺詩」, "松門明月佛前燈 菴在孤雲最上層").
216) 國史 : 監修國師. 成宗代 이후 비로소 설치된 史館의 최고직으로 侍中
　　(종1품)이 겸하였던 관직이다. 김정언이 탄문 비문을 지을 景宗 初年에
　　는 없었던 관직이기 때문에, 고려에서 받은 것은 아니고 아마도 唐에 가
　　서 받은 명예직으로 보인다. 김정언은 자신이 지은 「高達院元宗大師慧
　　眞塔碑」(光宗 26; 975)에서 관직이 光祿大夫 太丞 翰林學士 內奉令 前
　　禮部使 參知政事 監修國史라고 하였다.
217) 載籍 : 典籍을 말한다(『史記』 伯夷傳, "夫學者載籍極博　猶考信於六
　　藝").
218) 葵藿傾心 : 葵藿은 해바라기이다. 葵藿傾心은 葵傾, 葵心으로도 쓴다.
　　해바라기 꽃이 햇볕을 향하여 기울어지듯이, 임금이나 어른의 덕을 앙모
　　한다는 뜻이다(沈約, 「修竹彈甘蕉文」).
219) 龜珉 : 龜趺에 얹힌 옥돌, 곧 비석을 말한다.
220) 彩毫 : 畵筆인 듯하나 여기서는 일반적인 붓의 의미로 쓰였다.

보답하고 현묘함을 찾고 아름다움을 기록하라'고 말씀하셨지만, 신의 문장은 훌륭한 글222)에 부끄럽고 학문은 객아(客兒)223)에게 사양하여야 할 것이니, 하찮은 재주로 깊고 은미한 훌륭한 행적을 기록하는 것은 약한 수레로 무거운 짐을 싣고 짧은 두레박줄로 깊은 샘의 물을 긷는 것과 같습니다. 공연히 흉내내지만224) 실로 내세울 만한 것225)이 없습니다. 마음을 열고 하고자 함이 비록 간절하나 손만 상하게 할 것 같아226) 부끄럽습니다"라고 하였다. 상(上)이 말하기를, "그대는 더욱 힘쓰거라"라고 하였다. 물러나서 생각해 보니, 대개 '무(無)에서 유(有)를 구하고 고요함을 두드려 소리를 구하며, 돌에 말이 있으나 산이 빛남을 보지 않고 거북은 돌아보지 않고 오

---

221) 薤臼 : 蔡邕이 漢代의 효녀 曹娥를 위해 세운 비문을 보고서 그 陰記로 '黃絹幼婦外孫薤臼'라는 은어를 써넣었다. 이는 黃絹은 色絲로 '絶', 幼婦는 少女로 '妙', 外孫은 딸(女)의 자식(子)으로 '好', 薤臼는 나물을 무칠 때 고추같이 매운 양념(辛)을 절구에 받아 넣어(受) 찧는다는 뜻으로 '辭'가 되어 결국 '絶妙好辭', 즉 '절묘한 좋은 글'이라는 뜻이 된다(『世說新語』捷悟. 보통 2자씩 쓰여 뛰어난 名文을 뜻한다.

222) 幼婦 : "黃絹幼婦外孫薤臼"에서 유래한다. 뛰어난 명문을 뜻한다.

223) 客兒 : 南朝 宋代 謝靈運의 어릴 때 이름이다. 그가 이른 나이에 아버지를 여의고 會稽의 杜治에게 보내졌는데, 15세가 되어 다시 서울로 돌아왔으므로 客兒라는 이름이 붙여졌던 것이다. 학문을 좋아하고 群籍을 博覽했으며 書畵에 뛰어났으며 文章은 江左第一이었다고 한다(『宋書』卷67 ;『南史』卷19).

224) 效顰 : 效矉. 무턱대고 남의 흉내를 냄을 말한다. 越의 미인 西施가 불쾌한 일이 있어 찡그렸는데, 사람들이 그것도 아름답다고 하니 이를 본 한 추녀가 까닭없이 흉내냈다는 고사에서 유래한다(『莊子』天運).

225) 賈勇 : 자기의 勇力을 과시하여 써 주기를 바라는 것이다(『春秋左氏傳』成公 2年).

226) 傷手 : 서투른 목수가 손을 다칠까 걱정하여 일에 나서지 못하듯이, 文才 없음을 걱정한 나머지 선뜻 글을 짓지 못할 때 쓰는 말이다(『老子』제74장).

직 시냇물 부끄러운 소리를 듣는다'라는 것이다. 감히 말하노니 글
을 짓되 본보기 되는 글에227) 부끄러우나 쫓고 갈아228) 스스로 그
알맞은 데를 알맞게 하고자 한다. 설사 동쪽에서 봉래산229)이 무너
지고 서쪽에서 개자성230)이 빈다 하더라도 신묘한 행적이 오히려
남아 있기를 기대하고 현묘한 공덕이 오래도록 지속하기를 바라면
서, 감히 거듭 그 뜻을 펴서 드디어 명을 짓는다.

크게 사계231)를 보니
그 가운데 부처232)가 있어
인을 베푼 것이 측량할 수 없고
가르침을 보인 것이 끝이 없네.
진제와 속제를 묶어서233)

---

227) 伐柯 : 도끼자루를 벨(伐柯) 때, 이전에 쓰던 도끼자루가 있으면 그것을
      본받아 베어 만들면 쉽듯이, 동쪽 지방 사람들(東人)이 周公을 뵙기가
      매우 쉬워졌기에 기뻐하여 읊은 시에서 따온 말이다(『詩經』國風 豳 伐
      柯, "伐柯伐柯 其則不遠 我遘之子 籩豆有踐"). 여기서는 오히려 어떤
      일의 본보기가 된다는 의미로 쓰였다.
228) 如琢如磨 : 衛나라 사람들이 武王의 덕을 찬미하여 읊은 詩에서 유래한
      다(『詩經』國風 衛 淇奧, "有匪君子 如切如磋 如琢如磨"). 『大學』에
      서는 이 시를 인용하고서 "如琢如磨者 自修也"라 하였다.
229) 蓬島 : 蓬萊, 蓬丘와 같은 말이다. 신선이 산다는 곳이다.
230) 空芥城 : 사방 40리의 성내에 가득 채워 놓은 芥子를 夜摩天 사람이 3
      년마다 한 번씩 와서 한 개씩 가지고 가서 그 芥子가 다하는 동안을 一
      芥子劫이라고 한 데서 유래한 말이다. 芥子城이 빈다는 말은 끝없는 세
      월을 비유한 것이다.
231) 沙界 : 인도 갠지스강의 모래알처럼 많은 세계를 가리킨다. 즉 三千大千
      世界를 지칭한다.
232) 金僊 : 부처의 별칭이다.
233) 刮囊 : 원래는 주머니를 묶어서 물건을 내보내지 않는다, 즉 때가 좋지
      않아 삼가고 은둔하면 이롭다는 뜻이다(『易經』坤, "六四 刮囊 无咎

그 빛이 인간세상과 천상세계에 비치니

은혜는 백억계(百億界)에 더 했고

교화는 삼천세계를 제도했네. (첫째)

도가 어찌 멀리 있다 하랴

행하면 그것이 도이니

그 누가 알리요

오로지 우리 대사이네.

참다운 부처가 마음을 전하고

깨달은 현자가 아름다움을 이으니

인산(仁山)에서 좌선하고

법수(法水)에 한가롭네. (둘째)

일찍이 수승한 과(果)를 닦고

더욱 착한 싹을 징험하여

도가 용수(龍樹)보다 높고

앎은 불화(佛華)를 꿰뚫었네.

사람을 가르치니 저절로 모였고234)

중생을 제도하여 그 수가 많았으니235)

왕과 나라의 스승이 되어

온 나라에 모범이 되었네. (셋째)

물 위의 연꽃이요

无譽”). 여기서는 한 데로 묶어서 읍섭하였다 뜻으로 쓰였다.

234) 桃李成蹊 : 복숭아나무와 오얏나무는 꽃과 열매가 있기 때문에 부르지
않아도 사람들이 다투어 나아가서 저절로 작은 길이 난다는 깃으로, 딕
이 있는 사람은 말을 하지 않아도 사람들이 자연히 귀복하여 제자들이
많아진다는 비유이다(『史記』李將軍實傳).

235) 稻麻成列 : 稻麻竹葦라고도 한다. 대중이 모여 있는 것이 마치 논에 서
있는 벼 줄기와 삼밭에 서 있는 삼대와 같이 열을 이루어 많다는 말이다.

별 가운데 달이라

모든 사람이 귀의하는 마음 있으니,

어찌 진흙에 머리카락을 깐 것과 다르리요.

두루 넓은 하늘 비추니

빛을 감춘 것이236) 부처와 같고

우러르니 더욱 높고

퍼내도 다하지 않네. (넷째)

마치 용이 변화하듯 자재하고,

봉이 와서 춤추듯 하니237)

혹은 가르치는 아버지가 되고

혹은 인도하는 스승이 되었네.

천수천안(千手千眼)이고,

대자대비(大慈大悲)하며

본받을 만하니,

그를 생각함은 공이 있기 때문이네.238) (다섯째)

바야흐로 법신(法身)이라 이르니

다만 항상 머물길 기대했는데

슬프도다 양영239)이여

---

236) 葆光 : 빛을 감추고 덕을 숨겨서 나타내지 않는 것이다(『莊子』, 齊物論 "注焉而不滿 酌焉而不竭 而不知其所由來 此之謂葆光").

237) 鳳來儀 : 舜임금 때 樂官인 夔가 음악의 효용을 말하였는데, 그중 簫韶를 아홉 번 연주하니 봉황새도 날아와 법도에 따라 춤을 추었다고 한 말에서 유래한다(『書經』虞書 益稷, "夔曰……簫韶九成 鳳凰來儀").

238) 念玆在玆 : 舜임금이 禹에게 임금의 일을 맡기려 하자 禹가 사양하면서 한 말 에서 유래한다. 禹는 자기 대신에 皐陶를 천거하면서 皐陶를 생각함은 그에게 공적이 있기 때문이라고 하였다(『書經』虞書 大禹謨, " 禹曰 …… 皐陶 邁種德 德乃降 黎民懷之 帝念哉 念玆在玆 ……").

239) 兩楹 : 孔子가 꿈에 두 기둥 사이에 앉아서 饋饗을 받는 꿈을 꾸고서 7

다했구나 쌍수(雙樹)여.

법갈(法碣)엔 오직 명(銘)만 있으니

자안(慈顔)은 어디서 만날 것이며

비오듯 눈물 하염없이 흐르는데

하늘에 울부짖어도[240] 머물게 할 길 없네.

태평흥국(太平興國) 3년(978, 경종 3) 세차 무인[241] 4월 일에 세우고 김승렴(金承廉)이 글자를 새기다.

(역주 : 박영제)

일 후에 세상을 떠났다는 데서 유래한 말로, 곧 죽음을 의미한다(『禮記』 檀弓上).

240) 號天 : 老子의 제자 柏矩가 齊나라에 갔을 때, 저자에서 찢는 형벌을 당한 시신을 보고 자신의 朝服을 덮어주고 하늘을 향해 통곡했다는 데서 유래한다(『莊子』 則陽, "至齊 見辜人焉 推而强之 解朝服而幕之 號天而哭之 ……").

241) 攝提 : 古甲子에서 寅을 가리킨다. 여기서는 戊를 가리키는 著雍이 탈락되었다.

26. 연곡사 현각선사탑비

현각왕사비명(전액)

……자금어대를 하사받은 신 장신원(張信元)이 쓰다.

……踤靑嶂……

……鳳…… 황제의 은혜……

……制庶……

……仁則……신이 어찌 감히 그와 같겠습니까. 寵……

……和尙家風……사(師)가 이르기를, "어떤 물(物)인들 갖추지 않았겠는가……"

……公侯盡是側金長者……

……난야(蘭若)1)에 거하여 여러 해를 지났는데, 물(物)을 접하여서는 많음을 잊고……

……이에 무리를 모아 당(堂)에 올라 이르기를, "진본(眞本)은 남[生]이 없고,……

……諧迴納之私……

---

1) 蘭若 : 아난야(Aranya)의 준말. 조용한 수도처를 가리킨다.

……고라니와 사슴[2]이 멀리서 쫓아오니, 명(命)을 얻어 빨리 가고 은혜의 파도가 거듭 뿌려졌다. 드디어 성(誠)□를 받들어……

……足……

……또 묻기를, "어떠한가?" 하니, "이 불법(佛法)……

……疲……밤새 잠들지 못하고……

……안당(鴈堂)은 밤이 고요하고……

……貪生……법신(法身)은 감이 없고……

……옛부터 지금까지 自……

……[해와] 달이 어두워지고 날짐승과 들짐승은 슬피 울었다. 사왕(闍王)[3]의……

(以上 國立中央博物館 所藏 拓本)

……盡之□□……

……發促織初吟……

……□邊 其嗣□□……

……所而窮者□……

……化慘□……

……□……

(以上 新發見 碑片)

(역주 : 김혜원)

---

2) 麋鹿 : 고라니와 사슴. 비천한 것.
3) 闍王 : 阿闍世王. 석가가 열반하던 날 밤 아사세왕은 달이 땅으로 떨어지고 해가 땅에서 떠오르며, 별과 비구름이 떨어지고 일곱 彗星이 하늘에서 큰 불덩이처럼 일시에 땅으로 떨어지며 대들보가 끊어지는 것을 보았는데, 그 의미를 신하에게 묻고서 석가가 열반할 상서롭지 못한 징조임을 알았다고 한다. 여기서는 현각선사의 죽음을 의미.

27. 이천 마애관음보살반가상명

태평홍국[1] 6년(981, 景宗 6) 신사 2월 13일
…… 도속의 향도[2] 20인……

---

1) 太平興國 : 宋 太宗의 연호(976~983)이다.
2) 香徒 : 전통시대에 여러 가지 공동 목적의 달성을 위한 조직체였다. 고대
   사회의 발전과정 속에서 우리 나라에 불교가 수용된 이후 널리 결성되어
   활동하여 왔다. 그 성격은 시대에 따라 단일하지 않지만, 본래 불교 신앙
   활동을 목적으로 조직된 신도들의 結社였다. 한편에서는 단체 개념을 부
   인하고 그 당시 불교도들을 지칭하던 보통명사로 파악하기도 하지만, 일
   반적으로는 신앙결사를 가리키는 것으로 생각한다. 향도는 불교 신앙 활
   동만을 위해 존재하였다기보다는 중국의 義邑이나 法私, 일본의 講의
   경우처럼 구성원 간의 길흉경조·재난구제 등의 기능도 담당하였던 것
   으로 보인다. 구성원들이 자발적·자율적으로 결성한 신앙단체이기 때문
   에 행정편제나 생산공동체 등과는 구별되지만, 향도가 존재한 각 시기의
   촌락사회 구조 및 성장과 연관되면서 지역사회의 공동체 형성에 큰 구실
   을 담당하여 왔다. 지금까지 확인된 최초의 향도 사례는 신라에서 609년
   (眞平王 31) 경에 金庾信을 중심으로 조직된 화랑도를 龍華香徒라고 지
   칭한 것이다. 그리고 백제에서도 향도가 존재했을 가능성이 있다. 그것
   은 삼국 통일 직후인 673년(文武王 13)에 백제에 속하였던 충남 연기 지
   역에서 백제 유민들이 모여 향도를 결성하고 구체적인 신앙 활동으로 癸
   酉銘三尊千佛碑銘을 남긴 사례를 통해서 알 수 있다. 그 뒤 고려 전기까
   지의 향도 사례를 살펴보면, 지역적으로는 전국적으로 분포하고 있다.
   그 활동 내용은 불상·종·석탑·사찰의 조성 또는 법회·보시·埋香

상수3)……

(역주 : 박영제)

등 대규모적인 노동력과 경제력 등의 제공을 매개로 한 불교 신앙 활동
이 주류를 이룬다. 그리고 대부분 승려와 일반 신도들로 조직되었는데,
규모는 20명으로 구성된 소규모 향도가 있는가 하면 3천여 명에 이르는
대규모 향도도 있어서 일률적이지 않다(蔡雄錫, 1989,「高麗時代 香徒의
社會的 性格과 變化」『國史館論叢』2 참조).

3) 上首 : 지도격 승려인 듯하다. 다음의 자료도 같은 의미로 쓰인 것 같다.
『三國遺事』卷4, 義解5 圓光西學, "三十年癸酉(卽眞平王卽位 三十五年
也) 秋 隋使王世儀 至於皇龍寺 設百座道場 請諸高德說經 光最居上首"
;『三國遺事』卷2, 四十八景文大王, "諱膺廉 年十六爲國仙 …… 王聞
其言 而知其賢 不覺墮淚 而謂曰 朕有二女 請以奉巾櫛 郎避席而拜之
稽首而退 …… 郎之徒上首範敎師者 聞之 至於家 問郎曰 ……". 그리고
主首라 하여 사원의 최고승을 일컫는 다음 자료가 참고된다. 王融,「智
谷寺眞觀禪師悟空塔碑」(981), "己酉 我光宗大成王 …… 作我檀那 特詔
於智谷寺匡衆 師住彼之夕 其山之右 有三藏院 主首感夢神異".

28. 지곡사 진관선사 오공탑비

대송 고려국 강주 지곡사 고진관선사 [오공지탑]비

대광 내의령 판총한림 겸 병부령 신 왕융[1]이 교를 받들어 짓다.

우리 영주(英主)께서 매우 경사스럽게 가문의 빛을 잇고 종사를
이은 지 이 해는 7년째이니, 이 해는 대황락(大荒落 : 辛巳, 981, 경
종 1)이다. 얻기 어려운 재물을 귀히 여기지 않고 군자유(君子儒)를
많이 구하여 사람들은 오랑캐 같은[2] 마음이 없었고, 때는 노(魯)나
라나 위(衛)나라 같은 정치[3]가 있었다.

---

1) 王融 : 왕융은 광종 6년(955) 大相으로 後周에 사신으로 간 적이 있고,
   광종 17년(966) 이후 경종 때 두 번, 성종 때 여섯 번이나 知貢擧를 역임
   하는 등 누차에 걸쳐 지공거를 역임하였으며, 성종 말년 벼슬이 평장사
   에 이르렀다고 한다. 이 비에 의하면 경종 4년(979) 鷰谷寺玄覺禪師碑의
   비문을 지은 데 이어 본 비를 찬술하였음을 알 수 있다.
2) 胡越 : 胡는 북방의 이민족, 越은 남방의 이민족으로 오랑캐를 일컬음.
3) 魯衛之政 : 周나라의 도를 이어받은 왕도정치. 魯나라는 周公이 봉해진
   나라이고, 衛나라는 康叔이 봉해진 나라인데, 주공과 강숙은 형제였고
   서로 화목하였으므로 정치도 형제와 같았다는 말이다(『論語』子路, "魯
   周公之封 衛康叔之封 旣爲兄弟 康叔睦於周公 其國之政 亦如兄弟").

3월에 춘대(春臺)에 올라 사슴의 울음소리를 들으면서(臺讌鹿鳴)[4] 사방으로 강산을 돌아보니 한결같이 물이 거울과 같았다. 홀연히 뭉게구름이 동남쪽에서 일어나므로 따르는 이들에게 물으니 모두 여쭙기를 "저희는 모르겠습니다"라고 말하였다. 이에 태사(太史)를 불러 길흉을 점치게 하니, 그가 말하기를, "이 곳으로부터 일천 리 이내에 범상치 않은 사람이 있었는데, 중천에 가리워져 성덕(盛德)이 매몰되었으니 진실로 비석에 기록하면 반드시 나라에 복이 있을 것입니다" 하였다. 왕이 이에 조서를 내려 찾아보게 하였는데, 이 달에 공덕사(功德使)[5]가 "저쪽 진관선사탑묘에서 그 날 상서로운 빛이 높이 빛나면서 위로 은하수까지 꿰뚫었다"고 보고하였다. 올려 보낸 글을 보고 황제가 마음속으로 감동하여, 이에 묵림와금(墨林臥錦)의 무리에게 명해서 저술하게 하고 계족산에서 옷을 전한 것을(雞足傳衣)[6] 노래하게 하여 우리의 아름다운 꾀를 드러나게 하였다.

이 때 정광(正匡) 한림학사(翰林學士) 최승로(崔承老)가 여러 대에 걸쳐 문장을 담당하였으므로, 임금의 명을 받게 되었다.

"대개 유명(幽明)을 출척(黜陟)함은 왕의 뜻을 계획하는 것이며, 붓을 들어 글을 올리는 것은 재주 있는 자의 글로부터 시작되는 것

---

4) 臺讌鹿鳴 : 왕과 신하가 臺上에서 잔치를 베풂(『詩經』 小雅, "鹿鳴 燕群臣嘉賓也").
5) 功德使 : 원래 唐代에 僧尼 및 道士女冠을 管掌하던 관직.『新唐書』권 48에 의하면 처음에는 천하의 僧尼·道士·女冠을 鴻臚寺에 예속시켰다가 武后 延載 원년(694) 僧尼는 祠部에, 開元 24년(736) 道士·女冠은 宗正寺에 예속시켰으며, 후에 左右功德使·東都功德使·修功德使를 두어 승니의 籍과 功役을 총괄하였다고 한다. 신라에서도 이를 받아들여 승니에 관한 업무를 담당하게 하였던 것으로 보인다.
6) 雞足傳衣 : 迦葉尊者가 雞足山에서 禪定에 들었을 때 如來가 전해 준 金襴衣를 받들고 彌勒의 出世를 기다렸다고 한다.

이다. 진실로 마땅하지 않다면 또한 말미암아 쓰지 않게 될 것이니, 어찌 치황(緇黃)의 분수가 온전해서야만 원대하다는 이름이 확연해질 수 있겠는가. 왕의 자비가 깊이 나타났고 아름다운 장려가 이미 능했으니, 네가 아는 바를 천거하면 반드시 그 사람을 얻을 것이다" 라 하였다.

최자(崔子)가 절하고 대답하기를, "민천(閩天)에 옷을 떨친 자로 왕융(王融)이라는 이가 있는데, 지난해에 연곡산 현각선사비송 일작(一斫)을 초하였습니다. 비록 문학이 충분하지 못하나, 또한 심력이 게으르지 않으니 두루 시험해 보면 반드시 좋은 문장을 올릴 것입니다"[7] 하였다.

상이 최자에게 이르기를, "경은 소찬후(蕭酇侯)[8] 같이 잘 추천하는 지혜가 있고 혜중산(嵇中散)[9]처럼 게으른 것을 부끄러워하는 근심이 있어, 주위 사람들에게 엄격하고 좋은 사람을 드러내니, 그 맛이 아름다운 안주와 같다" 고 하였다.

이에 대광(大匡) 내의령(內儀令) 판총한림(判摠翰林) 왕융을 임금 앞에 오게 하여 말하기를, "지난번 징조를 보고 곧 추측[10]할 수 있겠다. 황금으로 된 쇄골(鎖骨)[11]은 토목으로 형체를 이룰 수 없으며, 백옥(白玉)으로 된 백호의 불빛(毫光)[12]을 어찌 산봉우리(峯

---

7) 聿修 : 선조의 덕을 사모하여 서술함.
8) 蕭酇侯 : 蕭何(?~193). 漢나라 江蘇 沛縣 사람. 高祖 劉邦을 잘 보필하였으며, 韓信을 추천하였다. 漢이 中原을 통일한 후 1등공신으로 酇侯로 봉하여졌다. 張良, 韓信과 함께 三傑로 일컬어진다. 시호는 文終.
9) 嵇中散 : 嵇康. 魏나라 譙國 사람. 벼슬이 中散大夫에 이르렀다. 竹林七賢의 한 사람. 老莊의 학문을 즐겨『養生論』을 저술하여 彈琴詠詩하며 지냈는데, 정치를 비판하다가 鍾會의 노여움을 사서 참살당하였다. 저서에『嵇中散集』이 있다.
10) 端倪 : 일의 처음과 끝. 추측하여 안다는 뜻이다.
11) 鎖骨 : 舍利 또는 遺骨.

蠻)13)가 덮을 수 있으리오. 하물며 영감(靈感)을 드러내어 마땅히 현통(顯通)을 펼침에 있어서 어찌 반드시 현수(峴首)14)가 산마루에서 혼자 눈물을 떨어뜨리고, 조아(曹娥)15)가 강가에서 오랫동안 좋은 글을 자랑해야 하겠는가. 만일 과아(果兒)가 세상을 구원하지 못하면 저 여자가 이와 같이 천하를 놀라게 할 것이다. 그대는 선왕을 보좌하고서부터 나를 보필하는 데 이르기까지 우리 계서(契書)를 맡아 나의 좌우에 거하였다. 지금 우로의 은혜를 입는 것은 내가 올리고 내리는 데에 있으니, 저 고승의 행적을 기록하는 것은 그대가 알아서 하라. 장차 글의 형식을 잘 갖추고 내용에 충실(亹亹)16)하여 마치 거울이 허공을 비추면 더러운 것과 아름다운 것(媸妍)17)이 숨지 못함과 같이 그 일을 직서하고 재주가 없다고 사양하지 말라" 하였다.

신 융은 삼가 엎드려 절하고 사양하였으나 허락받지 못하였다.

"무릇 종과 돌에 새겨서 것은 천자의 맹세를 나타내며, 피를 바르고 그릇을 받들어서 제후의 신의를 드러냅니다. 이치가 대서(大筮)

---

12) 毫光 : 부처의 이마에서 나는 빛(『職小編』, "現五色毫光").
13) 峯蠻 : 산꼭대기의 날카로운 봉우리들.
14) 峴首 : 晉나라 때 泰山 南城 사람 羊祜를 가리킨다. 襄陽郡守로 있을 때 항상 峴山에 올라 고을 사람들과 즐겼는데, 그가 죽자 그를 추모하여 碑를 세우고 해마다 제사를 지내니, 그 비를 보는 사람들이 모두 눈물을 흘렸으므로, 杜預는 이 비를 墮漏碑라 하였다고 한다(李智冠, 1995, 『校勘 譯註 歷代高僧碑文』, 高麗篇2, 가산문고, p.138).
15) 曹娥 : 중국 後漢 때의 효녀로 그 아비가 강에 빠져 죽었는데, 시신을 찾지 못하였다. 曹娥가 나이 14세에 강가에서 통곡하여 그 소리가 밤낮으로 끊이지 않더니 마침내 17일째에 강에 투신하여 죽었다. 이를 기리고자 감탄순이 뇌사를 지었는데, 蔡邕이 그 글을 읽고 '黃絹幼婦 外孫齏臼'의 여덟 자를 제하였다. 이는 '絶妙好辭'의 은어이다.
16) 亹亹 : 열심히 노력하는 모양. 물이 흘러가는 모양.
17) 媸妍 : 더러운 것과 아름다운 것.

에 부합하니, 일이 어찌 범상하겠습니까. 만약 몽필(夢筆)18)이 아니면 어찌 감히 하늘을 대신하겠습니까. 혹 천균(千均)19)의 무거운 것이라도 어렵지 않게 짊어질 수 있지만, 한 자가 비록 미미하다 하더라도 포폄이 쉽지 않다고 들었습니다."

상이 이르기를, "박릉(博陵)20)의 고사에 범안하는 사람이 있었는데, 낭야(琅邪)21)에 (진시황의 송덕비로 인해) 다시 어찌 부끄러운 기색이 있겠는가"라 하시니, 땀이 온 몸에 흐르며 근심이 폐(肺)와 장(腸)을 막을 정도였다. 하룻밤에 소상(瀟湘)22)을 노래하니 세상이 그 빠름을 추앙하였고, 10년 만에 고경(古鏡)을 읊조리니 사람들이 그 늦음을 모멸하였다. 신은 늦고 빠르고에 모두 분명하지 못하나 울면서 왕명을 받아 서둘러 짓는다.

가만히 듣건대 법은 머무는 바가 없다 하니 몸인들 어찌 항상함이 있겠는가. 마치 밝은 달이 이지러지고 차더라도 둥글고 밝은 본체를 떠나지 않는데, 범부가 전도(顚倒)되어서 스스로 분별심을 낳는 것과 같다. 소리로서 구하지 아니하고 색(色)으로 보지 아니하니,23) 2천 년 후까지 자기를 이을 사람이 누구인가, 바로 지곡 진관

---

18) 夢筆 : 筆恭夢椽. 晉나라 王珣이 꿈에 어떤 사람으로부터 서까래만한 큰 붓을 받고 文名을 날리게 되었다고 한다(『晉書』 王珣傳).

19) 千均 : 1均은 30斤. 매우 무거운 것을 가리킨다.

20) 博陵 : 중국 지명. 河北省 安平縣 소재. 後漢 桓帝의 父 孝崇皇의 陵. 후한대에 충신이 살았는데, 直諫하여 임금의 얼굴을 침범하는 것을 개의치 않았다고 한다.

21) 琅邪 : 山東省 諸城縣 동남쪽에 있는데, 진시황이 대를 쌓고 송덕비를 세웠다고 한다.

22) 瀟湘 : 湖南省 洞庭湖 남쪽 零陵 부근에서 瀟水와 湘水가 만나기 때문에 소상이라 한다. 이 부근은 물이 맑고 모래가 깨끗하며 양쪽 언덕의 이끼가 아름다워 경치가 빼어난 곳으로 8景이 유명하다.

23) 非聲而求 非色而見 : 『金剛經』에서는 "若以色見我 以音聲求我 是人行

선사가 이 사람이다.

　스님의 이름은 석초(釋超)요, 속성은 안씨(安氏)[24]이며, 우리 나라 중원부(中原府)[25] 사람이다. 아버지는 니조(尼藻)로 섭사마(攝司馬)[26]였는데, 가문은 유서가 깊고 예악(禮樂)에 매우 밝았다. 노여움을 옮기지 않고[27] 그 덕을 넓혔으며 잘못은 되풀이하지 않고[28] 인(仁)을 쌓았으니, 고을 사람들이 업신여기지 않았으며 부로(父老)[29]들도 사양하였다.

　　邪道 不能見如來"라 하였다

24) 俗姓安 : 안씨는 중원부의 유력한 가문이었던 듯하다. 『世宗實錄』 권 149, 地理志 忠淸道 忠州牧條에서 제시한 9개의 土姓(徐 · 石 · 崔 · 劉 · 康 · 梁 · 秦 · 安 · 朴) 가운데 하나이다.

25) 中原府 : 중원은 오늘날의 忠州이다. 진흥왕이 小京을 설치한 후 경덕왕이 中原京으로 이름을 바꾸었으며, 고려 태조 23년(940)에 충주로 명칭을 바꾸었으며 성종 2년(983)에 12牧을 설치하면서 지방관을 파견하였다(『高麗史』 卷56, 地理志1 충주목). 한편 신라시대 중원에 府가 설치된 것이 언제인지는 정확하지 않으나, 흥덕왕대 실시된 지방제도 개편의 일환으로 신라 下代에 府가 설치되기 시작했으며 그 설치 지역은 왕경과 5京(小京)이 있었던 지역과 중요 거점지역이었다고 파악한 견해(배종도, 1989, 「新羅下代의 地方制度 개편에 대한 고찰」 『學林』 11)가 참고된다.

26) 攝司馬 : 사마는 병조판서를 가리키고, 攝은 임시 관직에 붙었던 용어이다. 그런데 섭사마라는 관직은 당시에 관한 문헌자료에서는 찾아볼 수 없으므로, 아마도 지방의 土豪로 지방 관반의 兵部卿(고려 성종 2년 [983] 개편되는 兵正)과 같은 것이거나 州縣軍 將校의 전신이 아닌가 추정되고 있다(許興植, 1986, 「智谷寺 眞觀禪師碑」 『高麗佛敎史硏究』, 一潮閣, p.605).

27) 不遷怒 : 한 사람에 대한 분노를 다른 사람에게 풀지 않음을 말한다. 곧 엉뚱한 사람에게 화풀이하지 않는 것이다.

28) 不貳過 : 같은 잘못을 되풀이하지 않는 것.

29) 父老 : 덕이 있는 노인. 한 마을에서 중심이 되는 노인. 『春秋公羊傳』 宣王十五年 什一行而頌聲作矣의 注에서 "選耆老有高德者 名曰父老"라 하였다.

처음에 어머니 유씨(劉氏)[30]가 북두칠성의 서기가 입 속으로 날
아 들어오는 꿈을 꾸고 잉태한 지 열 달 만에 옆구리에서 낳았다.
가문에서는 아들을 얻는[31] 경사를 얻고 마음으로는 건상(乾象)[32]
의 징조를 기울여 부모를 위로하니 매우 귀한 아들이었기 때문이다.
건화 2년(912)[33] 후량 태조 임신년 10월 15일에 태어났다.

스님은 태를 떠날 때부터 다른 아이들과 완전히 달랐으니, 귀는
길어서 어깨에 이르렀고 손은 드리우면 무릎을 넘었다. 4세가 되어
서는 오신(五辛)[34]의 냄새를 맡지 않았고, 비록 불타는 집[35] 속에
엎드려 있었으나 서둘러 세상 밖으로 벗어나려 하였다. 거동과 모
양이 점차 달라지고, 가고 머무는 것이 같지 않았다. 푸른 산이 봄
에 서늘하면 정히 옥을 지니고 있는 줄 알고 맑은 강이 밤에 빛나면
진실로 구슬을 머금고 있는 것이다. (스님이) 동서(東西)[36]를 알게
됨에 이르러서 홀연히 자신의 마음과 생각을 진술하였다. 갑자기

---

30) 母劉氏 : 유씨는 중원부의 유력한 가문이었던 듯하다. 『世宗實錄』 권
    149, 地理志 忠淸道 忠州牧條에서 제시한 9개의 土姓(徐·石·崔·劉
    ·康·梁·秦·安·朴) 가운데 하나이다.
31) 桑蓬 : 桑弧蓬矢의 준말이다. 옛날에 아들을 낳으면 뽕나무로 만든 활과
    쑥대로 만든 화살을 천지 사방에 쏘아 장래 사방에 웅비할 것을 축원하
    였다(『禮記』 內則, "國君世子生 射人以桑弧蓬矢六 射天地四方" ; 『禮
    記』 射義, "男子生 桑弧六 蓬矢六 以射天地四方").
32) 乾象 : 마야부인이 하늘에서 코끼리가 품으로 들어오는 꿈을 꾸고서 석
    가모니를 임신하였다고 한다. 轉하여 生男을 뜻한다.
33) 乾化 : 後梁 太祖의 연호(911~915).
34) 五辛 : 오신채이니, 마늘·파·생강·부추·興渠이다. 불교에서는 냄새
    가 많은 다섯 가지 야채를 육류와 함께 금한다.
35) 火宅 : 『法華經』 譬喩品에서 法身은 영원하다는 것을 일곱 가지로 비유
    하여 설명하였는데, 그 중 첫 번째가 火宅喩이다. 우리가 살고 있는 3界
    는 5濁·8苦 등으로 인해 괴로움을 당해 안주할 수 없는 것을 불타고 있
    는 집에 비유하였다.
36) 東西 : 방위, 이리저리 돌아다님.

어머니37)에게, "마침 이웃에 놀러 갔다가 저 스님이 묘장엄왕품(妙莊嚴王品)38)을 외우는 것을 들었습니다. 왕은 두 아들의 출가를 허락하였는데, 일념(一念)으로부터 복(福)이 여러 생에 미치기 때문이었습니다. 장차 양·사슴39)과 같은 길을 가는 것은 차마 하지 못하지만, 말·소와 나란히 다니는 것을 허락하여 주십시오" 라 하였다. 아버지가 허락하고 나서 국왕도 허락하였다.

무인년(918)에 영암산 여흥선원에 나아가 법원(法圓)대사에게 예를 갖추었다.

"동자는 어디에서 왔는가."
"온 곳으로부터 왔습니다."

스님이 빙그레 웃으며, "한 점의 불이 들판을 태울 듯하구나." 또

---

37) 北堂 : 옛날 사대부가의 동쪽 집채의 북반부를 말한다. 주부가 이 곳에 거처하였으므로, 주부·어머니를 말한다(『儀禮』 士昏禮, "婦洗在北堂" ; 韓愈, 『示兒詩』, "主婦治北堂 膳服適親疏").

38) 妙莊嚴王品 : 『法華經』28품 중 제27품인 妙莊嚴王本事品을 말한다. 과거 無數劫의 옛적에 雲雷音宿王華如來가 법화경을 설할 때 묘장엄왕이 있었다. 그에게는 淨德이라는 부인과 淨藏, 淨眼이라는 아들이 있었다. 왕이 바라문법을 믿으므로 부인과 아들들이 왕의 마음을 돌리려고 왕과 함께 숙왕화여래가 『법화경』을 설하는 곳에 갔는데, 그 곳에서 왕이 妙益을 얻어 두 왕자의 출가를 허락하였다고 한다. 두 왕자는 여러 해 동안 수도하여 형 淨藏은 藥王菩薩, 동생 淨眼은 藥上菩薩이 되었다고 한다(『大正藏』 卷9, pp.55~60).

39) 羊·鹿 : 『法華經』 비유품의 火宅喩에서 중생을 제도하는 방편을 비유한 것이다. 곧 아이들이 노느라고 불타는 집에서 빠져 나오려 하지 않자, 長者는 방편으로 밖에 나가면 아이들이 가지고 싶어하던 羊車(聲聞乘)·鹿車(緣覺乘)·牛車(菩薩乘)의 3車(3乘)가 있다고 하여 문 밖에 나오게 하고 모두 白牛車(一佛乘)에 태워 구하였다. 李智冠은 羊鹿을 小乘, 馬牛를 大乘으로 보았다(李智冠, 앞의 책, 註 109 및 110 참조).

한 묻기를,

"온 뜻이 무엇인가."

"수건과 병을 들고 (스님을) 섬기기를 원합니다."

"잘 지내거라."

 이에 저 가까운 사람과 소원한 사람들을 모두 모아 머리 깎고 승복 입기를 허락하였다. 바야흐로 총림 안에 머물자 여러 나무들 속에서 뛰어났다. 담복[40]이 향기를 내니 어찌 지란(芝蘭)과 냄새를 함께 하겠으며, 우담발화(優曇)[41]가 아름다움을 토하니 어찌 장차 복숭아와 오얏이 아름다움을 다투겠는가. 전의(傳衣)하는 것[42]은 남

---

40) 薝蔔 : 치자나무와 그 꽃. 빛이 희고 향내가 매우 좋다.

41) 優曇 : 범어 uḍumbara. 優曇鉢華·優曇跋羅華·優曇이라고도 하는데, 우담은 번역하면 靈瑞·瑞應이라고도 한다. 인도에서 전륜성왕이 나타날 때 꽃이 핀다는 식물이며, 3,000년에 한 번 꽃이 핀다고 하여 매우 드물다는 비유로 쓰인다.

42) 傳衣 : 法을 전하는 것을 말한다. 중국 선종에서 달마가 慧可에게 법을 전하며 옷과 발우를 전해 준 이래, 오조 弘忍이 육조 慧能에게 전할 때까지 법을 전했다는 표식으로 삼았다고 한다. 중국 선종에서 자신의 계보가 정통임을 강조하기 위해 만들어진 이야기로 여겨진다. 다시 말하면 傳法의 증거로 가사를 준다는 傳衣를 최초로 말한 것은 王維가 지은 「六祖能禪師碑銘幷序」로, 그 이후 모든 자료는 이 설을 답습하게 되었다. 「唐韶州曹溪寶林山國寧寺六祖惠能大師傳法宗旨 幷高宗大帝勅書 兼賜物改寺額 及大師印可門人 幷滅度時六種瑞相 及智藥三藏懸記等 傳」에 의하면 혜능이 홍인에게 가사를 전하는 이유를 묻자 홍인이 "옷은 법의 신표요, 법은 옷의 宗이다. 옛부터 서로 전하였으며 그 외 별도로 부촉한 바는 없다. 옷이 아니면 법을 전하지 않았고 법이 아니면 옷을 전하지 않았다. 옷은 西國의 師子尊者들이 서로 전하여 불법을 끊이지 않게 하였다. 법은 여래의 깊고 깊은 반야로서, 반야가 고요하고 머무름이 없음을 알면 곧 법신을 깨닫는다. 불성이 고요하고 머무름이 없음을 보

에게 달려 있지 않고 입실(入室)[43]하는 것은 오직 나에게 달려 있을 뿐이다.

무자년(928) 2월에 법천사(法泉寺)[44] 현권율사(賢眷律師)에게 나아가 구족계를 받았다. 경을 들으면 귀를 가렸으며 책을 덮고 마음을 깨달았으니, 돌이 고개를 끄덕인[45] 인연이 몇 년인지는 알지 못하나 다른 사람을 교화한[46] 공덕은 마땅히 여러 생일 것이다. 문도들이 모두 절차(切嗟)하는 것을 우러르고 절의 대중이 모두 탁마(琢磨)[47]를 기약했다.

경자년(940) 봄에 멀리 해뜨는 우리나라를 하직하고 곧바로 전당(錢塘)[48]을 목적지로 향했다. 배를 띄워 바야흐로 바다로 들어가자

면 이것이 진정한 해탈이다. 너는 옷을 가지고 떠나야 한다"고 하였다 (古田紹欽·田中良昭 著, 남동신·안지원 譯, 1993, 『혜능』, 玄音社, pp.94~95 참조).

43) 入室 : 제자로 받아들임을 의미한다.

44) 法泉寺 : 강원도 원성군 부론면 법천리 鳴鳳山에 있었던 사찰. 성덕왕 24년(725)에 창건되었으며, 고려 문종 때 智光國師 海麟이 머물렀다.

45) 點石 : 쯤道生이 闡提成佛論을 주장하다 쫓겨나 평강의 虎丘山에 있을 때 돌을 상대로 『涅槃經』을 강설하였는데, "闡提도 성불한다"고 하였더니 여러 돌이 머리를 끄덕였다고 한다.

46) 抛籌 : 인도 선종 제4조인 優婆鞠多 존자가 교화를 행하면서, 한 사람을 제도할 때마다 산가지(籌) 하나씩을 石室에 넣었다. 그 석실은 가로가 12肘, 세로가 18肘인데 그 안에 산가지가 가득하였다. 그가 입적한 후 제5조인 提多迦가 석실에 있던 산가지로 그의 시체를 화장하고 사리를 거두어 공양하였다(『景德傳燈錄』 卷1).

47) 切嗟琢磨 : 옥과 돌을 갈고 닦는 것과 같이 학문과 덕행을 닦음을 이른다. 뼈를 다스리는 것을 切, 상아를 다스리는 것을 磋, 옥을 다스리는 것을 琢, 돌을 다스리는 것을 磨라 한다(『詩經』 衛風 淇奧, "有斐君子 如切如磋 如琢如磨").

48) 錢塘 : 중국 浙江省 杭縣. 秦나라 때 錢唐縣을 처음 두었는데, 唐에 들어와 나라이름을 피하여 錢塘이라 고쳤다.

신기루가 갑자기 푸른 파도에서 솟구쳤다. 사람들이 모두 얼굴빛을 잃었으나, 우리 스님만 홀로 크게 웃고 손가락을 한 번 퉁기니 그 소리에 큰 파도가 문득 고요해졌다. 절강성 서쪽에 이르러 지팡이를 짚고 발우를 들고 먼저 용책(龍冊)[49]에게 나아가 예를 행하고 서 있었다. 용책선사는 그의 안목을 분명히 알아 다시 문답을 하지 않고 대중에게 말하기를 '잘 일러 주라'고 하였다. 날이 가고 달이 가면서 별이 모이고 안개가 모이듯 하니 둥지를 떠난 봉황[50]의 서기가 9포(九包)[51]에 감응하는 것과 같고 물에서 솟아난 부용의 향기가 천 매의 화과(花瓣)[52]에서 날리는 것과 같았다. 순례함에 이르러서는 발이 용화진[53]에까지 찾아가고 한 번 종사(宗師)를 마주하면 불이 물에 던져진 것 같이 하였다. 이로부터 이름이 사중에게 알려져 대승(大乘)을 지도하니 한밤중의 서리가 차가워 별이 갑 속의 칼을 호령하고, 하늘 가득 구름이 캄캄하여 우레가 벽에 걸어 놓은 (베틀의) 북을 울리듯 하였다.

---

49) 龍冊 : 龍冊寺는 浙江省 杭州府 錢塘縣 서쪽 17리에 있는 龍山에 위치. 吳越의 忠懿王이 건립하여 雪峰義存의 법을 이은 鏡淸道怤(868~937)를 주석케 하였다. 道怤는 절강성 溫州 永嘉人으로 속성은 陳氏이다. 어려서 출가하여 설봉 의존에게 參問하고 그의 법을 이었는데, 후에 절강성 越州 鏡淸寺에 주석하다가 칙명에 의해 天龍寺, 龍冊寺에 주석하였다. 賜號는 順德大師이다(『宋高僧傳』卷13 ;『祖堂集』卷10 ;『景德傳燈錄』卷18 ;『唐會要』卷24 참조). 釋超가 중국에 간 940년은 도부가 입적한 후이다. 따라서 雪峰義存의 손제자인 龍冊子興(?~?)으로 추정되지만 확실하지는 않다.

50) 鸑鷟 : 봉황의 별칭이다.

51) 九包 : 九苞. 봉황의 아홉 가지 날개 빛이다(『論語』摘衰聖, "鳳有九苞"). 李嶠의 「鳳詩」에서는 "九苞應靈瑞 五色成文章"이라 하였다.

52) 千葉 : 천 년을 지칭하는 것으로(『晉書』赫連勃勃載記, "孰能本枝于千葉 重光于萬祀") 花瓣이 포개진 것을 말한다(千葉蓮, 千葉桃 등).

53) 龍華 : 鎭의 이름. ① 河北省 景縣의 서남 ② 상해의 서남.

스님은 생각을 여의고 무심(無心)했으니, 어찌 선(禪)에 깃드는데 정해진 땅이 있으리요. 병오년[54] 개운(開運)[55] 3년에 문득 백월(百越)[56]을 떠나 삼한(三韓)으로 다시 돌아오니 물러나는 새가 바람 앞에서 공연히 날개만 수고롭게 하고, 날쌘 매가 하늘 끝에서 따로 길을 얻은 것과 같았다. 자비의 돛을 내림에 미쳐서는 서둘러 대궐에 나아갔다. 당시 정종(定宗)[57] 문명대왕(文明大王)이 불러 홍주(興州)[58] 숙수선원(宿水禪院)[59]에서 머물게 하니, 모든 중생에게 약을 베풀어 고질병을 다 낫게 하고 육로(六路)에 다리와 나루를 설치하여 모두 정도(正道)로 돌아가게 하지 않음이 없었다.

기유년[60]에 우리 광종대왕[61]이 금륜(金輪)[62]의 지위를 나누어

---

54) 丙午年 : 946년. 고려 정종 1년. 개운 3년.
55) 開運 : 後晉 出帝의 연호(944~946).
56) 百越 : 중국의 지명으로 江浙·閩越의 땅을 越族이 거처하는 곳이라 이렇게 부른다.
57) 定宗 : 923~949년(태조 6~정종 4). 재위 946~949년. 이름은 堯. 자는 天義. 태조의 둘째 아들이며, 어머니는 충주 호족 劉兢達의 딸인 神明順成王太后, 妃는 文恭王后 朴氏와 文成王后 朴氏. 서경의 鎭將인 王式廉의 도움으로 王規, 朴述姬 등을 제거하고 정권을 잡았다. 이후 도참설에 의거해 서경 천도를 서두르면서 왕권 강화를 꾀하였으나 개경 귀족과 백성들의 불만으로 실패하였으며, 불교를 깊이 믿었다.
58) 興州 : 현재 순흥.
59) 宿水禪院 : 경상북도 영풍군 순흥면 내죽리에 있던 통일신라시대의 절. 현재는 절터만이 있고, 이 자리에 소수서원이 위치해 당간지주(보물 제59호)만이 남아 있다. 이 절이 언제 없어졌는지는 알 수 없으나 조선시대인 1543년 풍기군수로 부임한 주세붕이 이 곳이 안향이 공부했던 곳이라 하여 白雲洞 서원을 세운 것으로 보아 그 이전이었을 것으로 추정된다.
60) 己酉年 : 949년. 광종 즉위년.
61) 光宗 : 925~975년(태조 8~광종 26). 재위 949~975년. 정종의 친동생이다. 고려 초기 왕권 강화에 커다란 성과를 거둔 왕으로 이름은 昭, 자는 日華. 태조의 셋째 아들이며 어머니는 神明順成王太后 劉氏이다.
62) 金輪 : 금륜성왕이 감득한 보륜. 三輪의 하나로 최상위의 것.

산하를 통치하였으며, 사바세계의 존귀함을 받들어 위로 향화(香
火)를 지켰고, 부처의 부촉을 이어서 우리 단월이 되어 특히 지곡사
대중을 바로잡도록 명했다. 스님이 그 곳에 가던 날 저녁 그 산(지
리산)의 오른쪽에 삼장원(三藏院)이 있었는데, 삼장원의 주수(主首
: 조실스님)가 꿈에 신이를 감득하였다. 새벽에 모시고 온 대중이
와서 고하였다. 선사가 당(堂)에 올라 설법하기 시작하자 온 산의
짐승들이 울지 않음이 없었다. 위대하도다. 몸이 항아리에서 목욕하
지 아니했으니 소천자(蕭天子)63)인들 어찌 변화를 알리오. 발우가
돌 위에 붙자 혜명상좌(惠明尙座)64)가 신통에 놀랐다. 사람들이 신
령한 위력(威稜)65)을 기이하게 여기는 것을 내가 어찌 구구하게 이
야기하겠는가. 여기에서 머문 몇 년 간 자못 많은 영험함을 드러냈
으니 염천(鹽泉)에 비유하면 오히려 조금 얻는 데 구애받고, 이(齒)
를 드러냄에 견주면 그가 위대하게 온 것에 부족하다. 아름답도다.
도가 그 속에 있고, 통달하였도다. 명성이 들에까지 들렸다.

기미년66)인 현덕(顯德)67) 6년에 금성(金城)68) 북쪽에 있는 귀산

---

63) 蕭天子 : 梁나라 武帝인 蕭衍(502~549). 儒玄에 통달하고 불교를 좋아
   했다.
64) 明尙座 : 惠明尙座를 가리킨다. 道名으로 중국의 심양 사람이며, 姓은
   陳씨로 어려서 永昌寺에 출가하였다. 뒤에 五祖弘忍 아래에 있다가 그
   가 衣鉢을 六祖 盧行者에게 전했다는 말을 듣고 쫓아가 大庾嶺에서 그
   를 만나 의발을 빼앗으려 하였다. 이에 노행자가 의발을 바위 위에 내려
   놓고 가져가라고 하였는데, 그가 이를 들려고 하였으나 움직이지 않았다.
   이에 그는 노행자에게 법을 구하여 크게 깨우치게 되었다.
65) 威稜 : 신령의 위력.
66) 己未年 : 959년. 광종 10년.
67) 顯德 : 後周 세종의 연호(954~959).
68) 金城 : 강원도 김화군에 있었던 옛 현 이름. 본래 고구려 母城郡으로 일
   명 也次忽인데, 신라 경덕왕이 이를 益城郡으로 고쳤다. 고려 초에 금성
   으로 이름이 바뀌었고 1018년(현종 9)에 군으로 승격되었다가 다시 현으

선사(龜山禪寺)를 하사하였다. 왕명을 받들어 그 곳으로 가니, 조각
달이 바다에서 나온 것과 다르고, 조각구름이 산을 떠나는 것과 달
랐다. 용과 호랑이가 지켜 주었으니 명덕(名德) 때문이요, 티끌에
물들지 않음은 뛰어나게 청량하기 때문이다. 과거의 마음을 갖추어
미래의 법을 얻었으니, 상이 초절(勳絶)69)함을 가상하게 여기고 그
의 종횡을 돌아보아 납가사 한 벌(一襲)70)과 여러 도구들을 하사하
였으니, 임금의 은혜 입음을 경축하여 그 스님의 빛이 상대(像代)에
퍼지도다. 보좌에 단정히 앉아 크게 선풍을 천양하도다. 향은 6주
(銖)71)를 태우니 연기가 없어지지 않고 옷은 백납(百衲)72)을 입으
니 산천의 긴 한가로움을 감싸안았다. 명성이 크게 떨치니 학도들
이 고개 숙여 엎드리도다. 비록 사경함에 뼈를 갈아73) 불은을 갚고
자 하고, 비둘기를 구하고자 자기 몸의 살을 베어 내더라도74) 또한
아견(我見)이 아닌 것이다.

　　다시 성 남쪽 광통보제선사(廣通普濟禪寺)75)로 옮겨 머무르니,

　　로 강등되어 交州에 속하게 되었다.

69) 勳絶 : 功位勳絶. 마음의 번뇌망상은 다 끊어지고 수행의 공덕은 극치에
　　까지 이름.

70) 一襲 : 襲은 모자에서 신발까지 일체를 말하고, 領은 옷 한 벌을 의미한
　　다.

71) 銖 : 銖는 기장 100개의 무게로, 1兩의 1/24이다.

72) 百衲 : 百衲衣로 승복. 衲은 補綴의 뜻.

73) 寫經 : 범망경 48輕垢戒 중 제44조 不供養經典戒의 "피부를 벗겨 종이
　　를 삼고, 피를 뽑아 먹물로 삼고, 뼈를 쪼개어 붓으로 삼아……"에서 나
　　온 말로 법공양을 많이 하라는 의미이다.

74) 救鴿爨身 : 부처님이 산중에서 수도하고 있을 때 비둘기 한 마리가 새매
　　에게 쫓겨 가사자락 속으로 숨어들었는데, 곧 이어 새매가 날아와 숨겨
　　둔 비둘기를 내어 달라고 간청하니 부처님이 자신의 허벅지살을 떼어 새
　　매에게 먹였다고 한다.

75) 廣通普濟禪寺 : 경기도 개풍군 중서면 여릉리에 위치한 사찰. 창건연대
　　및 창건자는 미상으로 원래 始興宗에 소속되어 있었으며, 光嚴寺 또는

마치 저 무리들이 아들이 어머니를 보듯, 목마른 사람이 미음을 얻은 것과 같았다. 차고 따뜻함을 더욱 알게 되니(冷暖益知)76) 유무를 어찌 물을 필요가 있으리요. 1년이 채 차지 않아 다투어 모여든 이들이 천여 명이었다. 세차게 흘러가니 굽이치는 물결에 독을 띄울 만하고, 고상하고 높으니 모래를 버리고 쌀을 얻는 것과 같았다. 이것이 이른바 한 등불이 빛을 나누어 줌에 만상이 함께 빛난다는 것이다. 나는 법을 전하지 아니하였고, 저 또한 무심(無心)으로 얻었다. 선후를 초월하여 드날렸고, 고금을 두루 비추었다. 오색으로 찬란한 거북털은 끝내 만나기 어렵고, 한 개의 토끼뿔도 쉽게 볼 수 없으니,77) 진여(眞如)는 상(相)이 아니고 반야(般若)는 알음알이가 아니다. 안으로 꽉 차 밖으로 응하며 뒤를 끊고 앞을 빛내어 물 위의 물거품과 같음을 알게 되니 공중의 번개와 더욱 흡사하다. 뜻밖에 지혜의 태양이 바야흐로 법계에 떠오르고 자비의 배가 잠깐만에 선하(禪河)에 돌아온 것과 같다.

건덕(乾德)78) 2년(964, 광종 14) 갑자년에 나이 53세, 승랍 38세로 망철(妄轍)의 길을 싫어하고 본원의 길을 회복하였다.79) 9월 2일에 당에 올라 대중에게 이르기를, "진본(眞本)은 남이 없고 법신(法身)은 감이 없다. 이에 고금을 궁구해 보면 스스로 툭 트이게 될 것이다(漂蕩).80) 땔나무가 다하면 불이 꺼지고 거울을 갑 속에 두면

雲巖寺로 불리었다. 고려 恭愍王陵인 玄陵의 願刹로 유명하다.
76) 冷暖益知 : 물맛은 마셔 본 사람만이 안다는 의미. "知魚飮水 冷溫自知".
77) 兎角龜毛 : 토끼의 뿔과 거북의 털. 轉하여 세상에 없는 사물을 가리킴.
78) 建德 : 宋 太祖의 연호(963~967).
79) 妄轍本源 : 王維의 「六祖慧能禪師碑銘」에 "本源常在 妄轍逾殊"라 하였다.
80) 漂蕩 : 툭 틔어 넓은 모양. 정처 없이 떠돌아다님.

상(像)이 없어지니, 무엇이 왔다가 가는가. 스스로는 덜고 더함이 없는 것이 옛날의 도이다. 내가 간 후에는 부처의 유칙과 같이 망령되이 죽음을 장식하지 말라" 하고 단정히 시멸(示滅)하였다. 기이하도다. 수미산(須彌山)처럼 우뚝하며 금강(金剛) 같이 위엄 있도다. 대지가 동요하고 뭇 사람의 마음은 슬픔에 빠졌으며, 회오리바람은 나무를 뽑고 폭우는 언덕을 무너뜨렸다. 중생들이 흥망을 탄식하나 커다란 법은 원교(圓敎)[81]와 돈교(頓敎)[82]를 떠나지 않는 것이다.

그 법을 이은 징경대사(澄鏡大師) 언충(彦忠)은 원주 문정원(文正院), 언흠(彦欽)은 지곡사(智谷寺), 언연(彦緣)은 광주(廣州) 흑석원(黑石院), 언국(彦國)은 태백산(太白山) 각돈원(覺頓院), 현광(玄光)은 복암원(福巖院)의 주지를 지냈다. 그 외 남북으로 다니며 선지식을 참예하고 법을 묻거나, 산중에 은둔하여 수도하거나, 인연이 따르지 않아 가서는 돌아오지 않는 자가 이루 다 기록할 수 없다.

그 달에 지곡산 남쪽에 탑을 세우니 예를 나타낸 것이다. 조정에서 사자를 보내 진관선사오공지탑(眞觀禪師悟空之塔)이라 시호하였다. 비석을 깎지 않고 우리 (선사의) 진신을 묻었는데, 사면(四面)의 연하(煙霞)를 쌓아올려 일봉(一峰)의 의발(衣鉢)을 품었다. 아! 봄이 오면 꾀꼬리가 우니 그로 인하여 따르는 무리가 있었으며, 해가 지면 원숭이가 우니 무심한 자가 되지 않았다.

우리 성상께서 대업을 이어받음으로부터 능히 중흥을 여니 무위

---

81) 圓敎 : 원만한 교법이란 뜻. 大乘窮極의 實敎를 이름. 원교란 이름은 北魏때 光統律師가 三敎(漸敎, 頓敎, 圓敎)를 세워 세 번째를 그렇게 부른 데서 시작함.

82) 頓敎 : 光統 삼교 중의 하나. 한 법문에서 常과 無常, 空과 不空 등을 구족하게 말한 것.

(無爲)가 어찌 훈화(勛華)83)보다 못하겠으며, 도가 있음은 어찌 창
발(昌發)84)보다 못하겠는가. 가을물에는 3척의 칼(三尺劒)85)을 빼
지 않았고 훈훈한 봄바람에는 5현금(五絃琴)86)을 보냈도다. 가는
곳마다 명령하지 않아도 시행되고 때에 응해서는 멀어도 이르러 오
지 않는 이가 없었다. 무릇 덕행을 들으면 모두 공명(功名)에 기록
하였는데, 스님이 비록 외짝 신을 남겼어도(隻履雖遺),87) 아직 짧은
글조차 짓지 못하였다. 시간이 흘러 갈수록 점차 성가(聲價)가 없어
질까 우려하여 큰 비석을 다듬기를 명하여 후대에 전하여지게 했다.
비록 연민(燕珉)88)은 다듬어 놓았지만 아직 포서(鋪舒)를 갖추지
못하였으며, 해죽(嶰竹)89)으로 만든 회초리는 잔인하나 능히 탄쇄
(殫灑)를 제공하지 못하였다. 신이 다행히 편류(編柳)90)는 아니지
만 일찍이 몽화(夢花)91)도 아니었다. 돌이 능히 말한다면 갑자기 지
은 것을 비웃을 것이고, 거북이가 만일 말을 이해한다면 반드시 황
당함을 비방할 것이니, 감히 기린을 잡기 바라겠는가(獲麟).92) 또한

---

83) 勛華 : 요임금과 순임금. 『尙書』에 요임금을 放勛, 순임금을 重華.
84) 昌發 : 周의 文王(昌)과 그 아들 武王(發).
85) 三尺劒 : 한나라 고조는 3척의 검을 들고서 천하를 얻었다고 한다.
86) 五絃琴 : 舜임금이 五絃琴을 타서 南風을 노래하니 천하가 다스려졌다
     고 한다.
87) 隻履雖遺 : 菩提達摩가 입적한 후 관 속에 신 한 짝을 남겨 두었다는 고
     사에서 유래. 죽음을 의미. 神會의 『問答雜徵義』에서 처음 이야기하였
     다.
88) 燕珉 : 燕石. 河北省 薊縣 燕山에서 나는 옥과 비슷한 좋은 돌을 일컫는
     다.
89) 嶰竹 : 곤륜산 북쪽 해곡산에서 나는 산죽. 회초리에 적당한 가는 대나
     무로 黃帝 때 伶倫은 이를 취하여 音律을 조정하였다고 한다.
90) 編柳 : 楚나라의 孫敬은 너무 가난해서 버드나무를 엮어 서판으로 삼아
     글을 썼고, 漢나라의 路溫敍는 창포 잎에 글을 썼다고 한다.
91) 夢花 : 後漢의 馬融이 꽃을 먹는 꿈을 꾸고서 천하의 문장을 다 외었다
     는 고사.

절필을 희망한다.

삼가 명(銘)하여 이르기를,

머물지 않는 것이 법이요,
항상되지 않는 것이 몸이니,
시방제불과
삼계의 중생들이로다.
망상을 요달하면
지극한 진리 통달하여,
범부로부터 성인으로 들어가
대법륜 굴리도다. (하나)

통했지만 허공이 아니고
막혔지만 장벽이 아니니,
근본 묻기 그치랴.
한갓 분별을 낼 뿐이로다.
그 취사 버리고
담적(湛寂)한 곳으로 돌아가,
성인의 경지 훤히 드러나니
다시 어느 곳에서 부처님을 찾겠는가. (둘)

문 밖에는 북종 신수요,

---

92) 獲麟 : 孔子가 『春秋』를 지을 때, 魯 哀公 14년에 哀公이 西方을 순행하
다가 麒麟을 잡았다는 기사로 마쳤다. 轉하여 絶筆을 의미한다(『左傳』
哀公 14년).

문 안에는 남종 혜능이라,
모든 법상 깨우쳐
한 마음 등 밝히도다.
세세한 행에 구애받지 않고,
대승에도 집착하지 않아,
묵묵히 그 위에 있으니
말은 필요가 없도다. (셋)

위의가 거룩하고
형질은 고상하여,
허공 나는 온갖 새요,
구름 밖 한 마리 독수리로다.
편벽한 데 머물지 않고
오직 요곽(遼廓)93)에서 날아,
지혜 있는 자나 능한 자도
이 경지 이를 수 없도다. (넷)

외로운 구름 정처 없고
조각달 길이 한가로우니,
그림자 밤에 빛나고
발자취 뭇 산에서 일어나도다.
허공 밖까지 두루하며
방촌간(方寸間)94)을 깨달아,
순간에 손가락 퉁기니

---

93) 遼廓 : 학이 많이 산다는 곳. 위대한 사람이 많이 나옴.
94) 方寸間 : 마음 속.

일은 상관하지 않도다. (다섯)

옛적에 삼한을 이별하고
멀리 중국에서 노닐다가,
돌아올 때도 하직 아니하며
도착해도 인사 않도다.
전단(栴檀)숲에서 나오고
사자굴에서 떠나니,95)
이로써 비교하면
다시 어찌 부족함 있겠는가. (여섯)

당(堂)에 오르면 해같이 빛나고
모인 군중 구름 같아,
짐승과 새들은 한두 마리가 아니고
떼를 지어 울부짖도다.
그 때 사람들은 모두 들었으니,
오직 우리만이 듣지 못하였으랴!
본래 성색이 없거늘
어찌 구분이 있겠는가. (일곱)

……사방이 다 난야이니,
사람들은 모두 위를 취하나
나 홀로 아랫사람 제접하도다.
선인(仙人)은 터럭으로 곤욕스럽고

---

95) 出栴檀林 離獅子窟 : 전단나무 숲과 사자굴에서 나온다는 뜻. 수행을 마
치고 중생제도를 시작함을 의미한다.

장자(長者)는 돈(金)으로 수고로우니,
어찌 그렇지 않으리요.
마땅히 이와 같도다. (여덟)

위대한지라 우리 불법이여!
사람 마음 환히 비추도다.
본래 생멸이 없으니
어찌 광음(光陰)이 있으리요.
미간의 백호 옥 같고
얼굴빛 금 같아,
인연 따라 나아가 감득하여
험한 곳 사다리 되고, 깊은 곳 배 되도다. (아홉)

조각구름 끊어져 자취 없고
달은 물에 잠겨 종적 없어,
저 원명(圓明)한 데 비교하면
예와 지금이 이와 같도다.
몸은 대천세계 벗어나
신 한 짝 남기니,
이에 사신(詞臣)에게 명하여 큰 돌에 새기도다.

(역주 : 김혜원)

29. 갈양사 혜거국사비

고려국 수주부1) 화산 갈양사2) 변지무애 원명묘각 홍복우세 혜거국사 홍제존자의 시호를 받은 보광의 탑비명과 서

내사문하평장사3) 감수국사 태자소사 신 최량4)이 왕명을 받들어

---

1) 水州府 : 현재의 경기도 水原. 『高麗史』 卷56, 志10 地理1 楊廣道 水州 條에 의하면 水州는 본래 고구려의 買忽郡으로 신라 景德王때 水城郡 이라 고쳤고, 고려 태조가 남쪽을 정벌할 때 郡人 金七 · 崔承珪 등 200 여 人이 복속한 것을 계기로 水州로 삼았음을 알 수 있다. 그 후 成宗 14 년에 都團練使를 두었다가 穆宗 8년에 파하였고, 顯宗 9년에 知州事로 복구하였다.

2) 葛陽寺 : 현재 京畿道 華城郡 台安面 松山里 188번지에 있는 龍珠寺의 前身. 신라 문성왕 16년(854)에 廉居禪師가 세웠으며, 고려 광종 22년 (971) 惠居國師가 중건하였다. 그 후 조선 정조 13년(1789) 사도세자의 능을 수원으로 옮긴 이듬해(1790)에 왕명으로 寶鏡堂 스님이 크게 중수 하여 龍珠寺라 하였다. 용주사는 현재 大韓佛敎曹溪宗 제2교구의 本寺 로 水原 · 安養 2市와 華城 · 始興 · 平澤 · 安城 · 龍仁 · 利川 · 驪州의 7 郡에 있는 60여 개 사찰과 암자를 관할하고 있다(京畿道, 1988, 『畿內寺 院誌』, pp.339~340).

3) 內史門下平章事 : 內史門下省에 속한 관직으로, 中書令, 門下侍中 다음 의 지위인데, 중서령은 대개 闕席인 경우가 많았으므로 평장사는 사실상 副首相인 셈이 된다.

짓고, 승봉랑5) 상서도관낭중6) 신 김후민이 왕명을 받들어 쓰고 아울러 전액(篆額)을 씀.

대저 듣건대 구담(瞿曇 : 석가)7)은 가르침을 열 때 오승(五乘)8)을 열거하여 믿음직스럽게 중생을 인도하셨고, 달마(達磨)는9) 마음을 가리킬 때 외짝 신을 남겨 두어10) 심오한11) 이치를 드러내셨다

---

4) 崔亮 :『高麗史』卷93, 列傳6 崔亮傳에 의하면 慶州人이며, 글짓기에 능하여 광종조에 급제하였고, 성종이 潛邸時 師友를 삼았다가 즉위 後 擢用하여 門下侍郞·內史侍郞 겸 民官御事 同內史門下平章事 監修國史에 임명하였으며, 같은 왕 14년(995)에 卒하여 太子太師를 추증받고 成宗廟庭에 配享되었다. 성종 때 崔承老 등과 慶州系로서 주도세력을 구축했고, 거란의 蕭遜寧 침입시 朴亮柔·徐熙 등과 함께 북계를 지켰으나 거란의 침입 이후 徐熙·李知白 등이 두각을 나타내면서 점차 몰락하였다. 장남 元信은 甲科에 탁발되어 禮賓卿 등을 역임하였다가 顯宗 때 宋에 賀正使로 파견되었으나 奉使로서 왕명을 욕되게 했다 하여 유배되었다.

5) 承奉郞 :『高麗史』卷77, 志31 百官2 文散階條에 의하면 문종 때에 개정된 정8품 上의 文散階로 나타나지만, 본 비의 건립시기는 994년(성종 13, 갑오년)이므로, 고려시대의 문산계는 이 무렵 이미 정비되어 있었던 것으로 보인다.

6) 尙書都官 :『高麗史』권76, 志30 百官1 都官條에 의하면 尙書都官은 尙書省의 戶部에 속한 官府로 奴婢·簿籍·決訟을 관장하였으며, 문종 때 尙書都官에 郞中을 2인으로 하여 正五品으로 임명하고, 員外郞은 2인으로 하여 正六品으로 임명하였다고 하였으나 本碑에 의하면 尙書都官郞中이 훨씬 이른 시기에도 존재하고 있었음을 알 수 있다.

7) 瞿曇 : Gautama의 음역. 地最勝이라 번역함. Saradbad라고도 하며, 옛적 仙人의 이름으로 釋迦族의 조상. 喬答摩仙人의 후예, 곧 석가 종족의 姓. 釋迦牟尼를 가리키는 말.

8) 五乘 : 불법의 다섯 가지 종별. 人·天·聲聞·緣覺·菩薩乘.

9) 達磨 : 원래는 '達摩'로 표기하였으나, 나중에 '達磨'로 바뀜.

10) 達磨～留隻履 :『傳法寶記』達摩章에 의하면 달마는 죽을 때 중국에서 인도로 가면서 정신은 남아 있다는 징표로 신발 한 짝을 남겨 놓고 갔다

한다. 말하는 자는 무설(無說)로써 말하고, 수양하는 자는 무수(無修)로써 수양하여, 화살과 쑥이 서로 기둥이 되고 등잔과 심지가 아울러 전하여지니 어찌 그리 기이하고 위대한가. 성인의 가르침이 멀어지고 말씀이 없어지는 데 이르러 법이 따라서 해이해지니, 배우는 자는 공(空)과 유(有)를 고집하여 은밀한 가르침에 어두우며, 근원과 뿌리를 버리고 지류(支流)를 잡는다. 이에 띠풀은 깨닫고 수양하는 길을 막으며, 망풀은 이치를 가르치는 영역을 황폐하게 하여 불조의 정법안장(正法眼藏)이 거의 끊어지게 되었다.12) 여기에 한 사람이 있어 홀로 능히 간사하고 거짓된 것의 망령된 습성을 배척하고, 바르고 참된 것의 오묘한 종지를 넓혔다. 처음에는 통발에 의지하여 깊은 곳에 나아갔다가 마침내는 문자를 버리고 참된 것을 깨달았으니, 자기에게서 얻고 겸하여 천하를 구한 자는 오직 우리 국사뿐일 것이다.

사의 (법)휘는 智□13)이며, 혜거는 헌호(軒號)이다. 속적(俗籍)은 명주 박씨이니, 천령군(川寧郡) 황려현(黃驪縣)14) 사람이다. 아버지의 휘는 윤영(允榮)이니 문하시중을 추증받았다. 어머니는 김씨인데, [……큰 별이]15) 떨어져 품 안으로 들어오는 꿈을 꾸고 임신

고 한다.
11) 玄玄 : 심오한 모양.
12) 正法眼藏 : 석가가 成覺한 비밀의 極意로, 直指人心·見性成佛의 妙理. 올바른 法門·敎義.
13) 韓國佛敎大辭典編纂委員會 編, 1982,『韓國佛敎大辭典』, 寶蓮閣, p.198에는 惠居의 俗姓이 朴氏이고, 처음 이름이 智回라고 하였으나 전거는 밝히지 않고 있다.
14) 川寧郡 黃驪縣 : 현재의 경기도 驪州.『高麗史』卷56, 志10 地理1 楊廣道 川寧郡條에 의하면 廣州에 속한 4郡 3縣 가운데 하나로, 본래 고구려의 述川郡이었으며, 신라 경덕왕 때 沂川郡으로 고쳤고, 고려 초에 다시 川寧郡으로 고쳤다고 한다.
15) □□□□ : 銘에 '大星夢'이라 한 것으로 미루어 惠居國師의 어머니가

하여 당나라 광화16) 2년 기미년(899, 효공왕 3, 견훤 8) 4월 4일에
스님(師)을 낳았다.

신이한 골격이 크고 시원스러워 자못 범상치 않았으며……빼어
난 지혜가 일찍부터 발하니 사람들이 감히 먼저 하지 못하였다. 매
양 사탑을 다니며 부처님께 예(禮)를 올리고 경(經)을 들으니 전생
의 인연을 가히 징험하는 듯하였다. 건화 갑술년(乾化 4, 914, 신덕
왕 3, 견훤 23)에 우두산(牛頭山)17) 개선사(開禪寺)에 가서 오심장
로(悟心長老)를 뵙고 부처님께 귀의할 것을 청하니 장로가 가상히
여기고 사랑하여 머리를 깎고 승복을 입게 하였다. 이 때 나이 16세
였다. 3년이 지나18)(917, 경명왕 1, 견훤 26) 금산사(金山寺)19) 의정

큰 별이 품 속으로 떨어지는 꿈을 꾸었던 것으로 추측된다. 선사들의 태
몽에 별이 나타나는 것은 鳳巖寺靜眞大師碑와 智谷寺眞觀禪師碑에도
보인다. 「정진대사비」에는 "舅姑俄夢 流星入懷 其大如甕 色甚黃潤 因
有娠焉"이라 하여 兢讓의 어머니가 流星이 품으로 들어오는 꿈을 꾸었
으며, 「진관선사비」에도 "初母劉氏 夢感七星之瑞 飛入口中 孕符十月
之胎"라 하여 釋超도 그 어머니가 북두칠성이 입 속으로 들어오는 꿈을
꾼 후 임신하였음을 알 수 있다. 秋萬鎬는 특히 진관선사 석초의 경우
칠성이 아기를 점지한다는 전통신앙이 보이는 것으로 주목하였다(秋萬
鎬, 1992, 「羅末麗初 禪師들의 胎夢과 民衆生活」『伽山李智冠스님華甲
紀念論叢 韓國佛敎文化思想史』卷上, 伽山佛敎文化振興院, pp.649~
652).
16) 光化 : 唐 昭宗의 연호.
17) 牛頭山 : 원래 우두산은 新彊 和闐市 남쪽 13里에 있는 산으로, 여래가
    와서 法要를 略說하였다고 전해지고 있다. 우두산의 위치는 미상.
18) 越三年 : 惠居國師의 나이 19세 때.
19) 金山寺 : 全北 金堤郡 金山面 金山里에 있는 절. 599년(백제 법왕 1)에
    창건되었으며, 766년(혜공왕 2) 眞表律師가 중건했으나 임진란 때 불타
    고 현재의 건물은 1626년(인조 4)에 재선된 것이나. 이 절은 신라 法相宗
    의 根本道場이었으며, 후백제 神劍이 그 아버지 甄萱을 가두었던 곳이
    다.

율사(義靜律師)의 계단(戒壇)에 나아가 구족계를 받았다. 이에 계율의 구슬이 밝고 법의 그릇이 깊어[20] 문득 한 곳에 가만히 있는 것을 싫어하여[21] 옷깃을 떨치고 멀리 가서 지식을 널리 찾고 현묘한 수레를 더욱 궁구하였다.

용덕[22] 2년(922, 경명왕 6, 견훤 31) 여름에 특별히 미륵사(彌勒寺)[23] 개탑(開塔)의 은혜를 입어 선운산(禪雲山)[24] 선불장(選佛場)에[25] 나아가 단(壇)에 올라 법을 설하니, 때에 천상의 신비한 꽃이[26] 무성하였다.[27] 이로 말미암아 도(道)와 명예가 더욱 빛나니 책상자를 짊어지고 오는 자(제자들)[28]가 구름처럼 몰려들었다. 때에 신라 경애대왕(景哀大王)이 분황사(芬皇寺)[29]에 머물 것을 청하

---

20) 泓澄 : 물이 깊고 맑음.
21) 匏繫 : 매달려만 있고 먹지 못하는 박. 쓸모 없이 가만히 있는 사람.
22) 龍德 : 後梁 末帝의 연호.
23) 彌勒寺 : 전북 익산군 금마면 기양리에 있으며, 목탑양식을 모방하여 만든 한국에서 가장 오래된 석탑 미륵탑이 남아 있다. 『三國遺事』에 의하면 백제 武王 때 龍華山 밑 연못에 彌勒三尊이 나타났으므로 세운 절이라 한다.
24) 禪雲山 : 許興植은 이를 禪雲寺로 추정.
25) 選佛場 : 이 비문에 후백제에서 選佛場을 실시한 것이 922년으로 나타나고 있어 普願寺 法印國師碑에 보이는 고려의 海會 실시 시기 921년보다 1년 뒤임을 알 수 있다. 이는 후백제와 고려가 僧科를 실시하여 불교의 호응을 얻어 민심을 확보하려는 선의의 경쟁 관계에 있었음을 나타내며, 동시에 광종 9년에 실시된 고려 과거제의 실시에도 일정한 영향을 주었을 것으로 보인다. 그리고 壇에 올라가 설법하였다는 내용으로 보아 공개 토론에 의해 선발하였음을 알 수 있는데, 이는 후일 고려 승과의 실시 방법과 상통된다고 한다(許興植, 1986, 『高麗佛教史研究』, 일조각, pp.35~36).
26) 天花 : 천상의 妙花.
27) 繽紛 : 많고 성한 모양. 혼잡하여 어지러운 모양.
28) 負笈 : 제자가 스승을 따름을 비유(『史記』, "負笈從師").
29) 芬皇寺 : 경북 경주시 구황동에 있던 절로, 634년(선덕여왕 3)에 창건되

고 자줏빛 비단과 굴순(屈眴),[30] 전단향(栴檀香),[31] 보기(寶器) 등
의 물건을 사하였다. 천성[32] 4년(929, 경순왕 3, 견훤 38) 경순대왕
(敬順大王)이 사(師)를 불러 영묘사(靈廟寺)[33]에 이주하게 하고 법
석을 베풀어 계단(戒壇)을 세우고 불탑을 장식하며 법회를 베풀기
를 7일 간 하였다.[34] 천복[35] 4년(939, 태조 22) 봄에 우리 태조대왕

있었으며, 지금은 당간지주와 탑만이 남아 있다. 元曉가 거주하여『華嚴經
疏』를 썼으며, 率居가 그린 觀音菩薩像이 있어 神畵라 일컬어졌다 한
다. 慈藏이 가져온 장경 일부를 보관하였었고, 고려 때 韓文俊이 지은
和諍國師碑가 있다. 경덕왕 때 本彼部의 强古乃未가 만든 藥師如來像
이 있었다고 하며, 左殿에 있던 千手大悲壁畵는 매우 영험이 있어 경덕
왕 때 漢岐里에 사는 希明이라는 여자의 아이가 5살 때 눈이 멀었는데
벽화 앞에서 빌었더니 눈을 떴다고 한다.

30) 屈眴 : 屈眴衣. 굴순은 第一布・第一好布 혹은 大細布라고 하며, 목면
    으로 짠 베를 말한다. 達磨가 전한 七條袈裟로 안은 푸르다고 하며, 師
    子尊者로부터 전수한 것이라 한다.

31) 栴香 : 栴檀으로 만든 향. 더울 때 몸에 바르면 시원하게 느껴진다. 栴檀
    은 治病의 藥用이므로 與藥이라 번역한다. 彫刻材로도 쓰이고, 뿌리와
    함께 가루를 만들어 香으로 사용한다. 인도의 남쪽 데칸고원에서 많이
    나며, 紫・白色의 多種이 있는데, 白檀은 열병 치료, 赤檀은 風腫을 제
    거하고 몸을 편안하게 한다고 한다.

32) 天成 : 後唐 明宗의 연호.

33) 靈廟寺 : 영묘사는 통일 이전 善德女王이 창건하여 자주 行香한 사원으
    로 통일 직후인 684년(신문왕 4) 무렵 永興寺・四天王寺・奉恩寺・感
    恩寺 등과 함께 그 官府인 成典이 설치되었던 것으로 추정되며, 성전이
    설치된 다른 사원과 마찬가지로 국왕의 內政機構와 밀접한 관련을 가지
    면서 불교계 통제의 중추로 기능하였고, 915년(神德王 4)의 기록에 의하
    면 行廊內에 鵲所 34, 烏所 40개를 둔 상당한 규모였던 것으로 보인다
    (李泳鎬, 1983,「新羅中代 王室寺院의 官寺的 機能」『韓國史研究』43,
    pp.106~114 ;『三國遺事』卷4, 義解5 二惠同塵 ;『三國遺事』卷2, 紀異2
    孝恭王條).

34) 天成四年~設法會七日 : 이 부분은 甄萱에게 후대받던 승려를 신라 경
    순왕이 초대하였음을 나타내고 있어 경순왕을 견훤이 옹립하였으리라는

께서 사의 도(道)와 덕(德)을 높이 받들어 무릇 세 번 불렀으나 나
아가지 아니하고 새를 기르기를 바라고, 거북 인장을 끄는 것으로
써 사양하였다.36) 개운37) 4년(947, 정종 2) 가을에 우리 정종대왕께
서 특별히 편지를 보내 사를 왕사로 봉하고 시종관38)에게 명하여
맞이하게 하였다. 사가 바야흐로 나오려 하였었으므로 서울로 나아
가니, 사의 나아감과 물러남39)이 어찌 우연40)한 일이겠는가. 같은
해 12월 대궐에 나아가 사은하니 왕이 징영각(澄瀛閣)에서 사를 맞
이하고 말하였다.

"옛날 우리 대행왕이신 태조께서 오래도록 구름과 무지개를 기다
리는 바람41)이 간절하시더니 끝내 물고기가 물을 만나는 기쁨을 잃
으셨습니다. 과인이 부덕한 몸으로 사의 얼굴42)을 받들어 친히 부
처님43)의 가르침을 들으니 고금의 서로 만남이 반드시 인연이 있는
것 같습니다."

설과 관련하여 주목된다.
35) 天福 : 後晉 高祖의 연호.
36) 天福四年~辭遂以龜曳 : 이 부분은 태조가 세 차례나 불렀는데도 국사
가 가지 않았음을 나타내고 있는데, 이는 국사가 태조의 정책에 대해 반
발한 데에 그 원인이 있지 않나 한다.
37) 開運 : 後晉 出帝의 연호.
38) 中涓 : 궁중의 掃除夫로 천자의 곁에서 시종하는 사람. 中謁者. '中'은
宮中, '涓'은 淸潔을 의미.
39) 行藏 : 세상에 나아가는 것과 물러나 숨는 것(『論語』 述而篇, "用之則行
舍之則藏").
40) 偶爾 : 偶然.
41) 雲霓之望 : 가뭄에 구름과 무지개를 바라듯이 크게 기다린다는 뜻(『孟
子』, "若大旱之望雲霓也").
42) 芝宇 : 芝眉. 사람의 얼굴에 대한 존칭.
43) 貝多羅葉 : 貝葉. 인도의 多羅樹의 잎. 經文을 쓰는 데 씀.

"신은 학문이 성글고 아는 것이 얕아 전에 명이 내려졌을 때에는 숨어 있으려는 데44)에 뜻이 있었는데, 오늘 영광스럽게 불러 주시니 분수를 헤아리니 실로 외람스럽습니다."

"도가 사람에게 있음은 옥이 산에 쌓여 있는45) 것과 같으니 비록 재능과 지식을 감추려46) 하시더라도 어찌 그렇게 하실 수 있겠습니까."

이듬해47) 2월 홍화사(弘化寺)48)에서 전장법사(轉藏法事)49)를 열어 왕사로 하여금 주석하게 하고 '변지무애(辯智無碍)'의 호를 사하였다.

우리 광종대왕 13년 임술년(962)에 왕사를 광명사(廣明寺)50)로 옮겨 거하게 하고 인왕반야회(仁王般若會)51)를 7일 간 베풀었다.

---

44) 晦藏 : 晦匿. 자기의 재능이나 지혜를 숨기고 남에게 알리지 않음.
45) 韞玉 : 구슬을 싸서 감춤(『陸機』, "石韞玉而山暉 水懷珠而川媚").
46) 韜光 : 빛을 감추어 밖에 비치지 않게 함. 재능이나 학식을 감추어 남에게 알리지 않음.
47) 明年 : 948년, 정종 3년.
48) 弘化寺 : 『高麗史』 卷2, 世家 광종 19년조에는 "創弘化·遊巖·三歸等寺"라 하여 홍화사가 광종 19년(968)에 창건된 것으로 기록되어 있는데, 이는 창건이라기보다는 重修가 완공된 시기를 나타낸 것으로 보인다. 즉, 홍화사는 이 비에 나타나듯 948년(정종 3) 무렵에 중수가 시작되어 20여 년 뒤인 968년에 완공된 듯하다.
49) 轉藏法事 : 轉經法會. 大藏經의 글자를 하나도 빠뜨리지 않고 처음부터 끝까지 읽는 看藏과 달리 經典의 처음과 중간, 끝의 몇 줄씩만을 독경하는 기념식. 『高麗史節要』에 의하면 大藏經은 태조 때 들어왔음을 알 수 있다(『高麗史節要』 卷1, 太祖 11년[928] 8월조, "新羅僧洪慶 自唐閩府, 航載大藏經, 至禮成江. 王親迎之, 置于帝釋院").
50) 廣明寺 : 『高麗史』 高麗世系에 "西海龍宮 卽廣明寺東上房北井也"라 한 것으로 보아 태조의 舊宅을 기념하여 만든 사찰인 듯함.
51) 仁王般若會 : 仁王經은 法華經·金光明經과 함께 護國 三部經의 하나

'원명묘각(圓明妙覺)'의 호와 겸하여 붉은 자줏빛 마납가사(磨衲
袈裟)·보기(寶器)·향(香)·차(茶) 등을 사하였다. (광종) 19년 무
진년(968) 정월에 왕사를 올리어 국사[52]로 삼았다. 경운전(慶雲殿)
에서 백좌회(百座會)[53]를 베풀고 국사에게 『원각경 圓覺經』[54]을
설하여 줄 것을 청하였다. 같은 해 6월 극심한 가뭄이 들어[55] 국사
에게 숭경전(崇景殿)에서 기우(祈雨)를 명하였는데, 국사가 향로를
잡고 『대운륜경 大雲輪經』[56]을 외우니 조금 있다가 지렁이 같은
것이[57] 정병(淨瓶) 속에서 나와 맑은 하늘에 구름을 내뿜더니 큰
비가 쏟아졌다. 좌우가 경탄하지 않는 이가 없었으니 모두가 신성
하다 하였다.

로, 舊本은 羅什이 번역하여 佛說仁王般若波羅密經이라 하였고, 新本
은 당나라의 不空이 번역하여 仁王護國般若波羅密多經이라 하였다. 인
왕반야회는 인왕경을 講하는 법회로, 이를 講讚하면 재앙을 그치게 한다
고 한다. 당나라 代宗 때(763~779) 旱災가 극심하여 不空이 번역한 인
왕경으로 百座의 인왕법회를 행하여 비(雨)를 비니 영험이 있었던 데에
서 유래되었으며, 고려 때는 국가의 발전을 축원한다는 의미에서 3년에
한 번씩 열렸다고 한다.

52) 陞王師爲國師 : 『高麗史』卷2, 世家 광종 19년, "惠居爲國師, 坦文爲王
師".

53) 百座會 : 백 개의 자리를 마련하고 인왕경을 강독하며 국가의 발전을 비
는 법회. 진흥왕 때 惠亮이 처음 시작하였으며, 고려 때에도 수시로 열어
불교 신앙에 의해 나라의 발전을 기원하였다.

54) 圓覺經 : '圓覺'은 '원만 무결한 깨달음'을 뜻한다. 즉, 원각경은 석가
여래의 원만한 각성을 밝힌 불경으로 『大方廣圓覺修多羅了義經』이 정
식 이름이며, 唐나라의 佛陀多羅가 지었다.

55) 亢暵 : 亢旱. 극심한 가뭄.

56) 大雲輪經 : 大雲輪請雨經으로, 당나라의 不空이 번역하였으며, 請雨經,
大雲經이라고도 한다. 普願寺法印國師寶乘塔碑에도 '大雲經'으로 나
타나는데, 가뭄이 들어 비를 청할 때 受持하는 陀羅尼를 說한 經이다.
大雲輪은 비를 오게 하는 먹구름.

57) 蚯蚓 : 지렁이.

개보58) 3년 경오년(970, 광종 21) 봄에 국사가 이르기를, "수주부(水州府) 갈양사(葛陽寺)가 산이 밝고 물이 아름다워 국가 만대의 복된 터전이 되니 떼어서 복을 비는 장소로 삼기를 바랍니다"하였다. 상이 허락하고 내고의 금을 사하여 일이 빨리 끝나게 하였다. 국사가 명을 받들어 문인으로 전에 (국사가) 머물던 광명사의 주지인 보욱(普昱)으로 하여금 감독하게 하여 탑상전루(塔象殿樓)를 수리하게 하니 장대하고 아름다웠다.59) 이듬해인 신미년(971, 광종 22) 가을에 준공하였으므로 수륙도량(水陸道場)60)을 베풀었다. 상이 태자61)(뒤의 景宗)에게 명하여 가서 낙성하게 하였다. 임신년(972, 광종 23) 봄에 국사가 자주 물러나기를 청하여 인(印)을 바치고 표(表)를 올리는 데에 이르니 왕이 두터이 칙령62)을 내려가게 하였다. 3월 15일에 상이 연복사(演福寺)에 행차하여 원(院)에 있는 모든 승려에게 재를 베풀고 겸하여 전별63)의 의식을 베풀었는데, 문무64)반을 이끌고 하직하여 이별하였다. 다음날 길을 떠나니65) 중서사인(中書舍人) 이진교(李鎭喬)에게 명하여 남쪽 화산 갈양사로 돌아가는 길을 배행하도록 하였다. 왕이 조(租) 500석(石)과 면포(綿布) 60필(匹), 류원다(腦原多) 100각(角) 및 그릇 등을 하사하였고, 또 전결(田結) 500석(碩)을 하사하여 복을 비는 비용으로 충당

---

58) 開寶 : 宋 太祖의 연호.
59) 輪焉奐焉 : 輪奐은 건물이 장대하고 아름다움을 뜻한다(『禮記』檀弓篇, "美哉輪焉 美哉奐焉").
60) 水陸道場 : 放生과 관련된 法會.
61) 太子 : 광종의 아들로, 뒤의 景宗.
62) 優詔 : 임금의 두터운 칙령.
63) 寅餞 : 삼가 전송함.
64) 文式 : 당시 惠宗의 휘인 '武'를 避諱하여 썼을 것이므로 원문에는 '文式'으로 기록되었을 것으로 추측된다. '文武'의 뜻.
65) 啓程 : 發程. 길을 떠남.

하게 하였다. 또한 '홍복우세(興福佑世)'의 휘호를 사하였다. 이 해 7월에 국사가 표를 올려 사은하였다. 국사가 이로부터 재련(齋練)을 분향하여66) 관불(觀佛)하고, 지견(知見)을 없애어 참선(叅禪)하니 조계(曹溪)의 종풍(宗風)67)이 크게 떨쳐졌다.

 광묘(光廟) 25년 갑술년(974, 광종 25) 2월 15일 대중을 불러 경계하여 이르기를, "산하만상(山河萬象)과 근진사대(根塵68)四大)69)는 허망하게 일어났다가 허망하게 없어지지 않는 것이 없다. 나 역시 이제 장차 근원으로 돌아가려 하니 너희들은 슬퍼하거나 사랑하여 그리워하지 말라" 하고 조용히70) 입적하니, 보령(報齡) 76이요, 계랍(戒臘)은 61이었다.71) 사중(四衆)72)이 모두 가슴을 쳤고, 부음이 궁궐73)에 들리니 상이 애도하여 좌승선(左承宣) 중서사인(中書舍人) 이경적(李敬迪)을 보내 조제(吊祭)를 치르고 상사(喪事)를 보살피어 잘 치르게 하였다. 3월 8일에 전신을 받들어 산의 남쪽 기슭에서 다비(茶毘)를 거행하니 사람들은 삼가 슬피 울고 들짐승과 날짐승들도 애통해하였다. 사리 13매를 붉은 불꽃 가운데에서 얻어

66) 焚修 : 분향하여 도를 닦음.
67) 曹溪宗風 : 六祖 惠能의 종풍.
68) 根塵 : 五根은 眼·耳·鼻·舌·身, 5塵은 色·聲·香·味·觸(『圓覺經』, "根塵虛妄").
69) 四大 : 四大種의 略語. 만유를 구성하는 地·水·火·風의 네 가지 물질의 요소.
70) 泊然 : 泊如. 마음이 고요하고 욕심이 없는 모양.
71) 『高麗史』卷2, 世家 광종 25년조에 의하면 "……是歲……僧惠居死 以坦文爲國師"라 하여 이 해에 惠居가 죽고 坦文이 國師가 되었음이 나타나 있다.
72) 四衆 : 比丘·比丘尼·優婆塞·優婆尼의 총칭(『無量壽經』, "諸天人民一切四衆").
73) 丹陛 : 붉게 칠한 층층대. 궁궐.

탑에 봉안하였다. 문인(門人) 홍화사주지 삼중대광[74] 대선사 숭담
(弘化寺住持 三重大匡 大禪師 嵩曇)과 광명사주지 삼중대광 대선
사 보욱(廣明寺住持 三重大匡 大禪師 普昱) 및 대선백 정관(大禪
伯 淨觀)·대교석덕 충혜(大敎碩德 忠惠) 등 백여 인이 국사의 행
장을 수집하여 대궐에 나아가 표를 올리니 상(上)이 소사(所司)로
하여금 시호를 의논하게 하였다. 이 해 7월 일에 증시(贈諡)하여 '
홍제존자(洪濟尊者)'라 하고, 탑을 '보광(寶光)'이라 하였다.

　이십 년이 지나 지금 우리 성상[75](성종) 13년 갑오년(994) 가을에
상이 신(臣) 량(亮)을 불러 하교하시기를, "고(故) 혜거국사는 두
임금을 두루 섬기어 교화하여 다스리는 것을 은밀히 도운 공이 이
미 무성하고 넓은데도, 오히려 돌에 새기어 후세에 전하는 일을 결
(缺)하였으니, 내가 매우 개탄스러워 하는 바이다. 너는 그것을 명
(銘)하여 빨리 이지러지지 않도록 하라"하셨다. 신이 외람되이 선
지(宣旨)를 받아 감히 중요한[76] 일을 사양하지 못하였다. 이에 머리
를 땅에 조아려[77] 절하고 명(銘)하기를,

　마니(摩尼)의 옛 성인은
　용장에 법을 드리웠고,
　금속(金粟)[78]의 지금 모습은

---

74) 三重大匡 : 1品 官等. 승려에게 관등을 주는 것은 신라의 戊戌塢作碑에
　　보이고 고려 후기에 나타나는데, 이 비에 보이는 것은 매우 희귀한 사례
　　이다.
75) 今我聖上 : 成宗.
76) 綦重 : 긴요하고 중대한 것.
77) 稽首拜手 : 머리를 땅에 닿도록 조아리며 손을 들어 읍하고 절함. 머리
　　를 땅이 있는 곳까지 숙여서 하는 절(『公羊傳』, "頭至地曰稽首 頭至手
　　曰拜手").
78) 金粟 : 維摩居士의 異稱.

구슬 상투에 빛을 비추도다.

자비로운 항해는 혼미함을 제도하고

독한 북은 혼을 잃게 하니,

해가 학수79)에 잠기어

만대에 꽃다움이 흐르도다.

벽안(碧眼)80)이 서쪽에서 와

문언(文言)81)을 없애고,

은밀히 심인을 받아

법의 굵은 베옷을 여기에 전하도다.

모습이 있는 것은 모두 적멸한 것이며,

법은 높지 않은 것이 없으니,

아름다운 도는 해에 마땅하고,

인하여 참된 근원을 보이도다.

말세82)에는 풍속이 섞이니83)

도의 본체가 이미 갈라지고,

선을 닦는 사람은84) 법을 잃어

---

79) 鶴樹 : 鶴林. 中印度 拘尸那揭羅의 밖 跋提河에 있던 娑羅雙樹의 숲을
    말한다. 釋尊께서 이 숲 속에서 열반하실 때에 숲이 일시에 꽃이 피어
    숲이 백색으로 변하여 마치 흰 학들이 모여 있는 것처럼 보였다는 데서
    유래. 부처의 죽음을 의미.
80) 碧眼 : 達磨大師를 지칭. 중국 사람들이 異國의 승려를 형용하는 말. 달
    마는 눈이 紺靑色이었으므로 碧眼의 胡僧이라 불리었다.
81) 文言 : 꾸미기만 하고 내용이 없는 말. 『易經』에서 乾坤의 두 괘를 풀이
    한 것.
82) 叔季 : 末世.
83) 澆漓 : 인정이 경박함.

종지(宗旨)를 다투어 돌을 깎도다.
물과 학(鶴)은 섞이기 쉽고
오목한 것과 볼록한 것85)을 구별하기 어려워,
누가 광란을 막을 것인가,
이에 위대한 호걸을 기다리도다.

아! 우리 국사는
하늘이 뛰어난 영예를 좇으니,
큰 별이 꿈에 나타나고
높은 산86)이 맹세를 주저하도다.
배움은 저절로 평범함을 뛰어넘으니
덕은 누가 짝할 것인가.
율(律)을 잡아 법을 지키니,
이미 곧고도 깨끗하도다.87)

지혜와 언변이 모두 뛰어나
왕의 스승이 되었고,
복이 크게 세상을 도우니
높은 가르침이 자비를 넓히도다.
나아가고 숨음이 의리이니
처음과 끝이 은혜로운 생각이며,
산이 높고 물이 길으니

---

84) 關門 : 禪宗을 의미.
85) 釿鍔 : 器物의 위가 우툴두툴한 것. 釿은 오목한 것, 鍔은 볼록한 것.
86) 喬嶽 : 높은 산. 태산.
87) 礪行 : 행동을 깨끗이 닦음(『蔡邕』, "砥節礪行 直道正辭").

백세(百世)의 (모범이 되는) 톱풀과 거북[88]이라.
해가 마침내 저물었다 하니
때로 행하고 때로 그치어,
갈사(葛社)를 중수하고
연지(蓮址)를 뚫도다.
몸이 장차 숲으로 돌아가려 하여
인(印)을 들여 지위를 사양하고,
굳게 바위굴에 앉아
처음 뜻을 이루도다.

아침에 경쇠 치고 저녁에 분향하여
높은 산에 기원하기를 간절히 생각하니,
화로 연기가 푸름을 흔들고
바리 받침이 붉음을 펼치도다.
나이 들수록 곧음 더욱 굳고
공경함 더욱 깊어,
하나에 정진하여 참화(叅話)하니
그 몸이 맑고 밝도다.

만상은 모두 헛된 것이라,
철인(哲人)이 죽음을 이야기하니,
괴로움의 바다에 노가 없어지고,
법의 집에 다리가 부서지도다.
제호(醍醐)[89]가 맛이 변하고

---

88) 蓍龜 : 점치는 데 쓰는 톱풀과 거북. 점. 모범·중심이 됨을 의미(『中庸』,
   "見乎蓍龜 動乎四體").

치자나무꽃90)이 향기가 없어지니,
나라91)가 절름발이가 되어
부모92)를 잃은 듯하도다.

법의 나이 61에
문득 은혜에 젖으니,
……,
…….
……,
꽃산에 비를 새기니,
거의 빛이 비치어
큰 거북93)이 아득하도다.94)

송 순화95) 5년 갑오(994, 성종 13) 8월 일 세움.

(역주 : 김혜원)

---

89) 醍醐 : 佛法, 佛性의 妙理. 또는 훌륭한 인품.
90) 薝蔔 : 치자나무의 꽃. 향기가 있음.
91) 籙圖 : 역사에 관한 서적.
92) 爺孃 : 부모의 속칭.
93) 贔屭 : 매우 힘을 내는 모양. 커다란 거북.
94) 綿邈 : 매우 멂.
95) 淳化 : 宋 太宗의 연호.

30. 영국사 혜거국사비

……국사의 휘는 혜거(慧炬)요, 자는 홍소(弘炤)이며, 속성은 노씨(盧氏)이다. ……

……태조 신성대왕이 시기를 만나(膺期)[1] 운수를 타니 들판의……

……비린 것……글방에 들어감에 이르러 대송(大宋) 고려국(高麗國) 사람들이 이르기를, ……

……광대한 들판을 지나서 검은 코끼리가 땅에 엎드려(黑象伏地)[2] 숨을 토하는 것을 보니……

……현사(玄砂)……마치 적수(赤水)에서 손으로 구슬을 찾아[3]

---

1) 膺期 : 膺圖. 임금이 될 운명을 만남.
2) 黑象伏地 : 옛날 어떤 죄인이 도망가자 王이 사나운 코끼리를 보내 쫓게 하였는데, 죄인이 다급하여 마른 우물 속으로 들어가 중간의 썩은 등나무 넝쿨을 붙잡았다. 발 밑에는 다섯 마리의 독사가 있고, 덩굴 위에는 흰쥐와 검은 쥐가 넝쿨을 갉아 거의 끊어질 지경이며, 우물 밖에는 코끼리가 내려다보고 있는 절박한 상황이었는데, 머리 위에 있는 나무 한 그루에서 달콤한 물방울이 떨어져 입으로 들어오자 죄인은 그 맛에 끌려 두려움도 잊었다는 고사.
3) 赤水手探珠 : 赤水探珠. 옛날 黃帝가 赤水를 구경하다가 구슬을 잃었으므로 知, 離朱, 喫詬 등에게 찾도록 하였으나 찾지 못하고, 盲人인 象罔이 그를 찾아낸 것을 가리킨다(『莊子』天地, "赤水探珠 象罔得之").

가득 움켜쥐고……

　……도안(道安)과 혜원(慧遠)이 길을 떠났을 때 공경히 옷을 걷고(摳衣)4) 소매를 받들어(捧袂) 스스로 입실(入室)하듯, ……

　……비단(錦) 깃발의 빛을 움직여 혼들며 천하(寰宇)5)를 두루 비춘 이는 선[사](禪[師]일 것이다)……

　……연언(煙言)을 엮어 태평성대(鳳凰來儀)6)를 하례하니, 역말(馹騎)7)에 명하여……

(역주 : 김혜원)

---

4) 摳衣 : 옷의 뒷자락을 걷어올리는 것. 옛날의 敬禮. 晉나라 때 道安大師가 慧遠을 비롯한 400여 인의 제자들과 함께 길을 가다가 한 人家를 만났는데, 그 집 대문 안에 말을 매는 말뚝 두 개가 있고, 그 말뚝 사이에는 말의 먹이를 주는 구유가 하나 있어 그 크기가 한 섬(斛) 정도를 담을 만하였다고 한다. 이에 도안대사가 '林百升'하고 부르니 주인이 놀라 뛰어나왔는데, 과연 姓이 林이고 이름이 百升이었으므로 제자들이 어떻게 그 성명을 알았냐고 묻자, 말뚝 두 개는 林이고, 구유가 백 되(百升)를 담을 만하였기 때문이라고 대답하였다. 이 말을 듣고 혜원은 摳衣의 禮를 갖추고 入室建幢하였다고 한다(『高僧傳』 卷5, 釋道安傳[『大正藏』 卷50, p.351下] ; 李智冠, 1995, 『校勘譯註 歷代高僧碑文』, 高麗篇2, p.70 주 10 참조).

5) 寰宇 : 임금이 다스리는 영토 전체. 천하 세계.

6) 鳳凰來儀 : 경사로운 태평성대의 조짐. 봉황이 날아와 춤을 춘다는 뜻. 來儀는 날아와 춤추어 그 몸가짐과 태도가 점잖음을 일컫는다.

7) 馹騎 : 수레(車)로 전달하는 것을 '馹', 말(馬)로 전달하는 것을 '騎'라 한다.

평양◎

63▲
금강산

1○봉산

○철원
62▲
설악산

2○해주   3▲
4○개성   61▲   ○강릉
오대산

5○고양 59○용문산
6○ ○양평   오대산
서울 7○광주
○수원 ○9 ○이천○여주 58○원주
죽산10 충주 57○영월
11○ ○18 소백산○56
안성 월악산 풍기○55 ○54봉화
서산○ 괴산○9 ○53 영주
태안 ○13 가야산 21○ ○52 조령
○홍성 ○20 ○50 ○51예천
○14 공주○16 청주 속리산 가은
○15 17○
남포 계룡산 49○선산
48○흥해
46▲팔공산
성주○ 47◎경주
22○임피 ○23 43▲
○전주 25○ 대구
24○김제 덕유산 가야산
부안 44○
27○ 남원○26 41▲산청
고창 곡성○30 ▲지리산 42○ 43○양양
28○광주 29○ 31○ 40○ 창원 김해
나주 33○ 37○ 38○ 39○ 진주
32○ 화순 승주 순천 광양
영암 ○34
35○ 36○장흥
강진

나말여초 선사관련 지도

범례

1) 지도 안의 지명은 현재 지명이다.

2) 사찰명 끝에 붙은 원번호는 자료번호(범례 4 참조)이다.

1. 漢州 偰嵓 ⑩	12. 蘇泰 ①	32. 會津 ① ⑨ ⑪	芬皇寺 ㉒
2. 須彌山 廣照寺 ①	13. 迦耶岬寺 ① ④ ⑧ ⑫	33. 雙峰寺 ⑩	靈廟寺 ㉒
3. 九龍山寺 ㉑	運州 迦耶山 普願寺 ㉑	34. 古彌縣 西院 ⑱	48. 退火郡 太寺 ⑭
五冠山寺 ⑩	14. 嵩嚴山 聖住寺 ③ ⑮	35. 無爲岬寺 ⑪	49. 彌峯寺 ③
五冠山 瑞雲寺 ②	15. 無量壽寺 ③	松溪禪院 ⑳	50. 曦陽山 鳳巖寺 ⑲
踊巖山 五龍寺 ① ⑨	16. 公州 南穴院/西穴院 ⑲	36. 寶林 ⑪	51. 鳴鳳山 境淸禪院 ⑦
4. 廣通普濟寺 ㉓	17. 鷄龍山 普願精舍 ⑲	37. 芬嶺郡 桐林寺 ⑩	52. 鳥嶺 ⑩
廣明寺 ㉒	18. 中原府 開天山 淨土寺 ⑧	38. 昇平郡 ⑪	53. 奈靈 ③
弘化寺 ㉒	19. 槐州 亭子山 覺淵寺 ⑯	39. 晞陽縣 白鷄山	浮石寺 ⑩
歸法寺 ㉑	20. 俗離山 ②	玉龍寺 ⑮	54. 石南山寺(太子寺) ⑬
泰興寺 ①	福泉寺 ⑬	40. 康州 嚴川寺 ⑤	55. 基州 ③
舍那(內)院 ① ⑲ ⑳	21. 龍頭寺 幢竿 ⑰	伯嚴寺 ⑲	毗驢庵 ④
龜山禪院 ⑦ ㉓	22. 全州 臨陂縣 ⑮	康州 德安浦 ⑳	56. 小伯山(寺) ③ ④
日月寺 ⑨	23. 金山寺 ㉒	41. 康州 智谷寺 ㉓	57. 師子山 興寧寺 ⑩
興王寺 ⑫	24. 全州 喜安縣 ⑲	42. 鳳林寺 ⑳	58. 興法寺 ⑥
5. 廣州 高烽	25. 靈覺山 ① ③ ⑧	43. 金海府 ① ③ ⑥ ⑬	法泉寺 ㉓
6. 三角山 莊義寺 ⑳ ㉑	26. 全州 南原 ⑧	44. 通度寺 ⑨	59. 彌智山 菩提寺 ③
7. 廣州 天王寺 ⑳	27. 禪雲寺 ⑧	45. 伽耶 海印寺 ⑬	60. 溟州 ⑦
8. 慧目山 高達院 ⑳	28. 武州 ⑧	46. 夫仁山寺 ⑮	普賢山寺 ⑤
川寧郡 黃驪縣 ㉒	武州 靈神寺 ⑥	公山 三郞寺 ⑳	61. 堀山寺 ⑤ ⑬ ⑮
9. 水州府 葛陽寺 ㉒	29. 桐裏山 大安寺 ⑫	47. 王城 ⑬	62. 陳田寺 ④
10. 陰竹縣 元香寺 ⑩	30. 華嚴寺 ⑤ ⑪ ⑮	東泉寺 ⑦	63. 楓岳 長潭寺 ⑩
11. 白城郡 長谷寺 ⑩	31. 鷰谷寺 ㉔	實際寺 ⑬	

3) 자료에 있는 지명 중에서 알 수 없는 것은 생략하였다.

4) 지도에 실린 자료번호

① 광조사 진철대사보월승공탑비
② 서운사 요오화상 진원탑비
③ 보리사 대경대사 현기탑비
④ 비로암 진공대사 보법탑비
⑤ 지장선원 낭원대사 오진탑비
⑥ 흥법사 진공대사탑비
⑦ 경청선원 자적선사 능운탑비
⑧ 정토사 법경대사 자등탑비
⑨ 오룡사 법경대사 보조혜광탑비
⑩ 흥녕사 징효대사 보인탑비
⑪ 무위사 선각대사 편광탑비
⑫ 대안사 광자대사비

⑬ 태자사 낭공대사 백월서운탑비
⑭ 퇴화군 대사종
⑮ 옥룡사 통진대사 보운탑비
⑯ 각연사 통일대사탑비
⑰ 용두사 당간기
⑱ 고미현 서원종
⑲ 봉암사 정진대사 원오탑비
⑳ 고달원 원종대사 혜진탑비
㉑ 보원사 법인국사 보승탑비
㉒ 갈양사 혜거국사비
㉓ 지곡사 진관선사비
㉔ 연곡사 현각선사비

찾아보기

(ㅅ)

(ㅇ)

譯註 羅末麗初金石文 (下)

譯註 篇

한국역사연구회 중세1분과 나말여초연구반 편

초판 1쇄 인쇄 · 1996년 11월 5일
초판 1쇄 발행 · 1996년 11월 12일

발행처 · 도서출판 혜안
발행인 · 오일주
등록번호 · 제21 - 471호
등록일자 · 1993년 7월 30일
137 - 030 서울 서초구 잠원동 43 - 4
전화 · 511 - 8651, 8652
팩시밀리 · 511 - 8650

값 17,000원
ISBN 89 - 85905 - 31 - 7 94900